Werner Lips

MALTA, GOZO, COMINO

Vorwort

Die Inselrepublik Malta im zentralen Mittelmeer lebt von, aber auch in ihrer bewegten Geschichte. Zahlreiche unterschiedliche Kulturen prägten Sprache, Kultur und auch Landschaftsbild. Unter anderem stand das kleine Land unter der Herrschaft von Phöniziern, Römern, Arabern, Johannitern und schließlich Briten. 2004 wurde Malta Vollmitglied der Europäischen Union, und 2008 wurde der Euro als alleingültiges Zahlungsmittel eingeführt.

Heute versteht sich der Inselstaat als Drehscheibe zwischen den Kulturen und bietet Erholungssuchenden, Aktivurlaubern und Bildungsreisenden eine Vielzahl an unterschiedlichsten Möglichkeiten. Auf dieses breitgefächerte Angebot wird in diesem Reiseführer ausführlich eingegangen.

Wer sich bereits von Zuhause aus einen Standort aussuchen möchte, der den persönlichen Interessen und Vorlieben entspricht, findet alle notwendigen Informationen im Kapitel **„Vor der Reise"** dieses Vorspanns.

Die **„Ortsbeschreibungen"** bieten detaillierte Darstellungen der einzelnen Orte und Sehenswürdigkeiten, nicht nur auf der Hauptinsel Malta, sondern auch auf Gozo, der so ganz anderen Schwesterinsel Maltas.

Das Kapitel **„Tauchen rund um Malta"** erläutert für Anfänger und Profis die faszinierenden Möglichkeiten, die maltesische Unterwasserwelt kennenzulernen.

Die **„Praktischen Reisetipps A–Z"** bieten einen unkomplizierten Zugriff auf alle reisepraktischen Informationen von „Anreise" bis „Versicherungen".

Und schließlich erlaubt das Kapitel **„Malta und seine Bewohner"** einen gründlichen Einblick in den Inselstaat: Von der Natur über die allgegenwärtige Geschichte bis zu den Menschen und ihrem Alltag heute.

Ein Anhang mit **Glossar,** ausführlichem **Register** und weiterführender **Literatur** beantwortet schnell die noch offenen Fragen.

Gleich ob Sie Valletta besuchen, Europas einzige Hauptstadt unter Denkmalschutz, die zahlreichen Steinzeittempel der Inseln besichtigen – die ältesten Europas überhaupt –, Maltas faszinierende Unterwasserwelt erkunden, einfach an einem der sonnigen Strände entspannen oder auf eigene Faust das Hinterland erkunden – dieses Buch wird Ihnen ein kundiger und hilfreicher Begleiter sein.

Gute Reise!

Werner Lips

Hinweise zur Benutzung

Internetadressen

Internetadressen, die über zwei Zeilen verlaufen, sind nur dort mit einem Trennstrich getrennt geschrieben, wo er zur Adresse gehört.

Nicht verpassen!

Diese Tipps und Highlights in den Ortskapiteln erkennt man an der **gelben Hinterlegung.**

Ökotipps

Dieses Schmetterlingssymbol kennzeichnet solche Tipps, welche in besonderer Weise umweltverträglich sind oder einen nachhaltigen Naturgenuss erlauben.

Autorentipps

Mein Tipp: Persönliche Tipps und Empfehlungen des Autors dieses Buches.

Preiskorridore der Hotels und hotelähnlichen Unterkünfte in der Republik Malta (pro Person und Nacht in Euro)

	Hotel	Holiday Complex	Aparthotel	Tourist Village	Guesthouse
①	20–30	–	–	–	15–25
②	30–55	30–55	30–55	25–35	–
③	60–80	60–80	60–80	60–80	35–50
④	90–130	90–130	90–130	90–130	–
⑤	ab 140	ab 140	ab 140	ab 140	–

Inhalt

Karten

Exkurse

8 Malta und seine Bewohner 414

9 Anhang 458

Autofähren verkehren regelmäßig zwischen Malta und Gozo

013M wl

1 Rund um Valletta | 20

Valletta oder **Il Belt** (die Stadt), wie die Malteser ihre Stadt nennen, birgt das kulturelle, historische und politisch-administrative Zentrum Maltas und fungiert offiziell als **Hauptstadt der Inselrepublik.** Gigantische Festungsanlagen, zahlreiche Museen und prachtvolle Kirchenbauten lassen Valletta beinahe als riesiges Freilichtmuseum erscheinen.

2 Ostmalta | 112

Maltas Osten ist weniger bombastisch als die Region Valletta und bietet mit **Marsaxlokk (S. 128)** einen bunten Fischerhafen, mit **Marsaskala (S. 120)** eine kleinstädtische Idylle und mit **Birżebbuġa (S. 132)** nicht nur den wichtigsten Hafen außerhalb des Grand Harbour, sondern auch einen der schönsten Sandstrände der Insel.

3 Südwestmalta | 140

Maltas Süden und Südwesten, die sich südlich des internationalen Flughafens von **Żebbuġ (S. 157)** bis zu den Badestränden von **Golden Bay (S. 192)** und **Gnejna Bay (S. 191)** im Westen der Insel erstrecken, sind der ruhigste, ländlichste und – von **Blue Grotto (S. 150)** und Golden Bay abgesehen – untouristischste Bereich auf Malta.

4 Nordmalta | 196

Im Norden liegen weniger beeindruckende Festungen als vielmehr die Urlaubs-Standorte **Buġibba (S. 229)** und **Mellieħa (S. 208),** die sich vor allem bei Tauchern großer Beliebtheit erfreuen. Wer Landschaft und Küste erkunden möchte, darf den Norden nicht auslassen.

5 Gozo – Insel der Kalypso | 250

Maltas kleine Schwesterinsel ist allemal einen Besuch wert. Nicht nur dass man hier das ländliche und ursprünglichere Leben deutlich intensiver erfährt als auf der Hauptinsel, auch etliche schöne Strände und Felsbuchten sorgen für Inselidylle pur.

Die noch kleinere Nachbarinsel **Comino** liegt zwischen Malta und Gozo. Sie gehört verwaltungstechnisch zu Gozo und bietet (bislang) Ruhe und Abgeschiedenheit.

Vor der Reise

Bevor man mit der Planung der Maltareise beginnt, sollten einige grundlegende Dinge wie Art der Reise, Standort und Verkehrsmittel geklärt werden. Diese Vorbereitung ist der **Schlüssel zu einem angenehmen Aufenthalt.**

Malta

Malta bietet auf relativ kleiner Fläche eine unglaubliche Vielfalt für die verschiedensten Interessen vom Strandurlaub über Sprach-/Bildungsreise und Tauchurlaub bis hin zum Wandeln auf historischen Spuren der Steinzeitmenschen oder der Kreuzritter.

Die 246 km² große Insel Malta bildet das politische, kulturelle und wirtschaftliche Zentrum des kleinen Mittelmeerstaates, der neben der Hauptinsel die kleineren Nachbarinseln Gozo und Comino umfasst. Alle internationalen Anbindungen der Inselrepublik treffen hier zusammen, Handel und Gewerbe wie auch die wenige Industrie des Staates befinden sich vorwiegend hier. So suchen denn auch die meisten Malteser ihr Glück auf der Hauptinsel, rund **370.000 Einwohner** – das sind etwa 90 % der Gesamtbevölkerung – leben und arbeiten auf Malta. In ähnlichem Umfang konzentriert sich hier auch der Tourismus – Gozo und Comino sind dagegen meist nur Ziele für Tagesausflügler.

Auch wenn die Hauptinsel Malta mit rund 1500 Einwohnern pro km² sehr dicht besiedelt scheint, konzentriert sich das städtische Siedlungsgebiet jedoch hauptsächlich auf Valletta und seine Vororte. Daneben gibt es noch einige Kleinstädte und Dörfer an der Nord- und Ostküste, Zentral- und Südwestmalta sind dagegen überraschend ländlich.

In der Regel kommt der Besucher Maltas am **internationalen Flughafen Luqa** an und ist in wenigen Minuten an jedem Zielort der Insel. Ob per Bus, Taxi oder Leihwagen – die ersten Eindrücke, die der Neuankömmling auf der Fahrt vom Flughafen zur Unterkunft gewinnt, gehen meist einher mit einem überwältigenden Respekt vor den **architektonischen Leistungen** der Erbauer der gigantischen allgegenwärtigen Festungen, Kirchen und Mauern. Nicht selten fühlt man sich auf Malta von der ersten Minute an, oft auch schon bei den ersten Blicken während des Landeanflugs, wie in einem riesigen Freilichtmuseum.

Während Valletta wegen seiner einmaligen Architektur fasziniert, verbreiten

Das Land im Überblick

- **Staatsform:** parlamentarische Demokratie, Mitglied der EU
- **Fläche:** 316 km²
- **Hauptstadt:** Valletta (Altstadt 5784)
- **Einwohner:** 418.000 (davon ca. 28.000 auf Gozo)
- **Sprachen:** Malti (Maltesisch) und Englisch – gleichberechtigte Amtssprachen
- **Religion:** römisch-katholisch
- **Höchste Erhebung:** Dingli Cliffs, 253 m
- **Währung:** Euro
- **Hauptreisezeit:** Juli/August
- **Klima:** mediterran mit heißen, trockenen Sommern und milden Wintern
- **Uhrzeit:** Mitteleuropäische Zeit (MEZ), Sommerzeit: April bis Oktober

Küstenorte wie St. Paul's Bay, Marsaxlokk oder Birżebbuġa mediterranes Flair. Die alte Hauptstadt Mdina erscheint wie ein Schritt ins Mittelalter, die ländlichen Gebiete Zentral- und Südwestmaltas hingegen wirken karg, schroff und teilweise unwirtlich.

Gozo

Anders als der griechische Götterbote *Hermes* aus der Sage sieht der normalsterbliche Besucher bei der Überfahrt nach Gozo (altkastilisch: Freude) noch keine fruchtbaren Haine, sondern (von links) das Ta-Ċenc-Plateau, die Rotunda/Xewkija, das Fort Chambray und die Kirche von Mġarr.

Għawdex [Audesch], wie die Gozitaner ihre Insel nach dem alten arabischen Namen nennen, die kleine Schwesterinsel, sieht Malta vom Umriss her mit Steilklippen im Süden und abgeflachtem, auf Gozo von etlichen hohen Tafelbergen unterbrochenem Norden auf den ersten Blick recht ähnlich.

Im Detail betrachtet aber zeigt sich die Insel in mancherlei Hinsicht vollkommen anders. So prägt die von den Arabern eingeführte Terrassen-Feldbauweise noch heute unverkennbar das Landschaftsbild. Die Industrie spielt eine geringe Rolle, lediglich ein Steinbruchgebiet im Westen bei Ġebel ben-Ġorġ sowie eine Hand voll Textilerzeuger bei Xewkija bieten einige Arbeitsplätze.

Auch sind die **Gozitaner** selbst ein anderer Menschenschlag. Während die Malteser, insbesondere in und um Valletta, geradezu weltmännisch wirken, sind die gozitanischen Dorfbewohner von der mühevollen Arbeit auf den Feldern geprägt – Maschinen helfen hier wegen der Terrassenfelder kaum. So verwundert es auch nicht, dass die überwiegende Mehrheit der Bevölkerung der konservativen *MNP (Partit Nazionalista)* angehört und jede (linke) Labour-Regierung der *MLP* mit Misstrauen beäugt wird.

Besucher sollten auf die Eigenheit Rücksicht nehmen, dass sich die Bewohner Gozos nicht als Malteser, sondern als

Kalypso

„Jahre waren vergangen nach der Eroberung Trojas, nur einer war nicht heimgekehrt: *Odysseus. Hermes,* der Götterbote, schwang sich in den Äther und flog über das Meer, bis er hinter Malet die Insel **Ogygia** (Gozo) erreichte. Dort fand er die schöngelockte Nymphe *Kalypso* in ihrer Grotte. Er entdeckte einen dichten Hain aus Erlen, Zypressen und Weinstöcken mit reifen Trauben die Grotte umgebend, in der sie ihre Gemächer hatte. *Kalypso* erkannte den *Hermes* sogleich; als er seine Botschaft, *Odysseus* möge heimkehren, ausgerichtet hatte, rief sie empört: „Ihr grausamen Götter! Gönnt ihr mir nicht den geliebten Mann? Habe ich ihn nicht vor dem sicheren Tod errettet? Doch was vermag ich auszurichten gegen Zeus, so mag er denn hinausfahren auf das unendliche Meer." *Odysseus* machte sich ans Werk und baute ein Floß, und nachdem er Abschied genommen hatte, verließ er die Insel der *Kalypso* und stieß ab ins offene Meer ..."

(aus der griechischen Odysseus-Sage)

Gozitaner bezeichnen. Auch wenn die Bezeichnung „Malteser“ nicht ganz mit der beleidigenden Anrede eines Schotten als „Engländer“ gleichzusetzen ist, so ist aber doch auf Gozo die Reserviertheit gegenüber der Hauptinsel Malta unverkennbar.

Auch die **Geschichte** verlief auf Gozo deutlich anders: Zwar kamen schon in der Jungsteinzeit frühe Siedler nach Gozo, auch wurde der Ackerbau bis in die Frühzeit der Johanniter anders als auf Malta intensiv vorangetrieben; im 15. und 16. Jahrhundert mehrten sich jedoch Piratenüberfälle auf die ungeschützte Insel. 1551, nach einer vergeblichen Belagerung Maltas, ließ der Piratenführer *Dragut* seinen Zorn an Gozo aus: Über 5000 Einwohner wurden in die Sklaverei verschleppt, alle übrigen Bewohner niedergemetzelt, die Insel verödete. Erst mit der Beherrschung des Mittelmeers durch die Johanniter plante *Großmeister de Vilhena* Anfang des 18. Jh. eine große Rückbesiedelung, mit Ausnahme der Zitadelle (Victoria) und Fort Chambrais (Mġarr) fehlten jedoch die Gelder für ähnliche Wehranlagen wie auf Malta.

Unterkünfte gibt es fast nur in Xlendi und Marsalforn, vom Hauptort Victoria fahren Buslinien die wichtigsten Punkte der Insel sternförmig an.

Wer zum ersten Mal nach Malta reist und die Hauptinsel noch nicht so gut kennt, sollte für Gozo zumindest einen **Tagesausflug** (im Sommer an einem Werktag, sonst Fähr-Engpässe) einplanen. Ideal ist eine Tagestour per Moped (kein Anstehen an der Fähre!), da man leicht alle interessanten Punkte inklusive Strandbesuche innerhalb eines Tages sehen kann. Mit den Bussen, kombiniert mit einigen Fußmärschen, sind etwa drei Tage anzusetzen, was sich erst ab einem Gesamtaufenthalt von zwei Wochen in Malta empfiehlt.

Wer dagegen Wert auf Ruhe und Beschaulichkeit legt oder vorwiegend tauchen möchte, wird möglicherweise seinen gesamten **Urlaub auf Gozo** verbringen wollen und den einen oder anderen Ausflug zur Hauptinsel unternehmen.

Tipp: Für Besucher Gozos besteht die Möglichkeit, mit dem gozitanischen Kultur- und Geschichtsverein *Ager Foundation* (www.agerfoundation.com, *Victor Galea,* Tel./Fax 21564378) Wandertouren und Workshops (z.B. Herstellung des gozitanischen Käses) zu arrangieren. Eine sehr lobenswerte Initiative, die einen sanften Tourismus auf Gozo entwickeln und die zahlreichen lokalen Traditionen fördern möchte. Ein typisches Halbtages-Programm (9–14 Uhr) beinhaltet den Besuch eines Bauernhofes, Pflanzenbestimmung, Kulturwanderung und Picknick mit lokalen Spezialitäten wie *Met* (gozitanischer Honigwein), *ftira* (selbstgebackenes Brot) mit *gbejniet* (Käse), frisch geernteten Tomaten und Sardellen.

> Our Lady of Virtue – eine historische Pfarrkirche auf Gozo

331Mwl

Standortwahl

Die wichtigsten Orte

Natürlich kann man während des Urlaubs den Standort wechseln, nur ist dies bei der geringen Größe Maltas überflüssig – ein Hotelstandort genügt, aber der muss passen. (Ausnahme: Wer mehr als nur einen Tagesausflug nach Gozo unternehmen möchte sollte seinen Standort auch auf Gozo wählen.) Hierzu vorab ein Steckbrief der wichtigsten Orte auf Malta und Gozo, sofern man auf die öffentlichen Busse angewiesen ist:

- **Valletta:** Hauptstadt, kulturelles und historisches Zentrum, wichtigste nationale Museen, Veranstaltungen, zentraler Busbahnhof, wenig Hotelunterkünfte, kaum Nachtleben, kein Strand. Guter Standort für Senioren/Städtereisende, weniger für Familien/Nachtschwärmer/Badeurlauber.
- **Sliema:** Wirtschaftszentrum (keine Industrie!), Sprachschulen, Einkaufszentrum, viele Hotels, gute Anbindungen nach Valletta (Fähre, Bus), entlang der Nordküste und nach Mdina; kein Strand, einige Kneipen. Eher für Geschäftsleute und für Sprachschüler.
- **St. Julian's:** „Nachtclub Maltas" (Casino, Top-Discos, Bars), noch Gehnähe zu Sliema, etliche Unterkünfte, kleiner Strand. Ein Muss als Standort für Nachtschwärmer.
- **Mdina/Rabat:** alte Hauptstadt im Hochland, ein historischer Höhepunkt, mäßige Busanbindung, gute Wandermöglichkeiten, wenig Hotels, keinerlei Nachtleben. Nur wenn man fernab aller Zentren wohnen möchte.
- **St. Paul's Bay/Buġibba:** Klein-St.-Tropez mit etwas von allem; gute Verkehrsanbindung, viele Unterkünfte, Bademöglichkeite (überwiegend Felsstrandbäder), Promenade, Verleihstellen (auch Räder), Nightlife (z.B. Disco, Kinos) im Entstehen, begrenzt auch Wandermöglichkeiten. Hier wohnen überdurchschnittlich viele Malta-Urlauber – egal ob im Hotel oder in Ferienwohnungen.
- **Marsaskala:** Mäßige Busanbindung, wenige Unterkünfte, Strand am Ortsrand (Bus), wesentlich ruhiger als Buġibba.
- **Mellieħa:** das Städtchen im Norden hat sich seinen dörflichen Charakter bewahrt, bietet Maltas größten Strand (Sand), zahlreiche Unterkünfte und gute Busanbindungen.
- **Victoria/Gozo:** Hauptstadt Gozos, Dreh- und Angelpunkt für Busse, Veranstaltungen, Zitadelle, historischer Höhepunkt, aber wenig Unterkünfte!
- **Marsalforn/Gozo:** Strandstädtchen und Haupt-Touristenzentrum auf Gozo mit vielen Unterkünften und Wassersportaktivitäten; Busanbindung o.k. Gut insbesondere für Familien/Taucher.
- **Xlendi/Gozo:** Landschaftlich reizvoller als Marsalforn, deutlich kleiner und ruhiger; Bootstouren, Wanderungen, Tauchen, kleiner Felsbadestrand. Mäßige Busanbindung, notfalls Gehnähe zu Victoria (drei Kilometer). Sehr beliebt bei Tauchern.
- **Comino:** Die dritte Insel im Bunde wird meist gar nicht erst in Erwägung gezogen; ein Hotelresort (mit Tauchschule und Bootsshuttle nach Malta/Gozo), keine Fahrzeuge zugelassen, Badehöhepunkt ist „Blue Lagoon".

Hinzu kommen noch etliche abgelegene **Resorthotels und -villages,** die in der Regel pauschal vorab gebucht werden.

Wahl nach der Art des Urlaubs

Berücksichtigt man die Tatsache, dass je nach Buslinie nach 20/21 Uhr kaum noch etwas fährt, ergeben sich folgende grundsätzliche Überlegungen für die Standortwahl:

- Wer vorwiegend **Museen und historische Stätten** besuchen möchte, sollte sein Hotel in Valletta oder alternativ in Sliema wählen.

- Wer seinen persönlichen Schwerpunkt im **Nachtleben** sieht, lässt sich in St. Julian's nieder, sonst hat er nachts Transportprobleme.
- Wessen Priorität der **Strand- und Sonnenurlaub** ist, der wählt ein Beach-Resort (Mellieħa, Golden Bay oder Marsalforn/Gozo).
- Wenn man **landschaftliches Panorama und Wandermöglichkeiten** bevorzugt, bietet sich Mdina an, die Auswahl an Unterkünften ist allerdings begrenzt.
- **Taucher** sollten ihren Standort nicht nur nach der Tauchbasis bzw. Tauchplätzen, sondern nach einem alternativen Interessenschwerpunkt wählen, da viele Basen den Taucher täglich vom jeweiligen Hotel abholen.
- **Für den „Von-allem-etwas-Typ"** empfiehlt sich Buġibba/St. Paul's Bay, da gute Busanbindung, aber auch Räder/Mopeds und Leihwagen vorhanden sind, wenn man mal einen Tag per Moped „overland", mal mit dem Bus nach Valletta, mal Mosta usw. möchte.
- Wer (von den Ausflugsbooten zur Blue Lagoon abgesehen) die **absolute Ruhe** sucht, ist auf Comino bestens aufgehoben.

Vorbereitung

Wieviel Voraborganisation ist für eine Maltareise notwendig? Das „Gesamtpaket" setzt sich aus den vier Teilen „An- und Abreise – Unterkunft – Aktivität – Fahrzeug" zusammen. Da die Reise auf dem kombinierten Land-/Seeweg über Sizilien kaum Sinn hat, kommt man in der Regel um die **Buchung eines Fluges** nicht herum (s. „An-/Abreise").

Unterkunft

Fraglich ist nun, ob man im Falle Maltas eine Unterkunft gleich mitbuchen sollte. Dies erspart zwar etwas Arbeit, schränkt aber, da bei Pauschalreisen meist nur bestimmte Hotels zur Auswahl stehen, den Einfluss auf die Unterkunftswahl stark ein – und der Standort spielt in Malta eine wichtige Rolle. Der Leser sollte berücksichtigen, dass die noch so netten Reisebürofachkräfte – wie auch die meisten Internetanbieter – in erster Linie verkaufen wollen und den praktischen Wert des Standortes selbst meist weniger gut kennen als der vielleicht schon vorab informierte Kunde! Vor allem für kleinere Gruppen oder Familien kann es viel preiswerter sein, sich direkt per Mail oder Fax mit einem maltesischen Anbieter von Ferienwohnungen und Farmhäusern in Verbindung zu setzen (s. Unterkunft im Kap. „Praktische Reisetipps A–Z"), ehe man zum Flug pauschal ein Hotel mitbucht. Man beachte, ob dabei der Transfer vom und zum Flughafen inbegriffen ist.

Leihfahrzeug

Die nächste Frage ist, ob und wann ein Leihfahrzeug sinnvoll ist. Wer einen der oben genannten Interessenschwerpunkte gewählt hat und dazu nur den einen oder anderen Ausflug machen möchte, benötigt ebenso wenig ein Leihfahrzeug wie die in Valletta, Sliema oder St. Paul's/Buġibba Untergekommenen. Auf Gozo und den anderen Orten/Resorthotels auf Malta als Standort ist man ohne Fahrzeug dagegen oft verloren. Wiederum besteht die Möglichkeit, direkt vom Heimatland aus über das Reisebüro oder privat direkt beim Anbieter zu buchen oder aber erst vor Ort. In der Haupturlaubszeit (Juli bis August) empfiehlt sich wegen eventueller Engpässe die Voraborganisation, ansonsten wird man in allen größeren Orten leicht selbst fündig (s. Verkehrsmittel und Adressen in den Ortsbeschreibungen).

Freizeitprogramme

Schließlich kann der Maltareisende auch diverse Freizeitprogramme vom Englischkurs bis zum Tauchpaket vorab organisieren (s. „Sprachreisen" sowie „Sport und Aktivitäten" im Kap. „Praktische Reisetipps A–Z"). Auch hier ist es möglich, direkt mit Anbietern in Malta in Kontakt zu treten, viele bieten neben dem Kernangebot (z.B. Sprachkurs) gleichzeitig Flughafentransfer, Leihwagen und Unterkunft mit an – oft auch preiswerter, als man es selbst erzielen könnte. Es handelt sich meist um kleine Anbieter, die nicht an internationale Agenturen angeschlossen sind, der Umgang ist sehr familiär.

Es empfiehlt sich, neben einer Anfrage beim Reisebüro auch eine entsprechende Anfrage nach Unterkunfts- und Aktivitätenpaket direkt an eine Tauch-/Sprachschule, einen Ferienwohnungs-Vermieter oder ein Hotel, eventuell unter Einbeziehung eines Mietwagens, zu richten. Wer unsicher ist, sollte als Standort Valletta/Sliema oder St. Paul's Bay/Buġibba wählen, ebenso Kurzurlauber bis zu einer Woche.

Zeiteinteilung

Die nachfolgenden Empfehlungen dienen als Überblick, welche sehenswerten Orte Maltas innerhalb der zur Verfügung stehenden Zeit als Höhepunkte besichtigt werden können. Lediglich die Empfehlungen für zwei oder mehr Wochen auf Malta richten sich auch an Selbstfahrer. Wenn nicht gesondert darauf hingewiesen ist, können alle genannten Punkte per Bus und/oder Fähre besucht werden.

Kurzaufenthalte auf Malta

Flüge sind für rund 250 € (an Ostern/Pfingsten teurer) zu haben, und dank der günstigen Abflugzeiten, z.B. ab Frankfurt/Main am Abend, bietet sich Malta auch als Ziel für Kurzurlaube oder aber auch verlängerte Wochenenden an. Hier empfiehlt es sich dann, die Unterkunft in Sliema zu wählen und von dort aus am ersten vollen Tag **Valletta,** am zweiten Tag **Mdina/Rabat** und schließlich am Vormittag des dritten Tages **Mosta** zu besuchen.

Malta und Gozo in einer Woche

Eine große Anzahl Reisender bleibt für eine gute Woche in Malta – ausreichend Zeit für die wichtigsten Sehenswürdigkeiten einschließlich eines Abstechers nach Gozo in Form eines Tagesausfluges. Bei Hinflug Freitagabend und Rückflug am Sonntag stehen acht Tage zur Verfügung. In diesem Fall bietet es sich an, Buġibba/St. Paul's Bay oder Sliema als Standort zu wählen. Dann können die „Highlights" in beliebiger Reihenfolge besucht werden. Die Kennbuchstaben „K" (für kulturelle, geschichtliche oder kirchliche Sehenswürdigkeit) und „N" (für Natur, Landschaft, Aussicht, Strand) erleichtern das Zuordnen zum eigenen Interessenschwerpunkt.

- **Valletta:** Upper Barracca Gardens (N), Großmeisterpalast (K), St. John's Co-Cathedral (K), Auberge de Provence, Nationalmuseum (K)
- **Cottonera:** Inquisitorenpalast (K), San Lawrenz (K), Vedette (N)
- **Mdina/Rabat:** Bastionsmauern (N), Kathedrale (K), St. Paul's-Kirche und Grotte (K)
- **Pawla:** Hypogäum (K), Tarxien-Tempel (K)
- **Mosta:** Rotunda (K)
- **Marsaskala:** Fischereihafen mit Markt (N), Delimara-Halbinsel (N)
- **Mellieħa:** Pfarrkirche Sta. Marija (K), Sweethaven (Popeye Village, N)
- **Die alten Städte:** St. Anton Gardens (K, N)
- **Gozo:** Zitadelle (Victoria, K), San Lawrenz (N)

Badebuchten und Landschaft

Die schönsten Badebuchten sind die **San Blas Bay** und **Ramla Bay** (beide Gozo), **Peter's Pool** (Delimara; Fels) **Golden Bay** und **Gnejna Bay** (beide Nordmalta).

Die landschaftlich schönsten Regionen liegen auf Malta und Gozo jeweils an der Südküste. Wer mit einem Leihfahrzeug (Wagen oder Moped) unterwegs ist, sollte unbedingt die Punkte rund um Laferla Cross Vista, die beschriebene Nebenroute entlang der Victoria Lines und das Gebiet Marfa Ridge – Manikata – Għajn Tuffieħa einplanen – es lohnt sich!

Kakteen gehören zu Maltas Felslandschaften

012M wl

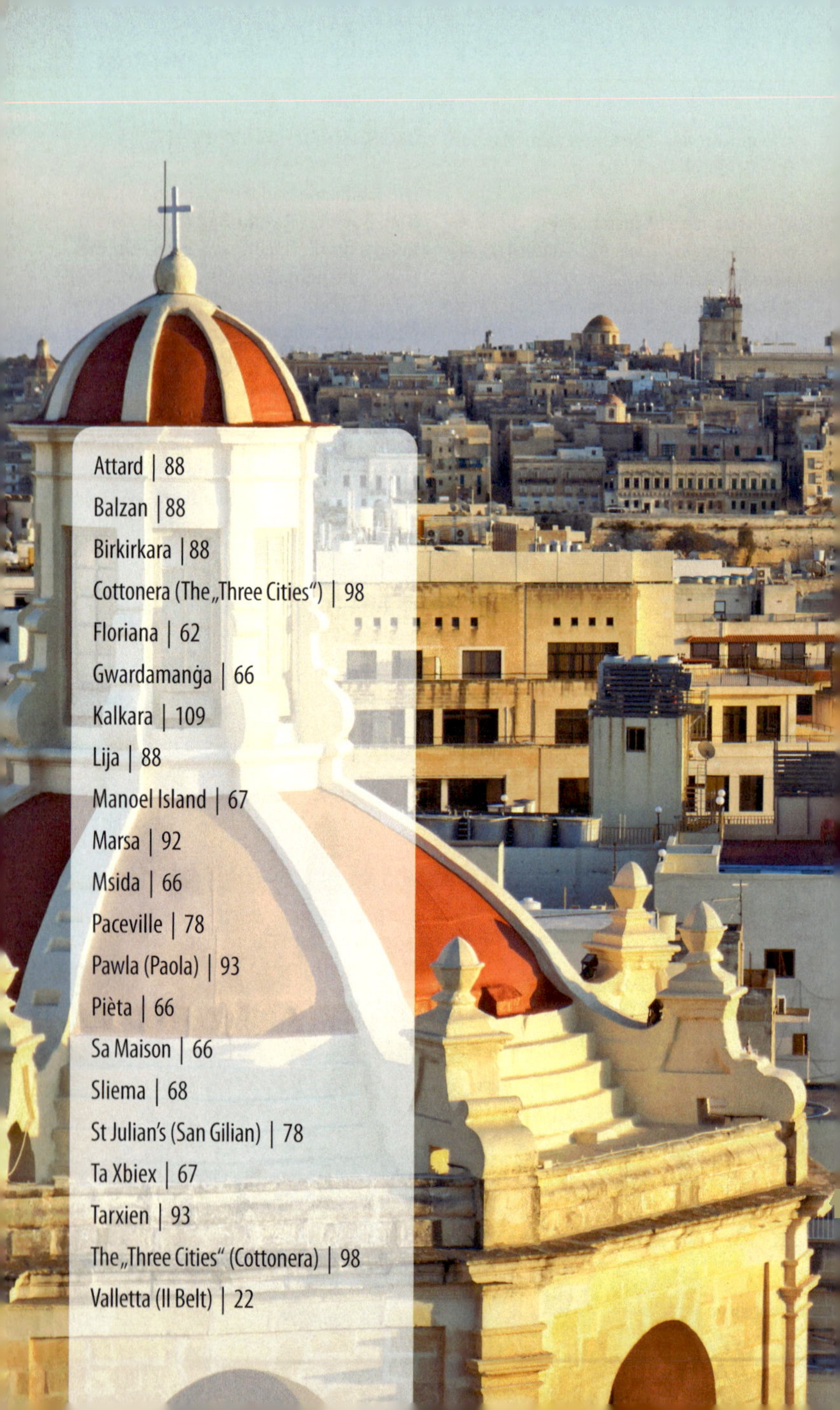

1 Rund um Valletta

Rund 250.000 Menschen leben hier im wirtschaftlichen, politischen und kulturellen Herzstück der Inselrepublik. Universität, Schulen, Hafenanlagen und Lagerbauten sind ebenso zu finden wie Museen, Verwaltungsgebäude, Ministerien und diplomatische Vertretungen. Jeder Besucher Maltas muss auch Valletta gesehen haben – eine Hauptstadt ob ihrer historischen Bausubstanz vollständig unter Denkmalschutz.

‹ Blick über Valletta

RUND UM VALLETTA

Das dicht besiedelte **Städtekonglomerat** an der Nordostküste rund um Valletta und den **Grand Harbour** (großen Hafen), bestehend aus 25 auf dem Papier immer noch eigenständigen Orten von St. Julian's über Birkirkara und Pawla bis Vittoriosa, ist heute praktisch eine zusammengewachsene Großstadt mit entsprechenden Stadtteilen. Wer auch nur ein klein wenig Vorliebe für die Geschichte mitbringt, wird sich zwischen **steinzeitlichen Monumenten,** uneinnehmbaren **Kreuzritterfestungen** und **Weltkriegsrelikten** wohl fühlen.

NICHT VERPASSEN!

- **Piazza de la Valette,** eine Hommage an den Gründer der Stadt | 30
- **Upper Barracca Gardens,** Open Air Geschichte mit famosem Blick über den Grand Harbour | 34
- **St. John's Co-Kathedrale,** sakrales Meisterwerk in Glanz und Gloria der Johanniter | 38
- **Wignacourt-Aquädukt,** Relikt eines architektonischen Meisterwerkes der Johanniter | 89
- **Tarxien,** Steinzeittempel als älteste menschliche Relikte auf Malta | 96

Diese Tipps erkennt man an der gelben Hinterlegung.

Valletta (Il Belt)

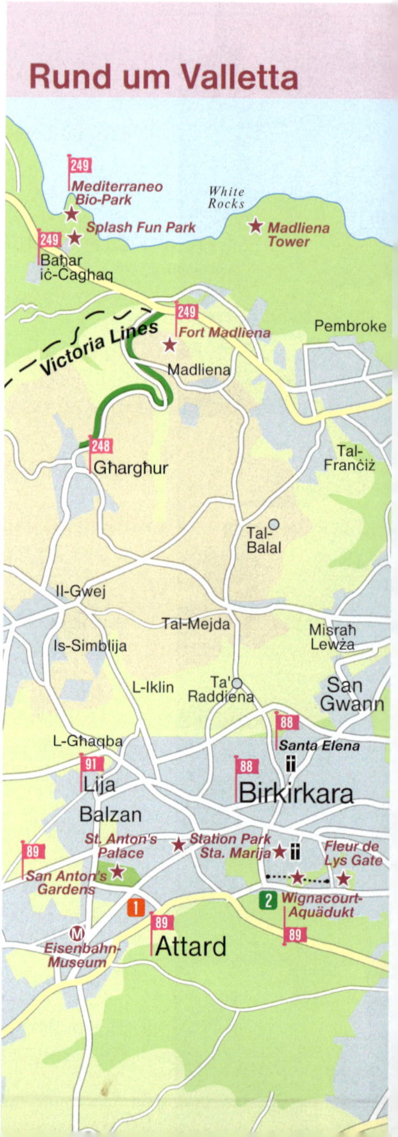

„Es bestand kein Anlass zu Fröhlichkeit und Ausgelassenheit an jenem Septembermorgen anno domini 1565, als Fra Jean Parisot de la Valette, mit 70 Lenzen betagter Großmeister des „ritterlichen Ordens des heiligen Johannes vom Spital in Jerusalem, vormals Rhodos", durch die blutgetränkten Gassen der Festungen am großen Hafenbecken schritt. Die Türken waren, mit Gottes Hilfe, in letzter Sekunde

vertrieben worden, doch der Blutzoll war immens gewesen – einem weiteren Angriff würde der Orden nicht standhalten können. De la Valette blickte hinüber auf die andere Seite des Hafenbeckens, den Monte Scibberas mit seinem Fort St. Elmo. Dort, mutmaßte er, könne man den gesamten Hafen besser kontrollieren und gleichzeitig eine befestigte Stadt zum Schutz aller anlegen. Uneinnehmbar sollte sie werden, auf ewig, und, deus vult, seinen Namen tragen – Valletta.“

(Legende zur Stadtgründung)

Valletta oder *Il Belt* (die Stadt), wie die Malteser ihre Stadt nennen, birgt das kulturelle, historische und politisch-administrative Zentrum Maltas und fungiert offiziell als **Hauptstadt** der Inselrepublik. Der politische Bereich wird allerdings zunehmend in das modernere Wirtschaftszentrum Sliema verlegt, die Mehrzahl der ausländischen Konsulate hat sich dort, auf der anderen Seite des Marsamxett-Hafens, angesiedelt. Der Hauptgrund hierfür liegt in der Tatsache, dass in Valletta praktisch keinerlei

bauliche Veränderungen an den jahrhundertealten Bauwerken vorgenommen werden durften – ganz Valletta steht, für eine Hauptstadt einmalig in Europa, **vollständig unter Denkmalschutz.** Eigentlich! Denn vor wenigen Jahren kam man auf den (glorreichen?) Gedanken, gleich zwei markante Eingriffe in die Altstadtarchitektur vorzunehmen: zum einen wurde das alte Stadttor ersatzlos abgerissen, um Platz für das neue Parlamentsgebäude zu schaffen, zum anderen wurde ein Außenaufzug von den Upper Barracca Gardens hinunter zum Grand Harbour gebaut – mit beiden Baumaßnahmen haben sich die Stadtväter nicht nur Freunde gemacht. Fahrzeugverkehr innerhalb der Stadtmauern ist ausschließlich für die ca. 15.000 Anwohner gestattet, wobei die Zufahrt nur über das Victoria Gate und die Marsamxett Street möglich ist. Zudem bestehen etliche Straßenfluchten aus breiten Treppen und sind ohnehin nicht befahrbar – eine für Fußgänger angenehme Tatsache.

600M wl

Viele Impressionen der Stadt mit ihren schnurgeraden Sträßchen und Hügeln erinnern an die berühmten „Straßen von San Francisco". Valletta ist hervorragend zu Fuß zu erkunden. Wer ganz Valletta durchstreift, wird das eine oder andere überflüssige Pfund, und zwar nicht nur das maltesische, loswerden!

Es sollten trotz des kleinstädtischen Charakters etwa zwei bis drei Tage eingeplant werden, um die wichtigsten Sehenswürdigkeiten und Museen zu besichtigen. Auch wer nicht unbedingt geschichtlich interessiert ist, sollte einmal durch die Sträßchen Vallettas schlendern und einen Blick auf das Alltagsleben der Malteser werfen. Die Festungsarchitektur, die gemächliche Lebensweise wie auch die grandiose Lage über dem Grand Harbour – all dies verlockt dazu, einfach umherzubummeln, den Pastizzibäckern zuzusehen oder ein kühles Glas Ċisk-Bier zu genießen.

Valletta – Hauptstadt in Mauern

Einige der prunkvollen Bauwerke Vallettas befindet sich heute entweder in Privatbesitz oder dienen als Amts- und Verwaltungsgebäude. Die zur Besichtigung freigegebenen Häuser und Museen sind als solche gekennzeichnet, Kirchen und Gärten können ohnehin uneingeschränkt besucht werden.

Der Busreisende kommt am **zentralen Busplatz** an der Nelson Road mit dem Tritonenbrunnen vor dem Hauptzugang Vallettas an, der verwaltungstechnisch zu Floriana gehört. Mit Haltestelle „Valletta" ist immer dieser Platz gemeint.

Architektur und Geschichte

Nachdem die Türken im September 1565 am Ende der großen Belagerung abgezogen waren, legte der siegreiche Ordensgroßmeister **Jean de la Valette** am **28.3.1566** den **Grundstein** für die neue Hauptstadt. Beeindruckt von der heldenhaften Leistung der Ordensritter, erwiesen sich insbesondere die spanischen und französischen Könige als besonders großzügige Geldgeber. Der päpstliche Architekt **Francisco Laparelli da Cortona** (1521–1570) hatte binnen weniger Tage „am Reißbrett" ein auf die Verteidigungsbedürfnisse des Ordens abgestimmtes Konzept entwickelt, welches nun von Sklaven und süditalienischen Lohnarbeitern umgesetzt wurde.

Der Felsboden südlich des zerstörten **Fort St. Elmo** wurde begradigt und landseitig, vor der Stadtmauer, ein 15 Meter tiefer Graben gezogen. Anschließend kamen die turmartigen Festungen (Kavaliere, engl. *cavalier*) sowie die Verbindungsmauern zwischen den Bastionen (Kurtinen, engl. *curtain*) hinzu. Schließlich legte man in der Stadt ein **gitternetzförmiges Straßensystem** an, und die Monumentalbauwerke Vallettas wurden errichtet. Das Straßensystem sollte vor allem schnellen Nachschub im Falle von Angriffen ermöglichen. Alle Bauwerke mussten über einen eigenen Brunnen sowie „Kanalanschluss", ein vom Meerwasser durchflutetes unterirdisches System, verfügen.

Laparellis maltesischer Assistent **Gerolamo Cassar** (1520–1587) übernahm ab 1568 den weiteren Ausbau Vallettas und baute neben vielen anderen Bauwerken den **Großmeisterpalast,** die **Ordenskirche** und sieben der berühmten acht Herbergen der Landsmannschaften (frz. *Auberge*), Sitz der einer bestimmten „Zunge" zugehörigen Ordensritter. Auch die Festungsmauern und Bollwerke wurden, einer Ordenstradition gemäß, den diversen Zungen (= Sprachen) des Ordens zugewiesen und nach ihnen benannt (French Curtain, German Curtain usw.). *Cassars* bollwerkartiger Baustil mit untergeordnetem Zierwerk wurde prägend für das Stadtbild. Weitere namhafte Baumeister waren *G. Barbara, G. Bonnici, G. Bonavia* und *L. Gafà* (s. Glossar), auf deren Namen man in Malta wiederholt treffen wird.

> Typische Treppengasse in Valletta

LOTTO
office
MAGNERS
BEVERAGES:
-COFFEE
-SOFT DRINKS
-FRESH ORANGE
-JUICES
-LOCAL & FOREIGN
BEERS
-WINE
TIME DEDICATED TO YOU

601M wl

Gebaut wurde schon damals mit dem typischen, grob gehauenen, gelben Globigerinerkalk, der auch heute noch südlich von Luqa (Mqabba, Żurrieq) abgebaut wird. Je nach Sonneneinstrahlung erscheinen Gemäuer und Gebäude mal cremig-hell, mal goldschimmernd, mal gleißend – ein gleichsam faszinierendes wie auch monotones Farbenspiel.

De la Valette und seine Ordensmannen waren allerdings nicht die ersten Siedler auf dem Monte Scibberas. Jahrtausende zuvor hatten unbekannte Siedler hier eine Megalithenkonstruktion errichtet, die in den Berichten *Laparellis* zum Fortgang seiner Bauarbeiten beiläufig als „Hindernis" Erwähnung fanden.

Im 17. Jahrhundert wurde landseitig der Verteidigungsgürtel durch den italienischen Festungsbaumeister **Paolo Floriani** erweitert und rund um den heutigen, nach ihm benannten Stadtteil Floriana gezogen. Dieser Vorwall Vallettas ist auch heute noch gut erhalten und lohnt einen Besuch.

Bis zur Landung *Napoleons* (1798) blieb Valletta der Hauptsitz des Malteserordens, dann mussten sich die Ordensritter zurückziehen. Die letzten, überwiegend hafenseitigen Änderungen und Erweiterungen des Festungswalls ließen die **Engländer** im **19. Jh.** vornehmen. Valletta und der strategisch bedeutsame **Grand Harbour** wurden im Zweiten Weltkrieg wiederholtes Ziel von **Luftangriffen,** wobei fast 90% der Stadt zerstört wurden. Nach dem Krieg wurde die Hauptstadt nach den alten Plänen *Laparellis* **originalgetreu wieder aufgebaut,** und so konnte – trotz aller Zerstörungen – der ritterliche Charme nahezu vollständig erhalten werden.

Allgemeine Hinweise zu Eintrittspreisen

Natürlich möchte man sich vor Ort auch die eine oder andere Hauptsehenswürdigkeit genauer anschauen, und dazu gibt es auf Malta reichlich Gelegenheit. Das kann aber, besonders für Familien, ziemlich ins Geld gehen, starten doch die Preise für Einzeltickets bei 5 € und reichen bis zu 20 € für das Hypogäum. Nicht dass es das nicht wert wäre, aber manch einer möchte doch mehrere Stätten besuchen, ohne am Ende eines kulturell reichhaltigen Tages festzustellen, dass die Reisekasse vorzeitig an dramatischem Auflösungserscheinungen leidet.

Basierend auf den eigenen Interessen sollte man zunächst in etwa wissen, was man sich überhaupt anschauen möchte. Dann sollte man alle Vergünstigungsmöglichkeiten rigoros nutzen, wobei prinzipiell folgende Preisgestaltung gilt: auf den Normalpreis eines Erwachsenen zahlen Kinder von 6 bis 11 Jahren 50%; dazwischen – also bei ca. 75% – liegen die „ermäßigten" Karten. Diese gelten für Rentner (Achtung: als „Senior" gilt in Malta, wer älter als 59 ist!), Studenten (Ausweis), Jugend (12–17 Jahre), Versehrte (Ausweis), und manchmal auch Besitzer der **„Euro<26 Karte".** Kinder bis 5 Jahre sind vom Eintrittspreis befreit (Ausnahme: Hypogäum, hier dürfen Kleinkinder nicht mit hinein!).

Darüber hinaus bieten einige Städte **Museums-Kombikarten** an, und zwar:

- **Valletta Multi Site Ticket:** Tages-Museumskarte für *National War Museum of Fine Arts, National Archaeology Museum, Palace Armoury* und *Palace State Rooms.* Erwachsene 20 € (30 € mit Audio-

Guide), ermäßigt 15 € (24 € mit Audioführer), Kinder 10 €/19 €.

- **War Heritage Pass:** Gültig für den *Military Heritage Park (Lascaris War Rooms/Saluting Battery, Valletta), Malta at War Museum (Vittoriosa)* sowie *Fort Rinella*; 25 €.
- **Rabat/Mdina Multi Site Ticket:** Tageskarte gültig für das *Domus Romana, St Paul's Catacombs sowie das National Museum of Natural History.* 14 €, ermäßigt 9 €, Kinder 6–11 Jahre 7 €.
- **Vittoriosa Multi Site Ticket:** Tageskarte für den *Inquisitorenpalast* und das *Malta Maritime Museum* von Vittoriosa. Erwachsene 7 €, ermäßigt 6 €, Kinder 4,50 €.
- **Gozo Multi Site Tickets:** a) gültig für *Ggantija* und die *Ta'Kola Windmühle* und b) alle Museen der Zitadelle/Victoria. Jeweils Erwachsene 8 €, ermäßigt 6 €, Kinder 4 €.
- **Tipp: Monatskarte „Heritage Malta Multi Ticket"**, gültig 15 Tage ab Kauf für alle derzeit 22 Stätten und Museen auf Malta und Gozo, die unter *Heritage Malta* zusammengefasst sind. 35 €, ermäßigt 27 €, Kinder 15 €, Familienkarte (2+2/1+3) 75 € (http://heritagemalta.org/index.php/book-buy/admission-fees).
- Die historischen Stätten und Museen werden vergleichsweise häufig restauriert bzw. umgestaltet, erweitert, ergänzt; es kann daher vorkommen, dass nicht alle Stätten/Museen – das gilt auch außerhalb Vallettas – geöffnet sind. Wer ganz gezielt nur bestimmte Ziele aufsuchen möchte, kann auf der staatlichen **Museumsseite www.heritagemalta.org/visiting** die neuesten Projekte und damit auch Schließungen einsehen.

Sehenswertes

Stadtzugang (ehem. City Gate) und Republic Street

Hinter der Brücke über den Stadtgraben, vorbei an fliegenden Händlern, Losverkäufern und Bäckern mit typisch maltesischen Teilchen und Broten, betritt man mit dem Durchschreiten der voluminösen Stadtmauer, einem der ersten Mauerwerke Vallettas, die eigentliche Stadt. Während das Gebäude zur Linken ein kleines **Einkaufszentrum** beherbergt, wurden rechter Hand das neue Parlamentsgebäude in die Stadtmauer integriert. 2011 wurde das alte Stadttor (City Gate, vormals Porto San Giorgio, malt. *Putirjal*) für diesen Zweck komplett abgerissen. Von hier bis zum Fort St. Elmo am anderen Ende der Stadt zieht sich die schnurgerade Republic Street (Triq ir-Repubblika), die Hauptstraße und **Flaniermeile** mit zahlreichen Geschäften, Institutionen und Bauwerken.

Royal Opera

Zunächst fallen rechter Hand die Ruinen der ehemaligen Royal Opera ins Auge, die bis 2014 in ein modernes Freilichttheater umgewandelt wurden; Teile der früheren Bausubstanz konnten dabei integriert werden. Zur Zeit der britischen Kolonialherrschaft errichtete der Brite *E.M. Barry* um 1860 die Königliche Oper, die im Zweiten Weltkrieg zerstört wurde. Da sie als untypisch für das Stadtbild eingestuft wurde, beließ man sie über Jahrzehnte als **Ruine** und Parkplatz. Der eigentliche Grund, so wird hinter vorgehaltener Hand gemunkelt, sei jedoch die Tatsache, dass die britische Kolonialverwaltung bei der Auftragsvergabe seinerzeit einen Engländer dem maltesischen Architekten *Giuseppe Bonavia* vorgezogen habe. Tatsächlich existieren Originalpläne *Bonavias* aus dem Jahre 1858, die dem Stadtbild deutlich besser entsprochen hätten. Mysteriös war auch die Tatsache, dass die Oper im Mai 1873, sieben Jahre nach der Uraufführung, unter nie geklärten Umständen niederbrannte und danach erneut nach den Plänen *Barrys* wieder aufgebaut wurde. Ein Modell der alten Royal Opera ist heute im Manoel-Theater zu sehen.

Die Oper war nicht das erste Gebäude an diesem Platz. Vom vorherigen Bauwerk, dem Sitz des *Turcopiliers* (Oberbefehlshaber der Kavallerie), ist allerdings nichts erhalten.

Piazza de la Valette

Direkt dahinter öffnet sich der kleine Platz Piazza de la Valette, in dessen Zentrum eine Statue des Stadtgründers und legendären Ordensgroßmeisters *Jean Parisot de la Valette* erinnert. Die 700 kg schwere und 2,50 m hohe Statue hält den Gründungs-Stadtplan Vallettas in der rechten sowie ein Schwert als Zeichen der Verteidigungsbereitschaft in der linken Hand. Das Werk des heimischen Bildhauers *Joseph Chetcuti* wurde Ende 2012 im Zuge der Umgestaltung des Stadtzuganges von Premierminister *L. Gonzi* feierlich enthüllt.

St. John's Cavalier und Hastings Gardens

Die Festung St. John's Cavalier, einer der beiden „Wächter" Vallettas aus der Gründerzeit, ist heute Sitz der **Botschaft des Souveränen Malteser-Ritter-Ordens** (siehe „Geschichte").

Auf der anderen Seite der Pope *Pius V.* und Windmill Street erstrecken sich auf den starken, äußeren Festungsmauern die Hastings Gardens von der **St. John's Bastion** bis zur **St. Michael's Bastion.** Dieser größte Park der Stadt wurde nach dem ehemaligen britischen Gouverneur *Francis Rawdon Marquis of Hastings* (1754–1826) benannt, der sich für das Empire in Indien und Nepal verdient gemacht hatte. Von hier aus hat man zwischen Rastbänken und Springbrunnen einen guten Überblick über den Marsamxett-Harbour sowie über die gigantischen äußeren Stadtmauern Vallettas, in die auch die *Central Bank of Malta* teilweise unterirdisch integriert wurde.

Im Hastings Garden steht das eher unscheinbare **Denkmal Sette Giugno,** welches an die Aufstände vom 7.6.1919 erinnert. Wegen der unter den Briten nach dem ersten Weltkrieg steigenden Preisen bei gleichzeitig niedrigen Löhnen kam es landesweit zu Versorgungsengpässen, die sich am 7. Juni 1919 in Aufständen äußerten. Vier maltesische Bürger kamen dabei ums Leben, als Resultat wurde jedoch erstmals eine von den Bürgern wählbare Lokalverwaltung eingesetzt.

St. James Cavalier

Die St. James Cavalier *(St. Jakob),* der andere „Wächter", war eine der ersten Anlagen, die *Jean Parisot de la Valette* zum Schutz der neuen Stadt anlegen ließ. Die schweren **Kanonen** konnten von hier aus sowohl das Hafengebiet wie auch die Stadt bis zum Fort St. Elmo erreichen. Die Inschrift am Tor „Università de dei grani 1686" weist auf das einstige verwaltungstechnische Instrument Maltas, die **Università** (siehe Glossar im Anhang dieses Buches) hin.

St. James wurde vor wenigen Jahren aufwendig **restauriert,** wobei das innen modern ausgestattete Bauwerk trotz moderner Elemente geschickt in die Architektur der Kreuzritter integriert wurde. Es beherbergt heute das **Centre for Creativity** mit Ausstellungen, Theateraufführungen, Kino, Konzertsaal und dem guten Café-Restaurant Inspirations. An Sonntagvormittagen wird vor den Gemäuern ein auch für Besucher interessanter **Wochenmarkt** mit allerlei heimischen landwirtschaftlichen Produkten, Küchenutensilien und Kleintextilien abgehalten.

National Museum of Fine Arts (Admiralty House)

Das Gebäude an der South Street wurde vom Johanniterorden in den 60er Jahren des 18. Jh. als Gästehaus – gewissermaßen als erstes Hotel der Stadt – errichtet (Architekt: *J. Soubiran*) und ab 1821 von den Engländern als Sitz der Admiralität genutzt. Unter vielen anderen residierte hier *Lord Mountbatten,* oberster Flottenchef Englands im Zweiten Weltkrieg.

Der Bau wurde bis 1974 restauriert und als nationales Kunstmuseum hergerichtet. Der historisch interessanteste Teil des Museums liegt im Untergeschoss und hat mit „Fine Arts" wenig gemein: Hier werden unter anderem eine **Waffensammlung** sowie Utensilien und Zubehör des früheren Ordenshospitals gezeigt. Im Obergeschoss werden neben überwiegend italienischen Gemälden aus dem 14.–17. Jh. Werke des **maltesischen Bildhauers Antonio Sciortino** ausgestellt, im Erdgeschoss nationale und internationale Kunstwerke sowie Gemälde mit **historischen Eindrücken von Malta** durch die Jahrhunderte.

■ **National Museum of Fine Arts,** geöffnet tgl. außer Weihnachten, Silvester, Neujahr und Karfreitag 9–17 Uhr, Eintritt 5 €, Senioren und Kinder von 6 bis 11 Jahren 2,50 €.

Auberge de France

Die Franzosen nahmen eine herausragende Rolle unter den Johannitern ein, der bedeutende *Grand Hospitalier* (Vorsteher des Ordensspitals) kam grundsätzlich aus Frankreich. Auch die Verteidigung der landseitig wichtigsten Bastion Vallettas, St. James Cavalier, blieb ihnen vorbehalten. Dementsprechend prächtig war auch ihr Sitz. Die 1588 von *G. Cassar* für die französische Landsmannschaft des Ordens errichtete Auberge de France wurde allerdings im letzten Krieg **vollständig zerstört.** Außer historischen Fotografien und Stichen in den Museen ist äußerst wenig von der Zentrale der bedeutendsten Landsmannschaft des Johanniterordens bekannt. An der Stelle der ehemaligen Herberge wurde nach dem Weltkrieg das heutige **Workers Memorial Building** (Arbeitergedenkhaus) errichtet.

■ Die **Gaststätte** im Inneren bietet sehr preiswerte Schnellgerichte und Snacks an.

St. Augustine's Church

Eines der unbekannteren Bauwerke des maltesischen Vorzeige-Architekten *G. Cassar* kann man in der Old Bakery Street bewundern. 1571 baute er diese dem *Hl. Augustin* geweihte Stadtteilkirche, die von innen geradezu bombastisch wirkt. Die Figur des *Augustin* wird auf dem kleinen Balkon oberhalb des Hauptaltars aufbewahrt.

■ Geöffnet täglich 6–12 und 15–17.30 Uhr

Buttiġieg-Francia Palace

Errichtet 1876 von „Stararchitekt" *Giuseppe Bonavia,* vereint der ehemalige **Stadtpalast** an der Republic Street maltesische, venezianische und klassische Elemente. Das Gebäude wurde auf dem Gelände der einstigen Waffenschmiede der Ordensritter, der sogenannten *Ferreira* (von lat. *ferrum* = Eisen), gebaut und trägt noch heute inoffiziell den Namen **Palazzo Ferreira.** Der von *Bonavia* als architektonisches Gegengewicht zur gegenüberliegenden alten Oper gedachte Palastbau wurde im ausgehenden 19. Jh. das Vorbild vieler kleinerer Privathäuser der Stadt. Heute haben hier diverse Verwaltungen Maltas ihren Sitz.

St. Francis Church

Die keineswegs immer mit den Johannitern übereinstimmenden Ordensbrüder der **Franziskaner** durften 1598 eine eigene, kleine **Ordenskapelle** in Valletta errichten. Die barocke Fassade an der Republic Street stammt allerdings erst aus dem Jahre 1681, das Titularbild „Verklärung des Franziskus" im Inneren wurde vom maltesischen Maler *Giuseppe Cali* im späten 19. Jh. hinzugefügt.

St. Barbara Church

Die Konventskirche für die Ordensritter provenzalischer Herkunft entstand 1739 nach Plänen von *Giuseppe Bonnici* schräg gegenüber der St. Francis Church und ist, wie viele andere kleinere Kirchen der Stadt, fest in die Häuserzeile integriert und daher kaum zu erkennen. St. Barbara ist eine der wenigen Kirchen Maltas, in denen an Sonntagen vormittags eine **Messe in deutscher Sprache** abgehalten wird.

Kirche Our Lady of Victory und Boffa-Memorial

Am Victory Square, dem Siegesplatz, legte *Großmeister Jean Parisot de la Valette* am 28. März 1566 den **Grundstein für die neue Stadt** mit dieser Kirche. In Angedenken an den glorreichen Sieg nannte er sie „Ta Vittoria" (Siegreiche), später wurde sie gemeinhin „Our Lady of Victory genannt". *De la Valette* wurde hier 1568 bestattet (später in die Co-Kathedrale verlegt); ab dem frühen 17. Jh. diente Ta Vittoria lange Zeit als Ordenspfarrkirche. Die heutige barocke Fassade wurde im 18. Jh. von *R. Carapecchia* hinzugefügt. Die Büste oberhalb des Portals stellt *Papst Innozenz XI.* dar, eine Dankesgeste von *Großmeister R. Perellos* für die Schlichtung eines Streits zwischen Orden und Bischof.

Das **Denkmal** links vor der Kirche zeigt einen der bedeutendsten maltesischen Politiker der Nachkriegszeit, **Sir Paul Boffa** (*Pawl Boffa,* 1890–1962), der sich 1947–1950 als erster Premierminister einer Labour-Regierung nach dem Krieg verdient machte.

Auberge d'Italie (Hauptpost, TI)

Dieses Gebäude mit einer äußerst wechselhaften Geschichte geht auf *G. Cassar* zurück, der es 1574 für die italienische Zunge errichtete. Der zunächst einstöckige Bau wurde im 17. Jh. unter dem italienischen Großmeister *Carafa* erweitert und im **barocken Stil** neu ausgebaut, da dieser einen einstöckigen Bau für die Landsmannschaft eines italienischen Großmeisters als unangemessen ansah. Er findet sich mit Büste und Wappen oberhalb des Portals verewigt.

Die Italiener waren für die Verteidigung der Peter & Paul's Bastion zuständig, ihr Pilar (Pilier) hatte stets auch den Posten des Großadmirals der Ordensflotte inne. Der zentrale Sitzungssaal im Erdgeschoss erinnert mit **Gemälden der Dardanellenschlacht** (1656) an die glorreichsten Tage des Ordens.

Während des Zweiten Weltkriegs richteten die Engländer hier ihren Gerichtshof ein, nach Kriegsende entstand ein Museum. Erst nach der vollständigen Beseitigung der Kriegsschäden nahm die maltesische **Hauptpost** in der Auberge d'Italie ihren Sitz. Zudem findet man hier die **zentrale Tourismusbehörde** (im Erdgeschoss, Merchants Street 229, Tel. 22915440, Mo–Sa 9–17.30, So 9–13 Uhr).

Palazzo Parisio

Dieses 1760 entstandene Privathaus ging später in den Besitz der Familie *Parisio* über, von deren Name sich die heutige Bezeichnung ableitet. Im Juni 1798 erwählte *Napoleon Bonaparte* während seiner Landung auf Malta den Palazzo Parisio zu seinem Quartier.

Heute ist er der Sitz des maltesischen Außenministeriums und daher für die Öffentlichkeit nicht zugänglich.

St. Catherine Church

Gegenüber der Ta Vittoria schließt sich unmittelbar an die Auberge d'Italie die Katharinenkirche, seinerzeit Kapelle der italienischen Zunge, an. Der kleine Kuppelbau entstand 1576 unter der Leitung von *G. Cassar.* Das heutige Gebäude wurde allerdings um 1715 komplett neu errichtet und mit einem Titularbild des maltesischen Künstlers *M. Preti* versehen. Wieder verwendete Originalteile der ursprünglichen Kirche sind die Eckpilaster und Halbbogenfenster.

Auberge de Castille, Leon et Portugal

Auch diese „Herberge" wird nicht ganz zutreffend als Werk *Cassars* bezeichnet. Zwar baute der maltesische Architekt 1574 am gleichen Ort eine kleinere Auberge, doch wurde diese von *Großmeister Emanuel Pinto de Fonseca* (Portugal) abgerissen und durch den Baumeister *D. Cachia* 1744 als **barocker Prunkbau** neu errichtet. Wie bei der Auberge d'Italie empfand man das ursprüngliche Gebäude als nicht angemessen und wollte einen zweistöckigen Bau als landsmannschaftliche Repräsentanz. *Pintos* Name ist in den Kanonen vor dem Palast verewigt, seine Büste findet sich an der Fassade oberhalb des Säulenportals, sein Wappen oberhalb des Mittelfensters im Obergeschoss.

Die **Iberer** hatten, neben den Franzosen, eine Schlüsselposition im Ordensstaat inne, sie stellten den *Gran Cancellar* (Großkanzler) und wachten über die Ordenssiegel. Nach dem Ende der Ordensherrschaft residierten die jeweiligen Machthaber in der Auberge de Castille, Leon et Portugal, heute dient sie als **Amtssitz des maltesischen Premierministers.** Die Statue vor dem Palast zeigt *Manwell Dimech* (1860–1921), den Vorkämpfer der Sozialisten auf Malta.

Saluting Battery

Upper Barracca Gardens

Der einstige Exerzierplatz der Johanniter oberhalb der St. Paul's Bastion fasziniert seit jeher jeden Besucher Vallettas durch seine famose Lage. Ob am frühen Morgen, tagsüber oder nach Einbruch der Dunkelheit, ein Besuch hier zeigt Valletta und den gesamten Grand Harbour einschließlich der mächtigen Festungen auf der anderen Hafenseite von seiner schönsten Seite. Die **fantastische Aussicht** über Stadt und Umland muss man einfach mehrmals ausgiebig auf sich wirken lassen: Das Panorama reicht von interessanten Perspektiven durch die

Saluting Battery – die Geschichte der Noon Day Gun

Das heute recht **touristische Spektakel** um 12.01 Uhr in den Upper Barraca Gardens hat eine lange Tradition und geht auf die britische Handelmarine und die *British East Indian Company* zurück, als das Einfahren von ihrer Reise zurückkehrender Handelsschiffe in die Heimathäfen ursprünglich mit einem Kanonenschuss begrüßt wurde (daher: *saluting battery*). Später wurde das Verfahren vereinheitlicht und pauschal täglich einmal geschossen. Man einigte sich auf ein allgemeines Signal zum Anbruch des Nachmittags („noon"), weshalb um Schlag 12.01 Uhr gefeuert wurde und wird. Das Ritual ähnelt einer traditionellen militärischen Wachablösung, gestopft werden zeitgleich zwei Kanonen, um bei Versagen eines Zünders sofort Ersatz parat zu haben und das 12.01 Uhr Signal auf jeden Fall einzuhalten. Dieses Ritual kann in mehreren Regionen mit einstiger britischer kolonialer Präsenz beobachtet werden, etwa in der ehemaligen Kronkolonie Hongkong.

- Der Park wird abends gegen **22.30 Uhr geschlossen,** Eintritt frei.
- Ein moderner und architektonisch zwiespältig beurteilter **Lift** (zu 85 % mit EU-Fördermitteln gebaut) führt von Upper Barracca Gardens hinunter zum Ufer Richtung Grand Harbour Passagierhafen. Die Idee geht auf die (britische) Nachkriegszeit zurück, als ein derartiger Lift schon einmal existierte und Passagiere vom Hafen schnell nach oben in die Stadt brachte.
- Vor dem Parkeingang liegt linker Hand das *Dar L'Emigrant,* wo mehrmals täglich di**e Multivisions-Show „Sacred Island"** dargeboten wird. Zentrales Thema dieser Darbietung ist der Schiffbruch des Apostel *Paulus* auf Malta, aber auch maltesische Folklore und Kultur werden dem Besucher mehrsprachig (auch deutsch) näher gebracht. Vorstellungen finden werktags 10–15.15 Uhr alle 45 Minuten beginnend statt. Preise: Eintritt 9,75 €, Kinder 4 €, Familienkarte 25 €.

Nº 6. GUN
Nº 5. GUN
SALUTING BAT

schnurgeraden Straßenzüge Vallettas über die Hafeneinfahrt, die Forts Ricasoli, San Angelo und St. Michael mit der berühmten Vedette (von links nach rechts) bis zu den Docks und Hafenanlagen von Marsa. Nicht nur Touristen, auch die Einheimischen lieben es, im Park zu sitzen, ein paar mitgebrachte Pastizzi zu genießen oder eine Erfrischung am Kiosk im Park zu nehmen.

Im Garten selbst ist eine Reihe von **Statuen und Portraits** zu sehen, etwa *Antonio Sciortinos* berühmte Bronze der Kindergruppe „Les Gavroches" (Die Straßenkinder, 1907) oder die Büsten des britischen Weltkriegs-Premiers *Sir Winston Churchill* und *John Bathurst Thomsons,* einem 1850 im Kampf gegen die Cholera umgekommenen Arzt des 69. Britischen Regiments. Unterhalb wird aus echten, alten Kanonen zeromoniell gefeuert. Das Zusehen von oben ist kostenlos, man kann auch (Zugang am *Café Deux Baronnes*/Battery Street, Schild „Saluting Battery") tgl. um 11 und 12.15 Uhr an einer Führung teilnehmen; Eintritt dazu 2 €.

Victoria Gate

Das Südtor entstand in der Gründungsphase Vallettas und war neben der Porto San Giorgio (heutiges City Gate) und dem Jew's Gate (östlich unterhalb San Elmo) einer der drei Zugänge zur Stadt. Es war hier an der **Porta del Monte** (und nicht am City Gate), wo die Johanniter im Jahre 1571 die neue Stadt in einer feierlichen Prozession offiziell betraten. 1884 wurde die Porta del Monte erweitert und in Victoria Gate umbenannt. Im Gegensatz zum Victory Square und zur Stadt Vittoriosa, deren Namen auf die siegreichen Johanniter zurückgehen, benannten die britischen Kolonialherren das Tor zu Ehren der Königin *Victoria* von England.

Castellania

Unter dem spanischen Großmeister *M. Pinto de Fonseca* wurde 1748 das **Gerichtshaus und Gefängnis** des Ordens mit einer sehenswerten Marmorfassade des Bildhauers *M. Gian* fertiggestellt. Federführende Baumeister waren *G. Bonnici* und der weniger bekannte *F. Gerafa.* Oberhalb des Portals symbolisieren zwei Figuren Gerechtigkeit und Wahrheit. An der Ecke des Gebäudes befindet sich ein Sitzstein, der als Pranger diente und auf dem die Verurteilten zum „Schandsitzen" Platz nehmen mussten.

Während viele andere Ordensämter immer einer bestimmten Nationalität zugeordnet waren, wurde der *Castellano,* eine Art oberster Justiziar, abwechselnd für zwei Jahre aus den Reihen der Ritter gewählt. Um absolute Neutralität zu gewährleisten, wohnte und lebte er in seinem Amtssitz und verließ diesen nicht einmal zum Gottesdienst – sogar eine Kapelle wurde in die Castellania eingebaut!

Heute hat das **maltesische Gesundheitsamt** hier seinen Sitz.

St. James Church

Die kastilischen Ordensbrüder ließen diese Kirche im Jahre 1710 vom ausschließlich für die Johanniter tätigen Architekten *R. F. Carapecchia* errichten; als

Vorbild diente die Kirche Santa Maria della Vittoria in Rom. *Carapecchias* Werke in Valletta, zu denen neben St. James auch die Kirchen St. Barbara, St. Catharine sowie die Auberge d'Aragon gehören, zeichnen sich durch **reichhaltige Fassadenverzierungen** aus, ein für den maltesischen Barock eher untypisches Merkmal. Aus diesem Grund ist auch St. James, ansonsten eine unscheinbare Kapelle, durchaus eine genauere Betrachtung wert.

Malta Gouvernment Crafts Centre

Das staatliche Kunsthandwerkszentrum **Centru Snajja Maltin** bietet einen guten Überblick über die lokalen künstlerisch-handwerklichen Produkte. Es handelt sich um eine reine **Ausstellung,** anhand derer sich der Interessierte informieren und Bezugsadressen aushändigen lassen kann. Ein Verkauf findet nicht statt.

■ **Malta Gouvernment Crafts Centre,** geöffnet Mo–Fr 9–12.30 und 13–17 Uhr, Juni– September nur vormittags; kein Eintritt.

Auberge de Provence (Nationalmuseum für Archäologie)

Die **französischen Ritter** des Johanniterordens, welche stets die numerische Mehrheit des Ordens stellten und auch die wichtigsten Posten innehatten, besaßen alleine drei Herbergen in Valletta. Die Auberge de Provence entstand unter der Leitung von *Gerolamo Cassar* um 1571–75 und zählt zu den schönsten Werken des maltesischen Baumeisters. Architektonisch betonte *Cassar* hier vor allem das Obergeschoss, in dem sich auch die getäfelte und reich verzierte Haupthalle befindet – einer der schönsten **Rittersäle** auf Malta. Stallungen und Lagerräume waren im Erdgeschoss untergebracht. *Cassars* Dachkonstruktion, das angewinkelte Schrägdach, ist für Malta ungewöhnlich und bei den bedeutenden Bauwerken nur noch beim Großmeisterpalast und dem ehemaligen Ordensspital zu sehen.

Mit der Übernahme Maltas durch die Briten und dem Ende der Ritterzeit wurde in der Auberge de Provence der **British Union Club** eingerichtet, eine jener stolzen Einrichtungen, in der die Kolonialherren ihre Freizeit zu verbrachten.

1960 wurde das Bauwerk seiner heutigen Bestimmung als bedeutendstes maltesisches Museum für Archäologie und Geschichte zugeführt. Die Exponate wurden schon weit früher zusammengetragen. Erste Teile der Sammlung gehen auf den Malteser *F. Abela* (17. Jh.) zurück, der sich für die Altertumsforschung in seinem Land interessierte und eifrig alte Funde sammelte. Der vorletzte Ordensgroßmeister *de Rohan* (1775–97) war sehr an der maltesischen Geschichte interessiert, erweiterte die Sammlung und ließ sie in der Nationalbibliothek archivieren. Ein erstes historisches Museum mit Zugang auch für die Öffentlichkeit entstand allerdings erst 1904 im Palazzo de Blancas (nicht erhalten) gegenüber der St. John's Co-Cathedral. Das Museum wurde um 1920 wegen der umfangreichen Funde von Tarxien zu klein und in die Auberge d'Italie verlegt. Die Konzentration **ausgezeichnet erhaltener Fundstücken der frühen Menschheitsgeschichte** in der Auberge de Provence dürfte einmalig in Europa sein.

Das gesamte Erdgeschoss ist Funden aus der **Jungsteinzeit** (5000–2500 v. Chr.) und der **Bronzezeit** (2000–1000 v. Chr.) vorbehalten. Bedeutendste Exponate sind die „Venus von Malta“ sowie Magna-Mater-Figuren aus Ħaġar Qim, „die Schlafende“ aus dem Hypogäum sowie Sakral- und Opfergegenstände aus Tarxien.

Der erste Stock beherbergt eine umfangreiche **phönizisch-punisch-römische Sammlung** mit Grabbeigaben, Alltagsgegenständen und Darstellungen von Kriegs- und Handelsgaleeren aus dem 7.–3. Jh. v. Chr. Das historisch bedeutsamste Stück ist hier ein Doppelgebetsstein aus Marsaxlokk, auf dessen Stirnseite eine zweisprachige **Inschrift auf Griechisch und Phönizisch** die Entschlüsselung des phönizischen Alphabets (Vorfahr unseres lateinischen Alphabets) ermöglichte. Achtung: diese Etage wird gelegentlich für temporäre Ausstellungen geräumt, so zuletzt für die Terrakotta-Armee des Qin-Kaisers *QinShi HuangDi.*

Die Exponate sind mit englischen Erläuterungen versehen, **Führungen** in englischer Sprache finden um 10 und 15 Uhr statt, doch auch solche **in deutscher Sprache** sind auf Anfrage möglich. Ernsthaft Interessierte können sogar auf Antrag im Museumsarchiv die Grabungsberichte einsehen.

Ein Besuch des Museums ist für historisch Interessierte obligatorisch, insbesondere wenn man wenig Zeit für einen Besuch der steinzeitlichen Anlagen außerhalb Vallettas hat oder mehr an den Funden denn an den Anlagen selbst interessiert ist.

■ Geöffnet täglich außer Karfreitag, Weihnachten, Sylvester, Neujahr 8–19 Uhr, Eintritt 5 €, Senioren/Studenten 3,50 €, Kinder (6–11 Jahre) 2,50 €. Audio-Guide 8 €, kostenlose Führung (engl.) tgl. 10 und 15 Uhr, Kombikarten s. oben vor „Valletta“. Informationen vorab unter Tel. 21225577.

St. John's Co-Cathedral

Die St. John's Co-Cathedral (Zweitkathedrale des *Hl. Johannes*) sollte auf dem Programm eines jeden Maltabesuches stehen, selbst wenn man weder religiös noch künstlerisch interessiert ist. Sie ist sicherlich ein Juwel und Schmuckkästchen der abendländischen Ritter- und Kirchengeschichte.

Zunächst ein Wort zur nicht gerade alltäglichen Bezeichnung **„Zweitkathedrale“:** Üblicherweise wurde die Hauptkirche am Sitz des jeweiligen Bischofs „Kathedrale“ genannt. Auf Malta war dies die Kathedrale von Mdina, der alten Hauptstadt. Nachdem sich in der späten Ordenszeit und unter den Briten das politische und gesellschaftliche Leben nach Valletta verlagert hatte, wurde die Ordenskirche St. John's im Jahre 1816 durch ein Dekret von *Papst Pius VII.* zur „Zweitkathedrale“, de facto also auf die gleiche Bedeutungsstufe wie die Kathedrale von Mdina gestellt.

Zur **Baugeschichte:** Der tiefgläubige Großmeister *Jean L'Eveque de la Cassière* (Großmeister von 1572 bis 1581) wollte aus weitgehend eigenen Mitteln eine dem Ordenspatron *Johannes (John)* geweihte Ordenskirche errichten lassen. So beauftragte er den berühmtesten maltesischen Architekten, *Gerolamo Cassar,* mit dieser Aufgabe. *Cassar* begann mit seinem bedeutendsten Werk im November 1573. Er war sicherlich der erfahrenste und talentierteste Baumeister auf

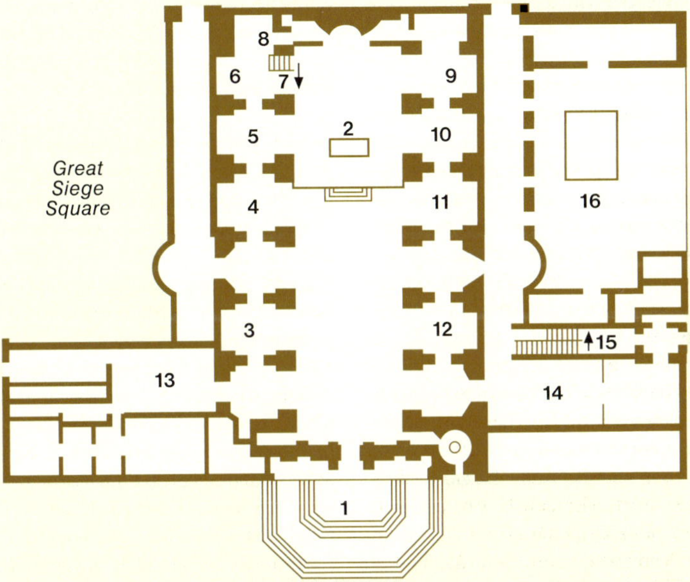

1 Hauptaufgang
2 Chorraum mit Hochaltar
3 Kapelle der deutschen Zunge
4 Kapelle der italienischen Zunge
5 Kapelle der französischen Zunge
6 Kapelle der Zunge der Provence
7 Abgang zur Großmeistergruft
8 Reliquienkapelle
9 Sakramentskapelle des Ordens
10 Kapelle der Zunge der Auvergne
11 Kapelle der Zunge von Aragon
12 Kapelle der kastilischen Zunge
13 Sakristei
14 Oratorium
15 Aufgang zum Kathedralmuseum
16 Campo Santo

Malta, die Errichtung eines Gewölbes über einer rechteckigen Grundfläche für das Hauptschiff von 58 x 40 Metern war jedoch auch für ihn Neuland. Er griff daher zu einem Trick, den er selbst als Notlösung („Pferdestall mit Kapellen als Tierboxen"), die Bewunderer dagegen als genial bezeichneten: Er zog Quermauern und tragende Säulen von den Seiten her so weit ein, dass ein relativ schmaler Hauptsaal mit je sechs Seitenkapellen entstanden war. Nach vierjähriger Bauzeit wurde die Ordenskirche im Februar 1578 von *Erzbischof L. Torres* aus dem sizilianischen Erzbistum Monreale Johannes dem Täufer geweiht.

Die äußerlich eher schlichte **Fassade** weist in keiner Weise auf die Pracht im Inneren hin. Bemerkenswert ist der rechte **Glockenturm,** der neben einem Uhrwerk auch über zwei **Kalenderuhren** für Tag und Monat verfügt. Von dem bei kirchlichen Bauten nicht unbedingt üblichen **Balkon** wurde seinerzeit der wartenden Menge das Ergebnis der Wahl zum Großmeister bekannt gegeben.

Erwähenswert sind noch die beiden **gusseisernen Kanonen** vor St. John's, von denen die rechte ein Geschenk *Ludwigs von Hessen* im Jahre 1600 war. Die linke stammt aus dem frühen 18. Jh. und trägt das Wappen des portugiesischen Großmeisters *de Vilhena.*

Ehe man nun **das Innere** betritt, sollte man sich vor Augen halten, dass die Kirche innen anfangs ebenso schlicht gehalten war wie die Außenfassade. Da St. John's als Ordenskirche diente, war es für die Ritter aber heilige Pflicht, Verzierungen und Ausgestaltung fortlaufend zu verbessern und das Innere mit Kunstschätzen, Behängen und allerlei Wertvollem zu versehen. Kirchenabgaben, Spenden und Beutegut wanderten in den nachfolgenden Jahrhunderten in die Ordenskirche, die so mutmaßlich zur reichsten Kirche der Welt avancierte!

Die **Malereien** und Ausschmückungen der Wände sind das Werk von *Mattia Preti* (1613–1699, s. Glossar im Anhang dieses Buches), der ab 1662 „kostenlos" für den Orden malte. Auch viele der Symbole und Wappen – wie das achtspitzige Johanniterkreuz an den Säulen – wurden von *Preti* nachträglich angebracht.

Im Mittelpunkt des mächtigen, leicht erhöhten Chorraumes steht ein **Hochaltar** aus Marmor, Gold und Lapislazuli. Die Marmorskulptur „Taufe Christi" wurde vom maltesischen Künstler *Melchior Gafà,* Bruder des Baumeisters *Lorenzo,* begonnen. Da er 1667 unerwartet verstarb, vollendete der Italiener *G. Mazzuoli* dieses Meisterwerk. Das **prächtige Interieur** entstammt den Händen diverser Meister des 16. und 17. Jh. Erwähnenswert ist das 50 Kilogramm schwere „Ewige Licht", das 1798 von *Napoleon* geraubt wurde und nur zu einer astronomischen Summe zurückgekauft werden „durfte".

Der Kathedralenboden besteht aus rund 400 fein gearbeiteten **Marmorgrabplatten,** unter denen die bedeutendsten Ordensritter bestattet liegen, wobei die Inschriften von Leben und Taten der einzelnen Ordensbrüder berichten. Begraben liegen hier unter anderen *M. Preti* und 26 der 28 Ordensgroßmeister – *Ferdinand d'Hompesch* (der letzte Großmeister auf Malta, s. „Geschichte") starb im Exil, und der in Abwesenheit gewählte Franzose *Didier de Sainte Jalle* starb 1536 im Ausland, noch ehe er zum Amtsantritt nach Malta kommen konnte. Auch berühmte Namen des europäischen Hochadels wie *Grimaldi* (Monaco), *Medici* (Florenz) oder *Doria* (Genua) sind hier zu finden.

Die Grabplatten liegen nicht nur im Hauptschiff, sondern auch in den **Seitenkapellen.** Diese von *Cassar* lediglich als Stützwerk für die Dachkonstruktion vorgesehenen „Nebenprodukte" wurden im Laufe der Zeit zu Kapellen der einzelnen Landsmannschaften. Diesen oblag es, die Kapellen auszuschmücken, auch wurden die Großmeister in der Kapelle ihrer Landsmannschaft bestattet.

Die **Deutsche Kapelle,** den Heiligen Drei Königen geweiht, wurde mit finanzieller Unterstützung der Ordensritter *P. von Guttenberg, Graf Nesselrode, C. von Osterhausen* und *F. von Sonnenberg* ausstaffiert.

Die **Italienische Kapelle** *(Hl. Katharina)* birgt ein Kleinod des Malers *Michelangelo da Caravaggio,* das Bild des Hl. Hieronymus von 1608, wobei das Gesicht dem Gönner des Künstlers, *Großmeister Wignacourt,* sehr ähnlich sehen soll. Eindrucksvoll ist hier auch das Grabmal von *Großmeister Gregorio Carafa* (1680–1690).

In der **Französischen Kapelle** des *Hl. Paulus* findet sich das Altarbild „Bekehrung des Paulus" von *M. Preti,* das als dessen reifste Arbeit gilt. Hier ruhen die Ritter der Familie *Wignacourt,* die zwei Großmeister und weitere hohe Würdenträger des Johanniterordens hervorbrachte.

In der **Kapelle der Provence** *(Hl. Michael)* sind die Grabstätten der Großmeister *Antoine de Paule* und *Jean Paul Lascaris Castellar* zu sehen.

Ein Gang führt hinunter in die **Krypta** der Großmeister mit den Gräbern der Ordensoberhäupter bis 1623, darunter *L'Isle Adam* und *Jean Parisot de la Valette.* Als einziger Nicht-Großmeister wurde der Berater *de la Valettes,* der Engländer *Sir Oliver Starkey,* hier bestattet.

Die **Reliquienkapelle** birgt die Holzfigur des *Hl. Johannes* von der *Gran Carracca* (große Karacke), dem Flaggschiff des Ordens. Per päpstlichem Dekret wurde die Kapelle 1782 der englisch-bayerischen Landsmannschaft zugeordnet.

In der **Sakramentskapelle** befinden sich die größten Heiligtümer, darunter die rechte Hand des *Hl. Johannes* und die *Madonna von Philermos,* ein Schrein aus der Frühzeit des Ordens. Angeblich wurden beide 1798 vor den französischen Plünderern außer Landes gebracht. Der Legende nach wurden die silbernen Kapelltüren in aller Eile schwarz angestrichen, weswegen sie den gierigen Blicken der Franzosen entgingen.

In der **Kapelle der Auvergne,** gewidmet dem *Hl. Sebastian,* ruhen *Großmeister Annet de Clermont-Gessan* sowie der Ritter *Melchiore de Robles y Preira,* der sich während der „Großen Belagerung" durch ganz besondere Tapferkeit ausgezeichnet hatte. Ihm gilt ein individuelles Requiem am 8. September.

Für die **Kapelle von Aragon, Katalonien und Navarra** schuf *M. Preti* das Titularbild „Der Hl. Georg zu Pferde" (1657). Hier ruhen die Großmeister *Ramon Perellos, Raphael Cotoner, Nicola Cotoner* und *Martin de Redin.*

In der **Kapelle von Kastilien, Leon und Portugal** *(Hl. Jakobus)* findet sich das schwere bronzene Grabmonument des Großmeisters *Antonio Manoel de Vilhena.* Dargestellt ist *Vilhena* mit seinen Architekten bei der Erörterung zum Bau von Fort Manoel. Auch *Manoel Pinto de Fonseca* liegt hier.

Vom Haupteingang aus betrachtet, liegt linker Hand *Marc Antonio Zondadari,* der als einziger Großmeister nicht in einer Krypta oder Kapelle bestattet wurde. Im anschließenden Vorraum, der architektonisch einer der Kapellen gleicht, findet man die Grabplatte von *M. Preti,* dahinter liegt die **Sakristei** mit unschätzbar wertvollen Malereien diverser Meister des 16. Jh.

Auf der gegenüberliegenden Seite liegen Oratorium und Museum der Kathedrale. Das **Oratorium,** für viele Kunstkenner der Höhepunkt eines Besuches der Kathedrale, birgt unersetzliche Originale *Pretis* (u.a. die „Dornenkrönung") und *Caravaggios* **„Enthauptung Johannes des Täufers"** (1608, s. Glossar im Anhang dieses Buches), eines der bedeutendsten Werke europäischer Malerei. Auf 20 m² stellt es in grandioser Farb- und Lichtwirkung die erst mit Schwert und anschließend mit Dolch vollzogene Hinrichtung des Ordensheiligen dar. Ursprünglich wurde das Oratorium als Unterrichtsraum für Ordensneulinge in geistlichen Fragen genutzt.

Auch das direkt innen angeschlossene **Museum** mit Chorbüchern aus dem 15. und 16. Jh., lithurgischen Gewändern, Gemälden sowie zahlreichen Wandteppichen, die u.a. nach Vorlagen von *Rubens* entstanden, ist sehr sehenswert.

■ Kathedrale, Oratorium und Kathedralenmuseum (6 €, ermäßigt 4,60 €, Kinder bis 12 J. frei) können nur über den Seiteneingang (Republic Street) besucht werden; geöffnet Mo–Fr 9.30–16.30 Uhr, Sa 9.30–12 Uhr. Im Eintritt ist ein multilinguales Leih-Audioset inbegriffen, an den einzelnen Kapellen sind Nummerntafeln angebracht, die in das Gerät eingegeben werden und die entsprechende Erläuterung startet. Weitere Informationen unter www.stjohnscocathedral.com. In der Kathedrale darf nur ohne Blitz fotografiert werden, in Oratorium und Museum gilt ein absolutes Film-/Fotoverbot.

Great Siege Square

Der „Platz der großen Belagerung" ist heute eine Art **Zentrum der Stadt.** Am 8. September, dem Jahrestag des Abzugs der Türken im Jahre 1565 und heutigen Nationalfeiertag, findet hier alljährlich eine **Gedenkveranstaltung** statt. Um das Monument des maltesischen Bildhauers *A. Sciortino* werden alljährlich Blumengebinde in Erinnerung an die große Belagerung niedergelegt. Das Denkmal selbst symbolisiert die Johanniterideale Religion, Freiheit und Mut.

Justizpalast (ehem. Auberge d'Auvergne)

Der wichtigste militärische Posten der Johanniter neben dem Großadmiral, der des Großmarschalls, war den Rittern der Auvergne vorbehalten. Dieser kommandierte die Landstreitkräfte und im Einsatzfalle auch die meisten anderen Ordensmitglieder. Die 1575 von *Cassar* erbaute Auberge d'Auvergne wurde 1942 bis auf die Fundamente zerstört. Das heutige Gebäude stammt aus den 1960er Jahren und dient als **Oberster Gerichtshof** (Law Court) Maltas.

Embassy Shopping & Wartime Experience

Früher einfaches Kino, heute Shopping- und Entertainment-Mall, bietet das *Embassy Shopping Centre* den Bewohnern der Hauptstadt die beste Möglichkeit zu Einkäufen innerhalb der Stadt. Bekleidungs- und Schuhboutiquen, Buchhandel, Automaten- und Bingospielhalle, Cafeteria (Snacks und Sportübertragungen) und sechs moderne Kinosäle (Infotel. 21222225) bieten allerlei Vergnügungen. Im *Embassy Shopping-Komplex* läuft auch die 45-minütige **Multimediashow „Wartime Experience"** mit der Rolle Maltas im zweiten Weltkrieg im Mittelpunkt. Vorstellungen tgl. 10, 11, 12 und 13 Uhr, 5 €, Tel. 21227436.

National Library

In das Obergeschoss der Nationalbibliothek Maltas sollte man einen Blick werfen. Dort liegen für jedermann zugänglich unersetzliche **Folianten und Schriften** im Hauptlesesaal aus, auch Ölgemälde, wie z.B. von *Zar Paul I.* von Russland (s. „Geschichte"), sind hier zu sehen. Kernstück der Literatursammlung sind die vollständig erhaltenen **Aufzeichnungen des Ordens** von 1107 bis 1798, die Gründungsurkunde des Ordens durch *Papst Pascalis II.* von 1113 sowie die Urkunde *Kaiser Karls V.* von 1530, in welcher den Johannitern Malta und Tripolis als Lehen gegeben wurde (in Vitrinen im Hauptsaal), aber auch Werke zur Kirchengeschichte des Mittelalters und der frühen Neuzeit.

Die maltesische Nationalbibliothek besteht, wenn auch in anderer Form, schon seit 1555 und war zunächst in Birgu untergebracht. Sie wurde nach dem Bau der St. John's Co-Cathedral in das Oratorium und ins heutige Museum verlegt. Bis zur „großen Plünderung" durch die Franzosen (1798) war der Bestand auf für damalige Verhältnisse unglaubliche 80.000 Bände angewachsen. 1776 hatte die spanische Landsmannschaft den Bau der heutigen Bibliothek in Auftrag gegeben, die unter der englischen Besatzung im Jahre 1812 mit rund 30.000 verbliebenen Bänden bezogen wurde.

■ Die Bibliothek ist werktags (außer Mi) 8.15–13 Uhr und 14–17.45 Uhr sowie Sa 8.15–13.15 Uhr geöffnet, in den Sommermonaten nur vormittags. Eintritt frei, bitte das Fotografierverbot beachten!

■ Unten am Republic Square lädt das **Trattoria Palazzo Restaurant** zu einer guten, wenn auch nicht gerade billigen Erfrischung oder Kaffee und Kuchen ein. An den alten Namen des beliebten Platzes, Queens Square, erinnert ein Denkmal der *Königin Victoria*.

■ Speziell zur großen Belagerung wurde unter der Nationalbibliothek die **Multimediashow „The Great Siege of Malta"** eingerichtet (7,50 €, ermäßigt 4 €, Kinder 3,75 €, Familienkarte (2+2) 19 €, Mo–Fr 10–16.30, Sa 10–15 Uhr, Tel. 22489300), die auf unterhaltsame Art (man geht mit einer funkgesteuerten Audioanlage/Kopfhörer durch nachgestellte Einzelszenen) diesen herausragenden Teil der maltesischen Geschichte vermittelt.

St. Paul's Shipwreck Church

Im Gedenken an das große kirchenhistorische Ereignis der (mutmaßlichen) **Strandung des Apostels Paulus auf Malta** wurde 1609 die St. Paul's Shipwreck Church (Schiffbruchkirche des Paulus) von *G. Cassar* in schlichter Form errichtet. Ähnlich wie bei *Cassars* Kathedralbau dienen hier einzelnen Handwerkszünften zugeordnete Seitenkapellen als Stützhilfe. Bereits 1629 hielt man die Einfachheit der Stätte für unangemessen und ließ sie nach Plänen *L. Gafàs* mit sakralen Gold- und Silbergegenständen umgestalten. Sein Bruder *M. Gafà* steuerte die noch heute in der Kirche befindliche Holzfigur des Paulus bei.

In St. Paul's Shipwreck Church liegen über 30 Würdenträger bestattet, überwiegend die Finanziers des Bauwerkes. Zentrales Themenbild über dem Hauptaltar ist der Schiffbruch des Paulus in der St. Paul's Bay von *M.P. d'Aleccio*. Als größte Heiligtümer der Kirche werden ein Armknochen des Apostels und ein Teil der Säule, an der Paulus enthauptet wurde, verehrt.

■ Geöffnet täglich 9.30–12 Uhr und 16– 17 Uhr, Seiteneingang benutzen!

Markthalle (As Suq Tal Belt)

Das ursprüngliche Marktgebäude wurde schon 1630 errichtet und diente seither der Versorgung der Bürger von Valletta. Über Jahrhunderte hinweg war As Suq Tal Belt der zentrale Waren- und Lebensmittel-Umschlagplatz des Landes. Aus Stabilitätsgründen wurde das alte Marktgebäude um 1859 durch eine Eisenhalle ersetzt, in der von Frischfleisch bis zur eingelegten Kaper alles zu haben ist, was das Land erzeugt. In den letzten Jahren bekamen die Pächter der kleinen Läden im Markt zunehmend Umsatzprobleme wegen neuer Supermärkte – sollte sich diese Tendenz fortsetzen, wird eine Schließung des traditionellen Marktes wohl unausbleibliche Folge sein.

Grand Master's Palace (Palace Armory & State Rooms) Großmeisterpalast (Waffenkammer & Regierungsräumlichkeiten)

Ein Besuch des Großmeisterpalastes gehört zu den Höhepunkten Vallettas und sollte unbedingt mit einbezogen werden.

Der tatsächliche Ursprung des Großmeisterpalastes in der Triq ir-Repubblika konnte nie ganz geklärt werden, sollte doch, laut einhelligem Ratsbeschluss der Ordensritter um 1568, die Residenz der Großmeister auf dem höchsten Punkt Vallettas (das wäre die heutige Auberge de Castille) gebaut werden. Der seinerzeit amtierende italienische Großmeister *del Monte* plante an der jetzigen Stelle eine Familienresidenz und überzeugte den Orden, dass der Palast just hier gebaut werden müsse, da das Grundstück der Familie *Scibberas* gehörte, die möglicherweise nie einem Verkauf an die Privatperson *del Monte* zugestimmt hätte, hinter die Interessen des Ordens dann aber zurücktrat. Als Gegenleistung wurde vereinbart, dass für das Familienoberhaupt der *Scibberas* jährlich eine Zeremonie mit der symbolischen Übergabe von Getreide und Wasser stattzufinden habe – was bis 1798, dem Ende des Ordens auf Malta, auch erfolgte.

So wurde *G. Cassar* 1571 mit dem Bau beauftragt, der drei Jahre später bereits bezogen wurde. Durch zahlreiche Erweiterungen und Anbauten wurde er in der heutigen Form allerdings erst im späten 18. Jh. fertig gestellt. Die Meinungen über das Werk *Cassars* gehen auseinander, wobei insbesondere das schlichte Äußere zum häufigen Gegenstand der Kritik wurde. Es muss daran erinnert werden, dass die Johanniter ein militärischer Ritterorden waren, der in frischer Erinnerung an die große Belagerung größten Wert auf die sogenannte „Festungsbauweise" legte. Ähnlich wie die St. John's Co-Cathedral lehnt sich der Großmeisterpalast daher zwangsläufig an die militärische Zweckmäßigkeit des ehemaligen Stammsitzes der Johanniter auf Rhodos an.

Jüngeren Datums sind einige Erinnerungstafeln an der **Fassade**, die auf besondere Ereignisse des Zweiten Weltkrieges hinweisen, u.a. auf die Verleihung des St.-Georgs-Kreuzes (siehe „Staatswappen und -symbole").

Der Palast wird heute fast ausschließlich durch das **Bogentor** von der Republic Street aus betreten. Im Tor er-

Großmeisterpalast (Obergeschoss)

Malta11

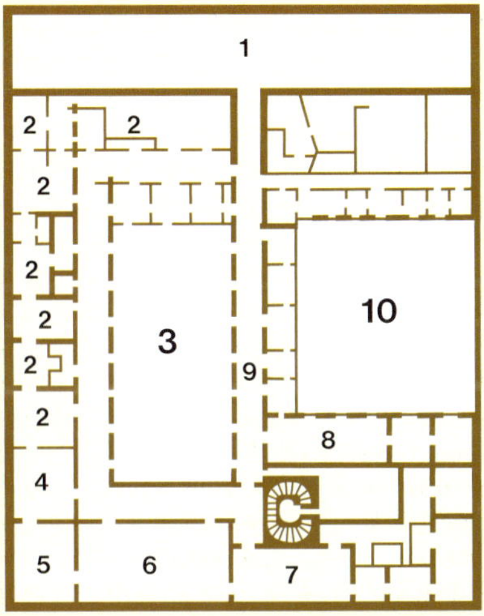

1 Parlamentssaal
2 Ministerial- und Abgeordnetenräume
3 Neptune's Court
4 Gelber Saal
5 Roter Saal
6 Großer Ratssaal
7 Speisesaal
8 Tapestry Chamber (kleiner Ratssaal)
9 Armoury-Korridor
10 Prince Alfred Court

innern Gedenktafeln an Besuche der britischen Königsfamilie im Palast. Vor dem Tor findet derzeit (noch) stündlich eine fotogene Wachablösung statt – ob dies mit dem Umzug des Parlamentes in das neue Parlementsgebäude beibehalten wird, steht noch nicht fest.

Das Innere des Palastes überrascht durch den krassen Gegensatz zum schlichten Äußeren. Schon die beiden miteinander verbundenen **Innenhöfe Neptune's Court** und **Prince Alfred Court** sind eine Augenweide: Die grüne Oase bildet einen deutlichen Kontrast zum sonst eher kargen Valletta, auch die Neptunsfigur (*M. Gafà*, 1615) sowie die Pinto-de-Fonseca-Uhr mit Glockenspiel und türkischen Figuren (1745) sind sehr sehenswert.

Im Untergeschoss befinden sich hauptsächlich Verwaltungsräume, lediglich die ehemalige **Waffenkammer** (Palace Armoury, Eintrittskarten dort) ist für die Öffentlichkeit zugänglich. Hier konnten bis zu 60.000 Mann bewaffnet werden. Heute sind noch knapp 6000 Uniformen, Säbel und Gewehre erhalten, darunter auch Stücke wie die Paradeuniformen der Großmeister *Alof de Wignacourt* (mit Gold ausgelegt), *Martin de Garzez* und *Jean de la Valette* sowie die Original-Kampfrüstung des späteren Großmeisters *Jean de la Cassière*, die er während der großen Belagerung trug.

Besucher gelangen nicht über die Haupttreppe zum Obergeschoss, sondern über eine kleine Wendeltreppe (ehem. Dienstbotenaufgang) im Prince Alfred

Court. Dieser Aufgang scheint bei Renovierungen immer wieder übersehen zu werden und bildet einen starken Kontrast zum prunkvollen **Armoury Corridor,** den man oben als Erstes betritt. An den Wänden hängen die Portraits aller Großmeister, in den Boden sind die diversen Ordenswappen und das neue Wappen der Republik eingelassen.

Am rechten Ende des Korridors liegt der heutige **Sitzungssaal des maltesischen Parlamentes,** das ehemalige **Waffenarsenal.**

Am anderen Ende des Korridors liegen die **Dining Hall** (Speisesaal) mit Porträts der britischen Königsfamilie und Kristall-Lüstern aus Böhmen sowie der Große Ratssaal, auch **Throne Room** genannt. Hier sind eine Bilderserie der Großen Belagerung (*P. d'Aleccio,* um 1576) sowie der Thron der Großmeister zu sehen. Staatsbesucher werden hier vom Präsidenten der Republik Malta empfangen.

An den Thronsaal schließen sich noch der **Ambassador's Room** (Botschafterzimmer), aufgrund der roten Wandverkleidung auch Red Room genannt, mit Malereien zur Geschichte des Ordens sowie der **Conference Room** (kleiner Konferenzsaal) an. Neben bemalten Friesen über die Frühzeit des Ordens ist hier eine Reihe von Gegenständen und Gefäßen aus dem ehemaligen Ordensspital (Sacra Infermeria) zu sehen. Ein Hinweis auf die weit reichenden medizinischen Beziehungen der Johanniter findet sich in zwei chinesischen und vier persischen Vasen – ein Geschenk Persiens, der im Mittelalter in der Medizin führenden Nation an den Orden.

Ein besonderes Prunkstück ist die **Tapestry Chamber** (Gobelinsaal), die bis in die 1970er Jahre als Sitzungssaal des Parlamentes diente. Die Wandbehänge stammen aus Frankreich und wurden von königlichen Webern um 1700 gewebt. Derartige Stücke wurden in sogenannten Sätzen gefertigt, wobei jeder Satz thematisch abgeschlossen war. Der Johanniterorden hatte unter *Großmeister Ramon Perellos* acht Sätze beantragt und, von *Ludwig XIV.* genehmigt, erhalten. Der ausgehängte Satz mit seiner Kollektion von Großwild scheint dem Besucher vermutlich recht befremdlich – es handelt sich um Reiserlebnisse eines nassauischen Prinzen in Afrika und Südamerika, der sie dem französischen Sonnenkönig in Form von Reisemalereien schenkte. Dieser ließ sie schließlich als Gobelins verewigen. In weiteren Decken- und Wandgemälden der Tapestry Chamber sind viele Szenen aus der Frühzeit der Johanniter festgehalten.

Die übrigen Räume waren Privaträume der Großmeister, in denen heute Amtsstuben untergebracht sind. Teile des Obergeschosses sind den Parlamentariern vorbehalten und somit auch nicht zu besuchen. Gleiches gilt bei Renovierungsarbeiten, Staatsbesuchen und Sondersitzungen, es bleibt dann einzig die Waffenkammer im Erdgeschoss. Für sich alleine gesehen scheint diese allerdings eher langweilig und kann allenfalls als kleiner Ersatz für einen Besuch des Palastes herhalten. Die sehenswerten Räume liegen oben, es empfiehlt sich daher, vor dem Kauf der Eintrittskarte an der Waffenkammer zu fragen (unter Tel. 21221221), ob denn das Obergeschoss überhaupt besucht werden kann. Sollte das nicht der Fall sein, empfiehlt es sich, den Besuch eher auf einen anderen Tag zu verlegen.

■ Geöffnet täglich außer Do 10–16 Uhr; Eintritt komplett 10 € für Waffensaal und State Rooms. Ermäßigt 7 €, Kinder 6–11 J. 5 €. Ein Audioguide für 5 € gibt zusätzliche Informationen.

Hauptwache

Gegenüber des Großmeisterpalastes liegt ein eher unscheinbares, nichts-destoweniger aber hochinteressantes Gebäude. Erbaut um 1601, diente es zunächst der Leibwache des Ordensgroßmeisters als Unterkunft, ehe es zu Beginn der britischen Ära im frühen 19. Jh. zum „Commonwealth Office" umfunktioniert wurde. Aber mit der englischen Fremdherrschaft waren nicht alle Malteser einverstanden – das Denkmal auf dem Vorplatz erinnert an den Aufstand vom 7. Juni 1919. Nach dem Zweiten Weltkrieg nahm in den 1960er Jahren das libysche „Kulturinstitut" hier seinen Sitz, heute residiert dort die Botschaft der Republik Italien.

Our Lady of Damascus

Mit der Vertreibung des Johanniterordens aus Rhodos kamen auch zahlreiche griechisch-orthodoxe Christen aus Furcht vor den Türken nach Malta. Sie bauten im 16. Jh. diese **griechisch-orthodoxe Kirche,** die allerdings im letzten Krieg schwer beschädigt und anschließend neu gebaut wurde. Typisch für griechisch-orthodoxe (wie auch russisch-orthodoxe) Kirchen sind die farbigen Ikonen, mit Text und vergoldeten Elementen versehene Heiligenbilder.

Alte Universität und Jesuitenkirche

Ab 1577 ließen die in jener Zeit noch geduldeten Jesuiten ihre Kirche (1596) mit angeschlossenem Hochschulhaus (1592 fertig gestellt) für die Fächer Theologie, Literatur und Philosophie unter dem Namen **Collegium Melitensia Societatis Jesu** (Maltesisches Kolleg der Gemeinschaft Jesu) von *G. Valeriano* bauen. Die Explosion eines nahe gelegenen Pulvermagazines im Jahre 1634 richtete erheblichen Schaden an, sodass *F. Buonamici* mit der Erweiterung und völligen Neugestaltung einer barocken Fassade beauftragt wurde. Nach der Ausweisung der Jesuiten aus Malta unter *Großmeister Pinto de Fonseca* 1768 gestattete *Papst Clemens XIV.* den Johannitern die komplette Übernahme der Universität, die im Laufe der Zeit um die Fächer Jura und Medizin erweitert wurde. Gerade die medizinische Fakultät war mit Lehrstühlen für Hygiene, Physiologie, Anatomie, Chirurgie, Pharmazie und Therapeutik führend in Europa. Die heute sichtbare Fassade des Bauwerkes stammt erst aus dem 18. Jh.

Aus Platzgründen wurde die heutige Universität in den 1960er Jahren nach Msida verlegt, im ehemaligen Jesuitengebäude befindet sich heutzutage ein **Gymnasium.**

Casa Rocca Piccola

In der 74 Triq ir-Repubblika (Republic Street) bietet die Familie *de Piro* Einblick in ein kleines Privatmuseum und das Privatleben des maltesischen Altadels. Mithin wohnt hier heute ein echter Malteserritter, *Nicolas IX., Marquis de Piro,*

135M wl

Baron von Budach. Der ehemalige Stadtpalast der *de Piros*, die der italienischen Landsmannschaft angehörten und die auch einen Großadmiral stellten, ist täglich außer an Sonn- und Feiertagen von 10 bis 16 Uhr zur vollen Stunde (Führung, Tel. 21221499) geöffnet, Eintritt 7 €, Kinder die Hälfte.

Gegenüber liegt das **Toy Museum** (Tel. 21251652, Mo–Fr 10–15 Uhr, Eintritt 3 €), eine Privatsammlung historischer und altertümlicher Spielwaren.

Manoel-Theater

Nachdem sich die Ordensritter im 18. Jh. weniger dem Kampf und mehr der Freizeitgestaltung widmen konnten, wurden die Räumlichkeiten der traditionell für Darbietungen und Aufführungen im kleineren Kreis genutzten Auberge d'Italie zu klein. *Großmeister Manoel de Vilhena* gab daher im Jahre 1731 den Bau des später nach ihm benannten Manoel-Theaters bei *F. Zerafa* und *A. Azzopardi* in Auftrag. Da die Engländer 1886 „ihr" Theater eröffneten (siehe Royal Opera), konnte das Manoel-Theater nicht gehalten werden und wurde verkauft. Es zerfiel und wurde sogar zeitweise als Sozialstation für die Ärmsten genutzt. Nach einer umfangreichen Renovierung wurde das Manoel-Theater erst 1960 wieder seiner ursprünglichen Bestimmung zugeführt. Das komplett mit Holz ausgekleidete Theater verfügt über Parkett, vier Ränge sowie eine an beiden Seiten offene Galerie und bietet 720 Besuchern Platz.

■ Kartenvorverkauf und Programme am Zugang Mo–Fr 10–13 Uhr und 17–19 Uhr, Sa nur 10–13 Uhr, Tel. 21246389 (Buchungen), www.teatrumanoel.com.mt, Fax 21237340. Kartenabholung binnen 48 Stunden gegen bar, Scheck oder Kreditkarte. Geführte Touren Mo–Fr 10.15–16.30 Uhr alle 45 Minuten, Sa nur 12.30 Uhr (sehr zu empfehlen!)

Im frei zugänglichen Vorhof des Theaters liegt das vornehme **Café/Restaurant Vilhena** – etwas teurer, aber sehr stilvoll. Nicht zu verwechseln mit dem *Café Manoel* an der Ecke der Old Theatre Street.

Our Lady of Mount Carmel Church

Mit ihrer 42 Meter hohen Kuppel ragt die von *G. Cassar* um 1570 gebaute **Karmeliterkirche** deutlich aus den Bauwerken Vallettas heraus. Sie erreichte allerdings nie eine ähnliche Bedeutung wie die Kathedrale St. John's oder der Dom von Mosta. Im Zweiten Weltkrieg nahm die Kirche so starken Schaden, dass sie von *Ãuze Damato* bis 1958 praktisch vollständig neu aufgebaut werden musste. Ihr Äußeres wirkt ziemlich unscheinbar und nicht sonderlich spektakulär, die Innengestaltung erweist sich dagegen als ausgesprochen hübsch und erscheint durch die Kuppel wesentlich heller und freundlicher als viele andere Kirchen Vallettas.

■ Geöffnet täglich 6–12 und 16–19 Uhr.

St. Paul's Church

Direkt oberhalb der deutschen Kurtine der Mauern Vallettas stand die **Auberge d'Allemagne** (Quartier der deutschen Zunge), ehe an diesem Platz 1839–43 die anglikanische Kirche St. Paul's für die neuen Herren entstand – angeblich auf Anweisung von *Adelaide,* Königswitwe von England, die 1839 während eines Besuches der Kolonie ihr Morgengebet verrichten wollte und keine anglikanische Kirche vorfand.

Auberge d'Aragon

Gegenüber der anglikanischen St.-Paul's-Kirche liegt die 1571 von *G. Cassar* gebaute und somit älteste aller Herbergen, die Auberge d'Aragon für die Landsmannschaften aus Aragon, Navarra und Katalonien. Sie stellten den obersten Organisator in Nachschubfragen für alle Ordensteile (Heer, Marine, Spital), den sogenannten *Gran Conservator.* Heute ist hier das **Verkehrsministerium** untergebracht, das Gebäude daher nicht der Öffentlichkeit zugänglich.

Auf dem **Independence Square** genannten Platz vor der Auberge d'Aragon erinnert ein Denkmal an den aufständischen Priester *Mikiel Xerri,* der im Jahre 1799 von Franzosen ermordet wurde.

Archbishop's Palace

Zwar war Valletta nach der Gründung die Hauptstadt Maltas, es wurde dem **Erzbischof** auch gerne gestattet, einen Wohnsitz dort zu nehmen, doch verweigerten die Ordensritter jegliche weitere Privilegien. So wurde der Palast im Jahre 1624 zwar begonnen, da die jeweiligen Erzbischöfe aber ihre administrativen Sitze in den alten Zentren Vittoriosa bzw. Mdina behielten, verzichteten sie auf den Weiterbau. Erst im Jahre 1953 wurde der erzbischöfliche Palast endgültig fertiggestellt.

Auberge d'Angleterre et Bavière

In die Phalanx der Cassar-Herbergen drang lediglich *Carlo Gimachs* Palazzo Carnerio von 1696 ein, welcher zunächst als Privatgebäude diente. Die englische Zunge war von *Heinrich VIII.* 1540 zwangsweise aufgelöst worden, konnte aber im Jahre 1784 auf Betreiben des Zaren *Paul I.* von Russland als „angelsächsisch-bayerische Zunge" wieder belebt werden. Daher diente der Palazzo der englischen und bayerischen (und auch russisch-polnischen) Landsmannschaft gemeinsam als Sitz. Ihnen oblag auch die Verteidigung des direkt gegenüberliegenden „Poste d'Angleterre". Der „kombinierten" Zunge gehörte auch eine gemeinsame Seitenkapelle der (s. dort) St. John's Co-Cathedral.

Lower Barracca Gardens

Viele Reisende verzichten auf den Besuch des zweiten ehemaligen Exerzierplatzes (engl. *barracks* = Kaserne) der Johanniter in der Annahme, der „kleine Bruder" könne sich nicht mit den be-

[>] Lower Barracca Gardens mit Alexander Ball Memorial

138M wl

rühmten Upper Barracca Gardens messen. Nachdem nach jahrelanger Renovierung die Ostgalerie wieder eröffnet ist, sind die Lower Barracca Gardens unbedingt empfehlenswert. Das einzige Monument im Park, ein neoklassizistischer Tempel, erinnert an *Sir Alexander Ball* (s. Glossar), den britischen Kommandanten bei der Vertreibung der Franzosen im Jahre 1800.

■ Geöffnet täglich 7–21 Uhr, im Sommer bis 23 Uhr, Eintritt frei.

Siege Bell Memorial

Die **gusseiserne Glocke** und eine große **Gedenktafel** erinnern hier an die während der zweiten großen Belagerung im Zweiten Weltkrieg gefallenen Malteser. Das schlichte, aber beeindruckende Mahnmal wurde direkt auf einer noch erkennbaren ehemaligen Artilleriestellung errichtet.

Sacra Infermeria San Spirito (Mediterranean Conference Centre)

Das 1575 vermutlich von *Gerolamo Cassar* errichtete **Ordensspital** Sacra Infermeria war eines der ältesten Gebäude der Stadt und hatte schon bald den Ruf, Europas beste Krankenstätte zu sein. Dies bezog sich nicht nur auf qualitative Elemente wie Einzelbetten, getrennte Säle für verschiedene Krankheiten, absolute Hygiene, Isolations- und Quarantänestationen oder die Einnahme der Mahlzeiten von Silbergeschirr, sondern auch auf die Spitalphilosophie. So wurden nicht nur Katholiken behandelt, sondern auch Kranke anderer Konfessionen aufgenommen – nach Ansicht Roms seinerzeit ein Sakrileg. Ferner gab es auch Stationen für alte Menschen, ausgesetzte Kinder oder Arme. Die Kapazität soll im Notfall bei 2000 Betten gelegen haben, das Fachpersonal wurde im Ordensspital selbst aus- und weitergebildet. So oblag es jedem Ordensritter, während seiner Probezeit für eine gewisse Zeit sozialen Dienst im Spital zu tun, und selbst der Ordensgroßmeister war verpflichtet, einmal wöchentlich in der Pflege aktiv mitzuwirken. Der Leiter des Spitals, der *Gran Hospitalier,* kam grundsätzlich aus der französischen Landsmannschaft und war der Einzige, dem ein unangemeldetes Kommen und Gehen erlaubt war.

Noch im Zweiten Weltkrieg wurde das Ordensspital als **Militärlazarett** genutzt, teilweise allerdings zerstört. Bis 1979 wurde es restauriert und zu einem **Konferenzzentrum** umgebaut. Womöglich wurde hier auf dem Gipfeltreffen von 1989 mit *Bush* und *Gorbatschow* die jüngere deutsche Geschichte maßgeblich bestimmt. Neben wirtschaftlichen und politischen Tagungen finden in den verschiedenen Trakten auch Sonderveranstaltungen und Ausstellungen statt.

Eine permanente Ausstellung ist die an die ursprüngliche Funktion erinnernde, allerdings etwas glorifizierende **„Knight Hospitalers"**. Immerhin wird hier mit der verblüffenden, sehr beeindruckenden Technik der gleichzeitigen Einbeziehung verschiedener Sinne (Geruch, Gehör, Optik) gearbeitet, was die Fantasie beim Eintauchen in die Ritterzeit merklich fördert.

■ Geöffnet 9.30–16.30 Uhr, Sa, So und feiertags 9.30–13 Uhr, Eintritt 10 €, ermäßigt 7 €, Kinder 5 €,

Familienkarte (2+2) 24 €, Tel. 21224135. Für Familien mit Kindern sehr zu empfehlen.

Malta Experience

Die landeskundlich-historische Multimediavorstellung „Malta Experience“ unterhalb des Ordenshospitals (der Eingang liegt aber auf der meerseitigen Straßenseite schräg gegenüber) wird oft mit der ähnlich angelegten Show „Valletta Experience & Wartime Experience“ verwechselt. In einer 45-minütigen **Diavorstellung** mit Überblendtechnik werden dem Besucher 7000 Jahre maltesischer Geschichte im Zeitraffer gut verständlich näher gebracht. Es empfiehlt sich, eine Vorstellung möglichst ganz am Anfang einer Maltareise zu planen, da Land, Leute und die bewegte Geschichte so besser gewürdigt werden können. Andererseits ist es eigentlich schade, dass diese Einführung in Land und Leute nicht für jedermann kostenlos schon während des Fluges angeboten wird, denn letztlich handelt es sich um eine reine Promotion für das Land. Dennoch für den nicht historisch vorgebildeten Besucher durchaus zu empfehlen, wenn auch etwas teuer.

■ Der Saal ist vollklimatisiert und bietet bequeme Sessel mit Kopfhöreranschluss mit Begleitton in zehn Sprachen. Eintritt 10 €, Kinder bis 14 Jahre 5 €. Vorstellungen Mo–Fr 11–16 Uhr, Sa, So, Fe 11–14 Uhr, Tel. 21243776.

Fort St. Elmo

Das Fort wurde von den Johannitern im Jahre 1552 angesichts einer drohenden Osmaneninvasion ausgebaut und verstärkt. Die etwas seltsam anmutende äußere Form eines vierzackigen Sterns wurde gewählt, da dies nach Ansicht der Ritter die bestmögliche Verteidigung gegen See- und Landbedrohung bot. Die Invasion ließ lange auf sich warten, kam aber im Jahre 1565 in umso schrecklicherem Ausmaß. Fort San Elmo war zu diesem Zeitpunkt ein wichtiger, wenn nicht der bedeutendste Eckpfeiler für einen der glorreichsten, aber auch tragischsten Augenblicke der maltesischen Militärgeschichte. Am 23.6.1565 fielen das Fort und alle 600 Verteidiger nach monatelanger Belagerung dem unerbittlichen Ansturm der türkischen Angreifer zum Opfer. Das heldenhafte Ausharren der Belagerten ermöglichte den Hauptkräften in Birgu (Vittoriosa), die Verteidigung vorzubereiten, und rettete so den Ordensstaat (s. „Geschichte“). Nach dem Ende der großen Belagerung („Great Siege“) wurde St. Elmo wiedererrichtet und bis in die jüngere Vergangenheit militärisch genutzt. Im Zweiten Weltkrieg stand das Fort erneut im Blickpunkt des Geschehens, als vom Fort aus wiederholt Angriffe der italienischen Marine auf den Grand Harbour abgewehrt wurden und so der für die Alliierten äußerst wichtige Anlaufpunkt für Nachschubkonvois gesichert werden konnte.

Der obere Teil St. Elmos wurde nach dem Krieg zum **Hauptquartier der maltesischen Polizei** ausgebaut und liegt – baulich deutlich getrennt – auf der gegenüberliegenden Straßenseite.

Die runden „Deckel“ im Pflaster auf dem Parkplatz vor dem Fort sind ehemalige **unterirdische Getreidespeicher** der Johanniter. Es gab sie in vielen Orten

Maltas, doch nur hier und vor der Publius-Kirche (Floriana) kann man sie in größerer Zahl sehen.

Der untere Teil von St. Elmo, das eigentliche Fort, dient heute als Schauplatz der Wachablösung sowie gelegentlich als Filmkulisse.

Ein Teil des Forts ist als sogenanntes **National War Museum** täglich 9–17 Uhr zugänglich (Eintritt 6 €, ermäßigt 4,50 €, Kinder 3 €; „militärische" Kombitickets s. „Lascaris War Room" unten). Anhand von originalem Kriegsgerät sowie einer Fotodokumentation werden die Luftangriffe auf Malta während des Zweiten Weltkrieges beleuchtet. Als die Royal Navy 1940 aus Angst vor einer Invasion der Achsenmächte nach Ägypten verlegt wurde, hatten die Briten auf Malta zunächst recht halbherzig nur zwei (!) veraltete Flugzeuge belassen, von denen eines als Höhepunkt der Ausstellung erhalten ist.

Einige interessante Punkte liegen auch **außerhalb der Stadtmauern** Vallettas. Da die Stadt als Bollwerk gebaut wurde, gibt es auch heute nur wenige „Schlupflöcher" durch die unüberwindlichen Mauern. Neben dem Stadttor sind dies das Victoria Gate, die Straße Triq il-Mediterran am Grand Harbour sowie ein Durchgang in der San Mark Road zum Marsamxett-Harbour. Das ehemalige Jew's Gate an der St. Elmo Bay ist geschlossen.

Marsamxett-Harbour (Sliema-Fähre)

Von einem echten Hafen kann hier unten in Marsamxett, unterhalb der Stadtmauern, eigentlich keine Rede sein. Lediglich die traditionelle Fähre Valletta-Sliema (Anlegestelle vor der *Pizzeria Al Mare,* 2 €) erinnert noch an die einstige maritime Bedeutung des Vorortes. Ein Stück weiter Richtung St. Elmo liegt rechter Hand die deutsche Kurtine, um die Ecke dann die englisch-bayerische. In den ehemaligen Vorratsluken in den Mauern werden unter stillschweigender Duldung der diskret darüber hinwegsehenden Behörden illegal Kampfhunde gehalten.

Fischmarkt

Unterhalb der Lower Barracca Gardens an der kastilischen Kurtine findet in den Morgenstunden traditionell ein Fischmarkt statt. Man erreicht den Markt am besten über die Triq il-Mediterran (am Siege Bell Memorial abwärts); frischer Fisch wird auch in der Markthalle im Zentrum Vallettas gehandelt.

Notre Dame de Lièsse und Old Customs House

Ein kleines Stück die Mauer entlang Richtung Floriana liegt rechter Hand das Victoria Gate sowie der Lièsse Hill mit der kleinen Kapelle Notre Dame de Lièsse. Sie wurde 1737 von *A. Belli* als **Seefahrerkapelle** der französischen Zunge gebaut, vermutlich auf den Grundmauern einer älteren Kapelle aus dem Jahre 1620.

G. Bonnici baute 1774 das ehemalige Hafengebäude, welches die Engländer später zum **Zollhaus** umfunktionierten. Das mit seinen Fundamenten im Hafenbecken verankerte Bauwerk weist einen wesentlichen Unterschied zu den anderen Bauten Vallettas auf: Hier wurde mit aus Meereskorallen gewonnenem Kalk gearbeitet, da dieser dem unmittelbaren Seewassereinfluss am besten widersteht.

Lascaris War Rooms

Am Originalschauplatz der britischen Kommandozentrale in den Tiefen der Festungsmauern Vallettas kann sich der Besucher in die Phase der Verteidigung Maltas im Zweiten Weltkrieg zurückversetzen. Das militärische Nervenzentrum der Briten auf Malta ist für Militärhistoriker und Interessierte sehr aufschlussreich aufbereitet, die groben Abläufe der Kriegsereignisse sollten allerdings vor einem Besuch bekannt sein. Erläuterungen auch in deutscher Sprache.

- Geöffnet 10–17 Uhr. Die Lascaris War Rooms liegen, wie sich das für eine Kommandozentrale geziemt, sehr versteckt am östlichen Ende des **Lascaris Garden** in den Stadtmauern und sind nicht ganz einfach zu finden. Man muss entweder durch den ganzen Garten bis zum Schotterplatz unter der Brücke gehen (ein Schild weist hier zum Eingang) oder vom zentralen Busplatz aus (zwei Minuten, dabei die Stadtmauer immer links). Alternativ hält Bus 133 unten an der Haltestelle Lascaris.
- Das **Kombiticket für Ft. Rinella,** Malta at War Museum/Vittoriosa, die Saluting Battery und Lascaris War Rooms kostet 25 €, der Einzelpreis liegt bei 10 € (ermäßigt 8 €, Kinder 5 €).

Preiskategorien der Unterkünfte

Die Preiskategorien der Unterkünfte werden auf **Seite 5** ausführlich erläutert.

Unterkunft

Hotels

Valletta ist zwar nominell Hauptstadt, bei der geringen Anzahl an Unterkünften wähnt man sich jedoch in der Provinz. Zählt man das (streng genommen zu Floriana gehörende) *Phoenicia* mit, verfügt Valletta über ganze fünf Hotels:

- **Phoenicia**⑤, The Mall, Floriana, Tel. 21225241, Fax 21235254, www.lemeridienphoenicia.com, traditionelles, prestigeträchtiges Tophotel mit tollem Ausblick direkt vor Valletta.
- **Osborne**③, 50 Triq Nofs In-Nhar, Tel. 21343656, Fax 21247293, www.osbornehotel.com, gehobene Mittelklasse ohne Besonderheiten.
- **Castille**③, Castille Square, Tel. 21243677, Fax 21243679, www.hotelcastillemalta.com, sehr stilvoll, gehobene Mittelklasse.
- **British**②, 267 St Ursula Street, Tel. 21224730, Fax 21239711, www.britishhotel.com.
- **Grand Harbour**②, 47 Battery Street, Tel. 212 46003, Fax 21242219, www.grandharbourhotel.com.

Die beiden Letzteren sind ordentliche Mittelklasse-Hotels mit schönem Blick über den Hafen.

Guesthouses

Der Mangel an Hotels wird durch ein breites Angebot an günstigen Guesthouses aufgewogen. Hier eine kleine Auswahl. Bei allen genannten handelt es sich um **Guesthouses**②. Wer selbst überhaupt nicht fündig wird oder von Valletta aus eine Unterkunft in einem anderen Ort vorab sucht, kann sich auch an die Tourist-Information wenden (die Angestellten helfen bei der Suche).

605M wl

■ **Bonheur Guesthouse,** 18 Sappers Street, Tel. 21238433, www.bonheurmalta.com. Verlangt je nach Saison zwischen 18 und 25 € pro Person. Zimmer mit Dusche.

■ **Royal Guesthouse,** 18 Windmill Street, Tel. 212 34077, überwiegend englische Gäste, Übernachtung im DZ ab 15 € pro Person.

■ **Midland Guesthouse,** 255 St. Ursula Street, Tel. 21236024, Fax 21689766, robertgz@ maltanet.net, direkt über der Bridge-Bar. Mit 13 € pro Person das günstigste in Valletta.

■ **Asti Guesthouse,** 18 St Ursula Street, Tel. 212 39506, www.vallettahouse.com, stilvoll renoviert (toller Speisesaal), ab 18 € pro Person im DZ mit englischem Frühstück.

Essen und Trinken

Es bereitet dem Besucher Vallettas keinerlei Mühe, etwas dem Geldbeutel und Geschmack Angemessenes zu finden. Viele Restaurants haben sich allerdings auf Tagesbesucher spezialisiert und bieten selten mehr als Pizza, Pasta und Kleinigkeiten an.

Snacks und Fast Food

In und um die Republic Street locken Imbissbuden mit Kleinigkeiten wie Pastizzi oder gefüllten Hefeteilchen.

■ Gute und preiswerte Kleinigkeiten brät die **Gambrinus Snackbar** in der Zachary St./Ecke Melita St. mit Pastizzi und Pasta (auch zum Mitnehmen).

■ Ein kühles Ċisk mit Blick über Fort St. Elmo und den Marsamxett-Harbour bietet die **Gun Post Snackbar,** Marsamxett Road am English Curtain.

■ Die **Boccia Bar** gegenüber vom Siege Bell Memorial wird nur recht selten von Touristen besucht, morgens gibt es hier das – in Valletta nicht oft erhältliche – so gesunde Ħobż biż Żejt.

■ Das **Café La Veneziana** in der Melita St. ist ebenfalls empfehlenswert für Snacks und Pastizzi.

■ Eine Augenweide ist das **Gebäude des Coffe-Shops des Deutsch-Maltesischen Zirkels** (siehe Informationsstellen) in der St. Christopher St./Ecke Republic St.

■ Auch namhafte Fast-Food-Ketten haben den ersten „Foot" in die Türen Vallettas bekommen: **McDonald's** in der 24 Republic St., **Burger King** und **Subway** im Einkaufszentrum gegenüber der Royal Opera, **Pizza Hut** in der 20 South St. oder die nicht so bekannte Hühnerbraterei **Chick King** in der 280 Republic St.

■ **Agius Bäckerei,** St. Paul's St.; hier bekommt man Pastizzi! Ebenfalls gut sortiert ist die **Carmileri-Bäckerei** in der Merchants Street nahe Markthalle; geöffnet tgl. 9–19 Uhr, So nur bis 13 Uhr.

■ In der **Markthalle** selbst bieten kleine Shops frisches Fleisch und Fisch an.

Cafés

Die zahlreichen Cafés verlocken zu einem Espresso und einem Stück guten Kuchens.

■ Das eher einfache **QE 2 Café & Bar** (Tel. 2123 4141) liegt direkt an den Lower Barracca Gardens. Das **Café Capri** (Zachary St./Ecke South St.) bietet gutes, preiswertes süßes oder herzhaftes Gebäck und Snacks auf die Hand.

■ Neben einem klangvollen Namen bietet das **Café Manoel** an der Ecke des gleichnamigen Theaters hervorragende Tees (nicht zu verwechseln mit dem Restaurant im Theater).

☒ Typische Hausfassade in Valletta

■ Unbedingt empfehlenswert ist das alt eingesessene **Café Cordina.** Gepflegte Atmosphäre, ausgezeichnete Backwaren, bestes und namhaftestes Café der Stadt in Toplage am Queens Square in der Republic St., Tel. 21234345. Vergleichbar ist das **Café Marquee** am St. John's Square gegenüber der Kathedrale.

Restaurants

Von der Vielzahl der Speiselokale Vallettas sind hier diejenigen hervorgehoben, die zumindest auch maltesische Speisen anbieten. Es sei nochmals daran erinnert, dass die meisten Lokale während der Mittagszeit bis 14 oder 15 Uhr und am Abend ab 18 oder 19 Uhr geöffnet sind.

■ Sehr zu empfehlen ist der Lampuki mit Beilagen (7 €) im einfachen und guten **Al Mare** direkt an der Sliema-Fähre, Triq Il-Lanca, Tel. 21232918.

■ Nebenan in die Stadtmauer gebaut liegt **Cockney's Bar & Restaurant,** Speisen auch zum Mitnehmen, Fischgerichte und Pasta, Tel. 21236065, geöffnet tgl. 12–15 Uhr und 17–22.30 Uhr.

■ Teuer bei nur mäßiger Qualität scheint das **Cocopazzo-Restaurant** in der South Str., Tel. 21235 706, zu empfehlen dagegen ist das **Still Alive,** Old Theatre Str., ein kleines und vor allem von Einheimischen besuchtes Lokal, Tel. 21338199.

■ **Trattoria Palazzo,** 43 Old Theatre Street, Tel. 21226611, liegt im Keller unterhalb der Nationalbibliothek. Sehr edel bei entsprechenden Preisen.

■ Das **Papagall,** 174 Melita St., Tel. 236195, bleibt unter Touristen ein Kultlokal. Pasta preiswert, Fleisch und Fisch sehr teuer – ob die Bekanntheit des Restaurants die hohen Preise rechtfertigt?

■ Das **Gourmet Kitchen,** 55 Archbishop St./Ecke Strait St., Tel. 21230636, ist ein beliebtes Mittelklasselokal mit zünftigen Gerichten.

■ Das **Ristorante de Vilhena** (Tischreservierung empfehlenswert unter Tel. 21232574) ist durch sein Ambiente (im Manoel-Theater) mittlere bis gehobener Preisklasse.

■ **La Cave,** Tel. 212436779, im *Hotel Castille* gelegen, ist für gute maltesische Gerichte berühmt.

■ Einen guten Ruf genießen auch die Küchen der beiden benachbarten Hotels *Grand Harbour* und *British Hotel,* wobei das **Grand Harbour,** Tel. 212 46003, eher mittelpreisig (Lampuki-Gericht € 4,50), das **British,** Tel. 21224730, höherpreisig (Fenek ab 15 €) einzustufen ist.

Für Anhänger der Slow-Food-Bewegung sei das **Ambrosia** (Tel. 21225923) von *Chris Faruggia* in der Archbishop St. um die Ecke vom Großmeisterpalast empfohlen.

Kneipen/Bars

Für eine Hauptstadt zeigt sich Valletta am Abend erstaunlich brav, was auch daran liegt, dass die wenigsten Touristen in Valletta übernachten. Immerhin gibt es ein paar Bars und Kneipen, in denen man auch nach 22 Uhr außerhalb der Hotelbars noch etwas zu trinken bekommt.

■ Die **Lantern Bar & Restaurant,** Tel. 21441678, beim *Bonheur Guesthouse* ist eine einfache, urige Kneipe, **The Stable,** stilvoll integriert in einen umgebauten Pferdestall, liegt schräg gegenüber, Tel. 21729311. Beide werden überwiegend von jüngeren Reisenden der umliegenden Guesthouses besucht.

■ Fest in britischer Hand ist die mit zahllosen Geschwaderabzeichen geschmückte **Royal British Legion,** Veteranentreffpunkt und Billardbar, 111 Melita St., Tel. 21388302.

■ Wenn gar nichts mehr offen ist – die **Bridge Bar,** St. Ursula Street, Tel. 9942526, schräg gegenüber vom Victoria Gate, nimmt es mit der Sperrstunde oft nicht ganz so ernst. Grund sind auch Jazznächte am Freitag (Sommer) mit lokalen Jazzmusikern wie *Marc Galea, Lawrie Simpson, Walter Vella, Effie Azzopardi* und *Eric Santucci.*

■ Leser empfehlen die **Tra Buxu Wine Bar,** 1d Strait Street, Di–So ab 19 Uhr. Es gibt auch Kleinigkeiten zu essen. Nette Musik.

Einkaufen

Erstaunlicherweise gibt es in Valletta nur ein paar kleine **Lebensmittelhändler** für Wein, Getränke oder auch eingelegte Kapern (am Anfang und Ende der Republic Street), aber bislang keine Supermärkte. Frisches Fleisch und Fisch bieten die Läden in der alten Markthalle.

■ Entlang der Republic Street findet man eine Reihe **Souvernirläden** für das übliche „Ich-war-auf-Malta-T-Shirt" oder Aschenbecher im Ritterschild-Format. Interessanter sind da doch die kleinen **Haushaltsläden,** wo man maltesische Kochbücher und Pastizziformen zum „Nachbacken" für daheim findet (Republic St. und Merchants St.). In diesen Geschäften, aber auch in Eisenwarenhandlungen findet man die in Malta typischen Türklopfer, meist in Delfinform.

■ Etwas ganz Besonderes ist die **Andrew Barbara English Shoe Factory** in der St. Mark Street. Old Andrew gilt als wahrer Großmeister seiner Zunft und stellt alles von Stiefeln bis Sandalen her.

■ Für Textilien, CDs und sonstiges Allerlei bietet sich ein Bummel über den allmorgendlichen **Straßenmarkt** in der Merchants Street (etwa auf Höhe der St. John's Co-Kathedrale und der Markthalle) an; der Straßenmarkt findet im Unterschied zu den Märkten in anderen Orten täglich statt, Sonntag vormittags wird er nach Floriana verlegt. Kleidung nach der neuesten Mode gibt es u.a. in den kleinen Boutiqen der **Shopping Mall** gegenüber den Ruinen der alten Oper, No-Name-Textilien und auch sonstige interessante Kleinigkeiten findet man auf dem **Sonntagsmarkt** an der Bastion St. James (8–14 Uhr). Trödel- und Antiquitätenfreunde können hier noch so manches Schnäppchen machen.

■ Für einen Überblick über das Angebot an handwerklichen Erzeugnissen lohnt ein Besuch im **Malta Crafts Centre** am St. John's Square (kein Verkauf), geöffnet 16. Juni–30. Sept. Mo–Fr 9–13.30, 1. Okt.–15. Juni Mo–Fr 9–12.30 und 15–17 Uhr. Bei Interesse verweist das Personal auf die entsprechenden Hersteller.

■ Einen Besuch lohnen auch die **Buchhandlungen,** allen voran *Agenda* in der Triq Santa Lucija/ *Embassy Complex* (auch Karten und Fachliteratur, z.B. Tauchführer, in englischer, teils in deutscher Sprache); das ursprüngliche Hauptgeschäft in der Republic Street existiert ebenfalls noch.

Sonstiges

Informationsstellen

■ Die **National Tourism Organisation** of Malta (NTOM) unterhält ein äußerst nützliches Büro in der 229 Merchants Street, Tel. 22915440-2, www.visitmalta.com, geöffnet Montag bis Samstag 9 bis 17.30 Uhr (letzter Einlass 17.15 Uhr), Sonn-und Feiertage 9 bis 13 Uhr (letzter Einlass 12.45 Uhr).

■ Der Sitz des **German-Maltese Circle** *(Deutsch-Maltesische Gesellschaft)* liegt in der 141 St. Christopher Street, Messina Palace, Tel. 21246967, www.germanmaltesecircle.org. Die nichtstaatliche Organisation fördert den Kulturaustausch zwischen Deutschland und Malta und bietet u.a. Deutschkurse an. Von den Wänden in den Gängen grüßen die Erinnerungstafeln an Besuche gesalbter Häupter, etwa der ehemaligen Bundespräsidenten *Köhler* und *v. Weizsäcker.* Der Zutritt zur kleinen Ausstellung ist kostenlos, die Cafeteria im 400 Jahre alten Kellergewölbe bietet Erfrischungen und kleine (maltesische) Speisen. Geöffnet Mo–Fr 8.30–12.30 und 16.30–20.30, Sa. nur vormittags.

604M wl

Theater und Kinos

Valletta ist sicherlich nicht der beste Ort, um auf Malta ein Lichtspieltheater zu besuchen.

- Immerhin gibt es das neue **Ambassador/Embassy,** St. Lucia/ Ecke Strait Street (s. „Einkaufen").
- Viel empfehlenswerter ist ein Besuch im **Manoel- Theater,** 116 Old Theatre Street, Tel. 21246389 (s. „Sehenswürdigkeiten").

Banken

Die beiden großen Banken Maltas sind in Valletta mehrfach vertreten.

- Die Zentrale der **HSBC-Bank** liegt in der 32 Merchants Street, Tel. 21249804, Filialen in der Republic Street sowie am Sizilien-Hafen (werktags 8.30–16 Uhr, Sa 8.30–12.30 Uhr).
- Die **Bank of Valletta** hat ihre Zentrale in der South Street (Tel. 21249970) und Filialen in der Republic Street und South Street (Öffnungszeiten Anfang Oktober bis Mitte Juni werktags 8.30–15 Uhr Sa bis 12 Uhr, Mitte Juni bis Ende September werktags 8.30–13 Uhr und Sa 8.30–12 Uhr).
- Einige Filialen von HSBC und BoV verfügen außen über Geldautomaten (Maestro-Logo).
- In der Republic Street gibt es außerdem für Dollar oder Franken ein paar **Geldwechselautomaten** wie jenen am Flughafen.

☒ Reges Treiben auf einer von Vallettas Shoppingmeilen

Hauptpost

- Die Hauptpost von Valletta liegt an der St. James Bastion und hat von Mo–Fr 8.15–17 Uhr, Sa bis 12.30 Uhr geöffnet.
- Rund um die Hauptpost sowie am Great Siege Square gibt es einige **Karten-Telefone.** Telefonkarten gibt es in Zeitschriften-, Andenken- und Lebensmittelgeschäften.

Krankenhaus/Notfälle

- In Valletta selbst gibt es kein Krankenhaus, zuständig sind die **Poliklinik Floriana,** Tel. 215 14085 und 21224001, sowie das **St. Luke's Hospital,** Gwardamanġa/Msida, Tel. 21621251, bzw. das **Mater Dei Hospital** in Bairkirkara (Umgehung), Tel. 25450000.
- Bei Unfällen kann Hilfe natürlich auch über die allgemeine **Notrufnummer** 191 (Unfall) bzw. 196 (erste Hilfe) angefordert werden.
- Bei **Zahnbeschwerden** hilft z.B. *Dr. Caruana*, 69 Merchants Street, Tel. 21224718.

Polizei

- Police Headquarter, Harper Lane, **Floriana,** Tel. 21236719, 21224001.
- Die Police Academy in Fort St. Elmo ist **keine** Touristenpolizei und bittet, von Besuchen Abstand zu nehmen.

Parkplatz

- Wer als Selbstfahrer nach Valletta kommt, sollte das große **Parkhaus** noch vor dem Tritonenbrunnen/Floriana ansteuern. Die Stunde kostet 1 €, pro Tag werden 5 € berechnet, an Sonn- und Feiertagen 80 Ct.; alternativ kann man Richtung Passagierhafen hinunter sein Glück versuchen – Parkscheibe! Zu den Park & Ride Parkplätzen siehe Kap. „A–Z, Verkehrsmittel/Bus".

Agenturen

Zuverlässige Agenturen für Flugtickets, aber auch für die Organisation von Ausflügen und Touren, Unterkunftsvermittlung, Arrangements von Leihfahrzeugen usw. sind unter anderen: **GM International Services,** 147/1, St. Lucia Street, Tel. 2123 5341, *NSTS*, St.Paul's Street, Tel. 25588230 sowie **Malta Guided Tours,** Republic St., Tel. 99425243.

Bus

Siehe auch Kapitel „A–Z, Verkehrsmittel/Bus"; zahlreiche Busse fahren vom neuen, sehr übersichtlichen Busbahnhof beim **Tritonenbrunnen/Floriana** ab. Sowohl eine Generalübersicht am obersten Bussteig (hier auch Ticketautomat und -schalter für Wochenkarten) sowie genaue elektronische Hinweise (Route, Wartezeit bis zur Abfahrt) an jedem Bussteig helfen, die richtige Linie zu finden. Abgesehen von den Linien zu den Städten und Dörfern auf Malta dürften auch die 132 (vom/zum Park & Ride-Parkplatz/Floriana) und die 133 (Floriana –Valletta, eine Art Innenstadtbus, der an einigen Punkten östlich der Archbishop-Street/GM-Palast hält) interessant sein.

Stadtfähre nach/von Sliema

Ab 8.15 Uhr zunächst stündlich, ab 10.15 dann halbstündlich (immer .15 und .45; letzte Abfahrt 17.45 Uhr), verbindet die Fähre Valletta in 10 Minuten mit Sliema (Rückfahrt dort je zur halben bzw. vollen Stunde); Ticket 1,50 €, Kinder 0,50 €, Rückfahrkarte 2,80 €, Kinder 0,90 €. Infotel. 2346862.

Floriana

Wer Valletta besucht, passiert zwangsläufig auch Floriana, die „Vorburg" der Hauptstadt mit dem **zentralen Busbahnhof** für den Großraum Valletta, ja für ganz Malta, liegt hier am markanten Tritonenbrunnen, und einige interessante Punkte machen einen Besuch lohnenswert. Die wenigsten Malta-Besucher machen sich jedoch die Mühe, einmal durch Floriana zu streifen.

Wie der Grundriss Florianas zeigt, handelt es sich um eine eigenständige Festung (mit der Publius-Kirche im Zentrum), die vor die Tore Vallettas gebaut wurde und einen Schutzwall bildete.

Diese Idee stammt von *Großmeister Antoine de Paule* aus dem Jahre 1634, also eine deutliche Zeit nach der Einweihung Vallettas (1571). *De Paule* beauftragte mit dem Bau den italienischen Festungsspezialisten *Pietro Paolo Floriani*, nach dem der Stadtteil benannt wurde.

Der Tritonenbrunnen am Busbahnhof

Sehenswertes

Tritonenbrunnen und Busplatz

Das Herzstück der neuen Fußgängerzone bildet *Vincent Araps* riesiger neoklassizistischer Tritonenbrunnen mit der Darstellung der drei Giganten, die gemeinsam eine überdimensionale Schale stützen. Diese Kulisse mit den emsigen Händlern, den verunsicherten Touristen, den kleinen Buden mit Erfrischungen und Snacks sowie dem benachbarten neuen Busbahnhof zählt sicher zu

606M wl

den meistfotografierten Motiven auf Malta. Von hier aus sind per Bus fast alle Ziele der Insel zu erreichen (siehe auch „Verkehrsmittel").

■ Selbstfahrer können in der angrenzenden Tiefgarage am Royal-Air-Force-Denkmal parken. Fotos vom Brunnen und Busplatz kann man vom Aussichtspunkt an der Zentralbank/St. James machen.
■ In der Zentralbank selbst (tgl. zu den Öffnungszeiten für jedermann frei zugänglich) kann eine Ausstellung **(„Geldmuseum")** kostenlos besucht werden.

Indipendenzia

Dem Stadttor Vallettas entgegengesetzt, läuft man vom Tritonenbrunnen genau auf die **Statue** „Indipendenzia" (Unabhängigkeit) zu. Diese Statue erinnert an den Tag der Unabhängigkeit Maltas von der britischen Kolonialherrschaft am 21.9.1964, wurde aber allerdings erst im Jahre 1989 zum 25-jährigen Jubiläum aufgestellt.

RAF Memorial und War Memorial

Um den Erhalt der „Festung Malta" machte sich im Zweiten Weltkrieg insbesondere die britische Luftwaffe (RAF = *Royal Air Force*) verdient (siehe „Geschichte"). Zu Ehren der Gefallenen der Flugstaffeln wurde ein gesondertes Monument errichtet.

Nur wenige Meter weiter auf der Triq Nelson erinnert ein weiteres Mahnmal („War Memorial") an die Opfer des Zweiten Weltkrieges.

Gegenüber vom War Memorial an der Triq Cassar liegt der **Lascaris Garden** und führt eine Treppe zum **Passagierhafen** (siehe „Verkehrsmittel").

Maglio Gardens

Der schlauchförmige Zentralpark, der sich vom Tritonenbrunnen bis zur Publius-Kirche erstreckt, wurde unter *Großmeister Lascaris* als Sportplatz für die jüngeren Ritter angelegt (ital. *la Maglia* = Trikot). Körperliche Ertüchtigung und geistige Disziplin sollten dem zunehmenden Sittenverfall im Orden Einhalt gebieten. Mit Beginn der englischen Ära dienen die Maglio Gardens seit Anfang des 19. Jh. als öffentlicher Park, im Laufe der Jahrzehnte wurde eine Reihe von Büsten maltesischer Persönlichkeiten, z.B. *Adrian Dingli*, aufgestellt.

Die sportliche Tradition der Gegend hält bis in die Gegenwart an: Auf der gegenüberliegenden Straßenseite liegt die **Independence Arena,** bis zum Bau von Ta Qali Austragungsort von Fußball-Länderspielen.

St. Publius Church

Als letzten großen Sakralbau gaben die Ordensritter 1733 die Publius-Kirche in Auftrag, welche in etlichen Etappen errichtet wurde. Der ursprüngliche Entwurf ohne Seitenflügel und Fassade stammt vermutlich von *F. Marandon*. Erst 1771 vollendete *G. Bonnici* den Bau beider Glockentürme und vervollständigte die Fassade. 1856 *(P. Attard)* kamen die beiden angesetzten Seitenkapellen hinzu. Die heutige Fassade stammt von

N. Zammit (1885). Geweiht wurde die Kirche dem ersten Bischof Maltas, der, Überlieferungen zufolge, vom Apostel *Paulus* eingesetzt wurde.

Bei den kanaldeckelähnlichen Steinplatten auf dem Vorplatz handelt es sich um Abdeckungen **unterirdischer Getreidespeicher,** wie sie auch in Valletta am Fort St. Elmo zu sehen sind.

Am oberen Ende des Platzes steht die **Bronzestatue** des Großmeisters *de Vilhena,* der sich zum Patron Florianas erhob; die offizielle Bezeichnung „Borgo Vilhena" erinnert daran. Auf dem Vorplatz finden sehr oft Festas oder Freilichtaufführungen statt.

Sarria Church

Im Schatten der Publius-Kirche steht die kleine Sarria Church, die von *M. de Sarria* (um 1585) als Kuppelbau errichtet und von *L. Gafà* 1678 vollständig umgebaut wurde. Die Innengestaltung stammt von *M. Preti,* der durch seine Arbeiten in der St. John's Co-Cathedral (Valletta) bekannt wurde.

Wignacourt Tower

Zwischen Maglio Gardens und Sarria Church steht der gut erhaltene End-

Das Kapuzinerkloster

Ein eher obskurer Platz liegt nahe der Bastion St. Francis am Ende der Triq il-Kapuccini auf der Südseite von Floriana: das Kapuzinerkloster und die schaurigen Reste seiner Ordensbrüder. Das Kloster liegt nur gut zehn Gehminuten vom Busbahnhof Florianas entfernt und kann nach Voranmeldung bei Pater *Francis Azzopardi* unter Tel. 21225525 oder 21234949 jederzeit besucht werden.

Großmeister de Verdalle rief 1588 die Kapuziner nach Malta und versprach ihnen Land, Schutz und Verpflegung. Kirche und Kloster stammen aus dieser Zeit. Damals wurden Ordensmitglieder in den jeweiligen Gotteshäusern selbst bestattet (so die Johanniter in der St. John's Co-Cathedral/Valletta). Daher bauten auch die Kapuziner eine **Carneria** (Knochenhaus) mit drei unterirdischen Krypten von 70 Metern Länge. Die Mumifizierungsmethode bleibt ein Geheimnis, die Aufzeichnungen darüber gingen verloren. Vermutlich wurde der Leichnam ausgeweidet und anschließend über mehrere Jahre luftdicht verschlossen, bevor man ihn in den Kryptennischen aufrecht aufstellte. Noch heute sind Schädel und Beckenknochen in den Nischen angenagelt zu sehen.

1872 verboten die britischen Kolonialbehörden die unterirdischen Bestattungen. Danach geriet die Krypta in Vergessenheit. 1942 wurde das Kapuzinerkloster weitgehend zerstört, nach dem Krieg dann allmählich wieder aufgebaut. Erst 1979 wurde die Krypta von Pater *Francis Azzopardi* restauriert und damit wieder entdeckt. Die meisten Knochen sind heute in einer tiefen Grube zu sehen. Vollständig restauriert und in der Glasvitrine aufgebahrt sind lediglich die sterblichen Relikte des gozitanischen Frater *Crispin Zammit.*

Es wird gebeten, die Ordensstätte in angemessener Kleidung (möglichst schulter- und kniebedeckend) zu betreten!

punkt des ehemaligen Wignacourt Aquädukts, ein Wasserturm von 1615. Das Wappen des Großmeisters *Alof de Wignacourt* am Turm, auf dessen Initiative diese wichtige Wasserleitung zurückging, ist noch sehr gut erhalten.

Argotti Botanic Gardens und St. Filipo Gardens

Direkt hinter dem Wignacourt Tower liegen die Zugänge für zwei sehr hübsche öffentliche Gärten. Die **Botanic Gardens** gehen auf den Gelehrten *Argotti* zurück, der diesen Garten für die alte Universität anlegte. Der hübsche Park mit seinen Bäumen und Blumenbeeten sowie einer Kakteensammlung wird im Sommer auch für Freilicht-Theateraufführungen genutzt.

Direkt angrenzend liegen die **St. Filipo Gardens,** der schönste städtische Garten, der hübsch in die Bastionsmauern Florianas integriert wurde. Es verirren sich kaum Besucher hierher, obgleich sich allein der Gang durch die dicken Bastionsmauern lohnt.

■ Beide Parks kosten keinen Eintritt und sind täglich von 8 bis 20 Uhr geöffnet. Die Öffnungszeiten werden außen auf Kreidetafeln angeschrieben; bei Veranstaltungen im Park ist manchmal einer oder beide Gärten nur vormittags geöffnet.

Sa Maison Gardens

An der Außenseite der Mauern Florianas und somit eigentlich schon im Stadtteil Sa Maison gelegen, empfiehlt sich ein Besuch der Sa Maison Gardens dennoch von Floriana aus. Der wie die St. Filipo Gardens in die Mauern integrierte **Park** wird leider nicht so gut gepflegt wie die anderen Parks. Der Blick von hier ist allerdings besser als in St. Filipo, man hat einen guten **Ausblick** auf Pièta (Gozo-Transportfähre), Msida (Segeljacht-Hafen), Manoel-Island und bis nach Sliema (Tigné Fort). Unterhalb der Mauern liegt hafenseitig die maltesische Küstenwache.

■ Der Park ist bis 17 Uhr geöffnet, Eintritt frei. Aus dem Tor rechts hinaus die Triq Sa Maison hinunter gelangt man zur Gozo-Fähre (nur Fracht) und dem Msida-Jachthafen. In beiden Buchten halten die **Busse** nach Sliema, St. Paul's/Buġibba, Rabat, Mosta und alle anderen Linien nach Nordwest. Bus 133 pendelt von 6.05 bis 23.05 Uhr zwischen der Auberge de Castille, Hastings Cavalier und Floriana (Polyklinik).

Sa Maison, Pièta, Gwardamanġa und Msida

[Guardamandscha, Imsida]

Direkt unterhalb der Sa Maison Gardens liegen **der Bucht folgend** die ineinander übergehenden Stadtteile Sa Maison, Pièta und Msida.

Die kleine Bucht zwischen Sa Maison und Pièta („Pièta Creek") hätte beinahe eine große historische Rolle gespielt: Die Johanniter planten zur weiteren Sicherheit der Hauptstadt um 1630 allen Ernstes einen **Kanal** vor den Mauern Florianas vom Pièta Creek zum Marsa Creek, der Valletta und seine Vorstadt zur Insel gemacht hätte. Das Projekt wurde zwar begonnen (alte Gräben zeugen davon), bald aber als unmöglich ad acta gelegt.

Auf der Landzunge zwischen Pièta und Msida liegt, etwas zurückgesetzt, **Gwardamanġa** mit dem Nationalkrankenhaus St. Luke's Hospital (s. Valletta).

Im Msida Creek liegt der moderne **Jachthafen** für private Segeljachten.

Will man nach einem Rundgang durch Floriana und die Bucht in den Norden oder Westen Maltas fahren, bietet es sich an, von den Sa Maison Gardens zu Fuß hinunterzulaufen und hinter dem Kreisverkehr einen Bus zu allen Orten im Norden und Westen der Insel zu nehmen.

In Sa Maison legen die **Versorgungsfähre** (kein Passagierbetrieb) sowie eine **Pkw-Fähre** für Pendler nach Gozo an.

Weiterreise

■ Man kann entweder zu Fuß immer am Ufer entlang von/nach Floriana gehen oder per Bus (Haltestellen etwa alle 300 Meter) Richtung Sliema, Mosta, Rabat oder Buġibba fahren. Vom Kreisel in Msida sind es per Bus je zehn Minuten bis zur Endstation Sliema oder Valletta.

Ta Xbiex und Manoel Island

[Ta Schbiesch]

An Msida schließt sich nordwärts das **Wohnviertel Ta Xbiex** an, in dem viele ausländische Diplomaten und Geschäftsleute ihren Wohnsitz haben.

Übergangslos folgt am Nordende Ta Xbiexs ein kleiner Damm mit einem sogenannten **Wasservogel-Schutzgebiet** *en miniature* (ein paar Enten laufen hier herum).

Die **Manoel-Insel,** benannt nach dem gleichnamigen Fort, wirkt unattraktiv und beinahe verlassen.

Bedeutung erlangte die Insel unter den Großmeistern *Castellar* (1636–1657) und *N. Cotoner* (1663–1680), die hier das sogenannte „Lazaretto" einrichten ließen, eine durch die in ganz Europa wütende Pest notwendig gewordene **Quarantänestation,** in der alle einlaufenden Schiffe 30 Tage in Quarantäne lagen. Bis in die britische Epoche wurde Manoel-Island als Notlazarett genutzt.

Großmeister Manoel de Vilhena (1722–1736) ließ an der Inselspitze ein **Fort** errichten, welches ebenso wie die Insel selbst fortan seinen Namen trug. Heute dient ein Bereich der Insel als streng bewachtes **Munitionsdepot** *(Ammunition Ordnance Disposal),* in dem seltsamerweise viele Bomben offen herumliegen.

Ein Stück weiter den Uferweg entlang liegt ein kleiner **Badeplatz.**

Die Ost- und Südseite der Halbinsel wird heute vom **Valletta Yacht Club/ Royal Malta Yacht Club** eingenommen (für Segler und Motorbootsportler wichtigste Auffüllstation; Tel. 21331131).

Zwei weitere Punkte sind allerdings von größerem touristischem Interesse: eine **traditionelle Glasbläserei** sowie das **Fort** (beide nur zu Fuß über den Damm zu erreichen).

Fort Manoel

Das Fort zwischen Valletta und Sliema entstand auf Anweisung von *Großmeister Manoel de Vilhena* (1722–1736) zum Schutz der auf der Insel liegenden Lazarettstation. Das Fort, dessen imponierende Größe noch heute zu erahnen ist, zerfiel nach etlichen Bombardements im Zweiten Weltkrieg und wirkt heute beinahe wie ein Schrottplatz oder eine Müllhalde. Davon unberührt bleiben aber die schönen **Ausblicke** von dort auf Sliema und Valletta. Kinder mag hier der Entenpark sowie die Gokart-Bahn interessieren (nur Sa, So 10–17 Uhr).

Anfahrt

- Die Anfahrt nach Manoel-Island per Bus erfolgt am besten über Sliema (siehe „Verkehrsmittel, Bus", Endstation The Strand"), von wo aus man zu Fuß an der Promenade entlang in 10 Minuten Manoel Island erreicht.

Sliema

Sliema, das erst 1878 als Wohnviertel der Gutsituierten gegründet wurde, ist mit seinen rund 20.000 Einwohnern nominell die größte Stadt Maltas. Lediglich das Tigné Fort und der St. Julian's Tower auf der Halbinsel Dragut Point stammen aus der Johanniterzeit. Unter englischer Leitung entstand Ende des 19. Jh. eine **Meerwasser-Entsalzungsanlage,** die heute ungenutzt an der Tigné Seafront steht. 1985 nahm stattdessen die moderne Entsalzungsanlage *Reverse Osmosis Plant* neben Fort Tigné ihren Betrieb auf. Rund um die Landzunge des Forts herrscht momentan reger Baubetrieb – die gesamte Fortanlage wurde jüngst in ein Nobel-Wohngebiet umgewandelt, dessen spekulativer Charakter in Malta selbst kontrovers diskutiert wird.

Fußballfreunde werden den Namen der **Sliema Wanderers** kennen, Maltas bekanntester Vereinsmannschaft und häufigem (Erstrunden-) Teilnehmer an internationalen Cup-Wettbewerben.

Sliema kann im Gegensatz zu Valletta oder der Cottonera nicht auf historische Wurzeln zurückblicken, sondern steht für „Moderne" und „Fortschritt". Dienstleister, Verwaltungen, Unternehmenssitze, Banken und auch Botschaften liegen bevorzugt in Sliema, das zum wirtschaftlichen Zentrum avancierte und auch für Touristen ein beliebter Standort wurde. In wenigen Minuten ist man mit Fähre oder Bus in Valletta, auch andere Teile des Landes sind gut per Bus zu erreichen, wenn auch längst nicht so gut wie von Valletta aus. Auch das Zentrum von Maltas Nachtleben, St. Julian's, liegt nur ein paar Minuten zu Fuß entfernt. Viele Besucher, die auf ein Leihfahrzeug verzichten wollen, legen daher großen Wert darauf, eine Unterkunft in Sliema zu finden. Einheimische wie Touristen schlendern gerne an Maltas schönster Uferpromenade, „The Strand", entlang, bummeln durch die Geschäfte von The Strand und dem Zentrum Tower Road oder erfrischen sich während der heißen Sommermonate in den kleinen Badebuchten im Meer. Die in den Fels am Ufer gehauenen kleinen Becken findet man insbesondere in Sliema und St. Paul's Bay/Buġibba. Dabei handelt es sich übrigens nicht um die ähnlich aussehenden Salzpfannen, sondern um Planschbecken!

Sehenswertes

The Strand

Während in Valletta, umgeben von den gewaltigen Festungsmauern, das blaue Meer praktisch nur als entfernter Hintergrund für Fotos erscheint, liegt das Meer um die Halbinsel herum in unmittelbarer Nähe. Nicht umsonst nannten die Engländer Maltas **imposanteste Uferpromenade** The Strand.

Dragut Point

Wer seinen Rundgang in der Marina Street/Manoel Island beginnt, läuft automatisch auf die Spitze der Halbinsel, den Dragut Point mit dem 1792 fertiggestellten **Fort Tigné** zu. Die kasernenartige Anlage war das letzte Festungsbauwerk der Johanniter auf Malta, gebaut um den Hafen von allen Seiten zu schützen. Genützt hat es wenig, sechs Jahre später standen die Franzosen vor den Toren. Das Fort wurde bis zum Abzug der Briten militärisch genutzt, verfällt allerdings seither und gleicht einem Spukschloss. Erst in den letzten Jahren wurden Teile des Forts als Sozialwohnungen freigegeben, die eine oder andere Halle wird von Kampfsportclubs oder anderen Verbänden genutzt. Am Fort liegen auch Vereinsheim und Kunstrasenplatz des Fußballclubs **Sliema Wanderers.**

Il Fortizza

Einen weiteren **Festungsbau** errichteten die Engländer Mitte des 19. Jh. am **Sliema Point.** Die damals als Küstenartilleriestation gebaute Festung beherbergt ein **Freibad** (geöffnet Mo–Sa 10–18 Uhr) und das noble, überteuerte Terrassen-Restaurant Fortizza.

St. Julian's Tower

Sliemas ältestes Bauwerk liegt am äußeren nördlichen Ende der Halbinsel, dem **St. Julian's Point.** Nachdem alle Kraft bis in das 17. Jh. hinein in den Aufbau von Valletta investiert worden war, besann sich *Großmeister Martin de Redin* (1657–1660) auf die mögliche Gefahr einer erneuten türkischen Landung nördlich von Valletta, wie während der großen Belagerung geschehen. So ließ er 1658 den St. Julian's Tower (nach ihm auch **Redin Tower** genannt) errichten.

Sliema

- **Übernachtung**
- 4 Metropole Hotel
- 5 Trafalgar Guesthouse
- 6 Patricia Hotel
- 16 Hibernia House Gateway Hostel
- 27 New Strand Pebbles Boutique Hotel
- 33 Diplomat Hotel
- 35 New Palace Tower Hotel
- 39 Penthouse Guesthouse
- 41 Europa Hotel
- 45 Preluna Towers Hotel
- 46 Soleado Guesthouse
- 47 Hotel Roma

Essen und Trinken
3 Cucina Italiana Restaurant
12 Snoopy's Restaurant
13 Plough & Anchor Bar
14 Barney's Snackbar
15 Zeppi's Bar
19 Shutter's Pub
20 Vince's Restaurant
23 Jubilee Café
24 Mr. Maxim's Pastizzeria
26 Black Gold Saloon, MedAsia Restaurant
30 Il-Merill Restaurant
31 Salisbury Arms Pub
34 Surfside Restaurant
36 Ponte Vecchio Rest.
37 La Gelateria
38 Cuccagna Pizza und Pasta Restaurant
40 Restaurant Ta Kolina
42 Marianna TexMex Restaurant
43 Mr. Jee
44 Mucho Bueno
49 Maxman Pastizzi Takeaway
51 Imbisse
53 Coffeeshop La Colomba
54 Lokal Silema Wanderers
55 Weißbier/Bratwurst
56 Burger King
57 Ta'Kris Restaurant

Wassersport
1 Dive Systems
44 Freibad und Tauchschule Aquariggo
59 Northeast Diving Service
60 Dive Shack

Einkaufen/Sonstiges
2 Supermarkt
7 Zeitungshandel
8 ATV Travel Agency
9 Windsor Car Rental
10 Budget Rent a car
11 Mini-Markt
17 Princess Car Hire
18 Stamp Shop
21 St. Paul's Car Rental
25 Strand Rental
27 Captain Morgan Cruises, Oasis Tours
28 Digitone und Opcom Computerläden
29 George's Souvenirs
32 Nicholsons Supermarkt
45 Hertz/Oasis Fahrzeugverleih
48 Apotheke
50 Supermarkt Tower
51 High St. Fahrzeuge/Ausflüge
52 Commercial Centre Plaza
61 The Point Shopping Mall

Balluta Bay und Uferpark

Noch ein kurzes Stück die Uferpromenade entlang endet Sliema in der Balluta Bay und geht direkt in St. Julian's über. Das trutzburgartige Gebäude mit der Marienstatue an der Balluta Bay ist das noch recht junge **Marija-om-Alla-Karmeliterkloster,** gebaut von *Emanuele Galizia* im Jahre 1871, wobei die alte Kirche auf dem Gelände schon von *G. Bonavia* (1856) stammt. Zwischen St. Julian's Tower und dem Kloster liegt uferseitig ein begrünter Uferpark mit Brunnen, Rastmöglichkeiten und Spazierwegen.

⌃ Sliema mit der Uferpromenade

607M wl

Stella Maris Church

Zwei weitere interessante Sakralbauten liegen abseits der See im Zentrum von Sliema. Die **Stella-Maris-Pfarrkirche** in der High Street wurde von *Giuseppe Bonavia* um 1878 begonnen, das Innere von *Andrea Vassallo* umgebaut und gegen 1920 fertiggestellt.

Sacro Cuor Church

Ein kleines Schmuckstück ist auch die – ebenfalls *E. Galizia* (s. Balluta Bay) zugeschriebene – **Our Lady of Sacred Heart Church,** auch „Sacro Cuor" genannt, in der Triq San Trofimu, die außerhalb der Gottesdienste leider nicht geöffnet ist.

Unterkunft

Sliema als modernes Zentrum und Hotelhochburg bietet weit mehr Unterkünfte als die Hauptstadt, insbesondere Teilnehmer an Sprachkursen und Gruppenreisende werden bevorzugt in Sliema untergebracht. Auch wer besonders auf das Nachtleben des benachbarten St. Julian's Wert legt, dort aber nicht mehr unterkommt, sollte eine Alternative in Sliema suchen. Meist handelt es sich bei den unten genannten Häusern um **Hotels; Aparthotels und Guesthouses.**

Vor allem für **Gruppen- und Pauschalreisende** war und ist Sliema der wohl wichtigste Standort für Unterkünfte in allen Preis- und Komfortklassen. Zum einen wohnt man unmittelbar in der Nähe Vallettas (wo keine Hotelneubauten zulässig sind), zum anderen profitiert man von der ausgezeichneten städtischen Infrastruktur.

Prinzipiell gliedert sich der Unterkunftsbereich in Sliema in je zwei geografische Abschnitte: die **Mittel- bis Oberklassehotels** liegen entlang der Tower Road zwischen Sliema Point und Qui-Si-Sana/Deutschem Konsulat sowie am Fort Tigné, die günstigeren **Guesthouses** für Backpacker sowie **Hotels im Ein- bis Zwei-Sterne-Bereich** sind vorwiegend im Westteil inlandsseitig zwischen St. Julian's Tower und Balluta Bay, aber auch am Sliema Creek entlang von The Strand zu finden. In beiden Abschnitten gibt es weit mehr als die hier angeführten Häuser.

■ Absolut zentral, topp in Schuss und sehr zu empfehlen für den gehobenen Anspruch ist das Hotel **Diplomat**④ der *Howard-Johnson-Gruppe,* Tel. 213 45361-6, Fax 21345351, www.diplomat.com.mt.

■ Das **New Palace Tower Hotel**③, Tel. 21337271, www.newtowerpalacehotel.com, bietet moderne und angenehme Zimmer zu 60–125 € (DZ Ü/F, saison- und lageabhängig), wobei auf Internet-Vorabbuchungen meist noch 20% Wochenrabatt gewährt wird. Wenn man ein Zimmer mit Meerblick bekommt ist es ordentlich, landseitig hat man Häuserfrontblick.

■ Bei Geschäftsleuten und Pauschalreisegruppen ist seit der umfassenden Renovierung des neuen Flügels das markante Hotel **Preluna & Towers** ④, 124, Triq It-Torri, Tel. 21334001, Fax 21337281, www.preluna.com, außerordentlich beliebt. Es liegt günstig zur Valletta-Fähre wie auch zu den örtlichen Shopping-Gelegenheiten und bietet modernes Ambiente der gehobenen Kategorie; mit knapp 600 Betten größtes Hotel in Sliema. Angeschlossen sind Fahrzeugverleiher und ein Bingo-/Automatencasino.

■ Beinahe nebenan und ebenfalls ufernah bietet das **Europa**③, 138 Tower Rd., Tel. 21334070, www.europahotel-malta.com, einen nahezu unschlagbaren Preis für DZ und Studios von 40–60 € (2 Pers., inkl. WiFi) bzw. 55–70 €/DZ mit Balkon und Meerblick im Sommerhalbjahr; in der Nebensaison (Nov.–März) sind Wochenpreise von unter 100 €/EZ möglich! Internet-Café, Frühstücksrestaurant und Café/Bar, Bademöglichkeit genau gegenüber. Zu knapp 50% mit EU-Fördermitteln renoviert, jetzt wieder empfehlenswert!

■ In unmittelbarer Nähe und direkt neben dem Deutschen Konsulat wirkt das schmale, familienbetriebene Hotel **Roma**③, Ghar Il-Lembi, Tel. 213 18587, Fax 21319112, www.hotelroma.com.mt, wie eines der berühmten „holländischen Bürgerhäuser" der frühen Neuzeit. Die Zimmer sind schlicht, aber mit Balkon zur Meeresseite in dieser Klasse durchaus zu empfehlen.

■ Als eines der ältesten Guesthouses der Stadt blickt das **New Strand Pebbles Boutique Hotel**③, 88 The Strand, Tel. 21311889, Fax 21316907, buchbar unter www.maltaselfcatering.com, auf eine langjährige Tradition als Backpacker-Treff zurück. Angefangen hat man mit Dormitories, heute gibt es nur Ferienwohnungen für zwei bis drei Personen zwischen (je nach Saison und Ausblick) 40 und 60 € pro Einheit und Tag; Aircondition gegen Münzeinwurf.

■ Alternativen im mittleren Bereich sind reichlich vorhanden; so etwa das **Metropole**③, Sir Adrian Dingli St., Tel. 21339700, Fax 21336282, www.metropolemalta.com, seit vielen Jahren von *Simon Gatt* mit rustikalem Humor und großem Hintergrundwissen zu allen anstehenden Fragen über Sliema und das Umland verwaltet. Das Hotel ist in die Jahre gekommen, gilt aber nach wie vor als eine der besten Adressen im mittleren Preissegment.

■ Zwar zählt das nahe gelegene **Patricia Hotel**③, New Howard Road/Triq Guze Howard, Tel. 2133 6285, Fax 21342866, www.maltahotelsearch.com, nicht zu den Billigunterkünften, dient aber als markanter Orientierungspunkt im Westend bei der Suche nach den einfachen Unterkünften.

■ In dessen Nähe findet man rasch das **Trafalgar Guesthouse**②, 7 Howard Street, Tel. 21336527, Fax 21311527, welches neben ordentlichen Zimmern auch ein für maltesische Verhältnisse beinahe üppiges Frühstück anbietet.

■ Das **Soleado Guesthouse**①, 15 Ghar id-Dud Street, Tel. 21334415, www.soleadomalta.com, akzeptiert als eines der ganz wenigen günstigen Guesthouses eine Vorabbuchung im Internet. Die Zimmer, inkl. *continental breakfast,* sind ruhig gelegen, EZ 17–22, DZ 28–40 €.

■ In dieser Kategorie gibt es noch das zentrumsnähere **Penthouse Guesthouse**① in der 44 Amery Street, Tel. 21316692, Fax 21344718.

Hibernia House Gateway Hostel①, Depiro St. (Nähe Baden-Powell-Internat), Tel. 25588000, Fax 25588200, www.nsts.org, Buchung auch unter www.hihostels.com. Bett ab 12 €, Safe im eigenen Schrank, Internetzugang, frische Bettwäsche zweimal wöchentlich inklusive. Flughafentransfer auf Wunsch arrangierbar

Essen und Trinken

Vor allem entlang der Uferpromenaden bietet die „heimliche Hauptstadt" eine Viefalt an Lokalen, Cafés, Bars und Imbissstuben, sodass für jeden Geschmack und jeden Geldbeutel etwas dabei ist.

Fast Food und Snacks

Bei **Weißbier und bayerischer Bratwurst** kann man an der **Imbissbude** landseitig der Fähre die Wartezeit auf das nächste Boot überbrücken. Der Betreiber ist übrigens weder Bayer noch Deutscher, sondern ein junger Italiener, der in Deutschland aufgewachsen ist und seine Geschäftsidee nach Malta brachte.

Wirklich empfehlenswert für Kleinigkeiten (alle Preise unter 3 €) ist **La Colomba Coffeeshop** in der Tower Road/Għar id-Dud Bay.

Moderner sind **Barney's Snackbar** und das benachbarte **Snoopy's Restaurant,** Tel. 21345466, beide in der Main Street nahe Karmeliterkloster.

Wer die berühmten maltesischen Pastizzi sucht, sollte unbedingt bei **Mr. Maxim's Pastizzeria,** Triq Ix-Xatt, Tel. 21335756, vorbeischauen. Weitere Snacks auf die Hand bieten viele Imbisslokale am unteren Ende der Tower Rd. (nahe dt. Botschaft; Kebabs, Pizza, Pastizzi) und um die Ecke in der Qui-Si-Sana bei **Maxman** (Tel. 216 96937, leckere Pastizzi und Pizza zum Mitnehmen für wenig Geld.

Ebenfalls für Kebabs und libanesische Snacks empfiehlt sich **Mr. Jee** gegenüber vom Il-Fortizza Tower.

Gute Eiscreme serviert die Eisdiele **La Gelateria** in der Stella Maris Street.

Für Selbstverpfleger hat **Nicholsons Supermarket,** Amery Street, im Sommer auch teilweise am Sonntag von 8 bis 12 Uhr geöffnet, Sliemas größter Supermarkt liegt um die Ecke von der deutschen Botschaft.

Ähnlich gut sortiert ist nur der Chain-Supermarket in **The Point** (siehe „Einkaufen")

Und wem gar nichts einfällt – eine **McDonald's-Filiale** befindet sich in der *Shopping Mall* (Tower Road/Bisazza Street), **Burger King** bietet sein Fast Food direkt neben dem *Marina Hotel* an, und **Pizza Hut** serviert in der Bisazza Street.

Restaurants

MEIN TIPP: Im rustikalen **Black Gold Saloon,** 95 The Strand, Tel. 21334808, kann man gut Grillgerichte (Spareribs usw., große Portionen) in rustikalem Interieur essen; als Tipp sei **Ta'Kris** (Tel. 21337367) in der 80 Fawwara Lane mit nettem Ambiente und guter Küche empfohlen, tgl. geöffnet 12–15.30 und 18.30–23 Uhr.

Nur wenige Meter neben dem *Black Gold Saloon* hat das **MedAsia** (Tel. 21333221) den Run auf Sushi und asiatische Spezialitäten erkannt; sehr modern und gut, wenngleich nicht billig.

Gut, aber eher teuer speist man bei **Marianna Tex-Mex,** 132 Tower Road, Tel. 21318943. Gleiches gilt für das Edelrestaurant **Ponte Vecchio** (ebenfalls Tower Road) Tel. 2131 9478).

Günstiger ist die **Cucina Italiana** (Pasta ab 6,50 €, Fleisch/Fisch ab 12 €) in der Main Street schräg gegenüber St. Julian's Tower, Tel. 21335106.

Das kleine familienbetriebene Restaurant **Il-Merill** (St. Vincent St., Tel. 21332172) wird von Reisenden für Fisch und Kaninchen besonders gelobt. Tipp!

608M wl

■ Gutbürgerlich und sehr empfehlenswert ist **Vince's Bar & Restaurant,** Ponsonby Street, wo neben internationaler Küche auch traditionelle maltesische Gerichte serviert werden.

■ Satt für wenig Geld wird man bei **Cuccagna Pizza & Pasta** (5–7 €), Amery Street/Tower Road; Tel. 21346703; geöffnet tgl. abends, Di–So auch Mittagessen. Burger, maltesische Ravioli und 25 verschiedene Pizzas.

■ Wer TexMex-Küche in schönem Ambiente mag: **Mucho Bueno,** Tel. 99442075, bietet Nachos und Cocktails direkt am Preluna Tower.

■ Fantastisch sitzt man am Ufer im **Surfside Restaurant** gegenüber vom *New Palace Tower Hotel.* Hier gibt es preiswerte Menüs wie Spareribs inkl. Beilagen und Wein, frische Kalamare inkl. Beilagen und Wein unter 20 € oder Kaninchen inkl. Wein 15,95 €. Auch Snacks, Pizza und Pasta (knapp 10 €), Tel. 21345384, geöffnet tgl. bis 23 Uhr.

■ **Ta Kolina** (nahe *Europa Hotel* in der Tower Rd., Tel. 21335106) ist ein schon lange im Geschäft befindliches familiengeführtes Lokal und bietet authentische maltesische Küche (die originär maltesischen Gerichte sind auf der Karte mit der Landesflagge gekennzeichnet). Gemütlich, klein, etwas eng, aber gutes Preis-Leistungsverhältnis.

■ Im *Plaza Commercial Centre* kann man im kantonesischen **The Peak** hervorragend Chinesisch (kantonesische Küche) essen; geöffnet tgl. 12–14.30 und 18.30–23 Uhr, Tel. 77799922.

■ Versteckt in der Tower Rd. gegenüber der Rückseite vom *Commercial Plaza* geht es etwas einfacher, aber auch sehr authentisch, im **Vereinslokal/Restaurant der Sliema Wanderers,** Maltas bekanntestem Fußballclub, zu. Ftiras, Wraps, Sandwiches, Pasta und etliche weitere Kleinigkeiten werden in dem in einem hübschen Innenhof gelegenen Clublokal (jedermann willkommen) zu sehr günstigen Preisen angeboten. Tel. 27396841.

⌃ Bayrische Snacks in Malta

Unterhaltung

Am Abend ist längst nicht so viel los wie in St. Julian's, einige Bars laden aber auch in Sliema zum Verweilen ein.

■ **Plough and Anchor,** 263 Tower Road, Tel. 213 34725, rühmt sich in uriger Atmosphäre eines breiten Scotch-Angebotes, außerdem gibt es diverse Biersorten vom Fass. Geöffnet Di–So 10–14.30 und 18–1 Uhr.

■ **Shutter's Pub** (Mrabat Street, gegenüber Rudolph Street) bezeichnet sich selbst als „grottiest pub in town".

■ Zu fortgeschrittener Stunde geht es durchaus zünftig im **Jubilee Café** (vormals *Britannia Bar* (gegenüber der Tankstelle bei Manoel Island, Tel. 21337141) zu. Dieser Pub ist im August fest in der Hand von trinkfesten englischen und schottischen Touristen, der Wirt musste schon des Öfteren Ausverkauf vermelden!

■ Sehr beliebt ist auch **Zeppi's** in der St. Julian's Hill Road, Tel. 21311112, der sehr gepflegte Stimmungsmacher in Sliema aber bleibt **Salisbury Arms** (gegenüber *Stella Maris*), Tel. 79868177.

Sonstiges

Bademöglichkeiten bestehen fast durchgehend entlang der Tower Road (Felsbadeplätze), ein organisiertes **Strandbad** befindet sich direkt am Preluna Tower (mit Jet Bike-Verleih, Crazy-Boat und anderen Vergnügungen).

Einkaufen

■ Wer auf Malta die berühmten Pullover und Strickjacken sucht, sollte bei **George's Souvernirs** in der Manwell Dimech Street vorbeischauen; gute Strickjacken/-westen gibt es schon ab 15 €.

■ Großes **Kaufhaus** zwischen Tower Road und Bisazza Road.

■ Computerzubehör bei **Digitone** oder **Opcom** (beide St. Mary/Ecke M. Dimech).

■ Eine Auswahl internationaler und lokaler **Zeitungen** findet man im in der Triq N. Isouard/Tower Road sowie an Kiosken entlang der Promenade.

■ Interessant für Philatelisten dürfte der **Sliema Stamp Shop** in der 93 Manoel Dimech Road sein, der maltesische Briefmarken und Unterlagen zur maltesischen Postgeschichte vertreibt.

MEIN TIPP: Die definitiv beste Adresse für Shopping aller Art an einem Platz in Sliema ist derzeit die **The Point Shopping Mall** beim Fort Tigné. Auf vier Ebenen mit Parkhaus buhlen noble Boutiquen und Markenhäuser *(Debenhams, Armani, Stradivarius)*, aber auch Fachgeschäfte (Film/Foto, Elektronik) sowie ein toller Supermarkt um die Gunst der Kunden. Im Obergeschoss gibt einen kleinen Kinderspielbereich, ferner findet man im The Point Bankautomaten und etliche Snacklokale aller Art. Geöffnet Mo–Sa 9.30–19.30, So 10–19.30 Uhr.

Ausflüge

Eine Reihe von Veranstaltern bietet Touren und Ausflüge aller Art an, z.B.:

■ **Captain Morgan Cruises** mit Filialen an The Strand, Tel. 23468888 und Tigné Seafront, Tel. 21343373.

■ **Tim Travel,** The Strand, Tel. 21333548.

■ **ATV Travel Agency** neben dem *Plaza Regency Hotel* in der 250 Tower Road, Tel. 23452345, www.letsgoholiday.com.

■ **Oasis Tours** an der Promenade mit Bootsausflügen, eine Filiale liegt wie Hertz-Fahrzeugvermietung im *Preluna-Towers Hotel,* Tel. 21580688, www.oasistoursmalta.com.

■ Sehr kompetent und zentral bietet **High Street Tourism,** Tel. 21334051 alles Erdenkliche von KFZ-

und Fahrradverleih bis hin zu Ausflügen und Reitstunden.

Banken

- Geldautomaten sowie die Möglichkeit zum Geldwechsel bieten z.B. die **Bank of Valletta,** The Strand (gegenüber Manoel Island) und die **HSBC Bank** mit Filialen in der Bisazza Street, Tel. 21314880, 112 Manwell Dimech Street und High Street.

Post, Polizei

- An der Kreuzung Rodolphe Street und Manoel Dimech Road liegen sowohl die **Hauptpost** (geöffnet 8–18 Uhr, Sa nur vormittags) als auch die **Polizei** (Tel. 21330502).

Fahrzeugverleih

Neben Buġibba/St. Paul's Bay bietet Sliema die besten Möglichkeiten, ein Leihfahrzeug (Wagen, Moped, Fahrrad) zu mieten. Obwohl für die Stadt selbst wenig sinnvoll, kann dies für Tagesausflüge oder Inselrundfahrten interessant sein.

- Die **Tankstelle** gegenüber der Karmeliterkirche vermietet Fahrräder, Motorräder und Pkw.
- **Windsor Car Rental,** 10 St. Francis Street, Tel. 21346921, bietet auch Touren an
- **Strand Rental,** The Strand, Tel. 21315479, auch Boote und Räder
- **St. Paul's Rental,** Tel. 21340089, an der Marina Street.
- **Princess Car Hire,** Manoel Dimech Road, Tel. 21331368
- **Hertz,** mehrfach, s. „Verkehrsmittel", z.B. im *Preluna Hotel & Towers*
- **Budget** am *Carlton Hotel*

Anfahrt

- Sliemas **zentrale Bushaltestelle** („Sliema Ferries") liegt in der Mitte der Promenade The Strand. Valletta (12, 13, 21, 23), Rabat/Mdina (202, 203) sowie die gesamte Nordküste bis zum Fährhafen Cirkewwa (222) sind sehr gut zu erreichen.
- Auch die **Stadtfähre Sliema – Valletta** (s. „Verkehrsmittel") pendelt zwischen The Strand und Marsamxett/Valletta für 1,50 €. (Erwachsene) bzw. 1 € für Kinder; ab 8 Uhr zunächst stündlich, ab 10 Uhr halbstündlich (letzte Fähre 17.30 Uhr).
- **Selbstfahrer (Pkw)** sollten wegen des regen Verkehrs und dem chronischen Mangel an Parkplätzen auf den Bus zurückgreifen, gebührenpflichtige Parkplätze findet man allenfalls in der Qui-Si-Sana am Spielplatz sowie im Parkhaus des Tower-Supermarktes.

Zu den **Park & Ride Möglichkeiten** s. „Verkehrsmittel" im Kap. „Praktische Reisetipps A–Z".

St. Julian's (San Gilian), Paceville

[Pahtschewill]

Noch vor 30 Jahren war Sliemas nördlicher Vorort Paceville, nach der vorgelagerten St. Julian's Bay (die sich aus den Einzelbuchten Balutta, Spinola, Dragunara und St. George's zusammensetzt) auch einfach San Ġiljan (St. Julian's) genannt, unbedeutend und verschlafen. Mit dem aufkommenden Massentourismus und der damit einhergehenden Notwendigkeit abendlicher Freizeitgestaltung entwickelte sich aus der kleinen

Vorstadt ein modernes, quirliges, aber dennoch angenehmes Kino-, Kneipen- und Diskothekenviertel. Hier ist abends der Bär los, hier bereitet die maltesische Jugend ihren Eltern graue Haare. Wer etwas auf sich hält, verbringt die Abende in St. Julian's, hier spielt im wahrsten Sinne des Wortes die Musik. Wochenendbesucher aus Sizilien und jüngere Touristen aus ganz Europa legen bevorzugt Wert auf Unterbringung in St. Julian's/Paceville, um bei der abendlichen Sause nicht auf Taxis angewiesen zu sein. Busse fahren – auf Druck vieler einheimischer Jugendlicher – zumindest am Wochenende bis ca. 2.30 Uhr.

Küste

Schwimmfreunde haben es seit dem Bau des Hilton schwer: Der gesamte Felsstrand gehört entweder zum *Hilton* oder *Westin Dragonara Hotel*, erst wieder in der **St. George's Bay** gibt es einen kleinen öffentlichen (Sand-)Strand (Kiosk *Andrew's Bar, Anthony's Watersports*); am Sandstrand befindet sich auch ein Abschnitt des *Intercontinental-Hotels* (s. „Unterkunft"), dessen Service gegen Gebühr (z.B. Dusche 3 €) mitbenutzt werden kann. Gegen Gebühr (Hotelgäste frei) kann man auch den zugegeben sehr schön in die Felsen gearbeiteten **Dragonara Reef Club** nutzen.

Sehenswertes

Spinola Bay

Zu sehen gibt es außer dem **alten Ortskern** an der Spinola Bay mit ein paar übrig gebliebenen Fischerbooten hauptsächlich den **Palazzo Spinola.** Im Auftrag der angesehenen Familie *Spinola* baute der durch zahlreiche Prachtbauwerke in Valletta bekannt gewordene Architekt des Johanniterordens, *R.F. Carapecchia,* im Jahr 1733 den neuen Stammsitz der Familie. Die weiteren Ereignisse sind nicht vollständig geklärt, doch haben die *Spinolas* den Palast scheinbar nicht unterhalten können. Im Ersten Weltkrieg wurde das Gebäude jedenfalls bereits als Hospital genutzt, in der Zwischenkriegszeit als Hotel und zuletzt als Sitz der maltesischen Schifffahrtsbehörden.

Dragonara Point

Dahinter liegt die Landspitze Dragonara Point mit dem gleichnamigen und einzigen **Casino** auf Malta. Das Land hatte unter sozialistischer Regierung (wie auch jetzt wieder) gute Kontakte zu Libyen, dem wichtigsten Öllieferanten Maltas. Man munkelt, dass libyschen Geldgebern Bau und Betrieb des Spielcasinos genehmigt wurden, da Malta die Ölimporte nicht bezahlen konnte. Heute verspielen hier die ausländischen Diplomaten und Geschäftsleute ihre Auslandszulagen (Eintritt 10 €/Person, Anzugs- und Krawattenpflicht), der kleine Mann füttert – ebenso chancenlos – gierige Maschinen im Automatencasino **Slots Palace** nebenan (ohne Kleiderordnung und Eintritt).

Paceville/St. Julian's

Übernachtung

1 St. George's Korinthia Hotel, Raddison Blu, Corinthia Marina
3 Baystreet Hotel
5 Hotel Bernard
6 Hotel St. Georges Park
9 Westin Dragonara Resort
11 Golden Tulip Vivaldi Hotel
14 La Vallette Resort Hotel
21 Malta Intercontinental Hotel
27 Paceville Apartments, Hacienda Guesthouse
28 Tropicana Hotel, Ferienwohnungen
29 Hotel The George
32 Alexandra Hotel
37 Rafael Spinola Hotel
38 Adam's Guesthouse
41 Hotel Rokna
43 Hotel Hilton Malta
46 Alfonso Hotel
47 Dean Hamlet Apartments

Nachtleben

Einkaufen

Malta19

Essen und Trinken
2 McDonald's
4 Fuego Salsa-Bar
15 Chick King
24 Burger King
31 La Maltia Restaurant
33 The Avenue Restaurant
34 Eat Italiano Restaurant
35 Restaurant Brigante
36 Istanbul
39 Scotsman Bar & Rest.
44 Stefano's Restaurant
45 La Ghonella Restaurant
49 Pizza Hut
52 McDonald's

Nachtleben
2 Hard Rock Café
8 Sky Club
12 Sun Inn Slender
16 Plush
17 AXIS Mall
18 121 Lounge, Escobar
19 Barcode Disco, Moskau Bar, Music Hall/Disco Havana
20 I love Vodka, Steam Gentlemen's Club, Clique Disco
22 Footloose, Stiletto
23 Koyote Bar
26 Prestige Music Hall
30 Hickup Pub
50 Dick's Bar

Einkaufen/Sonstiges
2 Bay Street Mall
13 Oasis Tours
25 Cpt. Morgan Fahrzeugverleih
40 Metzgerei
42 Arcadia Supermarkt
48 Joe's Garage Fahrzeugverleih
51 Baymart Supermarket, Cyber Street Internet Café
52 Oasis Tours
53 Med Sun Fahrzeugverleih
54 Tower Supermarket

Wassersport
1 Tauchschule
7 Cresta Bay Diving Centre
10 Dragonara Reef Club & Tauchschule
55 Dive Care Tauchschule

Unterkunft

Für St. Julian's/Paceville gilt in Bezug auf die Besuchergruppen eine klare Zweiteilung wie sonst nirgendwo auf Malta: die Jugend kommt, um das intensivste Nachtleben der Inselrepublik zu genießen, was auch die andere Gruppe der Betuchten und Betagten tut, jedoch nicht in Discos und Dancehalls, sondern im Casino oder den Etablissements ihrer Fünf-Sterne-Hotelkomplexe. Dies äußert sich auch im Unterkunftsangebot, wo die echte Mittelklasse qualitativ (nicht preislich!) unterrepräsentiert scheint. Zu allen Vier- und Fünf-Sternehotels sei gesagt, dass die wenigsten am Meer liegen und daher nur wenige Zimmer Meerblick haben. Im einfachen Segment hat sich ein kleines Zentrum rund um den Triq Ross mit Aparthotel, einfachen Hotels und Guesthouses entwickelt, in dem auch Gäste mit schmalerer Brieftasche etwas finden sollten.

Hotels

Gehobene und Spitzenhotels

■ **Hilton Malta**⑤, Triq Il-Knisja (direkt am Portomaso-Tower), Tel. 21383383, Fax 21386386, www.hilton-malta.com.mt. Neues, erst 2008 endgültig fertiggestelltes Tophotel im Paradedistrikt Portomaso-Tower mit Bootshafen und Konferenzzentrum.

■ Am Nordrand der St. Georges Bay reihen sich drei Hotelkomplexe aneinander; zunächst mit direktem Blick auf Strand und Zentrum das **Corinthia Marina**④, Tel. 21381719, www.marinahotel.com.mt. Flughafentransfer, DZ, Familienzimmer, Spa, großer Poolbereich, Safe, WiFi usw. Standard-DZ 75–175 € je nach Saison.

■ **St. George's Korinthia**⑤, Tel. 21374114, Fax 21374039, www.corinthiahotels.com, mit zahlrei-

chen Annehmlichkeiten wie diversen Pools, angeschlossener Tauchschule und Wellnessbereich. Liegt auf der Nordseite der St. George's Bay und daher doch etwas vom Zentrum entfernt.

■ Am Ende der Landzunge schließlich bietet das **Radisson Blu**⑤, Tel. 21374894, www.radissonblu.com, ähnlichen Luxus u.a. mit Health-Club, Hallenbad, Außenpools und eigenem Strandzugang. DZ 154 € im Sommer (Meerblick 204 €); auch Familienzimmer und Suiten sind erhältlich.

■ Das „Innenstadthotel" **Malta Intercontinental** ⑤, Tel. 21377600, Fax 21372222, www.intercontinental.com/icmalta, wird gerne von Geschäftsreisenden besucht und liegt in der Haupteinkaufsgegend von Paceville gegenüber der Bay Street Arcade. Es ist sehr komfortabler und ein geräumiger Neubau.

■ **Westin Dragonara Resort**⑤, Dragonara Road, Tel. 21381000, Fax 21381347, www.starwoodmalta.com/westin, bietet u.a. eine umfangreiche Well-

609M wl

nessabteilung und ein öffentliches Casino. Traditionellstes Haus in Paceville.

Am Stadtstrand von St. Paceville/Julian's

■ **Hotel Bernard**④, St. Augustine Road, Tel. 2137 3900, Fax 21314726, www.hotelbernard.com.mt, gehört zu den unauffälligen, aber geschmackvoll gestalteten Neubauten oberhalb der St. George's Bay. Zentral zu Casino, Einkaufs- und Unterhaltungsmöglichkeiten gelegen.

■ Auch das **Golden Tulip Vivaldi**④, Dragonara Road, Tel. 21378100, Fax 21378101, www.golden tulipvivaldi.com, liegt ebenfalls sehr zentral; alle Annehmlichkeiten.

Mittelklassehotels

Im **mittleren Preissegment** wird vergleichsweise weniger als anderswo geboten, die Zimmer sind sehr einfach ausgestattet, großartiger Service über das Frühstück hinaus darf nicht erwartet werden. Durchaus zu empfehlen sind hier folgende Hotels:

■ Das **Baystreet**③ (Tel. 21384421, www.bay street.com.mt), bietet sowohl einigen Komfort als auch eine Topp-Lage im *Bay Street Shopping-Complex* vor dem Nachtschwärmerviertel. Die Wochenpreise liegen im Sommer bei 520 €/DZ bei Buchung über die Homepage und Verzicht auf Frühstück, Umbuchung u.Ä. Schöne DZ und kleine Studios, Sauna, Dachpool.

■ **The George**③, absolut zentral in der Triq Paceville, Tel. 20111000, www.thegeorgemalta.com, DZ 80–130 €. Modernes Boutiquehotel mit Restaurant, Wellness, Poolbereich (Dachpool) und WiFI.

■ **Rokna**③, Church Street, Tel. 21311380 und 213 11556, Fax 21343240, www.roknahotel.com, unmittelbar gegenüber vom Portomaso-Tower und mit nur 25 Zimmern sehr familiär. Nicht sonderlich luxuriös, mit DZ zu knapp 400 € (Juni, Hochsommer plus 25%) für die Woche allerdings sehr preiswert.

■ In der Schreiber St./Ecke Church St. bietet das **Alexandra**③, Tel. 21351151, www.alexandraho telmalta.com, 145 DZ ab 115 €/Hauptsaison bzw. Familienzimmer für bis zu 4 Personen zu 209 €/ Hauptsaison. Mit Internetcafé, Pool, Hallenbad –

ordentliches Mittelklassehotel. Online-Buchungsrabatt über die Hotelseite rund 30%!

■ Das nur geringfügig größere, sehr ruhig ein Stück landseitig der Durchfahrtsstraße gelegene **Rafael Spinola Hotel**③, Upper Ross Street, Tel. 21374488, Fax 21336266, www.rafaelspinolahotelmalta.com, verfügt auch über einige wenige Einzel- und Dreibettzimmer. Das DZ mit Balkon kostet zwischen 35 und 60 € – Preistipp in der Mittelklasse!

■ Das **Alfonso**③, Triq Il-Qaliet, Tel. 2135 0053, Fax 21384880, www.alfonsohotel.com, mit nur 28 Zimmern, ist ebenfalls ein kleines Familienhotel. Hat zehn verschiedene Saisonpreise zwischen 30 und 90 € pro DZ sowie einige wenige innenliegende Zimmer, auf die z.T. 35% auf den Listenpreis gewährt werden.

■ Das in die Jahre gekommene **Tropicana**②, Triq Ball, Tel. 21359694, Fax 21380901, www.tropicana.com.mt, liegt mitten im Amüsierviertel und vermietet neben 60 Doppelzimmern auch einfache Ferienwohnungen im Zentrum. Sehr schlicht und hauptsächlich von Nachtbummlern frequentiert – aber für Alleinreisende günstigste Hotelunterkunft im Ort mit EZ ab 14,50 € und DZ ab 23,50 € sowie nochmals 30% Wochenrabatt.

Ferienwohnungen und Guesthouses

Die Betreiber der Dance-Hall *Footlose* erkannten den Bedarf der zum Umfallen erschöpften Gäste nach einem nahe gelegenen Platz zum Betten des Hauptes und bieten seit Neuestem unter fun@footloosefunbar.com, Tel. 31371389, auch **Zimmer und Ferienwohnungen**② im Zentrum an.

■ Ebenfalls ganz dicht am Geschehen liegen die **Paceville-Apartments**②, Triq Wilga, Tel. 99445 469, www.pacevilleapartments.com. Je nach Apartmentgröße, Saison und Personenzahl 18–40 € p.P./Tag, auch langfristige Anmietung möglich. 1–3 Schlafzimmer mit Balkon, Waschmaschine, Bügeleisen, WiFi.

■ Ebenfalls sehr zentral in der Triq Wilga bietet angegenüber das **Hacienda Guesthouse**② (Tel. 213 19629, online z.B. über www.malta.com buchbar) einfache, aber ordentliche DZ ab 20 bis max. 65 € an. WiFi, Balkon, Aircon sowie gemeinsame Waschküche.

■ Als offizieller **Holiday Complex**③ vermietet *Dean Hamlet,* Upper Ross St., Tel. 21314838, www.deanhamlet.com.mt, 137 kleine Zimmer und Apartments für zwei bis drei Personen. Etwas abseits vom Trubel ruhig gelegen, Cafeteria und WiFi, sehr empfehlenswert.

■ Etwas abseits vom Trubel in einem traditionellen Stadthaus gelegen bietet sich **Adam's Guesthouse** ③, Triq Ross, Tel. 21381705, Fax 21632613, an. Nur 13 angenehme und ruhige Zimmer, ursprüngliche Gegend abseits der großen Hotels, zehn Minuten zum Nightlife. „Gay-friendly hostel".

■ Sehr schön und trotzdem absolut zentral wohnt man im modernen **St. Georges Park & La Vallette Resort**③in der Dragonara Rd., Tel. 25790000, www.sgp.com.mt. Die sehr modernen Anlagen verfügen über DZ (ab 60 €/Hauptsaison), Studios und Apartments (60–100 €/Hauptsaison) bis hin zur voll ausgestatteten Ferienwohnung mit Balkon und Meerblick (160 €/Hauptsaison/2 Schlafzimmer); Rabatte in der Nebensaison sowie bei Wochenanmietungen.

Essen & Trinken

Im Diskotheken- und Kneipenviertel Paceville findet sich für jeden Geschmack etwas Passendes zu essen.

Fastfood

■ Natürlich sind auch amerikanische Burgerfabriken wie **McDonald's** (Bay Street Mall und Spinola

Bay) oder **Burger King** (zentral im Nachtklubviertel) sowie die bekannte **Pizza-Hut** (Spinola Bay) anzutreffen. Ein paar Schritte entfernt eifert **Chick King** (Nuggets, Chickenburger) ebenfalls einer größeren Kette nach, sehr lecker kann man Kebabs, türkische Pizza und Halal-Food im **Istanbul** (113 St George Street).

Restaurants

- Echt italienisch und ebenfalls nicht zu teuer isst man bei **Stefano,** 31 Church Street, gegenüber Spinola Palace, Tel. 21377211.
- Gegenüber liegt das sehr gute und hübsch in den Spinola Palace integrierte **La Ghonnella,** Tel. 213 51027. Sehr urig und gemütlich bei Hauptgerichten (Fleisch, Geflügel, Fisch) zwischen 17 und 23 €. Sehr zu empfehlen ist der maltesiche Vorspeisenteller für 2 Personen *(Meze Malti)* mit Wurst, Käse, Oliven, Tomaten etc.
- Rein maltesische Spezialitäten zu Preisen um die 10 € bietet **La Maltia,** Triq il-Knisja, Tel. 21339602. Interessant: Der Chef ist eine lokale Berühmtheit, eine maltesische Variante von *Lafer/Lichter* als Fernsehkoch!
- Sehr zu empfehlen ist auch das nette neapolitanische **Eat Italiano Restaurant** (vorm. *Il Pirata*) mit Pasta und Pizza und frischem Fisch ab 15 €, 33 Paceville, Tel. 21336032. In diesem Straßenabschnitt findet man noch weitere Italiener, *Eat Italiano* hat seit vielen Jahren qualitativ die Nase vorne.
- Im **Brigante,** Tel. 21625574, schräg gegenüber hängen reihenweise Bilder bekannter US-Filmstars wie *Clark Gable* oder *Humphrey Bogart;* sehr gut schmeckt hier das *Fenek* (maltesisches Kaninchen), Filmfreunde essen hier „Chicken Bogey" und „Chicken Casablanca".
- Ziemlich zentral in der Gort Street fällt das **The Avenue,** Tel. 21351753, gar nicht so sehr auf, wurde aber von den Einheimischen schon mehrfach als „Best Value for Money" und „Children Friendly Restaurant" ausgewählt. Riesenportionen an Pasta, Pizza und Grillgerichten; früh kommen oder Tisch reservieren! Geöffnet tgl. 12–14.30 und 18–23.30 Uhr.
- Leser empfehlen die **Fuego Salsa-Bar/Dance Club,** Tel. 21386746, www.fuego.com.mt, sie bietet lateinamerikanische Tänze und eine Bar im Freien bei exzellenter Küche (gegenüber der Bay Street Mall).
- An der Durchfahrtsstraße St. George's Rd., Tel. 21353660, kann man im **Scotsman** typisch britische (und gute!) Fish & Chips-Gerichte genießen. Das Lokal ist zweigeteilt und bietet baulich getrennt einen Restaurant- sowie einen gesonderten Bar-Bereich.

Nachtleben und Unterhaltung

Zwischen den Straßen Triq San Ġorġ und Triq Dragonara liegen Dutzende von Bars, Kneipen und Diskotheken. Letztere sind täglich ab 22 Uhr bis 4 Uhr, an Wochenenden ab 19 Uhr geöffnet. Allerdings soll bald ein Wandel von den Großdiskotheken zu kleineren „Event-Discos/Music Halls" vollzogen werden – schon jetzt gehören ehemalige Kultanlagen wie *Styx* oder *Axis* der Vergangenheit an.

- Maltas „Kultdisco" **AXIS,** wurde in eine Mischung aus **Boutiquen-** und **Nachtschwärmermall** komplett umgebaut; einige Fast-Food und Barbesitzer haben sich bereits eingemietet.
- Derzeit beliebte **Discos** sind etwa das *Clique, Footloose, Barcode* oder *Havanna,* alle in der Fußgängerzone Triq St. George.
- Vielleicht in eine Marktlücke stieß jüngst das **Plush** (vormals *Peppermint Junction,* davor *Plush Bar,* davor *Peppermint Bar* – langjährige Leser werden den regelmäßigen Namenswechsel schmun-

zelnd mitverfolgen) gegenüber der Footloose-Disco. Wer nur gemütlich einen Pint schlürfen möchte findet hier eine gemütliche Mischung aus Bar und Shisha-Sitzecke. Bringt so ein bisschen das Gefühl des letzten Ägyptenurlaubs nach Malta!

■ Wenige Meter die Treppen hinunter werden in der **I love Vodka Bar** spezielle (alkoholische) Themenabende wie „Vodka only", „Studentenabfüllung" u.Ä. angeboten.

■ Ein paar Meter weiter verheißt das **Moskau** Ähnliches.

■ Unterhalb des Burger King wird in der **Prestige Music Hall** (vorm. *Alternative Alley*), www.prestige.com.mt, mit Livemusik und wechselnden Star-DJs aus Italien und Malta insbesondere das studentische Publikum angelockt. Mit modernster Technik wartet der **Sky Club,** ein paar Meter die Dragonara Road hinunter, auf: 30 Moving-Heads, 24 Scanner, 8 Nebelmaschinen, 30 LCD-Bildschirme – momentan (und die sind an Wochenenden da drin!) die Nummer 1 vor Ort nach dem Ende des *Axis*.

■ Stimmungsgeladen, aber mit teuren Preisen (Drinks ab 12,50 €) hat sich das **Koyote** ziemlich schnell als beliebte Dance-Bar etabliert. Weitere gute Kneipen/Bars rund um die *AXIS Mall* sind noch **Music Hall/Disco Havana,** Tel. 21374500 (Soul vom Feinsten!), die **121 Lounge** (wechselt zwischen RnB, HipHop, Dance, Latin, House, Russisch und Retro) und das **Escobar** (HipHop, Disco).

■ Die **Hard Rock Café** Kette ist in St. Julian's im *Bay Street Shopping Complex* vertreten (2. Stock, Tel. 23722253, geöffnet tgl. ab 12 Uhr) und betreibt eine *Hard Rock Bar* (Souvenirshop) am Flughafen.

■ Strip-Unterhaltung bieten in der Triq St. George zahllose so genannte „Gentleman's Clubs"; viele davon überleben nicht einmal eine Saison; als alteingesessen gelten der **Stiletto Gentlemen's Club** neben dem *Footloose* oder der **Steam Gentlemen's Club** wenige Meter weiter Richtung Treppe (Cocktails ab 10 €).

■ Einen gänzlich anderen Eindruck macht die Bar **Sun Inn Slender** mit stilvollem, altem Holzmobiliar und ruhigerer Atmosphäre.

■ Einfacher und untouristisch geht es im **Hickup Pub** in der Triq il-Knisja, Tel. 21339602 zu; gleiches gilt für **Dick's Bar,** wo englisches Frühstück sowie Snacks günstig angeboten werden.

Shopping

MEIN TIPP: Die **Bay Street Mall** bietet neben modernen Einkaufsmöglichkeiten (u.a. *Marks & Spencers, T. Hilfinger*) auch einen maltesischen Ableger der weltbekannten *Hard Rock Cafés, Chaucer's* Buch- und Zeitschriftenhandel, Spielothek u.a.

■ Ein **Baymart-Supermarkt** liegt nahe der Kirche hinter der zentralen Bushaltestelle, größer und moderne ist der **Arcadia-Supermarkt** am Portomaso Tower.

Sonstiges

Geldwechsel

■ **Bank of Valletta,** Grenfell u. St. George's St.

■ **HSBC Bank,** zweifach in der Triq San Ġorġ

Post, Internet

■ Die Post von St. Julian's befindet sich in der Triq E. Zammi, geöffnet Mo–Fr 9–16.30 Uhr.

■ **Cyber-Street Internet-Café** in der Baystreet Mall (tgl. 7–24 Uhr, cyberstreet@baystreet.com.mt).

■ **WLAN** gehört bei vielen Unterkünften zum Standard, auch in Restaurants und Bar; auch die Bay Street Mall ist WiFi-Zone.

Polizei

■ Eine **örtliche Polizeistation,** Tel. 21332196, liegt gegenüber der Bushaltestelle in der Wied Għomor Street.

Fahrzeugverleih

■ **Hertz,** Zammit Street und Bisazza St., Tel. 2133 7252.
■ **Joe's Garage,** Mensija St., Tel. 21314819.
■ **Med Sun Rent a Car,** Tel. 21378711, an der zentralen Bushaltestelle/Ecke High Street.
■ **Budget** bietet den *Flydrive Service,* wobei ein Fahrzeug am Flugplatz übernommen und abgegeben werden kann (Sliema: *Palmex Petrol Station,* 261 Tower Rd., Tel. 21330424, Airport: 21244023).
■ **Captain Morgan,** St. George's St., www.captainmorgan.com.mt, bietet Pkw, Ausflugpakete und Bootstouren.
■ **Oasis-Tours,** Wied Ghomor/Spinola Bay; neben *McDonald's* und Dragonara Junction (gegenüber *La Vallette Resorthotel*) bietet neben Ausflügen auch Fahrzeuge aller Art sowie Unterkunftsvermittlung, www.oasistoursmalta.com.

An- und Abfahrt

Von der Spinola Bay die St. Andrew Rd. entlang halten u.a. die **Busse** 12 (Buġibba, Sliema, Valletta), 13 (Sliema, Valletta), 202, 203 (Mdina/Rabat), 205 (Mosta, Mdina/Rabat), 222 (Mellieħa, Gozo-Fähre), 225 (Mosta – Sliema Route) und X-2 (Flughafen).

Selbstfahrer sollten erwägen den Pembroke Park & Ride Parkplatz anzusteuern und dort mit 13 oder 205 zur St. Georges Bay hinunterzufahren – Parkplätze sind wahrlich knapp! Begrenzte (noch) kostenlose Parkmöglichkeiten bestehen linkseitig der Durchfahrtsstraße kurz hinter dem Palazzo Spinola in den Seitenstraßen rund um die Ross Street oder die kleine Straße an der St.

Busse ab St. Julian's

Reguläre **Tages-Linienbusse:** X-2, 222, 202 und 203 von/nach Sliema (X2 auch Airport), 12 und 13 sind die wichtigsten Busse von/nach Valletta; 222, 12 und 13 fahren auch von/nach Buġibba.

Die folgenden **Nachtbusse** bedienen Freitag und Samstag (ganzjährig) Maltas Partybezirk, wobei jedoch 2,50 € fällig werden (andere Tickets gelten hier ausnahmsweise nicht!); interessant sind für Touristen vor allem die N11 (von/nach Buġibba) sowie die N13 (von/nach Valletta):

Route N3: St. Julian's – Paola – Bormla – Kalkara – Fgura
Route N11: St. Julian's – Pembroke – Buġibba – Ċirkewwa
Route N13: St. Julian's – Tas – Sliema – Msida – Valletta
Route N21: St. Julian's – San Ġwann – Għargħur – Naxxar – Mosta – Birkirkara – Msida
Route N31: St. Julian's – Pembroke – Mosta – Naxxar
Route N32: St. Julian's – University – Birkirkara – Ħal Balzan – Technopark – Naxxar – Għargħur
Route N52: St. Julian's – University – Fleur-de-Lys – Rabat – Dingli
Route N61: St. Julian's – Tas – Sliema – Siġġiewi – Ħal Qormi – Marsa
Route N62: St. Julian's – Marsa – Ħal Qormi –Siġġiewi
Route N71: St. Julian's – Paola – Airport – Żurrieq – Qrendi – Mqabba
Route N81: St. Julian's – Paola – Ħal Tarxien – Żejtun – Birid – Deheb – Gudja – Airport
Route N82: St. Julian's – Paola – Ħal Tarxien – Żejtun – Birid –Deheb – Birżebbuġa
Route N91: St. Julian's – Paola – Fgura – Żabbar – Marsaskala

Georges Bay hinauf (Feldparkplatz linker Hand); ein Stück weiter hinauf Richtung *Radisson Blue* (davor links) liegt nach 200 m ebenfalls ein großer öffentlicher Parkplatz (ca. 10 Minuten zur Bucht/Zentrum).

Die alten Städte: Attard, Balzan, Lija und Birkirkara

Die Bezeichnung „alte Städte" trifft streng genommen nur auf Lija, Balzan und Attard zu, das Zusammenwachsen mit Birkirkara wie auch praktische Erwägungen für den Besucher lassen es ratsam erscheinen, alle vier Teile auf der Südwestseite des Großraums Valletta zusammenzufassen. Lija, Balzan und Attard gehören zu den ältesten erhaltenen Siedlungsgebieten auf Malta, ihre Namen leiten sich von hier einst sitzenden maltesischen Großfamilien gleichen Namens ab.

Auch das Anbaugebiet der berühmten maltesischen **Orangen** liegt rund um die alten Städte, auch wenn der Durchreisende entlang der Hauptstraßen vergeblich danach Ausschau halten wird. Viele Haine mussten Wohnungsbauten weichen, auf den Hügeln außerhalb der besiedelten Fläche wachsen auch heute noch diese für Malta wichtigen Früchte (Marmelade, *Kinnie's*).

Sehenswertes

Birkirkara Zentrum

Von Msida, dem Schnittpunkt zwischen Valletta und Sliema, führt die Triq il Ferovija (später als Triq Salvu Psaila) direkt ins Zentrum von Birkirkara (auf Schildern oft B'kara genannt). Hier beginnt man zweckmäßigerweise seinen Rundgang, Orientierungspunkt ist die auffällige McDonald's-Filiale auf der rechten Straßenseite (Buslinien 41, 42, 44, 203 und X-3 halten hier).

Santa Elena

Rechts der Hauptstraße liegt, der Triq San Rokku kurz vor *McDonald's* nach rechts bis ans Ende und der Kurve nach links folgend, die vielleicht imposanteste **Barockkirche** Maltas. Santa Elena (St. Helen's) wurde um 1740 vermutlich von *S. Borg* oder *D. Cachia* errichtet. Wer von beiden letztlich verantwortlich zeichnet, bleibt bis heute in der maltesischen Architekturgeschichte ungeklärt, obgleich die Mehrheit der Forscher davon ausgeht, dass die Johanniter *D. Cachia* wegen dieser Kirche mit dem Bau der Auberge de Castille (Valletta) beauftragten. Interessant auch hier die Kalenderuhr am rechten Glockenturm.

Station Park

Auf der anderen Seite der Hauptstraße Triq Salvu Psaila biegt (kurz vor *McDonald's*) die Triq Fleur de Lis spitz nach links ab, wo nach 50 Metern der Station Park liegt. Die **Bahnstation** blieb trotz der Einstellung der Bahnlinie (s. Exkurs) als Einzige auf Malta – vom Restaurant vor Rabat abgesehen – erhalten, ein Wagon auf Schienen wurde originalgetreu restauriert.

■ Geöffnet: 1.10–15.6. 8–12 und 14–16, 16.6.–30.9. 7.30–12 Uhr, Eintritt frei.

Direkt an der anderen Seite des Parks (hinteres Parktor) schließt sich die hübsche **Renaissancekirche Sta. Marija** an. Sie gilt als gelungenstes Werk des Architekten *T. Dingli* und wurde zwischen 1613 und 1616 errichtet.

Wignacourt-Aquädukt

Aus dem Bahnhofspark kommend nach rechts folgt man den Qadima- und Knisja-Straßen und dann am Kreisverkehr Fleur de Lys rechts zum Wignacourt-Aquädukt, jener von *Großmeister Alof de Wignacourt* Anfang des 17. Jh. errichteten Wasserleitung bis Valletta, die hier entlang der Hauptstraße (Triq l'Mdina) nach Attard und Rabat über 1½ Kilometer hervorragend erhalten ist; das schönste Stück führt von hier zum **Fleur-de-Lys-Gate** (Buslinien 51–53, sowie die X-6 fahren diese Strecke entlang).

Attard

Folgt man dem Aquädukt in die andere Richtung etwa 700 Meter die Triq l'Mdina entlang bis zum Ende, trifft man zwei Abzweigungen weiter rechter Hand auf die große Vjal-de-Paule-Straße, an deren Ende nach 200 Metern die berühmten **St. Anton's Palace und Gardens** von At-

Die Valletta-Rabat-Bahn

Haben wir nicht in der Schule gelernt „Malta gehört zu Europa" und „Island ist das einzige europäische Land ohne Eisenbahn"? Also gibt es auf Malta eine Bahn, sollte man meinen! Nun, es gab von 1883 bis 1931 tatsächlich eine Eisenbahnlinie von Valletta nach Mdina, die zur Zeit der britischen Kolonialherrschaft entstand. Die Malteser sind noch heute stolz auf ihren heimischen Architekten *A. Vassallo,* der vier Brücken auf der Strecke baute. Mit der Fertigstellung des ersten Elektrizitätswerkes 1903 wurde ein Teil der Schienenstrecke ab Februar 1905 sogar elektrifiziert – zumindest bis Balzan. Doch dann kamen bald die schnelleren Busse nach Malta, und die Linie musste mangels Kundenaufkommens stillgelegt werden. Heute erinnern nur noch drei Punkte an diese (einzige) maltesische Linie: das **Restaurant Stazzjon** in Mdina (ehemaliger Bahnhof), der **Original-Bahnhof** mit Wagon im Park von Birkirkara sowie ein kleines, privates **Eisenbahnmuseum** in Attard. In der jüngeren Vergangenheit wurde des Öfteren diskutiert, ob eine ähnliche Linie nicht die durch den zunehmenden Individualverkehr entstandenen Verkehrsprobleme lösen könnte. Der Gedanke wurde jüngst im Zusammenhang mit einer Brücke von Malta nach Gozo (bzw. umgekehrt) erneut in einer erweiterten Variante aufgegriffen. Doch zurzeit ist das Thema „Bahn" – abgesehen von einer „historischen" Touristenbimmelbahn Mtarfa – Rabat – Geschichte beziehungsweise ferne Zukunftsmusik. Immerhin hat die *Deutsche Bahn* durch ihre Tochter *Arriva* bereits das komplette Busnetz übernommen, mal abwarten, was da noch passiert!

tard liegen (Triq Salvu Psaila; die Busse 40 und 74 von Valletta oder Birkirkara fahren direkt dorthin, Bus 427 von/nach Buġibba). Der hübsche Palast und Garten gehen auf *Großmeister Antoine de Paule* zurück, der den Palast um 1624 als Landsitz anlegen ließ, inoffiziell ein Geschenk des französischen „Sonnenkönigs" *Ludwig XIV.* Bis zum Ende der Johanniter auf Malta diente St. Anton den Rittern als Landsitz, dann den britischen Gouverneuren als Sommerresidenz. Eine Gedenktafel am Palast erinnert an die Erhebung der Malteser gegen die Franzosen (1800), die Malta rigoros plünderten. Selbst der Malteser *Mikiel Vassali,* der dafür eintrat, Malti als offizielle Umgangssprache einzuführen, wurde nach dem Umsturz als zu französisch verhaftet.

Der Palast ist leider nur von außen zu besichtigen, da hier seit 1974 der **maltesische Präsident** seinen Sitz hat.

Die **Gärten** sind sicherlich die bestgepflegte Anlage Maltas, mit Vogelvolieren, Schatten spendenden Bäumen und verschiedensten Blumenbeeten, in denen das ganze Jahr über etwas blüht. Schöner als Buskett und unbedingt sehenswert! Geöffnet: im Sommer täglich 9.30–19.30 Uhr, im Winterhalbjahr 8.30–11, 12–13.30 und 16–19.30 Uhr, Eintritt frei.

Vor dem Zugang zum Garten führt die Triq Idmeija (nicht die Hauptstraße Birbal) in die It Tliet Knejjes (Three Churches Road), benannt nach **drei Kapellen** rechter Hand, von denen **St. Annunziata** die größte ist.

Weiter geradeaus kommt man in die Triq il Mithna (Mill Street) von Attard, wo in Nummer 63 das kleine private **Eisenbahnmuseum** von *Nicolas Azzopardi* liegt. Der alte Herr zeigt gerne gegen einen kleinen Obolus seine Sammlung von Originalgegenständen aus der Zeit der Valletta-Rabat-Eisenbahn (s. Exkurs), bei der sein Vater noch selbst tätig war.

Attard wird von den **Buslinien** 41–44, 51–54, 202, 203 und X-3 angefahren; wer nur zum Palast möchte nimmt die 54 (Haltestelle Strickland) oder die 106 („Palazz" direkt vor der Anlage); es geht auch die X-3, die aber 300m östlich vom Palastgarten in der Triq Birbal/Haltestelle „Pastur" stoppt.

Das Wignacourt-Aquädukt

165M wl

Lija

An der Hauptstraße Triq in Naxxar fahren die Buslinien mit 40er und 50er Nummern. Nur Bus 55 (6.10–22.10 Uhr immer „zehn nach" ab Lija, immer um „x.37" ab Valletta) fährt von Valletta direkt nach Lija, das berühmt ist für sein **Feuerwerk während der Festa am 8. August** rund um die **Pfarrkirche St. Saviour.** Zwar werden auch in anderen Orten Feuerwerke gezündet, Lija aber gilt landesweit als das Nonplusultra! Die Pfarrkirche stammt von *G. Barbara* und wurde zwischen 1642 und 1728 auf dem Grundriss eines lateinischen Kreuzes errichtet.

Ħamrun, Qormi

Östlich von Birkirkara liegt der Ortsteil Hamrun, ein reines **Wohngebiet;** südlich und damit am südwestlichen Ende des Großraumes Valletta der Bezirk Qormi, wo traditionell die **Backöfen** der maltesischen Bäcker hergestellt werden.

Buslinien 61–63 und 209 (Qormi) bzw. 61–63, 122, 123 und X-6 nach Hamrun.

166M wl

Marsa

Hält man sich – von Valletta/Floriana aus landeinwärts blickend – nach links, so erreicht man das **Hafenviertel** Marsa, die Vorstädte der berühmten Steinzeittempel Tarxien und Paola (Pawla) sowie die alten Stadtteile Birgu, Kalkara und Cospicua jenseits der „Cottonera-Lines“, jenen alten Siedlungen der Kreuzritter, die lange vor der Gründung Vallettas entstanden.

^ St. Anton's Palace

Marsa, was auf maltesisch soviel wie „Hafen“ bedeutet, ist seit jeher der Werften- und Umschlagplatz Vallettas. Durch die Eröffnung des Freeport Birżebbuga hat sich die Bedeutung Marsas auf den **Werftenbetrieb** reduziert. Auf der Fahrt zum Flughafen, den Steinzeittempeln oder den Städten der Cottonera passiert jeder Besucher Marsa und wird feststellen, dass ein Großteil der maltesischen **Industrie** hier zu finden ist.

Lohnenswert ist ein Blick auf Maltas größten **Friedhof,** den **Addolorato Cemetery** an der Triq il Garibaldi, an der Ausfallstraße Richtung Luqa-Airport linker Hand.

Auch das moderne Sport- und Freizeitzentrum Maltas, der **Marsa Sports &**

Country Club mit Sportangeboten von Billard bis Cricket auch für Touristen (s. „Sport und Aktivitäten") liegt in Marsa.

Buslinien 33, 34, 54, 61–63, 71–73; s. auch *Marsa Park & Ride* im Kap. „Reisetipps A–Z, Verkehrsmittel, Bus".

Pawla (Paola) und Tarxien

[Paula][Tarschien]

Auf dem Weg von Marsa nach Vittoriosa (Birgu) fällt an der Hauptstraße in Paola rechter Hand Maltas größte **Moschee** auf. Nachfahren der nicht zum Christentum konvertierten Araber, vor allem aber moslemische Gastarbeiter aus Libyen und Tunesien haben sich hier zu einer kleinen Gemeinde zusammengefunden.

Hypogäum

Der Hauptgrund, warum Heerscharen von Archäologen und Historikern nach Paola kommen, ist das weltbekannte, 1980 auf die Liste des UN-Weltkulturerbes gesetzte Hypogäum von Ħal Saflieni.

Seine **Entdeckung** verdankt die Welt einem Zufall. Im Jahre 1902 schwang ein Straßenarbeiter beim Bau einer Zisterne in Pawla etwas zu rabiat die Spitzhacke und brach dabei in den Boden ein, um kurz darauf als Entdecker einer alten Kultur gefeiert zu werden.

Die **Ausgrabungen** der vollständig erhaltenen Anlage wurden im Wesentlichen von *T. Zammit,* damals Direktor des Nationalmuseums, geleitet.

Das **Alter** war durch die Fundstücke bald auf etwa 3500 v. Chr. bestimmt und fällt somit vor die Entstehung von Tarxien, aber nach Ġgantija/ Gozo. Insgesamt umfasst das Hypogäum auf knapp 500 m² über 30 Räume und Nischen.

Das gesamte erste und Teile des zweiten unterirdischen Stockwerkes waren mit „vielen" (die Angaben schwanken zwischen 100 und 30.000) **weiblichen Skeletten** angefüllt, der Rest wurde leer vorgefunden, von einigen wenigen Steinfiguren und unregelmäßigen erdfarbenen Bemalungen abgesehen.

Die Tatsache, dass der Bau **über drei Stockwerke** etwa 15 Meter tief in die Erde führt, unterscheidet das Hypogäum von anderen steinzeitlichen Tempelanlagen und ließ heftige wissenschaftliche Debatten über den Zweck entbrennen.

Man ging zunächst davon aus, dass es sich um einen unterirdischen Friedhof *(= Hypogäum)* handelt, diese Meinung wurde aber dahingehend revidiert, dass es sich um eine **Kultstätte der Priesterinnen** handele, wobei nur diese – also weder Männer noch Nicht-Priesterinnen – hier auch bestattet wurden. Dies scheint auch mit dem damals verbreiteten Matriarchat und dem Glauben an die Erdgöttin *Magna Mater* in Einklang zu stehen. Der Glaube an die nahrungsspendende Erde ließe es auch plausibel erscheinen, dass für allerheiligste Rituale ein der Erde und dem Erdinneren (= Schoß der *Magna Mater*) möglichst naher Tempel gebaut wurde, für allgemeine Alltagsrituale wie Tieropfer, Wetterflehen usw. aber ein überirdischer Megalithenbau genügte. Auch wenn die Funktion vieler Räume inzwischen geklärt werden konnte, bleibt dem Hypogäum auch heute noch einiges Mysteriöses.

■ Ursprünglich wurde das Hypogäum über den unterirdischen, am höchsten gelegenen 1. Stock betreten. Aus statischen Gründen wurde eine **Wendeltreppe (9)** von der Erdoberfläche zum 2. Stock eingebaut, auf welcher man heute in die Anlage hinabsteigt.

■ Am Ende des kleinen Korridors liegen die Reste des alten **Brunnens (8),** an dem jener besagte „Entdecker" 1902 arbeitete. Dieser Teil ist also modern und hat nichts mit dem sich anschließenden Tempel zu tun.

■ Der erste Raum des Hypogäums wird als **Lobby oder Korridor (7)** bezeichnet.

■ Von dort führt ein Anstieg rechter Hand zum **1. Stock (6).** Hier in den Seitenkammern wurden die meisten Skelette gefunden, und hier befand sich auch der ursprüngliche Eingang, sehr wahrscheinlich in Form einer von Megalithen gesäumten steinernen Treppe (nicht erhalten).

■ Die kleine Höhle am Ostende zwischen beiden Etagen könnte eine Art **Warteraum (5)** gewesen sein.

■ Auf der zweiten Etage zweigen vom Korridor drei Räume nach Osten, Süden und Westen ab. Nach Osten schließt sich die **Main-Hall (Haupthalle, 11)** an, hinter der mehrere kleine, bienenwabenähnlich übereinander gebaute **Kammern (10)** liegen.

■ Die steinerne **Treppe (14)** am Südende der Haupthalle, neben dem Durchgang zum Tempelraum führt abwärts zum 3. Stock – Vorsicht Falle! Unter die siebente Stufe wurde eine 2,50 m tiefe Grube gegraben, ein nur handbreiter Steg an der rechten Mauerseite führt zu den Kammern dieses Stocks.

■ Die einzelnen **Kammern (17)** hier unten waren ursprünglich nicht miteinander verbunden, sondern durch 2 m hohe Wände getrennt (der heutige Durchgang wurde für die Besucher angelegt). Die Mutmaßungen über den Zweck dieses Stockwerks reichen von Vorratskammer über Meditationszentrum bis zu sakraler Schatzkammer der Jungsteinzeit.

■ Wieder im 2. Stock liegen am westlichen und südwestlichen Ende des Korridors zwei weitere Kammern. Zum einen die in Steinzeittempeln häufig anzutreffenden **Orakelkammer (13),** in der die Priesterin in abgeschiedener Meditation eine Weissagung erfuhr.

■ Zum anderen die so genannte **Acoustic Hall (3),** so bezeichnet nach einem kleinen Erker, aus dem sich bei Hineinsprechen das Echo bis in die Haupthalle entfaltet.

■ Die übrigen **Nebenräume (1)** der Akustikhalle dienten vermutlich als Lagerräume.

■ Man gelangt von einem schmalen Durchgang der Haupthalle oder vom Südende des Korridors aus in die **Orakelkammer (13),** einem leicht vertieften Vorraum zum **Tempelraum (15).**

■ In die linke Wand ist eine **Grube (12)** eingelassen, in der die meisten Figuren der Anlage (zu sehen im Nationalmuseum) gefunden wurden. Die bedeutendste Fundfigur aus dem Hypogäum ist die **Schlafende Magna Mater** auf einer Steinbank (ausgestellt im Nationalmuseum, Valletta).

■ Von der Haupthalle oder der großen Halle aus erreicht man endlich den eigentlichen Tempelraum mit sich anschließendem vertieftem, bogenförmigem **Opferraum (16).** Blutauffangschalen und Anordnung des Opferaltars deuteten auf Tieropfer-Rituale hin. Es verwundert allerdings, dass sich im Gemäuer Löcher – vermutlich für Befestigungsseile – und keine Tierskelette, wohl aber Tausende menschlicher Skelette befanden. Trotz der einhelligen wissenschaftlichen Meinung, dass es auf Malta keine Menschenopfer gab, muss hinterfragt werden, ob Hühner tatsächlich vor der Opferung gefesselt wurden!

Bevor sich der begeisterte Hobbyforscher und Interessierte nun auf den Weg nach Paola macht, muss leider auf ein Problem hingewiesen werden: Das Hypogäum zählt zu den unersetzlichen Relikten der jungsteinzeitlichen Kulturen des Mittelmeerraumes. Was im Schoße der Erde unentdeckt Jahrtausende un-

Hypogäum

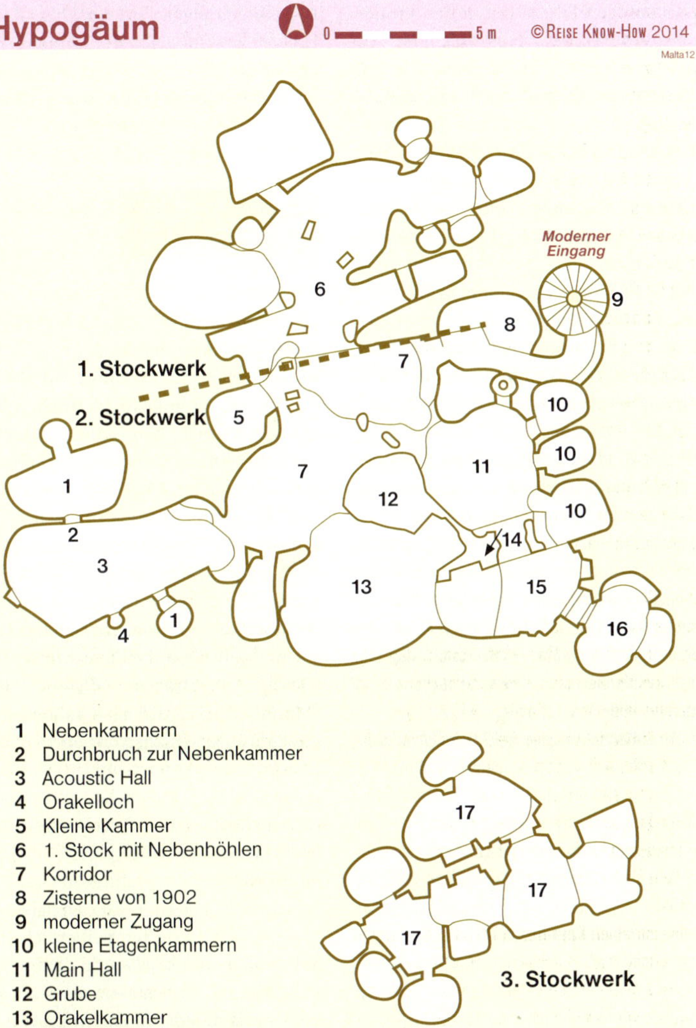

1 Nebenkammern
2 Durchbruch zur Nebenkammer
3 Acoustic Hall
4 Orakelloch
5 Kleine Kammer
6 1. Stock mit Nebenhöhlen
7 Korridor
8 Zisterne von 1902
9 moderner Zugang
10 kleine Etagenkammern
11 Main Hall
12 Grube
13 Orakelkammer
14 Durchgang zur Tempelhalle und Abgang 3. Stock
15 Tempelraum
16 Opferraum
17 Kammern der dritten Etage

versehrt überdauert hat, litt spürbar in nur wenigen Jahren durch den modernen Tourismus. Hauptsächlich die feuchte Atemluft hat den Malereien, teilweise aber auch der Bausubstanz so stark zugesetzt, dass praktisch **fortwährend Renovierungsarbeiten** anfallen.

Nach Jahren der Unsicherheit, ob das Hypogäum jemals wieder der **Öffentlichkeit** zugänglich sein würde (die Atememissionen der Besucherströme sowie das Licht beschädigten die Artefakte teilweise nachhaltig), hat man deshalb sowohl restriktive Regelungen als auch eine Vervielfachung des Eintrittspreises als „Besucherfilter" eingeführt.

■ Täglich sind nur begrenzt Besucher im Rahmen einer Führung zugelassen; Tickets können über den *Heritage Malta Link* gekauft werden (www.heritagemalta.org, oder https://booking.heritagemalta.org). Auch an allen anderen *Heritage Malta* Museen können vor Ort Hypogäum-Tickets gekauft werden, ebenso vor Ort selbst, wobei wegen der limitierten Besucherkontingente die Gefahr besteht, dass man nicht teilnehmen kann; eine Vorabbuchung/-kauf ist daher unbedingt ratsam!

Der **Eintrittspreis** liegt bei 30 € für Erwachsene, 15 € für Senioren und Studenten sowie 12 € für Kinder von 6 bis 11 Jahren (Ausweis erforderlich), Kinder unter 6 Jahren haben keinen Zutritt.

Im gesamten Museum sind Rauchen, Essen, Trinken wie auch Lichtquellen aller Art (Feuerzeug, Taschenlampe, Foto/Blitz etc.) streng verboten, Videokameras dürfen ohne künstliches Zusatzlicht benutzt werden.

Es fahren zwar **14 Buslinien** von/nach Paola, für das Hypogäum kommen jedoch hauptsächlich die Linien 81 und 85 (Valletta – Marsaxlokk), 82 (Valletta – Birżebbuġa), 204 (Marsaskala – Mater Dei), 206 (Marsaxlokk – Mater Dei) und 210 (Birżebbuġa – Mater Die, alle bei Haltestelle „Ipogei") in Betracht; den Fahrer um Hinweis zum Aussteigen bitten und dann zu Fuß der Beschilderung folgen (ca. 5 Gehminuten).

Tempelanlagen von Tarxien

An Paola schließt sich, obschon im Stadtbild nicht zu unterscheiden, der Bezirk Tarxien an, bekannt durch die gleichnamigen **jungsteinzeitlichen Megalithentempel.** Ein gutes Jahrzehnt nach der Entdeckung des Hypogäums grub *T. Zammit* 1915 hier die Relikte zweier verschiedener Phasen aus. Die untere, ältere Schicht stammt von 3000–2500 v. Chr. (jungsteinzeitlich), darüber wurden Knochenreste und Keramiken aus der späteren Bronzezeit (2000–1000 v. Chr.) gefunden. Letztere wurde vollständig abgetragen, Gefäße und Schmuckstücke, die als Grabbeigaben dieses bronzezeitlichen Urnenfriedhofes interpretiert werden, sind im Nationalmuseum (Valletta) zu sehen. Das gesamte Urnenfeld war mit einer Ascheschicht bedeckt, was auf eine spätere Verbrennung des Friedhofes schließen lässt.

Zu besichtigen ist in Tarxien daher der ältere, **neolithische Tempelbereich,** dessen mobile Fundstücke und Opferaltäre ebenfalls im Nationalmuseum ausgestellt werden. Jeder in der Anlage zu sehende Altar ist daher „nur" eine originalgetreue Kopie.

Tatsächlich handelt es sich um **sechs Tempel,** die von I (ältester) bis VI (jüngster) nummeriert wurden. Gut erhalten sind die Tempel IV–VI, die an und auf den älteren (I–III), nur noch zu erahnenden Bauten errichtet wurden. Zeitlich sind die jüngeren drei Tempel (IV–VI) in die Zeit um 2800–2600 v. Chr. einzuordnen.

Architektonisch sind sie alle von der in Malta häufig vorkommenden **„Trilithen"-Bauweise** (griech. *Tri* = drei und *Lithos* = Stein) geprägt, was nichts anderes bedeutet, als dass auf zwei schwere, schlanke, senkrecht stehende Steine ein großer Querblock oben aufgelegt wurde. Die steinernen Kugeln, auf denen die schweren Quader transportiert wurden, hat man teilweise in der Anlage belassen.

■ Vom **Vorhof (1)** aus betritt man den **Vorraum (2)** des zweitjüngsten **Tempels V** mit einem erhaltenen Altarraum (links), in dem ein Spiralenmotiv (vermutlich ein Lebenskreislauf) gut zu erkennen ist. Diverse Tierzeichnungen deuten auf die Opfer hin, die hier stattgefunden haben – verbrannte Knochen von Ziegen und Schafen gehörten zu den häufigsten Funden. Rechts steht die Nachbildung der spektakulären, seinerzeit 3 Meter hohen **Magna Mater.** Nur die untere Hälfte der breithüftigen Kolossalfigur wurde allerdings gefunden, die obere Hälfte blieb verschollen.

■ Über den **Tempelraum (3)** mit den erwähnten Spiralen an den von Blutrinnen begrenzten Altären gelangt man zum **Heiligtum (4).** Dieses durfte vermutlich nur von Auserwählten betreten werden und zeichnet sich durch besonders fein gearbeitete Altarsteine aus.

■ Die rechte Seitenkammer des Tempelraumes bildet den Durchgang zum **Vorraum (6)** des jüngsten **Tempel VI.** Im Zentrum dieses besterhaltenen Vor-

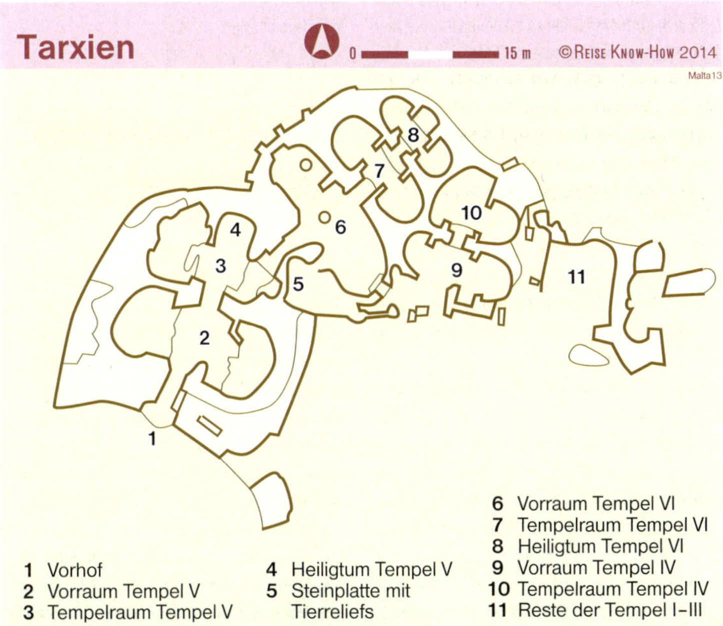

raumes aller maltesischen Steinzeittempel steht eine steinerne, von Brandspuren gezeichnete Feuerschale. Die hervorragend aufeinander abgestimmten Bodenplatten wie auch die Wände vermitteln hier den besten Eindruck, wie es wohl vor knapp 5000 Jahren aussah.

- Vom rechten Flügel des Vorraumes führt ein Durchgang zur längsten **Steinplatte (5)** aller Tarxientempel, auf der noch schwach originale Tierdarstellungen, sehr wahrscheinlich Rinder und ein Schwein mit Ferkeln, zu erkennen sind.
- Im **Hauptraum (7)** deuten Altäre, Spiralen und eine weitere Steinschale auf einen ähnlichen Zweck (Opfer) wie in Tempel V hin.
- Der kleinste Raum des Zentraltempels, das **Heiligtum (8)** war wiederum den Hohepriesterinnen vorbehalten.
- Vom ältesten **Tempel IV** sind die äußeren Steinplatten nur noch teilweise vorhanden. **Vorraum (9)** und **Tempelraum (10)** wurden sehr wahrscheinlich von den Benutzern des später gebauten Tempel VI mitbenutzt. Gut zu erkennen ist auch hier die bei älteren Anlagen oft zu findende Orakelnische mit dem Orakelloch, in dem der Priester kauerte, auf göttliche Eingebung wartete und diese anschließend nach außen flüsterte. In den Resten dieses Tempels wurden die meisten Urnen und Überreste der späteren Bronzezeit gefunden.
- Hinter Tempel IV sind noch einige Fundamente der **Tempel I–III** zu erkennen; die Ausgrabungen sollen zwar fortgesetzt werden, verzögern sich aber wegen etlicher Probleme mit den direkt angrenzenden Wohnhäusern.

Von allen steinzeitlichen Anlagen Maltas wurde auf Tarxien offensichtlich die größte Mühe verwandt, was darauf zurückzuführen ist, dass mehrere Tempel zusammenliegen. Wer sich anhand nur einer Anlage einen exemplarischen Überblick über die neolithische Megalithenkultur auf Malta verschaffen möchte, sollte sich auf Tarxien beschränken.

- **Geöffnet** täglich außer Weihnachten, Karfreitag, Sylvester und Neujahr 9–17 Uhr.
- **Eintritt** 6 €, ermäßigt 4,50 €, Kinder ab 6 Jahre 3 €.
- **Buslinien** wie oben (Hypogäum, nur Haltestelle „Neolitici“).

Anfahrt

Man erreicht das Hypogäum wie auch die Tarxien-Anlage mit den Paola-Bussen, die am großen Kirchplatz in Paola halten. Von hier aus sind es 200 Meter die (hier beginnende) Triq Ħal Luqa entlang bis zur großen Kreuzung mit der Triq Ħal Tarxien. 50 Meter nach rechts kommt man zur (beschilderten) Triq Ħal Saflieni und dem Hypogäum, nach links folgt man der Ħal Tarxien (geht in Sta. Maria über) etwa 400 Meter bis zu der kleinen Stadtparkfläche mit WC (hier auch Haltestelle der Linien 81 und 82), dort liegen die Tempel (Schild „Neolithic Temples“) 50 Meter linker Hand.

The „Three Cities“ (Cottonera)

Auf der Valletta südostwärts gegenüberliegenden Seite des Grand Harbour liegen zwei spitze Landzungen mit den Ortsteilen Vittoriosa (Birgu) und Senglea, verbunden landseitig durch die Siedlung Cospicua. Dieser „Three Cities“ genannte Komplex ist von der Hauptstadt Valletta durch den Marsa Creek und den Hafenbezirk Marsa getrennt.

Als die Johanniter 1530 nach Malta kamen, fanden sie an älteren, vermutlich bis in die phönizische Epoche zurückreichenden **Befestigungen** neben Fort St.

Elmo auf dem Monte Scibberas nur die der Hauptstadt Mdina sowie St. Angelo in Birgu vor. Die Johanniter erkannten den strategischen Wert des natürlichen Grand Harbour und konzentrierten sich auf den Ausbau dieser Stützpunkte.

Birgu (*Borgo* = Burg), wo schon etliche Bauten der Normannenzeit standen, sollte alle Verwaltungseinrichtungen der Ritter beherbergen. Natürlich trugen diese, bis dahin kleineren Befestigungen noch nicht diese Namen und wurden erst von den Ordensrittern in den Jahren um 1530–1550 zu Festungen ausgebaut.

Nach der ersten Angriffswelle der Türken (1552) kam landseitig im heutigen **Senglea** das Fort St. Michael hinzu; dies waren dann auch schon alle Forts, die während der großen Belagerung (1565) zur Verfügung standen.

Der militärische Schwachpunkt des neuen Hauptsitzes, das landseitige Siedlungsgebiet **Cospicua,** wurde erst lange nach der großen Belagerung und dem Bau Vallettas verstärkt. 1638–1736 wurde der erste Festungsring um Cospicua als Sta. Margarita Lines aufgestellt; dauerhafte Uneinnehmbarkeit war aber erst mit den unter *Großmeister Nichola Cotoner* (1663–1680) gebauten äußeren, fast fünf Kilometer langen, nach ihm benannten Cottonera Lines gewährleistet.

Dieser **Festungsgürtel** umschließt Vittoriosa, Senglea und Cospicua, woraus der Name „Three Cities“ oder eben Cottonera entstand.

Birgu (Vittoriosa)

„Die Befestigungsanlagen der Stadt, Zufluchtsort und Sitz des ehemaligen Johanniterordens zu Jerusalem, bestürmt im Jahr des Heils 1565 von einem riesigen Türkenheer und wegen ihrer durch göttliche Fügung vortrefflichen Verteidigung mit dem Namen „Die Siegreiche“ ausgezeichnet, wurden durch die Kriegseinwirkungen stark beschädigt und stürzten im Laufe der Zeit ein. Aufgrund der Fürsorge und Wachsamkeit des Großmeisters, des Herren Ant. Manoel de Vilhena, wurden sie erneuert. Im gegenwärtigen Jahr des Heils 1826 sind sie noch verstärkt worden.“ (lateinische Inschrift am Stadttor von Vittoriosa)

Vittoriosa (= die Siegreiche), wie das alte Birgu seit der überstandenen Türkenbelagerung 1565 genannt wird, ist die älteste Siedlung der Johanniter auf Malta, birgt aber auch Relikte der weiter zurückliegenden Normannenzeit. Als Besucher empfindet man den kleinstädtischen Charakter Vittoriosas mit gerade einmal 4000 Einwohnern als willkommenen Kontrast zum quirligen Valletta.

Ein kompletter **Rundgang** mit Besichtigungen ist leicht an einem Vormittag möglich; wenn nicht anders erwähnt, befinden sich die Gebäude in Privatbesitz und können nicht von innen besichtigt werden. Ausflugsboote arrangiert der kleine Kiosk (mit Info-Material) am Ufer (St. Lorenzo Wharf).

Buslinien 3 (von/nach Valletta, Birgu), 213 (von/nach Mater Dei bzw. Marsa und Kalkara) und X-7 (Flughafen).

Bastionszugang

Man betritt Birgu über den ehemaligen **Wassergraben** und das **Stadttor,** welches von den mächtigen Kavalieren **St. John's** (rechts, geschlossen) und **Poste d'Aragon/Poste de France** links gesäumt wird.

Cottonera (The Three Cities)

Übernachtung
7 Hotel Palazzo Vittoriosa

Essen und Trinken
10 Café de Brazil, Pastizzeria Vittoria (Takeaway)
14 Two And A Half Lemon Restaurant
18 Pizzeria Don Berto
21 Casino di Venezia Restaurant
23 Queens Own Band Club
24 Senglea Social Centre Bar

Einkaufen
22 Minimarkt

- 1 Auberge de France
- 2 Auberge de Castille et de Portugal
- 3 Waffenkammer
- 4 Palast des Erzbischofs
- 5 Haus der Kaplane
- 6 Auberge d'Allemagne
- 8 Auberge d'Angleterre
- 9 Auberge d'Auvergne et Provence
- 11 Inquisitorenpalast
- 12 Palazzo Università
- 13 Malta at War Museum
- 15 St.-Joseph-Oratorium/Museum
- 16 Kirche San Lorenzo
- 17 Freedom Memorial
- 19 Bischofspalast
- 20 Mt.-Carmel-Schule mit Kapelle

Auf der **Poste de France** sind noch alte Kanonen zur Hafenverteidigung zu sehen, in der **Poste d'Aragon** wird in einer permanenten **Fotoausstellung** die Geschichte Vittoriosas in Bildern und Fotografien beschrieben (der Eintritt ist frei). In diesen Mauern findet man auch das vor wenigen Jahren wiedereröffnete **Museum Malta at War** (Di–So außer Ostern, Weihnachten und Neujahr von 10–16 Uhr, Tel. 21896617, Eintritt 10 €, ermäßigt 8 €, Kinder 5 €, Familienkarte 22 €), in dem die Jahre des zweiten Weltkrieges in Malta dokumentiert werden sowie originale Luftschutzkeller.

Annunciation Church (St. Dominik)

Die in Birgu ansässigen Dominikanermöche erbauten 1528, kurz vor der Ankunft der Johanniter auf Malta, diese ihrem Schutzpatron geweihte **Verkündigungskirche.** Sie wirkt innen durch die roten Wandbehänge, die silbernen Kerzenleuchter und Kristall-Lüster schlicht und doch gleichzeitig prunkvoll. Auf der rechten Seite im Schiff steht eine Statue des heiligen Dominik aus dem 16. Jahrhundert.

■ Geöffnet täglich 8–17 Uhr, So 8–14 Uhr (außer zu Messezeiten).

Inquisitorenpalast

Nach ihrer Ankunft bauten die Johanniter das Gebäude (vermutlich ein Gerichtshof) aus der Normannenzeit ab

Anlegestelle von Vittoriosa

182M wl

1535 aus und nutzten es zunächst als Castellania (s. Valletta) und Hinrichtungsstätte. Die kirchliche Inquisition oblag bis 1574 dem jeweiligen Bischof von Malta, der vom Vizekönig des spanischen Monarchen (Sitz in Sizilien) entsandt wurde. Als oberste Entscheidungsinstanz in Glaubensfragen schickte dann der Papst von 1574 bis 1798 insgesamt 68 Inquisitoren nach Malta. Diese nutzten im Namen des Herren den einzigen heute noch erhaltenen Inquisitionspalast Europas als Sitz, Folterkeller und Kerker.

Die Inquisitoren verstanden ihr Geschäft offenbar, immerhin wurden später zwei zu Päpsten und 22 zu Kardinälen ernannt.

Interessant ist der **Verhandlungssaal,** den die Gefangenen auf die Worte „Knie hin, beug das Haupt zum Knie – *in excelsis domini*" in demütiger Haltung durch die zu diesem Zweck vertiefte Tür zu betreten hatten.

■ Geöffnet täglich, außer Karfreitag, Weihnachten, Sylvester und Neujahr von 9–17 Uhr, Eintritt 6 €, ermäßigt 4,50 €, Kinder 3 €, Tel. 21827006.

Victory Square

Die Main Gate Street öffnet sich zum Victory Square (Siegesplatz), dem dörflichen Zentrum Vittoriosas. In der Mitte wurde 1705 das **Victory Monument** zum 140. Jahrestag der großen Belagerung aufgestellt.

Das **steinerne Kreuz** auf dem Platz markiert die ehemalige Richtstätte, auf der bis zur Verlegung in den Inquisitorenpalast im 16. Jh. die Köpfe rollten.

Am Victory Square liegt ferner der traditionelle Treffpunkt des örtlichen Musikvereins, der **Grenzstein** daneben markiert das dahinter liegende, seinerzeit exklusiv den Ordensrittern vorbehaltene Wohngebiet.

Oratorium St. Joseph's

St. Joseph's Oratory oder Chapel wird das kleine **Kirchenmuseum** unmittelbar an der St. Lawrence Church am Victory Square genannt. Eigentlich handelt es sich hier mehr um ein Museum mit Ausstellungsstücken zum Zweiten Weltkrieg, aber auch Kampfschwert und Hut des Großmeisters *Jean Parisot de la Valette* sind hier zu sehen.

■ Die Öffnungszeiten werden handschriftlich auf einer Tafel angezeigt und ändern sich häufig, als Kernzeit kann aber täglich 8– 12 Uhr und 13–16 Uhr gelten; Eintritt frei, eine kleine Spende wird allerdings erwartet (1–2 € pro Person).

Kirche San Lorenzo

Schon im 11. Jahrhundert stand hier, den heutigen Jachthafen überblickend, Maltas älteste Pfarrkirche. Ob sie damals schon San Lorenzo hieß oder tatsächlich von *Roger dem Normannen* gebaut wurde, konnte nicht eindeutig geklärt werden. Als „San Lorenzo del Mare" ist ein Neubau von 1432 an gleicher Stelle urkundlich erwähnt. 1530 bestimmte *Großmeister L'Isle Adam* San Lorenzo zur Ordenskirche, woraufhin sie nach und nach um Sakristei und Friedhof (1532), Kuppel (1581) sowie Chor und Langhaus (1586) erweitert wurde. Trotz der vielen und aufwendigen Verbesserungen wurde *L. Gafà* mit einem völligen Neubau (1681–1697) anlässlich des Einzuges des neugewählten Großmeisters *Ramon Perellos y Rocaful* beauftragt. *Gafà* wählte als Grundriss ein christliches Kreuz mit drei Kapellen an den kurzen Seiten. Selten sind die mit rosa Marmor verkleideten Zentralpilaster im Inneren. Die Gewölbemalerei stammt von *I. Cortes* und zeigt Szenen aus dem Leben des Kirchenpatrons *Laurentius (Lawrenz).* Sehenswert sind auch die Großmeisterdarstellungen neben den Gewölbefenstern.

Freedom Memorial

Als Pendant zur Independenzia von Floriana wurde 1979, nach dem Abzug der letzten britischen Truppen von Malta, das **Freiheitsdenkmal** errichtet. Am Platz zwischen dem Seiteneingang der Kirche San Lorenzo und dem Hafenbecken betrat der letzte britische Soldat die Planke zum Schiff in die Heimat.

Maritime Museum

Wer sich von einem Marinemuseum Aufschlüsse über die lange Geschichte der Seefahrt auf Malta erhofft, wird im Gebäude der **ehemaligen Pulverkammer und Bäckerei** eher enttäuscht werden. Geworben wird mit den Abteilungen „Picture Gallery", „Underwater Archeology", „Models", „Order of St. John", „Navigational Instruments", „Malta Customs", „Maltese Boats" und „British Malta". Überwiegend handelt es sich um Schiffsmodelle aus aller Welt, aber auch um die Entwicklung der Seefahrt seit den Johannitern.

■ Eintritt 5 €, ermäßigt 3,50 €, Kinder (6–11 Jahre) 2,50 €, geöffnet täglich, außer Ostern, Weihnachten, Sylvester und Neujahr, 9–17 Uhr, Tel. 2166 0052.

Fort St. Angelo

Die ältesten Teile des Fort St. Angelo reichen zurück bis ins 9. Jh., die Phase der Araber auf Malta. *Großmeister L'Isle Adam* ließ 1530 die heutige Festung ausbauen und erwählte sie als Sitz des Ordens. Auf dem höchsten Punkt von Fort St. Angelo wurde die kleine **St.-Anna-Kapelle** errichtet, in der eine antike, möglicherweise von einem hier einst existierenden Juno-Tempel stammende Granitsäule aufbewahrt wurde.

Von der (gesperrten) steinernen Brücke vor dem Fort blickt man in den **Galley Harbour** (Galeerenhafen), wo die von Sklaven angetriebenen Karacken (Galeeren) des Ordens anlegten.

St. Angelo behielt seine **militärische Bedeutung** bis in die jüngere Vergangenheit; auch im Zweiten Weltkrieg wurde es zum Symbol der Uneinnehmbarkeit Maltas. Nach dem Krieg hatte die Admiralität der britischen Mittelmeerflotte bis 1979 hier ihren Sitz. 1998 verpachtete der maltesische Staat den oberen Teil der Anlage mit Magistratspalast und St. Anna Kapelle für 99 Jahre den ursprünglichen Besitzern, der Nachfolgeorganisation des Johanniterordens als Amtssitz.

Derzeit plant der Malteserorden unter dem aktuellen Großmeister *Fra' Mathew Festing* in Fort St. Angelo eine **historische Sammlung** *(Accademia Internazionale Melitense)* und ein Militär- und Marinemuseum in Kooperation mit *Heri-*

tage Malta, dem staatlichen Dachverband der historischen Stätten. Eine Besichtigung ist zurzeit noch nicht möglich, die Arbeiten mit Unterstützung von EU-Fördermitteln dauern noch an.

Man kann allerdings ab dem Maritime Museum am Hafen entlang und über eine Treppe bis zum Fuß des Forts und weiter gehen. Mit Taschenlampe können Unerschrockene sich dann von unten her durch die ehemaligen Sklavenverliese und dunkle, bis auf Skelette und Ratten verlassene Katakomben tasten.

Die Herbergen der Zungen

Zwei architektonische Epochen kamen bei den Ordensbauten Vittoriosas zum Tragen. Während St. Angelos Großmeisterpalast, Spital und Castellania nach Ankunft der Ritter gebaut wurden (1530–1533) und gotische Stilelemente aufweisen, zeigen die den Architekten *N. Bellavanti* und *B. Genga* zugeschriebenen Herbergen der Landsmannschaften (ab 1535 und später) Merkmale der frühen Renaissance.

Die **Auberge d'Allemagne,** direkt am Victory Square gelegen, wurde 1942 zerstört und nur teilweise im alten Stil wieder aufgebaut.

Nebenan in der Britannic Street liegt die alte **Auberge d'Angleterre,** wobei die deutschen und angelsächsischen Zungen als einzige benachbart waren. Die Sprachen beider Landsmannschaften (Altenglisch und Altmittelhochdeutsch) waren eng verwandt, was die kulturelle und lokale Nähe beider erklärt (die spätere Vereinigung der bayerischen, englischen und russischen Zunge geht auf *Zar Paul I.* von Russland zurück, siehe „Valletta").

Gegenüber bauten die Franzosen ihre **Auberge d'Auvergne et de Provence** und die **Auberge de France.**

Die **Auberge de Castille et Portugal** liegt rechts am Ende der Britannic Street.

Nur die Italiener, die traditionell den Großadmiral stellten und für die Flotte verantwortlich waren, wählten ihren Sitz, die **Auberge d'Italie,** direkt am Galeerenhafen vor St. Angelo. Wie die italienischen Ritter die senkrecht abfallenden 50 Meter zum Hafenbecken überbrückten? Durch einen Geheimgang in ihrer Auberge! Italien war daher auch von der Verteidigung der Landfestung ausgenommen, allen anderen Zungen war traditionell ein bestimmter Abschnitt der Mauern zur Verteidigung zugeordnet.

An einer Stelle, dem kastillanischen Abschnitt **(Poste de Castille)** gelang den Türken 1565 um Haaresbreite der Durchbruch, die ersten Belagerer hatten bereits die Mauern erklommen und drangen in die Stadt vor. Den Urkunden zufolge wehrte *de la Valette* persönlich an der Spitze seiner Leibwache kämpfend die Eindringlinge ab (s. „Geschichte").

Viele der Herbergen wurden durch die Luftangriffe 1941 und 1942 zerstört oder stark beschädigt und nach dem Krieg nur teilweise nach den alten Plänen renoviert und wieder aufgebaut. Eine Innenbesichtigung ist nicht möglich, die meisten Gebäude dienen heute als private Lager-, Werkstatt- oder Wohnräume.

Ordenshospital und Waffenkammer

Als Vorläufer des Ordensspitals von Valletta blickte die **Sacra Infermeria** von Vittoriosa nach Aufnahme ihrer Tätigkeit im Jahre 1531 auf eine lange, noch aus der Zeit von Rhodos stammende Tradition hervorragender Heilkunst zurück. Der ausgezeichnete Ruf wurde während der großen Belagerung von 1565 bestätigt, denn einen Großteil des Erfolges hatten die Johanniter ihrem Spital zu verdanken. Während auf der Seite der türkischen Belagerer Epidemien und erbärmliche hygienische Zustände die Zahl der Belagerer verringerte, konnten auf Seiten des Ordens die Verluste dank der hervorragenden Pflege vergleichsweise gering gehalten werden.

In der Triq il Kwartier/Barrack Street, hinter der St. James Bastion, lag die große **Waffenkammer** des Ordens, die nach Ausgabe aller Waffen während der Belagerung dem Spital übergeben wurde und als Lazarett diente.

1604, nach der Fertigstellung des Spitals von Valletta, wurde die Sacra Infermeria den **Benediktinerinnen** übereignet. Für die Waffenkammer fanden die Schwestern aber keine Verwendung – sie blieb Ordensbesitz der Johanniter.

Normannenhaus

Das sogenannte **Norman House** in der North Street wird als eines der wenigen normannischen Relikte aus dem 11. Jh. gehandelt. Tatsächlich stammt das heutige Gebäude aus dem 16. Jh., nur die Fensterbögen wurden von einem älteren normannischen Gebäude übernommen.

Bischofspalast

In der Bishop's Palace Street steht der 1542 gebaute Sitz des Erzbischofs, der zuvor in der Hauptstadt Mdina, mit Ankunft der Johanniter aber auch im neuen Zentrum Vittoriosa residierte. Nach dem Bau Vallettas sollte auch der Erzbischof in die neue Hauptstadt übersiedeln. Da die Ordensritter alte erzbischöfliche Privilegien in Valletta nicht zulassen wollten, behielten die geistlichen Würdenträger ihren Sitz in Vittoriosa und Mdina. Auf der anderen Straßenseite im linken Gebäudeblock waren die einfachen Geistlichen (Ordenskapläne) untergebracht.

Palazzo Università

Vor der Übernahme Maltas durch die Johanniter existierten natürlich alteingesessene Adelsfamilien, die nicht per Federstrich des fernen Kaisers auf ihre alten Machtpositionen verzichten wollten. Diesem Università genannten Stand gestattete *Großmeister de Homedes* eine Art **Lokalverwaltung** mit einem eigenen Verwaltungsgebäude, dem Palazzo Università (1538).

Bis zur Abschaffung der Università durch die Briten agierte sie zunächst als Lokalverwaltung, später als zuständiges Organ für Lebensmittel- und Getreideimporte und auch als Bindeglied zwischen den Ordensrittern und der Bevölkerung. Zum Gebäude gehörten sechs unterirdische **Getreidespeicher** für Belagerungszeiten.

Senglea (Isla)

Erfreut sich der Besucher schon in Vittoriosa der Ruhe und Beschaulichkeit, so wird er sich in Senglea in noch ältere

Zeiten zurückversetzt fühlen. Obgleich diese Landzunge optisch Vittoriosa ähnelt, spielte sie nie eine Rolle. *Großmeister Claude de la Senglé* (1553–57) ließ hier die Lagerräume des Ordens errichten, befestigt wurde die nach ihm benannte Halbinsel nach einem abgewehrten Türkenüberfall mit Fort St. Michael (1552). In der Hauptstraße von Senglea, der **Victory Street,** die sich von der Kirche Our Lady of Victory bis zur San-Filipu-Kirche erstreckt, wurden an den Laternenpfählen Schilde mit den Wappen aller Großmeister auf Malta angebracht.

Buslinien 1 (Valletta) und 124 (Marsaskala) halten in der Stadt, die 213 pendelt zwischen Mater Dei und Kalkara.

Fort St. Michael

Nachdem die Türken 1547 bereits kurzzeitig in Marsaxlokk landen konnten, 1550 Gozo überfielen und 1551 dem Orden die zum Lehen gehörende Grafschaft Tripolis entreißen konnten, mussten die wichtigen Lagerhäuser auf der „Isla" genannten Landzunge Senglea geschützt werden. Der Orden bat den Vizekönig von Sizilien um Entsendung des Festungsbauers *Pietro Pardo,* der daraufhin um 1552 landseitig die Festung St. Michael errichtete.

Der Besucher betritt den Ort durch die Mauern des **Stadttores,** der schönste Aussichtspunkt ist der meerseitige Wachtposten La Gardjola (frei zugänglich).

Our Lady of Victory

Das Originalgebäude von 1743 fiel den Luftwaffenangriffen auf den zur Reparatur im Hafen liegenden britischen Flugzeugträger „Illustrious" zum Opfer und wurde nach dem Krieg bis 1957 neu aufgebaut. Die kleine **Kirche** ist heute wieder ein sehenswertes Bauwerk, wirklichen Ruhm aber erlangt die hier jeden 8. September stattfindende **Festa** zum Sieg über die Türken. Das Straßenfest vor der Kirche, Feuerwerke und Prozessionen sind nirgendwo so feierlich und gleichzeitig lebhaft wie gerade in Senglea.

Vedette (La Gardjola)

Im 16. und 17. Jahrhundert wurde Fort St. Michael auch hafenseitig erweitert, an der Spitze der Landzunge die Bastion **Senglea Point** errichtet. Von ihr ist heute neben den beeindruckenden Mauern der **Safe Haven Garden** (Sicherer-Hafen-Garten) mit der zum Wahrzeichen Maltas avancierten „Vedette", maltesisch „Gardjola" (Wachposten) erhalten. Der im Vergleich zu den Bastionen des Grand Harbour zierlich wirkende Ausguck bietet einen feinen Ausblick über Valletta, Floriana und Marsa. Die Augen und Ohren an der Vedette symbolisieren die Haupteigenschaften der Wache. Der ebenfalls stilisierte Pelikan ernährt dem Volksglauben nach seine Jungen im Notfall mit dem eigenen Blut und gilt als Symbol für aufopfernde Mutterliebe, aber auch für den Opfertod Christi.

Cospicua (Bormla)

Wenn man von Vittoriosa aus einfach der Hauptstraße am Hafen entlang durch Cospicua Richtung Senglea läuft, passiert man linker Hand die **Kirche**

Immaculate Conception (unbefleckte Empfängnis), eine modern anmutende Monumentalkirche mit Mahnmal an die Bombardierung vom November 1942. Der ursprüngliche Bau reicht in das Jahr 1584 zurück, nach mehreren Erweiterungen wurde er 1732 fertig gestellt.

Hält man sich hinter der Biegung am **Hafenbecken** rechts und biegt dann in die Triq Panzaveccia ein, ist Senglea bald erreicht.

Wen die alten Festungen der Cottonera interessieren: Von der Biegung aus kann man in wenigen Minuten zu Fuß die **Santa Margarita Lines** (300 Meter) sowie die äußeren **Cottonera Lines** (750 Meter) von Cospicua erreichen.

Die Vedette – ein Wahrzeichen Maltas

- Die **Busse** 3 und 213 fahren vollständig durch den Ort.

Weitere Anreisemöglichkeiten für die Cottonera:

- Eine stilvollere Anreisemöglichkeit besteht mit der Überfahrt in den **Dhgajjes,** jenen venezianischen Gondeln ähnelnden bunten Fährbooten, die privat – und mangels Kundschaft in zunehmend geringerer Zahl – zwischen Valletta *(Old Custom's House)* und Vittoriosa (Kai am Marinemuseum) verkehren – Preis vorher aushandeln, Richtpreis 5 €/Person (öfters in Vittoriosa anzutreffen).
- **Zu Fuß** dauert der Weg zwischen Vittoriosa und Senglea von Stadttor zu Stadttor etwa 20 Minuten.

Essen und Trinken in der Cottonera

- Für eine Erfrischung bietet sich in Vittoriosa das **Café de Brazil** am Misrah ir-Rebha, Victory Square, Tel. 99469208, tgl. 10–23 Uhr, bei der Auberge d'Allemagne (Salate und Snacks, nichts Brasilianisches!) an, für den größeren Hunger empfiehlt sich die **Pastizzeria Vittoria,** Victory Square (Pizza, Pasta, Pastizzi, auch zum Mitnehmen), auf der gegenüberliegenden Seite des Platzes an. Die Bar **Two And A Half Lemon** wird längst nicht mehr nur von Einheimischen frequentiert, sie wurde deutlich erweitert und bietet inzwischen eine schier unglaubliche Vielfalt an ausgezeichneten Speisen einschließlich sehr gut komponierter Set-Menüs, Tel. 218 09909. Sehr nobel speist man an der Marina im **Panoramarestaurant** des *Casino de Venezia* (Casino mit angeschl. Spitzen-Restaurant, Reservierung unter Tel. 21805580) oder, eine Kategorie preiswerter – im **Don Berto** (Pizza und Pasta) nebenan, ebenfalls mit sehr schönem Blick über den Yachthafen, Tel. 21808008.

■ In Senglea liegen auf die Vedette zulaufend linker Hand der Triq Vittoria (Victory Street) der **Queens Own Band Club** (Café & Bar) sowie die **Senglea Social Centre Bar.** Selbstversorger finden am Busplatz einen **Mini-Markt,** ferner befinden sich hier die Polizei, Tel. 21824218, und eine Filiale der *Bank of Valletta* mit **EC-Automat.**

Unterkunft in der Cottonera

■ **Palazzo Vittoriosa**⑤, Triq H. Tabone, Tel. 2137 0830, www.palazzovittoriosa.com. Modernes Boutique-Hotel mit allem Komfort, integriert in einen massiven ehemaligen Stadtpalast. Wirkt teilweise überfrachtet und verspielt, ist aber nie überlaufen und angenehm ruhig trotz der zentralen Lage am Hafen. Dachterrasse mit Pool, DZ ab 130 €.

Kalkara

Nordöstlich von Vittoriosa und außerhalb der Cottonera Lines schließt sich der Stadtteil Kalkara mit einigen Punkten von touristischem Interesse an, leider verkehren hier kaum mehr Busse (nur Nr. 3), sodass sich ein Besuch nur für Fahrer eines Leihfahrzeuges empfiehlt.

Royal Navy Spital

Von Vittoriosa aus dem Stadttor kommend und der Hauptstraße nach links folgend, passiert man das unübersehbare ehemalige Royal Navy Spital, welches im Zweiten Weltkrieg ähnlich legendären Ruf errang wie die Sacra Infermeria von Vittoriosa während der großen Belagerung. Im 17. Jh. als **Familienpalast** errichtet, war es kein geringerer als *Lord Nelson,* der die Umfunktionierung zum Marinehospital anordnete (1805). Um Verletzte direkt vom Schiff ins Hospital zu befördern, ließ *Lord Nelson* einen flaschenzugbetriebenen Aufzug von der Anlegestelle bis zum hiesigen Hospital bauen.

Heute ist hier das **MCR (Malta Centre for Restauration)** untergebracht. Hier wird nicht nur restauriert, sondern auch geforscht und gelehrt, auch mit Hilfe ausländischer Spezialisten. Das MCR hat sich die Bewahrung des kulturellen Erbes (Baudenkmäler, Büsten usw.) zum Ziel gesetzt.

Die Forts von Kalkara

Entlang der neuen Küstenstraße zum Ricasoli-Industriegebiet sieht man drei alte Forts (ausgeschildert): An der Einfahrt zum Grand Harbour, gegenüber von Fort St. Elmo (Valletta) liegt das halb zerfallene, 1670 unter Großmeister *Cottoner* vom Festungsbaumeister *M. Valperga* errichtete **Fort Ricasoli** (geschlossen).

Zu besichtigen ist das benachbarte **Fort Rinella** (Di–So 10–17 Uhr; Eintritt 10 €, ermäßigt 8 €, Familienkarte für zwei Erwachsene und bis zu drei Kinder 25 €, Tel. 21809713). Festungsarchitekt *Guthrie* baute dieses britische Fort mit komplett einfahrbarer Zugbrücke Ende des 19. Jahrhunderts. Besonders interessant ist hier ein originales, 100 Tonnen schweres Artilleriegeschütz. Rinella wurde 1884 von den Briten als zusätzlicher Schutzposten der Einfahrt zum Grand Harbour gebaut.

Die Reste von **Fort Santu Rokko** liegen etwas weiter östlich, allerdings in einem Industriegebiet.

Malta Filmstudios

Mein Tipp: Auf dem Weg zu Fort St. Rocco liegen linker Hand die Malta Filmstudios mit dem Filmwrack der Santa Maria (*Kolumbus'* Flaggschiff) – leider nicht zu besichtigen. Hier und im Rinella Creek entstanden Filme wie „Orca, der Killerwal“, „Sindbad, der Seefahrer“ oder „Christoph Columbus“ (nicht „1492“). Man glaubt es kaum, aber das Wasserbecken dort ist eines der größten Filmbecken weltweit, sodass auch amerikanische Produktionen immer wieder auf die MFS zurückgreifen. Unter anderen, und ebenfalls kaum zu glauben, dass diese Filme hier gedreht wurden, „Gladiator“ mit *Russell Crowe* und „Troja“ mit *Brad Pitt*. Aber auch deutsche Produzenten wie *Michael Herbig* kommen gerne hierher – etwa für den Dreh des bekannten Kinderfilms „Wickie und die starken Männer“, der teilweise auf Malta gedreht wurde. Wer den Film kennt erinnert sich bestimmt an die Szene, als das Boot über die Klippe abhebt – das ist das Azure Window in Gozo!

Buslinie 3 von/nach Valletta (Haltestelle „Fortizza“), Fort und Studios liegen an der Küste ca. 10 Minuten zu Fuß. Alternativ bis zur Endstation Smart City fahren, von dort ca. 20 Gehminuten.

Smart City

Zwischen Kalkara und Xghajra bzw. rund um Fort und Filmstudios lagen früher verstreut etliche hässliche Industriebetriebe. Diese wurden nunmehr verlegt, das Areal von rund 350.000 m² wurde eingeebnet und soll nun bis 2021 nach dem Vorbild des *Technology Park* in Dubai (die Hauptinvestoren kommen aus den Emiraten) für insgesamt rund 300 Millionen Euro in einen **„Smart City“** genannten Business-Park für Medien und Informationstechnologien umgewandelt werden.

Nach der Fertigstellung wird das Areal auch Wohnbereiche, Schulen, ein Krankenhaus, Freizeiteinrichtungen, Hotels, ein Amphitheater sowie eine künstliche Lagune umfassen. Das Ganze kann man sich als eine Art hypermodernes Vorzeigeprojekt vorstellen, so modern, dass sogar schon chinesische Minister zu einen Informationsbesuch eingeflogen wurden. Rund 11.000 Spezialisten sollen hier arbeiten und mit ihren Familien leben. Details und Perspektiven siehe www.smartcity.ae.

Derzeit steht bereits etwa ein Drittel der Gesamtkonzeption, eine Extra-Haltestelle „Smart-City“ wurde in den Busplan für Linie 3 integriert.

> Royal Navy Spital

2 Ostmalta

Östlich außerhalb der Mauern der Cottonera, von Xgħajra entlang der Küste über die Marsaxlokk Bay mit Maltas heute größtem Hafen Birżebbuġa bis zum alten, zum Industriegebiet umfunktionierten Flugplatz Ħal Far im Südosten, erstreckt sich der Osten Maltas. Weit weniger von Touristen besucht liegen Relikte der Johanniter (Żabbar), das ursprüngliche, dörfliche Malta (Marsaxlokk), hübsche Badebuchten (Delimara) und unwirtliche Felsenklippen (Għar Hasan) dicht beieinander.

◁ Fort St. Thomas bei Marsaskala

OSTMALTA

Per Bus erreicht man alle Orte außer Ħal Far/Għar Hasan gut von Valletta, Sliema und sogar St. Paul's Bay/Buġibba aus. Leider sind die Verbindungen unter den Dörfern des Osten eher dürftig. Mit eigenem fahrbaren Untersatz sind **alle sehenswerten Punkte im Osten an einem Tag** besuchbar.

Xgħajra

[Schaira]

Einen Besuch des Dorfes Xgħajra an der Küste verbindet man zweckmäßigerweise mit Żabbar.

Neben dem **Badeplatz Ras il Ġebel** (Felskap), den wegen der heftigen Wellen

NICHT VERPASSEN!

- **Thomas Bay in Marsaskala,** Badefreuden an der Ostküste | 120
- **Peter's Pool,** natürliches Meeresschwimmbad am Delimara Point | 127
- **Marsaxlokk,** Flohmarkt, Souvenirs, Andenken, lokale Produkte – Maltas lebhaftester Markt | 128
- **Għar Dalam,** Friedhof und prähistorische Fundgrube in Birzebbuġa | 133

Diese Tipps erkennt man an der gelben Hinterlegung.

Ostmalta
© Reise Know-How 2014
0
1 km
Malta K2
Fort Ricasoli
Rinella
Fort Rinella
Filmstudios, Smart City
Fort Santu Rokku
Ras il Ġebel
109
Kalkara
114
Xgħajra
Ruinen
Il-Kortin
Birgu
Il-Wileġ
Fort San Leonardo
98
Cottonera
Ta Grazzia, Hompesch-Büste
116
Żabbar
Żonqor
Żonqor Point
Has-Sajd
Il-Bidni
123
M'scala Bay
118
Hompesch Arch
120
Marsaskala
Ta'Ciantar
139
Bulebel Iż-Żgħir
Industriepark Bulebel
LWS-Animal Park
Il-Ħamrija
Tal Borg
93
Tarxien
Tempel von Tarxien
125
St. Thomas Bay
118
Sta. Katharina
118
Zejtun
Tal-Munxar
119
San Girgor
ehem. Sendeanlage Dt. Welle
Misra Strejnu
126
Madonna Tas Silġ
Xrobb il-Għagin
Fort Tas Silġ und Ausgrabungsstätte
128
Marsaxlokk
Għaxaq
Delimara
129
127
Peter's Pool
Bur Magħtab
Għar Dalam
Il-Qajjenza
133
Borġ in-Nadur
St. George's Bay
127
Fort Delimara
Marsaxlokk Bucht
127
Delimara Lighthouse
Slug's Pool
132
Birżebbuġa
136
133
Pretty Bay
Free-port I
Freeport II
Hafenstraße
Kalafrana
139
Ħal Far
Bengħisa
Industriegebiet Bulebel und ehem. Flughafen
Flüchtlings-Zeltstadt
139
Playmobil Fun Park
138
Fort Benghisa
138
Għar Hasan
MITTELMEER

bei Wind nur wenige Schwimmer aufsuchen, lädt die kleine **Uferpromenade** zum Besuch des Dorfes ein. In der Bucht gibt es ein kleines Snacklokal, wo in den Sommermonaten kühle Getränke erhältlich sind. Zwischen den traditionellen **Salinenfeldern** am Ufer wird der aufmerksame Beobachter rund um Xgħajra **Reste britischer Geschützgräben** aus dem 19. Jahrhundert entdecken. An einem Kinderspielplatz an der Promenadenstraße findet man das Restaurant *Il Grabbja* (Tel. 21613487).

■ Xgħajra erreicht man ab Valletta mit der **Buslinie 94**.

Küstenpiste nach Marsaskala

Für Wanderfreunde bietet sich die steinige, mit normalem Pkw nicht befahrbare Küstenpiste nach Marsaskala an. Unterwegs passiert man die Reste des **Fort Leonardo,** einer alten Meldestation, die an Wochenenden von Jugendlichen als Camp- und Grillplatz genutzt wird. Nach weiteren 1½ Kilometern erreicht man den **Zonqor Point** mit Blick auf die Marsaskala Bay. Für die knapp sechs Kilometer lange Strecke rechne man mit 1½ Stunden.

☒ Ferdinand vom Hompesch

Żabbar

[Sabbar]

Der umstrittene, einzige deutsche und letzte Großmeister der Johanniter auf Malta (s. Geschichte) ernannte sich zum Schutzpatron von Żabbar oder **Citta di Hompesch.** Bis heute zieht daher die 14.500 Einwohner umfassende Gemeinde zwischen Cottonera und Marsaskala zahlreiche deutsche Touristen an.

Etliche Geschäfte, Snackbars und Lokale sind im Zentrum zu finden, bester Orientierungspunkt ist die **Kirche Our Lady of Grace (Ta Grazzia).** Sie stammt aus der Feder des Architekten *T. Dingli,* unter dessen Leitung mit dem Bau von Ta Grazzia 1641 begonnen wurde. Der Grundriss, wie bei den meisten barocken Kirchen Maltas, entspricht einem Kreuz mit drei Seitenkapellen. Mehrere Modifikationen folgten, entscheidenden Einfluss auf Innengestaltung und Fassade nahm *G. Bonnavia* in der ersten Hälfte des 18. Jh. Hinter dem Eingang steht links eine Erinnerungssäule an den Priester *Balthasar Cassar,* ausnahmsweise kein Baumeister des Cassar-Clans.

Rechts außen an der Kirche schließt sich das **Żabbar Sanctuary Museum** an (täglich 9–12 Uhr). Ausgestellt werden Relikte der großen Belagerung von 1565, eine Kutsche des Großmeisters *Wignacourt* sowie Geschenke der Johanniter an die Pfarrkirche.

Gegenüber des Museums ist die **Büste des Ferdinand von Hompesch** zu sehen.

In der Straße zur Kirche findet man Pastizzi-Bäcker, Metzgerei, das *Café Avenue* sowie eine *HSBC*-Bank (mit ATM).

Triq
'is-Santwarju
FERDINAND
VON
HOMPESCH
GRAN MASTRU
TA' L-ORDNI
TA' SAN ĠWANN
F'MALTA
1797 - 1798
OCTAGON
Thos. C. Smit
Insurance

185M wl

An- und Weiterreise

■ Die **Busse** von Valletta halten auf der Umgehungsstraße Triq Tal Labour, wo die Triq Hompesch/Lunzjata/ Kunvent und die parallel dazu verlaufende Hauptstraße Triq Santwarju ins Zentrum führen.

Folgt man der Triq Santwarju von der Kirche aus Richtung Zentrum, liegen linker Hand *HSBC Bank* und *Bank of Valletta* sowie rechter Hand, 50 Meter weiter, die **Endstation** der Busse 91, 92 (Valletta, Marsaskala), 124 (Birgu, Marsaskala), 204 (Marsaskala) sowie 120 nach St. Julian's auf der linken Seite.

Hompesch Arch

Folgt man der abknickenden Triq Tal Labour etwa 400 Meter Richtung Żejtun durch das Industriegebiet Bulebel, erreicht man den großen **Hompeschbogen,** das von *Hompesch* errichtete ehemalige große Stadttor Żabbars.

Żejtun

[Sejtun]

Sowohl Żabbar wie auch Żejtun mit seinen heute 12.000 Einwohnern liegen „schutzlos" außerhalb der großen Cottonera-Lines. Anders als die alte Agrargemeinde Żabbar, die erst Ende des 18. Jh. zur Stadt erwuchs, war Zejtun, mitten im Zentrum Ostmaltas und wichtigstes Anbaugebiet für Oliven, immer wieder Überfällen von Piraten und Türken ausgesetzt. In der Folge versuchten die Bauern, ihre Wohnhäuser wehrhafter zu gestalten, sodass viele ältere Gebäude noch heute den Eindruck kleiner Trutzburgen erwecken. Wer von Valletta aus Richtung M'xlokk unterwegs ist und sich für Stadtarchitektur und Kirchen interessiert, sollte in Żejtun die Reise unterbrechen.

Sehenswertes

Auf der rechten Straßenseite der Triq Madonna tal Bon Kunsill, gegenüber vom Kiosk an der Bushaltestelle, steht die kleine Kapelle **San Angliu,** gewidmet der Schutzpatronin von Zejtun. Nur einen Steinwurf entfernt in der Kurve liegt die **Alte Konventskirche** der Stadt (Old Convent), berühmt für ihren Vierfach-Glockenturm. Folgt man der Straßenbiegung, passiert man linker Hand Polizeistation, *Juve Bar & Pastizzeria* sowie die Post.

St. Catherine of Alexandria

Gegenüber sieht man das barocke Prunkstück Zejtuns, die **St.-Katharina-Kirche.** Die Entstehungsgeschichte spiegelt die eher ärmliche und aus der Verteidigungslinie Cottonera ausgeschlossene Stellung Żejtuns im damaligen Malta wieder. *Lorenzo Gafà* wurde beauftragt, ab 1692 mit dem Bau zu beginnen, doch finanzielle Nöte der Gemeinde ließen ein ganzes Jahrhundert verstreichen, ehe die Kirche fertiggestellt werden konnte. Wegen des Baubeginns wird St. Katharina meist pauschal *Gafà* zugeschrieben, es war jedoch die maltesische Familie *Cachia* (Großvater *Nunziato,* Vater *G. Maria* und Sohn *Michele*), die sich während des 18. Jh. für das Vorankommen des Bautätigkeiten verantwortlich zeigten.

Im sogenannten Ratssaal wurde ein kleines **Kirchenmuseum** eingerichtet (1 €), das aber nur für Kirchenhistoriker von Interesse sein dürfte.

Hinter der Kirche finden Selbstfahrer einen größeren **Parkplatz** sowie das Parteilokal der **Partit Laburista** (MLP).

Folgt man der Triq San Girgor 400 Meter, liegt kurz vor dem Ende links das **Nazarene Institute,** eine Stiftung für Waisenmädchen von 1930.

San Girgor

Schräg gegenüber steht die Friedhofskapelle **St. Gregory,** deren eigentlicher Name **Old Parish Church St. Catharine** (alte Pfarrkirche St. Katharina) lautet. Ehe die oben genannte neuere Katharinenkirche gebaut wurde, war die dem heiligen Gregor geweihte Stätte die Hauptkirche von Żejtun. Bis heute konnte die Entstehungsgeschichte nicht genau rekonstruiert werden, einige Teile scheinen sogar bis in die Normannenzeit (11. Jh.) zurückzureichen.

Wie an den burgähnlichen Mauern zu erkennen, wurde St. Gregory im 15. Jh. unter Einbeziehung eines alten Wachturmes zur **Wehrkirche** ausgebaut. Bei den häufig vorkommenden Plünderungen durch Piraten und Türken zogen sich die Einwohner Żejtuns hierher zurück. In seiner heutigen Erscheinungsform ist San Girgor eine wundersame Mischung aller möglichen Baustile, die auf die ständige Erweiterung und Veränderung hinweisen.

Vor einigen Jahren wurde eine aufregende Entdeckung gemacht: In der Kapelle wurde ein **Geheimgang mit menschlichen Skeletten** gefunden. Man vermutete lange, dass sich einige Dörfler während der Plünderung Żejtuns (1614) hier vor den Türken versteckt hielten, sich auch nach dem Ende des Überfalls nicht aus ihrem Versteck wagten und qualvoll erstickten. Neueste Untersuchungen förderten aber Urkunden zutage, die belegen, dass der Beauftragte des Vatikans schon 1565 den Bau von zwei Gruften in San Girgor anordnete, damit die Toten, die zuvor außerhalb des Kapellengrundes bestattet wurden, nunmehr im Schutz der Kapelle ihren Frieden finden sollten.

Am Namenstag des *Gregor* (eine Woche nach Ostern), dessen Statue auf dem Vorhof der Kapelle zu sehen ist, findet in Żejtun eine feierliche **Prozession** statt.

St. Gregory dient heute als Friedhofskapelle und kann in der Regel leider nicht von innen besichtigt werden. Am Ende der Triq San Girgor zweigt nach links die Triq it Dahlet ab; rechts steht ein alter **Wachturm** und Warnposten der Bauern.

An- und Weiterreise

- Die **Busse** halten in der Triq Madonna tal Bon Kunsill im Zentrum (auf der linken Straßenseite steht ein Kiosk, hier aussteigen).

Wichtig sind hier die Linien 206 (Delimara, Marsaxlokk), 210 (Paola/Tarxien, Birżebbuġa), X-4 (Birżebbuġa, Valletta), X-5 (Valletta, Marsaskala), 81 (Valletta, Marsaxlokk, Birżebbuġa) und 82 (Valletta, Marsaskala, Birżebbuġa).

Marsaskala

Bis in das 20. Jh. hinein war die Bucht von Marsaskala (auch: Marsascala) nur sehr gering besiedelt. Der Hauptgrund hierfür lag darin, dass hier ein beliebter Anlandeplatz der **Mittelmeerpiraten** war, die von hier aus plündernd bis vor die Tore der Cottonera oder Mdinas zogen. Auch wegen des Frischwassers, das aus Zisternen sprudelte, legten die Freibeuter häufig in der Bucht an. Aus dieser Zeit stammt noch der alte Name **Wied il-Għajn** [Uidilain] (Brunnental).

Nachdem die Gefahr durch die Türken im 17. Jh. zunehmend zurückging, entwickelte sich allmählich ein kleiner **Fischereihafen,** der sich bis ins späte 20. Jh. hinein kaum veränderte.

Dann kam die nächste Invasion, nämlich die der **Touristen.** Sie brachten so viel Geld, dass Marsaskala sich heute vom touristischen Angebot her bereits zur Nummer drei auf Malta nach Sliema/St. Julian's und St. Paul's Bay/ Buġibba aufgeschwungen hat. Der nicht zu unterschätzende Vorteil Marsaskalas besteht in der nahe gelegenen **Badebucht St. Thomas Bay** (20 Minuten zu Fuß), was etwa Sliema/St. Julian's nicht zu bieten hat. Marsaskala mit gut 5000 Einwohnern bietet sich heute als empfehlenswerte Alternative für diejenigen an, die eine ruhige, kleinstädtische Atmosphäre ohne unbotmäßigen Tourismus suchen, auf eine gewisse Auswahl an Lokalen und Unterkünften aber dennoch nicht verzichten wollen.

[>] Marsaskala – kleiner aber feiner Urlaubsort

Sehenswertes

Marsaskala gliedert sich in zwei Abschnitte, einen flachen Teil nordwestlich der Bucht und den Hügel Siberia mit dem St. Thomas Tower als höchstem Punkt östlich der Uferpromenade. Am Schnittpunkt beider Teile treffen die fünf wichtigsten Straßen (Salini, Qaliet, Gardiel, Antnin und Xatt) aufeinander, und dort finden sich auch die wichtigsten logistischen Einrichtungen (Busplatz, Restaurants usw.).

St. Anne's

Das nördliche Ende der kleinen, aber feinen Restaurantmeile Triq ix-Xatt wird von der **Pfarrkirche** dominiert. Erst 1949 wurde Marsaskala zur eigenständigen Pfarrgemeinde ernannt. Die heutige Kirche wurde 1953 an der Stelle einer viel kleineren Kapelle errichtet und vereint gotische mit modernen Elementen.

Im Juli findet eine farbenfrohe **Prozession** entlang der Uferpromenade zu Ehren der heiligen Anna statt.

Oberhalb der Kirche liegt die von den Briten 1886 zum Schutz der Marsaskala-Bucht errichtete **Zonqor Battery,** ein kleines, von einem Graben umgebenes Fort mit Stellungen für drei schwere Artilleriegeschütze.

Uferpromenade

Vom Zentrum erstreckt sich eine Uferpromenade um die Siberia-Halbinsel und lädt zum abendlichen Spazieren ein.

610M wl

St. Thomas Tower

Am höchsten Punkt Marsaskalas oberhalb der kleinen Landzunge il-Mitquba steht der St. Thomas Tower, das Wahrzeichen der Stadt. Er wurde unter *Großmeister Alof de Wignacourt* 1615 gebaut und diente als wichtigster **Signalposten** im Osten Maltas. Bei Gefahr wurde mit Signalen (Spiegel, Flaggen) von Turm zu Turm entlang der Küstenlinie alarmiert. Die Briten nutzten den Turm im 19. Jh. weiter als Meldeposten, während des Zweiten Weltkrieges diente St. Thomas Tower als Gefängnis für Deserteure.

Zum Turm gehörten auch Unterkunftsbereiche an der Klippe, **Fort St. Thomas** genannt. Dieses wurde von libyschen Investoren aufgekauft und auf dem Gelände mit sehr viel „Ölgeld“ das seinerzeit moderne Tophotel *Jerma Palace* errichtet, wo insbesondere nordafrikanische Geschäftsleute und Politiker mit Rang und Namen anzutreffen waren. Das Hotel ist inzwischen geschlossen und überragt die Landspitze als hässliche entkernte Ruine.

Kapelle Tad Dawl

Ein kleines Stück außerhalb, von der Pfarrkirche 1 km die Triq Ħaz Żabbar nach Nordwesten und an einer kleinen Kreuzung nach Süden abbiegend, liegt nach 250 Metern die Kapelle Tad Dawl oder **Tal Bidni,** eine mit hübschen Malereien ausgestattete Landkapelle aus dem 18. Jahrhundert.

Östlich der Kapelle wurden rund 5000 Jahre alte, **jungsteinzeitliche Gräber** entdeckt.

LWS Animal Park

Für die Zielgruppe Familie mit Kindern wurde am Ortsrand Richtung Valletta linker Hand Maltas kleiner **Zoo** mit Lamas, Emus, Affen, Bergziegen und Kleintieren sowie kleinen Fahrgeschäften eröffnet. Eintritt 3,50 € (Kinder 2,50 €), geöffnet Mo–Fr 9–13, Sa bis 12 Uhr (ohne Fahrgeschäfte), So 9–17 Uhr, Tel. 21636526.

Unterkunft

Um den Unterkunftsbereich ist es in den einfachen Kategorien durchaus gut bestellt, man kommt in Marsaskala durchweg günstiger weg als etwa im Großraum Valletta oder Buġibba. Der fortgesetzte Neubau von Ferienwohnungen und Hotelanlagen zeigt den Stellenwert, den man der touristischen Entwicklung der Stadt beimisst. Hier eine kleine Auswahl:

- Als kleines Mittelklassehotel empfiehlt sich das **Etvan**③, Triq Il-Bahhara, Tel. 21632323, Fax 21634330, www.etvan.com. Es liegt zwischen der Ortsbucht und der St. Thomas Bay und bietet Standardzimmer sowie einfache Apartments.
- Nicht weit entfernt findet man an der Ecke Triq-Qaliet/TriqGrigal das **Cerviola Hotel**③, welches zwar einfach scheint, sich aber als sauber und zweckmäßig erweist. DZ inkl. HP (!) kosten für 2 Personen ca. 60 €, Ü/F ist noch 10 € günstiger. Triq Il-qaliet, Tel. 21632761, www.cerviolahotel.com.
- In dieser Preisklasse kann man auch an der St. Thomas Bay im Hotel **Ocean Reef**②, Triq Il-Bajja San Tumas, Tel. 21636995, http://hoteloceanreef.com, unterkommen. Kleines Familienhotel, abends sehr ruhig, B & B ab 25 € p.P.
- Im Bed & Breakfast-Bereich der Guesthouses kann man entweder zentral im **Akwador-Guesthouse**②, Vajrita St., Tel. 27204777, www.akwa

Übernachtung
5 Ferienwohnungen
6 Lemon n' Lime
7 Summer Nights Bed & Breakfast, Platinum Ferienwohnungen
15 Akwador Guesthouse
18 Etvan Hotel
19 Cerviola Hotel
23 Hotel Ocean Reef
24 Piccolo Mondo Guesthouse

Essen und Trinken
1 Trattoria i Taliana
2 By Luca Pizzeria und Cool Waters
4 19 Twenty Al Kafe, Coxswains Cabin und Restaurant
5 Café Simo
6 Lemon n'Lime
8 Café und Bäckerei Country Style
10 Di Wang Golden Dragon
13 Restaurant Oriental Garden
14 Tudor Inn
15 Mama's
21 Driftwood Restaurant

Nachtleben
12 Panaché-Disco & Live Club
22 Beach Club Disco & Nightclub

Einkaufen/Sonstiges
3 Kiosk, Obst- Gemüse Stände
5 Dahlia Fahrzeugverleih
9 Joe's Rent a Car
11 Kartentelefone
16 Oasis Tours
17 Sparkle Image Supermarkt
20 Supermarkt Bon Bon

dor.com, mit DZ zu 35-50 €, oder nahe der St. Thomas Bay im **Piccolo Mondo Guest House**①, Triq Il-Qaliet, Tel. 21829709, unterkommen; Ü/F kostet hier zwischen 18 und 30 € p.P. je nach Saison.

■ Direkt im Zentrum an der Uferpromenade (offizieller Zugang an der Rückseite, 47 Triq Sta. Anna) bietet das *Restaurant Summer Nights* die **Platinum-Apartments**② als kleine Ferienwohnungen für bis zu 4 Personen an; Tel. 21639904, www.47summernights.com. Nur drei kleine Einheiten mit Balkon und Buchtblick.

■ **Ferienwohnungen** kommen bislang anscheinend nicht so gut an, werden aber über die Firma Dahlia, Triq ix-Xatt, Tel. 21639983, am Fischerhafen im Zentrum vermittelt; gut ist auch die Homepage www.holidaysmalta.com. Einfache Apartments bietet ferner der *Lemon n'Lime Pub* an (s. unten).

Essen und Trinken

Marsaskala bietet zahlreiche Restaurants der internationalen und maltesischen Küche, und man kann hier preiswerter (und dabei häufig besser) als in den touristischen Metropolen essen. Insbesondere an der Uferpromenade Ix-Xatt, rund um die Panaché-Disco sowie entlang der Triq Is-Salini reiht sich eine Gaststätte an die andere. Hier eine kleine Auswahl:

■ Für ein kühles Getränk oder einen maltesischen Snack bieten sich die **Kioske** vor der St. Anne's Church (hier auch Grillhähnchen) und am Busplatz an.

■ Den berühmten Kuchen vom *Fontanella Tea Garden* (Mdina) bekommt man auch in Marsaskala im **Café Simo** in der Triq ix-Xatt.

■ Günstigere chinesische Lokale sind **Di Wang Golden Dragon,** Tal Buttar, Tel. 21636885, und das **Oriental Garden,** Triq tal-Gardiel, Tel. 21632687, gilt als gut für Meeresfrüchte-Kreationen.

■ Ein sehr populäres Straßencafé mit Bar und Snacks ist das **Lemon n'Lime Pub**, Ix-Xatt, Tel. 21639950.

■ Klein, pfiffig und berühmt für seine ausgezeichneten Omelettes ist **Mama's** in der Triq is-Salini; Tel. 21633826.

■ Das **Cool Waters** am Ende der Triq ix-Xatt, Marina Street, führt sogar türkisches Effes-Bier; Tel. 21634107.

■ Nebenan bietet das **By Luca** tgl. 10–24 Uhr überwiegend Pizza, allerdings gibt es immer wieder zeitlich begrenzte „Aktionstage" wie Pizza-Büffet *all you can eat,* oder eine Flasche Wein zum Essen dazu usw.; alle Speisen auch zum Mitnehmen. Tel. 21634444.

■ Das sehr beliebte **Driftwood Restaurant**, Dawret it-Torri, Tel. 21639 841 (an Wochenenden Tischreservierung ratsam), bietet sehr gute Pizza und Snacks, gehört aber den mittel- bis höherpreisigen Lokalitäten an.

■ Im **Country Style** Stehcafé, Triq ix-Xatt, am Hafenbecken, findet man eine breite Auswahl an *Doughnuts.* Wenige Meter weiter ist die Auswahl im **19 Twenty Al Kafe** deutlich größer; einige Außensitzplätze, gute Küche, Tel. 21632282.

■ Das urige, rustikale und gemütliche **Coxswains Cabin** nebenan empfiehlt sich nicht nur auf einen Drink, auch die maltesischen und bulgarischen (!) Gerichte sind vorzüglich (mittlere Preisklasse), Tel. 99990898.

■ Für Fischgerichte empfiehlt sich besonders das **Tudor Inn,** Triq is-Salini, Tel. 21636416, wo u.a. hervorragender *Octopus-Prawn Salad* sowie gegrillter Schwertfisch serviert wird. Beliebtes englisches Restaurant vor Ort.

■ Gehobene italienische Küche bietet die **Trattoria i Taliana** am Piazza Dun Agius, wo Selbstversorger gegenüber auf dem morgendlich am Ufer abgehaltenen Markt frisches Obst und Gemüse einkaufen können, Tel. 99804374.

Unterhaltung

Marsaskala verfügt bei Weitem nicht über das breite Angebot von Buġibba oder gar St. Julian's, die Stadt bietet dennoch weit mehr, als es auf den ersten Blick scheint.

- Das Kino *Sun City* wurde zur **Panaché-Disco & Live Club,** Tel. 21639891, umfunktioniert in der Hoffnung auf mehr Zuspruch als es das Kino hatte!
- Zwei **Automaten-Spielotheken** ziehen den Leuten in der Tri qix-Xatt (neben *Country Style*) das Kleingeld aus der Tasche.
- Immer interessant ist ein Abendspaziergang entlang der kleinen **Flaniermeile** und Uferpromenade Ix-Xatt, wo Touristen wie Einheimische die schaukelnden, farbigen Fischerboote beobachten.
- Phonstarke Stimmung bietet **The Beach Club,** Triq Il-Qaliet, Tel. 21616228, mit Tanz und guter Musik (je später der Abend, umso discohafter).

An- und Weiterreise

- **Buslinien** 91, 92, 93 und X-5 fahren von 6 bis 23 Uhr 4–6 x pro Stunde (91-93 Żabbar, Valletta; X-5 Flughafen, Żejtun, Valletta), die 119 (6.24–23.24 stündlich) nach St. Thomas, Birżebbuġa und Marsaxlokk. Ferner verkehren in Marsaskala noch die 124 (Route St. Thomas Bay – Zentrum – Birgu), 135 (Route Marsaskala – Flughafen – *Marsa Park & Ride* – Mater Dei Spital) und 204 (Marsaskala – Tarxien – Paola – *Marsa Park & Ride* – Mater Dei Spital).
- Der Maklerfirma *Dahlia,* Tel. 21639983, in der Ix-Xatt ist ein **Autoverleih** angeschlossen, Leihfahrzeuge gibt es auch bei *Joe's Rent a Car,* Tel. 21827573, und *BJ Car Rental,* Triq ix-Xatt, Tel. 21639983.
- **Selbstfahrer** parken am besten am nördlichen Hafenrand zwischen Pfarrkirche und Polizei.

Einkaufen/Sonstiges

- Der **Supermarkt St. Thomas/BonBon** in der Triq il-Qaliet liefert sogar frei Haus unter Tel. 218 22014, zentrumsnäher liegt der etwas größere **Sparkle Image Supermarkt,** Triq il-Qaliet. Vor der Kirche am Hafenbecken findet man einen **Kiosk,** eine **Bäckerei** sowie **Obst- und Gemüsestände.**
- Für **Wanderfreunde:** die Küstenwanderung nach Xghajra und der Marsch von der St. Thomas Bay bis Marsaxlokk über den Xrobb il Għagin.
- **Luzzu Cruises** (an der Uferpromenade) bietet Bootsausflüge nach Comino & Blue Lagoon für 25 €, Hafenrundfahrten für 15 € und Transport nach Marsaxlokk für 18 €.
- **Oasis Tours,** Triq il-Qaliet, auch Fahrzeugvermietung und Landausflüge, www.oasistoursmalta. com.
- Eine Filiale der **Bank of Valletta** befindet sich in der Triq Frans Grech/Ecke Triq L-Iskal.
- Die **Polizei,** Tel. 21637103, liegt am Ende der kleinen Triq San Ġorġ/off Zonqor St.

St. Thomas' Bay

Etwa 1½ Kilometer ab Marsaskala in Richtung M'xlokk liegt die **Badebucht St. Thomas' Beach,** für die Einheimischen ein beliebter Wohnwagen- und Bootstreff sowie eines der Küstenzentren für Ferienhäuser wohlhabender Malteser. An Wochenenden herrscht an dem kleinen Sandstrand Hochbetrieb, unter der Woche ist es ruhiger – es gibt sicher schönere Badestrände in Malta.

- Neben der **Tomaso Pizzeria** am Eingang zur Bucht bietet **Fisherman's Rest,** Tel. 21632049, gute Fischgerichte.
- **Buslinien** 119 (Marsaskala und Birzebbuġġa), X-5 (Flughafen) und 91 (Valletta via M'skala)

Tas Silġ

[Tas Sildsch]

Die Region rund um die **Madonnenkapelle** Tas Silġ erlangte in den 1960er Jahren schlagartig Berühmtheit, als italienische Forscher zahlreiche **archäologische Funde** aus Steinzeit, Bronzezeit, phönizisch-punischer Zeit (unter anderem einen Tempel der Göttin Astarte, der später von den Römern als Juno-Tempel genutzt wurde), römische Relikte sowie ein frühes christliches Kloster aus dem 4. Jahrhundert entdeckten. Die Forschungsergebnisse von Tas Silġ trugen dazu bei, die Zeitabläufe der maltesischen Geschichte recht genau bestimmen zu können. Gefunden wurden lediglich Fundamente, Mauerreste und Scherben, wobei häufig die nachfolgende Epoche auf den Resten der vorherigen gebaut hatte, was die Grabungen erschwerte. Das ummauerte Gelände ist für die Öffentlichkeit leider nicht zugänglich, man kann aber von außen hineinsehen. Interessanter sind die Fundstätten Għar Dalam und Borġ in-Nadur bei Birżebbuġa.

Wandern an der Ostküste

Eine Wanderung **von St. Thomas' Bay über Delimara nach Marsaxlokk** dauert etwa 1½ Stunden.

Am südlichen Buchtende führt ein Feldweg (nicht mit Pkw oder Moped befahrbar) hoch zur **Landzunge Xrobb il Għagin.**

Auf der Höhe liegt ein ummauertes Gelände – hier sendete noch vor wenigen Jahren die **Deutsche Welle** ihr Auslandsprogramm. Aus finanziellen Gründen, manche sagen auch: auf libyschen Druck, wurde der Sendebetrieb eingestellt.

Auch die verschlossene und wegen der bröckelnden Felsüberhänge sehr gefährliche Ausgrabungsstätte einer **jungsteinzeitlichen Tempelanlage** (2500 v. Chr.) liegt an der ehemaligen Sendeanlage.

Am Ende der Mauer endet der Pfad auf einer befestigten Straße; links geht es zur (nicht sonderlich attraktiven) Klippe Xrobb il Għagin, wo der kleine und sehr selten benutzte **Badeplatz Slug's Pool** liegt.

Rechts führt die Wanderroute allmählich abwärts an einem kleinen Wäldchen vorbei. In diesem Tas Silġ genannten Wald wurden **Relikte der Phönizier** auf Malta ausgegraben.

200 Meter hinter dem Hain ist erneut eine Abzweigung erreicht: Links geht es zur Delimara Halbinsel (1½ Kilometer bis Peter's Pool), rechts kommt man nach 500 Metern zur **Madonnenkapelle Tas Silġ** und der Hauptverbindungsstraße M'xlokk – M'skala. Hier hält man sich links und erreicht nach einem Kilometer die Ortsmitte von M'xlokk.

Es ist auch möglich, einen ca. 3½ Kilometer langen Umweg um die **Halbinsel Delimara** (s. dort) zu gehen; dazu verlässt man den befestigten Weg ab der Deutschen Welle nach 500 Metern wieder (Weg nach links, anstatt dem befestigten Weg rechts um die Biegung zu folgen). Dieser Pfad wird zunehmend schlechter und endet an Peter's Pool, von wo aus man der befestigten Straße zur Madonnenkapelle und nach Marsaxlokk folgt.

Delimara

Die Delimara-Halbinsel südöstlich von Marsaxlokk mit der wunderschönen **Felsbadebucht Peter's Pool** wird von vielen als der schönste Schwimmplatz auf Malta bezeichnet. Die leicht zugängliche Bucht, die wie ein natürliches Schwimmbecken am Meer aussieht, wird von schroffen, bis zu zehn Meter hohen Klippen umsäumt und bietet eine ungefährliche Möglichkeit, Klippenspringen im Kleinen zu üben.

500 Meter weiter, die kleine Straße entlang Richtung Landspitze, liegt das ehemalige **Fort Delimara,** der südlichste Vorposten der Briten auf Malta. Das Fort ist geschlossen, vom Vorplatz aus hat man allerdings eine hervorragende Aussicht über die südliche Bucht von Marsaxlokk bis Birżebbuġa.

Die maltesischen Schifffahrtsbehörden nutzen das Gelände mit dem **Delimara Lighthouse** für den Schiffsverkehr in den Hafen von Birżebbuġa.

Erfrischung im kühlen Nass – Peter's Pool

195M wl

Anreise

■ Die **Busse** von/nach Żejtun und Marsaxlokk fahren fast bis zum Kraftwerk *(Power Station)*, alternativ wandert man ab Marsaxlokk zu Fuß. Hierzu verlässt man M'xlokk über die Triq Tas Silġ bergauf etwa einen Kilometer zur Madonnenkapelle Tas Silġ (nicht beim Schild „Power Station" abbiegen!) An der Kapelle rechts abbiegen und dem befestigten Weg immer geradeaus ca. 1½ Kilometer folgen (die Abzweigung links führt hinauf zur ehemaligen Deutschen Welle und zu Slug's Pool). Linker Hand liegt ein größerer, unbefestigter Parkplatz, von dem aus Trampelpfade zu Peter's Pool hinunterführen.

Marsaxlokk

[Marsaschlock]

Die von Benghisa Point und Delimara Point eingefasste **Bucht von Marsaxlokk** bildete 1565 die Bühne für den Auftakt der großen Belagerung. Hier setzten die Türken ihre Truppen an Land und marschierten auf Mdina, St. Elmo und Birgu zu. Auch *Napoleon* nutzte die Bucht 1798 für seine Eroberung Maltas. Vom Grand Harbour um Valletta abgesehen können Flotten nur in der Bucht von Marsaxlokk anlanden, wovon heute der neue Freihafen im benachbarten Birżebbuġa zeugt.

Marsaxlokk liegt direkt im Einflussbereich der warmen nordafrikanischen Wüstenwinde, was sich auch im Ortsnamen (*Marsa* = Hafen, *Xlokk* = Scirocco) niederschlug. Wegen der günstigen Schifffahrtsbedingungen lebt der Ort (rund 2500 Einwohner) seit Jahrhunderten von der **Fischerei,** und auch heute noch gilt der tägliche Vormittagsmarkt als der schönste und ursprünglichste in ganz Malta.

Marsaxlokk steht bei vielen Maltareisenden ganz oben auf der Liste für einen Halbtagsausflug und ist gut per Bus zu erreichen. Es ist auch möglich, in M'xlokk zu übernachten, doch davon ist eher abzuraten, da die benachbarten Orte Birżebbuġa und Marsaskala über ein wesentlich breiteres Angebot an Unterkünften oder Restaurants verfügen.

Sehenswertes

Fischerhafen

Der Fischerhafen mit seinen traditionellen, farbenprächtigen **Fischerbooten, „Luzzi"** genannt, ist absolut sehenswert. Den traditionell blau-gelb-roten Booten wird am Bug ein Augenpaar aufgemalt, welches stetige Aufmerksamkeit vor den Gefahren der See symbolisiert. Dieses Symbol der Wachsamkeit findet man bei den Fischereikulturen vieler Völker, im Mittelmeerraum geht dieser Brauch auf die phönizischen Seefahrer zurück.

Rund um den Hafen findet sonntags in den Vormittagsstunden der landesweit berühmte und an ein Volksfest erinnernde **Fischmarkt** statt, auf dem sich alle Händler, aber auch Privatleute mit frischem Fisch eindecken. Daneben werden Gemüse, Eingelegtes in Gläsern (Kapern!), aber auch Textilien, Haushaltswaren und Leder (und viel „Krimskrams") angeboten. Gegen Mittag sind alle Stände verschwunden, ein Besuch lohnt hauptsächlich in den Vormittagsstunden. **Tipp:** Dass am Sonntagvormittag de facto jeder zweite Tourist Marsaxlokk wegen des Marktes aufsucht ist nun

Übernachtung
1 Marsaxlokk-Hostel
6 Duncan Pension

Essen und Trinken
2 Rising Sun Bar
3 Hunter's Tower
4 The Garden
5 Harbour Lights Restaurant und Biergarten
8 Mathew's Snackbar
9 Fisherman's Snackbar
10 Pisces Restaurant
11 Mr. Fitz Snackbar, Café de Paris

Einkaufen
7 Peter's Fischgeschäft
11 Apotheke

wahrlich nicht jedermanns Sache. Dieselben Händler findet man montags auch in Mosta, der Fischerhafen von Marsaxlokk ist unter der Woche deutlich ruhiger!

Malerisches Marsaxlokk

Our Lady of Pompej

Im Ortszentrum in der Triq iż-Żejtun steht die Pfarrkirche Our Lady of Pompej, die wiederholt während zahlreicher größerer und kleinerer Überfälle von Türken und Piraten zerstört und in bescheidenem Umfang von den Fischern wieder aufgebaut wurde. Vorherige Kapellen, die bis ins 14. Jh. zurückdatiert werden, waren teilweise provisorisch aus Holz zusammengezimmert worden, wovon freilich nichts mehr erhalten ist. Der gegenwärtige Bau wurde erst nach dem Zweiten Weltkrieg fertiggestellt.

611M wl

St. Lucian's Tower

Am Südende des Dorfes, am Sportplatz 600 Meter den Uferweg entlang, liegt der gut erhaltene Turm St. Lucian's Tower, Teil jener Turmkette von der Südostküste bis zum Grand Harbour, die *Großmeister Alof de Wignacourt* Anfang des 17. Jh. als Warnposten gegen anrückende feindliche Flotten errichten ließ. Klugerweise wurde dem Turm ein Fort angegliedert, welches sich mehrfach als ausschlaggebend für die Verhinderung weiterer Eroberungsversuche der Osmanen erweisen sollte.

Heutzutage liegen hier im Turm die Forschungsräume des **Malta Marine Biology Centre,** eine Besichtigung ist derzeit nicht möglich.

St. George's Bay

Nach weiteren 500 Metern erreicht man die St. George's Bay, in der hauptsächlich **Sportboote** liegen und Schwimmen nur eingeschränkt möglich ist. Für Badefreunde empfiehlt sich der etwas längere Fußweg von M'xlokk nach Delimara mit Peter's Pool.

Unterkunft

- Das traditionelle **Marsaxlokk-Hostel**② in der Żejtun Road (bei der Grundschule), Tel. 21651762, mxlokk.primary.c@magnet.mt, ist sehr beliebt.
- **Duncan Bar & Pension**①, 32 Xatt Is-Sajjieda, Tel. 79863105.Die Bar an der Uferpromenade liegt absolut zentral und bietet einfache DZ ab 40 €.

Essen, Trinken, Unterhaltung

„Wer wirklich **frischen Fisch** essen möchte, muss nach Marsaxlokk kommen", heißt es unter Feinschmeckern. Etliche Restaurants entlang der Uferpromenade bieten die frischeste Ware auf ganz Malta an.

- Zu den empfehlenswertesten gehört das gehobene Fischrestaurant **Pisces,** Ix-Xatt, Tel. 21684956, is-Sajjeda, mit gemäßigten Preisen. Fischgerichte kosten zwischen 12 und 22 € Besonders zu empfehlen sind die Nationalsuppe *Aljotta* sowie die leckeren Garnelen. Auch sehr gute Kuchen sind hier für ca. 2,50 € das Stück zu haben.

- Am Ende des Hafenbeckens liegt die vor allem in den Abendstunden gut besuchte Nobelpizzeria **Hunter's Tower** mit exzellenter italienischer Küche, aber auch Fischgerichten bei leichter Klaviermusik; Reservierungen unter Tel. 21651792.
- Direkt nebenan wurde eine einstige Minigolfanlage zum Open Air Restaurant **The Garden** umfunktioniert; hier gibt es eine unglaubliche Vielfalt an preiswerten Kebabs, Wraps und Burgern, Kindermenüs, Pizza, Pasta sowie diverse Hauptmenü-Platten (indisch, italienisch, chinesisch). Tel. 21652200, geöffnet Mi–Sa18–23 Uhr, So 10–22 Uhr.
- Maltesische Hausmannskost und köstlichen *Lampuki* mit Sitzgelegenheit im Freien bietet **Harbour Lights,** Tel. 21871202, liegt im Zentrum der Uferpromenade.
- Kleinigkeiten und Snacks bieten das **Café de Paris,** Tel. 21650652, und die **Mr. Fitz Snackbar** (Sandwiches, Pizza, Pasta usw.) Tel. 21674407, mit Sitzgelegenheiten direkt am Ufer in der ix-Xatt is-Sajjieda.
- Weitere Snackbars liegen gegenüber der Bushaltestelle, u.a. das **Fisherman's** oder das **Mathew's,** Tel. 21632049.
- Ein gepflegtes Bier trinkt man in der kleinen **Rising Sun Bar,** Triq il-Wilġa.
- **Selbstversorger** bekommen frischen Fisch bei *Peter's Fish Shop* in der Triq San Andrija nahe der Bushaltestelle im Zentrum.

An- und Abreise

- Marsaxlokk wird von den **Buslinien** 81 und 85 (Valletta, Tarxien, Birżebbuġa und Żejtun; 6–23 Uhr 6x/Std.), sowie der 119 (Route Marsaskala, Birżebbuġa, Żejtun; 5.32–22.32 stündlich) angefahren.
- **Zu Fuß** kann man entweder die Marsaxlokk-Marsaskala-Wanderung (s. St. Thomas' Bay) in Erwägung ziehen oder dem Uferweg (kein Verkehr) etwa eine halbe Stunde bis Birżebbuga folgen.

Sonstiges

- Eine Filiale der **HSBC-Bank** befindet sich in der Triq iż-Żejtun gegenüber der Pfarrkirche.
- Eine kleine **Polizeistation,** Tel. 21651258 liegt neben dem Pisces-Restaurant in der ix-Xatt is-Sajjieda.
- Bei der Polizei und am Kirchplatz findet man **öffentliche Kartentelefone.**

Birżebbuġa

[Birsebudscha]

Maltas südlichste Stadt Birżebbuġa mit ihren 9000 Einwohnern könnte einer der angenehmsten **Badeorte** auf Malta sein: Im Osten erstreckt sich die St. George's Bay mit der Delimara-Halbinsel, was malerische Sonnenaufgänge verspricht, und mit der Pretty Bay mitten im Ort verfügt Birżebbuġa über die größte Sandbucht der Insel.

Doch das mediterrane Flair des verträumten Küstenortes wird durch den Blick auf den unmittelbar angrenzenden **Freihafen** im Süden der Marsaxlokk Bay getrübt. In der Tat wirkt es etwas seltsam, am Sandstrand zu liegen, während gleichzeitig in unmittelbarer Nähe gigantische Containerschiffe vor Anker liegen.

Zwischen Pretty Bay und der benachbarten St. George's Bay liegt eine Landzunge, auf der die **Raffinerie Enemalta** ihre Produktionsstätten hatte. Die Anlagen werden nach Benghisa/Ħal Far verlegt, die Landzunge im Ort wird in den kommenden Jahren mit Wohnungen und Gewerbeanlagen weiter bebaut.

Nicht nur wegen des Sandstrandes zählt Birżebbuġa zu den beliebtesten Zielen auf Malta. Insbesondere für Historiker und Archäologen sind die **Tropfsteinhöhle Għar Dalam** mit ihren Knochenfunden sowie die **Steinzeitanlage Borġ in-Nadur,** beide am Ortsrand gelegen, absolute Höhepunkte.

Gute Busverbindungen und eine attraktive touristische Infrastruktur machen Birżebbuġa (auf Schildern B'buġa) zu einem lohnenswerten Ausflugsziel.

Sehenswertes

Rund um die Pretty Bay

Das Ortszentrum erstreckt sich rund um die große **Sandbucht** Pretty Bay, einen der wenigen Sandstrände Maltas. Vor allem Familien mit Kindern bevorzugen wegen der geringen Verletzungsgefahr den Strand gegenüber anderen nahe gelegenen Buchten wie St. George's Bay oder Peter's Pool.

Richtung Freihafen erstreckt sich die **Uferpromenade,** auf der abends Jung und Alt entlang schlendern. An deren Nordende sieht man einige sehr hübsch restaurierte Bürgerhäuser, in denen heute Snackbars untergebracht sind.

In der Triq Birżebbuġa liegt die 1926 gebaute **Pfarrkirche St. Peter,** sie ist nach dem Altarbild „Petrus in Ketten" benannt.

Borġ in-Nadur

Zu Fuß keine 20 Minuten ab Pretty Bay (die Triq B'buġa und Triq Żejtun den Hügel nördlich der Stadt hinauf) liegt linker Hand die kleine Kapelle St. Gregory. Gegenüber führt ein Pfad zu den Resten der 5000 Jahre alten **jungsteinzeitlichen Tempelanlage** Borġ in-Nadur. Der Tourist wird sich des Eindrucks eines unaufgeräumten Feldes nicht erwehren können. In der Tat wirkt die Anlage im Vergleich zu anderen Steinzeittempeln, insbesondere Tarxien (Pawla), uneinheitlich und stark zerstört. Dies liegt den seit 1922 durchgeführten Grabungen zufolge daran, dass Borġ in-Nadur bis ins 8. vorchristliche Jahrhundert fortlaufend genutzt und mehrfach umgebaut wurde.

In 200 Meter Entfernung liegt auf dem höchsten Punkt (direkt an der Böschung entlang, hinter den kleinen Mauern) die jüngste, **bronzezeitliche Siedlung.** Die Mauerfundamente sind Überreste der ältesten nachgewiesenen Wehranlage Maltas, weshalb Forscher schon für die Zeit um 1500 v. Chr. von Überfällen auf Malta ausgehen. In den Mauerresten wurden sogar Wasser- und Getreidespeicher entdeckt, was auf Belagerungen hinweist. Ferner wurde anhand der Steine festgestellt, dass die Erbauer der Festung die Baumaterialien der alten, jungsteinzeitlichen Anlage nebenan verwendeten.

Rund um die Anlage ließen *von Dänikens* „grüne Männchen" die ominösen **„Cart Ruts"** (s. Geschichte, Bronzezeit) zurück. Zu besichtigen bei Voranmeldung unter Tel. 22954000, www.heritagemalta.org, Eintritt 5 €, ermäßigt 3,50 €, Kinder 2,50 €.

Għar Dalam

Die Hauptstraße 250 Meter weiter hinauf, zu erkennen an dem kleinen Park-

platz und den Bushaltestellen beiderseits der Straße, befindet sich eines der interessantesten prähistorischen Relikte Maltas, das **Höhlenmuseum Għar Dalam** (Höhle der Finsternis).

Die Entdeckungsgeschichte Għar Dalams ist untrennbar mit dem Namen des italienischen Spezialisten der Frühgeschichte *Arturo Issel* verbunden. Beeinflusst von den Werken *C. Darwins* zur Artentheorie (1860) forschte *Issel* auf Malta nach Spuren frühgeschichtlicher Tiere. Er hielt Malta wegen seiner abgeschotteten Insellage – ähnlich wie *Darwin* Galapagos – für ein ideales Untersuchungsgebiet und stieß 1865 im „finsteren Tal" (Wied Dalam) auf einen ausgetrockneten unterirdischen Flusslauf.

611M wl

Badevergnügen bei Birżebbuġa

Die **Höhle** erstreckt sich über 250 Meter unter der Erde entlang und verzweigt sich am Ende in mehrere, kleinere Verästelungen. Der begehbare Bereich von etwa 75 Metern ist durchschnittlich 10 Meter breit und 6 Meter hoch, Reste von Stalagtiten und Stalagmiten deuten auf einstige Tropfsteinbildung hin. Der hintere Bereich nach ca. 80 Metern verengt sich zunehmend und ist noch nicht vollständig erforscht.

Nun war *Issel* weniger von der Höhle als solcher, sondern mehr von dem angetan, was er im Inneren vorfand und was die wissenschaftlichen Erkenntnisse über die maltesische Frühgeschichte revolutionieren sollte. In den oberen Ablagerungsschichten fand er **menschliche Skelette und Tonscherben,** die den Gefäßen sizilianischer Kulturen stark ähneln. Es wurde festgestellt, dass diese Gefäßreste sage und schreibe 7500 Jahre alt sind, Għar Dalam somit die älteste menschliche Siedlung auf Malta war.

Doch das war erst der Anfang: *Issel* trug nacheinander die Bodenschichten ab und fand darin unter anderem Skelettteile von Flusspferden, Elefanten, Zwergelefanten, Riesenschwänen, Bären, Wölfen und nur auf Malta gefundenen bestimmten Mäusearten. Erste Interpretation der **paläontologischen Funde** reichten von einem „unterirdischen Tierfriedhof“ bis zur „göttlichen Sintflut“. Heute weiß man, dass Malta vor zwei Millionen Jahren sowohl mit dem europäischen als auch mit dem nordafrikanischen Festland durch eine Landbrücke verbunden war. Zu dieser Zeit herrschte von Südeuropa bis Nordafrika tropisches Klima, was die Verbreitung

dieser Tiere erklärt. Über den Zeitraum von 1,7 Millionen Jahren wurde ein kleiner Teil der anfallenden Skelette allmählich in Għar Dalam angeschwemmt und mit Sedimenten bedeckt. Vor 300.000 Jahren versiegte der Fluss, und die Ablagerungen fanden ein Ende. Als vor etwa 15.000 Jahren jene Landbrücke versank, starben die verbliebenen Großtiere wegen Nahrungsmangel und der Klimaveränderung aus.

Noch heute sind in der Höhle zahlreiche Knochenreste zu sehen, einen Überblick über die Funde gewinnt man im kleinen **Museum** im Eingangsbereich der Anlage.

■ Obgleich an der Hauptstraße gelegen, erkennt man Għar Dalam nur an der **Bushaltestelle (11, 12, 13, 115)** beiderseits des Parkplatzes an der linken Straßenseite auf dem Weg von B'buġa nach Ghaxaq/Żejtun.

■ **Eintritt** 5 €, ermäßigt 3,50 €, Kinder (6–12 J.) 2,50 €, 6–11 J. frei; geöffnet tgl. 9–17 Uhr.

Unterkunft

Trotz der Beliebtheit bei einheimischen Tagesbesuchern und Touristen blieb Birżebbuġa bislang von umfangreichen touristischen Hotelbauten verschont. Unter Wanderfreunden ist die Route Xghajra – M'scala – M'xlokk – B'buġa sehr beliebt, wobei mancher vielleicht in Birżebbuġa nächtigen möchte. Hier ein paar Empfehlungen:

■ **Sea Breeze**③, Pretty Bay, Triq tas-Zibra 44, Tel. 21651256, Fax 21681898, www.sea breezehotel malta.com. Größtes Hotel vor Ort mit 30 Zimmern (EZ 32–36 €, DZ 48–55 €) und sehr preiswerte Apartments ab 40 €/2 Pers. bzw. 50 €/4 Personen.

■ Direkt am Strand überragt der neue **Water's Edge Complex** mit dem **Marinella**③ den Strandbereich; alle Zimmer haben Balkon und Meerblick, sind sehr modern eingerichtet (u.a. Flatscreen, Wi-Fi) und kosten ab 75 €/DZ. Tel. 21650036, www.wa tersedgemalta.com.

■ **Reno's Guesthouse**②, 1 St. Patrick Street, Tel. 21871165, 21651165. Hier auch Fahrzeugverleih, im Moment die einzige Billigunterkunft vor Ort, ab 15 € pro Person.

■ Bei *Johnny's Bar,* Triq San Filipu gegenüber vom Strand, Tel. 21695782, werden **Ferienwohnungen** angeboten, ebenso bei *Joe's Garage,* Tel. 21871124 (s. auch www.holidays-malta.com).

Essen, Trinken, Unterhaltung

Rund um die Pretty Bay liegen viele Bars, Restaurants und Imbissstuben.

■ Kleinigkeiten bieten die sehr gute und preiswerte **Hotspot Takeaway Pizzeria** in der Triq B'buġa, Tel. 21650744 (auch Lieferservice), sowie **Mr. Whippy** (½ Hähnchen, „English Breakfast" und kleine Pizza; Tel. 21651442, neben *Bank of Valletta/ Sea Breeze Hotel*) an.

■ Etwas gepflegter, mit Preisen für Hauptgerichte schon ab 5–6 € ebenfalls sehr günstig ist das **Al Pasta Restaurant** in der San Edwardu, Tel. 216 82414.

■ Das **Parteilokal** der *Partit Laburista* weist ausdrücklich darauf hin, dass Touristen willkommen sind. Selbstversorger finden in der Triq Alessandru einen kleinen **Mini-Markt.**

■ Selbst zum Mikrofon greift der Gast in der **Power Bar,** Triq B'buġa, bei Karaokeeinlagen. Als reiner Pub für einen Drink bietet sich die **Envy Bar** nahe der Polizei an.

■ Hübsch mit Strandblick sitzt man unten am *Water's Edge Complex* im **Marinella Café-Restaurant** (s.o. *Waters Edge Complex*) sowie im benachbarten **Illusion-Bistro** (Tel. 21658330, Pizza, Café, Eis; tgl. 9.30–23 Uhr).

■ Am Nordrand der Pretty Bay bietet **Angolina** Snacks.

■ Selbstversorger finden in der Triq Taz-Zibra/Ecke Edwardu eine **Metzgerei** (geöffnet Mo 16–19, Di/Do/Sa 7–12.30, Mi/Fr 7–12.30 und 16–19 Uhr) sowie die **Bäckerei Ta Maurice** am Nordrand der Bucht.

Sonstiges

■ **Touren, Ausflüge, Mietfahrzeuge und Ferienwohnungen** – alles aus einer Hand – findet man bei *Joe's Garage*, Tel. 21871124, neben St. Peter's Church, arrangiert auch Flughafentransfer.

- **Banken** liegen neben dem *Sea Breeze Hotel* sowie in der Triq Birżebbuġa.
- **Birze Books,** Triq San Edwardu, bietet eine bescheidene Auswahl an Zeitschriften und Büchern.

An-/Abreise

- Die zentrale **Bushaltestelle** liegt unmittelbar an der Pretty Bay. Hier verkehren die Buslinien 82 (Marsaxlokk, Żejtun, Paola/Tarxien, Valletta; 6x/Stunde), N-82 bis St. Julian's, die X-4 (Marsaskala, Flughafen, Valletta; 4x/Stunde), 210 (Paola/Tarxien, Żejtun; stündlich) und 119 (Marsaskala, Marsaxlokk, Żejtun; stündlich).

Fort Bengħisa und Ħal Far

[Benihsa]

Am Südostzipfel Maltas, vom Birżebbuġa Freeport, in dem heute bereits die meisten der auf dem Seeweg ein- und ausgeführten Waren umgeschlagen werden, bis zum alten Flughafen Ħal Far hat sich die wenige Großindustrie Maltas angesiedelt.

Fort Bengħisa

Am südlichen Ortsende von B'buġa knickt die neue Hauptstraße vor dem Hafen (Schilder Terminal I & II) scharf nach rechts ab. 100 Meter weiter führt links eine schmale Feldstraße hinauf zum zwei Kilometer entfernten Fort Bengħisa. Von den Briten Mitte des 19. Jh. als südlichste Garnison auf Malta erbaut, ist das Fort heute nahezu völlig zerfallen und gleicht einer Müllhalde. Immerhin hat man von hier oben den besten Blick auf den Hafen von Birżebbuġa. Man ist auf Schusters Rappen oder ein eigenes Vehikel angewiesen, um auf dem zunehmend schlechter werdenden Weg zum Fort zu gelangen.

Għar Hazan

Einen knappen Kilometer weiter trifft der Feldweg auf Triq Għar Hazan (auf Schildern auch „Hasan" oder „Hassan" genannt), die zur gleichnamigen **Höhle** unmittelbar vor der Zufahrt zum Industriegebiet Ħal Far führt. Wie die nahe gelegene Höhle von Għar Dalam (B'buġa) war auch Għar Hazan ein unterirdischer Flusslauf, man vermutet sogar eine Verbindung der beiden, wobei dann bei Għar Hazan der Fluss als 100 Meter hoher Wasserfall ins Meer stürzte. So hässlich das industrielle Umland auch erscheint, so spektakulär ist aber die Lage der Höhle hoch oben in den steil abfallenden Klippen.

Der maltesische Historiker und Archäologe *T. Zammit* fand in den Bodenablagerungen **zahlreiche Spuren menschlicher Besiedlung** der Jungsteinzeit (3000 v. Chr.) sowie ein komplett erhaltenes Skelett aus der phönizischen Zeit (800 v. Chr.). Weitere Funde von Schafs- und Ziegenskeletten belegen, dass Għar Hazan über Jahrtausende als Wohnhöhle diente. Im Zweiten Weltkrieg wurde das in unmittelbarer Nähe liegende Flugfeld Ħal Far bombardiert, viele Malteser suchten deshalb während der Luftangriffe in der Höhle Schutz. Um den Namen Għar Hazan (Höhle des Hassan) ranken sich etliche Geschichten und Legenden, so soll einer Darstellung zufolge Hassan ein Pirat und Sklavenhändler gewesen sein, der in der Höhle seine auf Malta gemachte Beute sammelte.

Ħal Far

Die Straße oberhalb von Għar Hazan führt unmittelbar durch den zum **Industriegebiet** umfunktionierten alten Flughafen Ħal Far.

Für die Engländer war er der wichtigste **Flugplatz** während des Zweiten Weltkrieges, den Maltesern diente Ħal Far bis zur Fertigstellung des neuen Luqa International Airport als Flughafen. Start und Landebahn sind noch vollständig erhalten, die Flughafengebäude dienen heute der Industrie als Lager-, Fertigungs- oder Verwaltungsgebäude, einige wurden zu Hühnerfarmen umgebaut.

Das Industriegebiet Ħal Far ist seit Jahren auch ein riesiges **Zeltlager** (am Kreisel Richtung Flughafen und Żurrieq) für die vielen afrikanischen Flüchtlinge, die sich per Seelenverkäufer auf den Weg in die EU machen und dabei von der maltesischen Küstenwache aufgegriffen werden. Das kleine Malta fühlt sich bei der Bewältigung des Problems selbst nach der Katastrophe 2013 von der EU recht alleine gelassen.

An-/Abfahrt

- Fort Bengħisa wie auch die Höhle Għar Hasan sind **nur zu Fuß** bzw. mit dem **eigenem Fahrzeug** erreichbar.

Playmobil Fun Park

Der deutsche Spielwarenhersteller war schon in Malta präsent, als an EU-Mitgliedschaft noch nicht einmal gedacht wurde. Neben der Produktionsstätte im Industriegebiet Bulebel bei Żabbar betreibt *Playmobil* den bei jüngeren Besuchern vor allem an Schlechtwettertagen beliebten „Fun-Park“ am Rande des ehemaligen Flughafens Ħal Far. Rund 2000 m^2 Innen- und Außenbereich mit kleinen und großen Figuren – natürlich zum Spielen, nicht nur zum Anschauen! Außerdem gibt es eine Caféteria und – natürlich – einen **Playmobil-Shop.**

- Der kleine Park (*Ħal Far Industrial Estate*, Tel. 22242445, www.playmobilmalta.com, ist täglich von 10–18 Uhr geöffnet, Eintritt 1,20 € für Erwachsene (werktags ab 13 Uhr frei) und 2,40 € für Kinder.
- Um zum Park zu gelangen, fährt man am besten über Birżebbuġa, dann der Beschilderung Ħal Far folgen, dort ist der *Playmobil-Park* ausgeschildert; **Bus** X-4 (Valletta – Birżebbuġa/Marsaskala) hält direkt am *Playmobil-Park* (Haltestelle „Zghar“, 4 x/Stunde).

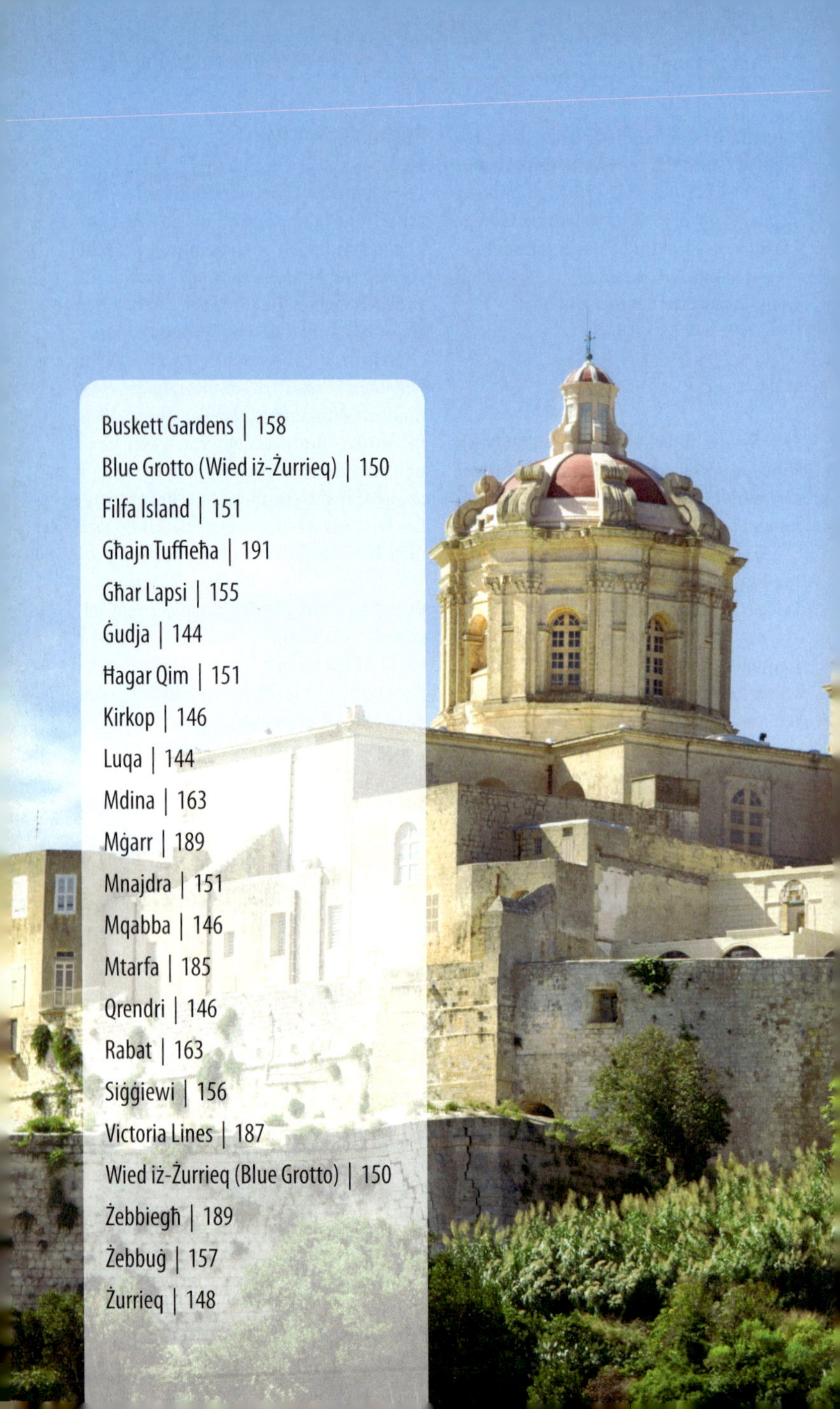

www.fotolia.de © Mradlgruber

3 Süd-westmalta

Für Viele ist die Region entlang Maltas Südküste die schönste der Hauptinsel überhaupt. Malerische Landschaft rund um die Dingli-Klippen, frühgeschichtliche Steinzeittempel und die alte Hauptstadt Mdina im mittelalterlichen Flair locken vor allem Individualreisende an. Und schließlich kommen Wassersportler an großartigen Stränden auf ihre Kosten.

< Blick auf Mdina

Mellieħa
Sweethaven/ Popeye Village
Anchor Bay
216
206
208
Xemxija
220
Is-Simar
Qarb
Ghadira Bay
Mellieħa Ridge
Miżieb
L-Imbordin
Aquädukt
Aufforstung
Wardija
218
Għain Snuber Tower
194
Manikata
San Martin
Wardija Ridge
In-Naħħalija
191
Għajn Tuffieħa
St. Paul's
Gaia Foundation
192
zentr. Bushaltestelle
Ta'Saliba
Golden Bay
Röm. Thermalbad
Bidnija
190
Skorba-Tempel
189
Żebbiegħ
Majjistral Nature and History Park
Schranken
Għajn Tuffieħa-Bay
Għajn Tuffieħa Tower
Ras il-Karraba
Mġarr
Ta' Ħaġrat Tempel
Gnejna Bay
Binġemma
L-Iskorvit
Katakomben
187
Victoria Lines
Cart Ruts
Tal' Abatija
Tas-Santi
MITTELMEER
Fomm ir-Rih Bay
Fort Bingemma
Nadur Tower
239
Tor
Kunċizzjoni-Kapelle
Għemieri
Fiddien Reservoir
Baħrija
Bronzezeit-Siedlung
L-Andrijiet
Telemalta
Tal Merhia 212
Tal-Merħla
Mtaħleb-Kapelle
Ħofret Ir-Rizz
Höhlenwohnungen
Übernachtung
3 Golden Sands Hotel
Essen und Trinken
1 Restaurant Bobbyland
2 Alcazar Restaurant
Polizeistation
Südwestmalta
0 1 km
©Reise Know-How 2014
Malta K3b

SÜDWESTMALTA

Auch im Südwesten wird man auf die unübersehbaren Spuren der maltesischen Geschichte treffen, sei es im **römischen Badehaus bei Għajn Tuffieħa,** bei den **Steinzeittempeln von Ħaġar Qim und Mnajdra** oder in der alten Hauptstadt **Mdina.** Die meisten Dörfer und Sehenswürdigkeiten sind zwar per Bus zu erreichen, meist aber nur einzeln von Valletta aus mit jeweils eigenen Linien, Querverbindungen sind dagegen selten. Gerade für die Erkundung des Südwestens bietet sich daher das Mieten eines Fahrzeuges an, und sei es nur für einen oder zwei Tage. **Wanderer** haben die Wahl zwischen mehreren idyllischen Spaziergängen, die schönsten führen von Mdina nach Dingli sowie von Mdina nach Għajn Tuffieħa. Spektakuläre Blicke bieten die **Klippen von Dingli** oder **Laferla Cross Vista.**

NICHT VERPASSEN!

- **Blue Grotto,**
  lohnenswerte Bootstour zu den Meeresgrotten | 150
- **Ħaġar Qim und Mnajdra,**
  Steinzeittempel an der malerischen Südküste | 151
- **Għar Lapsi,**
  einer der beliebtesten Badeplätze auf Malta | 155
- **Mdina,**
  Historische Altstadt mit zahlreichen Sehenswürdigkeiten | 163

Diese Tipps erkennt man an der gelben Hinterlegung.

Südmalta

Die Dörfer um Luqa International Airport

Luqa, Ġudja

[Lu'a, Dschudja]

Nordöstlich des Flughafens liegen die Dörfer Luqa und Ġudja, zwischen denen die Kirche **St. Marija ta Bir Miftuh** liegt,

berühmt für ihre farbenprächtigen **Prozessionen** am 15. August (Mariä Himmelfahrt).

Von Gudja Richtung Għaxaq passiert man den großen, teilweise erhaltenen **Landsitz der Familie Dorell** aus dem 18. Jh., zu erkennen an den teilweise eingestürzten Türmchen. Am Palast geht es rechts ab nach Għaxaq, Zejtun, M'xlokk und M'skala.

■ An der Pfarrkirche in Gudja empfiehlt sich eine Einkehr im **Pub der Partit Laburista** oder in der **Pastizzeria Di Carlo,** Tel. 21800772.

■ Nebenan liegt eine Filiale der **HSBC-Bank** sowie die **Bushaltestelle** (Valletta/Ghar Lapsi-Linie bzw. die X-Busse 1, 4, 5 und 7).

Kirkop, Mqabba

[Kirkop, Im'abba]

Auf der anderen Seite der Flughafenpisten liegt Kirkop, wo die **St. Benedict's Church** aus dem frühen 20. Jh. das einzig Sehenswerte in diesem Wohngebiet für Militär und Flughafenpersonal darstellt.

Von Kirkop bis Mqabba erstreckt sich südwestlich des Flughafens das **Steinbruchzentrum** Maltas, wo noch heute wie vor Jahrhunderten die großen, ockerfarbenen Globigerinenkalksteine abgebaut werden, die das architektonische Bild Maltas so unvergleichlich prägen.

Mqabba, auf den ersten Blick lediglich ein Arbeiterdorf, ist ein musikalisches Zentrum Maltas, in dem gleich mehrere sogenannte **Club Bands** anzutreffen sind, jene Gruppen also, welche die berühmten Festas organisieren. Um die Pfarrkirche Il Knisja Sta. Marija liegen der **King George Band Club** in einem hübschen, stilvollen Gebäude von 1910 sowie die **Societa Musikali,** eine der berühmtesten Musikschulen des Landes.

Buslinien 71 (Valletta – Żurrieq), 201 (Flughafen – Südküste – Rabat).

⊡ Il Maqluba

Qrendi

['rendi]

Knapp zwei Kilometer südlich folgt der kleine, aber hochinteressante Ort Qrendi, der wahrlich mehr als die jährlich zwei Dutzend Besucher verdient hätte. Qrendi ist übrigens eine Hochburg der Knallkörper-Produktion, wovon die örtlichen **Feuerwerksfabriken** Ellul, St. Mary und Lourdes Firework Factory zeugen.

Torri iġ-Ġwarena

An der Mehrfachgabelung hinter der St. Saviour Chapel (Bushaltestelle) führt der mittlere Weg nach 30 Metern auf die Triq it-Torri (Turmstraße), wo linker Hand der Torri iġ-Ġwarena **(Cavalier Tower)** zu sehen ist. Der wegen seines achteckigen Grundrisses einmalige Turm entstand 1659 unter *Großmeister de Redin* (1657–1660).

Sta. Marija

Im Ort ist die **Pfarrkirche,** erbaut 1685–1712 von *L. Gafà*, sehenswert. Die domähnliche Kirche wurde teilweise den Fassaden von St. Francis (Valletta) und der Karmeliterkirche von Mdina nachempfunden. An St. Saviour geht man links in die Triq il-Kbira bis zur Triq Buhaġiar, wo Sta. Marija nach 50 m rechts erreicht ist. Davor liegt auch ein Mini-Markt.

Zurück die Buhaġiar entlang (über die Kbira hinweg) liegt rechter Hand ein

Kriegerdenkmal, ein Stück dahinter erneut eine Bushaltestelle (35 in beide Richtungen).

Senke Il Maqluba

Biegt man an der Kbira rechts ab, vorbei an der San-Mattew-Kirche und folgt der Triq San Mattew bis zum Ende (Schild „Ħaġar Qim“), liegt schräg linker Hand über den Kreuzungsplatz am Ortsausgang die kleine **Kapelle San Andrew** (von Blue Grotto kommend geht man geradeaus über die Kreuzung).

Dem Trampelpfad links von der Kapelle folgend, eröffnet sich die berühmte Senke Il Maqluba. Wie ein Meteoritenkrater erscheint **ein Loch mit 100 Metern Durchmesser** und über 45 Tiefenmetern. Wasser sammelt sich am Boden, den kaum ein Sonnenstrahl erreicht, sodass der Krater auch im Hochsommer tropisch grün wirkt. Es ranken sich Legenden um die Entstehung der Senke. Die örtlichen Bauern sprechen von einem Erdbeben im Mittelalter, einige halten sie für einen Meteoriteneinschlag aus der Steinzeit, andere bringen sie in Verbindung mit dem Magna-Mater-Kult, und *von Däniken* schließlich ... Ungeachtet dessen ist die Senke sehenswert.

Anreise

■ **Von Mqabba aus** kommend gabelt sich die Hauptstraße: Rechts geht es vorbei an der Sta.-Katharina-Kapelle (rechter Hand) nach Siġġiewi (Triq is-Siġġiewi), links führt die Triq it-Tempesta zu einer weiteren Kreuzung. Hier geht es rechts ins Zentrum, **Bus 32** fährt links nach Żurrieq.

■ **Buslinien** (ab iż-Żurrieq vor der St. Saviour Chapel): 71 (Valletta, stündlich), 201 (Rabat – Flughafen via Zurrieq, Ħaġar Qim, Blue Grotto und Siġġiewi, stündlich).

209M wl

Żurrieq

[Surrie']

Bereits Anfang des 15. Jh. wurde Żurrieq als eigenständige Gemeinde urkundlich erwähnt, touristische Berühmtheit erlangte die 8000 Einwohner zählende Kleinstadt durch das nach ihr benannte Tal Wied iż-Żurrieq, welches zur wenige Kilometer entfernten Blauen Grotte (**Blue Grotto**) führt. Mit etlichen netten Schänken und Sehenswürdigkeiten bietet sich auch der Ort selbst zu einem Stopp an.

Kapelle Ħal-Millieri

Am nördlichen Ortsende liegt ein fünfarmiger Kreisverkehr mit einer Tankstelle. Auf dieser Seite führt vom Kreisel die Triq Zarb ab, die in die Ħal-Millieri mündet (rechts). Hier liegt die gleichnamige, besterhaltene **mittelalterliche Kapelle** Maltas. Die Verkündigungskapelle stammt mindestens aus dem 14. Jh., die inneren Fresken (San Ġorġ) aus dem 15. Jh. Ħal Millieri war bis in die frühe Johanniterzeit hinein ein eigenständiges Dorf mit nur einem Dutzend Bauernfamilien, die mittlerweile ihre Häuser aufgaben und ihr Glück in der Stadt suchen.

Xarolla Windmill

Wieder am Kreisverkehr, zieht sich gegenüber der Triq Zarb die Vjal ix-Xarolla 500 m durch Wohnhäuser zur Xarolla Windmill, der schönsten, einzigen noch voll funktionsfähigen **Windmühle** der Insel. Sie wurde 1724 auf Anweisung des portugiesischen Ordensgroßmeisters *Manoel de Vilhena* gebaut und 1992 originalgetreu restauriert. Selbstfahrer kommen an der Mühle links nach Safi und Birżebbuġa, rechts nach Ħal Far.

St. Catherine

Vor der Mühle führen rechts Triq San Bartilmew und Triq Karmnu ins Zentrum. Hier liegt die hübsche **Pfarrkirche** St. Catherine, entworfen 1634 von einem Priester des Ortes namens *M. Saliba*. Die Kirche wurde im Laufe der Jahrhunderte zahlreichen Änderungen unterworfen, so stammt die Fassade aus dem 18. Jh., die Glockentürme kamen erst 1861 hinzu.

Berühmtheit aber erlangte St. Catherine durch Maltas berühmten Sohn **M. Preti,** der einige Jahre in Żurrieq lebte und in dieser Zeit die Pfarrkirche innen neu gestaltete. Dabei schuf er u.a. das Altarbild „Martyrium Catarinae“ (Martyrium der *heiligen Katharina*).

› Xarolla Windmill

210M wl

Rechts um die Ecke in der Triq Zammit lohnt sich ein Blick auf den **Palazzo Armeria,** ein ehemaliges Waffenarsenal der Johanniter und heute Sitz der Stadtverwaltung.

■ Gegenüber der Kirche liegt eine kleine **Bier-Bar,** links davon in der Triq il-Kbira eine Filiale der **HSBC-Bank** sowie **La Principesa Pizzeria & Pastizzeria** mit sehr günstigen Snacks für wenige Cent zum Mitnehmen.
■ Die **Ortspolizei** in der Triq il-Bartelmew (neben der **Post)** ist unter Tel. 21826721 zu erreichen.
■ Die **Bushaltestelle** von Żurrieq liegt in der Triq P. Saydon. Hier fahren die Busse 71 (Valletta, stündlich), 201 (Rabat – Flughafen via Qrendi, Ħaġar Qim, Blue Grotto, Dingli und Siġġiewi, stündlich).

Wied iż-Żurrieq (Blue Grotto)

[Uied Isurrie']

Wied iż-Żurrieq (auch Il Ħnejja oder Blue Grotto) am fjordähnlichen Ausgang des gleichnamigen Tals hat sich vom kleinen, unbedeutenden **Fischerdorf** zu einem der meistbesuchten Orte Maltas entwickelt.

Sehenswert sind die kleine seeseitige **Promenade** mit schönem Blick über die Klippen bis zur Insel Filfla sowie die Reste des **Scintu Tower** aus dem 17. Jh. (vom Parkplatz zurück Richtung Hauptstraße rechter Hand).

■ Oberhalb des Piers liegt ein großer (kostenpflichtiger) Parkplatz, an den sich die recht hochpreisigen **Ausflugslokale** Kingfisher Restaurant, Roof-Garden Restaurant, Congreve Restaurant und Blue Cave Bar & Restaurant anschließen.
■ **Bus** 201 (Rabat – Flughafen via Qrendi, Ħaġar Qim, Blue Grotto, Dingli und Siġġiewi, stündlich), ansonsten ab Qrendi/Maqluba Senke knapp zwei Kilometer Richtung Haġar Qim.

Blue Grotto

Vom Fischfang lebt die Hand voll Einwohner längst nicht mehr, jeder betreibt hier ein Restaurant oder steuert ein Ausflugsboot durch den Fjord Tat il Hnejja zur ausschließlich vom Wasser her erreichbaren **Blauen Grotte.** Es handelt sich dabei um mehrere Höhlen in der Steilküste, die ihren Namen aus dem überreichen Bewuchs an Blaualgen erlangten. In der Tat erscheint das Wasser in den Grotten geradezu kitschig-leuchtend hellblau, Sonneneinfall vorausgesetzt (nur dann lohnt sich ein Besuch wirklich!). Die Bootsführer behaupten oft, jene gelegentlich durchblitzenden, leuchtorangenen Punkte seien Korallen, doch hier handelt es sich um die in weit geringerem Umfang vorkommenden Rotalgen. Wegen der bei Sonne brillanten Sicht (vormittags) wurde die blaue Grotte auch zu einem beliebten Tauchplatz (s. Tauchen).

■ Es wird dringend abgeraten, zu den Grotten zu **schwimmen,** denn die erste Höhle unterhalb vom Scintu Tower liegt einen Kilometer vom Pier entfernt, wobei der Wellengang oft mörderisch wird. Die Besichtigung ist nur per Boot möglich, anders kommt man nicht (unversehrt) von der Steilküste nach unten. Bus 71 und 201, s.o.

Filfla Island

Rund acht Kilometer südöstlich der Blue Grotto liegt Maltas mit 1,8 km^2 viertgrößte Insel Filfla, die **Pfefferinsel.** Spuren menschlicher Besiedlung der Jungsteinzeit wurden ebenso gefunden wie Reste einer kleinen Kapelle aus dem frühen 14. Jahrhundert.

Die Insel darf – auch von Tauchern – **nur mit Sondergenehmigung** besucht werden, wofür es eine offizielle und eine inoffizielle Begründung gibt.

Offiziell wurde Filfla 1988 zum **Naturschutzgebiet** erklärt, zahlreiche anderswo in Europa und Malta ausgestorbene Vogel- und Echsenarten haben hier ihren Nistplatz gefunden.

Eine andere Geschichte erzählen die älteren Einwohner der Küstendörfer: Bis Anfang der 1960er Jahre nutzte die britische *Royal Air Force* Filfla von Ħal Far aus als **Zielübungsgebiet für Bombenabwürfe.** Filfla sei früher doppelt so hoch gewesen wie heute, durch die Bomben seien große Teile der Insel weggesprengt worden. Noch heute würden Tausende von Blindgängern rund um die und auf der Insel liegen, weshalb man sie zum Naturschutzgebiet erklärte und für die Allgemeinheit sperrte.

Filfla dürfte ein fantastischer Tauchplatz sein, es soll Bootsbesitzer geben, die sich nicht um das Verbot kümmern und abenteuerlustige Besucher gegen entsprechendes Bakschisch übersetzen. Wer erwischt wird, hat mit drastischen Konsequenzen zu rechnen ...

Die Anlage wurde zum Schutz gegen klimatische Einflüsse mit einer weitläufigen Überdachung versehen.

Ħaġar Qim und Mnajdra

[Hadschar'im] [Imnaidra]

An der Küstenstraße zwischen Blue Grotto und dem Badeplatz Għar Lapsi liegen – gut ausgeschildert – zwei der besterhaltenen und interessantesten **Steinzeittempel** Maltas nebeneinander: Ħaġar Qim (übersetzt etwa: Gebets-Hinkelsteine) und Mnajdra (etwa: Panorama).

Ħaġar Qim

Die Existenz der großen Anlage von Ħaġar Qim war zwar bekannt, Untersuchungen wurden aber erst 1901 durch den deutschen Altertumsforscher *Albert Mayr* durchgeführt. Genaue Untersuchungen und Restaurationen folgten in den 1950er Jahren. Demnach entstand Ħaġar Qim um 3000 v. Chr. und unterschied sich vom prinzipiellen Aufbau her deutlich von anderen Tempelanlagen Maltas. Zunächst ist das gesamte Heiligtum von einer Mauer umgeben, die zwischen sieben und zehn Meter hoch gewesen sein muss. Auch der Baustoff unterscheidet sich: Andere Tempel wurden aus hartem Korallengestein errichtet, hier wurde der weichere Globigerinenkalk verwendet. Dies erklärt die gut sichtbaren Verwitterungsspuren auf der seewärtigen Seite der Anlage.

Vor dem Haupteingang befindet sich links eine große **Bodenplatte** mit zum Teil über einen halben Meter großen Löchern. Während in anderen Tempeln kleinere Löcher zum Anbinden der Opfertiere gefunden wurden, scheinen derartige Konstruktionen in Ħaġar Qim außen gelegen zu haben.

Um die Ecke rechts außen steht ein gigantischer, 60 Tonnen schwerer **Monolith** von sechs Metern Länge und drei Metern Breite. Er steht exakt östlich des Tempels, in Richtung Sonnenaufgang. Man vermutet daher, dass er für eine kurze Zeit einen Schatten warf, der durch ein Loch in das Innere der Anlage fiel und damit eine bestimmte Zeremonie, möglicherweise das Orakel, begann oder beendete.

Hinter dem Triliheneingang lag linker Hand der **erste Altarraum,** in dem der berühmte Ħaġar-Qim-Altar gefunden

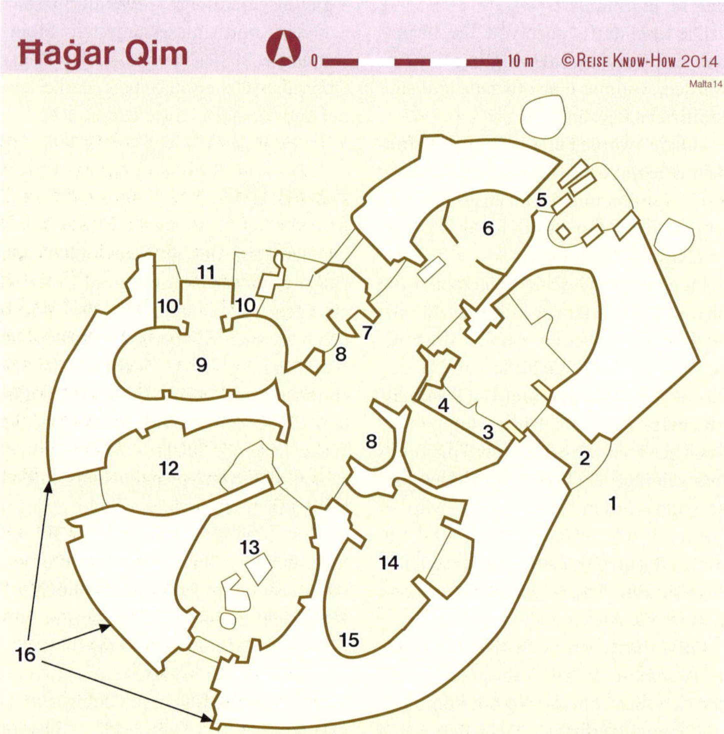

1 Platte mit Fessellöchern
2 Trilithenzugang
3 Fensterstein
4 Altar
5 Orakelloch
6 Orakelkammer
7 T-Altäre
8 Trilithaltäre
9 Ovale Kammer
10 Trilithnischen
11 Schwellenstein
12 Ovale Kammer
13 Runde Kammer
14 Torbabodenkammer
15 Kalksteinsäule
16 Monolithenwall

und durch eine Nachbildung ersetzt wurde (Das Original befindet sich im Nationalmuseum von Malta in Valletta).

Daran schließt sich die große Halle mit mehreren Seitenkammern an. In diese **Haupthalle** waren mehrere kleinere Seitenkapellen integriert, in denen u.a. neun Magna-Mater-Figuren sowie die Venus von Ħaġar Qim (ebenfalls im Nationalmuseum) gefunden wurden. Die leicht nach außen gewölbten Altarsteine dienten vermutlich als Opfertische. Diese waren mit seitlichen Erhöhungen versehen, damit das Blut der Opfertiere gesammelt werden konnte.

Am rechten Ende der Haupthalle liegt eine große **Orakelkammer** mit einem nach außen führenden Orakelloch, in der die Priester in meditativer Isolation ihre Entschlüsse fassten und durch das Loch der wartenden Menge außen kundtaten – eine in der Jungsteinzeit weit verbreitete Frühform der religiösen Lenkung der Menschen.

Am anderen Ende der Haupthalle führt eine Stufe in einen leicht vertieften Raum, vermutlich das **Heiligtum** der Anlage; auch hier wurden Magna-Mater-Figuren gefunden.

Die drei anderen **Nebenräume** sind zwar an die Haupthalle direkt angebaut, konnten aber nur durch einen jeweils eigenen Eingang an Nord-, West- und Südseite der Anlage betreten werden. Alle Eingänge scheinen jeweils auf einen bestimmten Sonnenstand hin ausgerichtet zu sein. In die Fassaden dieser drei Räume waren verschiedene Reliefs der Magna Mater eingearbeitet, die noch heute ansatzweise zu erkennen sind.

In den kleinen Nischen außen an der Nordseite der **Außenmauer** sind deutlich weitere Löcher zu erkennen, an denen vermutlich Opfertiere mit Seilen festgebunden wurden.

■ Der *Ħaġar Qim & Mnajdra Archaeological Park* kann nur kombiniert, tgl. außer Karfreitag, Weihnachten, Sylvester und Neujahr von 9–17 Uhr besucht werden; Eintritt 9 €, ermäßigt 6,50 €, Kinder (6–11 J.) 4,50 €.

■ Die **Buslinien** 201 (Rabat – Flughafen via Qrendi, Ħaġar Qim, Blue Grotto, Dingli und Siġġiewi, stündlich) und 71 (Valletta) halten vor der Anlage.

Mnajdra

Von Ħaġar Qim aus 250 Meter dem befestigten Pfad zur Küste folgend, erreicht man den oberhalb der Klippen pittoresk gelegenen Steinzeittempel Mnajdra. Die Anlage besteht aus **drei aneinander gereihten Tempeln,** die in der Zeit um 3500 v. Chr. (Osttempel) bis 3000 v. Chr. (Mittel- und Westtempel) entstanden. Mnajdra wurde 1840 freigelegt und von *A. Mayr* in seinem Bericht über Ħaġar Qim mit erwähnt. Auch hier wurden die Forschungsergebnisse hauptsächlich während der Restauration in den 1950er Jahren gewonnen.

Vom Fußweg stößt man zunächst auf den kleinen, mit Ausnahme der Eingangsmegalithen komplett restaurierten **Osttempel.** Gut zu erkennen ist, dass dieser Teil aus nur einer Kammer mit einer Sakralnische bestand.

Der **Mitteltempel** ist wesentlich besser erhalten und führt über eine terrassenähnliche Treppe in eine Vorhalle. Der Eingang wurde aus einem „Fensterstein" gebildet, eine auf Malta ansonsten unbekannte Bauweise. Dabei wurde in den Trilitheneingang ein steinernes Fenster eingesetzt, der Eingang damit zum

215M wl

Durchschlupf verkleinert. Beidseitig des Übergangs zur Haupthalle befinden sich Opferaltäre. In die Haupthalle sind mehrere Nischen integriert, am dem Zugang gegenüberliegenden Ende ein Hauptaltar, rechts ein Trilithaltar, links ein Fensterstein sowie eine kleine Kammer mit einem eigenen Altar.

Als am schönsten erhalten erweist sich aber der **Westtempel** mit einem aufwendig „verlochten" Trilith-Zugang. Diese Bohrungen sollten möglicherweise die einzelnen Sonnenstrahlen symbolisieren. Im Eingangsbereich führt ein Fensterstein rechts in einen Vorraum zwischen Außenmauer und der Wand der Vorhalle. Dieser Raum konnte von innen verschlossen werden, man nimmt daher an, dass es sich um eine Art Privatkammer des Hohepriesters gehandelt haben muss. In der beinahe 100 m^2 großen Vorhalle sind rechts zwei Orakellöcher und links zwei Trilithnischen gut zu erkennen. Wie beim Mitteltempel wird der Durchgang zur Haupthalle auch hier von zwei kleinen Blockaltären flankiert. Die Haupthalle erscheint - anders als beim Mitteltempel - wesentlich ungleichmäßiger und unübersichtlicher. Zwar liegt auch hier der Hauptaltar dem Eingang gegenüber, ein rechter Seitenraum (dessen Nutzung nicht geklärt ist) wurde aber deutlich baulich abgetrennt. Links bildet der große Opferstein den Übergang zu einem zweiten Nebenraum mit drei kleineren Trilithaltären.

☐ Mnajdra, Westtempel mit Trilith-Eingang

Auf den Fußweg zurückblickend, liegt links ein Hügel mit steinernen Behältern. Diese 4000 Jahre alten **Wasserbehälter,** die vermutlich auch die Tempelanlage mit Wasser versorgten, werden noch heute von den Bauern der angrenzenden Felder benutzt.

■ Mnajdra wird oft durch die Erschütterungen bei Sprengungen in einem nahe gelegenen Steinbruch in Mitleidenschaft gezogen, der Tempel ist daher gelegentlich gesperrt bzw. Besuchern nur eingeschränkt zugänglich gemacht. Viele Reisende monieren, man könne bei beiden Tempelanlagen – bei vollem Eintrittspreis – oft nur außen um die Anlage herumlaufen.

■ Anfahrt sowie Eintritt Ħaġar Qim (nur als Kombiticket erhältlich).

Għar Lapsi

[Ahr Lapsi]

Fragt man einen Malteser nach schönen Badeplätzen auf Malta, so wird mit Sicherheit Għar Lapsi bei der Antwort dabei sein. Nun werden derartige Einschätzungen nicht nur von dem zugegeben netten **Felsbadestrand** beeinflusst, sondern beruhen vielmehr auf der Tatsache, dass sich jedes zweite maltesische Pärchen schon einmal zu einem Rendezvous bei Sonnenuntergang in Għar Lapsi verabredet hat. Von Nahem gesehen wirkt der Strand eher klein, überfüllt und unspektakulär. Dennoch ist Għar Lapsi wegen des flachen Wassers gerade bei Familien mit Kindern sehr beliebt, und auch für Taucher ist die Bucht von Interesse (s. Tauchen). Auch der Blick auf das Inselchen Filfla ist von hier aus sehr schön.

Am Parkplatz liegt zunächst rechts ein kleiner „Park“, links eine **Polizeistation,** Tel. 21611491, sowie das **Lapsi View Bar & Restaurant,** Tel. 21821608. Zu den Steinbadebuchten geht es rechts den Betonpfad hinunter.

Pfade führen weiter oberhalb des Ufers entlang, **Wachtürme** aus der Zeit *Wignacourts* säumen die Küste.

Die blauen Rohrleitungen, die während der Fahrt die Serpentine herunter zu sehen sind, gehören zu einer **Meerwasser-Entsalzungsanlage** *(Reverse Osmosis Plant)* in unmittelbarer Nähe.

■ **Bus** 71 (Valletta), 201 (Mdina); im Sommer fährt außerdem die 109 stündlich die Route Rabat – Siġġiewi/Għar Lapsi.

■ **Zu Fuß** sind es drei Kilometer bis Haġar Qim (sehr leicht zu gehen), bis Siġġiewi knapp fünf (keine schöne Strecke).

Siġġiewi

[Sidschiui]

An den wichtigen Verbindungsstraßen gelegen, ist Siġġiewi ein Orientierungs- und Ausgangspunkt für Wanderungen nach Għar Lapsi oder Laferla Cross Vista, beide nicht per Bus zu erreichen. Die ca. 6000 Einwohner leben überwiegend von der Landwirtschaft, Touristen verirren sich seit Fertigstellung der Umgehungsstraße kaum noch in den Ort.

Weithin sichtbar dominiert die **St.-Nicholas-Pfarrkirche** die Gemeinde. Sie wurde im Wesentlichen ab 1675 von *L. Gafà* gebaut, der seine Erfahrungen als Assistent *Buonamicis* beim Bau von St. Paul's, Rabat, hier eindrucksvoll umsetzte. Dies zeigt sich an der erhöhten Kuppel und den vielen kleinen Fensternischen. Eingangsportal und Fassade stammen allerdings von *N. Zammit,* der St. Nicholas um 1865 restaurierte.

Die Kirche steht im Zentrum auf dem gleichnamigen **Nikolausplatz,** eine große Statue des Heiligen ist am der Kirche gegenüberliegenden Ende des Platzes zu sehen.

■ Ebenfalls am Platz liegen eine **Tankstelle,** die **Bar der Partit Nationalista** und die **Friend-to-All-Bar** sowie die **Haltestelle der Busse** 109 (Rabat – Għar Lapsi), 201 (Rabat – Flughafen via Qrendi, Ħaġar Qim, Blue Grotto, Dingli und Siġġiewi, stündlich), 209 (Żebugg, Qormi, Marsa, Mater Dei, stündlich), 62 (Valletta – Marsa – Siġġiewi, stündlich, 15–19 Uhr halbstündlich).

■ Der ausgeschilderten Straße nach Għar Lapsi folgend, liegt linker Hand eine Filiale der **Bank of Valletta.**

■ Im Zusammenhang mit der Globigerinerkalksteingewinnung auf Malta wurde die **Multimediashow „Limestone Heritage“,** Tel. 21464931, Mo–Fr 9–16, Sa und Fe 9–12 Uhr; 7 €, ermäßigt (Schüler, Studenten) 6 €, Kinder von 4–12 Jahren 3 €, mit Minizoo und Souvenirshop ins Leben gerufen, die eine Art Zeitreise durch Maltas 20.000-jährige (Bau-)Geschichte darstellt. Interessierte können sogar einen eintägigen Steinmetzkurs belegen (99 €). **Bus 62/Valletta** oder **201/Rabat – Airport,** von der Nikolauskirche ca. 300 Meter zu Fuß (ist ausgeschildert).

[>] St. Nicholas Church

217M wl

Tal Providenza

Folgt man der Beschilderung Richtung Għar Lapsi weiter, erreicht man nach zwei Kilometern die Siedlung Tal Providenza mit der kleinen Kirche **Knisja Tal-Providenza.** Sie wurde um 1750 erstmals erwähnt. Nach einem Blitzeinschlag am Anfang des 19. Jh. restaurierte *M. Cachia* das Bauwerk und fügte aus Stabilitätsgründen einen Portikus an.

Buslinien s. Siġġiewi.

Żebbuġ

[Sebbudsch]

Żebbuġ (knapp 10.000 Einwohner) liegt zentral zwischen dem Großraum Valletta, Rabat und Siġġiewi. Einige ursprünglich getrennte bäuerliche Siedlungen wuchsen bereits im 18. Jh. zusammen, unter *Großmeister E. de Rohan* wurde Żebbuġ daher 1780 zur Stadt erhoben.

An diese Zeit erinnert noch der **De Rohan Arch** am östlichen Ortsende (Richtung Qormi). Inmitten des Kreisverkehrs vor dem Rohan-Bogen wurde ein Denkmal zu Ehren des maltesischen Künstlers *M. A. Vassalli* (1764–1829) errichtet.

Für die Malteser ist Żebbuġ allerdings in erster Linie als Heimat des Bildhauers *A. Sciortino* (1879–1947, s. Glossar) von Bedeutung.

Im Ortszentrum steht die **St. Philip's Church** von 1599, ein typisches Bauwerk der späten Renaissance auf Malta, die Fassade mit dem Balkon erinnert auffällig an die St. John's Co-Cathedral (Valletta, *G. Cassar*) und wird deshalb dem Sohn *Vittorio Cassar* zugeschrieben. Etliche barocke Elemente im Inneren, insbesondere die Ausgestaltung der Seitenkapellen, führten zu der Annahme, dass St. Phillip's von *P. P. Troisi* (1686–1750) zumindest wesentlich umgestaltet wurde.

Um die Kirche herum findet man einige Pastizzi-Bäckereien, von denen **Sunny's Takeaway** besonders leckere Snacks bietet; an der Straße Richtung

Rabat liegt ferner das **Moonday Kebab House,** Tel. 21462908, mit kleinen Gerichten auch zum Mitnehmen.

■ **Buslinien** 209 (Żebuġġ – Qormi – Marsa Mater Dei, stündlich), 62 (Valletta – Marsa – Żebbuġ; 4x/Std.), Sommerlinie 109 (Rabat – Għar Lapsi).

Rund um die Buskett Gardens

Die Gegend zwischen Dingli, Rabat und Siġġiewi im südlichen Hochland birgt eine ganze Reihe sehenswerter Punkte in fantastischer Lage, und der Besucher trifft auf einen nahezu unberührten Landstrich mit malerischen Ausblicken über die ganze Insel. Diese Unberührtheit hat natürlich ihren (touristischen) Preis: Mit dem Bus sind von den unten genannten Punkten nur eingeschränkt zu erreichen, sodass sich hier die Anmietung eines Mopeds oder Pkw empfiehlt; noch schöner sind natürlich ausgedehnte Wanderungen.

Laferla Cross

MEIN TIPP: Erste Station ist das Laferla Cross, unübertrefflich an einer kleinen Höhenstraße zwischen Dingli und Siġġiewi gelegen. Die Anfahrt ist von beiden Seiten her gut ausgeschildert, von der kleinen **San Lawrenz Chapel** müssen die letzten 300 Meter zu Fuß zurückgelegt werden.

Das weithin sichtbare, zwölf Meter hohe **Kreuz** auf 229 Höhenmetern wurde 1901 neben der kleinen **Marienkapelle** aus dem Jahre 1856 aufgestellt. Diese Kapelle, gebaut von *Micalef,* ist leider meist verschlossen und innen nicht sonderlich gut erhalten, abgesehen von den zwölf feinen Ölgemälden der Kreuzstationen.

Der **Rundumblick** zum Verdala Palace, zu den Dingli-Klippen und weit über Siġġiewi und Żebbuġ hinweg ist fantastisch und macht den Weg hierher unbedingt lohnenswert. Kaum ein Tourist verirrt sich hinauf zu einem der schönsten Aussichtspunkte auf Malta.

Madonna tal-Girgenti

MEIN TIPP: Vom Kreuz aus zweigt – kurz bevor man am Steinbruch auf die Dingli-Küstenstraße trifft – ein Sträßchen (im ersten Abschnitt nur sehr eng befahrbar) nach rechts ab, welches auf die Rabat-Siġġiewi-Nebenroute trifft. Nach ca. 2 km liegt linker Hand inmitten der Felder eine kleine Marienkapelle sowie eine ummauerte **Freilichtkirche.** Das Areal ist immer zugänglich, die winzige verschlossene Kapelle am Kopfende kann nur nach Voranmeldung per Mail unter sylvana.spitteri@europe.com besichtigt werden. Von der Siġġiewi-Rabat-Nebenstrecke aus gibt es ein Hinweisschild – diesem bis zum scheinbaren Ende folgen und dort links dem „Feldsträßchen" 20 m zum Eingang folgen. Das Sträßchen selbst führt hinauf Richtung Kreuz/Steinbruch.

■ **Bus** 201.

▷ Malerischer Aussichtspunkt bei Laferla Cross

219M wl

Inquisitorenpalast

Vom Laferla Cross Richtung Südwest trifft man nach 1,5 Kilometern auf die Hauptstraße Dingli – Siġġiewi. Hier nach rechts liegt nach 500 Metern der ehemalige Inquisitorenpalast rechter Hand. Das in einem Grüngürtel gelegene Gebäude ist heute in Privatbesitz, man kann nur von einem Haltepunkt an der Straße einen Blick hinüber werfen. *Großmeister de la Cassière* bat 1574 den Papst um Entsendung eines Inquisitors, der in Vittoriosa seinen Sitz nahm und sich im Hochland diese Sommerresidenz errichten ließ.

Clapham Junction Cart Ruts

Nach weiteren gut 200 Metern biegt ein schmaler Weg scharf nach links ab hinauf zu den seltsamen Clapham Junction Cart Ruts (an der Abzweigung ist der Hinweispfeil nur aus Richtung Buskett lesbar, grünes Tor links beachten). Es handelt sich dabei um die bekanntesten jener ominösen **„Schleifspuren"** auf Malta, für deren Ursprung die viele Erklärungen kursieren (s. Geschichte, Bronzezeit). Den Begriff „Clapham Junction" prägte ein britischer Kolonialbeamter, der die hier verlaufenden Spuren mit einem Rangierbahnhof bei London verglich.

Buskett Forest Gardens

Ein kurzes Stück weiter folgen die Buskett Forest Gardens, bei dessen Bezeichnung „Forest" der Mitteleuropäer die Stirn runzelt und sich der Kanadier in Unglauben abwendet. Immerhin handelt es sich bei diesem hübschen Park um das einzige zusammenhängende Baumgebiet auf Malta neben dem Miniforst südlich der Mellieħa Ridge.

Unübersehbares Glanzstück im Park ist der **Verdala Palace,** der manch anderem Turm oder Festungsbauwerk auf Malta als Vorbild diente. Der trutzburgartige Palast wurde auf Betreiben des Großmeisters *Hughues Loubens de Verdalle* von *G. Cassar* 1586, also nur 20 Jahre nach der „großen Belagerung" und unter dem Eindruck einer andauernden Bedrohung durch die Türken errichtet. Der Verteidigungscharakter ist deutlich an den Wehrtürmchen und dem typischen, quadratischen Grundriss zu erkennen.

Erst in den nachfolgenden Jahrzehnten entstand der Park mit Orangenhainen und aus Südfrankreich importierten, Schatten spendenden Pinien, sodass Buskett im 18. Jh. allmählich zum **Lustschloss und Jagdrevier** der Ritter wurde. *Ferdinand Hompesch* residierte hier als letzter Großmeister, nach ihm wurden die oberen Etagen des Palastes zum französischen Offizierssitz. Doch lange konnten die Franzosen den Luxus nicht genießen, ab 1802 wurden sie von den Engländern einige Etagen tiefer gebeten und eingekerkert. Um die Folterkammern und Geheimgänge des Verdala Palace ranken sich zahlreiche Legenden, auch aus jüngerer Zeit. Höchste Staatsgäste werden hier untergebracht, in der Vergangenheit unter anderem *Muammar al-Ghaddafi.* Ihm soll aus einem Geheimgang der Burg ein Geist ins Schlafgemach gefolgt sein, woraufhin er mit seinem gesamten Stab angeblich unverzüglich ins (libysche) *Jerma Palace Hotel* nach Marsaskala zog.

■ Im Park befinden sich mehrere **Picknickplätze.**
■ Gegenüber der Zufahrt zum Parkplatz (von Clapham Junction kommend an der kleinen Kreuzung links) liegt das etwas noblere **Buskett Forest Restaurant.** Reservierungen unter Tel. 21454223.
■ Der **Eintritt** zum Park ist frei; Verdala Palace ist Besuchern derzeit nicht zugänglich.
■ **Bus** 202 (St. Julian's – Sliema – B'kara – Qali – Rabat – Dingli; stündlich).
■ Eine nette **Wanderung** von Siġġiewi bis Buskett Gardens findet man auf www.malta4you.ch/pdf/Malta_Wandern_Route_11.pdf zum Herunterladen mit Karte.

Ta Zuta/ Wardija Ta San Ġorġ und Magdalenenkapelle

An der Südküste selbst sind vor Dingli noch zwei weitere Punkte erwähnenswert, die einen Halt lohnen. Zum einen bietet bereits die kleine **Maria-Magdalenakapelle** direkt an den Klippen einen herrlichen Ausblick über die Südküste. Sie wurde 1646 gebaut, seit wenigen Jahren finden hier am 22. Juli Messen statt. Am kleinen Parkplatz stehen im Sommerhalbjahr regelmäßig fliegende Händler mit Honig und Obst.

Ein Stückchen weiter Richtung Siġġiewi, 100 m bevor die Straße landeinwärts biegt, weist ein unscheinbares kleines Schild am rechten Straßenrand auf die Relikte einer kleinen, frei zugänglichen **bronzezeitlichen Siedlung** (Ta Zuta/*Wardija ta San Ġorġ Bronze Age Settlement*) hin. Zu sehen sind noch sehr gut in Teilen die Ummauerung sowie die in den Fels gehauenen Wasser- und Getreidesilos im Boden (kreisrunde Öffnungen), die im 3. Jahrtausend vor unserer Zeitrechnung entstanden sind. Auch hier bieten sich dem Besucher fantastische Blicke über die Südküste bis Filfla.
■ **Bus** 201.

Dingli Cliffs

Mein Tipp: Vom Park aus sind es nur knapp vier Kilometer bis zur alten Hauptstadt Mdina und 1½ Kilometer bis zum Dörfchen Dingli und den nach ihm benannten, in zahllosen Volksweisen besungenen **Klippen.**

Hier präsentiert sich die Steilküste in einer seltsamen Stimmung. Auf den höchsten Erhebungen – die Klippen erreichen bis zu 263 Meter – haben Besucher einen spektakulären **Fernblick** über die See bis Filfla Island, wird aber jenes frustrierende Gefühl der Johanniter nachvollziehen können, als sie 1532 vom fruchtbaren Rhodos auf diese karge Insel kamen. Heute bemühen sich die Bauern, jene „Höhlenbewohner", von denen bei Mtaħleb die Rede ist, tief unterhalb der Klippen kleine Felder anzulegen.

Die Klippen sind nahezu menschenleer, vom Restaurant *Bobbyland,* einer fantastisch gelegenen **Magdalenenkapelle** (hier im Sommer Obst- und Eisbuden) mit herrlicher Aussicht auch auf Verdala Palace sowie einer 500 Meter weiter gelegenen **Radarstation** abgesehen. Gegenüber der Radarstation geht es zur Ortsmitte von **Dingli.**

■ Hier liegen neben der **Post** und der **Polizei,** Tel. 21454556, eine **Bank of Valletta** (ebenfalls Parocca St.) sowie zwei Minimärkte.
■ Ferner locken im Ort die **Dingli Swallows Bar** (Triq il-Kbira, Tel. 21456221) des lokalen Fußballvereins, die **Bar der Kazin Nationalista** (Triq Bus-

613M wl

kett) und die **Bar der Partit Laburista** (Triq il-Kbira) mit Erfrischungen. Bei den Klippen selbst zieht das **Bobbyland Restaurant,** Tel. 214528959, hauptsächlich Reisegruppen an.

■ **Bus** 202 (St. Julian's – Sliema – B'kara – Qali – Rabat – Buskett – Dingli; stündlich), 52 (Valletta – Rabat – Dingli; alle halbe Std.). Die Linie 202 fährt direkt die Klippenstraße entlang bis zum Restaurant *Bobbyland* und fährt auch über Buskett; Bus 201 (Rabat – Dingli – Küstenroute Siġġiewi – Steinzeittempel – Flughafen) fährt die Südostroute bis zum Flughafen via Magdalenenkapelle, Bronzesiedlung und Inquisitorenpalast.

Mdina und Rabat

[Imdina]

Auf dem **Hochplateau,** welches jäh nach drei Seiten abbricht (außer zum Hochland des Südwesten), liegen die alte Hauptstadt Mdina und ihre Schwesterstadt Rabat, deren Sehenswürdigkeiten denen der Städte im Großraum Valletta in nichts nachstehen. Hinzu kommt die spektakuläre Lage mit großartigen Ausblicken von den Mdina umgebenden Festungsmauern über ganz Nordmalta. Auch die Busanbindung ist sehr gut, sodass ein Ausflug nach Mdina und Rabat unbedingt zu empfehlen ist.

☐ Dingli Cliffs

Mdina

Erste Spuren menschlicher Besiedlung auf dem Hochplateau von Mdina lassen sich über 4000 Jahre zurückverfolgen, wobei vermutlich der natürliche Verteidigungscharakter immer eine Rolle gespielt hat.

Es waren **Phönizier und Punier** im ersten vorchristlichen Jahrtausend, die Mdina sowie Teile des heutigen Rabat mit einem Schutzwall umgaben und diesem Gebilde jenen Namen gaben, den das Land auf Dauer tragen sollte: **Malet** (Zufluchtsort).

Eine erste kulturelle Blüte erfuhr die Stadt unter den **Römern** (ab 218 v. Chr.), Mdina soll damals insgesamt fast fünf mal so groß gewesen sein wie heute. *Cicero* schilderte **Melita,** wie die Römer den phönizischen Namen leicht abwandelten, als „wohlhabende Stadt mit großen Gebäuden und angenehmem Lebensstil". Der römische Statthalter auf Malta, *Publius,* hatte seinen Amtssitz in der Stadt und trat der Legende nach zum Christentum über, als der Apostel *Paulus* auf Malta strandete und den Vater des *Publius* von einer schweren Krankheit heilte.

Die Grundlagen für das heutige Stadtbild wurden unter den **Arabern** geschaffen, die seit 870 n. Chr. die Inseln beherrschten. Sie umgaben die Stadt mit einer hohen Mauer und nannten diesen Teil „Mdina" (die Ummauerte). Der Rest war Lager und Stallungen vorbehalten – genannt „Rabat" (= wo die Pferde angebunden sind). Die Araber brachten nicht nur ihre Sprache nach Malta, sondern auch ausgeklügelte Feld-Bewässerungssysteme sowie die Plantagenwirtschaft für Zitrusfrüchte und Granatäpfel.

Unter den **Normannen** (12.–13. Jh.) und der nominell spanischen Herrschaft (13.–15. Jh.) erfuhr der lokale Adel *(Università)* seine größte Bedeutung durch die weitgehende Selbstverwaltung Maltas. Mdina erhielt von den Spaniern auch den Beinamen **Città Notabile** (bemerkenswerte Stadt).

Den Normannen folgte ein allmählicher Niedergang Mdinas, bedingt durch fortwährende **Piratenüberfälle** und der nachfolgenden Abwanderung großer Teile der Bevölkerung.

Diese Tendenz des Niedergangs zur **Città Vecchia** (alte Stadt) setzte sich auch unter den **Johannitern** fort, während andererseits die Siedlungen um den Grand Harbour erblühten. 1532 verlor Mdina offiziell seine Stellung als Hauptstadt an Birgu (Vittoriosa). Zwar wurden nach dem Erdbeben von 1693 angesichts der großen Zerstörungen unter *Großmeister Vilhena* nochmals zahlreiche Bauten restauriert oder durch Neubauten ersetzt, an die alte Bedeutung als Zentrum Maltas konnte Mdina jedoch nie wieder anknüpfen.

Eine letzte große Rolle spielte Mdina während der französischen Besatzung (1798–1800), als die **Franzosen** trotz des heiligen Eides, man werde Selbstverwaltung und Besitztümer auf Malta unangetastet lassen, Paläste und Kirchen plünderten. Als sich die Franzosen an der Kathedrale von Mdina zu schaffen machten, stürzten die Einwohner *General Masson,* den französischen Kommandeur, über die Balkonbrüstung des Gerichtshofes, womit der landesweite **Aufstand** gegen die Besatzer begann.

Als auch die **Engländer** (seit 1800) den Grand Harbour zum Mittelpunkt Maltas erhoben, verließen erneut viele Menschen den Ort, welcher nun wegen der zahlreichen leer stehenden Paläste den Beinamen **Silent City** (Stille Stadt) erhielt. Daran hat sich bis heute kaum etwas geändert, gerade einmal 400 Seelen harren noch in den auffallend ruhigen Gassenschluchten Mdinas aus.

Einige Museen und Einrichtungen sind an Sonntagen geschlossen. An Wochenenden sind auch viele **Touristen** in Mdina unterwegs, sodass es sich empfiehlt, nach Möglichkeit einen Werktag für den Besuch Mdinas vorzusehen, wenn nur das Klappern der Karozzin den Besucher in seinem Streifzug akkustisch aus dem Staunen reißt. In den letzten Jahren wurde Mdina in allen Ecken und Winkeln auf Hochglanz poliert und restauriert.

Museumskarten: Gesamtmuseumskarte/Malta s. Valletta, für Mdina/Rabat gibt es eine Kombikarte für das Museum of Natural History, die St. Paul's Katakomben und das Domus Romana für 12 €, ermäßigt 9 €, Kinder (6–11 Jahre) 6 €, erhältlich bei jeder dieser drei Sehenswürdigkeiten.

› Leeres Gässchen in der „stillen Stadt"

615M wl

Saqqajja Square

Hier an dem großen Platz zwischen Mdina und Rabat kommen die meisten Besucher per Bus an, auch für die Karozzin (Pferdedroschken) ist der Saqqajja Square der zentrale Sammelpunkt.

Der kleine **Park** vor den Festungsmauern entstand in den 20er Jahren des 20. Jh. und wurde nach dem ehemaligen britischen Gouverneur *Howard Gardens* genannt. Inmitten der Pinien steht auch ein Säulenstein, den angeblich der Normannenfürst *Roger I.* 1090 errichten ließ. Auch **Kioske mit Pizzeria** laden zum Verweilen ein. Vor dem Main Gate sind *Audioguides* (auch deutsch) für 3 € anmietbar (jeder weitere dann 2 €), geführte Stadttouren sind über die Touristeninformation zu arrangieren.

Wiċċ Lascri

[Uitsch Laskri]

Die Tradition des Karneval war auch auf Malta, und hier vor allem in Mdina bekannt. *Großmeister Jean Lascaris-Casteller* (1637–1657) schien vom Karneval weniger angetan und verbot – als eine seiner ersten Amtshandlungen – den Frauen das Tragen von Masken in der Faschingszeit. Die Begeisterung über diese Maßnahme hielt sich bei der Bevölkerung in Grenzen, die Beliebtheit des Großmeisters sank immens. Nur wenig später wollte er Mdina militärisch gänzlich aufgeben, die Festungsmauern zerstören und die vorhandenen Kanonen nach Valletta verlegen. Als seine Ritter mit den Arbeiten beginnen wollten, war das Maß bei der weiblichen Bevölkerung endgültig voll – die aufgebrachten Frauen schlugen auf die Arbeiter mit Besenstielen so energisch ein, dass *Lascaris-Casteller* seine Leute zurückbeordern und von seinen Plänen Abstand nehmen musste.

Aus diesen Ereignissen ergaben sich die maltesischen Redewendungen *Wiċċ Lascri* (das Gesicht Lascaris), ein Gesichtsausdruck der höchsten Verachtung, sowie die Bezeichnung *Lascari* für einen Menschen, der keinen Spaß versteht.

Main Gate

Man betritt die alte Hauptstadt über eine kleine Brücke und das Haupttor, ein unter Großmeister *de Vilhena* 1724 errichtetes **Stadtportal,** welches die ursprüngliche Zugbrücke mit einem älteren Tor ersetzte. Am Portal ist das Wappen *de Vilhenas* sehr gut erhalten, das Wappen an der Innenwand ist das Familienwappen der *Inguanez,* einer alten und vormals einflussreichen Adelsfamilie.

Im Alltag diente das Tor als Wachturm und Zollstation für die einfahrenden Händler, zur Johanniterzeit fand hier zudem eine bedeutende Zeremonie statt: Als die Ritter nach Malta kamen, mussten sie dem Altadel weitgehende innere **Verwaltungsfreiheit** schwören – erst danach erhielten sie symbolisch den Schlüssel zur Stadt. Diese Zeremonie musste nach jeder Wahl eines neuen Großmeisters wiederholt werden.

Mdina Dungeons

Die ehemaligen **Verliese** von Mdina unmittelbar hinter dem Main Gate wurden restauriert und mit mittelalterlichen Folterinstrumenten und lebensgroßen Figuren ausgestattet. Blutrünstige Folterszenen werden nachgestellt, das Leben im und ums Verlies dargeboten – für viele Besucher ein Hit und sehr publikumswirksam. Insgesamt kurzweilig und durchaus informativ, wer aber mehr Wert auf Hintergrundinformation legt, sollte eher die *Mdina Experience* besuchen. Es gibt keine Altersbegrenzung (nach unten), doch wenn es sich auch nur um Nachbildungen handelt, muss jeder selbst entscheiden, ob er Kleinkinder mitnimmt!

■ „Unlocked" (aufgesperrt) täglich 10–16 Uhr; Eintritt 5 €, Kinder 2,50 €; Familientickets (zwei Erwachsene, drei Kinder) 11 €; Tel. 21450267.

Vilhena Palace (Museum of Natural History)

Im Auftrag des portugiesischen Großmeisters *Manoel de Vilhena* entstand unter der Leitung des maltesischen Architekten *G. Barbera* um 1730 der „Palace of the Grandmaster de Vilhena, Order of St. John of Jerusalem". Die Anlage mit einem von drei Seiten umbauten Innenhof lehnte sich an gleichartige französische Bauten des 18. Jh. im barocken Stil an und diente als **dekorativer Stadtpalast** während der Anwesenheit der Großmeister in Mdina.

König Edward VII. von England eröffnete hier 1909 ein Krankenhaus für die britischen Truppen auf Malta, das Connaught-Hospital.

Seit 1957 fungiert der Vilhena Palace als Sitz des **Naturkunde-Museums** mit Ausstellungen zu ehemaliger und gegenwärtiger Flora und Fauna auf Malta.

■ Eintritt 5 €, ermäßigt 3,50 €, Kinder 2,50 €, geöffnet 9–13.45 Uhr, Oktober–Mai 8–17 Uhr täglich außer Weihnachten, Neujahr, Karfreitag, Tel. 21455951.

Torre dello Stendardo

Gegenüber des Vilhena Palace wurde im 16. Jh. ein **Wach- und Mannschaftsturm** errichtet; von oben konnte das gesamte Umland bis an die Küsten überblickt werden. Der Turm dient der Ortspolizei als Sitz und ist für die Öffentlichkeit leider nicht zugänglich.

Mdina Glass

Die **Verkaufsstelle der Glasbläserei-Kunsthandwerkskette** offeriert neben Kitsch und Pseudokunst auch hochwertige Glasprodukte. Tel. 21451224, www.mdinaglass.com.mt, geöffnet Jan./Feb. tgl. 9.30–17, März–Mai und Nov./Dez. tgl. bis 18, Juni bis Oktober bis 22 Uhr. Direkt nebenan befindet sich die Touristeninformation mit zahlreichen kostenlosen Publikationen und Informationsmaterial.

Benediktinerinnenkloster

Die kleine **St. Benedict's Chapel** gehört zum dahinter liegenden, 1418 gegründeten Kloster der Benediktinerinnen. Das vergleichsweise kleine Altargemälde der Madonna gilt als ein Meisterwerk *M. Pretis* aus dem späten 17. Jh. Abgesehen von Ärzten und Kirchenrestauratoren haben hier traditionell nur Frauen Zutritt. Nach einer Ordensregel, die erst vor

Mdina und Rabat

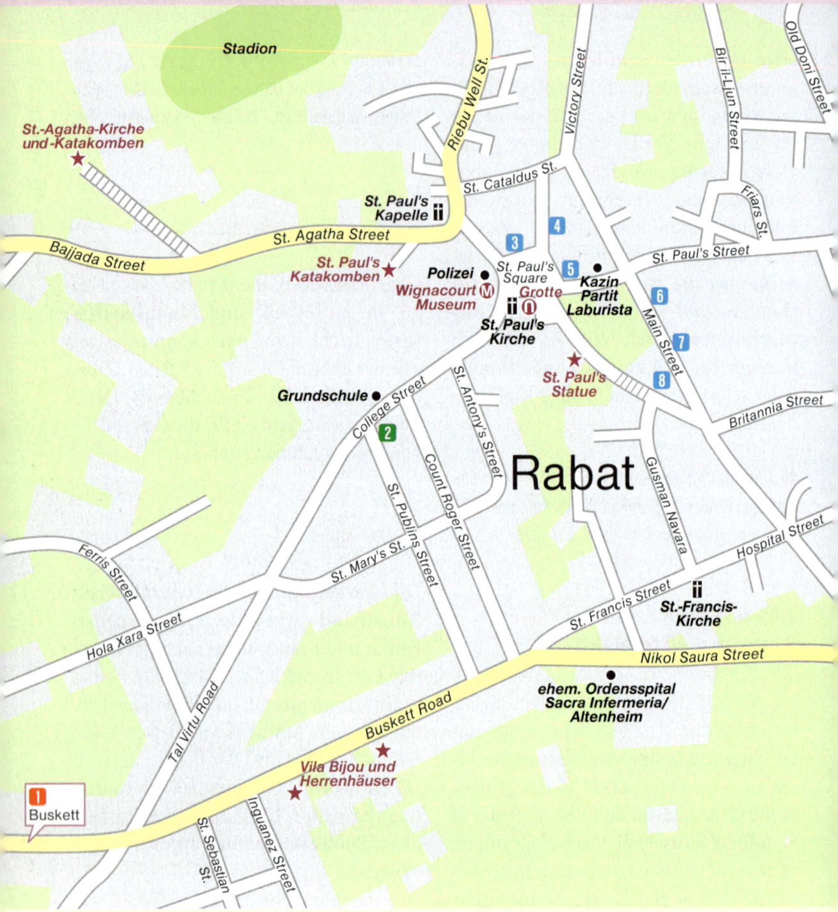

Übernachtung
1 Aparthotel Buskett Forest
12 Point de Vue Guesthouse
22 Xara Palace

Essen und Trinken
3 Snackbars und Grotto's Restaurant
4 Marabu Pizzeria
5 Cosmana Navarra Restaurant
6 Camp Snackbar
7 Roman's Den Rest.
8 Silver Jubilee Bar
9 Straßencafés, John's Bar
10 Windsor Castle Snackbar
11 Saqqajja- und Black Cat Bar
12 Point de Vue Restaurant
13 Restaurant Il Vedutta
17 Restaurant Bacchus

18 Café-Restaurant Medina
24 La Fontanella Tea-Garden
25 La Cita Vecchia
26 Ciapetti Restaurant
27 Stazzjon

Einkaufen
2 Parruċċan Confectionary

14 Benediktinerinnenkloster
15 St.-Benedict-Klosterkapelle
16 St. Agatha's Chapel
19 Palazzo Gatto Murina
20 Palazzo Santa Sofia
21 Karmeliterkloster,
Museum

gut 20 Jahren aufgehoben wurde, durften die Nonnen ihr Kloster nie verlassen, selbst nach ihrem Ableben wurden sie in der klostereigenen Krypta bestattet.

Direkt neben St. Benedict liegt die kleine **St. Agatha's Chapel,** deren ursprüngliches Bauwerk aus dem Jahre 1417 von *L. Gafà* Ende des 17. Jh. prunkvoll umgestaltet wurde. Die Kapelle liegt ebenfalls auf dem Gelände des Benediktinerinnenklosters und diente während der französischen „Eroberung" Maltas (1798) vielen Frauen Mdinas als Zufluchtsstätte. Durch ein verschlossenes Gittertor tagsüber nach innen einsehbar.

Corte Capitanale

Das **ehemalige Gerichtsgebäude** der Stadt spielte letztmalig 1798 eine wesentliche Rolle: Hier war es, wo die Einwohner Mdinas sich gegen die plündernden Franzosen erhoben und deren Kommandeur *General Masson* vom Balkon stießen. Auf dem Portal sind die juristischen Hoheiten Gerechtigkeit und Gnade dargestellt sowie der Leitspruch des Gerichtshofes „Legibus et Armis" (mit Gesetzen und Waffen) zu sehen.

Palazzo Notabile

Der hübsch restaurierte einstige Sitz des Adelsrates wurde im 20. Jh. zum stilvollen *Xara Palace Hotel* umfunktioniert, welches dann aber mangels nächtigungswilliger Kundschaft zum reinen Restaurantbetrieb verwandelt wurde. Inzwischen kann man dort aber sein Haupt wieder fürstlich betten.

Archbishop's Palace

Das noch immer prunkvolle letzte Gebäude auf der rechten Seite in der St. Paul's Street beherbergte einst den **Sitz des Erzbischofs** von Malta und wurde in seinem heutigen Erscheinungsbild erst im Jahre 1722 fertiggestellt. Der Erzbischof hatte ursprünglich hier in der alten Hauptstadt seinen Sitz, er amtierte während der Johanniterzeit jedoch auch in Vittoriosa und Valletta.

Kathedralmuseum

Schräg gegenüber, am sogenannten Archbishop's Square, liegt das interessante Kathedralmuseum. Ursprünglich von *G. Barbera* als Priesterseminar um 1735 errichtet, werden hier zahllose Kunstschätze der vergangenen Jahrhunderte der Öffentlichkeit zugänglich gemacht. Unter anderem sind hier **Gemälde** aus Italien, den Niederlanden und Malta aus dem 14.–19. Jahrhundert zu sehen, **Schnitzereien** von *Albrecht Dürer* („Kleine Passion", „Marienleben") und dessen Schülern *H. B. Grien, H. von Kulmbach* oder *S. Behams,* ferner maltesische **Stickereien (Klöppelspitzen), Silberarbeiten,** antike **Münzen** sowie punische und römische **Töpferwaren.**

Bemerkenswert sind auch ein Evangelium aus dem 11. Jh. sowie 1756 zusammengestellte **Listen aller Schätze der Johanniter.** Schätzungen zufolge ließ *Napoleon* 1798 über 90% der Kostbarkeiten beschlagnahmen, um seinen Ägypten-Feldzug zu finanzieren.

■ Geöffnet Mo–Fr 9–16.30 Uhr, Sa, So und feiertags geschlossen, Eintritt 5 €, Studenten 2,50 €

(Kinder frei) für Museum und Kathedrale, Tel. 21454697.

St. Paul's Cathedral

Im ersten nachchristlichen Jahrhundert hatte der römische Statthalter *Publius* an dieser Stelle seinen Amtssitz. Auf dessen Fundamenten entstand eine frühe christliche Kirche. Nach deren Zerfall errichteten Normannen im späten 12. Jh. hier ebenfalls eine Kathedrale, die aber während des Erdbebens von 1693 weitgehend zerstört wurde. Es war *L. Gafà* vorbehalten, hier sein berühmtestes und weithin sichtbares Werk zu schaffen, wobei er einige Elemente des Vorgängergebäudes, unter anderem Sakristei und Hauptportal (dient heute als Tür zur Sakristei), integrierte. *Gafà* beendete seine Arbeit in nur etwas mehr als fünf Jahren, 1702 schließlich wurde die St. Paul's Cathedral von *Bischof Palmieri* feierlich eingeweiht.

Architektonisch bemerkenswert sind besonders die monumentale, schnörkellose **Fassade** sowie die großartige Kuppel. Über dem Hauptportal sind das Wappen der Stadt, des *Bischofs Palmieri* sowie des Großmeisters *Ramon Perellos y Roccaful* (1697–1720) zu sehen.

Innen sind die **Deckengemälde** aus dem späten 18. Jh. mit Szenen aus dem Leben der Apostel Petrus und Paulus sowie der bombastisch wirkende Marmoraltar von besonderem Interesse.

Die **silbernen Statuen** der Apostel und der Muttergottes wurden von *Napoleon* 1798 geraubt und sollten zu Silberbarren eingeschmolzen werden, konnten in letzter Sekunde zu einem Vielfachen ihres Wertes zurückgekauft werden.

Der Fußboden der Kathedrale besteht aus prunkvollen **Grabplatten** – ähnlich wie in der St. John's Co-Cathedral (Valletta) wurden hier Adelige und geistliche Würdenträger Mdinas bestattet.

Hinter dem hölzernen Tor mit Schnitzereien aus der Normannenzeit befindet sich die **Sakristei** mit Gemälden von *M. Pretis.*

■ Im Sommer geöffnet Mo–Sa 9–16 Uhr, im Winter Mo–Sa 9.30–11.45 Uhr und 14–17 Uhr; kein Zutritt in kurzen Hosen.

De Redin Bastion

Mein Tipp: Der sicherlich **schönste Festungsabschnitt Mdinas,** der allenfalls noch von der Zitadelle in Victoria/Gozo übertroffen wird, liegt zwischen der nach *Großmeister de Redin* benannten Bastion und dem Bastion Square.

Hinter dem *Fontanella Tea Garden* kann man ein Stück unmittelbar entlang der Bastionsmauer gehen – die Ausblicke auf die Umgebung sind fantastisch.

Palazzo Falzon (Normannenhaus)

Gemeinsam mit der **Casa Inguanez** und dem **Palazzo Santa Sofia** wirbt das Normannenhaus damit, das älteste noch bestehende Gebäude Mdinas zu sein. Das ursprüngliche Gebäude aus dem späten 11. Jh. im normannischen Stil war allerdings nur einstöckig, das Obergeschoss wurde erst im 15. Jh. aufgesetzt. Zu dieser Zeit wurde auch die damals übliche Aufteilung in Stallungen und Wirtschaftsgebäude unten und Wohnräume mit einem großen Familiensaal oben vorgenommen. *Großmeister L'Isle Adam* nutzte den Sitz der Familie *Falzon* kurzzeitig (1530–32) als Amtssitz, als die Johanniter aus Rhodos abzogen und Malta übernahmen.

■ Das Gebäude beherbergt heute das von Kennern hoch gelobte Museum einer kleinen, privaten Stiftung, Tel. 21454512, und ist Di–So 10–17 Uhr geöffnet, Eintritt stolze 10 € (mit Audioguide), ermäßigt 5 €, Kinder 6–12 frei (unter 6 kein Zutritt). 3500 Einzelstücke des letzten Bewohners, *Captain Gollcher,* werden ausgestellt.

Palazzo Costanzo (Medieval Museum)

In diesem **Palast der Familie Costanzo** an der Villegaignon Street wurden ein Restaurant sowie ein Pseudo-**Mittelalter-Museum** (Name der ständigen Ausstellung: „Medieval Times") eingerichtet. Die Exponate setzen sich aus Alltagsgegenständen vergangener Zeiten, Waffen und Rüstungen der Johanniter sowie Trachten und Kleidung aus dem mittelalterlichen Mdina zusammen. Ähnlich wie in den *Mdina Dungeons* wird auch hier mit lebensgroßen Figuren und Geräuschkulisse gearbeitet.

■ Tel. 21456425, geöffnet täglich 9.30–21.30 Uhr, Sonntag bis 20 Uhr, Eintritt 5 €, ermäßigt 2,50 €. Angeschlossenes Café.

Kapelle St. Roque

Vom 14. bis ins 18. Jh. war der schwarze Tod überall in Europa gefürchtet. Malta dagegen blieb, nicht zuletzt wegen des von den Johannitern eingeführten hohen Hygienestandards, von großen Pestepidemien weitgehend verschont. Zu Ehren des Rocco (Roque), dem **Schutzheiligen gegen die Pest,** wurde beim heutigen City Gate die Kapelle Madonna Tad-Dawl errichtet, unter *Großmeister Vilhena* aber 1728 als Kapelle St. Roque in die Villegaignon Street verlegt, um Platz für das Stadttor zu schaffen.

[>] An der Stadtmauer Mdinas

Ironischerweise war es später gerade Malta, wo noch 1938 eine Pestepidemie zu 28 Krankheitsfällen führte.

Karmeliterkloster

260 Jahre nach ihrer Entstehung auf dem europäischen Festland gründeten die Karmeliter 1630 in Mdina den maltesischen Ordenszweig und ließen von *F. Zammut* die **Karmeliterkapelle** mit dem angrenzenden Kloster errichten. Die Kapelle mit ovalem Grundriss und sieben Nischen wurde mit einem Altarbild (Mariä Verkündigung) von *S. Erardi* ausgeschmückt. Die Karmeliter sammelten eifrig Kunstschätze, ihr Kloster war daher 1798 während der napoleonischen Plünderung eines der begehrtesten Objekte der Franzosen. Der Raub sakraler Kunstschätze von hier, wie auch aus der St. Paul's Cathedral, führte zu jenem Aufstand von 1798, der das Ende der französischen Besatzung einleitete.

■ Geöffnet tgl. 10–17 Uhr, geführte Rundgänge (Englisch) 11 und 15 Uhr; Eintritt 4 €, ermäßigt 3 €. ■ Infos und Anmeldungen unter Tel. 27020404 oder www.carmelitepriorymuseum.com.

616M wl

230M wl

Palazzo Santa Sofia

Das Erdgeschoss dieses Normannenhauses stammt aus dem Jahre 1233 und ist somit eines der ältesten Gebäude in Mdina. Hier sind einige typisch normannische Stilelemente wie die Rundbögen oberhalb der Portale oder die doppelte Dreiecksgirlande unterhalb des ehemaligen Dachs im Erdgeschoss sehr gut zu erkennen.

Banca Giuratale

Auch dieses Gebäude wurde von *Großmeister de Vilhena* 1730 in Auftrag gegeben und diente dem lokalen Adel, der **Università,** als Sitz. Nachdem diese bereits von den Johannitern in ihren politischen Befugnissen weitgehend eingeschränkt worden war, steuerte sie von hier aus noch die Lebensmittelimporte, bis sie 1819 vom britischen Gouverneur *Thomas Maitland* vollends abgeschafft wurde.

Casa Testaferrata

Das verzierte Stammhaus der Familie *Testaferrata* entstand im späten 17. Jh. Die adelige Familie war ein fester Bestandteil der Università und brachte hohe kirchliche Würdenträger hervor.

Casa Inguanez

Angeblich ist der **Stadtpalast** der Familie *Inguanez* der älteste Palazzo der Stadt und reicht vermutlich bis in die Mitte des 11. Jh. (Normannenzeit) zurück. In amtlichen Urkunden wird die Casa Inguanez allerdings erst 1423 erwähnt, das genaue Alter ist nicht mehr ermittelbar. Der sehr wohlhabende Clan der *Inguanez* spielte eine führende Rolle in der Università und wehrte sich am längsten gegen die Beschneidung der althergebrachten Adelsrechte durch die Johanni-

⌃ Casa Testaferrata

ter. Einige Besonderheiten mussten auch die Ritter der Familie belassen. So durfte von allen Adeligen die Familie *Inguanez* als einzige ihr Familienwappen am Portal anbringen, was sonst nur den Großmeistern vorbehalten war. Ferner haben bis heute die Monarchen Spaniens in der Casa Inguanez ein dauerndes Wohnrecht, was allerdings sehr selten, zuletzt von *Alfonso XIII.* im Jahre 1927, wahrgenommen wurde.

Mdina Experience

Nach dem Vorbild der *Malta Experience* (Valletta) und *Gozo Experience* (Victoria, Gozo) bietet auch Mdina dem Besucher eine Reise durch 3000 Jahre wechselhafter Geschichte von den Römern bis in die Gegenwart. Die **audiovisuelle Vorführung** gibt's in zwölf Sprachen (per Kopfhörer).

■ Tel. 21454322, www.themdinaexperience.com, geöffnet tgl. außer Weihnachten 10–16.30 Uhr (Vorstellungen stündlich), So geschlossen; Eintritt 6 €, Kinder 3 €.

Ähnliches bietet die **Casa Magazini** in der Magazin-Street mit der Multimedia-Show „Knights of Malta", Eintritt 5,25 €, Kinder 2,50 €, geöffnet tgl. 10–16.30 Uhr (außer Weihnachten), Tel. 21451342.

Kapelle San Nicolas

An der Ecke Mesquita Street/St. Nicolas Street steht die kleine Kapelle San Nicolas, die schon während der griechisch-byzantinischen Epoche (395–870) entstand. Das heutige Gebäude stammt aus dem 19. Jh. und wurde auf den Fundamenten mehrerer Vorgänger errichtet.

St. Peter und Old Priory

In der kleinen St. Pietru Street wurde 1474 der ehemalige **Sitz des katholischen Kirchenvorstandes** von Mdina errichtet. An der Ecke zur Magazine Street liegt die kleine **Kapelle** St. Peter.

Gegenüber in den **Bastionsmauern** waren die Munitionsvorräte der Stadt während der Belagerung 1565 eingelagert.

Gharrequin Gate und Greek Gate

Es führen neben dem Main Gate noch zwei weitere Tore aus Mdina heraus, beide an der St. Peter's Bastion gelegen.

Nördlich dieser Bastion wurden erst 1890 mit dem Bau der Eisenbahnlinie Valletta – Mdina (s. Exkurs) die Mauern durchbrochen, um einen Durchgang hinunter zur „Stazzjon", der Endstation, heute Restaurant, zu schaffen.

Das **Griechische Tor** südöstlich der St. Peter's Bastion stammt ursprünglich aus der byzantinischen Phase (395–870) und führte zum griechischen Viertel an der heutigen Triq San Nikolas. Vom Greek Gate kommt man unmittelbar zur Römischen Villa (siehe Rabat), man kann hier auch hinunter in den als Orangenplantage angelegten Burggraben gehen.

Essen und Trinken

Wenn man sich in Mdina umsieht, wird klar, dass der Ort nicht gerade mit Arbeitsplätzen gesegnet ist, vom Tourismus abgesehen. So sehen viele Besitzer der alten Palazzos denn auch ihr Auskommen in der Eröffnung eines Museums oder Restaurants, weshalb in Mdina die höchste Restaurantdichte bezogen auf die Einwohnerzahl herrscht. Insgesamt gehören die Lokale in Mdina der mittleren bis oberen, in Rabat dagegen der unteren bis mittleren Preisklasse an. In Mdina sind besonders zu empfehlen:

■ **Stazzjon,** Tel. 21451717, umgebauter Bahnhof der alten Valletta-Rabat Bahn. Mo Ruhetag, im Winter nur an Wochenenden geöffnet. Zu erreichen ab Gharrequin Gate fünf Gehmin. Richtung Brücke.

MEIN TIPP: **La Fontanella Tea-Garden,** Triq is-Sur, Tel. 214 50208, hübsch in die De Redin Bastion mit famosen Blicken integriert. Für die Torten kommen selbst Einheimische von ganz Malta hierher; Spezialität: Schokoladentorte (vorher fasten!). Gezahlt wird übrigens (mit dem Bestellbeleg) am Kassenhäuschen beim Ausgang.

■ **La Cita Vecchia** wurde direkt in das Endstück der begehbaren Festungsmauer eingearbeitet und vertreibt neben Speisen und Getränken auch Souvenirs; Tel. 21451935.

■ In der Nähe liegt in der Magazine St. das **Ciapetti** (Tel. 21459987, Mo–Sa 12–15 Uhr, Di–Sa auch 19–22 Uhr) mit Spezialitäten wie Kaninchen, Garnelen in Knoblauchbutter oder Hühnchenbrust in Honig-Orangensauce, wobei auf glutenfreie Zubereitung besonderen Wert gelegt wird.

■ Das beste Restaurant Mdinas mit französischer Küche (gehobenes Preisniveau) liegt in der Inguanez Street oberhalb der Main Bastion: **Bacchus,** Tel. 21454981. Die Gebäude wurden von *Großmeister Fra Martin de Redin* (1657–1660) als Pulvermagazin auf den Mauern einer römischer Siedlungsstätte aus dem ersten und einer arabischen Anlage aus dem 10. Jahrhundert errichtet. Das Restaurant wurde originalgetreu restauriert.

■ Bekannt für die gute maltesische Küche bei gemäßigten Preisen ist das **Mdina Restaurant,** Triq is-Salib Inguanez, Tel. 21454004. Im **Café Medina** werden reichhaltige Salate, Pizza, aber auch Toasts (Thunfisch mit Knoblauch oder Schinken mit Kräutermayonnaise) sowie Kuchen oder *Pastizzi* serviert.

■ Unbedingt empfehlenswert ist auch das Restaurant **Il Veduta** vor der Stadtmauer am Hang (großartiger Blick Saqqajja Square, Tel. 21454666; geöffnet ab 10 Uhr bis Mitternacht) mit schöner Terrasse. Hier werden neben kleinen Speisen (Lasagne, Pizza, Omelettes, Suppen) auch vorzügliche Fischgerichte (u.a. Scampi, Lampuki, Muscheln) serviert.

Sonstiges

■ Eine Filiale der **HSBC-Bank** liegt gegenüber der Bushaltestelle, eine Filiale der **Bank of Valletta** liegt ein paar Häuser weiter an der Ecke Saqquaja Square/Augustine Street.

■ Eine eigene **Post** gibt es nicht, das Andenkengeschäft Maltese Falcon in der Villegaignon Street dient praktisch als Dorfpost.

An-/Abreise

■ Die zentrale Haltestelle für Mdina und Rabat ist der Saqqajja Square an den Howard Gardens zwischen Rabat und Mdina. Die Anbindung nach Valletta, Sliema und St. Paul's Bay/Buġibba ist gut, Mdina/Rabat dient auch als Umsteigestelle für Busfahrten zu den Dingli-Klippen.

Die **wichtigsten Verbindungen** sind:

Bus 109 (Rabat – Siġġiewi; stündlich)
Busse 51–53 (Valetta)
Bus 201 (Airport – Zurrieq –Hagar Qim/Mnajdra – Siġġiewi – Dingli – Rabat; stündlich)
Bus 202 (Dingli – Mdina – Attard – Sliema/St. Julian's)
Bus 205 (Bahrija – Rabat – Ta Qali – Mosta – Naxxar – Pembroke Park & Ride; stündlich)
Bus X-3 (Flughafen – Rabat/Parkpl. Röm. Villa – Buġibba; alle halbe Stunde)

■ Eine kleine **Touristenbahn** pendelt ab vormittags 10 Uhr stündlich zwischen Mdina/Rabat (Römische Villa) und Mtarfa (Clock-Tower); anders als in Küstenorten anderer Länder dient sie nicht als Hotel-Zubringershuttle sondern eher als (ansatzweise) nostalgische Wiederbelebung der alten Eisenbahn; Tickets 4 €, Kinder 2,50 €, Tel. 79212142.

■ Wer stilvoll per **Karrozzin-Pferdedroschke** durch Mdina zuckeln möchte – am Vorplatz bei Howards Garden kann man die Fuhrwerke ca. 35 € (verhandelbar) für eine ca. 45-min. Rundfahrt mieten.

■ **Selbstfahrer:** Verhandelbar ist tatsächlich auch die Parkplatzgebühr am großen Zentralparkplatz bei der römischen Villa; Richtpreis sind 2 €/Tag.

Rabat

Die **Schwesterstadt Mdinas** schließt sich unmittelbar an den Saqqajja Square nach Südwesten an. Im Gegensatz zum wehrhaften, gedrungen wirkenden Mdina erscheint Rabat weitläufiger und spürbar geräumiger. Einst mit Mdina durch eine gemeinsame Stadtmauer verbunden, zerfiel die Einheit der beiden Schwesterstädte unter den Arabern (ab 870). Während Mdina fortan Herrschaftssitz war, spielte sich das Leben des Volkes, Handel und Verkehr hauptsächlich in Rabat ab. Rund 13.000 Menschen leben heute in der größten Stadt des Südwestens, die zahlreiche Sehenswürdigkeiten und gute Busanbindungen aufweist. Rabat ist zudem der Ausgangspunkt für einige der schönsten und empfehlenswertesten Wanderungen auf Malta.

Für einen Städtebesuch Mdina/Rabat empfiehlt es sich im Sommer, sehr früh aufzubrechen. Viele Museen und Einrichtungen haben nur bis 14 Uhr geöffnet; zudem sind in den Morgenstunden weniger Touristen unterwegs.

Ein anstrengender, aber hervorragender **Tagesausflug** besteht aus Anfahrt per Bus bis 8 Uhr, Besichtigung Mdinas am Vormittag, St. Paul's Kirche mit Katakomben und römisches Museum in Rabat bis 14 Uhr und anschließender Wanderung (s. weiter unten) nach Dingli (2½ Stunden) oder Għajn Tuffieħa (4–5 Stunden).

Römische Villa und Museum (Domus Romana)

Vor dem Greek Gate außerhalb Mdinas hatten Arbeiter 1881 Reste eines Landhauses aus der Römerzeit (218 v. Chr.–395 n. Chr.) entdeckt. Es dauerte allerdings bis nach dem Ersten Weltkrieg, ehe auf den Fundamenten und unter Einbeziehung eines kleinen, erhaltenen Teiles des antiken Gebäudes das heutige römische Museum im neoklassizistischen Stil errichtet wurde.

Sehr gut erhalten ist der römische **Mosaikboden** des Atriums, er wird in vielen Publikationen und Plakaten stellvertretend für die römische Epoche abgelichtet (das Gesicht dürfte vielen Lateinschülern aus dem Lehrbuch bekannt sein). Speiseraum und Empfangsraum sind dagegen nur noch in Fragmenten erhalten.

Auf dem Museumsgelände und im Untergeschoss sind ferner **Grabsteine** aus der arabischen Epoche auf Malta (870–1090) zu sehen. Die Araber hatten nämlich auf den römischen Fundamenten einen Friedhof angelegt. Das Gelände wurde bis vor wenigen Jahren restauriert und war der Öffentlichkeit nicht zugänglich, heute kann wieder ein breites Publikum die Stätte besichtigen.

■ Geöffnet täglich außer Weihnachten, Sylvester, Neujahr, Karfreitag von 9–17 Uhr, Eintritt 6 €, Schüler/Studenten/Senioren 4,50 €, Kinder 6–11 Jahre 3 €.

St.-Paul's-Kirche und -Grotte

Die Kirche blickt auf eine sehr lange **Geschichte** zurück. Eine Kapelle St. Paul's existierte schon mindestens seit dem 14. Jh. oberhalb der legendären Grotte. 1572 lebte der iberische Adelige *Giovanni Beneguas* in den Grotten als Eremit und ließ die Kapelle St. Publius direkt neben die ältere Kapelle bauen. Nachdem Letztere zerfiel, wurde die heutige Kirche Ende des 17. Jh. von *Lorenzo Gafà* errichtet, wobei St. Publius integriert wurde; man betritt sie durch den rechten Kircheneingang. Die letzte Änderung der sichtbaren Fassade stammt aus dem 18. Jh.

In der Hauptkirche zeigt das **Altarbild** von *Stefano Erardi* (Ende 16. Jh.) jene legendäre Begegnung des Apostels mit der Schlange in St. Paul's Bay.

Der interessantere Teil dieser Kirche liegt in bzw. unter der **Kapelle St. Publius.** Weniger das Altarbild von *M. Preti* als vielmehr die Nische links vom Hauptaltar zieht viele Gläubige an, da der **vergoldete Arm** ein Relikt des Apostels Paulus selbst sein soll. Beeindruckend ist hier auch die Marmorstatue des Paulus von *M. Gafà.*

Unterhalb dieser Kapelle liegt die **St. Paul's Grotto,** ein kleines Höhlenlabyrinth, in dem der Apostel während seines angeblichen Aufenthaltes auf Malta gelebt haben soll (s. St. Paul's Bay). Es besteht kaum die Chance, alleine durch die kleine Höhle zu streifen, die örtlichen Führer sind allgegenwärtig – man schließt sich der nächstbesten Gruppe an (den englischsprachigen Führern gibt man etwa 1–2 € Trinkgeld pro Person).

Außen an der Kirche erinnert eine Gedenktafel an *Papst Paul II.,* der 1990 Malta und St. Paul's besuchte.

■ St. Paul's ist Mo–Sa 9–12 Uhr und 13–17 Uhr, im Sommer nur Mo, Do, Fr 7.45–17.30 Uhr und Di, Mi, Sa 7.45–14 Uhr geöffnet; der Zutritt zur Kirche ist in kurzen Hosen nicht gestattet.

St. Paul's Catacombs

Diese wie auch die nahe gelegenen Agatha-Katakomben lagen ursprünglich außerhalb der Stadtmauern, als Mdina und Rabat noch gemeinsam von einer Mauer umsäumt waren (bis zum Jahr 870) und die Katakomben einem heutigen Friedhof entsprachen.

Für die meisten Besucher dürften diese etwa auf das fünfte vorchristliche Jahrhundert zurückgehenden, später vorwiegend jüdisch-christlichen Grabhöhlen vor allem wegen ihrer **gewaltigen Ausdehnung** beeindruckend sein. Alle Fundstücke wurden in den vergangen 2500 Jahren geplündert oder entfernt.

Zu sehen ist noch ein **Agape-Tisch,** ein runder Steintisch mit umliegenden Bänken, auf dem das Mahl der „brüderlichen Liebe" (Agape), eine Frühform des Abendmahls, eingenommen wurde.

Gut zu unterscheiden sind auch für Laien die vier Haupttypen der hier vorkommenden **Gräber:** das Arcosolium mit gewölbter Wandnische, das Baldachin-Grab mit Doppelgrabstein und steinerner Kopfstütze, das Loculi-Grab mit viereckiger, von einem Stein verschlosse-

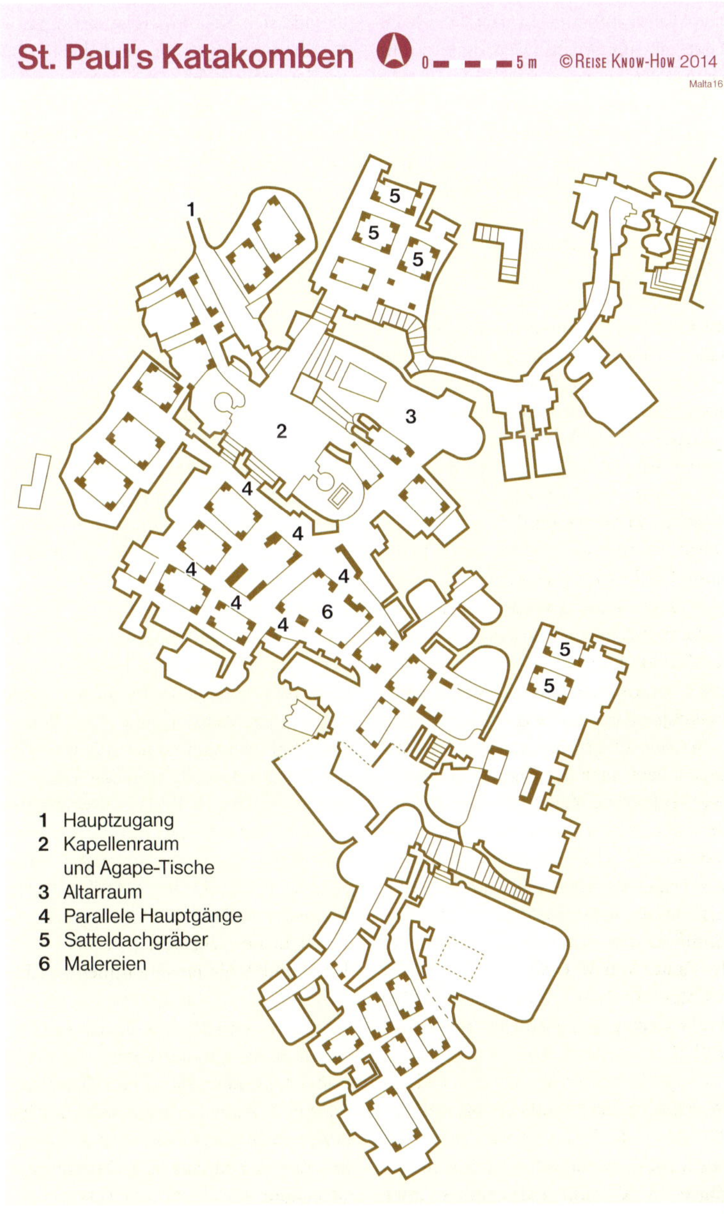
St. Paul's Katakomben
0
5 m
©Reise Know-How 2014
Malta16
1
2
3
4
5
6
1 Hauptzugang
2 Kapellenraum und Agape-Tische
3 Altarraum
4 Parallele Hauptgänge
5 Satteldachgräber
6 Malereien

ner Wandnische sowie das Satteldach-Grab mit steinernem Dach, der Öffnung aber im Sockel.

Der Apostel, nach dem diese Katakomben heute benannt sind, ist zwar niemals auch nur in der Nähe der Grabanlage gewesen, aber es funktioniert: Viele Besucher der Paulskirche werden allein durch den Namen zu einem Besuch verleitet.

■ Die Katakomben können täglich außer Weihnachten, Silvester/Neujahr und Karfreitag von 9 bis 17 Uhr besucht werden; Eintritt 5 €, ermäßigt 3,50 €, Kinder 2,50 € (6–11 Jahre, unter 6 Jahren frei); ein Audioguide ist im Eintritt enthalten.

Wignacourt Museum

Dieses kleine Museum im ehemaligen von *Großmeister Wignacourt* 1617 gegründeten College zeigt eine interessante Mischung aus geistlichen und weltlichen Exponaten von Messgewändern über seltene alte Schriften bis hin zu Möbeln und Alltagsgegenständen. Das Museum wird auch **Kirchenmuseum** genannt, da das College als Ordensschule für zukünftige Kaplane diente und die St.-Paul's-Kirche zur Kollegiatskirche des Ordens wurde; ein unterirdischer Gang verbindet das Museum mit der Kirche.

■ Geöffnet Mo–Sa 9.30–15 Uhr, Sa bis 13 Uhr; Eintritt 3 €, Kinder unter 15 Jahren frei, Tel. 41451060.

St.-Agatha-Kirche und -Katakomben

Die meisten Besucher von Rabat bevorzugen die St.-Paul's-Katakomben, doch erweist sich ein Besuch von St. Agatha als ebenso interessant und dabei weit weniger überlaufen.

Die heutige **Kirche** wurde 1504 auf Mauern römischer (150 n. Chr.) und etruskischer Gebäude (4. Jh.) errichtet. Die Statue der heiligen Agatha kam erst am 20. Juli 1551 während der ersten großen Belagerung in die Kirche, die seitdem den Namen ihrer Schutzpatronin trägt.

Agatha stammte aus Süditalien, vermutlich Catania (Sizilien), und flüchtete im Zuge der Christenverfolgungen zunächst nach Malta. Sie verbarg sich in den Katakomben, kehrte aber kurz darauf nach Sizilien zurück und wurde auf Geheiß des römischen Statthalters von Catania hingerichtet. Eine jährliche **Prozession** am 5. Februar, ihrem angeblichen Todestag im Jahre 251 n. Chr., erinnert an ihren Märtyrertod.

Die Fresken der **Höhlenkirche (Krypta)** unterhalb der heutigen Kirche reichen teilweise ins 4. Jh. zurück (links hinter dem Zugang), die drei älteren Heiligenbilder stammen aus dem 12. Jh., die übrigen Darstellungen der Schutzpatronin aus dem 15. Jh. Die Gesichter der Figuren sind teilweise stark zerstört, was zum Teil auf die klimatischen Bedingungen zurückzuführen ist. Offiziell aber sollen die Türken 1551 die Figuren unkenntlich gemacht haben.

An die Höhlenkirche schließen sich die eigentlichen **Katakomben** mit Grabstätten verschiedener Kulturen (christlich, jüdisch, spätpunisch) an.

Das **Museum** zeigt frühen Zierrat wie figurine Elefanten und Flusspferde, Kristalle, etruskische Töpfereien und Gemälde, aber auch kirchliche Dekorationsgegenstände.

■ Geöffnet tgl. außer Weihnachten, Neujahr und Karfreitag 9–17 Uhr, Eintritt (Museum) 5 €, ermäßigt 3,50 €, Kinder 6–11 Jahre 2,50 €.

St. Augustine's Church

Diese in mehrfacher Hinsicht interessante Kirche soll 1571 von *Gerolamo Cassar* begonnenen und nach seiner Abberufung zur St. John's Co-Cathedral (Valletta) von Sohn *Vittorio* fertig gestellt worden sein. Jüngste Forschungen favorisieren als Erbauer *T. Dingli.*

Die **Fassade** ist, verglichen mit anderen maltesischen Kirchen dieser Epoche, völlig untypisch und orientiert sich am Vorbild italienischer Renaissance-Kirchen, insbesondere der Santa Maria dell' Orto in Rom. Das lange Kirchenschiff mit extrem niedrigen Seitenkapellen wird von der hohen, geschwungenen Fassade beinahe völlig verdeckt, sodass die Kirche von außen kaum als solche zu erkennen ist. St. Augustine gilt deshalb auch als ein Übergangstyp von den Barock- zu den Renaissancebauten auf der Insel.

Sacra Infermeria und Nobelvillen

In der Triq Nikol Saura hat Rabat wie auch Vittoriosa und Valletta sein **Ordensspital.** Nach der großen Belagerung und der Gründung der Sacra Infermeria von Valletta sank die Bedeutung des Spitals von Rabat. Heute dient das Gebäude als Altenwohnheim.

Ein kleines Stück weiter die Buskett Road entlang, liegen linker Hand einige kleine, wunderhübsche, teilweise aber auch ziemlich heruntergekommene **Villen,** die noch heute von der Blütezeit Rabats zeugen. Besonders imposant ist hier die Vila Bijou (Nr. 21).

Unterkunft

■ Mdina und Rabat sind typische Ausflugsziele, kaum jemand erwägt hier seinen Urlaubsort zu wählen. In Mdina selbst wurde der **Xara Palace** ⑤, Tel. 21450560, Fax 21452612, www.xarapalace.com.mt, aufwendig restauriert und erst vor wenigen Jahren als stilvolle Nobelherberge mit einem dem Ort angemessenem klassizistischem Ambiente eröffnet. Nur für große Börsen.

■ Am anderen Ende der Preis-Leistungsskala rangiert das **Guesthouse Point de Vue**② am Vorplatz außerhalb der Stadtmauern (gegenüber Howard Gardens). Im 2. Weltkrieg wurde das damals schon bestehende Gebäude zum Kontroll-Tower der Briten umfunktioniert, um anfliegende Feindbomber Richtung Ta Qali zu beobachten. Sehr zentral, 30 m zum Busplatz. Angeschlossen ist ein gutes, einfaches **Restaurant,** Tel. 21454117, www.pointdevuemalta.com.

■ Alternativ kommt nur noch (für Selbstverpfleger) das **Aparthotel Buskett Forest**② in Betracht, bei Buskett Gardens von Rabat kommend an der Hauptstraße rechts, Tel. 21454266, Fax 21455949. Überschaubare Anlage mit Ferienapartments mitten im Nirgendwo, bislang keine Online-Buchung möglich. Nach einem Bericht der *Times of Malta* ist eine Umwandlung zum 4-Sternehotel geplant.

Essen und Trinken

■ Selbstverpfleger finden einen gutsortierten **Lebensmittelladen** in der Triq Għeriexem (am römischen Museum die Hauptstraße hinunter), kühle Getränke und günstige Snacks bietet der **Kiosk** neben der Tankstelle am Saqqajja-Square.

■ Nebenan bietet das **Point de Vue** (Tel. 2145 4117) gute Gerichte zu moderaten Preisen.

Wanderung Rabat – Għajn Tuffieħa

Diese insgesamt etwa fünfstündige, nicht ganz ungefährliche Wanderung von **Rabat** über die **Fomm ir-Rih Bay** und den **Mt. Il Pellegrin** nach **Għajn Tuffieħa** ist die schönste und sicherlich spektakulärste auf Malta, kann nur trittsicheren Wanderern empfohlen werden. Zudem macht die Hitze in den Sommermonaten zu schaffen – andererseits wird man mit Eindrücken abseits der gängigen Routen belohnt, die man sonst kaum zu sehen bekommt. Auch trifft man hier selbst im Hochsommer oft auf keine Menschenseele, ein auf Malta höchst seltenes Gefühl.

So schön die Route ist, sie hat leider zwei Haken: zum einen ein nur 200 Meter langes, aber manchmal verschlossenes (nicht zu umgehendes) Stück Feldweg südlich von Bahrija, zum anderen die Frage, ob der Fomm-ir-Rih–Pellegrin-Pass geöffnet ist (Erdrutschgefahr). Für beide Fälle werden in der folgenden Beschreibung Notlösungen mit angegeben.

Aus dem Stadttor von Mdina kommend, liegt die „Römische Villa und Museum" rechter Hand an der Straße, der man rechts hinunter **Richtung Fiddien** (mehrfach beschildert) folgt und an der Gabelung bei Fiddien links abbiegt. Auf der anderen Seite der Senke erblickt man rechter Hand den Ort Mtarfa mit seinem Clock Tower.

Die kleine, kaum befahrene Nebenstraße führt durch Felder (Zwiebeln, Tomaten) zu einer Abzweigung, an der man dem Sträßchen links folgt. Anschließend lässt man die schlechte Piste nach Dingli links liegen (beschildert) und folgt dem Weg geradeaus hinauf zu den Klippen von **Tal Merhla** (hier der Beschilderung „Mtaħleb" folgen, und den roten Spray-Pfeilen). Nach wenigen Metern erreicht man die „Substant Abuse Unit Mtaħleb", einen gefängnisartigen Bau.

Abstecher (fünf Minuten, die Wanderung geht geradeaus weiter): Sehenswert und malerisch oberhalb der Klippen gelegen ist die kleine **Mtaħleb-Kapelle,** zu der ein Weg am „Gefängnis" links führt. Von der Kapelle aus sieht man dann in den Klippen die älteste noch benutzte Siedlungsform auf Malta: die der **Höhlenbewohner von Mtaħleb.** Seltsamerweise führen etliche der rätselhaften Cart Ruts genau in diese Höhlen hinein. Heute nutzen die Bauern diese uralten, mindestens auf die römische Zeit zurückgehenden Höhlen als Wohnung, der lediglich Fassaden vorgebaut wurden.

Zurück auf dem Weg, folgen abwechslungsreiche Ausblicke auf die verdorrten und eher kargen Parzellen hier oben und unterhalb der Klippen auf das satte Grün der Kohl- und Kapernpflanzungen. Der reizvolle Weg schlängelt sich die **Klippen** entlang, und schließlich erblickt der durstige Wanderer auf der anderen Seite des kleinen Tals auf der rechten Seite das Dörfchen Bahrija, einzige Erfrischungsmöglichkeit zwischen Rabat und Għaijn Tuffieħa. Achtung: An einer Stelle führt eine leicht asphaltierte Haarnadelkurve links abwärts – dieser nicht folgen, sondern immer geradeaus. Der zunehmend holprige Weg passiert nun einen lang gezogenen Felsen auf der linken Seite, in den einige künstliche Nischen geschlagen wurden. Hier verschanzten sich die Bewohner in früheren Jahrhunderten bei Piratenüberfällen.

Kurz darauf teilt sich der Weg: Links und dann gleich wieder links führt ein abfallender Weg zu einer noch nicht näher erforschten **Bronzezeit-Siedlung,** der rechte Weg „endet" vor einem Tor. Meist ist es geöffnet, aber auch wenn es verschlossen sein sollte, muss man hinüberklettern, denn 200 Meter weiter (zweites Tor) trifft man wieder auf den weiterführenden Weg. Und anders kommt man nicht durch die Wied tal Baħrija genannte, landwirtschaftlich intensiv genutzte Senke (es gibt keine Möglichkeit, um die Klippen herumzugehen).

Variante: Wer den Küstenweg wegen des eventuell verschlossenen Tores nicht gehen möchte, beginnt die Tour wie oben beschrieben, folgt aber nicht dem Schild Telemalta, sondern biegt vorher rechts (Schild: Fiddien/Bahrija/Andrijet, Kuncizzjoni) ab, durchquert Baħrija und biegt hinter dem Ort über eine Feldbrücke rechts ab (das ist der Hauptweg, geradeaus kommt man ins Tal) und erreicht über die sich abwärts windende Feldstraße die Fomm ir-Rih Bay (rechts abbiegen; 50 Meter geradeaus weiter sieht man den links abzweigenden Feldweg mit Tor 2). Diese Variante führt nördlich des Tals entlang, umgeht den eventuel geschlossenen Feldweg, ist aber auch nicht halb so interessant.

Wieder auf der Hauptroute, führt der Feldweg auf einen Asphaltweg; hier biegt man erst rechts, nach 50 Metern wieder links ab – bergan käme man zum 500 Meter entfernten Dörfchen **Baħrija,** wo mehrere Bars warten. Von der Bushaltestelle im Ort fährt werktags die 205 tagsüber etwa stündlich (immer um „3 nach") nach Rabat und Mosta.

Doch wir folgen nicht dem Lockruf der Pubs, sondern setzen den Weg zur **Fomm ir-Rih Bay** fort, einer malerischen Bucht, die selten von Touristen besucht wird – aber Vorsicht: bis hierher, zum Ende des absteigenden, asphaltierten Weges, war diese Route ein Kinderspiel, für den weiteren Weg sind Trittsicherheit und Schwindelfreiheit unabdingbar; sonst sollte man von der Fomm ir-Rih Bay nach Bahrija das Sträßchen bergauf laufen und per Bus zurückfahren.

Es gibt zwei abenteuerliche Möglichkeiten, den Weg fortzusetzen. Oberhalb der Bucht und unterhalb der Hänge liegt rechter Hand ein **Trampelpfad** den Hang hinauf auf die Höhe der Klippe Il Pellegrin. Dies ist die einfachere Möglichkeit, nach oben zu kommen – der Pfad ist nach Regengüssen und in der Blütezeit schwer zu finden und wegen Einsturzgefahr oft gesperrt.

Ansonsten folge man dem Trampelpfad am Ende des befestigten Weges und halte sich dabei links an den beginnenden **Kreidefelsen.** Ein 30 Zentimeter breiter, durch den bröselnden Kalk rutschiger Pfad schlängelt sich oberhalb der Bucht mitten am Fels entlang. Hat man den Kreideweg überstanden, lockt ein Bad in den kristallblauen Fluten der Fomm-ir-Rih-Bucht. Dahinter geht es steil bergan, man orientiere sich an dem Gebäude oben links von der Bucht aus hochblickend. Ein Trampelpfad zu diesem trutzigen, südländischen Landhaus bietet die einzige Möglichkeit weiterzugehen. Oben angelangt, muss man durch das Tor zur Straße oder (wenn niemand da ist, wird das Tor verschlossen) auf der linken Mauer entlang zum rettenden Weg (Vorsicht: Direkt an der Mauer fallen die Klippen steil zum Meer ab). Alternativvorschlag: Vor dem Tor geht rechts ein Weg steil hinab. Man kann einen kleinen Bachverlauf überqueren und auf der anderen Seite wieder durch Felder zum Dorf Bahrija, wo man über die Straße wieder zur beschriebenen Abzweigung beim zweiten Tor gelangt.

Wohlbehalten auf der **Hochebene Raddum l Imdawwar** angekommen, einem der besten Weinanbaugebiete Maltas, wendet man sich nach links und folgt dem asphaltierten Weg bis zum Ende.

Von hier aus sind es nur noch etwa 1500 m über das **Mt.-Pellegrin-Plateau** (125 Höhenmeter), ehe es in die schon von weitem sicht- und hörbare **Gnejna Bay** hinabgeht. Mehrere Pfade führen hinunter zum erfrischenden Nass, entweder in Form von Meerwasser oder einem kühlen Getränk am Kiosk (nur im Sommer).

Von hier kann man entweder der Straße nach **Mġarr** (siehe dort) gut zwei Kilometer folgen, wo öffentliche Busse fahren, oder (empfehlenswerter) dem Pfad entlang der Buchten von Gnejna und **Għajn Tuffieħa** (gut 500 m) zum gleichnamigen Ort, in dem es Direktbusse nach Valletta, St. Paul's Bay, Buġibba und Sliema gibt.

■ Günstige Snacks und kleine Gerichte bietet die **Camp Snackbar** in der Triq il-Kbira (Main Street).

■ In der Wagon Street (gegenüber Main Gate, Mdina) liegt eine Reihe einfacher **Straßencafés.** Darunter auch die sehr empfehlenswerte, unter schweizerischer Leitung stehende **John's Bar.**

■ Ebenfalls gute Snacks gibt es in der **Windsor Castle Snackbar** gegenüber der Bushaltestelle.

■ Gepflegte Speisen in angenehmen Ambiente (gehobenes Preis-/Leistungsverhältnis) bietet **Roman's Den,** Tel. 214 56970, in der Triq il Kbira/58 Main St.

Wanderung Rabat – Dingli Cliffs

Eine längst nicht so spektakuläre, wegen der Klippen von Dingli aber ebenfalls sehr schöne Wanderung führt von **Rabat** über Land am **Karmeliterkonvent** vorbei zu den **Klippen** und abschließend ins Dorf **Dingli.** Der Weg zieht sich überwiegend durch Felder, ist weitgehend asphaltiert und gut begehbar.

Die Wanderung dauert insgesamt knapp drei Stunden, und wer per Bus unterwegs ist, sollte zumindest eine Strecke zu den Klippen zu Fuß gehen, da der Bus 81 ohnehin nur in Dingli hält, während die Klippen außerhalb liegen. Es ist angenehmer, von Rabat aus zu beginnen als umgekehrt; im Hochsommer an Flüssigkeit und Sonnenschutz denken!

Man beginnt die Wanderung ab Rabat wie die Wanderung über den Mt. Pellegrin, nur folgt man an der ersten Abzweigung nicht dem Schild „Fiddien", sondern „**Nigret,** Dingli". Gegenüber vom Medina-Hotel liegt der Nigret-Nachtklub (beides Ruinen), davor führt rechts eine enge Straße ab, die sich nach 200 Metern vor einem Haus mit der Jahreszahl 1989 gabelt; hier geht es rechts entlang durch Kürbisfelder, Wein- und Mangoldpflanzungen. Nach 500 Metern gabelt sich das Sträßchen (hier rechts), nach weiteren 300 Metern ist das kleine **Karmeliterkonvent** erreicht. Bekanntheit erlangte die angrenzende **Annunciation Church** durch ihre unterirdische Kapelle sowie einmal mehr Cart Ruts (s. Bronzezeit), die hier auf den Feldern um das Konvent zu finden sind.

An der Kirche geht es rechts entlang, nach 300 m an einer Mauer scharf links und kurz darauf wieder links abwärts, immer durch Tomaten-, Mangold- und Zwiebelfelder zur kleinen Pflanzersiedlung **Misrah Suffara.** Hier teilt sich der Weg erneut: Rechts kommt man zum Weg nach Mtaħleb (Wanderung Rabat – Għajn Tuffieħa), links geht es weiter zu den berühmten Klippen von Dingli.

Man folge der Straße bis zu einem Wegweiser, der zurück Richtung Rabat, voran Richtung Dingli weist. 600 Meter weiter zweigt ein asphaltierter Weg nach rechts ab, dem man durch die Felder bis zum Ende folgt (dort rechts, links geht es nach Dingli-Siedlung). Nach fünf Minuten ist eine Spitzkehre erreicht, der Weg führt nun immer an den Klippen entlang. In der Spitzkehre liegt eine Polizeistation, ein schlechter Pfad geht hier an den Klippen entlang Richtung Mtaħleb, der asphaltierte Hauptweg dagegen vorbei an der Klippenschänke Bobbyland zu einer kleinen **Radarstation.**

Hier (Schilder „Bobbyland" und „Buskett") kann man nun links nach Dingli-Siedlung zur **Bushaltestelle** gehen (Bus 201 Flughafen – Rabat bzw. 52 Valletta).

■ Gegenüber der St. Paul's Church befinden sich etliche Bars und Snackbars, erwähnenswert sind hier die **Pizzeria Marabu** in der Triq Santa Rita, Tel. 21455950, sowie **Grotto's,** Tel. 21455138, an der Ecke/Parish Square mit köstlichen Knoblauchgarnelen *(garlic prawns)*.

■ Gepflegt speisen kann man auch im **Cosmana Navarra,** 28, St. Paul's Square, Tel. 214 50638. Sehr schönes, teilweise antikes Interieur und ausgezeichnete Muschel- und Fischgerichte. Geöffnet tgl. 12–16 und 18.30–22.30 Uhr, Mo/Di nur abends.

■ Für ein kühles Bier bieten sich entweder das **Parteilokal Kazin Laburista** in der St. Paul's Street oder die **Silver Jubilee Bar** in der Triq il-Kbira/25 Main St., Tel. 21450333, an.

■ Wer traditionelle maltesische Süßigkeiten sucht, sollte die **Parruċċan Confectionary** in Rabat aufsuchen. Der Eigentümer *Hr. Cutajar* erzeugt die Produkte selbst und verwendet dazu soweit wie möglich Rohzutaten aus dem Land (Honig, Mandeln). Eine gute Adresse, um auch Souvenirs und Mitbringsel einzukaufen, alles ist oder wird nett verpackt. Der Laden liegt am Weg zur St. Paul's Grotto und den Katakomben, einen Stand findet man auch am Markt von Marsaxlokk.

Unterhaltung

■ Einen späten Schlummertrunk bekommt man auch in der **Black Cat Bar** (25 Saqqajja Hill, Tel. 99427404, mit Restaurantbetrieb) sowie der **Saqqajja Bar,** beide am Saqqajja Square neben der Tankstelle.

Sonstiges

■ Eine **Poststelle** liegt in der Triq il-Muzeum, quasi gegenüber vom City Gate/Mdina. Geöffnet Mo–Fr 9–17 Uhr.

■ Eine kleine **Polizeistation,** Tel. 21454554, in der Sta. Agatha Street gegenüber der St.-Paul's-Kapelle.

■ Bei **Buskett Forest Car Hire,** Ta Sabbat Rd., Buskett, unter Tel. 21454266 und mobil 99473342 (Abholservice) können Leihwagen gemietet werden.

■ **Tankstellen** gibt es direkt am Saqqajja Square sowie in der Triq Nikol Saura.

■ **Internetcafé** im *Point de Vue* (s. Unterkunft).

An-/Abfahrt

Der zentrale Busplatz für Mdina und Rabat liegt am Saqqajja Square; siehe Mdina, wobei die X-3 (Flughafen) in der Museum Rd. (röm. Villa) hält.

Mtarfa

[Imtarfa]

Wer von den Mauern Mdinas über die alte Bahnstation und das Tal nach Norden blickt, erkennt den weithin sichtbaren, typisch englischen **Clock Tower der alten britischen Garnison** von Mtarfa. Bis zum Abzug hatten die Briten hier ihren wichtigsten Standort, das alte britische Hospital galt als das beste auf Malta.

Die Garnison wurde, nachdem 1979 der letzte britische Soldat Malta verlassen hatte, in eine Sozialwohnsiedlung umgebaut. Rundum entstehen supermoderne, aber wenig stilvolle Neubauten.

■ Zwar fährt **Bus** 51 nach Mtarfa (Valletta – Rabat Linie) und Bus 203 (St. Julian's – Sliema – Rabat), schöner ist ein Gang über die Eisenbahnbrücke zwischen Mdina und Mtarfa und das Sträßchen am anderen Ende des Tals. Links liegt das Spital, rechts, die Triq L-Imtarfa entlang nach 350 m in die Triq Harlech rechts, der Clock-Tower. Zur **Touristenbahn Mtarfa – Mdina** s. unter An-/Abfahrt Mdina.

241M wl

Victoria Lines

Während Südostmalta mit nur einer überschaubaren Bucht (Marsaxlokk-Bay) relativ einfach zu verteidigen war, bot der Nordwesten mit etlichen Buchten weit mehr Angriffspunkte. In der Tat wurden die Siedlungen im Nordwesten nach Überfällen aufgegeben, der Süden und Südwesten dagegen befestigt. In der **Mitte des 19. Jh.** bauten die Engländer quer durch Malta von der Fomm ir-Rih Bay bis Madliena (nahe Splash Fun Park) einen schier uneinnehmbaren **Festungszug** auf dem Kamm eines Nord- und Südmalta trennenden Höhengürtels.

Diese nach der englischen *Queen Victoria* (1819–1901, regierte 1837–1901) genannte Festungsmauer wurde noch im Zweiten Weltkrieg befestigt und ausgebaut, da das britische Oberkommando mit einer Invasion deutsch-italienischer Landungstruppen von Mellieħa aus rechnete. Mehrere beeindruckende Abschnitte sind noch gut erhalten.

Victoria Lines bei Mosta

Wer nicht mit einem Leihfahrzeug unterwegs ist, besichtigt die Victoria Lines zweckmäßigerweise bei Mosta; die Wälle, einige Kilometer nordwestlich von Mosta, sieht man besonders gut von Buġibba kommend.

Victoria Lines bei Fort Binġemma, Dwejra Lines

Mein Tipp: Weit schöner ist für Selbstfahrer eine wenig befahrene Nebenstrecke: Auf der Route von Mġarr Richtung Gnejna Bay biegt man, kurz bevor die Straße zur Bucht abfällt, links ab und fährt zunächst durch von Mauern begrenzte Felder zum schon weithin sichtbaren Fort Binġemma. Die schmale Straße steigt an und zieht sich um das Fort herum am Berg entlang. Kurz hinter der Biegung unterhalb des Forts gabelt sich der Weg.

Links geht es zum Fort hinauf. **Fort Binġemma** ist jedoch in Privatbesitz und nicht zu betreten, aber von außen zu besichtigen.

An der genannten Gabelung rechts zweigt 250 Meter weiter auf der Straße eine Haarnadelkurve nach links ab (geradeaus kommt man beim Fiddien-Reservoir heraus). Die Strecke steigt weiter bis auf 239 Höhenmeter an, wo der **Nadur Tower,** ein Johanniterwachturm aus dem 18. Jh. mit sensationeller Rundsicht über Malta erreicht ist.

Es folgen nach 500 Metern Steinfelder, wo wieder **Cart Ruts** (s. Bronzezeit) zu finden sind.

Ein kurzes Stück darauf folgt eine Kreuzung (beschildert: rechts Rabat, geradeaus Mosta, links Mġarr). Ein kurzer Abstecher 200 Meter nach links führt zu der kleinen **Kapelle** von *Stanislaus Xara* (1680) mit Blick ins Tal und auf die Victoria Lines. Unter der Kapelle befinden sich Katakomben, vermutlich eine Grabstätte aus römischer Zeit. Ein Trampelpfad an der Kapelle führt am Tal entlang zu den Mauern der Victoria Lines.

Zurück an der letztgenannten Kreuzung fährt man nun Richtung Mosta

242M wl

(von der Kapelle aus links), immer einen malerischen Höhenweg an dem hier **Dwejra Lines** genannten Abschnitt der Victoria Lines entlang. Nach ein paar Kilometern verlässt man die Höhenbastion durch einen Mauerdurchbruch, die Straße fällt nun ab zur Hauptstraße Mosta/Rabat – Żebbiegħ. Unten links gelangt man via Żebbiegħ nach St. Paul's Bay (Schild Bidnija hinter Żebbiegħ), rechts geht es nach Mosta oder Rabat.

Victoria Lines bei der Kunċizzjoni-Kapelle

Weitere Aussichtspunkte entlang der Victoria Lines liegen vom Fiddien-Reservoir die Straße hinauf (oder von Binġemma Fort geradeaus, dann scharf rechts; Schild „Kunċizzjoni" beachten). 300 m vor der Kunċizzjoni-Kapelle passiert man das *Alcazar-Restaurant* (Tel. 21452965), ein bei Einheimischen beliebtes Ausflugslokal.

Bald folgt die 1731 gebaute **Kunċizzjoni-Kapelle;** geradeaus weiter liegt am Ende der Straße ein schöner **Aussichtspunkt,** ein schmaler Pfad führt noch ein Stückchen weiter.

Man kann auch vor der Kapelle rechts abbiegen und dem Feldweg 150 Meter folgen. Hier steht man mitten in den Victoria Lines und hat eine weitere Möglichkeit, sich hautnah ein Bild von dieser mächtigen Verteidigungsanlage zu machen. Gerade hier erkennt man gut die mehreren terrassenförmigen Schichten der Anlage, in der sich die Verteidiger für den Fall der Eroberung einer Schicht sofort hinter der nächsten verschanzen konnten.

Von beiden Aussichtspunkten führen Trampelpfade die Steilhänge hinunter zur **Fomm ir-Rih Bay** (s. Wanderung Mdina – Għajn Tuffieħa).

Mġarr und Żebbiegħ

[Imdschar und Sebbieh]

Auf dem Weg zur Gnejna Bay, ob per Bus oder Leihfahrzeug, passiert der Besucher in einer fruchtbaren Ebene unterhalb der Victoria Lines die beiden kleinen, nur 1500 Meter auseinander gelegenen Dörfer Mġarr (knapp 2000 Einwohner) und Żebbiegħ (850 Einwohner). Trotz – oder wegen – der geringen Entfernung zueinander besteht zwischen den Gemeinden eine geradezu filmreife **Rivalität,** die Einheimischen zufolge „bis in die Steinzeit" zurückreicht. Hatten die Bewohner von Skorba und Ta'Ħaġrat (so werden die hier gefunden Steinzeitanlagen genannt) sich seinerzeit gegenseitig die Frauen entführt, beschränkt sich dieser lustige Zeitvertreib heute auf die Entführung der Fußballtore in der Nacht vor dem nächsten Ligaspiel. Ähnlich wie in Mitteleuropa auch, darf man jedes Match verlieren – nur nicht jenes gegen das Nachbardorf! Nun wird der neutrale Besucher weniger als Friedensbotschafter nach Mġarr oder Żebbiegħ fahren, sondern eher wegen der architektonischen und frühgeschichtlichen Sehenswürdigkeiten.

Skorba-Tempel, Żebbiegħ

An der Stelle der Tempelreste wurde jüngeren Ausgrabungen (1960–63) zufolge bereits um 5200 v. Chr. ein erster Einkammertempel errichtet, der somit der älteste Tempel auf Malta gewesen sein könnte. Davon ist allerdings kaum etwas erhalten, lediglich für den Laien nicht erkennbare Fundamentreste. Allerdings sind die Reste zweier jüngerer Tempelanlagen gut zu erkennen: ein älterer im Kleeblattgrundriss (ca. 3700 v. Chr.) sowie ein doppelnierenförmiger von ca. 3300 v. Chr.

■ Links der Hauptstraße nach Għajn Tuffieħa, beschildert, nur Di, Do, Sa 9–12 Uhr, Eintritt 5 €, ermäßigt 3,50 €, Kinder 2,50 €.

Ta'Ħaġrat-Tempel, Mġarr

Während der Ausgrabungen von *T. Zamit* (1923) wurden die Reste zweier Tempel auf dem Gelände freigelegt. Der ältere, etwa 3700 v. Chr. gebaute Tempel bestand lediglich aus einer Hauptkammer mit vier bogenförmig angeschlossenen Nischen/Kapellen. Deutlich jünger (3000–2500 v. Chr.) ist der zweite, größere und deutlicher strukturierte Tempelbau unmittelbar daneben. Ein Trilithenzugang führt in einen Korridor, von dem rechts und links zwei Kammern abzweigen sowie geradeaus die Haupthalle. Man kann sich den Grundriss etwa wie ein dreiblättriges Kleeblatt mit dem Korridor in der Mitte vorstellen.

■ Von Żebbiegħ kommend links in der Triq San Pietro

■ **Ein Hinweis zu den Tempeln:** Da beide klein und selten besucht sind, ist der Erhaltungs- und Pflegezustand deutlich schlechter als etwa bei Pawla oder Ħaġar Qim. Beide Anlagen sind umzäunt und Di, Do und Sa 9–12 Uhr betretbar. Eintritt 5 €, ermäßigt 3,50 €, Kinder 2,50 €. Andererseits ist es nicht jedermanns Sache, einen Steinzeittempel nach dem anderen zu begutachten, für Familien kann das ganz schön ins Geld gehen. Wer nur mal einen Blick auf eine solche Anlage werfen möchte, ohne sich aufzuhalten steht hier an den Umzäunungen richtig.

Mġarr Parish Church

Der Stolz der Bewohner Mġarrs zeigt sich deutlich in der erst 1954 gebauten **Rotunda.** Nachdem einer alten, wesentlich kleineren Pfarrkirche an gleicher Stelle der Einsturz drohte, sammelten die Einwohner unermüdlich Spenden und beauftragten den Afromalteser *Guże Damato* (s. Kurzbiografien) mit dem Bau. *Damato* nahm die Rotundas von Mosta und Xewkija/Gozo zum Vorbild und schuf eine prunkvolle, verkleinerte Ausgabe, die als Pfarrkirche einer so kleinen Gemeinde ihresgleichen sucht.

■ **Im Zentrum,** vor der Abzweigung zur Gnejna Bay.

Mġarr War Shelters

Unter dem Restaurant *Il Barri* bei der Rotunda (s.u.) wurden die größten **Luftschutzbunker** Maltas restauriert und der Öffentlichkeit zugänglich gemacht. Die Anlagen auf Malta sind sich ähnlich und es genügt der Besuch einer dieser Bunkeranlagen – man sollte durchaus die in Mġarr wählen. Tel. 21573235, geöffnet Di–Sa 9–4 Uhr, So 9–11 Uhr, Mo geschl., Eintritt 6 €, ermäßigt 3 €.

Gnejna Bay

Die hübsche **Sandbucht** (rechte Seite großer natürlicher Felspool) unterhalb des Pellegrin-Plateaus ist weit weniger überlaufen als die berühmte Golden Bay. In der Bucht bietet ein in den Sommermonaten geöffneter Kiosk Snacks und Getränke an. Nachteil: der Parkplatz ist im Sommer gebührenpflichtig.

Neben der teilweise in die Felsen gebauten **Fischersiedlung** lohnt der Aufstieg zum oben auf dem Hügel thronenden **Kippja Tower,** einem ehemaligen Wach- und Aussichtsturm.

■ Man erreicht Gnejna Bay entweder per **Pkw/Moped** via Mġarr oder direkt per **Bus** 101, 102 (Gozo-Fähre, Mellieħa. **Zu Fuß** ab Mġarr ca. 20 Minuten, ab Għajn Tuffieħa läuft man gut einen Kilometer über Pfade um die Buchten herum (s. Wanderung Mdina – Għajn Tuffieħa).

Essen & Trinken

■ **Trattoria Charles Il Barri,** Tel. 21573235, Triq il-Kbira, direkt am Kirchplatz, ist berühmt für hervorragendes Kaninchen und gutbürgerliche maltesische Küche. Di–Sa 11.30–14.30, abends täglich ab 18 Uhr.

■ An der Hauptkirche finden Selbstversorger einen Metzger, der auch frische Kaninchen abietet.

Anfahrt

■ Haltestelle in Mġarr direkt am Kirchvorplatz
Bus 244 (Mater Dei – Mosta – Mġarr)
Bus 44 (Valletta – Mosta – Mġarr, alle 10 Min.)
Bus 101 und **102** (Cirkewwa – Mellieħa – Mġarr – Gnejna Bay, stündlich)
Bus 225 (Mosta – Golden Bay)

Għajn Tuffieħa

[Ain Tuffieha]

Għajn Tuffieħa liegt am westlichen Ende der fruchtbaren St.-Paul's-Senke zwischen Wardija Ridge und Mellieħa Ridge. Während das Landesinnere von intensiver Landwirtschaft geprägt wird, bietet die Küste mehrere **Strände,** unter anderem den sehr beliebten Sandstrand Golden Bay mit einem großen Hotel sowie die direkt benachbarte Għajn Tuffieħa Bay.

Fußpfade führen über das **Ras il-Karraba** zur wenige hundert Meter entfernten Gnejna Bay.

Römisches Bad

Etwa 300 Meter vom Ta Għajn Tuffieħa Tower die Hauptstraße entlang liegt eine Kreuzung, an der es geradeaus nach St. Paul's, links zur Golden Bay und rechts nach Mġarr geht. Nach 750 Metern Richtung Mġarr liegen rechter Hand (zu erkennen am umzäunten kleinen Gelände unterhalb der Straße) die besterhaltenen Relikte der Römerzeit auf Malta, ein beinahe vollständig erhaltenes **Thermalbad** (Schild „Roman Baths"). Von Dampfbad, Kaltwasser- und Warmwasserbädern über Umkleidekabinen bis hin zu Toiletten wurde an alles gedacht.

Die Bäder wurden nicht zufällig mitten in die Landschaft gebaut, hier sprudelt die ergiebigste **Quelle** der Insel mit einer Tagesfördermenge von über 300.000 Litern.

Innerhalb der Anlage wird das überdachte Lauwarmwasserhäuschen mit einem gut erhaltenen farbigen **Mosaik** am interessantesten sein.

Die Anlage wurde in den 1960er Jahren unter **UNESCO-Schirmherrschaft umzäunt** und wird seit 2013 von der nationalen archäologischen Dachorganisation *Heritage Malta* erneut erforscht und für eine Besucher-Infrastruktur vorbereitet. Mit einer (Wieder-)Eröffnung für das breite Publikum wird 2016 gerechnet.

Golden Bay

Gleichauf mit der Mellieħa Bay, nur schöner gelegen, entwickelte sich die Golden Bay genannte **Badebucht Ramla tal-Mixquqa** mit Sandstrand zum Renner auf Malta.

Der **Pfad an der Küste** entlang (rechte Buchtseite) führt zu den benachbarten Buchten Għajn Tuffieħa und Gnejna und kann sogar bis Rabat oder Dingli fortgesetzt werden (s. Wanderungen bei Rabat).

Das die Bucht überragende **Hotel Golden Sands**⑤ wurde von der Radisson SAS-Gruppe übernommen und zu einem Fünf-Sterne Luxusresort/Spa umgebaut. Es bietet heute allen erdenklichen Luxus in tollen Zimmern, Suiten und Penthäusern (Letztere mit Privatpool) sowie eine großartige Lage an Maltas vielleicht schönstem Badestrand. Tel. 23561000, Fax 23561001, www.goldensands.com.mt. Wer vorwiegend Strandurlaub sucht, ist hier genau richtig.

617M wl

■ Auf der anderen Seite der Bucht steht der heute verlassene Wachturm **Ta' Għajn Tuffieħa Tower,** ähnlich dem Kippja Tower nur wenig weiter südlich in der Gnejna Bay. Er wird derzeit von einem Heimatverein (s. Red Tower, Marfa-Ridge) übernommen und soll in Kürze zu besichtigen sein. Tolle Aussicht von dort!

■ Direkt am Feldweg zum Turm (vor dem großen Café am Parkplatz) liegt die **Gaia-Foundation** (Details s. unten, Naturschutzgebiet).

■ Erfrischungen gibt es in dem kleinen **Café/Restaurant** am Parkplatz/Haltestelle sowie bei den Strandkiosken; der Strand selbst ist bewacht *(Lifeguards).*

Golden Bay

■ **Obst- und Gemüsehändler** bieten am Parkplatz im Sommer ihre frischen Erzeugnisse an.

■ Neben einigen **Wassersport-Möglichkeiten** direkt am Strand gibt es oben an der Bucht die **Reitschule Half Ferh Golden Bay Horse Riding,** Tel. 2157 3360, www.goldenbayhorseriding.com, die auch Ausritte anbietet.

■ Aufgrund der großen Beliebtheit der Bucht auch bei Touristen fahren einige **Buslinien** die Golden Bay an, darunter: **44** (Mosta – Valletta), **101** (Mellieħa und Gozo-Fähre), 223 (Buġibba – St. Paul's Bay –Qawra, alle 15 Min.), **225** (Sliema – St. Julian's).

Għajn Tuffieħa Bay

An der alten, erdrutschgefährdeten und nie fertig gestellten Hotelruine der Bucht von Għajn Tuffieħa führt ein Pfad abwärts zur kleinen, stark frequentierten **Sandbucht** und der bizarren felsigen **Landzunge Ras Il Karraba.** Man kann den Felsen ganz umrunden, wobei sich schöne Blicke über die Buchten von Għajn Tuffieħa eröffnen. Insbesondere die mittlere ähnelt wegen des dunklen Untergrundes und den steilen Hängen einem Vulkan.

Lässt man den Felsen rechts liegen und folgt dem Pfad steil aufwärts nach links, so erreicht man den Rand der Klippen und kann hier zur mittleren **Felsbucht** gehen. Man erreicht diese vor allem bei Schnorchlern beliebte Bucht auch, wenn man den Trampelpfaden im Hang folgt, doch ist dies nicht ganz ungefährlich. Der Badelustige findet also auf engem Raum mehrere Untergründe, hellen Sand, Fels und dunkles Gestein.

■ Am Parkplatz stehen im Sommer oft fliegende Händler mit **Obst und Gemüse** aus dem Umland.

■ Das **Snackcafé** am Parkplatz bietet Erfrischungen und Kuchen, die Kioske am Strand locken mit Fast Food und Eiscreme.

■ **Anfahrt per Bus:** 44 (Valletta), 101, 102 (Mellieħa – Gozo-Fähre), 223, 225 (Buġibba).

Manikata

Nahe der Golden Bay liegt die wenige Dutzend Seelen umfassende **Bauerngemeinde** Manikata.

Hinter Manikata führt eine Piste malerisch die Mellieħa Ridge (s. Maltas Norden) hinauf, vorbei an einem gut erhaltenen Teil eines alten **Aquädukts,** welcher die Quelle der unmittelbar daran angeschlossenen Pumpstation auf die Felder umleitete.

Es besteht die Möglichkeit, ab Golden Bay zu Fuß bis **Sweethaven (Anchor Bay)** und **Popeye Village** zu wandern (ca. sechs Kilometer). Hierzu geht man die kleine Nebenstraße von der Golden Bay bis Manikata, dort die Triq Mellieħa hinauf bis zu einer deutlichen rechts-links-Kurve der Straße.

Hier folgt man nicht der Straße, sondern links dem Feldweg. Dieser führt auf dem Höhenzug Bajda Ridge (bis 104 Höhenmeter) zum **Għajn Snuber Tower** und weiter nach Sweethaven. Achtung: trotz der großen Beliebtheit gibt es keine Busanbindung in Sweethaven, man muss noch bis Mellieħa oder zurück zur Golden Bay laufen.

Selbstfahrern sei die **sehr schöne Route** von Żebbieh über Bidnija (Richtung St. Paul's Bay), über die Wardija Ridge hinunter, über die Straße (St. Paul's/Golden Bay) Richtung L' Imbordin gerade hinüber und dann aufwärts durch das Waldgebiet (!) die Mellieħa

Ridge hinauf empfohlen. Eine ganz stille, schöne Route.

Leser empfehlen einen Besuch der **Gaia Foundation** (an der Straße zur Golden Bay auf der linken Seite vor dem *Café-Restaurant Apple's Eye* am Parkplatz), einer Naturschutzorganisation mit Baumschule und Besucherzentrum (Tel. 21584474, www.projectgaia.org, Mo und Sa 8–13.30 Uhr, Di–Fr 8–14.30 Uhr, Eintritt frei). Sie betreut das **Naturschutzgebiet Għajn Tuffieħa Bay** und organisiert Gruppenführungen nach Voranmeldung. Besucher können ihren eigenen Baum adoptieren. Angeschlossen ist ein Laden mit lokalen Produkten. Die Foundation ist auch einer der Betreiber des hier beginnenden **Majjistral Nature and History Park,** welcher sich bis zur Anchor Bay (Popeye Village) erstreckt und nur mit Sondergenehmigung befahren werden darf. Zu Fuß kann dieser Küstenstreifen jederzeit besucht werden, Informationen bietet das kleine **Elysium Visitor Centre** sowie die Internetseite www.majjistral.org.

Küstenweg im Naturschutzgebiet Għajn Tuffieħa Bay

4 Nord-malta

Maltas Norden bietet sich als Urlaubsstandort vor allem für diejenigen an, deren Fokus auf dem Wassersport liegt und die den einen oder anderen Tagesausflug in die historischen Zentren Maltas planen.

< Blick über Mellieħa

NORDMALTA

Maltas Norden verfügt über ein gutes Dutzend Sandstrände und Felsbuchten, die sich die Küstenlinie entlang aneinanderreihen. Mit **Buġibba** hat Nordmalta einen der abwechslungsreichsten Standorte für einen Maltaurlaub, zudem gehören **Mosta** (Rotunda) und **St. Paul's Island** (Strandung des Apostels) zu den großen Sehenswürdigkeiten der Insel. Schließlich bieten sich auch hier interessante Wanderungen wie über den 116 m hohen **Ġebel Għawżara** oder die zerklüftete Küstenroute via **Fort Campbell** und **Selmun Palace** an.

NICHT VERPASSEN!

- **Red Tower,** Restaurierter Johanniter-Wachtturm mit Rundumblick | 199
- **Għadira Bay,** Maltas größter Sandbadestrand | 205
- **Popeye-Village (Anchor Bay),** Filmdorf für die ganze Familie | 216
- **Majjistral Nature and History Park,** das erste kleine Naturschutzgebiet auf Malta | 218
- **Rotunda von Mosta,** Wunder oder Legende einer Bombe, die im Gotteshaus nicht zündete | 244

Diese Tipps erkennt man an der gelben Hinterlegung.

Marfa Ridge

Im äußersten Norden Maltas erhebt sich, beinahe von der übrigen Insel durch Mellieħa Bay und Anchor Bay abgetrennt, der **Höhenzug** Marfa Ridge, der nach Nordwesten hin abfällt und sich in mehreren Badebuchten öffnet. Die anderen drei Seiten der Marfa Ridge bestehen aus Steilküste und der einzigen Landverbindung hinunter nach Mellieħa.

Wer in Mellieħa wohnt, kann das Gebiet gut **zu Fuß** durchstreifen, allerdings sollte die stark frequentierte Hauptstraße Mellieħa – Marfa Point (Fähre) gemieden werden.

Am besten fährt man per Bus bis ans Ende der Mellieħa Bay/Haltestelle „Mellieħa Bay Hotel“ (bzw. mit Linie 37 direkt bis zur Armier Bay) und folgt dem kleinen Asphaltweg hinter dem Hotel rechts, der nach einem Kilometer in einen nicht befahrbaren Trampelpfad übergeht und auf eine fast unbefahrene Nebenstraße stößt. Folgt man diesem Sträßchen nach rechts, erreicht man nach einem weiteren Kilometer einen von kleinen Nadelbäumen gesäumten Halteplatz (rechts), von dem aus Trampelpfade zu eher selten besuchten **Badeplätzen** führen (Felsbuchten).

Dahlet ix-Xilep und White Tower

Das Sträßchen endet an der nur gut einem Meter großen, von See her aber weithin sichtbaren **Madonnenstatue**

> Einsam wacht ... Red Tower

Dahlet ix-Xilep und einer kleinen **Kapelle** mit griechischer Inschrift. Ein Trampelpfad führt hinter der Kapelle an den hier knapp 50 Meter senkrecht zum Meer hin abfallenden Klippen entlang, endet dann aber abrupt.

Zurück auf der Nebenstraße, nimmt man den ersten Weg (vorsichtig befahrbar) nach rechts und kommt so zum nördlichsten Punkt Maltas, dem **Ponta ta'l-Aħrax** sowie dem Johanniterwachturm **White Tower.**

Armier Bay und Ramla Bay

Von hier aus kann man der Küste durch die verschiedenen **Badebuchten** folgen. Nacheinander passiert man **White Tower Bay** (beliebter Campingplatz der Malteser), **Little Armier** mit *Ray's Lido Pizzeria* (Bootsverleih, Tel. 21573457) sowie die sich direkt anschließende **Armier Bay** (überlaufene Sandbucht und Ferienhaussiedlung mit *Farlex* Snacklokal und dem teuren *Belmar Restaurant* (Tel. 21573084).

Schließlich kommt man zur **Ramla Bay** mit kleinem Jachthafen und dem *Ramla Bay Hotel.*

Von hier aus folgt man der Küstenstraße nach rechts etwa 600 Meter bis zur Haltestelle der Ċirkewwa-Busse am *Paradise Bay Hotel.* Vor dem Hotel führt links ein befestigter Weg zur stets gut besuchten **Paradise Bay,** einer großen Sandbucht mit Parkplatz und Snackbar.

Red Tower (Sta. Agatha Tower)

Südlich der Hauptstraße zur Fähre liegt der weithin sichtbare **Red Tower,** auch als **St. Agatha**- oder **Wied Mousa Tower**

512M wl

COMINO
Comino
Gozo
Il-Fliegu Ta' Malta
(South Comino Channel)
Ahrax Point
198
White Tower
White Tower Bay
199
Armier Bay
198
Dahlet ix-Xilep
Madonnenstatue
1
Felsbadeplatz
199
Ramla Bay
2
Marfa Point
Ċirkewwa
3
Bushalt. (45,48,645)
198
Marfa Ridge
203
Paradise Bay
4
Tierheim Noah's Ark
199
Red Tower
Meerwasser-Entsalzungswerk
Id-Daħar
Ruinen
206
Mellieħa Bay
5
Naturschutz-gebiet
205
Il Għadira
8
6
7
208
Mellieħa
Selmun Bay
Qawra Tower
Il-Kortin ta' Għajn Żejtuna
Selmun Palace
Ras il Quammieh
216
Sweethaven/ Popeye Village
216
Anchor Bay
Mellieħa Ridge
Is-Simar
Majjistral Nature and History Park
Schranken
Għadira Bay
Miżieb
L-Imbordin
218
Għain Snuber Tower
Aquädukt
Aufforstung
194
Manikata
In-Naħħalija
Gaia Foundation
191
Għajn Tuffieħa
Wardija Ridge
St. Paul's
192
Golden Bay
zentr. Bushaltestelle
Röm. Thermalbad
194
Għajn Tuffieħa-Bay
Għajn Tuffieħa Tower
Ras-il-Karraba
189
Mġarr
190
Ta' Ħaġrat Tempel
191
Gnejna Bay
L-Iskorvit
MITTELMEER
Tal' Abatija
Tas-Santi
187
Victoria
Übernachtung
1 Malta Campsite
2 Ramla Bay Hotel
3 Paradise Bay Hotel
5 Mellieħa Bay Hotel
6 Mellieħa Holiday Complex
7 RIU-Seabank Hotel
8 Luna Holiday Complex
9 Ambassador Hotel
12 Coastline Hotel
Essen und Trinken
4 Paradise Bay Lido Restaurant
Einkaufen
10 Supermarkt und Obst- und Gemüsestände
11 Farmer's Wine
Wassersport
4 Paradise Bay Lido

Nordmalta
0 1 km
©Reise Know-How 2014
Malta K4
Gozo/Comino (nur Ausflugsboote)
MITTELMEER
Sliema, Valletta (nur Ausflugsboote)
218 St.-Pauls-Insel
Badeplätze
St. Paul's Statue
Fort Campbell
Qawra Point
Qawra Tower
224
236 Qawra
238 Salina Bay
Ras il-Qrejten Tower
Ravine
Mistra Bay
218 St Paul's Bay
229 Buġibba
222 St. Paul
12
Salina
Müll-verbrennungs-platz
248 Għargħur
Salzpfannen
Maghtab
9
Xemxija
220
218 St Paul's Bay (San Pawl il-Baħar)
Kennedy Memorial Grove
11
Tal Qarbuni
St. John's
239 Burmarrad
10
Tempel Tal Qadi
Wardija
Alte Kapelle
San Pawl Milqi
Victoria Lines
Cart Ruts
Ġebel Għawzara
Wied il-Għasel
San Pawl tat-Targa
San Martin
Sta. Katarina
Messe
Bidnija
Fort Mosta
247 Naxxar
Pfarrkirche
242
Ta'Saliba
Bidnija
240 Mosta
190 Skorba-Tempel
189 Żebbiegħ
Beżbeżija
Dwejra Lines
Binġemma
Katakomben
Lines
187 Cart Ruts
246 Ta Qali Nationalpark
Ta'Qali
Aircraft-Museum

bekannt. Dieser von Valletta am weitesten entfernte Johanniterturm auf Malta wurde von *Großmeister Lascaris* 1647/48 in Auftrag gegeben und mit zusätzlichen Wachtürmchen verstärkt. Der bis vor wenigen Jahren von der Küstenwache genutzte Turm war einst mit fünf Kanonen und 49 Mann Besatzung bewehrt. Die Aussicht auf Mellieħa Bay und Għajn Tuffieħa Bay ist überwältigend. Der Turm und sein kleines Museum können im Winter tgl. 10–16 Uhr, im Sommer 10–13 und 15–18 Uhr besucht werden; Eintritt 2 €, ab 12 Jahren. Um den Turm kümmert sich übrigens der nationale, historische Heimatverein *Din L-Art Helwa* („Dieses schöne Land"), der auch in ehrenamtlicher Hobbyarbeit weitere einstige Johannitertürme und historische Stätten übernommen hat und diese restauriert, etwa den Dwejra-Tower (Dwejra, Gozo) oder den Delimara-Leuchtturm. Details siehe unter www.dinlarthelwa.org.

619M wl

Paradise Bay

Über ein Geflecht von (nicht befahrbaren) und gelegentlich schwer erkennbaren Feldwegen/Pfaden kann man vom Red Tower aus nach Norden bis zur Paradise Bay wandern; auf dem Weg passiert man den zerfallenen ehemaligen britischen Außenposten **Ras il-Qammieh,** das zentrale maltesische Tierheim *Noah's Ark* (Besucher sind jederzeit willkommen), sowie eine moderne Meerwasser-Entsalzungsanlage, ehe man auf die hübsche Badebucht (überwiegend Sandstrand) und das Restaurant *Paradise Bay Lido* trifft. Selbstfahrer folgen dem Sträßchen kurz vor der Fähre linker Hand zum Strand oder nehmen Bus 237.

■ Das **Paradise Bay Lido** (Tel. 21575491, geöffnet Apr.–Okt. tgl. 9–22 Uhr) bietet – neben regulärem Restaurantbetrieb – auch Eventcatering, BBQ, gehobenen Strandbarbetrieb und Wassersport.

Unterkunft

Die zahlreichen Badebuchten der Marfa Ridge haben natürlich auch Luxushotels auf den Plan gerufen. Wer keinen kompletten Aktivurlaub gebucht hat, sollte aber besser einen anderen Standort wählen; man ist zwar schnell an der Fähre nach Gozo, die Wanderung auf der Marfa Ridge ist sicher auch sehr nett, aber ansonsten drohen hier draußen gähnende Langeweile und Bettenburgflair.

■ **Paradise Bay Hotel** ④, Marfa Point, Tel. 215 21166, Fax 21521153, http://paradise-bay.com, bietet gelegentlich Übernachtungs-Specials, meist DZ mit Balkon, Meerblick, Minibar usw. unter 600 €/ Woche (2 Pers.) an. Hier auch *Paradise Bay Tauchschule.* Nachteil: starker Fahrzeugverkehr zu den Fähranlegezeiten.

‹ Grandiose Aussicht vom Red Tower

■ **Ramla Bay Holiday Complex**④, Tel. 2152 2181, Fax 21575931, www.ramlabayresort.com. Vertragshotel einiger Pauschalreiseanbieter mit günstigen Pauschalangeboten. Eher langweilige und abgeschiedene Bettenburg mit DZ ab 65 € und Suiten bis 190 €, ohne Wagen ist man hier verloren. Bieten diversen Wassersport und Ausflüge an.

■ Ähnliches bietet das benachbarte **Riviera Resort & Spa**④ bei DZ-Preisen ab 85 €. Hauptsaison sehr teuer. Tel. 21520666, www.rivieramaltahotel.com. Wichtig: in der Ramla Bay (Hinweisschilder) legen auch Comino-Fähren ab.

■ **Malta Campsite** (nur im Sommer): voll ausgestattete (inkl. Kochutensilien, Stühle usw.) Zelte oder Mobilheime kosten ca. 150 €/Woche für eine vierköpfige Familie, rund 30 €/Nacht (2 Pers.). Infos unter Tel. 21521105 und 21520100, www.maltacampsite.com.

An-/Abfahrt

■ Alle **Busse von/nach Marfa Point** (Cirkewwa, Gozo-Fähre) halten am *Paradise Bay Hotel*, an der Abzweigung zum *Ramla Bay Hotel* sowie an der Kreuzung vor der Abfahrt in die Mellieħa Bay; Bus 37 (Valletta, Mellieħa, Mosta/Targa Gap) fährt direkt zur Armier Bay, Bus 237 pendelt zwischen Gozo-Fähre, Paradise Bay, Mellieħa Bay/Għadira und Popeye Village.

Immer gut besucht: Paradise Bay

250M wl

Il Għadira

[Ilahdira]

Viele Besucher fahren nach Mellieħa zum Schwimmen – und sind enttäuscht: Nicht der Ort selbst, sondern die 2 km entfernte **Mellieħa Bay**, eigentlich **Għadira Bay**, mit der Siedlung Il Għadira ist das Ziel der Sonnenanbeter.

Mit knapp 1½ Kilometern Länge bietet die Bucht Maltas längsten und meistbesuchten **Sandstrand**, auch Nobelherbergen haben die Mellieħa Bay für sich erschlossen. Vom Bananenreiten über Sonnenschirm- und Liegenverleih bis zu einer Pontoninsel (Hüpfburg, gegen Gebühr) wird so einiges geboten.

Auf der anderen Seite der Hauptstraße wurde ein kleines, für die Öffentlichkeit nicht zugängliches **Vogel-Naturschutzgebiet** und **Feuchtbiotop** eingerichtet; angesichts der ungebrochenen Beliebtheit des Vogelschießens ein Tropfen auf den heißen Stein. Östlich vom Kreisverkehr liegt die kleine Siedlung mit dem **Museum Tunnara-Battery** (1717 unter *GM Perellos* errichtet), Restaurants, Minimarkt und Souvenirhändlern. Baden ist auf dieser Seite nicht oder nur eingeschränkt möglich (Fels). Am alten Fischerhafen vor dem Tunnara-Museum fahren auch die Ausflugsboote der örtlichen Anbieter nach Comino ab.

Unterkunft

Die Hotels am Strand bieten reichlich Wassersport, Unterhaltung und vieles mehr und werden durchweg ihrer Kategorie gerecht, sie liegen aber landseitig der vierspurigen Straße was weder uneingeschränkt kindertauglich noch von der Lage her besonders attraktiv ist – es herrscht teilweise starker Durchgangsverkehr.

■ **RIU-Seabank**④, Tel. 21521460/8, Fax 2152 1635, www.seabankhotel.com, sehr großes AI-Resort mit angeschlossener Bowlingbahn und Tauchbasis *(Meldive)*. Meerblickzimmer bieten keinen Vorteil, da tagsüber sehr starker Straßenverkehr an der Hauptstraße stört.

■ **Mellieħa Bay**④, Tel. 21573841, Fax 21576399, www.melliehabayhotel.com, angenehme Anlage, Terrassenpool mit tollem Blick, ebenfalls mit Tauchschule *(Aqua Dive Centre)*.

■ **Luna Holiday Complex Aparthotel**④, Tel. 21521645, Fax 21521727, Online-Buchung unter www.lunaholidaycomplexmalta.com. Von den Anlagen in Strandnähe die preiswerteste Alternative. Studios ab 40 €, Apartments ab 55 €/Tag.

■ **Mellieħa Holiday Complex Tourist Village**③, Tel. 21573900, Fax 21573893, www.mhc.com.mt. Studios ab 40 €, Apartments ab 60 €/Tag. Hübsche Anlage mit großem Poolbereich und eigenem Minimarkt. Liegt gut versteckt landseitig der Hauptstraße mit eigenem Tunnelzugang zum Strand.

■ **Privatapartments** im Ortsteil Għadira werden derzeit u.a. unter www.holidayrentalmaltagozo.com angeboten.

Sonstiges

■ Im Sommer bieten zahlreiche **Eisverkäufer** und **Imbissbuden** am Strand entlang ihre Waren feil, ebenso **Sonnenschirm- und Liegenverleiher.**

■ Gepflegter speist man in der **Pizzeria La Mar** am *RIU-Seabank Hotel* oder in **Maxims Lido Bistro-Restaurant,** Tel. 21573995.

■ Leser empfehlen in Għadira-Siedlung das **Don Tonino** (Tel. 21521645) beim *Luna Holiday Complex* für seine preiswerte und gute italienische Küche sowie das **Maya Beach Restaurant** (Tel. 21523254) für die tolle Lage und mexikanisch angehauchte Snacks und Hauptgerichte.

■ Sehr gut kann man auch im **Blue Waters** (Tel. 21521729) essen; raffinierte Gerichte, die über die übliche Touristenabfütterung deutlich hinausgehen, seien es die riesigen Steaks in Gorgonzola-Sauce, die authentisch-maltesischen Kaninchengerichte oder Lamm in Minzsauce.

■ Selbstverpfleger finden an der Hauptstraße sowie im *Holiday Complex* (s.o.) einen **täglich geöffneten Minimarkt** (beide zu Fuß erreichbar).

■ Für **Wanderer** bietet sich ein Ausflug zur Marfa Ridge (Bushaltestelle am *Mellieħa Bay Hotel,* dahinter rechts) an.

An-/Abfahrt

■ **Il Għadira** ist gut mit den Gozo-Fährbussen auf der Strecke Buġibba – Marfa Point zu erreichen; entlang der Durchfahrtsstraße liegt die beste Haltestelle mittig zwischen Luna-Hotelkomplex und der Tunnara-Battery; die Expressbusse (X-Linien) fahren nicht über Għadira, sondern über die Umgehungsstraße. Unter anderen kann man die folgenden Linien nehmen: 221 (Buġibba – Cirkewwa), 222 (St. Julian's/Sliema – Cirkewwa), 37 (Valletta – Ramla Bay), 41/42 (Valletta – Cirkewwa) und 101/102 (Mġarr – Cirkewwa).

■ Zur **Anchor Bay (Popeye Village)** pendelt stündlich ein Minibus zwischen Mellieħa Bay und Popeye Village, Linienbus 237 verkehrt zwischen Cirkewwa/Fähre und Popeye Village. Zu Fuß geht man vom *RIU-Seabank Hotel* (Kreisverkehr) aus 350 Meter die Hauptstraße entlang, dann rechts in den schnurgeraden Asphaltweg oder folgt dem Feldweg hinter dem Hotel, der ebenfalls auf den Weg zur Anchor Bay führt.

0
200 m
©Reise Know-How 2014
Malta18
Übernachtung
1 Mellieħa Bay Hotel
2 Mellieħa Holiday Complex
4 RIU Seabank Hotel Mellieħa
9 Luna Holiday Complex
Essen und Trinken
3 Maxim's Lido Bistro
4 Pizzeria La Mar
6 Maya Beach Restaurant
8 Blue Waters Restaurant
9 Don Tonino
Einkaufen/Sonstiges
7 Comino-Ausflüge
8 Minimarkt
Wassersport
1 AquaVenture Tauchbasis
5 Beez Diving
6 Seashell/Meldives
Il-Bajja tal-Ghadira
Tunnava Battery
Boots-hafen
Felsbade-möglichkeit
Triq Dawret It-Tunarra
Ix-Xatt Ta'Santa Maria
Għadira
Triq il-Marfa
Triq Il-Qasab
Triq Ghain Zeluna
Triq Il-Qortin
Triq L-Etna
Triq il-Migbha
210
Triq Gorg Borg Oliver
Mellieħa Heights
Triq Ghain Zeluna
Triq L-Etna
Triq Ix-Xaghria Ta'Barra
Triq Il-Qortin
Dar il Madonna tal-Mellieħa
Triq Qasam Barrani
Triq Il-Kbira
Fort Campbell, Selmun Palace
Mellieħa
Triq Il-Kbira
Dawret il-Mellieħa
Triq Louis Wettinger
Bugibba, Valletta
Triq il-Mellieħa
187
Victoria-Lines

Mellieħa

[Melliha]

Ähnlich wie die Marfa Ridge hebt sich auch die **Mellieħa Ridge** geografisch deutlich von ihrer Umgebung ab. Im Norden begrenzt die Għadira-Senke mit der Mellieħa Bay das Gebiet, im Süden fällt das Hochplateau entlang der Linie Manikata – Xemxija steil in das St. Paul's Valley ab.

Einzige nennenswerte Siedlung hier ist Maltas nördlichste **Stadt Mellieħa** mit knapp 7000 Einwohnern. Der Ort wurde bereits 1436 als eigenständige Pfarrei urkundlich erwähnt, war aber im 16. Jh. aufgrund der guten Landemöglichkeiten in der nahe gelegenen Mellieħa Bay wiederholtes Ziel von Plünderungen durch Piraten. Mellieħa wurde daher vollständig geräumt, erst unter den Briten erfolgte ab 1840 eine allmähliche Neubesiedelung.

Die drei Teile der Stadt sind gut zu unterscheiden: der alte Ortskern um die Pfarrkirche, die „britische“ Siedlung zwischen Triq il-Kbira und der Umgehungsstraße sowie, von Xemxija kommend rechts der Kbira (Triq il-Kortin), die „Nobelsiedlung“ mit De-luxe-Häusern der oberen Zehntausend.

Auch der **Tourismus** hat Mellieħa und seine zahlreichen Buchten in der Nähe längst entdeckt, entsprechend gibt es ein breites Angebot an Hotels, Restaurants, Pkw-Verleihern usw. – dennoch sind Besucher manchmal enttäuscht: Man wähnt sein Hotel am Strand, muss aber etwa 20 Minuten entlang der gefährlichen, stark befahrenen Hauptstraße laufen (kein Fußweg!). Wer ein Strandhotel bei Mellieħa vorab buchen möchte, achte darauf, dass es in Il Għadira (Mellieħa Bay) liegt.

Sehenswertes

Im Ort ist hauptsächlich die **Pfarrkirche Sta. Marija** von Interesse. Dieses auf dem Hügel thronende Gotteshaus entstand erst 1948 und scheint auf den ersten Blick keine Besonderheiten außer seiner Lage aufzuweisen.

Der eigentliche Schatz liegt im Hügel darunter (an der Bushaltestelle die breite Sackgasse hinauf), eine auf die phönizische Zeit (1000–218 v. Chr.) zurückgehende **Höhlenkirche.** Untersuchungen zufolge nutzten sowohl Römer als auch Christen diese älteste Gebetsstätte Maltas als Heiligtum. Der Altarraum ist aus dem bloßen Fels gehauen und zeigt noch heute deutlich ein Muttergottes-Altarbild aus dem späten 11. Jh. Auch die Johanniter nahmen sich der Höhlenkirche ehrfurchtsvoll an und kleideten sie mit Ausnahme des Altarraumes aufwendig mit Marmor aus. Sie beschenkten die Kirche mit Ordensgemälden (zu sehen in der Sakristei) und pilgerten zu besonderen Anlässen von Valletta hierher (geöffnet ab 16 Uhr).

[>] Blick über Mellieħa und Mellieħa Bay

620M wl

Mellieħa
0 50 m
Aussichtspunkt
Friedhof
Spielplatz
Pfarrkirche Sta. Marija
Höhlenkirche
WWII Shelter
Polizei
Aussichtspunkt
Paulusstatue und Höhlen
Mellieħa-Beach
Ċirkewwa
Sweethaven
UNTERES ZENTRUM
VILLENVIERTEL
OBERES ZENTRUM
Ingraw
Bank of Valletta (mit EC)
HSBC-Bank (mit EC)
Etna
Pjazza Tom. Sphatt
Fortizza Madliena
Xemxija
Mellieħa-Wanderweg
Briġġ
Park 'n Ride
Belle View
St. Paul's
Manikata Golden Bay
Triq Louis Wettinger
(Umgehungsstarsse)
Triq il-Kbira
Triq G. Borg Olivier
Triq il-Marfa
Triq Adenau
Triq dun Frangisk Scibberas
Triq Qald Imqaddsa
Triq Sant'Elena
Triq Santa Marija
Triq San Gużepp
Triq Santa Anna
Triq il-Masrija
Triq L-Izbark Tal-Franċizi
Triq Bebuna
Triq L-Etna
Triq il Pont
Triq Għajn Żejtuna

Übernachtung
1 Panorama Hotel
2 Bugeja Garden View II
8 Pergola Club Hotel
10 Hotel-Spa Maritim Antonine
15 Solana Hotel
17 Splendid Guesthouse
25 Selmun Palace Hotel (Geschl.)

Essen und Trinken
4 Seaview Snackbar
6 Commando Pub/Restaurant
9 Da Cicchio Pizzeria
11 Greystone Pub
15 Restaurant Tosca
16 Ta Peter Restaurant
20 Bouquet Garni Restaurant
21 Pizzerien und La Rampa
22 L'Escargot Restaurant, Badass Burger
23 George's Bakery
27 Reflections Pub
28 Cross Key, Pizza Land Rest. und Takeaway
31 Southern Fried Chicken

Einkaufen/Sonstiges
3 Bäckerei
5 Henry's Garage + TI
6 Manuel's Garage
12 Mellieħa Car Hire, Billy's Car Hire
13 Zeitschriften, Briefmarken, Souvenirs, Drifter Car Hire
14 GoGo Minimarkt
16 Wäscherei
18 Rainbow Car Hire
19 Minimarkt
24 Billy's Car Hire
26 Fischgeschäft Tax Xajri
27 Drifter Fahrzeugverleih
28 Minimarkt
29 Fahrzeugverleih
30 Gemüse- und Obsthandel, Metzgerei
31 Supermarkt, Prime Butcher
32 Pastizzi-Bäckerei

Wassersport
7 Dive Malta Tauchschule

Von der Bushaltestelle die Hauptstraße hinaufgehend zweigt gleich rechts (beschildert, „WW II Air Raid Shelter") eine Gasse zu den örtlichen Weltkriegs-Luftschutzbunkern ab, die täglich von 9 bis 17 Uhr für 3 € besichtigt werden können.

Auf dem Außenweg von der Höhlenkirche zur Pfarrkirche kann man auf der gegenüberliegenden Seite der Straßenschlucht die **Felsenhöhlen** erkennen, in denen sich die Menschen bei Piratenangriffen versteckten. Die weiße **Paulus-Statue** im Fels wurde aufgestellt, um den Apostel um Schutz vor Plünderungen zu bitten.

Mein Tipp: Die Lage am Berg bedingt auch einige sehr hübsche **Aussichtspunkte** über die Bucht bis zur Marfa-Ridge, u.a. am *Panorama-Hotel* und bei der *Seaview-Snackbar* bei der Hauptkirche.

Auch außerhalb der Stadt gibt es einiges zu sehen, etwa **Sweethaven** (Popeye-Village, Anchor Bay) sowie die **Wanderungen** Anchor Bay – Manikata – Golden Bay oder Xemxija – Mellieħa.

Unterkunft

In Mellieħa selbst wohnen die wenigsten Reisenden, schließlich will man ja auch zum Strand (und der liegt knapp drei Kilometer den Berg hinab (siehe Għadira). Im Ort selbst gibt es hauptsächlich Vier-Sterne-Hotels, die bevorzugt von Senioren-Reisegruppen frequentiert zu werden scheinen.

■ Nach grundlegender Renovierung erweist sich das **Panorama**③, Triq Dun Beli Azzopardi, Tel. 215 21020, www.panorama-hotel.com, seines Namens wieder würdig; 60 DZ ab 60 €, Restaurant, kleiner Poolbereich, kostenloses WiFi und kostenloser Flug-

621Mwl

hafentransfer, wenn man über die Homepage drei Tage und länger bucht.

■ Das **Solana Hotel**④, Triq G. Borg Olivier (mitten an der Durchgangsstraße), Tel. 21523912, Fax 2152 5030, www.solanahotel.com, wurde erst vor wenigen Jahren aufwendig renoviert und spricht eigentlich nur die Reisenden an, die unmittelbar im Ort unterkommen und wenig zu Fuß gehen wollen. Alle Annehmlichkeiten (inkl. Dachterrasse mit Pool) einschließlich eigenem Minibus-Service.

■ Das ehemalige burgähnliche **Selmun Palace Hotel,** ein markantes, festungsähnliches Gebäude ca. zwei Kilometer außerhalb, ist zwar derzeit geschlossen, soll hier aber aufgrund seiner historischen Bedeutung und als Orientierungspunkt für die Wanderung Xemxija – Mellieħa (Hintergrund s. dort) zumindest Erwähnung finden. Eine Übernahme durch die *Mellieħa Heritage Group* ist im Gespräch, so dass mittelfristig eine Wiedereröffnung möglich scheint.

■ Zentral an der Durchfahrtsstraße Triq G. B. Olivier schräg gegenüber der Hauptkirche bietet das **Hotel-Spa Maritim Antonine**④, Tel. 22892000, www.maritim.com.mt, hohen Komfort und einen netten Gartenpark mit Poolbar auf der Rückseite. Schöner Wellness-Bereich, Restaurant mit beliebtem Mittagsbüffet an Sonntagen. In der Nebensaison kosten die schönen und modernen DZ (Safe, Wi-Fi, Minibar, Kaffe-/Teekocher, Balkon) ab 235 € die Woche, im Hochsommer werden allerdings 115 bis 177 €/Nacht fällig. Zum Hotel gehört auch *Supreme Travel & Tours,* ein Komplettanbieter für Ausflüge aller Art, Touristenbustickets, Bootsverleih, Sizilien-Ausflüge.

◁ Pfarrkirche Sta. Marija

■ Als einfache Pension bietet sich für den preisbewussten Reisenden das **Splendid Guesthouse**①, Parish il-Magri, Tel. 21520552 und 21521326, www.splendidmalta.com. DZ schlicht und sauber, WiFi und Frühstück inklusive ab 20 €.

■ Vor allem Aparthotels und Ferienwohnungen scheinen in den letzen Jahren zu boomen; das **Pergola Club Hotel**④, Adenau Street, Tel. 21523912/3, Fax 521436/7, www.pergolahotel.com.mt, ist eines der renommiertesten Häuser mit guter Lage im Zentrum, aber etwas abseits der Hauptstraße (oben an der Adenau-Treppe). Neben „normalen" DZ sind Studios und Apartements mit einem oder zwei Schlafräumen erhältlich. Nützlich ist für Selbstfahrer das hoteleigene Parkhaus.

■ Auch einige **Privatvermieter** bieten in Mellieħa ihre Wohnungen an; ganz unter Maltesern wohnt man mit schönem Ausblick bei **Y. Bugeja's Garden View II**③, mailraybug@go.net.mt, in einer sehr modernen und gepflegten 3-Zimmerwohnung (4 Pers.) mit Waschmaschine und 2 Balkonen für etwa 350 €/Woche. Eine ganze Ferienvilla mit Pool für 10 Personen (komplett 2400 € die Woche/Hochsommer) findet man z.B. unter www.splendidmalta.com. Der Vermieter betreibt das gleichnamige *Splendid-Guesthouse* (s.o.) und vermietet auch Ferienwohnungen mit 2 oder 3 Schlafräumen, teilweise mit Pool, ab 35 €/Tag.

■ Weiterhin bieten die Agenturen und Fahrzeugvermieter entlang der Hauptstraße **Apartments** und **Ferienwohnungen** an, landesweite Anbieter findet man unter den im A–Z-Teil angegebenen Internetadressen.

Essen und Trinken

Selbstversorger/Snacks

■ Sowohl unten im Zentrum (Kirche) als auch am oberen Ortsausgang *(Park 'n Ride)* liegen mehrere **Minimärkte** und **Frischwarengeschäfte** (Fisch, Metzger) an der Hauptstraße, z.B. *Prime Butchery* (Mo 8–14, Di–Sa 8–19 Uhr).

■ Im oberen Ortsteil findet man **Southern Fried Chicken,** eine Hühnerbraterei amerikanischen Musters, im Zentrum gibt es mehrfach an der Hauptstraße *Pastizzi* und Pizzaschnitten auf die Hand.

■ Frisches Brot am frühen Morgen (mehr gibt's dort nicht) holt man sich am Besten in der kleinen Backstube **George's Bakery** um die Ecke von der Kirche (unter 1 €/geschnittenem Laib).

■ Auch wer im Villenviertel wohnt – z.B. im Pergola – muss nicht alles die Treppen hinauf schleppen: in der Triq Snajjin vertreibt der Minimarkt **GoGo** (Mo, Di, Do, Fr 7–18, Mi 7–13, Sa 7–14 Uhr geöffnet) ein ordentliches Grundsortiment.

■ Kleinigkeiten und Erfrischungen bei herrlichen Ausblicken auf die Mellieħa Bay genießt man am besten in der **Seaview Snackbar** an der Kurve der Hauptstraße oberhalb der Pfarrkirche.

Restaurants

Mellieħa ist eine unter Insidern beliebte Hochburg für preiswerte, gutbürgerliche Küche. Entlang der Hauptstraße Triq il-Kbira liegen entsprechende Lokale zu Dutzenden. Besonders empfehlenswert sind:

■ Kurz vor dem Misrah-tas-Salib-Platz (oberer Ortsrand) liegen das Restaurant **Cross Key,** Tel. 21572587 (edel und teuer) sowie die sehr gute Pizzeria **Pizza Land,** Tel. 21520434, mit Gerichten auch zum Mitnehmen.

■ Eine weitere gute, etwas versteckt liegende Pizzeria ist das **Da Cicchio** in der Triq Dun F. Scibberas; Tel. 21523912, tgl. außer Mo ab 18 Uhr.

■ Gegenüber der *HSBC* Bank im unteren Zentrum liegen in der Kurve gleich drei Restaurants nebeneinander, am beliebtesten ist **La Rampa Pizzeria** (preiswert und gut, Tel. 21520610), wo man auch draußen speisen kann. Pizza, Pasta, aber auch Tellergerichte mit Kaninchensauce usw.

■ Nebenan serviert das örtliche Lokal der kleinen Kette **Badass** (Tel. 27556633, auch in St. Julian's und Valletta vertreten) das etwas andere Burgergericht (ab 9 €) – ist zwar nicht maltesisch, aber ein qualitativer Quantensprung zu den bekannten Fast Food Ketten. Bieten auch Chicken Wings, Spareribs und diverse Salate. Ach: was der – englische – Name bedeutet? Eventuell eine Anspielung auf die bei etlichen Gerichten verwendete *Piri Piri* – Würzmischung und der damit verbundene Schmerz am nächsten Morgen?

■ **L'Escargot** gleich nebenan bietet internationale Küche (etwas teurer), sehr beliebt; Tel. 21572937.

■ Internetanschluss, günstige Kleinigkeiten, aber auch traditionelle maltesische wie auch internationale Hauptgerichte bietet das **Ta Peter** (Tel. 2152 3527) an der G. Borg Olivier. Besonders gelobt werden hier Fischgerichte, der sehr freundliche Service und bezahlbare Weine.

■ Etwas nobler speist man im hoch gelobten Solana-Hotelrestaurant **Tosca** (Tel. 21522209) bei fantasievollen internationalen und lokalen Spezialitäten zu. Ob Steak mit Königsgarnelen oder mit Spargel gefülltes Huhn – hier ist der Ort für das Abschiedsdinner; gelegentliche Live-Events.

■ Und dann ist da noch das äußerlich eher unscheinbare **Bouquet Garni,** Tel. 21522234, ebenfalls im unteren Zentrum an der Kurve. Kein Außenbereich, etwas eng, manche meinen: etwas unterkühltes Ambiente. Keine Riesenauswahl (Vorspeisen und Suppen, auch feste Menüs), aber alle Geschmäcker werden getroffen. Service und Qualität sind topp, insbesondere die Fischgerichte gelten als nationale Referenzgerichte. Seit Jahren mit dem „Certificate of Excellence" prämiert; Tischreservierung zumindest im Sommerhalbjahr nahezu unumgänglich!

Unterhaltung

Mellieħa hat zwar eine Städtepartnerschaft mit dem berüchtigten Ayia Napa auf Zypern, ist aber von dessen Nachtleben so weit entfernt wie die maltesische

Fußball-Nationalmannschaft von der WM-Teilnahme. Ein paar Kneipen und Pubs – das war's dann.

- **Reflection's Pub**, Kneipe mit Billard und jugendlichem Publikum.
- Nett sind die benachbarten **Greystone** und **Commando Pubs** beim Salita Hotel gegenüber der zentralen Bushaltestelle.
- Einheimische gehen gerne in die Bar **Greystone** und den **Commando Pub** nahe der Hauptkirche.

Sonstiges

- **TI Mellieħa,** im Sommerhalbjahr Mo–Sa 9–13 Uhr geöffnet.
- Tauchschule **Dive Malta**, Triq Dun F. Scibberas (vor der Treppe linker Hand), Tel. 21369994, www.divemalta.com.mt.
- Eine Reihe von Autovermietern bietet in Mellieħa ihre Dienste an, unter anderen **Mellieħa Car Hire,** Triq il-Kbira, Tel. 99499362 (bietet auch Airport-Transfer an), **Manuel's Garage,** Triq il-Kbira, Tel. 21523472, Fax 21523600, www.manuelscarhire.com, daneben **Henry's Garage,** Tel. 21573645, henrysgarageltd@gmail.com, **Rainbow Cars,** Triq il-Kbira, Tel. 21571184, **Billy's Car Hire** am anderen Ende des Zentrums die Kbira den Hügel hinauf sowie unten im Zentrum, Tel. 21523676 (Triq G.B. Olivier; auch Transfers), und **Mellieħa Rent-a-Car** an der Tankstelle am Ortseingang von Buġibba kommend, Tel. 21573975.
- **Motorräder** gibt es bei **Drifter Car & Motorbikes** am Misrah is-Salib (neben *Reflection's Pub*).
- Eine kleine **Post** liegt an der Ecke Triq St. Elena/Triq il-Kbira neben *Ta Peter's Restaurant,* die **Ortspolizei,** Tel. 21574001, befindet sich gegenüber der zentralen Bushaltestelle neben *Henry's Garage.*
- Am Ortseingang aus Richtung Xemxija kommend finden Selbstfahrer eine große **Tankstelle.**
- **Banken** mit **EC-Automaten** findet man zentral in der Triq Borg.
- Ein **Internet-Café** *(Campbell's Bar & Internet-café)* liegt gegenüber vom *Hotel Solana,* die meisten Unterkünfte verfügen über LAN/WLAN (teilweise gegen Gebühr), kostenlosen Zugang bietet der *Reflection Pub* an.

An-/Abfahrt

- **Selbstfahrer:** Mellieħa ist an der Hauptstraße parkscheibenpflichtig (45 Min.), nicht aber in den Nebenstraßen.
- Mellieħa liegt verkehrsgünstig zwischen Marfa Point (Cirkewwa/Gozo-Fähre) und Buġibba; alle aufgeführten **Buslinien** halten an der Haupthaltestelle „Belle View/Mellieħa Park and Ride" am Südkreisel von St. Paul's Bay kommend; die Expressbusse fahren dann die Ortsumgehung, die anderen Linien durch den Ort:

Bus 37: Valletta
Bus 41: Valletta – Mosta – St. Paul's Bay – Cirkewwa (alle halbe Stunde)
Bus 102: Gnejna Bay – Cirkewwa, alle 2 Std. (5.52–21.52 Uhr, auch über Selmun Palace und das „Villenviertel").
Bus 101: Golden Bay – Cirkewwa (6.52–22.52 Uhr, alle 2 Std.)
Bus 221: Buġibba – Cirkewwa
Bus 222: Sliema/St. Julian's – Cirkewwa
Bus X-1: Flughafen – Cirkewwa
Bus X-6: Valletta – Mosta – Cirkewwa

- Der **Ausgangspunkt der Wanderung nach Xemxija/St. Paul's Bay** (s. Exkurs Wanderung Xemxija – Mellieħa) ist am einfachsten zu finden, wenn man kurz vor der Tankstelle am Ortsausgang Richtung Xemxija linker Hand der Triq ix-Xgħara bis zur Triq iġ-Ġardell (rechts) folgt – dann geradeaus.

Anchor Bay (Popeye Village)

Wer kennt ihn nicht, den Spinatdosen futternden, bärbeißigen, bärenstarken und doch liebenswerten Vollblutmatrosen mit Meerschaumpfeife im Mundwinkel? Natürlich – Popeye! Jener Kultheroe der Spinatindustrie entdeckte in einem seiner zahlreichen Abenteuer eine Siedlung in Neufundland und taufte sie Sweethaven. Als sich Regisseur *Robert Altman* 1980 daran machte, das Buch von *Jules Pfeifer* hier in der Anchor Bay auf Malta als Musical zu verfilmen, wurde in über siebenmonatiger Arbeit die **Filmkulisse Sweethaven („Popeye-Village“** mit *Robin Williams*) aus dem Boden gestampft. 18 Holzhäuschen sowie Popeyes Schiff wurden aus eigens aus Kanada importiertem Holz gebaut. Der Film war nicht unbedingt ein Renner, die Kulisse dafür umso mehr. Nach Abschluss der Dreharbeiten wurde Sweethaven ein beliebtes Ausflugsziel für Alt und Jung.

Mittlerweile wurden ein kleiner **Kinder-Vergnügungspark** sowie Badespaß-Aktivitäten angelegt (Badesachen mitnehmen!).

■ **Infos** unter www.popeyemalta.com. Geöffnet März bis Juli und September/Oktober tgl. 9.30–17.30 Uhr, August bis 19 Uhr, sonst bis 16.30 Uhr. Eintritt 12,50 €, Kinder 11 €, es gibt auch Aktionstage und Sonderprogramme, z.B. Grillparties („all you can eat“) zu 25 € und Ähnliches. Im Sommer verkehrt ein **Shuttle-Service (Minibus)** zwischen der Mellieħa-Bay-Bushaltestelle und dem Popeye-Village, Linienbus 237 fährt immer. Wer nicht warten will, steigt am besten am *RIU-Seabank Hotel* (Il Għadira, Mellieħa Bay) aus und läuft (beschildert) die restlichen gut 1500 Meter.

Nicht jeder möchte unbedingt ins Dorf selbst, auch die Aussicht vom kleinen Parkplatz 100 m weiter ist recht beeindruckend. Von hier führt eine Piste noch 300 m weiter steil hinunter bis zu einer Art Bootspier. **Schwimmen** ist in der Anchor Bay bei ruhigem Wetter möglich, Taucher können sich auf einen interessanten Dive freuen (s. Tauchen). Außerdem nimmt man auch von hier aus – kostenlos – am Geschehen im Popeye Village teil.

Es empfiehlt sich, das Sträßchen entlang der Anchor Bay oberhalb der Klippen ein Stück weiterzugehen, da man von hier oben fantastische Blicke auf die gesamte Anlage hat.

Der asphaltierte, für den öffentlichen Verkehr gesperrte Feldweg trifft nach einem Kilometer auf das Verbindungssträßchen Manikata – Mellieħa (rechts). In der Spitzkehre, wo man in der Senke den Aquädukt sieht, führt ein Pfad an den Resten des Għajn Snuber Towers vorbei in die Badebucht **Għadira Bay** (nicht zu verwechseln mit der Mellieħa Bay/Il Għadira), da im Naturpark (s.u.) gelegen, recht selten besucht. Von hier aus kann man via Manikata bis zur Golden Bay (Għajn Tuffieħa) laufen, Wegbeschreibung siehe „Südwestmalta“.

> Popeye Village in der Achor Bay

622M wl

Majjistral Nature and History Park

Im Bereich **Għajn Snuber Towers** bis zur Küste wurde der *Majjistral Nature and History Park* gegründet. Mittelfristig soll hier ein kleines Wander- und **Naherholungsgebiet** mit Rad-, Ausreit- und Wassersportmöglichkeiten (arrangierbar in der Golden Bay) entstehen. Das Gebiet wird an seinen Zufahrten durch Schranken abgegrenzt und ist mit motorisierten Fahrzeugen nur für Landwirte und Parkpersonal zugänglich. Ausritte, Radtouren und Wanderungen sind gestattet. Hauptorganisator der Anlage ist die *Gaia Foundation,* Tel. 21584474, www.projectgaia.org und www.majjistral.org, die auch das *Elysium Visitor Center* bei Manikata/Golden Bay betreibt.

St. Paul's Bay (Il Bajja Ta'San Pawl il-Baħar)

[Il Baja Ta'San Paul il-Bahar]

Der Begriff St. Paul's Bay steht einerseits für die große **Bucht** im Norden Maltas zwischen Qawra und St. Paul's Island; andererseits wird St. Paul's Bay auch als Sammelbegriff genutzt für jenes zusammengewachsene und touristisch hervorragend erschlossene **Küstensiedlungsgebiet,** welches sich von Salina Bay (500 Ew.) acht Kilometer an der Küste entlang über die vier weiteren Teilstädte Qawra (2000 Ew.), Buġibba (7500 Ew.) und San Pawl (1500 Ew.) bis Xemxija (1000 Ew.) erstreckt. Zur St. Paul's Bay gehört aber auch die unbewohnte Insel St. Paul's Island, auf der der Apostel seinerzeit Schiffbruch erlitten haben soll.

Mit San Pawl (il-Baħar) meint man nur einen Teil, das alte Fischerdorf in der Mitte der Bucht. Diese Unterscheidung spielt im Busverkehr eine Rolle: Wer in Valletta steht und zum Hotel in Qawra möchte, aber „St. Paul's" sagt, landet im Dorf San Pawl und muss dann ein paar Kilometer zum Hotel laufen.

Der gesamte Küstenstreifen ist **touristisch voll erschlossen** und der am häufigsten frequentierte Standort auf Malta; hier gibt es alles, was das Land zu bieten hat, auch die Busanbindungen sind ausgezeichnet. Wohnen und essen kann man in allen vier Teilen der St. Paul's Bay, die sich ansonsten aber sehr stark voneinander unterscheiden. Qawra ist ein bevorzugtes Wohngebiet und Nobelviertel mit Luxushotels (gehobener Pauschaltourismus), Buġibba das Mallorca der Briten auf Malta (Pauschalreisende, Backpacker), San Pawl der ruhigste und ursprünglichste Abschnitt (vereinzelt Mietapartments), Xemxija schließlich ein Straßendorf am Ende der Bucht, das aber zu weit ab vom pulsierenden Leben Buġibbas ist, um als Standort empfohlen zu werden (nur wenige Unterkünfte).

St. Paul's Island

Die kleine Insel der St. Paul's Bay, an welcher der Apostel *Paulus* gestrandet sein soll, ist unbewohnt; Hauptattraktion ist die zwölf Meter hohe **Statue** des Apostels, errichtet 1865.

Mauern deuten darauf hin, dass vor langer Zeit eine Hand voll Menschen versucht haben muss, dem kargen, mit Disteln und rauem Gestrüpp bewachsenen Boden ein paar Erträge abzuringen.

St. Paul's Island ist nicht mit regelmäßig verkehrenden Booten zu erreichen. **Ausflugsboote,** vor allem in St. Paul's Bay, bieten Rundfahrten an, mit halbstündigen Halt auf dem Inselchen.

Ansonsten kann man nur mit einem Mietboot oder **schwimmend** von der kleinen Bucht unterhalb des alten Fort Campbell (siehe Wanderung Xemxija – Mellieħa; Badelatschen mit hinüberneh-men!) zur Insel gelangen.

Die **Bootsanlegestelle** liegt in der Senke, die beide Inselhälften verbindet, in der man auch ein wenig planschen kann (Felsbuchten).

Paulus auf Malta – eine lukrative Legende

In der Apostelgeschichte, Kapitel 27–28, berichtet der Evangelist *Lukas* vom **Schiffbruch** des *Paulus* im Jahre 59 und der sich anschließenden Christianisierung Maltas:

Der Apostel war von den Römern in Palästina festgesetzt worden und sollte dem kaiserlichen Gerichtshof in Rom zugeführt werden. Nach kurzem Aufenthalt auf Kreta geriet das Schiff in einen schweren Sturm und trieb steuerlos im Mittelmeer. An der Insel, die später **St. Paul's Island** genannt wurde, strandete und zerbrach das Schiff, die Überlebenden konnten sich ans Festland (heutiges San Pawl il-Bahar) retten. Die durchnässten Schiffbrüchigen wollten sich an einem Feuer wärmen, welches die heimischen Fischer entzündet hatten. Auch *Paulus* warf mehrere Bündel Kleinholz in die Flammen, als eine im Holz verborgene Giftschlange in die Hand des Apostels biss. Die heidnischen Einwohner hielten *Paulus* für einen Mörder, der dem Schiffbruch entgangen und von der Rachegöttin durch eine Schlange gerichtet werden sollte. Doch dem Apostel geschah nichts – so hielt man ihn für einen Gott. Die ersten drei Tage verbrachten die Gestrandeten in einer Kapelle am Wied il-Għasel (heute Burmarrad) und kamen dann in das spätere Mdina, das damalige Zentrum der Insel. Von hier aus christianisierte *Paulus* während seines dreimonatigen Aufenthaltes auf Malta die dortige Bevölkerung und begründete die überragende Stellung der katholischen Kirche auf Malta.

So weit die katholische Version; es gibt auch eine historische, nach der *Paulus* niemals auf Malta war, sondern auf der griechischen Insel Kephallenia gestrandet sein müsste. Die Meeresströmungen (wonach eine steuerlose Galeere nicht nach Malta treiben konnte), die Beschreibungen der Küstenlandschaft (die auf Malta nicht zutreffen) sowie die Bezeichnung „Barbaren" für die Bevölkerung (die auf die Malteser als Bürger des Imperium Romanorum nie angewandt worden wäre) führen zu diesen neuen Forschungsergebnissen. Doch davon wollen die Malteser und auch die Touristen nichts wissen – man möchte sich weder um die Pauluslegende noch um Jahrtausende alte heilige Stätten bringen.

Xemxija

[Schemschija]

Das kleine Straßendorf Xemxija, an der Westseite der St. Paul's Bay Richtung Mellieħa gelegen, ist spürbar untouristischer als Buġibba und Qawra. Außer einiger Restaurants entlang der (im Sommer sehr belebten) Durchfahrtsstraße blieb Xemxija bislang von weitergehender Entwicklung verschont.

Am oberen Ende des Ortes liegt die **Kirche San Ġużepp Haddiem** (geöffnet werktags 7–18.30, samstags 6–19 Uhr), ein jüngeres Bauwerk, welches durch seine schöne Aussicht von der Plattform aus auf die St.-Paul's-Insel besticht.

An der Hauptstraße It-Telgħa-tax-Xemxija sowie an der Shipwreck Promenade unterhalb der Kirche gibt es mehrere kleinere Bademöglichkeiten am Felsstrand, **Pawles Beach** oder **It Telgħa Tax Xemxija** genannt.

Links oberhalb des ehemaligen *Mistra Village Club-Hotel* (geschlossen) wurden 1955 **neolithische Schachtgräber** mit Skeletten, Gefäßen und Amuletten der Jungsteinzeit ausgegraben. Die senkrecht in Felsschächte gehauenen Gräber variieren in Durchmesser und Tiefe beachtlich – das größte erreicht ca. 17 m^2.

Für den Individualreisenden ist Xemxija vor allem als Ausgangspunkt für die empfehlenswerte **Wanderung** Xemxija – Mellieħa via Mistra Bay und Selmun Palace von Bedeutung, kleine Spaziergänge bieten sich an der Promenade an.

Unterkunft

Xemxija hatte sich schon recht früh wegen seiner Lage mit Blick über die St. Paul's Bay zu einem gehobenen Hotelressort entwickelt, ohne dass das Straßendorf jenen großdörflichen und ursprünglichen Flair von St. Paul's selbst ausstrahlt. Dies führte in den letzten Jahren zwangsläufig zur Schließung etlicher Institutionen.

■ Als einzige Hotelunterkunft bietet sich das **Ambassador Hotel**③, Shipwreck Promenade/Triq il-Fekruna, Tel. 21573870, Fax 21573722, www.ambassadormalta.com, an. Nur 33 Einheiten, gute und ruhige Lage in einer Sackgasse oberhalb der Bucht.

■ Unten beim Bushalteplatz am Buchtende liegt das ältere **Porto Azzuro**②, welches vor einigen Jahren renoviert wurde und im Stile einer Hotelpension einfache DZ und Studios anbietet, aber nicht besonders schön liegt und seine besten Tage wohl hinter sich hat; Tel. 21585171, www.portoazzuro.com.mt.

■ Backpacker finden kurz hinter dem oberen Kreisel am Ortsausgang Richtung Mellieħa rechter Hand das einfache **Guesthouse Porto del Sol**②, Tel. 21573970, mit DZ ab 25 €.

Essen und Trinken

Entlang der Hauptstraße It-Telgħa Tax findet man mehrere Speisegaststätten.

■ Internationale Küche (maltesisch, italienisch/sizilianisch, französisch) bietet das **Porto del Sol** unten am Hafenbecken mit Meerblick und preiswerten Drei- bis Vier-Gänge-Menüs, Tel. 21576970. Nicht mit dem gleichnamigen *Guesthouse* zu verwechseln!

■ Für einen Imbiss empfiehlt sich der **Kiosk** am Hafenbecken 50 Meter neben dem Porto del Sol.

Wanderung Xemxija – Mellieħa

Eine abwechslungsreiche und nicht allzu lange Wanderung an der maltesischen Nordküste führt vom Kreisverkehr in Xemxija (Hauptstraße ab Kirche hinaufgehend bis zur Straßenkuppe, hier rechts hinein) auf einem (nicht befahrbaren) Pfad an einer Mauer vorbei, die einst eine größere Verteidigungsbastion, heute dagegen Feuerwehr und Polizei beherbergt.

Linker Hand blickt man über die Tiefebene Kalkara Ravine zum Nobelhotel *Selmun Palace.*

Der Pfad führt entlang der Klippen Rdum Rxawn mit herrlichen Ausblicken über Xemxija und St. Paul's Bay zur kleinen Kiesbadebucht **Mistra Bay** mit dem guten und idyllisch gelegenen *Palazzo Santa Rosa Restaurant* (Tel. 2158 2736; Pizza, Spanferkel – sehr unterschiedliche Lesermeinungen). Hier folgt man nun ein kurzes Stück dem asphaltierten Weg hinauf zur ehemaligen königlich britischen Batterie, heute nur noch als Lagerschuppen genutzt.

Hinter der Batterie führt ein weiterer Pfad zu den Klippen oberhalb der malerischen **Bucht Rdum il Bies,** einem Paradies für Schnorchler und Taucher. Dann geht es ein Stück steil bergan, wobei die Bezeichnung „Pfad" für die kaum erkennbare Spur im Gestein übertrieben scheint.

Oben erreicht man eine kleine Abzweigung: Rechts geht es zur Bucht **Blata L Bajda** mit einem alten Wachturm, einer britischen Küstenartilleriestellung und Schwimmmöglichkeiten.

An der Abzweigung links geht es weiter zum riesigen, ehemals britischen **Fort Campbell (Tal Blata),** dessen Ausmaße eine Besatzung von mehreren tausend Mann vermuten lässt. Das Fort ist heute vollkommen verlassen und lädt zum Herumstromern ein. Angeblich existieren Pläne, hier ein großes Jugend-Ferienzentrum zu errichten, doch schlummern diese Pläne schon seit etlichen Jahren in der Schublade.

Am Fort trifft der Pfad wieder auf einen asphaltierten Weg, der zum etwa einen Kilometer entfernten *Selmun Palace* führt. Das ältere Hauptgebäude, die turmähnliche Feste, wurde bereits im 17. Jh. von der **Stiftung Monte de Rendenzione** als Sitz gewählt (Architekt: *D. Cachia*), die heutige Form wurde im 18. Jh. fertiggestellt. Die Hauptaufgabe der Stiftung bestand in der Rücksiedlung maltesischstämmiger Bürger, die während des Mittelalters bis in die frühe Neuzeit verschleppt worden waren. Im Laufe der Jahrhunderte entfiel die Notwendigkeit der Stiftung, und das Anwesen verfiel.

Die Maritim-Hotelkette erwarb das Gelände und errichtete in dem traditionellen *Selmun Palace* sowie einem integrierten neueren Gebäude seinerzeit ein **Luxushotel.** Vielleicht wegen der Abgeschiedenheit gab die Maritim-Kette das Anwesen an *Air Malta* ab, doch auch die heimische Airline musste sich 2011 aus dem Hotelgeschäft verabschieden. Seitdem steht das Anwesen leer und verfällt zusehends. Am Selmun Palace befindet sich eine Wegkreuzung: Rechts nach Norden führt ein asphaltierter Weg zur schönen Selmun Bay, sowie zum **Għajn Hadid (Qawra Tower).** Einige Relikte (Kanone, historische Gedenktafel) sind heute auf dem Misraħ tas-Salib in Mellieħa zu sehen.

Der linke Weg der Kreuzung führt hinunter zur Hauptstraße, immer geradeaus (über zwei Kreuzungen hinweg) setzt sich der Wanderweg fort bis nach **Mellieħa;** am Ende der Triq il Gardell biegt man links ab hinauf zur Hauptstraße, dort rechts Richtung Zentrum.

Die **Gehzeit** von Xemxija bis Mellieħa mit Abstechern zu den Badebuchten beträgt gut 2 Std., ab St. Paul's Bay/Buġibba knapp 3 Std. Wem es zu heiß werden sollte: Ab *Selmun Palace* fährt alle 2 Std. ein Bus von/nach Mellieħa.

- Viele Restaurants öffnen und schließen – das hongkong-kantonesische **Shaukiwan** bietet seit Jahren ausgezeichnete südchinesische Gerichte, aber auch Peking-Ente mit Pfannküchlein zu moderaten Preisen, Tel. 21573678.
- Sehr beliebt für Freunde asiatischer Küche ist auch der **Beachhaven Complex** direkt am Meer, Tel. 21573682, für chinesisch-kantonesische Küche sowie indische Gerichte; vom **Porto Azurro Hotel,** 100 m bergan rechter Hand.

Sonstiges

- **Tony's Travel Agency,** Tel. 2140682, 21573667, bietet Pkw-Verleih, Ausflüge und Rundfahrten.
- Organisierte Ausflüge und Touren können bei **Borg's Eurosun Tour Office,** Tel. 2158 5880, gebucht werden, beide an der Hauptstraße.
- **Baden:** Die Ortsbucht selbst ist nicht zum Schwimmen oder Sonnenbaden geeignet, die nächste Badebucht ist die **Mistra-Bay,** die man vom Ortsausgang Richtung Mellieħa aus (nach rund 200 m linker Hand beschilderte Abfahrt) in 5 Minuten per Fahrzeug oder 20 Minuten zu Fuß erreicht. Der Steinstrand ist mäßig attraktiv, zieht aber viele Einheimische zum Wildcampen an.

An-/Abreise

- Die meisten **Mellieħa-Buġibba-Busse** halten in Xemxija (siehe Mellieħa, u.a. Linien 37, 41, 42, 221, 222 und X-1).
- **Zu Fuß** dauert es etwa eine halbe Stunde bis ins Zentrum von St. Paul's Bay.
- Für die **Küstenwanderung** bis Mellieħa benötigt man rund zwei Stunden (s. Exkurs).

San Pawl il-Baħar (St. Paul's)

Buġibba und **San Pawl** sind optisch längst **zu einer Stadt verschmolzen,** der Hauptunterschied besteht darin, dass Buġibba am Abend erst richtig erwacht, während San Pawl zumindest außerhalb des Hochsommers noch deutlich spürbar einen dörflichen Charakter aufweist. San Pawl ist ein idealer Standort, wenn man sowohl alle Ziele des Landes gut erreichen, als auch in fünf Minuten zu Fuß mitten im Nachtleben von Buġibba sein möchte. Gleichzeitig bleibt San Pawl ein eher ruhiges Dorf mit kleinen Bademöglichkeiten und maltesischen Charme.

Sehenswertes

Am Ortseingang, von Xemxija kommend, liegt ein Kreisverkehr, an dem es zur Golden Bay, Mdina (via Żebbiegħ) sowie zur großen Umgehungsstraße um San Pawl geht. Am Kreisel liegt ein kleiner **Park,** der an *Pierre de Coubertin* (1863–1937) erinnert, den französischen Historiker und Pädagogen, der 1894 die olympische Idee wieder belebte.

Gegenüber erinnert eine Inschrift an *Großmeister Ramon Perellos y Roccaful,* der sich 1715 um den Bau des **Fischereihafens** verdient gemacht hat.

Die alte uferseitige Ortsstraße entlang liegt nach 200 Meter rechts die kleine, auch im Hochsommer sprudelnde **Paulsquelle** – hier soll der Apostel *Paulus* mit seinem Stab Wasser aus dem Felsen geschlagen haben.

Zu Ehren des Apostels wurde die Pfarrkirche in der Triq San Pawl selbstverständlich **St. Paul's Church** genannt. Sehenswert sind im Inneren die großen Gemälde mit Szenen der Strandung des Apostels. Die Kirche ist nur zum Gottesdienst morgens und abends geöffnet. Aber noch interessanter ist die **St. Paul's Shipwreck Chapel** in der Church Road, errichtet oberhalb der Stelle, an der die Schiffbrüchigen 59 n. Chr. von St. Paul's Island herüberschwammen und das Festland betraten. Außen erklären große Tafeln in mehreren Sprachen mit Ausschnitten der Apostelgeschichte den christlichen Hintergrund; das große, die Strandung des *Paulus* darstellende Ölgemälde im Inneren wird *M. Preti* zugeschrieben. Morgensfindet hier um 7 Uhr eine Andacht statt, sonntags wird um 10 Uhr eine gut besuchte Messe gelesen.

Entgegen anders lautenden Angaben der Fremdenverkehrsbehörde ist im **Wignacourt Tower** eine Ausstellung zu diversen Festungen des Ordens (Erdgeschoss) sowie zur englischen Epoche (Obergeschoss) mit Modellen, Fotos und Skizzen zu sehen. Im Sommer täglich, im Winter nur sonntags geöffnet; Eintritt 1,50 €.

Schwimmen ist an etlichen Stellen in San Pawl möglich; der schönste **Felsstrand** liegt direkt unterhalb des Wignacourt Tower. Gleich nebenan trainiert die Wasserballmannschaft der Sirens – links vom Gebäude befindet sich ein (kostenloser) Schwimmpier.

Ein **Miniatur-Sandstrand** links von der alten Promenade zieht ebenfalls etliche Sonnenanbeter an. Die ehemaligen Salzpfannen am Ufer westlich der Church Street eignen sich hervorragend als Kinderplanschbecken.

Im Sommer werden frühmorgens an den **Bootsanlegestellen** sogar manchmal Pferde im Meer gebadet – ein tolles Fotomotiv. Am gleichen Pier legen auch die Ausflugsboote nach Comino ab.

Unterkunft

Der älteste und teilweise noch sehr ursprüngliche Abschnitt der Bucht wird von Kennern als der beste Standort bezeichnet, wenn man das Leben der Einheimischen beobachten, morgens an Marketenderwägen Obst und Gemüse einkaufen sowie die spürbar ruhigere Atmosphäre im Vergleich zu Buġibba erleben möchte. Das Unterkunftsangebot beschränkt sich auf wenige Hotels sowie einige Apartmentanlagen.

■ Prachtvoll und geradezu wortwörtlich inmitten der Fischerboote des alten Hafens bietet das **Gillieru Harbour**④, Church Square, Tel. 21572720, Fax 21572745, www.gillieru.com, ein sehr angenehmes Ambiente und vorzüglichen Komfort. Das Haus ist zwar nicht das modernste, doch bieten praktisch alle Zimmer augrund der besonderen Lage auf einer Landzunge Meerblick, und liegen preislich zwischen 45 und 85 € je nach Saison (2 Pers./Frühstück). Ein weiteres Plus ist das herausragende angeschlossene **Restaurant** (s. „Essen und Trinken").

■ Das **Mediterranea-Aparthotel**④, Bordino St., Tel. 21578758 und 21578759, Fax 21578716, www.mediterraneahotel.com.mt, wäre als einzige Hotelalternative zu nennen; thront oben an der Klippe von St. Paul's und wurde jüngst mittels einer hässlichen Fußgänger-Brückenkonstruktion direkt mit der weiter unten liegenden Uferpromenade verbunden. Wer die Möglichkeit hat, sollte Meerblick buchen.

■ Wenige Meter nebenan liegen die sehr beliebten Ferienwohnungen **Clejos Court**③, der Familie

Übernachtung

4 Il Gifen Guesthouse
5 St. Paul's Towers Apartments
7 Gillieru Harbour Hotel
9 Clejos Court Apartments
10 Hotel Mediterranea
27 San Pawl Hotel
34 Topaz-Aparthotel
39 Solair Holiday Complex
45 Buccaneers Guesthouse
58 Maltese Cross Guesthouse
62 Buġibba Hotel
65 Primera Hotel, Monavale Flats
67 Sunseaker Holiday Complex
70 New Dolmen Hotel
72 Mercure Coralia San Antonio
74 Winston Apartments
79 Mavina Huli Aparthotel
82 The Buġibba Hotel
86 Qawra Palace Hotel
88 Seashell-Resort Hotel
90 Santana Hotel
93 Palm Court Hotel
94 Suncrest Hotel
96 Sunny Coast Resort Club
97 Darel Guesthouse

Essen und Trinken

1 Del Veccja Restaurant
2 Sirens Restaurant
3 Boccia-Klab
4 Il Gifen Bar und Restaurant
7 Gillieru Restaurant, Mazzoni
8 Don Vito Restaurant
10 Mediterranea Rest.
11 Portobello Fisch und Pizza
13 Gandhi Tandoori
16 Chickin' Tickin' Hühnerbraterei

19 Peppermill Diner & Pub
24 English Pub - Spaghetti Junction
25 Lemon Tree Restaurant
28 St. Paul's Beergarden, San Paolo Pizzeria
29 Route 66 Bar
30 Roman Restaurant
31 Paderborn Restaurant
32 St. Gallen Court Rest.
45 Buccaneers Restaurant
48 Angelo II
49 Angelo's Beergarden
50 McDonald's, Bayside Restaurant
53 Gopal ind. Restaurant
55 George's Sea Front
58 Da Nicole, Doi Doi Restaurant
59 Transsylvania Restaurant
69a Batu Bulan
71 Bonaparte Grill/ Brasserie
75 Mr. Kebab Restaurant
76 Churchill's Bar und Restaurant, Bingo Bar
77 Balls Billardbar, Snackbars
78 Red Lion Pub
83 Fra Ben Restaurant
87 Blue Sea Beach Club
91 Rose in Crown Rest.

Nachtleben/Pubs

26 Rhythm's Bar
35 Stownes Diskothek
52 Nags Bar
54 Scandals Nachtbar
57 Cesar's Gamebar
60 Stumble In Bar
63 Flamingo Pub
64 Sound Pub
69 Casino, Bingo Club
69a Batu Bulan
80 Simon's Tribute to Elvis
84 Murphy's Irish Pub
85 Black Rose Disco
92 The Queen's Head Pub

Fortsetzung folgende Seite

Gauci, Sir Luigi Preciosi St. (manchmal auch „Buġibba St." genannt), Tel. 21488875, Fax 214823223, gauciautomobiles@keyworld.net, Vorabbuchung auch unter www.holidays-malta.com/clejos. Geräumige Wohnzimmer mit Balkon (toller Meerblick), Küche, Bad und ein bis drei Schlafräume gehören zur Standardausstattung des traditionellen Familienunternehmens. Zwei Personen zahlen 280 €/Woche, sechs Personen ab 450 €/Woche; Flughafentransfer 30 €/vier Personen. Tipp!

■ Alternativ sei auf die **St. Paul's Towers Apartmentanlage** ②, 31 Triq il-Knisja, Tel. 21571616, www.destinationmalta.com/pauls.htm, verwiesen. Die etwas jüngere Anlage liegt unmittelbar gegenüber vom alten Hafen, ist aber wesentlich unpersönlicher. Weitere Ferienwohnungen/Apartments vermitteln die örtlichen Agenturen oder die Tauchschulen, z.B. die *Strand-Divers,* schon ab 20–30 €/Tag (Kontakt s. auch Tauchen).

■ Traditionelle **Bed & Breakfast Guesthouses** haben einen zunehmend schweren Stand gegenüber den großen Anlagen. Allein das **Il Gifen-Guesthouse**②, 560 Main Street (St. Paul's Street), Tel. 21573291, Fax 21572878, s. z.B. www.a1tourism.com/malta/st-pauls-bay-il-gifen-guest-house.html, mit angeschlossenem **Restaurant** und Bar hält derzeit noch die Stellung im Ort. DZ 25–35 € (zwei Pers. inkl. Frühstück).

Essen und Trinken

Die meisten Besucher bevorzugen die Lokale von Buġibba, doch auch San Pawl hat einige „Perlen" unter den maltesischen Restaurants aufzuweisen.

MEIN TIPP: Großartige Fischgerichte in gehobenem Ambiente zaubert das **Gillieru** in der Triq il Knisja, Tel. 21571661, nicht zu verwechseln mit der benachbarten **Pizzeria Mazzoni,** Tel. 21573391, in dem einem Passagierdampfer nachempfundenen Gebäude; ab 19 Uhr geöffnet und meist gut gefüllt.

■ Gemütlich bei fairem Preis isst man im **Don Vito** 100 m oberhalb der Paulskapelle, Obergeschoss, Triq Sir L. Prezziosi, Tel. 21585755.

■ Im Ortskern in der 83 Triq San Pawl liegt das seit vielen Jahren von einem Engländer geführte, preiswerte Gartenrestaurant **Sirens,** Palazzo Pescatore, mit guten Fischgerichten; Tel. 21571040.

■ Gegenüber der Paulsquelle bietet die zum noblen Weinrestaurant umgebaute Dorfkneipe **Del Veccja,** 372 St. Paul's Street, Tel. 21582376, maltesisch-italienische Küche.

■ Am anderen Ortsende liegen etliche Restaurants in der Triq il-Mosta. Empfehlenswert sind hier in Nr. 60 das seit vielen Jahre vorzügliche indische **Gandhi Tandoori,** Tel. 21572260 und das **Peppermill Diner & Pub,** Tel. 99099999, mit Snacks und Grillgerichten (leckere Spareribs), bei Tauchern der umliegenden Basen sehr beliebt.

■ Günstige Kleinigkeiten und Snacks bieten die Hühnerbraterei **Chickin' Tickin'** in der Triq il-Mosta (nahe der Bushaltestelle) sowie das **Vereinslokal** der San-Pawl-Sirens-Wasserballer am Ufer vor dem Wignacourt Tower (abends sehr interessant).

■ In der kleinen Bar **Boccia-Klab,** alte Uferpromenade, gibt es das berühmte und deftige *Hobż biżejt.*

■ Selbstversorger finden zwei **Lebensmittelgeschäfte** an der Hauptstraße Triq il-Mosta.

■ Hier liegt auch das ausgezeichnete **Fischgeschäft Azzopardi** nebenan sowie eine auch sonntags geöffnete **Bäckerei.**

Sonstiges

■ An der Gabelung Triq San Pawl/Triq il-Parades liegt die kleine **Dorfpost,** 100 Meter weiter die San Pawl hinein linker Hand ein **Fotogeschäft** sowie die örtliche Polizeidienststelle, Tel. 21572602.

■ Eine Filiale der **HSBC Bank** befindet sich in der Ortsmitte an der Ecke Triq San Pawl/Triq San Ġorġ, gegenüber liegt ein Buchungsbüro der **Air Malta.**

■ Zeitschriften und **Zeitungen** gibt es in mehreren Geschäften an der Promenade Richtung Buġibba sowie direkt an der Bushaltestelle in der Triq il-Mosta (auch Taschenbücher).

■ Telefonkarten gibt es 50 Meter weiter bei **Telemalta,** Tel. 21580511.

■ Zwei **Tankstellen** befinden sich am oberen Ende der Triq il-Mosta/Ortsausgang Richtung Salina.

■ Der Makler **Buġibba Real Estate,** Tel. 21501 111, hat nicht nur normale Kauf-/Mietobjekte im Angebot, sondern bietet auch Ferienwohnungen und Leihwagen an.

■ Weitere Fahrzeugverleiher sind **Burton's Car Hire,** gegenüber der Post, Tel. 21442738, sowie **Roma Car Hire** mit zwei Filialen in der Ramon Perellos Street und in der Triq Bajada, Tel. 21577222. *Roma* bietet auch einen Flughafentransfer für 30 € an (weitere Verleihstellen, auch Räder s. „Buġibba").

■ Im Ort sind mehrere **Tauchschulen** ansässig, unter anderem die sehr beliebten *Strand Divers* (deutschsprachige Ausbilder), Triq Ramon Perellos, Tel. 21574572, Fax 2157 4502, sowie *Maltaqua,* Triq il-Mosta, Tel. 21571873, Fax 21580064.

■ San Pawl ist auch ein beliebter Ort für **Bootsausflüge** nach St. Paul's Island und Comino (Badeaufenthalt in der Blue Lagoon). Einer der Anbieter ist *Romantika Cruises,* Tel. 0974168 (Mobil), il-Bajja Place, Buġibba, ab 10 €/Person. Sehr bekannt und landesweit aktiv ist *Captain Morgan Cruises* mit zwei Filialen in San Pawl: am Hafen (Bognor Street/Ecke Islet Promenade) sowie in der Triq il-Mosta. Neben Comino/Blue-Lagoon-Fahrten bietet *Captain* nur in San Pawl mit dem schmucken Segler „Charlotte Louise" eine Luxus-Tagestour (u.a. Blue Lagoon) mit delikatem Buffet und freien Getränken (60 €) an.

■ Wer unterwegs das elektronische Postfach leeren möchte: **Internetcafés** findet man entlang der Triq it-Turisti schräg gegenüber vom Busbahnhof sowie in der Triq il-Bajja beim Zentralplatz.

An-/Abreise

San Pawl verfügt über keinen eigenen Busbahnhof, alle **Busse** halten nur kurz an den ausgewiesenen

Malta04

Fortsetzung der Legende von S. 225

95 Fuego Salsa Bar
98 Fred's Billabong Bar

Einkaufen/Sonstiges

4 Air Malta
6 Roma Car Hire
12 Roma Car Hire
14 Azzopardi-Fischgeschäft
15 Bäckerei (auch sonntags)
17 Zahnarzt
18 Minimarkt
20 Thrifter Car Hire
22 Godwin & Pelikan Autoverleih
30 Wäscherei
33 Frank's Car Hire
36 J.A. Tours und Mopedverleih
37 Westminster Car Hire und Tours
38 Bluebird Car Hire
41 Budget Fahrzeugverleih, Peprina Pkw- und Mopedverleih
42 Apotheke
43 EMM Tours, Mr. Maxim
44 Charles Butcher
46 Nova Car Rental
47 Captain Morgan Tours
51 Crest Foodstore und Weine
56 Romantika Cruises, Hop On Hop Off Bus
60 Star Car & Bike
61 Minimarkt, Compass, Budget, Avis
66 Eco Bikes
68 Agenturen Swift, EMM und Carolina
73 Mirage Ausflüge/PKW
74 Winston Tours
77 Ausflugsbüros, Minimarkt
78 Apotheke
89 Fahrzeugverleih
91 Zeitungen, Touren

Wassersport

7 Octopus Garden Diving Centre
12 Strand Divers
19 Maltaqua-Tauchschule/Boot
21 Anchor Diving Systems
23 Scubatech Diving Centre
60 Cosair Dive
72 Underwater World Diving
81 The Academy Tauchschule
88 Octopus Tauchschule

Wanderung San Pawl – Ġebel Għawżara (116 m) [Dschebel Ausara]

Man mag es kaum für möglich halten, aber direkt ab St. Paul's kann man auf eine etwa dreistündige Rundwanderung gehen, ohne auf eine einzige Menschenseele zu treffen. Diese Route ist nicht so anstrengend und schwierig wie Rabat – Għajn Tuffieħa, in den Sommermonaten aber deutlich härter als Xemxija – Mellieħa.

Auf kaum eine andere Weise erhält der Reisende einen tiefen Einblick in die Kargheit des **maltesischen Hinterlandes,** in dem die Menschen mit viel Mühe dem Boden jene wenigen landwirtschaftlichen Produkte abringen, die in den Geschäften der Zentren stets frisch verkauft werden. Nebenbei genießt der Wanderer fantastische Panoramablicke über weite Teile der Insel.

Die Route beginnt am **Kreisverkehr Buġibba/St. Paul's,** wo an der Hauptstraße Richtung Mellieħa etwa 150 Meter hinter dem Kreisel links ein Feldweg abbiegt.

Hier geht es zunächst durch Wein und Tomatenpflanzungen allmählich bergan (ca. 1 km) auf den Hügel **Tal Quarbuni,** wo rechter Hand die Relikte einer ehemaligen Artilleriestellung zu sehen sind. Von hier aus hat man eine feine Aussicht nach Westen über *Selmun Palace* und Mellieħa bis nach Gozo, im Osten und Südosten von Mosta bis Sliema.

Der Weg (links der Ruinen) führt nach gut 500 m zur **St. John the Baptist Chapel,** die der Öffentlichkeit leider nicht zugänglich ist.

Vor der Kapelle geht es nach links, der Feldweg mündet bald darauf auf einen asphaltierten Weg, der wiederum links hinunter Richtung **Burmarrad** führt. Kurz vor der Hauptstraße geht es nun nach rechts (erste Möglichkeit im Dorf), wieder einen Feldweg entlang.

Dieses kleine Tälchen, **Wied Quanotta** genannt, ist dabei noch vergleichsweise fruchtbar, ein Gutteil des maltesischen Weines, Kohl und Tomaten werden hier angebaut. Rechter Hand liegt hoch oben die bereits passierte **St. John the Baptist Chapel,** links das Plateau Ġebel Għawżara, das Ziel der Wanderung.

Nach etwa einem Kilometer liegt auf der rechten Seite eine **verlassene kleine Kirche;** seit die jüngeren Bauern lieber einen Job in den städtischen Zentren suchen, werden hier keine Messen mehr gelesen. Neben dem Hauptweg führt auch ein Weg von der Kirche weiter nach Südwesten; beide führen zum Ziel, der Hauptweg wird zunehmend schlechter und endet wenige Meter, bevor er wieder auf den „Kirchenweg" trifft, als Trampelpfad in den Feldern.

Nach gut 1½ Kilometern immer stärkeren Anstieges sind die Ausläufer der landwirtschaftlichen Produktionsgenossenschaft **Wardija** erreicht, zahlreiche Treibhäuser zeugen davon.

Am Ende des Weges geht es links, nach 200 Metern wieder links (Schild „Fireworks Factory") in Richtung **Bidnija.** Hinter der Feuerwerksfabrik, die Massen von Knallkörpern für die Festa von Lija produziert, hält man sich nun halb rechts und geht durch die von Mauern gesäumten, nur im Frühjahr grünen Felder auf das Zentrum der 50-Seelen-Gemeinde Bidnija zu (Orientierungspunkt: großes Windrad). Kurz darauf trifft man auf einen asphaltierten Weg, auf dem es geradeaus zur kleinen Ortskirche geht. Neben der Kirche befindet sich auch ein Laden, der, sofern geöffnet, Erfrischungsgetränke anbietet.

Bidnija liegt auf dem **Ġebel-Għawżara-Hochplateau,** von dem aus wieder schöne Rundblicke über die maltesische Hauptinsel die Mühen des Weges lohnen: Mellieða, Mosta, das Nationalstadion und selbst Sliema liegen im Blickfeld.

Von der Kirche aus gibt es mehrere Möglichkeiten, um **via Burmarrad zurück** nach St. Paul's zu gelangen. Der erste Weg führt noch vor dem Laden links die kleine Straße hinunter, die sich als Feldweg auf halber Höhe des Ġebel Għawżara mit Blick auf den Talweg der alten Kirche (vom Hinweg) ins Tal hinunter erstreckt. Zwischen Kirche und Laden in Bidnija geht es geradeaus weiter auf dem Plateau entlang, ehe sich der Weg nach etwa 500 Metern verzweigt. Links führt der zunächst asphaltierte, dann allmählich immer schmaler werdende Weg hinunter auf den erstgenannten Weg. Auf halber Höhe, kurz hinter einem Feigenbaum, darf man hier nicht nach rechts auf einen alten britischen Begrenzungsstein zulaufen, sondern muss den Pfad geradeaus hinunter auf den unten von links kommenden Weg nehmen. Auf dieser zweiten Möglichkeit ab Bidnija ist die Aussicht auf das Tal sicherlich am schönsten.

Geht man an der Abzweigung 500 Meter nach Bidnija weiter geradeaus, endet der asphaltierte Weg nach etwa 300 Metern und zieht sich als steinerner Feldweg um eine Mauer herum, um dann durch Wein- und Tomatenplantagen genau auf Burmarrad zuzulaufen (Orientierungspunkt: kleine Kirche). Hier passiert man die **San Pawl Milqi Chapel,** die auf den Mauern römischer Relikte erbaut wurde. Der mittlerweile betonierte Feldweg wird nun zur Triq San Pawl Milqi, und nach wenigen Metern ist die Hauptstraße von Burmarrad erreicht. Nach links sind es zehn Gehminuten bis zum Kreisverkehr von St. Paul's/Buġibba.

Noch ein **Tipp** am Rande: Auf halber Strecke zwischen Burmarrad und St. Paul's liegt **Farmer's Wine,** wo der Saft der eben reichlich gesehenen Trauben abgefüllt und zugekorkt erworben werden kann – eine kostenlose Weinprobe versteht sich hier beim Erzeuger von selbst.

Haltestellen (s. Ortsplan). Die wichtigsten liegen am oberen Ortsausgang (Buġibba) an der Triq il Mosta/Ecke Triq il-Kali (Wartehäuschen), am unteren Ende (Richtung Xemxija) zwischen Paulsquelle und Coubertin-Park. Wer einen Sitzplatz ergattern möchte ist gut beraten ein paar Minuten zum großen Busbahnhof von Buġibba zu gehen (Start-/Endstation mehrerer Linien). Im Ort selbst halten:

- **Uferpromenade,** Haltestellen Rizzi, Anthony: 12 (Valletta), 31 (Mosta, Valletta), 45 (Mosta, Valletta), 221 (Mellieħa, Gozo-Fähre), X-3 (Mdina/Rabat, Flughafen), N-11 (Nachtbus Valletta)
- **Obere Durchfahrtsstraße,** z.B. Haltestellen Imhasel und Mary:
37 (Valletta), 41 (Valletta/Mosta; Mellieħa/Gozo-Fähre), 221–223 (221: Buġibba – Mellieħa – Gozo-Fähre; 222: Sliema bzw. Mellieħa/Gozo-Fähre, 223: Buġibba – Għajn Tuffieħa Bay), N-11 (Nachtbus nach Valletta).

Buġibba

[Budschibba]

Buġibba ist im Sommer fest in britischer Hand. Von den rund 400.000 Untertanen ihrer Majestät, die alljährlich ihre ehemalige Kolonie besuchen, steigen über die Hälfte in der britischen Variante Mallorcas ab. „Original" englisches Frühstück mit Würstchen und Spiegelei oder *Ale* in *Pints* zeugen davon. Das Pfund Sterling hat sich hier sogar zur inoffiziellen Zweitwährung entwickelt, etliche Bars und Restaurants akzeptieren auch britisches Geld und schreiben den Tageskurs auf Tafeln außen an. Dementsprechend bietet Buġibba zahllose Unterkünfte und Restaurants, Dutzende guter „britischer" Pubs und das nach

St. Julian's lebhafteste Nachtleben Maltas mit Diskotheken und Kino. Jeder zweite Arbeitsplatz hängt hier direkt oder indirekt vom Tourismus ab. Schon tagsüber flanieren die Besucher entlang der „Islet Promenade", einer von San Pawl bis Qawra führenden Uferpromenade, besuchen Andenkengeschäfte oder genießen eine Abkühlung im Meer. Eine hervorragende Anbindung an das öffentliche Busnetz macht Buġibba zum beliebten Standort, von dem aus Tagesausflüge zu den historischen Stätten Maltas leicht selbst organisiert werden können, während man an den Abenden nicht auf Aktivitäten und Unterhaltung verzichten muss.

Sehenswertes

Buġibba ist ein recht junger Touristenort, der erst in den 1970er und -80er Jahren sein heutiges Ausmaß erreichte, kulturelle Relikte sind dagegen rar. So steht hier für die meisten Besucher das Mittelmeer-Feeling im Vordergrund.

Zwar gab es einen kleinen, **„Dolmen"** genannten neolithischen Sakralbau, doch wurde dieser vom neuen New Dolmen Hotel fast völlig zugedeckt. Ein Megalithenkreisel wurde in Erinnerung daran in der Triq il-Klameri aufgestellt (vom Hotel die Uferpromenade entlang, zweite Straße rechts).

Nicht weit vom „Dolmen" bzw. vom Busbahnhof wurde an der Ecke Klameri/Turisti das **Classic Car Museum** (Tel. 21578885, Mo–Fr 9–18 Uhr, sonst 9–13.30 Uhr, Eintritt 7 €, Kinder 4,50 €) eingerichtet, wo auf rund 3000 m² Ausstellungsfläche ca. 100 Oldtimer vorwiegend britischer Fabrikation gezeigt werden.

Im Bezirk Qawra wurde hälftig mit EU-Fördermitteln das futuristisch anmutende Gebäude des **National-Aquariums** errichtet (www.aquarium.com.mt), welches gerne als Hauptsehenswürdigkeit Buġibbas dargestellt wird. In 26 Becken werden vorwiegend Mittelmeerflora und -fauna ausgestellt, im durch eine Kunststoffröhre begehbaren Hauptbecken von 12 m Durchmesser überwiegend Bewohner des indischen Ozeans (u.a. Schwarzspitzen-Riffhaie). Eintritt 12,90 €, Kinder 6 € – das Echo ist zwiespältig, auch in Malta selbst.

Meerseitig kann man in einem modernen **Strandbad** (Süßwasserpools) für eine „Tagesmitgliedschaft" von 15 € pro Person baden und sonnenbaden.

Ansonsten bietet sich ein Spaziergang entlang der hübschen **Uferpromenade** mit einem kleinen Rummelplatz, einer Boccia-Anlage und Bootsverleihstellen an.

Unterkunft

Hotels und Guesthouses

Maltas mit Abstand beliebtester Urlaubsstandort bietet ein breites Angebot an Unterkünften aller Preisklassen. In Buġibba steigt eher der preisbewusste Besucher ab, während die etwas wohlhabenderen Touristen im benachbarten Qawra logieren.

Praktisch alle Unterkünfte in Buġibba liegen deutlich landeinwärts; Meerblick und Uferlage findet man in St. Paul's und dann wieder in Qawra.

[>] Beim Classic Car Museum

623M wl

Das erst vor wenigen Jahren wiedereröffnete **Topaz Aparthotel**④, Triq L-Erba Mwiezeb, Tel. 23572416, Fax 21571123/13, www.topazhtl.com, wurde in modernem, westeuropäischem Hotelstandard angelegt. Maltesische „antike" Klasse wurde bewusst außen vor gelassen. Das Topaz bietet alle Annehmlichkeiten, man bedenke jedoch, dass man eine Viertelstunde zum Meer zu gehen hat.

Das **Mercure Coralia San Antonio**④, Triq it-Turisti, Tel. 21583434, Fax 2157248, www.sanantoniomalta.com, liegt dagegen sehr zentral, nahe am Busbahnhof und in einer sehr touristischen Durchgangsstraße, zumindest nahe am Meer. Mit angeschlossener Tauchschule *Underworld Diving*.

Im Bereich des **New Dolmen Hotel**④, Tel. 21581510, Fax 21581532, www.dolmen.com.mt, lag einst eine steinzeitliche Megalithenanlage, deren Reste allerdings nicht mehr erkennbar sind. Das Hotel bietet allen Komfort und liegt sehr günstig, sowohl an der Uferpromenade, wie auch zu den zentralen Institutionen und zum Busbahnhof. Mehrere Restaurants, Bars, Nachtklub, Pools und Casino. Offiziell beginnt mit dem *New Dolmen* an der Promenade entlang auch der Bezirk Qawra, weshalb das Hotel meist auch unter den dortigen Hotels zu finden ist.

Nicht weit davon findet man in einer Art Innenhoflage (Trejket il-Kulpara, Tel. 21575619, www.sunseakerholidaycomplex.com) in der Triq l-Imsell die recht neue und angenehm ruhige Aparthotelanlage **Sunseaker Holiday Complex** mit Pool (Dachterrasse und innen), Wäscherei, Fitness usw. Angeboten werden Studios für 2 Personen (170–280 €/Woche) und Wohnungen für 3–7 Personen (210–375 € bzw. 310–600 €).

Ein seit vielen Jahren bewährtes Mittelklassehotel ist das **San Pawl**③ in der Blacktail Street, Tel. 21571369, Fax 21573998, www.sanpawlhotel.com.

Zentral zu allen Aktivitäten gelegen; italienisches Management. Ordentlicher Standard, die Zimmer mit Balkon zur Straße sind allerdings nicht jedermanns Sache.

■ Der ehemalige *Buġibba Holiday Complex*, Triq It-Turisti, Tel. 21580861 Fax 21580 867, www.thebugibbahotelmalta.com, heißt seit einem Eigentümerwechsel 2012 **The Buġibba Hotel**③ und wirkt mit seinen rund 800 Betten ziemlich unpersönlich, zumindest aber hat man hier auch in der Hauptsaison gute Chancen, ohne Voranmeldung etwas zu bekommen. Im Angebot stehen DZ und voll ausgestattete Apartments mit 1–2 Schlafzimmern.

■ **Primera**③, Triq Il-Halel, Tel. 21573880, Fax 21581290, www.primerahotel.com, Ü/F 16–26 €, Ü/F/Meeresblickbalkon 25–45 € jeweils p.P. Ein schönes Mittelklassehotel in guter Lage nahe Zentralplatz Il-Bajja, mit Dachpool.

■ Um die Ecke versteckt sich das **Relax Inn**③, Triq Il-Halel, Tel. 21570300, Fax 21272971, www.relaxinn.com.mt. Ein mittelgroßes Familienhotel mit 40 einfachen Zimmern in guter Lage, parallel zum Zentralplatz Il-Bajja. Die Preise sind etwas günstiger als die im *Primera*.

■ Direkt nebenan liegt das **Monavale-Aparthotel**②, Tel. 21571993, mit einfachen und preiswerten Apartments ab 35 € pro Einheit; angegliederter Barbetrieb.

■ Einige preiswerte, ältere Unterkünfte findet man im rückwärtigen Buġibba, so etwa den **Solair Holiday Complex**②, Triq Il-Gwiebi, Tel. 21577050/21572151, Fax 2158 0048, www.solair.com.mt, eine vor allem bei jüngeren Besuchern beliebte Apartmentanlage. Wenig Komfort, aber völlig o.k. und preiswerte Einheiten mit 1–3 Schlafräumen.

■ Ähnliches bietet das optimal im Kneipenviertel von Qawra gelegene **Mavina Huli Aparthotel**②, Triq in-Nakkri/Ecke Triq L'Imhar, Tel. 21583741, www.mavina.com.mt. Einfach und funktional ausgestattet kostet ein Studio zwischen 19 und 36 € für 2 Personen, auch Ein- und Zwei-Schlafraumapartments mit Balkon, alle mit Sat-TV, sind erhältlich und kosten bis maximal 64 € (sechs Personen). Wenn man bedenkt, dass es eine Sonnenterrasse, Pool, Billardraum und ein Restaurant gibt, ist das Preis-Leistungsverhältnis im *Mavina* für den preisbewussten Reisenden wahrlich nicht übel.

■ Bed & Breakfast bietet das **Maltese Cross Guesthouse**②, Triq Sant Antnin, Tel. 21373517, Fax 21372437, welches zwar sehr schlichte Zimmer bietet, dafür aber absolut zentral mitten im Trubel parallel zur Uferpromenade liegt. Das DZ kostet ab 250 € die Woche (zwei Pers./Nebensaison, ohne Frühstück) und kann unter www.hostelworld.com oder www.jugendherbergen.eu vorgebucht werden.

■ Einen Steinwurf vom Busplatz entfernt und daher für Backpacker recht günstig bietet **Winston Apartments**②, Triq It-Turisti, Tel. 21572039, Fax 21577419, www.winstonmalta.com, kleine, voll ausgestattete Ferienwohnungen mit ein oder zwei Schlafräumen, zu 265–330 €/Woche je nach Personenzahl (Hauptsaison).

■ Qualitativ mindestens ebenso gut wie das Maltese Cross ist **Buccaneers Guesthouse**①, Triq Gulju, Tel. 21571671, Fax 21571671, www.buccaneers.com.mt, liegt aber ein gutes Stück landseitiger Richtung St. Paul's. Dieses traditionelle und sehr beliebte *Guesthouse* hat nahe am Zentralplatz in der Triq il-Bajja eine Filiale mit inzwischen reinem Restaurantbetrieb. Bed & Breakfast kosten je nach Saison 18–20 €/Tag pro Person, für 4 € mehr gibt es Halbpension.

■ Die professionellen Ausflugsbüros (u.a. *Agius, Compass*, siehe Fahrzeugverleih) vermitteln ebenfalls preiswerte **Apartments.**

Essen und Trinken

Buġibba bietet ein breites Angebot an Imbissstuben und Restaurants in allen Kategorien. Die meisten haben von 15 bis 19 Uhr geschlossen, bieten aber dafür am Abend warme Küche teilweise bis Mitternacht.

■ An der Bushaltestelle Imhasel bietet die **Straßenbraterei** *Rosted Chicken Nuggets* oder *Chickenburger* auf die Hand.

■ An der Kreuzung Triq L-Alka/Triq ir-Ramel liegt das recht beliebte **Lemon Tree,** Tel. 21582035, sowie gegenüber der (noch bessere) **English Pub/ Spaghetti Junction,** Tel. 21572396, beide nicht teuer.

■ Urig geht es im **Roman Restaurant**, Triq Paderborn, zu. Das nette Lokal mit rustikaler Küche bietet zum Beispiel einen Eimer Grillknochen für 14 € – wer sich schmutzig macht: Gleich nebenan liegt eine Wäscherei.

■ Weitaus teurer sind die beiden, ihre jeweiligen Landsleute anziehenden **St. Gallen Court** und **Paderborn,** Tel. 21581205, in derselben Straße.

■ Das sehr hübsch oberhalb der Bucht gelegene **Portobello,** Triq Buġibba, Tel. 21571661, bietet exzellente (und teure) Fischgerichte, aber auch riesige und sehr günstige Pizzen. Nicht sehr groß, früh kommen oder besser reservieren.

■ Sehr gemütlich ist für ein nettes Abendessen auch das **Don Vito** neben dem *Mediterranea Hotel* in der L. Prziozi Street 35, Tel. 21585755, geöffnet tgl. 18–23 Uhr. Leckere Fisch- und Fleischgerichte in rustikal-stilvollem Ambiente.

■ In der Triq it-Turisti bietet das **Mr. Kebab Aromacafé,** Tel. 27499037, Pizza, Pasta, Sandwiches und Kebabs, aber auch Steaks.

■ Den besten Ruf unter den indischen Restaurants der Stadt genießt **Gopal** in der Triq ix-Xitwa, Tel. 21576581 (teuer); Gerichte auch zum Mitnehmen).

■ Schön auf uferseitiger Terrasse in der Dawret il-Gzejjer und nicht überteuert kann man im **Bognor Beach Café/Restaurant** günstige und gute Gerichte genießen (u.a. Pizza ab 5 €, Pasta ab 5,50 €).

■ Bei **George's Pizza,** Tel. 21310457, nebenan gibt es außer Pizza diverse Frühstücksmenüs, Snacks sowie einen eigenen Pool mit Sonnenschirm- und Liegenverleih. Besonderheit ist das „Special Lunch" am Pool inkl. Liege und Schirm für 12 €.

■ Sehr schön – insbesondere aufgrund des sehr großen gartenähnlichen Freigeländes – speist man in der **Brasserie/Grill Bonaparte.** Gehobenes Preissegment, Tel. 23583660.

■ Mal was ganz anderes – rumänische Küche – bietet das **Transsylvania** in der Triq St. Antnin nahe Bajja-Zentralplatz (Tel. 77568201). Neben Kebab Sticks und Spareribs kann man hier die traditionelle Bohnensuppe im Brotlaib ordern.

■ Selbstverpfleger finden **Minimärkte** in der Triq is-Sajf (*Crest Foodstore,* gute Weinauswahl), um die Ecke an der Islet Promenade, werktags durchgehend, sonntags bis 22.30 Uhr geöffnet sowie in der Qalb ta-Ġesu, Triq il-Bajja, vor der Bushaltestelle halb links.

■ Auf die Filiale von **McDonald's** an der Promenade sei wegen des kostenfreien WLAN-Zuganges und des Kinderspielplatzes für die kleinen Gäste hingewiesen; wer *Pizza-Hut* Erzeugnisse mag – eine Filiale liegt am Zentralplatz il-Bajja.

■ Ebenfalls *Fast Food,* aber in Form von zahlreichen Salaten und Kebabs hat auch das **Da Nicole** am Il-Bajja Platz oder der benachbarte **Doi Doi Pizza**- und **Kebabimbiss.**

■ Im **Bayside Restaurant** an der Uferpromenade werden 3 ½ Liter-Tischbierfässer für den größeren Durst (oder kleinere Gruppen, 15 €) angeboten. Nennt sich Pizzeria, es gibt aber auch Frühstück, Steaks, Spareribs und heimische Spezialitäten. Tel. 21582317.

■ Im etwas ruhigeren Kneipenviertel rund um das *St. Paul's Aparthotel* empfehlen sich der zum Hotel gehörende **Biergarten** (Eingang am Kreisverkehr, ab 18 Uhr auch für Nichtgäste), sowie die **Pizzeria San Paolo** (Tel. 77009991) in der Blacktail Street.

Unterhaltung

Buġibbas Nachtleben steht dem von St. Julian's kaum nach, nur werden die hiesigen Bars und Diskotheken noch weit mehr von Engländern eingenommen als in der Vorstadt von Sliema. Man braucht keine Angst vor randalierenden „Hooligans" zu haben. Es gibt in Buġibba zwar viel Stimmung und jugendliches Publikum, doch bei der überwiegenden Mehrheit der britischen Touristen handelt es sich um kulturell Interessierte oder aber Veteranen der Kolonialzeit.

Das Leben beginnt im Sommer erst so richtig nach Einbruch der Dämmerung, wenn nicht nur Touristen, sondern auch Einheimische die Uferpromenade bevölkern und durch die zahlreichen Bars und Diskotheken ziehen.

Diskotheken

■ Eine Reihe von Hotels hat der Nachfrage nach spätabendlicher Unterhaltung Rechnung getragen und eigene Diskotheken eröffnet, unter anderem das **Springfield,** Pioneer Road/Ecke Triq il-Hgejjak.

■ Am beliebtesten, vor allem bei Einheimischen, sind die **Stownes Disco** (Pioneer Road/Ecke Triq il-Ġifen, Tel. 21581223) und im Bezirk Qawra das **Black Rose** an der Triq it-Turisti (nur an Wochenenden im Sommer, Tel. 21631727.

■ Im **Batu Bulan,** an der Promenade nahe Oracles-Casino, wird vorwiegend Dance, Pop, Charts und Rock gespielt, in der **Fuego Salsa Bar,** Triq il-Qawra, zwischen *HSBC*-Bank und *Suncrest Hotel* (Qawra), vorwiegend Salsa, Tel. 21386746. Beide sind bei Touristen und Einheimischen beliebt, verlangen bei gemäßigten Getränkepreisen einen geringen (oft auch keinen) Eintritt.

Bars und Pubs

■ Es gibt kaum eine ufernahe Straße in Buġibba, in der nicht mindestens ein oder zwei Pubs oder Bars mit kühlen Getränken winken. Besonders außerhalb der Hochsaison im Sommer gibt es einen harten Konkurrenzkampf zugunsten der durstigen Besucher: Zahlreiche Bars bieten „die Halbe" zur *Happy Hour* (*Ċisk* oder *Löwenbräu*) für rund 1,50 €, so die **Rhythm's Bar** (Blacktail Street, gelegentlich Live-Events), **The Stumble In** (Triq Isponz, zwischen Triq Doffli und Triq Qroll) oder **Nags Bar** (Triq San Xmun).

■ Andere zeichnen sich durch kleine Besonderheiten aus; das **Mirabelle** (Il-Bajja-Platz) wirbt mit internationalen Fußballübertragungen, ist aber auch ein ordentliches Fischrestaurant. **Sticky Fingers** (Triq il-Turisti, nahe Busplatz) mit Poolbillard ist bei englischen Familien sehr beliebt, auch bei **Bar Route 66** (Triq il-Konversjoni/Triq Efesu) wird Poolbillard geboten.

■ Das **Red Lion** gegenüber vom zentralen Busbahnhof ist ein alt eingesessener urig-britischer Pub, während ein Stückchen weiter die **Simon's Elvis Tribute Bar** mit Musik und Interieur die Zeit des großen Barden zurückzuholen anstrebt. *Simon's* bietet montags und freitags Elvis-Doubles, sonst wechselnde Live-Konzerte mit Musik der 1950er und -60er. Triq it-Turisti, Tel. 21577566. Nicht nur Maltareisende von der grünen Insel stürmen regelmäßig **Murphy's Irish Pub** nebenan, insbesondere wenn sonntags die „Buġibba Blues Brothers", mit einer sehr ordentlichen Kopie der Kultbrüder *Jake* und *Elwood* für Stimmung sorgen.

■ Im modernen **Miracles** (neben HSBC Bank, Il-Bajja-Platz), Tel. 99443300, wird Techno-Musik gespielt, das **Flamingo** (Triq il-Mazzola) ist stilvoll und hat gute Musik.

■ Das gegenüberliegende **Sound** ist ebenfalls sehr nett, aber nicht ganz so atmosphärisch.

■ Nett, aber vergleichsweise teuer ist **Angelos Beer Garden** mit zwei Lokalen, an der Promenade (land- und uferseitig) nahe *McDonald's* (abends Livemusik; Tel. 21571748).

■ Die ehemalige **Disco Cesar's** am Il-Bajja-Platz wurde zu einer beliebten Spielothek-Bar umfunktioniert.

■ Alleinreisende ältere Herren zieht es abends in die **Scandals Bar** in der Triq Sant Antnin (harmlos, Tel. 21582103); geöffnet im Sommer ab 20 Uhr, im Winter ab 19 Uhr.

Sonstige Unterhaltungsmöglichkeiten

■ Das Lichtspielhaus **BCC** liegt neben der *Stownes Disco* in der Pioneer Road. Es bietet vorwiegend englischsprachige Filme.

■ **Spielhallen** findet man mit der Billardbar am Busbahnhof oder *Cesar's Gamebar* am Il-Bajja Platz.

■ Das **Strandbad Amazonia Beach Club** (6 €) lädt mit kleiner Poollandschaft und künstlichem pseudotropischen Sandstrand zum Baden und Verweilen ein; gehört zum *Restaurant & Danceclub Batu Bulan.*

■ **Ausflüge/Bootstouren** usw. können am Pier gebucht werden, Blue Lagoon oder Rundfahrten kosten 15–25 € (je nach Dauer).

Pkw- und Fahrradverleih

In Buġibba herrscht kein Mangel an Fahrzeugverleihstellen aller Art, siehe hierzu auch die Möglichkeit der Vorabbuchung per Internet im A–Z-Teil.

■ An der Ecke Triq il-Bajja/Triq il-Qroll (Bushaltestelle: Qroll) liegen gleich mehrere Verleihstellen für Fahrräder, Mopeds und Pkw nebeneinander, so **Agius** (Räder, Ausflüge und auch Ferienwohnungen), Tel. 21571603, **Star,** Tel. 21571609, **Compass** (Tel. 21571316) und **Frank's Car Hire,** Tel. 21572215, Filiale an der Promenade nahe *Dolmen Hotel.*

■ **Budget** bietet seine internationalen Standardleistungen in der Pioneer Road, Tel. 21580274.

■ Gleich nebenan liegt die sehr freundliche und familiäre **Peprina Garage,** Tel./Fax 21572331, mit Mopeds und Kleinwagen, aber auch Flughafentransfer und Mietapartments werden angeboten.

■ In der Triq il-Hgejjeg, nahe der Pioneer Road, liegen mit **Bluebird,** Tel. 21471700 und **Westminster,** Tel. 21577172 zwei weitere Verleihstellen. Westminster wie auch **J.A. Tours,** Tel. 21576449 vermieten nicht nur Mopeds und Pkw, sondern bieten auch organisierte Rundtouren an.

■ In der Triq il-Lampuki/Ecke Triq il-Kahli (Blacktail Street) bietet gleich ein halbes Dutzend Verleiher ihre Fahrzeuge an, unter anderem **J. & S. Rent a Car,** Tel. 21571841.

■ In der großen Triq it-Turisti bietet **Mirage Car Hire,** Tel. 21580313, www.miragecarhire.com, neben Fahrzeugverleih (Jeeps und Limousinen) auch Ausflüge, Pferdereiten, Transfer usw.

Eco Bikes, Trunciera/Ecke Imsell; www.ecobikesmalta.com, bietet neben klassischen Rädern auch Senioren-Elektrobikes; die Preise liegen bei 10–15 €/Tag.

■ Die in der Triq it-Trunciera benachbarten Agenturen **Swift,** Tel. 21571269, www.swiftcarhire.com, **Carolina,** Islet Promenade, Tel. 27571534, www.carolinamalta.com, und **E.M.M.,** Tel. 21572122, www.emmcarhire.com, bieten alle Arten von organisierten Touren, Fahrzeugvermietung (Fahrräder), Transfer- und Unterkunftsorganisation.

Sonstiges

■ Eine Zweigstelle des maltesischen **Fremdenverkehrsamtes,** Tel. 21477382, bietet nur im Sommer Informationen am Misrah il-Bajja (Bay Square).

■ Direkt nebenan liegt eine Filiale der **HSBC Bank,** die **Bank of Valletta** befindet sich, wie auch eine kleine **Poststelle,** in der Islet Promenade.

■ Eine kleine **Wäscherei** liegt in der Triq Paderborn (neben dem Roman Restaurant).

■ Die **Polizeistation** von Buġibba/Qawra liegt oberhalb vom Busbahnhof in der Triq il-Turisti/Ecke Triq il Maskli, Tel. 21576737.

■ **Hauptpost:** Triq id-Dolmen neben dem *New Dolmen Hotel* beim Busbahnhof.

■ Zu den bekannten Tauchbasen vor Ort zählen u.a. **Scubatech,** Triq Alka, Tel. 21580617, Fax 2145 5916, die **Strand Divers** (Perellos St.) und **Octopus Garden Diving Centre** (deutschsprachig, gegenüber dem *New Dolmen Hotel*), Tel./Fax 2158 2586 (Details hierzu s. Tauchen).

■ **Souvenirläden** mit allerlei Mitbringseln säumen fast die gesamte Islet Promenade, Interessantes und Kurioses findet man im Trödel- und Antiquitätenladen **The Magpie Curious Shop** in der Triq il-Mosta (geöffnet Mo–Sa 9–20 Uhr).

■ **Internet:** *Bet and Internet* (Triq it-Qroll), *Starnet* (neben *Primera-Hotel*), das Internet-Restaurant am il-Bajja Platz und die Internet-Billardbar gegenüber vom Busbahnhof. Kostenloser WLAN-Hotspot bei *McDonald's*.

■ **Zahnarzt:** *Dr. Norden*, Triq Mosta/Ecke Triq Kahli; Tel. 21577223.

An-/Abfahrt

Buġibbas **Busbahnhof** liegt oberhalb des New Dolmen Hotel und ist nach Valletta/Floriana der größte auf Malta. Es empfiehlt sich, auch von Qawra (fünf Minuten) und San Pawl (zehn Minuten) aus zum zentralen Busplatz von Buġibba zu laufen, da hier alle Busse länger stehen, in aller Ruhe der richtige gewählt werden kann und vor allem hier am Ausgangspunkt auch ein Sitzplatz mehr oder weniger garantiert ist.

Da viele Reisende im Raum St. Paul's/Buġibba unterkommen, sind im Ortsplan die wichtigsten Bushaltestellen namentlich aufgeführt, sodass man je nach Ziel/Unterkunft in etwa weiß, wo man ein-/aussteigen muss.

■ Vom zentralen Busplatz fahren u.a. die folgenden **Buslinien:**

Bus 12: Buġibba – Sliema/Fähre – Valletta (alle 6 Min.)

Bus 31: Buġibba – Mosta – Valletta (alle 10 Min.)

Bus 221: Buġibba – St Paul's (Bandieri) – Mellieħa – Cirkewwa (alle 20 Min.)

Bus 223: Buġibba – St Paul's (Bandieri) – Golden Bay (stündlich)

Bus X-3: Buġibba – Rabat – Flughafen (alle 30 Min.)

Qawra

['Aura]

Östlich des *New Dolmen Hotel* zieht sich die Promenade von Buġibba weiter bis Qawra, allerdings entlang eines zunehmend vornehmeren Wohnviertels. Dieses Gebiet, welches sich rund um die Landzunge und den kleinen St. Paul's Hill bis zu den Salzpfannen der Salina Bay erstreckt, bildet den **nobelsten und teuersten Teil der St. Paul's Bay.** Hier liegen die spürbar teureren Unterkünfte, und hier haben die wohlhabenderen Geschäftsleute ihren Wohnsitz. Wie in Buġibba wohnen auch hier sehr viele Touristen, (meist Gruppenreisende und Pauschalurlauber), doch ist die Stimmung insgesamt gesetzter und längst nicht so „zünftig" wie in Buġibba.

Sehenswertes

Lohnend ist ein Spaziergang entlang der **Uferpromenade,** die sich westlich des Landzipfels Qawra Point über einen Kilometer bis Buġibba erstreckt.

Auf der kleinen Landzunge Qawra Point liegt der **Qawra Tower,** ein Johanniter-Wachturm aus dem 17. Jh., der u.a. mit dem Red Tower (Marfa Ridge) und dem Wignacourt Tower (San Pawl) eine durchgehende Meldelinie entlang der Nordostküste bis Valletta bildete.

Qawra Point ist auch ein beliebter **Badeplatz** (Badeschuhe ratsam), Tauchschüler werden hier ihren Nachttauchgang durchführen (s. Tauchen).

Einen interessanten Einblick in das maltesische Alltagsleben vergangener Jahrhunderte bietet das kleine **Museum of Maltese Folklore;** ausgestellt werden hier vor allem damalige Trachten und Gebrauchsgegenstände.

■ Das Heimatmuseum liegt in einer kleinen Seitengasse der Triq il-Tamar, geöffnet täglich 9.30–13 Uhr, Eintritt 2,50 €, Kinder unter 6 Jahren, Rentner und Behinderte frei.

Hauptgeschäftsstraßen sind die Triq il-Qawra (Coast Road) und die Triq it-Tamar, beide südlich des Qawra Point.

Unterkunft

Qawra bildet gewissermaßen das mondäne „East-End" der St. Paul's Bay und weist ein hochwertiges Hotelangebot auf. Viele Pauschalreisende und Reisegruppen werden hier untergebracht.

■ Die beiden bekanntesten Häuser für Tourgruppen sind das **Suncrest Hotel**④, Qawra Coast Road, Tel. 21577101, Fax 2157 5478, www.suncresthotel.com, sowie im Nachbarblock das **Qawra Palace**④, Qawra Coast Road, Tel. 21580131, Fax 21580662. Beide bieten z.B. Wellnessbereiche und Pools. Sie liegen an der Uferpromenade (kein Strand!).

■ Aktiv-Tipp: Der **Sunny Coast Resort Club**④, Tel. 21572945, www.sunnycoast.com.mt, bietet Studios zu ab 125 € und Apartments ab 130 € (Hauptsaison/Tag, Wochenpreise 25% Rabatt), liegt ebenfalls landseitig, verfügt aber über einen kleinen, hoteleigenen Bade-Freizeitpark am Ufer sowie zahlreiche Fitness-Möglichkeiten. Auch Wander- und Bootstouren, Flughafentransfer usw. werden angeboten. An sich sehr empfehlenswert, aber leider weit ab vom Zentrum.

■ Ebenfalls in Qawra an der Küste liegt das **Seashell-Resort**④, Tel. 21577101, www.seashellsresortmalta.com. Spa, Fitness, Tauchschule *Octopus-Garden,* Nachtklub, Radtouren – insgesamt beliebt bei jüngeren Pauschalreisenden. Gehört zum *Suncrest Hotel,* wird aber eigenständig betrieben.

■ Das **Santana Hotel**④, Triq Il-Maskli, Tel. 2158 3451/4, Fax 21583450, www.santanahotel.com, verdient insofern ganz besondere Erwähnung, da es als erstes (und bislang einziges) Hotel auf Malta mit dem vor 10 Jahren von den Vereinten Nationen ins Leben gerufenen Hotel-Öko-Zertifikat für besonders umweltfreundliche Hotelanlagen ausgezeichnet wurde. Die Kriterien werden jährlich überprüft und basieren auf einem in Spanien entwickelten Modell. Wohnen kann man auch, erstklassig sogar, allerdings liegt das Santana ein Stück landeinwärts, die wenigsten Zimmer haben Meerblick.

■ Eine günstigere Alternative bietet das **Palm Court Hotel**③, Triq It-Tamar, Tel. 215724 84/5/6, Fax 21572339, www.qawrahotels.net, mit 700 Betten eines der größten Hotels vor Ort und recht unpersönlich, aber topp in Schuss und ruhig gelegen.

■ Die einfachen Unterkünfte sind im mondänen Qawra vom Aussterben bedroht; derzeit bietet noch das **Darel Guesthouse**③ in der Triq Carmelo de Lucca, Tel. 21576372, Fax 21412006, die günstigste B&B-Unterkunft (ab 16,50 € p.P.). Die Gegend in den Parallelstraßen zum Ufer wird derzeit stark ausgebaut, sodass es mit der bislang ruhigen Lage bald vorbei sein dürfte ...

Essen und Trinken

Die meisten Hotels entlang der Uferpromenade haben einen eigenen Restaurantbetrieb. Reine Speiselokale findet man kaum.

■ Ausnahmen sind die Pizzeria **Pizza House,** Triq ir-Rizzi, Tel. 21680978, oder das gutbürgerliche **Rose in Crown,** Nelson Street, Tel. 21370992. Leser empfehlen außerdem den **Blue Sea Beach Club** in der Triq-il Qawra direkt am Ufer mit herrlichem Blick über die Salina Bay, sehr gutem englischen Frühstück (bis 12 Uhr) und vorzüglichen Fischgerichten (ab 18 Uhr). Sehr schön liegt das **Fra Ben Restaurant** am Qawra Tower, Tel. 21573114, welches von vielen Reisenden sehr gelobt wird; internationale Küche, mittlere bis gehobene Kategorie.

■ Angenehmes Ambiente bietet **Churchill's Bar & Restaurant,** Triq il-Fliegu – very british! Lamm- und Steakgerichte sowie köstliche Pilze in Teig gebacken. Nur Di–Sa 18.30–22.30, Tel. 77799922.

Unterhaltung

Im Gegensatz zu Restaurants gibt es eine ganze Reihe von Bars in Qawra. Das Zentrum liegt um die Straßen Triq Nelson – Triq il Port Ruman und Triq il-Flieġu herum. Zu empfehlen sind u.a.:

■ **Pledgers Bar/Club** bietet Karaoke, Entertainment, Quizabende, Bühnenshows und kleine Speisen, Tel. 79966799.

■ Im **Little Waster** (um die Ecke von *Churchill's Restaurant* zur Triq il-Maskli) wird abends Livemusik geboten.

■ **Fred's Billabong Bar** lockt mit Live-Sportübertragungen auf 5 Bildschirmen, einem Billardtisch, Darts und einer breiten Auswahl lokaler und britischer Biere. Tel. 21571470, tgl. abends geöffnet, Sa/So auch tagsüber.

■ Der **The Queen's Head Pub** ist die vielleicht authentischste und typischste britische Bar der Region St. Paul's Bay mit Echtholz- und Messinginterieur, flankiert von zahlreichen historischen Fotografien und Stichen. Kleiner Außenbereich, abends Unterhaltungsprogramm oder Liveübertragungen; Tel. 21578007.

Sonstiges

■ Der kleine **Zeitungshandel** in der Triq it-Tamar (gegenüber *Palm Court Hotel*) führt auch deutschsprachige Zeitungen.

■ **HSBC Bank** neben dem *Suncrest Hotel.*

■ Polizei s. Buġibba

An-/Abfahrt

■ **Bus** Linien 12 (Valletta), 31 (Valletta), 45 (Valletta, Mosta), 221 (Mellieħa) und X-3 (Flughafen) fahren über die Qawra-Hotelmeile.

Salina Bay

Den südöstlichen Ortsausgang des kleinstädtischen Konglomerates der St. Paul's Bay bildet die Salina Bay, unverkennbar durch die bis heute genutzten, Jahrhunderte alten **Salzpfannen** in der Bucht.

An der Spitze der Salina Bay liegt der **Kennedy Memorial Grove,** ein Picknickplatz und Spazierpark, angelegt 1963 im Gedenken an den ermordeten amerikanischen Präsidenten *J. F. Kennedy.*

Gleich hinter dem Park zweigt ein Feldweg rechts von der Hauptstraße ab; dieser führt zur kleinen **St. Michael's Chapel** sowie zu den stark zerfallenen Resten des **Megalithentempels Tal Qadi.**

Um die Bucht herum zweigt rechts eine Nebenstraße nach Naxxar ab; hier liegt auch die **Siedlung Salina** mit dem ausgezeichneten Restaurant *Charlie's Inn,* Tel. 21573455, dessen ofengebackene Kaninchen ein Gedicht sind; Reservierung ratsam.

Unterkunft

Man sollte nicht ohne Auto in Salina wohnen, denn man muss, um nach Qawra oder Buġibba zu gelangen, an der stark befahrenen Hauptstraße entlang gehen – ohne Fußgängerweg. Salina liegt ziemlich weit außerhalb, vom *Coastline Hotel* läuft man, selbst wenn man sich auskennt, mindestens eine halbe Stunde bis Ortseingang San Pawl oder Qawra.

■ Hauptsächlich sind es Reisegruppen, die ins **Coastline**④, Tel. 21573781, Fax 215 81104, www.islandhotels.com, an der stark befahrenen Hauptstraße bugsiert werden. Bietet zwar den üblichen Komfort, die Lage ist jedoch bescheiden.

Burmarrad

1964 entdeckten italienische Archäologen an der **Kapelle San Pawl Milqi** in der Triq San Pawl eine Villenanlage aus der Römerzeit mit Öl- und Weinpressen sowie Wohnbereichen für Feldarbeiter. Angeblich verbrachten der Apostel *Paulus* und die anderen Überlebenden der Schiffskatastrophe von 59 n. Chr. ihre ersten drei Tage auf Malta in Burmarrad.

Von Burmarrad empfiehlt sich ein Abstecher (2½ Kilometer einfach) durch das Tal **Wied il-Għasel.** Hierzu folgt man der Straße Richtung Naxxar (beschildert) etwa 500 Meter und wendet sich dann nach rechts auf einen Feldweg.

Dieser quert eine kleine Brücke – hier folgt man immer dem meist ausgetrockneten Bachbett nach links (kein Weg) 300 Meter bis zur malerisch in die Felsen unterhalb der Victoria-Lines gebauten **Kapelle Sta. Katarina.** Die Kapelle geht angeblich auf eine Höhlenkirche am gleichen Ort zurück, erstmals erwähnt wurde dieser Bau 1646 in den Berichten *Francesco Abelas.* Besonders interessant ist das steinerne Bassin vor der Kapelle, in welchem das Sickerwasser der darüberliegenden Felsen aufgefangen wurde. Dieses Wasser galt als medizinisch besonders rein und wurde von den Johannitern als Tafelwasser getrunken.

Dieser „Weg" zur Kapelle ist vor allem im Frühjahr sehr schön, wenn der Talgrund mit Blumen und üppigem Grün bedeckt ist.

Einkaufen

■ Einkaufsmöglichkeiten hat man im großen **Supermarkt** (von Buġibba kommend am Ortseingang rechter Hand, Parkplatz und Zugang an der Rückseite; geöffnet Mo–Sa 9–19 Uhr). Er ist die beste Einkaufsmöglichkeit für Selbstversorger im Raum Buġibba. Gelegentlich bieten Stände vor dem Supermarkt frisches Obst und Gemüse feil.

An-/Abreise

■ Alle **Busse** Mosta – St. Paul's Bay/Buġibba fahren via Burmarrad, eine Haltestelle liegt vor dem Supermarkt.

■ Man kann auch ganz profan **ab Naxxar** anfahren (Richtung St. Paul's, nach der Spitzkehre links über das Ballut-Betonwerk) oder **ab Fort Mosta** den Pfad an der Victoria Lines hinunterlaufen, wenn man dort jemanden überreden kann, das untere Tor zum Fußweg zu öffnen.

Mosta

Das hübsche Städtchen Mosta (knapp 20.000 Einwohner) steht bei vielen Besuchern Maltas auf dem Besichtigungsprogramm; immerhin sind hier das aus deutscher Sicht bemerkenswerte „Wunder von Mosta“ (s. Exkurs), nette Altstadtgässchen sowie an mehreren Punkten die Victoria Lines zu sehen. Die Stadt ist ausgezeichnet per Bus zu erreichen und als Stopp auf dem Weg nach Mdina oder Buġibba absolut zu empfehlen. Wer die Möglichkeit hat, sollte Mosta am Abend des 15. August besuchen, wenn hier eine der schönsten Festas des Landes stattfindet (wechselt jährlich mit Birżebbuġa). Haupteinkaufsstraße ist die Triq il-Kostituzzjoni mit Boutiquen, Möbel- und Haushaltswarenläden.

Sehenswertes

Rotunda Sta. Marija Assunta

Die **Mariä-Himmelfahrts-Kirche,** gemeinhin nur als „Rotunda“ bekannt, besitzt mit einer Höhe von 60 m bei einem Durchmesser von 52 m die **viertgrößte freitragende Kuppel Europas** (nach Petersdom/Rom, St. Paul's/London und St. John's in Xewkija/Gozo). Schon im 11. Jh. unter den Normannen wurde an dieser Stelle eine Kapelle gebaut, die 1614 durch einen frei stehenden Glockenturm erweitert wurde. Nach dem Erdbeben von 1693 wurde diese Kirche noch bis ins frühe 19. Jh. erhalten, dann wurde ein Neubau unabdingbar. Da es keine öffentlichen oder größeren privaten Geldgeber gab, sammelten die Bewohner Mostas Spenden und suchten einen geeigneten Architekten für einen „angemessenen“ Kirchenbau. Man fand ihn in dem franco-italienischen Exzentriker *Girogio Grongnet* (s. Glossar), der

624M wl

sich 1833 mit spärlichsten Mitteln ans Werk machte. Die Einwohner packten selbst an, aus Kostengründen musste auf ein Gerüst gänzlich verzichtet werden – selbst beim Bau der Kuppel! Erst 1871, neun Jahre nach *Grongnets* Tod, war die Rotunda fertig gestellt und bietet heute 1400 Menschen Platz. Die einzelnen Nischen rundum wurden mit Heiligensta-

Rotunda Sta. Marija Assunta

tuen und bebilderten Stationen aus dem Leben Christi ausstaffiert.

In der Kuppel hebt sich farblich die Einschlagsstelle der **Fliegerbombe** von 1942 ab. Hinten links liegt die ehemalige Sakristei, heute ein kleiner Souvenirladen und Aufbewahrungsort der berühmten Bombe (siehe Exkurs).

Die große **Marienstatue** der Kirche wird am 15. August durch die Straßen getragen, die Häuser sind dann schwarz und lila beflaggt, und das Kircheninnere versinkt in einem Blumenmeer; einige Frauen laufen dabei als persönliche Buße barfüßig mit.

Außen sind **Uhr- und Kalenderturm** des maltesischen Uhrmachermeisters *M. Sapiano* besonders erwähnenswert.

■ Die Rotunda ist täglich 9–11.45 Uhr und 15–17 Uhr geöffnet.

Dem Vorplatz der Rotunda gegenüber liegen die **Parteilokale** der *Kazin Nazionalista* und *Kazin Laburista;* auf dem Balkon des Letzteren stand einst auch *Willy Brandt* als Kanzler während eines Staatsbesuches auf Malta. *Brandt* war übrigens in Malta sehr beliebt und verbrachte mehrfach seinen Urlaub im Land, meist auf Gozo.

Altstadtgassen

Gegenüber des Kirchvorplatzes führt an der Rotunda Snackbar die kleine Triq Dun Calleja durch den alten, ruhigen und sehenswerten Ortskern. Zu sehen sind unter anderem ein **Zala Papa Wojtyla** genanntes Oratorium (Bethaus) sowie eine große **Marienstatue** am Ende der Altstadtgasse.

Mosta

Essen und Trinken
5 Sofrat Kebab House
6 Restaurant Ta Maria
7 Skewers Snackbar
8 Pastizzi Premier
9 Rotunda-Snackbar und Café
14 Pastizzeria
15 Sphinx Pastizzi

Nachtleben
4 Red Devils Pub, Dipples Bar
11 Is-City Café/Bar
13 San Remo Bar

Einkaufen/Sonstiges
1 Fischgeschäft
2 Ta Natu Supermarkt
3 Montagsmarkt
8 Kazin Partit Nationalista
10 Kazin Socjali Tal Haddiema
12 Minimarkt
16 Metzgerei London, St. Mary Minimarkt
17 Magri Fahrradgeschäft

0 200 m
©Reise Know-How 2014
Malta06
Burmarrad
St. Paul's Bay
Fort Mosta
Burmarrad
Kapelle
St. Paul der Ere
Sliema
Valletta
Triq Burmarrad
Salvatore-Dimech-Kunstakademie
Victoria Lines
Victoria Lines Park (Public Gardens)
Busse X-7
Triq id-Difza Ċivili
Triq il-Fortizza
Triq Dawret il-Wied
Triq Papa Piju XII
Triq Santu Rokku
Triq Burmarrad
Busse X-4
Targa Gap
Triq il-Qares
Triq il-Snajja
Triq il-Fortizza
Triq Santa Margarita
Triq Ghadajjar
Triq in-Naġġar
Sira. Borton
Triq Naggax
Triq il-Kostituzzjoni (Constitution Street)
Triq
Vjal il-Qalbiena
Triq Xaghri Tal-Harrub
Wied il Ghasel (L'Isperanza)
Triq Legenda
Triq Hizler
Triq il-Wied
Triq Parroċċa
Triq il-Wied Ghasel
Treiqet il-Pont
Triq Biedja
Triq Katakomb
Triq Inkurazzjoni
Triq it-Tama (Hope Street)
Busse nach St. Paul's/Buġibba
Schule
Triq il-Pont
Triq Salamone
Triq Sciberras
April
Triq il-Wied
Triq Baskal Buhagiar
Triq d.9
Triq Nicolo Isouard
Rotunda-Park
Rotunda
Birkirkara Industriegebiet
Triq Kappella
Triq Patri Guze Dela
Triq
Polizei
Triq il-Kbira (Main St.)
Triq Stivala
Triq it-Tama (Hope Street)
E. Mizzi
Triq it-Tabib
Triq Salvu Dimech
Busse n. Valletta, Rabat, Dingli
Kapelle ta-L'Isperanza
Triq Loratorju
Triq dun Calleja
Triq il-Kungress Ewkaristiku (Eucharistic Congress Road)
Torri
Triq it-Tama
Oratorium Papst Wojtyla
Wied L'Isperanza
Triq San Gwann
Triq Grognet
Triq it-
Triq Gerolamo Cassar
Marienstatue
Triq Wata
Triq Brittanja
Triq Tumas Dingli
Triq it-Torri
Triq Mathew Callus
Triq Santa Marija
Triq Gafa
Triq iċ-Cali
Triq il-Kbira (Main Street)
Vjal Indipendanza
Triq dun Karm Scibberas
Triq San Silvestru
Vjal Indipendanza
Birkirkara
1 2 3 3 4 5 6 7 8 9 10 11 12 13 14 15 16 17

Ta L'Isperanza

Über die Triq il-Kbira kommt man zur Triq it-Tarma, an deren Ende eine kleine Brücke liegt. Sie überquert Maltas größten Bach (im Sommer ausgetrocknet), den **Wied L'Isperanza,** der nahe Fort Mosta durch die Victoria Lines bricht und via Burmarrad als Wied il-Għasel in die Salina Bay fließt.

Vor der Brücke steht die kleine **Kapelle Our Lady of Hope (Ta L'Isperanza),** um die sich eine Legende rankt: Im 17. Jh. verbarg sich ein junges Mädchen in einer

Das Wunder von Mosta

Als am 9. April 1942 deutsche Jagdflieger einen Angriff auf Valletta und den britischen Feldflughafen Ta Qali flogen, ereignete sich das sogenannte „Wunder von Mosta". Einer der beteiligten Piloten, *Dr. Felix Sauer,* wurde später als Augenzeuge nach Mosta eingeladen und erinnerte sich in einer Rede in der Rotunda 1988:

„Am 9. April 1942, nachmittags gegen 16.40 Uhr, flogen wir einen Einsatz gegen den Grand Harbour und Ta Qali. Sekunden später sah ich eine Staub- und Stichwolke aus der großen Kuppel ihrer Kirche hochsteigen (...) ich dachte daran, welche furchtbaren Zerstörungen die Bombe im Inneren der Kirche an Leib und Leben der Gläubigen hervorgerufen haben könnte. Als ich 1975 anlässlich eines Besuches auf Malta erfuhr, dass die Bombe nicht explodiert sei, war ich seelisch sehr erleichtert (...) Ich selber habe vier Wochen später eine ebenso wundersame Rettung erfahren dürfen, als ich aus meinem brennenden Flugzeug bei Malta abspringen musste. Nach achttägigem Umhertreiben im Mittelmeer wurde ich längst aufgegeben, schließlich aber doch noch von einem italienischen Kriegsschiff geborgen ..."

Tatsächlich durchschlug die Fliegerbombe das Kuppeldach, detonierte aber am Boden nicht – zum Glück der rund 300 Kirchenbesucher, von denen niemand verletzt wurde. Diesem „Wunder von Mosta" wird noch heute alljährlich mit einem feierlichen Dankgottesdienst gedacht.

Doch dann begann der absurde Teil der Geschichte: Zu einem perfekten Wunder gehört auch die perfekte Bombe – und damit konnte die zerbeulte deutsche Bombe nicht dienen. Also nahm man eine unbenutzte, entschärfte englische Bombe und stellt sie seither in der Sakristei als jene deutsche Fliegerbombe aus, die damals eingeschlagen habe. Über diesen „historischen Irrtum" hinaus mehrten sich im Laufe der Jahre in zunehmendem Maße die Legenden um dieses Geschoss. Laut ortsansässigem Kirchenführer tauchte 1995 ein österreichischer angeblicher Zeitzeuge auf und behauptete, die Engländer hätten eine mit Sägespänen gefüllte deutsche Bombe abgeworfen. Der Grund sei gewesen, die maltesische Bevölkerung gegen die Deutschen aufzubringen. Auch offizielle Verlautbarungen änderten in der Vergangenheit die Aussage mehrfach: Zunächst war es demnach eine deutsche Bombe, dann doch eine italienische, mittlerweile legt man sich auf die offizielle Formulierung „feindlich" fest.

Erdhöhle am Fluss vor plündernden Piraten. Sie betete um Hilfe, und eine Spinne wob vor dem Loch ein dichtes Netz. Als die Piraten näher kamen, meinten sie, dass sich wegen des intakten Netzes hier niemand verborgen haben könne – das Mädchen blieb verschont. Als Dank für diesen Beistand wurde oberhalb der Erdhöhle die Kapelle errichtet.

Victoria Lines

Zum Hintergrund der Victoria Lines s. Kapitel Südwesten. Wer ohne Fahrzeug diese **britische Verteidigungsanlage** sehen möchte, kann dies am besten an zwei Punkten in Mosta:

Entlang der Triq id-Difża Ċivili sieht man sehr gut die Hänge in nördlicher Richtung, die in unregelmäßigen Abständen bewehrt wurden. Ein restauriertes Stück der Victoria Lines ist als **Public Gardens** vor der Einfahrt nach Mosta („Targa Gap") von St. Paul's Bay linker Hand nach der Steilkurve zugänglich. Der Weg führt auf der Bastionsmauer entlang zur Salvatore Dimech- oder Targa-Gap-Kunstakademie. Am Ostende des Gartens liegt ein kleines Freilichttheater sowie ein Denkmal der Studenten zu Ehren *S. Dimechs.* Der Park ist vor allem in den Abendstunden sehr schön (durchgehend geöffnet). Hier stehen übrigens auch Maltas einzige solarbetriebene Parklaternen.

Fort Mosta wurde als eine der befestigten Wehranlagen der Victoria Lines von den Engländern errichtet. Zu sehen sind eine kleine byzantinische Begräbnisanlage aus dem 4.–6. Jahrhundert sowie vier große britische Küstenartilleriegeschütze und etliche Schiffskanonen britischer Schiffe. Die gesamte Anlage wird heute von der Polizei und Militär genutzt; die sensiblen Bereiche („High Voltage", „Underground Magazines") sind der Öffentlichkeit nicht zugänglich.

■ Das für Besucher derzeit nicht zugängliche Fort liegt direkt an den Hängen der Victoria Lines am Nordende Mostas und ist zu Fuß in 15 Minuten über die Triq il-Konstituzzjoni und Triq il-Fortizza (zweite rechts hinter der Brücke) zu erreichen. Derzeit nicht für Besucher geöffnet.

Essen und Trinken

■ Ein kühles *Ċisk* bietet die **Rotunda Snackbar** gegenüber der Pfarrkirche, Tel. 21414500.

■ Kleinigkeiten und preiswerte Gerichte gibt es bei den Pastizzi-Bäckereien **Premier** und **Sphinx** direkt gegenüber der Rotunda.

■ Das moderne **Sofra Kebab House** bietet hauptsächlich Pizza und Kebabs; geöffnet ab 8.30 Uhr bis 1 Uhr nachts.

■ Das **Pjazza Café,** ebenfalls am Vorplatz, Tel. 21413379, mit schönem Ausblick und freundlicher Bedienung bietet sehr gute Nudelgerichte.

■ **Ta Maria,** Triq il-Kostituzzjoni, Tel. 21434444, ist bekannt für gutbürgerliche maltesische Küche; alteingesessenes, bewährtes Restaurant in der Constitution Street mit Themenabenden (Donnerstag „Kaninchennacht" u.Ä.). Tel. 21434444, geöffnet tgl. 12–14.30 und 18.30–22.30, Mo nur abends.

■ Selbstversorger finden das **Fischgeschäft Vella** (Tel. 99829093) am oberen Ende der Kostituzzjoni, sein Fisch-Marketendermobil verkauft in den Vormittagsstunden auch an der Hauptstraße nahe der Rotunda (wo man parken kann).

■ Der größere **Minimarkt Ta Natu** legt ebenfalls am Nordrand des Zentrums in der Triq Legenda. Frisches Fleisch und Wurst bietet die Metzgerei *London* (Tel. 21433851) nahe der Rotunda; geöffnet Mo/Di/Mi/Fr 7–18 Uhr, Do/Sa 7–13 Uhr.

■ Auch der **St. Mary Minimarkt** unmittelbar daneben führt ein umfangreiches Basissortiment.

Unterhaltung

■ Wer abends eine gute Kneipe sucht, landet in der Triq il-Kbira, wo u.a. die **Is-City Bar,** Tel. 21432080, die **Mosta Bar,** Tel. 2143 7591) sowie die Bar **Kazin 15 Ta,** Tel. 21411791, in unmittelbarer Nachbarschaft angesiedelt sind.

■ In der Triq Niccolo Isouard/Ecke Triq Kostituzzjoni bieten mehrere **Pubs** diverse Erfrischungen an; bei Einheimischen sind *Red Devils* und *Dipples* sehr beliebt.

Sonstiges

■ Die **Ortspolizei,** Tel. 21433882, liegt in der Triq il-Kostituzzjoni (neben dem Dom), ein Stück weiter die **Post** sowie eine Apotheke *(Spiżeria tal Gvern).*

■ **Banken:** *Bank of Valletta* und *HSBC Bank* betreiben je eine Filiale mit **Geldautomaten** in der Triq il-Kostituzzjoni.

■ **Fahrräder** können beim *Cycle Store,* 135 Triq il-Kungress Ewkaristiku, Tel. 2143 2890, oder im *Freewheels Bike Centre,* Triq il-Belt, Tel. 21416801, gemietet werden. *Magri Cycles* in der Triq Ewkaristiku 148, Tel. 21414399, vertreibt umfangreiches Zubehör und führt Reparaturen durch.

An-/Abreise

31: Valletta – Mosta – Buġibba (alle 10 Min.)
44: Valletta – Mosta – Mġarr (alle 30 Min.)
42: Valletta – Mosta (nur zu Berufsverkehrszeiten)
225: Mġarr/Għajn Tuffieħa bzw. Sliema (Fähre)/St. Julian's (2–3x pro Stunde)

■ **Achtung:** Direkt vor der Kirche kommen die Busse an und fahren nach Valletta, Rabat/Mdina und Dingli ab. Nach Buġibba/St. Paul's Bay muss man eine **Haltestelle auf der gegenüberliegenden Straßenseite** (etwa 150 Meter nördlich) nehmen.

Außerdem:

Bus X-3 (Buġibba – Mosta – Rabat – Birkirkara – Flughafen; alle 30 Minuten) hält nur am Nordrand der Constitution St. (Targa Gap), die **205** fährt Bahrija – Rabat – Ta Qali – Mosta (Nicolo/Südrand, nicht in der Karte!) – Naxxar – Pembroke (vor Sliema), die **244** Mater Dei – Mosta/Nicolo – Żebbiegh – Mġarr (stündlich).

X-7 (Flughafen, Valletta, Birgu) hält vor der S. Dimech Kunstakademie/Victoria Lines – Garten.

■ **Hinweis für Selbstfahrer:** Einige gute Parkmöglichkeiten bestehen – von der Constitution St. kommend – vor der Rotunda linker Hand hinter der Polizei.

Ta Qali

[Ta 'Ali]

Der **britische Feldflughafen** Ta Qali spielte während der deutsch-italienischen Luftangriffe eine bedeutende Rolle.

Das gesamte Gelände bildet heute den **Ta-Qali-Nationalpark** mit etlichen mehr oder weniger interessanten Touristenattraktionen.

Ein Teil des ehemaligen R.A.F. (Royal Air Force)-Geländes wurde als **Aircraft Museum** eingerichtet, bestehend aus zwei alten Hangars mit Flugzeugteilen und Zubehör.

■ Geöffnet 9–17 Uhr, Eintritt 7 €, Kinder 3 €, Tel. 21416095.

In anderen Hangars gründeten die geschäftstüchtigen Malteser das ausschließlich auf Touristen abzielende

Crafts Village (Handwerksdorf). Mit Souvenirshops, Textilständen, Töpferwaren und sogar kompletten Ritterrüstungen für die Empfangshalle zum Mitnehmen!

Einen Einblick in die noch sehr lebendige Glasherstellung, genauer gesagt: Glasbläserei, Maltas gewährt **Mdina Glass,** Tel. 21415786, www.mdinaglass.com.mt, geöffnet Jan.–Mai Mo–Fr 9–16.30 Uhr, Sa 9–13 Uhr; Juli–Sept. Mo–Fr 8.30–18 Uhr und Sa 9–15 Uhr sowie Okt.–Jan. Mo–Fr 8.30–17 Uhr und Sa 9–13 Uhr.

Während sich die Eltern Glasbläsereiprodukte der **Mdina Glass Factory** ansehen, zieht es die Kids in der **Dinosaurus Exhibition** zu ziemlich müden Pappmaschee-Echsen, die den beabsichtigten Gruseleffekt nicht bewirken können.

■ Eintritt 4 €, Kinder 2,50 €, geöffnet im Sommer 9.30–17 Uhr, im Winter 11–16 Uhr, Tel. 21416720.

Die Gokartbahn **Badger Karting,** zieht vor allem Kinder und Hobby-Schumis an. Infos und Sondertarife siehe unter www.badger.com.mt.

Auf dem ehemaligen Kampfgebiet Ta Qali werden auch heute noch heftige Schlachten geschlagen, nämlich um das runde Leder. Das moderne **Nationalstadion** bietet 17.000 Zuschauern Platz und ist der Austragungsort aller internationalen Spiele der maltesischen Fußballmannschaften (Tel. 21411505).

An-/Abfahrt

Die **Buslinien** 51, 52, 53 (Valletta – Rabat), die Expresslinie X3 sowie die 203 (St. Julian's – Rabat – Buskett Gardens – Dingli) passieren das Gelände von Ta Qali und halten an der (beschilderten) Bushaltestelle vor dem Zugang zur Gesamtanlage.

Naxxar

[Naschar]

Nur wenige Kilometer von Mosta gelegen, steht der Ort Naxxar mit seinen 7000 Einwohnern spürbar im Schatten der Rotunda-Stadt. Naxxar liegt an keiner Hauptverkehrsader, und da die öffentlichen Busse von Valletta via B'kara und Mosta fahren, kommen nur wenige Besucher in die Stadt. Der Ortsname leitet sich übrigens von „Nassar“ bzw. „Nazzaroei“ ab, was so viel wie „Nazzarener“ oder „zum Glauben an Christus Konvertierte“ bedeutet.

Von Mosta kommend, liegen links vor der Kreuzung an den Victoria Lines (links geht es hinunter nach Buġibba und Burmarrad) die allgegenwärtigen **Cart Ruts** (s. Bronzezeit).

Rechts der Triq San Pawl folgend, passiert man die **Kapelle San Pawl tat-Targa** („Pauluskapelle auf der Stufe“), die auf einer natürlichen Stufe liegt. Die Kapelle aus dem 17. Jh. wie die davor stehende Statue des Apostels sind zur St. Paul's Bay hin ausgerichtet, wo er angeblich strandete.

Wenige Meter beidseitig neben der Kapelle stehen die Türme **Captain's Tower** und **Gauci Tower,** einstige Wehrtürme im 16. Jh. und heute private Wohnsitze.

150 Meter weiter führt links die Triq Markiz Scicluna zum modernen Messe-

gelände. Naxxar ist Sitz der alljährlich in den ersten beiden Juliwochen stattfindenden **Malta International Trade Fair** (Industrie- und Dienstleistungsmesse) mit heimischen Produkten (Möbel, Textilien) und Ausstellern aus dem gesamten Mittelmeerraum. Gegenüber vom Parkplatz liegt die teure Cafeteria Gardina, die ganz auf Messebesucher abzielt.

Weiter Richtung Zentrum liegt linker Hand das Konvent **Little Sisters of the Poor,** am Ende der Scicluna geht es rechts zur **Pfarrkirche Nativity of our Lady.** Sie wurde im frühen 17. Jh. unter der Leitung von *V. Cassar* begonnen, erst nach seinem Tod (1607) fertig gestellt und bis ins 20. Jh. mehrfach modifiziert (Fassade, Seitenkapellen). Interessant ist hier das angeschlossene **Kirchenmuseum** mit Gemälden, Messgewändern und Heiligenfiguren, die seit 1750 in feierlicher Prozession während der Karwoche durch Naxxar getragen werden.

Gegenüber der Kirche liegt der **Palazzo Parisio (Pjazza Vitorja),** Villa des Marquis *John Scicluna* (1903–1970), der sein Haus der Royal Air Force im Zweiten Weltkrieg zur Verfügung stellte, nachdem die deutsche Luftwaffe deren Hauptquartier zerstört hatte. Vor der Bankierfamilie *Scicluna* gehörte das 1733 errichtete Gebäude der adeligen Familie *Parisio,* die eine führende Rolle während des Aufstandes von 1798 spielte und die Erhebungen in Naxxar anführte. Der Palazzo ist heute ein privates **Museum** (5 €, Kinder 3,50 €, Mo–Sa 9–13 Uhr, Tel. 21231541) und birgt eine interessante Privatsammlung der Familie *Scicluna* mit Alltags- und Ziergegenständen aus den vergangenen Jahrhunderten.

Selbstfahrer von oder nach Għargħur können einen Blick auf die **Old Mill** (aus Għargħur kommend rechter Hand am Ortseingang) werfen; die Windmühlblätter sind leider zerfallen, das Gebäude dient als Wohnhaus.

Essen und Trinken

- Rund um Pfarrkirche und Palazzo Parisio liegen etliche Kneipen in Sichtweite nebeneinander, u.a. die **Parteilokale** der *Nationalista* und *Laburista,* der Pub des örtlichen Fußballvereins **Naxxar Lions** (kleiner Biergarten, Tel. 99826061), das **Caffe o.k.** (Tel. 21431627) sowie die **Peace Band Club Bar** – eine typische Dorfkneipe mit maltesischen Spezialitäten und Snacks wie *Timpana, Hobż biż Żejt* und *Pastizzi*; Tel. 21430628.

An-/Abfahrt

- Die **Busse** 31 (Valletta/Buġibba), 205 (Ta Qali) und 225 (Sliema, St. Julian's, Mosta, Golden Bay) halten direkt an der Pfarrkirche des Ortes.

Għargħur

[Ahruhr]

Wer von Baħar iċ-Ċagħaq aus über das Madliena Gap nach Naxxar oder Mosta unterwegs ist, sollte kurz im Dorf Għargħur (gut 2000 Einwohner) stoppen.

Gleich am Ortseingang liegt linker Hand der provisorische **Gouverneurspalast** der Engländer während der ersten Tage ihrer Machtübernahme (1800).

Anschließend kommt man an einen kleinen Kreisel, hält sich rechts und erreicht die Ortsmitte mit der **Pfarrkirche**

St. Bartholomew. Sie wurde von *Tomas Dingli* um 1610 errichtet und ist ein weiteres Beispiel der fortwährenden Veränderungen eines Kirchenbaus. Gruseliges „Schmuckstück" im barocken Inneren ist eine lebensgroße Gipsstatue des Bartholomäus, die um ein echtes menschliches Skelett herum geschaffen wurde – eine *M. Gafàs* zugeschriebene Frühform der „Plastinationstechnik".

Am Ortsausgang passiert man in der Triq San Ġwann die **Friedhofskapelle St. John's,** die als Orientierungshilfe nach Naxxar dient.

■ In der Bartholomew Street liegen *Playboy Bar,* Polizei, HSBC Bank und die Haltestelle der **Buslinien** 103 (Naxxar, Mosta), 104 (Naxxar), und 35 (Valletta) einträchtig gegenüber der Kirche.

Baħar iċ Ċagħaq

[Bahar itsch Tschah']

Die kleine Siedlung an der Küstenstraße zwischen Sliema und Buġibba beherbergt gleich zwei größere **Vergnügungsparks,** den **Splash Fun Park** (nur zum Baden mit Wasserrutschen usw.) und den **Mediterraneo-Bio-Park** (Schwimmen mit Delfinen möglich).

■ Der **Fun Park,** Tel. 21374283, www.splashandfun.com.mt, hat täglich von Juli bis September von 9–21 Uhr geöffnet, sonst 9.30–17.30 Uhr (Nov–März geschl.), ist auch zur Seeseite hin umzäunt und bietet beaufsichtigte Kinderbadebecken, Wasserrutsche, Dino-Abteilung und Snack-Bar. Eintritt (Tageskarte) 1. Juli–10. Sept. 20 €, Kinder 3–13 Jahre 12 €, der halbe Tag kostet 14 bzw. 8 €.

■ Der **Mediterraneo Bio-Park,** Tel. 21372218, www.mediterraneopark.com, ist täglich außer Mo 10–19.30 Uhr (Sept.–Juli bis 18.30 Uhr) geöffnet; Mittagspause 14–15 Uhr, Einlass bis 19.45 Uhr. Eintritt 15,90 €, Kinder 4–12 J. 9,90 € (inkl. Shows); Delfinschwimmen ab 45 € (extra).

■ Selbstfahrer finden einen großen **Parkplatz.**

■ Beste **Busverbindungen** besteht mit den Linien 205 (Paceville – Mosta, Rabat), 12 (Valletta) oder 222 (Sliema – Gozo-Fähre) direkt zum Park.

300 Meter weiter Richtung Sliema führt eine Straße rechts zum **Fort Madliena** (beschildert) sowie über die östlichen Ausläufer der Victoria Lines nach Għargħur und Naxxar. Rund um das Fort Madliena herum stehen noble Wohnhäuser sowie ein Funkturm.

Weiter Richtung Għargħur passiert man eine Brücke, dahinter kann man den Ausblick auf die Victoria Lines und das **Madliena Gap** genießen.

■ **Fort Madliena** ist nur So 10, 11 und 12 Uhr mit einer geführten Tour zu besichtigen; Eintritt frei, ein kleines Trinkgeld wird erwartet.

www.fotolia.de © mariontxa

5 Gozo – Insel der Kalypso

Touristisch ist Gozo längst so weit erschlossen, dass auch weit mehr als ein Tagesausflug möglich ist. Neben der Hauptstadt Victoria erfreuen sich die Strände Ir-Ramla und Ras id-Dwejra, die Steinzeittempel von Ġgantija sowie die Rotunda von Xewkija besonderer Beliebtheit bei den Besuchern. Die kleine Nachbarinsel Comino kann ebenfalls besucht werden.

Meeressalzpfannen auf Gozo

GOZO – INSEL DER KALYPSO

Gozo ist spürbar fruchtbarer und weit dünner besiedelt als die große Schwester, und auch das Verkehrsaufkommen geht außerhalb der Hauptstrecke Mġarr – Victoria gegen Null. Gerade einmal gut 30.000 Menschen leben auf der 67 km² großen Insel, die als **Speisekammer der Nation** unermesslich wichtig ist. Fischerei und Milchwirtschaft sind weitere bedeutende landwirtschaftliche Zweige auf Gozo. Insgesamt werden hier rund zwei Drittel aller landwirtschaftlichen Produkte Maltas erzeugt, sodass es nicht weiter verwundert, dass die Bewohner im maltesischen Parlament 1987 sogar einen eigenen Beauftragten für gozitanische Angelegenheiten durchgesetzt haben.

NICHT VERPASSEN!

- **Zitadelle von Victoria,** Ritterburg und zentraler Aussichtspunkt | 265
- **Ġebel Ben Ġorġ,** Abenteuerliche Strecke zu Maltas einzigem Ententeich | 283
- **Inland Sea,** Lohnenswerte Bootstour durch Gozos Meeresgrotten | 285
- **Comino Island,** Robinson für einen Tag | 309

Diese Tipps erkennt man an der gelben Hinterlegung.

Mġarr

[Imdscharr]

Die Fährschiffe legen in Mġarr an, dem einzigen **Hafen** Gozos. Dieser wurde vor einigen Jahren aufwendig umgebaut und erweitert; immer noch herrscht ein wenig (sympathisches) Chaos und Durcheinander im Vergleich zur maltesischen Seite. Zu Frequenzen und Preisen s. Verkehrsmittel in den „Praktischen Reisetipps A–Z".

Gozos Terrassenfelder

289M wl

■ Nach Verlassen der Fähre läuft man zu den **Bussen** der nimmt eines der wartenden **Taxis** zu anderen Orten.

■ Hinter der Hafenausfahrt liegen entlang der Straße den Hügel hinauf der **Seaview Marina Pub,** Tel. 21558355, das **Gleneagles Restaurant & Bar,** eine **Tankstelle,** eine Filiale der **St. Andrew's Tauchbasis,** Tel. 21556441, Fax 2156154), ein **Minimarkt,** und der Fahrzeugverleih **Mġarr Rent-a-Car,** Tel. 21564986.

Mein Tipp: **L'Ankra,** 11/12 Shore Street, Tel. 215 55656. Gutbürgerliches Restaurant mit sehr guter maltesischer Küche und Fischspezialitäten; oft wechselnde Speisekarte mit vielen maltesischen Spezialitäten. Das Nichtraucherlokal liegt ideal an der Straße zur Fähre beim Hafen. Am Uferweg entlang der Marina liegt das sehr beliebte **It-Tmun,** Tel. 21566276, welches früher in Xlendi residierte. Sehr gute gozitanische Küche und Fischgerichte, eines der wenigen Restaurants, welches Schwertfischcarpaccio anbietet (gehobene Preisklasse).

50 Meter weiter zweigt links eine schmale Straße ab zur weithin sichtbaren, oberhalb vom Hafen auf dem Hügel thronenden **Gemeindekirche Our Lady of Lourdes.**

Daneben liegt **Fort Chambray.** Die beeindruckende Festungsanlage wurde unter *Großmeister de Vilhena* 1722 zum Schutz der Hafeneinfahrt geplant und aus eigenen Geldern 1749 von *Fra Jacques de Chambrais* erbaut, dem *Bailli*

der französischen Zunge, dessen Name das Fort trägt. 1798 leisteten hier einige Ritter den Franzosen noch erbitterten Widerstand, als Malta längst kapituliert hatte. Im Zweiten Weltkrieg waren hier Briten und Amerikaner stationiert, als die Invasion Siziliens vorbereitet wurde. Das Fort wurde zu einer Luxus-Wohnanlage umgebaut und zeugt nur noch wenig von seiner einstigen Bedeutung.

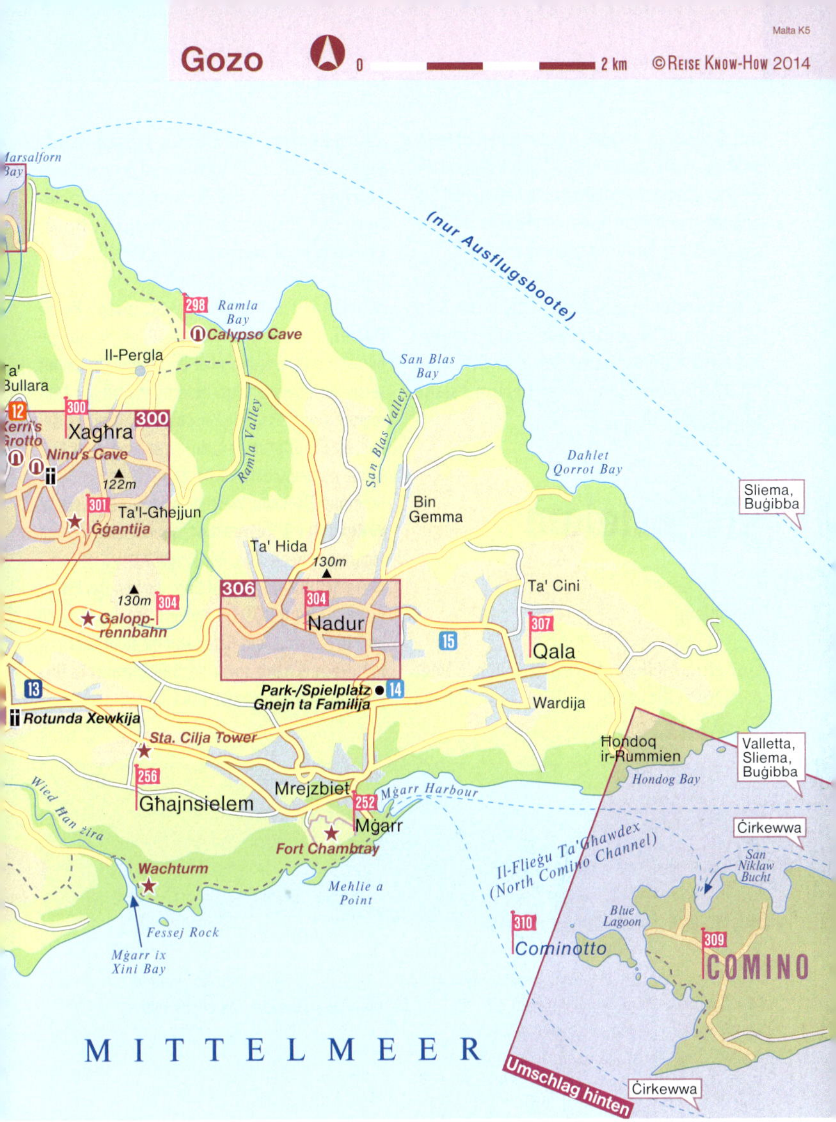

Die Hauptstraße führt von der Fähre nach links um den Hügel herum über Għajnsielem nach Victoria, rechts (beschildert „Nadur, Qala“) kommt man zum **Wohnbezirk** von Mġarr oberhalb der Bucht mit dem modernen **Tophotel** des Ortes:

■ **Grand Hotel Mġarr**④, Triq San Antnin, Tel. 21563840, Fax 21559744, www.grandhotelmalta.

com. Die Lage dieses komfortablen Hotels ist leider nicht so schön, da es tief am Hang liegt und die meisten Zimmer zur Landseite hin liegen. Hier findet man auch die von Lesern empfohlene Tauchbasis *Extra-Divers* (www.extra-divers.de).

Der **Wanderweg** Mġarr – Mġarr ix-Xini (s. Xewkija) beginnt hinter den Hafengebäuden: Vom asphaltierten Pier führt ein Pfad um Fort Chambray herum (siehe Mġarr ix-Xini).

Għajnsielem

[Ainsihlem]

Gut einen Kilometer hinter Mġarr liegt das Dorf Għajnsielem. Touristen zieht es kaum hierher. Vor einigen Jahren wurde versucht mit der Multimediashow „Gozo Heritage“ die lokale Konjunktur zu beleben, das Projekt wurde mangels Besucherzahlen inzwischen eingestellt.

■ Unterkunft im Ort bietet das **St. Joseph Home Hostel,** Mġarr Rd., Tel. 21556439, www.stjosephhomstel.com, welches über 25 Zimmer für ein bis sechs Personen verfügt. Berechnet wird der Zimmerpreis, egal wie viele Personen dieses dann belegen; ein EZ kostet ab 25 €, ein Vierer-Zimmer ab 70 €; Große Gemeinschaftsküche. Fernsehzimmer, Spielezimmer, TV-Raum, Waschmöglichkeit, Radverleih.

■ **Rexy Bar & Restaurant,** am Ortseingang von Mġarr kommend links, Tel. 21560871.

■ Für Selbstversorger auf Gozo dürften das **Fischgeschäft Bugeja,** Tel. 99493661, Mo–Sa 8–12.30 und 16–19 Uhr, vom Hafen kommend in der Ortsmitte rechter Hand, sowie der **Supermarkt Ta Dirjanu** an der Hauptstraße, von Interesse sein.

Buslinienplan auf Gozo

301: Victoria – Mġarr (Hafen) – Victoria	5.25–22.55 Uhr (alle 30 Min. via Xewkija)
302: Victoria – Nadur – Ramla – Victoria	6–22.30 Uhr (stdl.)
303: Victoria – Xewkija – Nadur – Qala – Ghajnsielem	5.30–23.15 Uhr (stdl.)
303: Victoria – Xewkija – Nadur – Qala – Ghajnsielem	5.30–23.15 Uhr (stdl.)
304: Victoria – Pferderennbahn – Nadur – San Blas (5 Min. zum Strand)	6–22.30 Uhr (stdl.)
305: Victoria – Sannat – Ta Ċenċ – Munxarr	5.35–22.35 (stdl.)
306: Victoria – Munxar - Xlendi – Munxar Victoria	5.05–23.05 (stdl.)
307: Victoria – Xagħra	6.05–22.05 (stdl.)
308: Victoria – Ta Pinu – Ghasri – Ghammar – Victoria	5.55–23.05 Uhr (stdl.)
309: Victoria – Żebbuġg	5.30–22.30 Uhr (stdl.)
310: Victoria – Marsalform	5.30–22.30 (alle 30 Min.)
311: Victoria – San Lawrenz – Dwejra	5.25–22.25 Uhr (stdl.)
312: Victoria – San Lawrenz – Għarb – Victoria	5–23 Uhr (stdl.)
313: Victoria – Sta. Lucija – Kerċem – Victoria	5.40–22.40 Uhr (stdl.)
322: Marsalforn – Xaghra – Ramla Bay – Nadur – Mġarr/Fähre	5.10–21.25 Uhr (alle 90 Min.)
323: Victoria – Xewkija – Victoria	7.05–21.05 Uhr (alle 2 Std.)

■ Alle **Busse** „Fähre – Victoria" passieren auch Għajnsielem.

Am Kreisel Richtung Victoria liegt linker Hand der **Sta. Cilja Tower,** ein **Johanniterwachturm** aus dem Jahr 1613 nach dem Vorbild vieler Türme auf Malta.

Dahinter zweigt nach links eine Seitenstraße zum **Hubschrauberlandeplatz (Heliport)** von Għajnsielem ab (s. „Verkehrsmittel"), die Linienflüge zwischen Malta-Airport und Gozo wurden eingestellt, das Gelände liegt derzeit brach. Sollte die Brückenplanung (s. Exkurs im Kap. „Reisetipps A–Z") scheitern, ist eine Reaktivierung der Helikopterverbindung von/nach Malta jedoch denkbar.

Xewkija

[Sche-ukia]

Südlich der Strecke Victoria – Mġarr liegt das ruhige, von Touristen selten besuchte Dorf Xewkija (2000 Ew.).

Die **Pfarrkirche St. John the Baptist** (auch **Tarocca tan Ġwann Battista** genannt, geöffnet tgl. 5–12 und 15–20 Uhr) kann sich – und das wohlgemerkt in einem kleinen Dorf – der drittgrößten freitragenden Kuppelkirche Europas rühmen. Die Parallelen zur „Nummer 4" (s. Mosta) könnten kaum größer sein: Auch hier musste die Gemeinde einen Neubau in Angriff nehmen (1951), auch hier waren keine öffentlichen Gelder vorhanden. Wie in Mosta sammelten auch die Bürger Xewkijas Spendengelder und leisteten im Laufe der folgenden 20 Jahre aufopferungsvolle Eigenarbeit. So wurde um die ursprüngliche Kirche herum unter der Leitung von *J. d'Amato* und *J. Vella* die **Rotunda von Xewkija** bis 1971 fertiggestellt. Innen ist die Rotunda ihrem Vorbild von Mosta zunächst recht ähnlich, sie wirkt durch ihre Schlichtheit noch etwas größer.

Die alte, ursprüngliche Kapelle von 1665 im Inneren ist als kleines **Museum** (kostenlos) erhalten und bildet mit ihren Grabsteinen und alten Reliquien einen starken Kontrast zur Hauptkirche. Beachtenswert ist der Schutzheilige des Dorfes, *Johannes der Täufer,* eine Schnitzerei von *P. Azzopardi* (1845). Die Rotunda ist tgl. 5–12 und 15–20 Uhr zu besuchen (außer zu Gottesdiensten).

■ Von Mġarr aus kommt man über die Triq San Bert ins Zentrum (Bus 301, 323 zum Dom), die **Buslinien** 302 und 303 passieren den Ort an der Umgehungsstraße.

■ Am Kirchplatz Pjazza San Ġwann Battista findet man eine **Pastizzi-Bäckerei, Snackbar X.T. Sportcafé,** die **Dorfpolizei,** Tel. 21556403, eine **Bank,** den **St. John's Minimarkt** und ein öffentliches **WC.**

■ **Unterkunft** (B&B, Apartments, Farmhäuser) bietet das *Mariblu Guesthouse* am nördlichen Ortsrand direkt an der Inselhauptstraße, Tel. 21551315, www.mariblugozo.com, Ü/F ab 25 €. Umfangreiche Ausflugsangebote, ideal ist **Bus 301,** Haltestelle Università.

Etwa drei Kilometer südöstlich des Ortskerns (ab Kirche die Triq L-Indipendenża entlang; Schilder „Sannat, Mġarr ix-Xini") liegt in einer fjordähnlichen Schlucht sehr malerisch die kleine Badebucht **Mġarr ix-Xini** (Kies/Fels). Hier kann man sehr gut schwimmen oder schnorcheln, selbst im Hochsommer (Kiosk und Snacklokal) trifft man nur

TEMPLUM SANCTO JOANNI BAPTISTAE DICATUM
Pastizzeria Agius

auf wenige Besucher – ein lohnenswerter Ausflug. Im Sommer werden von aus sogar Sonnenschirme und kleine Bootstouren (Tel. 79710323) angeboten.

Sehr zu empfehlen ist auch der Spazierweg **an der Küste entlang bis Mġarr** (knapp vier Kilometer). Am Nordende der Bucht führt links eine Felsentreppe hinauf auf die Klippen und von dort ein Pfad nach rechts Richtung **Mġarr ix-Xini Tower,** einem alten **Wachturm.** Hinter dem Turm fallen die Klippen allmählich ab, der Pfad führt dann direkt am Meer entlang und endet schließlich unterhalb des Fort Chambrais am Hafen von Mġarr.

Es ist auch möglich, von Mġarr ix-Xini direkt zum **Ta'Ċenċ-Plateau** (s. Sannat) zu laufen: Auf dem Weg von der Bucht hinauf Richtung Xewkija sieht man nach 150 Metern linker Hand einen versperrten Durchbruch in der Wegmauer – dieser Pfad (nicht befahrbar) führt nach etwa 50 Metern auf die Piste zum Ta'Ċenċ-Plateau.

Rotunda von Xewkija

Sannat

Einer der schönsten Landschaftsteile Gozos liegt zwischen der Bucht Mġarr ix-Xini und dem Dorf Sannat: das auf über 100 Höhenmetern gelegene **Hochplateau von Ta'Ċenċ.** Bevor man zum Ta'Ċenċ-Plateau aufbricht: Picknickkorb, genügend Filmmaterial und kühle Getränke einpacken!

Angeblich liegen auf der Hochebene einige **historische Relikte,** unter anderem der Mrama-Tempel, eine prähistorische Tempelanlage (Dolmen) sowie die unvermeidlichen Cart Ruts (Schleifspuren). Vom Ta'Ċenċ-Hotel kommend geht es rechts auf einen Feldweg. Gleich hinter dem Wasserreservoir auf der rechten Seite sind in der Tat ein paar Säulen des ehemaligen Mrama-Tempels zu sehen. Kurz darauf wird der Weg zur Piste und gabelt sich um einen Baum herum. Exakt 100 Meter nach rechts – ohne die Wege zu beachten – liegt kurz vor einer kleinen Senke die „neolithische Dolmenanlage". Der mittlere Pfad führt auf das Ta'Ċenċ-Plateau, auf dem sich der sogenannte Ta-L'Imgramma-Tempel befand (völlig verschwunden). Dem Weg rechts Richtung Klippen folgend, kann man einige Cart Ruts suchen.

Nun zur Praxis: Zu sehen ist hier von alledem, mit Verlaub, gar nichts. Es ist immer wieder eine filmreife Lachnummer, wie zahllose Touristenpaare, der Mann am Steuer des gemieteten Jeeps, die Gattin mit Landkarte und Reiseführer bewaffnet auf dem Beifahrersitz, am Ta'Ċenċ-Plateau suchend ihre Kreise ziehen, wieder andere steigen ratlos aus und suchen nach den Spuren der Außerirdischen (s. Cart Ruts; Bronzezeit) – am besten lässt man sich genüsslich zu einem Picknick an den Klippen nieder und beobachtet in aller Ruhe die Szenerie. Der teilweise sogar geteerte Weg führt hinab zur Mġarr ix Ximi Bucht.

■ **Buslinie** 305 fährt bis zum *Ta'Ċenċ-Hotel,* ansonsten benötigt man ein eigenes Fahrzeug oder geht zu Fuß ab Xewkija via Mġarr ix-Xini.

Die Straße vom Plateau durch Sannat passiert die **Dorfkirche,** gegenüber liegt eine Bank of Valletta, rechts die Friend to all Bar. Die Straße gabelt sich hier; rechts geht es nach Victoria, links nach Munxar.

Die steil abfallenden **Klippen** auf der Südseite Gozos können von Sannat aus an zwei Stellen gut besucht werden: In der Ortsmitte weisen Schilder (Munxar, Saguna) zu den **Saguna Cliffs** (knapp ein Kilometer, wird an Parkbank zu Feldweg, diesem bis Ende folgen), mit herrlichen Ausblicken. Vorsicht: Die 100 Meter steil abfallenden Klippenränder sind bei Feuchtigkeit rutschig und nicht gesichert.

300 Meter hinter dem Ortsausgang Richtung Munxar führt ein Feldweg links zu den **Sanap Cliffs** (s. Klippenwanderung Xlendi).

Unterkunft

■ Wer die absolute Stille und Einsamkeit liebt, liegt beim **Hotel Ta'Ċenċ**④, The Plateau, Sannat, Tel. 21556819, 21551522, Fax 21558199, www.tacenc.com, genau richtig. Gäste können den kostenlosen Shuttle-Bus nutzen. Sehr schöne Zimmer, 2 Pools, Wellness, Tennis sowie Sportarrangements (Reiten, Tauchen, Radtouren usw.). Dem Hotel ist der Fahrzeugverleih *Gozo Garage* (Tel. 21551866, www.gozogarage.com) angeschlossen, sodass man nicht ganz von der Welt abgeschnitten ist; auch Flughafentransfer und Ausflüge.

■ Es gibt einen hoteleigenen **Shuttlebus** zur hoteleigenen **Badebucht** am Meer mit einer überdachten Terrasse mit Barbetrieb.

■ Vor der Hotelanlage freut sich das **Il-Girna-Restaurant** (Mittelmeer-/Balkanküche) über den Besuch der Ta'Ċenċ- Besucher; Tel. 21563460, tgl. über Mittag und am Abend geöffnet.

Victoria (Ir-Rabat)

Historisch betrachtet besteht der Hauptort Gozos genau wie auch die Doppelstadt Mdina/Rabat auf Malta aus zwei Teilen: der burgähnlichen Zitadelle sowie der Wohnstadt Rabat.

Erste Besiedlungen auf dem weithin sichtbaren Tafelberg der Zitadelle reichen bis in die **Bronzezeit** zurück.

Reste eines **phönizischen Astarte-Tempels** wurden unter der Kathedrale gefunden. Aus dieser Phase (1000–218 v. Chr.) stammt auch eine erste Ummauerung, was zur Ernennung der heutigen Zitadelle zum Municipium durch die nachfolgenden **Römer** (218 v. Chr.–395 n. Chr.) führte. Auch die Wohnstadt rund um den heutigen Main Square (It-Tokk) wurde früh ausgebaut, wie Funde eines kompletten römischen Weinkellers bewiesen.

☒ Marktzeit am It-Tokk

628M wl

Unter den Byzantinern (bis 870) zerfiel die Wehranlage, erst die **Araber** (870–1090) bauten die Zitadelle etwa in den heutigen Ausmaßen auf. Sie nannten ihre Hauptstadt auf Gozo **Kasr** (Burg), das tieferliegende Wohngebiet – wie auf Malta auch – **Rabat** (wo die Pferde angebunden sind).

Die „Burg" war der einzig wehrhafte Ort auf Gozo, in dem die Bevölkerung während der zahllosen **Piratenüberfälle** Schutz suchen konnte. Nach der völligen Vernichtung Gozos durch den Piraten *Dragut* (1551) und der Zerstörung der Zitadelle dauerte der Wiederaufbau in seinen heutigen Ausmaßen bis zum Ende des 16. Jh. Die Johanniter wiesen die Bevölkerung aus Furcht vor weiteren Angriffen auch nach der erfolgreichen Abwehr der Belagerung von 1665 an, sich jede Nacht in der Zitadelle aufzuhalten. Dieses Gesetz wurde erst 1737 wieder aufgehoben und führte zur allmählichen Entwicklung der Vorstadt Rabat.

Nach der Übernahme Maltas durch die **Briten** (1802) wurde Rabat weiter besiedelt und zum 50-jährigen Thronjubiläum der Königin des Empire in **Victoria** umbenannt.

Seit 1960 wurde auch in der alten Hauptstadt Kasr (Zitadelle, engl. **Citadel**) eine Hand voll der alten Wohnhäuser wieder errichtet (der Rest liegt nach wie vor in Trümmern), sodass dort „oben" inzwischen wieder rund 30 Menschen dauerhaft wohnen, während „unten" in Rabat mittlerweile gut 8000 Einwohner angesiedelt sind.

Der Besucher Gozos sollte sich beide Begriffe merken: Victoria ist zwar der offizielle Name des Hauptortes, doch die Gozitaner selbst nennen ihn weiterhin Rabat. Es kann vorkommen, dass beispielsweise ein Taxifahrer die Stadt Victoria nicht kennt (kennen will?) oder auch Hinweisschilder nur Rabat, nicht aber Victoria anzeigen.

Stille Gasse in Victoria

Sehenswertes

Viele Besucher kommen am **zentralen Busplatz** von Rabat in der Triq Putirġal (Main Gate Street) an. Hier und entlang der Triq ir-Repubblika liegen Geschäfte, Lokale und Institutionen.

Republic Street

Die Republic Street ist die wichtigste **Einkaufs- und Verkehrsstraße** von Rabat mit zahlreichen Läden, Banken, Cafés und Freizeiteinrichtungen.

Unter anderem liegen hier die beiden **Opernhäuser Astra** *(Faces of Gozo Show)* und **Aurora,** Letzteres verziert mit Statuen der gozitanischen Künstler *Lanzon* und *Tabone.*

Mein Tipp: Ferner lohnt ein Blick in den Park **Rundle Gardens** (Ġnien Rundle) am einstigen *Duke of Edinburgh Hotel,* benannt nach dem Naturfreund und ehemaligen britischen Gouveneur (1909–15) *Sir Leslie Rundle.* In dem hübschen Park mit Vogelvolieren werden gelegentlich auch Open-Air-Konzerte (kleines Amphitheater im oberen Parkabschnitt) veranstaltet, der untere Park-

626M wl

Victoria (Rabat)
0 100 m
Zebbuġ
Marsalforn
Għarb
Kercem
Xlendi
Munxar
Sannet
Xewkija
Mġarr, Xewkija
Triq Ta'Waras-Sur
Triq L-Imgħallem (Foreman Street)
Triq Sant Ursola
Triq Saghtar
Triq il-Kapuċċini
Triq Wied is-Seqer
Festungsmauern
Gunpowder Magazine und Battery
St. Joseph-Kapelle
Kathedral-museum
Natur-geschichtliches Museum
Waffenkammer
St. Martin's Bastion
St. Francius Kirche
Cathedral Square
St. John's Bastion
Stadttor
Archäologiemuseum
St. Michael's Bastion
Citadel Theatre
Astra Theater
Aurora Theater
Sportzentrum
Sir Refalo Schule
Gozo College
Triq Dingli
Pj. Independenza
Triq ir-Repubblika (Republic St.)
Triq Fortunato Mizzi
Banca Giuratale
St. George's Basilika
Franziskanerinnen-Kloster
Polizei
Spielplatz
Rundle Gardens
Open Air Theater
zentraler Busbahnhof
(Main Gate)
(Einbahnstr.)
Sabina Square
Don Bosco
St. Augustin Kirche
Triq Valjringa
Pjazza San Franġisk
Sekretarijat Parlamentarj
Kapelle Our Lady of Pompej
Craig General Hospital
Triq il-Kappillan Hili
Triq Tal-Għajn
Triq Għajn Qatet
Triq it-Tabib Anton Tabone
Triq Santa Dminka
Triq L-Isptar San Ġiljan
steinernes Waschhaus
Triq Ghajn Tuta
Triq Wied Siekel
Triq Anton Debono
★ 2 Justizpalast
★ 3 Gouverneurspalast
M 4 Folklore-Museum
5 Kathedrale Maria Asuncion
• 18 Bischofssitz, Kaazin P. Nationalista
Übernachtung
8 Casalgo House
29 Hotel Downtown

Malta07

Essen und Trinken
1 San Mart ino Restaurant
10 Coney Island Bar
12 Café Jubilee
13 Castle Theatre
14 Citadello Restaurant
15 Café It Tokk
22 Café del Corso
25 Aurora Theatre
28 Ta Frenċ
30 Ping's Dining
36 The Grapes Wine Bar
37 Coffee Break Café
38 Chips and Dale Pizzeria
39 Tapie's Bar

Nachtleben
9 Coney Island Bar
21 Disco KU-Club
29 Lucky Jack

Einkaufen/Sonstiges
6 Crafts Centre
7 Santa Maria Supermarkt
9 Touristen-Doppeldecker, Metzgerei Stephen
10 Pio's Antiquitäten
11 Sawina Souvenir-Shop
15 It Tokk-Marktplatz
16 Travelex
17 Agentur Portelli
19 Metzgerei, Bäckerei/Pastizzi
20 Gozo Garage
22 Orient Shopping Arcade
23 Tigrija Palace Shopping Mall
24 Bookworm
26 Duke Einkaufszentrum
27 Minimarkt
31 Einkaufspassage/ Supermarkt Arcadia
32 Myjo Fahrzeugverleih, AEL Fahrzeugverleih
33 Fischgeschäft
34 Benny's Photos
35 Pastizzi-Bäckerhop
37 Victoria Garage

abschnitt wurde nach den vier Jahreszeiten eingeteilt und entsprechend angelegt. Im Park sind, nahe dem Zugang von der Republic Street, zwei Büsten der verdienten Ehrenbürger *Laurent Ropa* (1891–1967) sowie *Gantied Argeus de Soldanis* (1712–1770) zu sehen. Selbst im Hochsommer wirkt Rundle Gardens durch die vielfältige Bepflanzung sehr bunt und schattig, ist daher vielleicht noch sehenswerter als Buskett Forest (s. Südwestmalta) – und eine echte Oase in der Stadt.

■ **Busse** 301, 303, 304, 307–313 halten alle an der Ecke vom Park). Für Zitadelle und Independence Square bietet sich nur Bus 313 an, der auf der Höhe des Astra Theaters hält.

Citadel (Kasr)

Über die Castle Hill Road gelangt man zum **Stadttor,** dessen Inschrift an die römische Epoche unter *Kaiser Antonius Pius* (138–161) erinnert.

Dahinter öffnet sich der Cathedral Square (Kathedralplatz) mit dem **Archbishop's Palace** (Palast des Erzbischofs) rechts und dem ehemaligen **Gerichtshof** linker Hand, wo vom 16. bis 18. Jh. ein Ritter der Johanniter als Gouverneur amtierte und heute die gozitanische Provinzverwaltung sitzt (dieses Gebäude stammt aus dem 17. Jh.).

Die Frontseite des Platzes wird von der **Kathedrale Maria Asuncion** (Mariä Himmelfahrt) eingenommen. An dieser Stelle wurden Reste eines phönizischen Astarte- sowie eines darüber errichteten römischen Juno-Tempels gefunden, später errichteten auch die Araber darauf eine Gebetsstätte. Der Normannenfürst

Roger I. stiftete an derselben Stelle die lange Zeit einzige Kirche Gozos, die dem Piratenüberfall von 1551 zum Opfer fiel. Zunächst notdürftig repariert, wurde nach dem Erdbeben von 1693 ein Neubau beschlossen und nach Plänen *L. Gafàs* von 1697 bis 1711 umgesetzt. Die Bauarbeiten waren fortwährend durch finanzielle Engpässe gefährdet, man verzichtete daher auf eine ursprünglich vorgesehene Kuppel und beschränkte sich auf den einfachen Grundriss eines lateinischen Kreuzes und eine schmucklose Fassade. Um dennoch den Eindruck eines Kuppelbaus zu erwecken, schuf *A. M. da Messina* 1739 das berühmte perspektivische Deckengemälde im Inneren, welches mittels optischer Täuschung wie eine Kuppel wirkt. 1864 wurde Gozo zum eigenständigen Bistum ernannt und die Maria-Asuncion-Kirche zur Kathedrale erhoben.

Hinter der Kathedrale (in der Triq Fosse, links der Kathedrale) liegt das **Kathedralmuseum** (geöffnet täglich 10.30–16.30 Uhr, sonn- und feiertags geschlossen, Eintritt 2 €, Kinder unter 10 Jahren frei). Ausgestellt werden u.a. eine Gemäldesammlung zur heiligen Agatha (s. Sta.-Agatha-Kirche/Rabat, Malta) sowie Talare und Gewänder ehemaliger kirchlicher Würdenträger von Rabat. Gegen Abgabe von Pass/Ausweis kann man einen kostenlosen Audioguide ausleihen.

Noch vor dem Kathedralmuseum links in der Seitengasse lohnt ein Besuch des **Folklore-Museums.** Vom Heimatmuseum in Għarb abgesehen wird hier der beste Eindruck vom gozitanischen Alltag früherer Jahrhunderte vermittelt. Zu sehen sind in mehreren zusammengelegten alten Wohnbauten u.a. eine alte eselbetriebene Getreidemühle, Trachten, Gebrauchsgegenstände und Handwerkzeuge.

Unvergesslich bleibt auch ein Rundgang auf den **Festungsmauern** mit seinen drei Bastionen St. Michael, St. John und St. Martin. Von hier aus hat man einen famosen Ausblick auf die Insel mit ihren zahlreichen Tafelbergen. Interessant ist der Blick auf die drei „Bergdörfer" Żebugg, Xagħra und Nadur: Sie werden symbolhaft als drei Berge im richterlichen Wappens Gozos (siehe It-Tokk) dargestellt. Sehr schön zu sehen sind auch Gozos höchste Erhebung Jordan Lighthouse (185 m) im Nordwesten und die markante Christusstatue nördlich auf einem Hügel in Richtung Marsalforn.

Von der St. John's Bastion steigt man in die Prison Street hinab, wo im ehemaligen Kerker ein **Crafts Centre** eingerichtet wurde (Eintritt frei, 1.4.–30.9. 9–18.30 Uhr, 1.10.–31.3. bis 16 Uhr; So geschlossen). Auf drei Etagen werden Stickerei-, Weberei-, und Töpfereierzeugnisse Gozos vorgestellt, praktisch alle Touristengruppen werden hier durchgeschleust.

Am Ende der Prison Street, unterhalb der St. Michael's Bastion, liegt das **Museum of Archaeology.** Zu sehen sind u.a. phönizischer Schmuck, ein arabischer Grabstein aus dem 12. Jh. sowie Aquarelle zu den Ausgrabungen von Ġgantija von 1827. Höhepunkt dürfte für Münzsammler die umfangreiche Ausstellung mit Münzen aus den phönizischen, römischen und byzantinischen Phasen auf Malta (datiert 500 v. Chr.–400 n. Chr.) sein.

In der Quarters Street unterhalb St. Martin erfreut sich die **Armeria (Waffenkammer, „Old Prison")** gerade bei jüngeren Besuchern großer Beliebtheit. Das ehemalige Getreidelager von 1776 wurde im 19. Jh. als britische Militärunterkunft genutzt, heute können hier Rüstungen und Waffen aus der Johanniterzeit besichtigt werden. Geöffnet tgl. 9–17 Uhr.

Gegenüber liegt das **Museum of Natural History** (naturgeschichtliches Museum, geöffnet täglich außer Weihnachten, Silvester/Neujahr und Ostern 9–17 Uhr, Eintritt 5 €, ermäßigt 2,50 €, Kinder 6–11 2,50 €; Tel. 21455951). Ein Gang durch die Sammlung von Kräutern, Sträuchern und Insekten der maltesischen Inseln versetzt in Erstaunen darüber, wie vielfältig Flora und Fauna auf den unwirtlichen Inseln sind.

Auf der anderen Seite der Zitadelle Richtung St. Michael's Bastion wurde jüngst die **Gunpowder Magazine and Battery** vom Heimatverein *Wirt Għawdex*, einer ähnlichen nichtstaatlichen Organisation wie *Din L'Art Helwa* (siehe Dwejra Tower oder Red Tower, Malta) restauriert. Schon im 16. und 17. Jh. hatten die Johanniter hier ein Pulverlager, doch erst ab 1690 wurde es in etwa in der heutigen restaurierten Form fertiggestellt. Die versteckte Lage im Inneren der Zitadelle war notwendig um sowohl eigenen Zugang zu ermöglichen, gleichzeitig aber Feindbeschuss zu verhindern. Später wurden in direkter Nachbarschaft Getreidesilos angebaut, um bei Belagerungen über ausreichende Lebensmittelvorräte zu verfügen. Die Anlage wird von ehrenamtlichen Helfern des genannten Heimatvereins *Wirt Għawdex* betrieben (Tel. 79771981, www.wirtghawdex.org), derzeit beschränken sich regelmäßige Öffnungszeiten auf Mi–So 11–13.30 Uhr.

- Vier Museen der Zitadelle werden von *Heritage Malta* betreut (Natural Science, Folklore, Archeology und Old Prison). Preise und Öffnungszeiten sind vereinheitlicht. Geöffnet täglich, außer Weihnachten, Silvester/Neujahr und Ostern 9–17 Uhr, Kombi-Eintritt für diese Museen 8 €, ermäßigt 5 €, Kinder (6–11 J.) 4 €. Diese Karte empfiehlt sich, da bereits der Besuch zweier Zitadellmuseen mit Einzelticket teurer wäre als die Kombikarte für alle vier.
- Sechs gozitanische *Heritage Malta*-Sehenswürdigkeiten (die vier der Zitadelle plus Ta Qola Windmühle und Ġgantija Steinzeittempel kosten 10 €, ermäßigt 7 €, Kinder 6 €.
- Kombiticket alle *Heritage Malta* – Stätten (Malta und Gozo) s. Einleitung zu Valletta.

Citadel Theatre – Gozo 360

„Abends Kino, tagsüber Internetcafé" wirbt Maltas modernstes Kino **Citadel Theatre.** Im Sommer tagsüber außerdem mit einer 20-minütigen **360°-Panorama-Lichtbildshow „Island of Joy"** (Insel der Freude). Die Vorstellung zu Geschichte und Gegenwart auf Gozo wird mit Kopfhörern (auch auf deutsch) textlich und musikalisch untermalt.

- Ecke Castle Hill Road/Triq ir-Repubblika, Tel. 215 59955, www.gozo360.com.mt. Vorstellungen Mo–Fr 10–15 Uhr, Sa 10–13 Uhr, sonn- und feiertags nur bei Voranmeldung, Eintritt 6 €, Studenten (mit Ausweis) 2,50 €, Kinder 2 €.

It-Tokk (Independence Square) und Altstadtgassen

Am ehemaligen Galgen- und Richtplatz It-Tokk (s. Einkaufen) liegt heute das lebhafte kleine **Zentrum Rabats** mit seinen verwinkelten Altstadtgassen.

Die Fußgängerzone mit ihren Geschäften reicht bis zur Georgskirche und Palm Street.

Am oberen Ende des Platzes steht ein halbrundes Gebäude aus dem frühen 18. Jh., die sogenannte **Banca Giuratale,** wo die Richter früher der Menschenmenge Urteile verkündeten und bei Todesurteilen dem Vollzug auf dem Platz beiwohnten. An dem Gebäude ist das richterliche **Wappen** mit drei Hügeln der „Bergdörfer" Zebbuġ, Xagħra und Nadur zu erkennen, ein Symbol des richterlichen Dreierkollegiums und heute Provinzialflagge Gozos. In der Banca Giuratale befindet sich heute die Lokalverwaltung sowie im EG eine kleine **Ausstellungshalle,** wo Werke gozitanischer, gelegentlich auch ausländischer Künstler in Wechselausstellungen präsentiert werden; Eintritt je nach Event, geöffnet tgl. 7.30–13.30 Uhr, unregelmäßig auch bis 16 Uhr, Sa, So, Fe 8–12 Uhr.

Am oberen Ende des Platzes liegt die **St. Jakobskirche,** nebenan die Touristeninformation; das **Denkmal** davor erinnert an *Saverio Cassar,* 1798–1800 erstes und einziges Staatsoberhaupt des unabhängigen Staates Gozo (siehe Exkurs).

In der Palm Street liegt ein **Franziskanerinnenkloster** aus dem späten 17. Jh. Die Ordensgemeinschaft war bereits um 1500 nach Gozo gekommen, lebte aber bis zum Bau des Klosters in Grotten unterhalb der Anlage.

St. George's Basilika

Inmitten der Altstadtgassen öffnet sich ein kleiner Platz, der erst in den letzten Jahren komplett neu restauriert wurde und heute – vom It-Tokk und der Zitadelle abgesehen – mit seiner Georgskirche die wichtigste zentrale Sehenswürdigkeit bildet. Eine St.-Georgs-Pfarrkirche für die Bewohner unterhalb der Zitadelle wurde schon im 15. Jh. errichtet, das aktuelle Bauwerk wurde von *S. Bondi* erst 1672–1678 umgebaut. Die Kuppel fiel dem Erdbeben von 1693 zum Opfer und musste komplett neu aufgebaut werden. 1755 wurde St. Georg vom damaligen Bischof *Bussan* als Basilika inauguriert. 1818 schließlich kamen die beiden symmetrischen Glockentürme hinzu, und die Fassade wurde zu ihrem heutigen Erscheinungsbild restauriert. Das Titularbild *(hl. Georg)* im Inneren der außergewöhnlich prunkvollen Basilika stammt von *M. Preti,* von dem weitere Werke im Quergestühl zu sehen sind.

Għajn il-Kbir – Waschhaus

Verlässt man den Busplatz über die Main Gate Street (Triq Putrigal) nach links über den St. Francis Square hinweg, so erreicht man die **Konventskapelle Our Lady of Pompej.**

MEIN TIPP: Ein Schild davor weist Richtung Xlendi; folgt man diesem etwa fünf Gehminuten die Triq Dminka hinab, ist der Vorort **Fontana** erreicht. In einer Kurve liegt rechts ein (uninteressanter) Andenkenladen, links das noch heute (!) benutzte offene **Steinwaschhaus** Għajn il-Kbir. An der natürlichen Quelle ließ der deutsche Ordensritter *Fra W. P. Guttenberg* um 1800 für die ärmere Bevölkerung Tröge in den Felsen hauen. Seither wird in der Grotte dem Anspruch der Johanniter nach Reinlichkeit und Hygiene genüge getan.

■ **Bus** 306, Haltestelle Għajn.

Stat Għawdex (1798–1800) – Staat Gozo, eine Fußnote der Geschichte

1798 wurde ganz Malta von den Romanen erobert. Ganz Malta? Nein, eine kleine Insel namens Għawdex leistete den Eindringlingen erbittern Widerstand … – so oder so ähnlich könnte man eine kurze, aber nachhaltige Epoche der gozitanischen Geschichte einleitend beschreiben.

Während die kurzzeitige Besetzung Maltas durch die französischen Truppen *Napoleons* in den meisten Publikationen zumindest kurz erwähnt wird, findet sich die Geschichte des unabhängigen Staates Gozo fast nirgends. Während nämlich die Hauptinsel Malta und der Johanniterorden 1798 mehr oder weniger im Handstreich von **Napoleon Bonaparte** übernommen wurde, wehrten sich die Gozitaner erbittert und setzten beim Volksaufstand im September die französische Garnison fest. Unter der Zusage Gozo in Zukunft nicht anzutasten wurden die Franzosen nach Malta entlassen. Zwar erhob das Königreich Neapel-Sizilien formell Anspruch auf die maltesischen Inseln, forcierte diesen allerdings zu keinem Zeitpunkt. Somit erklärte der Erzpriester *Saverio Cassar* am 28. Oktober 1798 Gozo für unabhängig. Als provisorische Regierung fungierte ein Gremium aus Gozitanern und Briten (die den Aufständischen unter *Alexander Ball* gegen den Erzrivalen Frankreich gerne Unterstützung zusagten).

Eine kurze Blüte durch Verkauf landwirtschaftlicher Produkte nach Malta folgte, politisch war dem jungen Staat jedoch weniger Erfolg beschieden. Staatsoberhaupt **Cassar** lag mehr das geistliche Wohl am Herzen (er forderte in Rom die Schaffung einer eigenen Diözese), die provisorische Regierung vermochte zu keinem Zeitpunkt einen politischen Konsenz zu bilden. So zerstritten war es im September 1800, nach der Machtübernahme der Briten auf Malta, ein Leichtes auch Gozo in das **„Protektorat Malta"** genannte britische koloniale Gebilde einzubinden.

Damit war es schon wieder vorbei mit dem unabhängigen Staat Gozo – zumindest in der Realität. Im Herzen erinnern die Gozitaner sich weiterhin an ihren ersten und einzigen unabhängigen Staat. Das kann der Reisende noch heute erkennen, sei es am Namen „Independence Square" (It-Tokk), sei es am Denkmal des *Saverio Cassar,* das seinerzeitige Staatsoberhaupt.

Unterkunft

Kurioserweise bietet die gozitanische Hauptstadt nur sehr wenige Unterkunftsmöglichkeiten.

- Neu eröffnet hat erst vor wenigen Jahren das **Downtown Hotel**③, Triq L'Ewropa, Tel. 22108000, www.downtown.com.mt, mit Schnäppchenangeboten (z.B. HP ab 25 €/Person und Tag im DZ bei drei Übernachtungen und mehr). Nur 40 Zimmer mit AC, Minibar und TV; zum Hotel gehören die Kinderspielanlage „Funtown" sowie ein Dachpool.
- Das **Casalgo House,** Kercem Rd., Tel. 21553723, www.thegardensgozo.com, bietet Bed & Breakfast ab 23 €/EZ bzw. 45 €/DZ. Wer anruft oder über die

Tourist-Information Valletta bucht, wird kostenlos vom Hafen Mġarr abgeholt. Die Besitzerin, Frau *C. Vella*, www.casalgoholidays.com, vermittelt auch preiswert Ferienhäuser und FeWos in Xlendi, Ghasri und Marsalforn.

Essen und Trinken

Bars, Kleinigkeiten & Snacks

■ Günstig isst man in der Pizzeria **Chips and Dale** (St. Francis Square, Tel. 21560506) mit einfachen Gerichten und Snacks. Spezialität ist die Pizza *Gozo Style* mit Kartoffelscheiben als Belag.

■ Ebenfalls sehr beliebt ist das **Café Jubilee** am It-Tokk, im angeschlossenen Shop werden lokale Erzeugnisse zum Mitnehmen angeboten.

■ Im **Coffee Break Café** gegenüber vom Busbahnhof gibt es Kuchen und süßes Gebäck, aber auch günstige Snacks. In der Straße vor dem Busbahnhof liegen gleich mehrere hervorragende Pastizzi-Bäckereien.

■ Die Kaffees im netten **Café del Corso** neben dem Astra Theater werden als mit die besten auf ganz Gozo gerühmt.

■ Eigentlich ist das **It-Tokk Coffee House** (am It-Tokk, Tel. 21551213) nur eine kleine Bar mit Dachterrasse. Das Innere wurde mit Portraits von *Rommel* und *Montgomery* dekoriert, ansonsten ist jeder freie Platz an der Wand mit Bierdeckeln aus aller Welt beklebt. Gozitanische Weine können hier vor dem Kauf kostenlos probiert werden.

■ Einfache Bars für einen kühlen Drink sind **Tapie's** am St. Francis Square oder die **Coney Island Bar** am Savvina Square.

■ Besonders beliebt und bei den Einheimischen absolut in sind **die Bars der beiden Opernhäuser Aurora** und **Astra** in der Triq Repubblika, in denen auch Billardturniere ausgetragen werden oder Fußball-Liveübertragungen stattfinden.

■ Oben im Kastell bietet das **San Martino Restaurant** (Tel. 29822759, kurz hinter dem Old Prison) maltesische Kleinigkeiten und Snacks, Salate, Käse und Pizza.

Restaurants

■ Rabats Toplokal mit Garten liegt unterhalb der Zitadelle in der Castle Hill Road. Das **Citadello,** Tel. 21556628, 21562062, bietet an Freitagen Grillabende mit folkloristischen Darbietungen; Wein, Antipasti, gegrillter Fisch/Huhn/Steak, Salat und Backkartoffeln sowie Früchte „all you can eat" kosten 18 € pro Person, für Kinder 9,50 €.

■ Lesertipp: **Grapes Wine Bar,** 8 St. George's Square, Mobil-Tel. 79473503. Eine urige Bar mit köstlichen Fisch- und Käseplatten.

■ Das **Ta Frenċ Restaurant,** Għajn Damma St., Tel. 21553888, auf halber Strecke Richtung Marsalforn rechter Hand in Alleinlage, wurde mehrfach als bestes Restaurant Maltas prämiert. Hauskelterei, Gartenanlage, großartige kulinarische Kreationen wie *Rabbit and Duck* (Kaninchen- und Entenfleisch-Vorspeise) oder *Symphony of fish and shellfish* (Hummer-Garnelen-Fisch). Spitzen-Preis-, aber auch Leistungsklasse. Tgl. 12–13.30 Uhr und 19–22 Uhr, Di geschlossen.

■ Mit echter Peking-Ente, diversen raffiniert zubereiteten Meeresfrüchten, aber auch Lamm oder seltener angebotenen Geflügelgerichten wie Ente in Biersauce lockt **Ping's Dining** in der Triq F. Mizzi (150 m von der *Arcadia-Mall* Richtung Mġarr). Betreibt auch eine Filiale auf halbem Weg nach Xlendi nahe der Disco. Tel. 99156688.

Einkäufe

■ Jeden Vormittag, besonders an den Wochenenden, bieten zahlreiche fliegende **Händler** am zentralen **Marktplatz It-Tokk** Textilien, Hüte, Sonnenbrillen und allerlei andere mehr oder minder nützliche/kitschige Souvenirs an. In den kleinen Läden rund um den Platz kann man frisches Obst und Ge-

GOZO TRADITIONAL FOODS
Gozo Traditional Foods
ŻERQA
LOCAL WINES
ŻERQA
LA TORRE

müse kaufen oder einen Kaffee schlürfen und dem bunten Treiben zusehen. Je nach Andrang wird spätestens gegen 16 Uhr abgebaut.

■ **Frischobst-** und **Gemüsestände** findet man auch am großen Zentralparkplatz sowie rechts vor dem Fischgeschäft *Xuereb* in der Triq G.B. Olivier.

■ **Drei mittelgroße Shopping-Malls** bieten in Victoria alles was das Herz begehrt; das ehemalige *Hotel Duke* wurde komplett durch die neue, gleichnamige Einkaufsarkade mit großem *Lighthouse-Supermarkt* inkl. Fisch- und Fleischtheken im UG (geöffnet Mo–Sa 7.30–20 Uhr, So bis 13 Uhr), Parkhaus (Zufahrt über den Busplatz) und Fachgeschäften sowie dem **Snackcafé Connection** ersetzt.

– Es lohnt auch ein Bummel durch die **Tigrija Palace Shopping Mall** in der Main Gate Street, wo auf vier Etagen zahlreiche Boutiquen, Fachgeschäfte (Optiker) und den Delikatessen-Minimarkt *Craj* (geöffnet Mo, Di, Do, Fr 7.45–12.45 und 16.30–18.45 Uhr, Mi/Sa nur vormittags) liegen. Sie ist zwar die älteste Mall Victorias, dafür aber architektonisch die vielleicht interessanteste.

– Dritte Einkaufspassage im Bunde ist die **Arcadia Shopping Mall** in der Triq F. Mizzi: Hier findet man u.a. einen guten Supermarkt (mit Delikatessen und Frischfleischtheke; im Sommerhalbjahr tgl. 7–20 Uhr geöffnet), einen Buch-/Zeitschriftenhandel, einen Bankautomaten und die bislang einzige **McDonald's**-Filiale auf Gozo (hier kostenloses WLAN). Eine gute Auswahl an Textilien gibt's im Obergeschoss. Die Mall an sich ist geöffnet tgl. 9–20 Uhr; Busse 301, 303, 304 und 307 halten vor der Mall.

■ Der **Bookworm Buch- und Zeitschriftenhandel** in der Republic Street führt auch einige wenige deutschsprachige Zeitschriften und Tageszeitungen.

■ Kurioses, Antikes, Kunst oder Kitsch? Da macht sich in **Pio's Antiquitätenshop** (Pjazza Savvina/Sabina-Square, Tel. 99066101), den man wohl als Mischung aus Flohmarkt, Sperrmüll und Kuriositätenshop bezeichnen kann.

■ Ein größerer **Minimarkt** *(Santa Maria Supermarket)* liegt Richtung Għarb linker Hand am Ortsrand; hat immer reichlich frisches Obst/Gemüse.

■ Sehr zu empfehlen ist ferner für Selbstversorger das **Fischgeschäft Xuereb** in der Triq G.B. Olivier (fünf Min. vom Busplatz entfernt), geöffnet Mo–Fr 8–19 Uhr, Sa bis 14 Uhr und So bis 12 Uhr; Tel. 21556234. Frischer Fisch wird zumindest am frühen Vormittag auch am Marktplatz It-Tokk angeboten.

■ **Bäckerei:** im *Duke* Einkaufszentrum sowie mehrere Pastizzi- und Brotbäcker nahe dem Busbahnhof in der Triq Putirgal.

■ Eine **Metzgerei** sowie ein **Pastizzi-Bäckerei/Café** findet man in der kleinen Gasse Triq Guiseppe Giardini Sella; sehr zentral liegt auch die **Metzgerei Stephen** am Savvina Square.

■ Direkt nebenan kann man einige gozitanische Spezialitäten und Souvenirs (Süßwaren, Honig, Marmeladen, eingelegte Früchte etc.) im **Savvina-Gourmet Shop** erwerben.

■ Schräg gegenüber und ebenfalls am Savvina Square kann man im **Pjazza Savvina Gift-Shop** neben einheimischen Produkten (Marmeladen, Liköre) auch einfachen Schmuck sowie Postkarten und Briefmarken erwerben.

An der Straße nach Marsalforn kann man frische Landerzeugnisse (Honig, Obst, Gemüse) in einer Art **Bioladen** einkaufen. Kurz hinter der Abzweigung zum *Ta Frenċ Restaurant* rechter Hand.

■ Und schließlich hat Gozo 2014 den Kampf als „lidlfreie Zone" verloren und vor den Stadttoren (am Ortsausgang Richtung Fähre am Kreisverkehr links, gehört administrativ schon zu Xewkija) eine Filiale des bekannten Discounters eröffnen lassen müssen.

Unterhaltung

Es ist erstaunlich, was Victoria – eigentlich ein größeres Dorf – kulturell zu bieten hat.

■ Die „Opernhäuser" **Astra** und **Aurora** (vom Busplatz rechts in die Republic Street) sind beide jeweils knapp 1000 Zuschauern Platz bietende „Multifunktionssäle", in denen gelegentlich sogar Opern aufgeführt werden. Hauptsächlich dienen beide unter der Woche als **Kinos,** an Wochenenden wird der hiesigen Jugend in den Untergeschossen teilweise **Diskothekenbetrieb** oder auch Billard angeboten. Die aktuellen Programmangebote hängen jeweils außen aus.

■ Das **Oratoriu Don Bosco** in der gleichnamigen Triq Don Bosco (Tel. 21556616, www.dungorg.com) dient als Veranstaltungsstätte für Operetten und Musicals.

■ Als Kinosaal dient abends, wenn die Touristen den Ort verlassen haben, auch das **Citadel Theatre,** Castle Hill Rd., Tel. 21559955, wo tagsüber „Island of Joy", „Gozo 360" und ähnliche visuelle Shows laufen.

■ Eine sehr beliebte Diskothek ist der **KU-Club** (vorm. *Disco Planet,* Triq G. Vella , Tel. 21560325, hinter der kleinen *Orient Shopping Arcade*. Chef-DJ *Charlo* legt hauptberuflich im *Footloose* (siehe St. Julian's) auf.

■ **Lucky Jack,** Triq L-Ewropa, unter dem *Hotel Downtown,* bietet Bowlingbahn, Billard, Live-Sportübertragungen und Automatenspiele. Mo–Fr ab 18 Uhr, Sa 10–14 und ab 17 Uhr, So ab 17 Uhr – jeweils „'til late". Tel. 22108000.

Leihfahrzeuge

Victoria kann zwar nicht mit dem Angebot in Marsalforn oder Xlendi mithalten, einige Anbieter finden sich aber auch in der Hauptstadt.

■ **Gozo Rent-a-Car,** 31 Republic Street, Tel. 215 56291, Leihwagen, Flughafentransport.

■ **Victoria Garage,** 5 Xaghra Road, Tel. 21552908, www.victoriagaragegozo.com. Fahrräder, Mopeds und Pkw.

■ Eine Pkw-Mietagentur, die auch Mopeds und Fahrräder anbietet, ist **Myjo Rent-a-Car,** Triq Fortunato Mizzi, Tel. 21556678, www.myjocarhire.com, gegenüber der *Arcadia-Mall.*

■ Nebenan bietet **AEL-Carrental,** www.aelgozo.com, Tel. 21566671, u.a. Jeeps an.

■ Mit Sitz in Victoria operiert **Gozo Garage** in einigen Tophotels (*Ta Ċenċ, St. Patrick's*/Xlendi, *Cornucopia*/Xhagra). *Gozo Garage,* 5, Sir Luigi Camilleri Street, Tel. 21551866, www.gozogarage.com. Angeboten werden Fahrzeuge, Halb- und Ganztagesausflüge sowie Flughafentransfer.

Information und Agenturen

■ Die **Touristen-Information** am Marktplatz It-Tokk (direkt neben der kleinen Kirche) bietet ihre Dienste (Hilfestellung bei Unterkunftssuche, Auskünfte zu Events usw.) Mo–Sa 9–17.30 Uhr, So nur 9–13 Uhr an .

■ Ähnlich wie auf Malta verkehrt auch auf Gozo ein **Doppeldecker-Touristenbus,** der die wichtigsten Orte und Plätze im „Hop on, hop of-Verfahren" anfährt (siehe auch organisierte Touren im Kapitel „Reisetipps A–Z"). Zentraler Haltepunkt für Victoria ist der Sabina Square; Tickets z.B. gegenüber vom Busbahnhof.

■ An der **Banca Giuratale** können an einer elektronischen Säule Infos zu den wichtigsten Sehenswürdigkeiten und Institutionen, auch auf Deutsch, abgerufen werden.

■ **Hintergrundinformationen** und (engl.) **Literaturtipps zu Wanderungen um Victoria und auf Gozo** finden Wanderfreunde unter www.islandwalking.com/wordpress/other-islands/gozo.

■ Flugtickets, Schiffspassagen (Italien, Nordafrika), Ausflüge aller Art und Sonderexkursionen, z.B. die bei Fotografen beliebte Helikoptersafari über Gozo bei Sonnenuntergang, bietet **John Portelli Enterprises,** Independence Square 7, Tel. 21561213, heli@datoursgozo.com.

Sonstiges

■ **Internet** bieten die Cafés der beiden Theater Astra und Aurora (Triq Repubblika) oder im UG der Tigrija Shopping-Mall. WLAN u.a. bei *McDonald's.*

■ Die **Polizeidienststelle** liegt in der Republic Street/Ecke Main Gate Street und kann unter Tel. 21562040 erreicht werden.

■ Eine Filiale der **HSBC Bank** liegt neben dem *Aurora Theatre,* die **Bank of Valletta** ist in der Republic Street mit zwei Filialen neben Polizei und *Orient Shopping Arcade* vertreten. **Bankautomaten** gibt's auch in den Einkaufspassagen.

■ Die von Montag bis Freitag 8.15–16.30, Sa nur bis 12.30 Uhr geöffnete **Hauptpost** befindet sich in der 129 Triq Repubblika (gegenüber Astra-Theater).

■ **Wellness:** *Salus Wellbeing Centre* in der Duke Shopping-Mall, Tel. 21566332, geöffnet Mo–Fr 7.30–21 Uhr, Sa 9–16 Uhr, bietet u.a. Schwimmbad, Sauna, Pilates, Aerobic.

Gesundheitliche Notfälle (ganz Gozo)

■ Bei gesundheitlichen Notfällen hilft das **Craig General Hospital,** Archbishop Pietru Pace Street, Tel. 21561600. Taucher finden hier im Notfall auch eine **Dekompressionskammer.**

■ Wer auf einen **Hausbesuch** angewiesen ist: *Dr. Cutajar,* Tel. 99493533 oder *Dr. Farugia,* Tel. 994 97736.

■ **Allgemeiner Notruf: 112**

An-/Abreise

■ Der **Busbahnhof** von Victoria fungiert als zentraler Verkehrsknotenpunkt auf Gozo, sofern man nicht mit einem eigenen Fahrzeug oder per Taxi unterwegs ist. Von hier aus fahren alle Busse sternförmig die wichtigsten Orte der Insel an.

■ **Taxistände** befinden sich am Busplatz sowie am it-Tokk, eine Fahrt nach Mġarr kostet nachts etwa 18 €, nach Marsalforn ca. 12 € (tagsüber ca. 25% weniger) – zur Orientierung der Taxipreise wurde ein großes Schild mit den Richtpreisen am Taxistand aufgestellt. **Taxiruf:** 99496821 und 99495778.

■ Kein Problem bereitet der **Fußweg** nach Xlendi über das Waschhaus Għajn il-Kbir; für die knapp drei Kilometer immer bergab über eine Dorfstraße (Waschhaus) benötigt man nicht viel mehr als eine gute halbe Stunde. Nicht ratsam ist es, die gut vier Kilometer nach Marsalforn entlang der Hauptstraße zu gehen.

■ **Selbstfahrer** parken auf dem großen Parkplatz hinter dem Busbahnhof oder – selbe Zufahrt – im Parkhaus des *Duke*-Einkaufszentrums (letzteres ist sonntags geschlossen; einspurig, Ampel beachten!). Hinweis: ansonsten wird im Zentrum teilweise eine Parkscheibe verlangt.

Munxar

[Munschar]

Das Dörfchen Munxar, 1½ Kilometer südlich von Victoria gelegen, betreibt traditionell Milchviehzucht in Stallhaltung und Bewirtschaftung der umliegenden Felder.

Leider steht der Name Munxar aber auch stellvertretend für ein trauriges Kapitel der maltesischen Gegenwart. Kaum anderswo wird der aufmerksame Beobachter auf mehr **Schrotpatronen** treffen als an der schroffen Felsenküste bei Munxar. Hunderte von Zugvögeln, darunter auch einige bedrohte Arten, fallen der **Vogeljagd,** dem Volkssport Nummer Eins auf Malta gerade hier zum Opfer (s. Natur, Tierwelt).

Entlang der ansonsten malerischen **Klippenwanderung** über die Sanap Cliffs von oder nach Xlendi wird der Wanderer genug zu diesem Thema sehen oder hören.

■ Verkehrsanbindung durch **Bus 306;** für Selbstversorger aus Xlendi bietet der Ort mehrere **Einkaufsmöglichkeiten.**

Xlendi

[Schlendi]

Im Gegensatz zu Marsalforn mit seinen diversen Stränden bietet das kleine **Fischerdorf** Xlendi nur eine einzige, sehr kleine Strandbucht mit Bademöglichkeit. Der – ohne Touristen – nur 300 Einwohner zählende Ort besticht allerdings durch seine fjordähnliche Lage in den Klippen von Xlendi, die sich beidseitig über 100 Meter hoch erheben. Im Gegensatz zum eher weitläufigen Marsalforn ist Xlendi überschaubar und winzig – und gerade deshalb bei vielen Besuchern besonders beliebt. Bootsausflüge, Wanderungen, Schwimmen und Tauchen sind die Hauptaktivitäten.

Sehenswertes

An der rechten Uferpromenade führt eine in den Felsen gehauene Treppe zur **Grotte Għar ta-Karolina,** um die sich eine Legende rankt: Während des türkischen Überfalles von 1551 wurde auch die Bevölkerung von Xlendi verschleppt oder getötet. Einer Fischertochter namens Karolina gelang es, zur Grotte zu schwimmen und sich vor den herannahenden Türken in der Grotte zu verbergen – sie blieb als Einzige unentdeckt und so am Leben.

Am gegenüberliegenden Ende der Bucht führt der Weg vorbei am kleinen **Bade- und Liegeplatz Gnejn** zum **Xlendi-Tower,** einem Johanniterturm von 1658, errichtet unter *Großmeister de Redin.* Von hier aus hat man einen famosen Blick über die gesamte Bucht und die umliegenden Klippen, insbesondere abends wirkt der ockerfarbene Steinstrand unterhalb des Turms mit seinen zahlreichen Salzpfannen wie eine gemalte, goldgelbe Sandwüste.

Wanderungen

Xlendi ist der beste **Ausgangspunkt für Wanderungen** entlang der schroffen Felsenküste Südgozos. Hier werden kaum Fußgänger (außer ein paar Vogelschützen) unterwegs sein, sodass man das fantastische Panorama und die Landschaft für sich hat.

■ Ein sehr einfacher und empfehlenswerter **Rundweg** führt über den Johanniterwachturm immer oben an den Klippen (Sanap Cliffs) entlang **nach Munxar,** wo man über die Triq San Pawl/Triq il Bajjada entlang der Felder von Munxar zurück nach Xlendi läuft (insgesamt etwa 1½–2 Stunden).

■ Eine zweite, ebenfalls sehr angenehme, allerdings längere Wanderung **entlang der Küste nach Mġarr** führt zunächst ebenfalls die Sanap-Cliffs entlang bis kurz vor Munxar, wo man dann aber rechts der Nebenstraße bis Sannat zum Ta'Ċenċ-Plateau folgt.

Dort läuft man auf eine mehrfache Verzweigung des Feldweges mit einem Baum in der Mitte zu. Hier

Übernachtung
- 3 Ferienwohnungen
- 12 Seaview Flats
- 13 Ferienwohnungen
- 14 St. Patrick's Hotel
- 15 Hotel San Andrea
- 17 Hotel Xlendi
- 22 San Antonio Guesthouse
- 23 Vila Bronja
- 24 Vila Xemxija
- 25 Ulysses Village
- 26 Xlendi Gardens

Nachtleben
- 5 Disco La Grotta

Essen und Trinken
- 1 Għar ta-Karolina
- 2 Ta-Karolina Restaurant, Stone Crab Restaurant, Boathouse Restaurant
- 3 23 twelve Bar und Restaurant
- 5 Il Kenur, Ping's Dining
- 8 Captain's Table
- 9 Pool Mitnahmpizza
- 10 Acaii Snackbar, Sapana Indisches Restaurant
- 11 C-Seven Pub und Restaurant
- 12 Pizzeria Moby Dick
- 18 Churchill Bar und Restaurant
- 19 Pirate's Galley
- 20 Il Terrazzo Restaurant
- 21 Da Manoel Restaurant

Einkaufen/Sonstiges
- 4 Xlendi-Tourist Services
- 6 Menter Agentur
- 7 Mini-Markt, Tourist Service AEL
- 18 Private Gallery

Wassersport
- 6 St. Andrew Divers
- 8 Moby Dives
- 9 Utina Tauchschule
- 16 St. Andrew Divers

halte man sich links und folge dem Weg (wird teilweise asphaltiert, bleibt aber eine Piste) etwa zwei Kilometer, bis man vor einer Rechtskurve linker Hand das Tal Mgarr ix-Xini sieht. Hier führt ein Trampelpfad 50 Meter zum befestigten Weg hinunter, dem man nach rechts bis in die Bucht folgt. Von hier aus kann man den Weg bis Mġarr fortsetzen (s. Mġarr ix-Xini, Xewkija). Die knapp zwölf Kilometer lange Gesamtstrecke ist nicht ganz einfach zu bewältigen, zumal es außer in Sannat keine Erfrischungsmöglichkeiten gibt.

Unterkunft

Viele Besucher buchen vor ihrer Anreise ein Arrangement mit Ferienwohnung, daher liegen auch nur wenige **Hotels** im Ort:

■ **St. Patrick's Hotel**④, Xlendi Place, Xlendi/Gozo, Tel. 21562951, Fax 21556598, www.vjborg.com/stpatricks. Eines der besten und traditionsreichsten Hotels mit Flair auf Gozo, zentral und direkt am Ufer. Im Hotel bietet *Gozo-Garage* (www.gozogarage.com, siehe Victoria) Fahrzeugverleih und Ausflugsorganisation.

■ Um die Ecke liegt das **San Andrea Hotel** ③, Triq ix-Xmun/St. Simon St., Tel. 21565555, www.hotelsanandrea.com, mit angeschlossener Tauchbasis gegenüber.

Beide Hotels sind ältere, traditionelle Häuser, deren Hauptplus die zentrale Lage am Ufer ist. Früher Taucherhotel, betten heute auch manche Tourgruppen im *San Andrea* ihr Haupt. Die *St. Andrew Divers,* Tel. 21551301, Fax 21561548, www.gozodive.com, arrangieren Aktivitäten aller Art, Ferienwohnungen und komplette Reisearrangements.

■ Nach umfassender Renovierung erstrahlt die Anlage des ehemaligen *Serena Aparthotel* als **Hotel Xlendi**③, Triq ix-Xmun und Triq il-Punici, Tel. 215 64614, www.hotelxlendi.com, in neuem Glanz mit einem Hauch von Exklusivität. U.a. mit Sub-Post-Office, MiniMarkt, Dachpool und -restaurant, Autoverleih, Transfer und Taucharrangements sowie Privatparkplatz. Selbstverpflegung (Küchenecke) oder im Apartment als Ü/F, HP oder VP im DZ angeboten.

■ Erst vor wenigen Jahren wurde der Bedarf insbesondere von Backpackern an B & B gedeckt und das **San Antonio Guesthouse**③, Triq it-Torri/Tower St., Tel. 21563555, Fax 21555897, www.clubgozo.com.mt, eröffnet, welches sich im typisch maltesischen Stil hübsch ins Straßenbild integriert. Klein und familiär, werden hier sowohl Bed & Breakfast als auch Apartments und Ferienhäuser *(farm houses)* angeboten. Die Preise liegen je nach Saison zwischen 30 und 50 € (zwei Pers.) im Guesthouse, ein Vierer-Apartment kostet zwischen 50 und 70 €, Farmhäuser mit eigenem Pool 150–200 € (sechs bis acht Personen). Hier werden auch Tauchgänge, Wanderungen, Englischkurse, Flughafentransfer und Autoverleih arrangiert.

■ Sehr schöne Ferienwohnungen und Häuser werden auch 100 Meter weiter auf der gegenüberliegenden Straßenseite bei **Vila Bronja**② vermietet, Tel. 21551954, www.cometogozo.com. Schlicht und ordentlich, Seeblick nur in den oberen Etagen, kleiner Pool mit Sonnenterrasse. Dazu gehört auch die **Vila Xemxija** in der Triq Munxar. Alle Apartments werden von den Eigentümern *Manoel* und seiner Frau *Pauline* in einem super sauberen Zustand gehalten. Sowohl *Vila Bronja* als auch *Vila Xemxija* haben WiFi. Von der Mehrzahl der Apartments in der Vila hat man Blick aufs Wasser. *Manoel* arrangiert Flughafentransfer und auch Mietwagen, wenn gewünscht. Auch eine Grundversorgung an Essen und Getränken, falls man spät ankommt. *Manoel* und *Pauline* sind täglich persönlich vor Ort oder rund um die Uhr telefonisch erreichbar.

■ Ansonsten dominieren in Xlendi die **Apartmentanlagen,** die teilweise sehr unterschiedliche Leistungen offerieren, dafür allerdings auch vom Preis her kaum zu schlagen sind.

■ **Ulysses Village**①, Triq Ulysses, Tel. 2155 1616, Fax 21554606, www.ulyssesgozo.com. und www.ulyssesaparthotel.com. Eine Anlage der Tauchschule *Moby Divers* im Ort, entstand primär für Taucher, wird mittlerweile aber überwiegend von Nichttauchern und sogar von Einheimischen als Mietwohnung genutzt. Angeboten werden DZ Ü/F ab 50 €, Studios zu 50–80 € und Wohnungen zwischen 60 und 100 € je nach Saison.

■ Nebenan liegen die **Xlendi Gardens**① von *Mr. Ludgard Gatt,* Tel. 21553951, Fax 21552865, http://gozo.com/xlendigardens/xlendigardens.shtml, der mit Deutschen schnell durch seine „Stuttgarter Zeit" ins Gespräch kommt und sich als Eigentümer persönlich um alles kümmert sowie auf Wunsch Flughafentransfer usw. arrangiert. Die Preise sind noch günstiger als im *Ulysses.*

Die Anlagen sind mit großem Wohnzimmer/Terrasse, Küche, Bad und zwei Schlafräumen etwa baugleich und beide günstig (zum Vergleich: auf Malta zahlt man durchschnittlich das Dreifache). Beide Anlagen liegen gut zehn Gehminuten vom Zentrum entfernt oben am Berg Richtung Munxar (zu Fuß sehr steil). **Ulysses** liegt eine Reihe näher am Meer, dafür ist Anlage der Xlendi Gardens insgesamt hübscher. Bei beiden haben einige wenige Apartments Meerblick.

■ Über dem Restaurant *Moby Dick* direkt am Ufer werden die schönen Wohnungen **Seaview Flats**③, Tel. 21560171, www.seaviewflatsgozo.com, für 2 bis 6 Personen angeboten. In der Hauptsaison 60–120 €/Tag je nach Personenzahl und Wohnungsgröße. Alle Einheiten u.a. 1–3 Schlafräume, Waschmaschine, WiFi inkl.

■ Zu den Apartmentanlagen fährt im Sommer morgens zwischen 8 und 9 Uhr ein **Marketender-Bäckerwagen.**

Essen und Trinken

Neben Marsalforn und Victoria bietet Xlendi das breiteste Angebot an Restaurants und Snackbars auf Gozo, sodass sich hier für jeden Geldbeutel und Geschmack etwas finden lässt.

Kleinigkeiten und Snacks

■ Für den kleinen Hunger bieten sich **rund um den Busplatz ein paar Snacklokale** an; direkt neben dem Eingang vom *St. Patrick's Hotel* gibt es Palatschinken auf die Hand, *Pool Pizza* in der Triq ir-Rabat bietet Pizzastücke und Pasta zum Mitnehmen.

■ Wenige Meter nebenan offeriert **Acaii** Milkshakes und Sandwiches.

■ Unten beim *St. Patrick Hotel* wurde das moderne **Snack-Restaurant/Pub C-Seven,** Pjazza Anfori, Tel. 27012242, in zwei getrennten Ess-/Trinklokalen eröffnet; Cafés, Snacks, Steaks – alles sehr lecker.

306M wl

Hauptgerichte hier sind etwa *Octopus Stew* (11,50 €), Thunfischsteak in Pfefferkruste 16,50 €, und den berühmten gozitanischen Ziegenkäse gibt es hier gebacken für 5 €.

■ Selbstversorger haben es in Xlendi nicht leicht, man muss in Victoria einkaufen. Zu den Apartmentanlagen fährt im Sommer morgens zwischen 8 und 9 Uhr ein **Marketender-Bäckerwagen,** ein kleiner **Minimarkt** befindet sich im *Hotel Xlendi.* Alternativ kann man im *Lighthouse-Supermarket* in Munxar (am oberen Ortsrand in Xlendi bereits beschildert) fahren.

Restaurants

MEIN TIPP: Am rechten Ufer Richtung Höhle liegen direkt am Wasser gleich drei sehr gute Lokale, das **Stone Crab,** Tel. 21556400, und das **Ta-Karolina,** Tel. 21559675. Beide sind ausgezeichnet, einen qualitativen Unterschied gibt es kaum, das *Stone Crab* ist allerdings etwas teurer.

Xlendi – eingebettet in die Klippen

■ Platzhirsch von den Dreien ist das erst vor wenigen Jahren neu hinzu gekommene **Boathouse** (Tel. 21569153, geöffnet tgl. 12–22.30 Uhr), welches auch das *23-twelve* (s.u.) leitet. „Malta Restaurant Award Sieger" der Jahre 2012 und 2013. Spezialitäten sind Fisch- und Meeresfrüchte, aber auch raffinierte Geflügelkreationen oder Steaks. Im Angebot sind auch dreigängige Komplettmenüs (um die 28 €), mit diversen Auswahlmöglichkeiten. Leicht zu erkennen an der discoähnlichen, permanent wechselnden, aber dezenten Außenbeleuchtung.

■ Das **23-twelve** (tgl. 18.30–22.30 Uhr, im Sommer zusätzlich So/Fe auch 12–14.30 Uhr, Tel. 2155 9315), gehört als Ableger zum *Boathouse* am Ufer mit ähnlicher Karte.

■ Für maltesische Küche empfiehlt sich **Da Manoel** weit oben in der Trix ix-Xmun, Tel. 21561022; nicht ganz billig.

■ Exquisite Fisch- und Fleischgerichte am oberen Ende der Preisskala bietet das **Bonitos,** Trejet Madonna Ta'Karmnu, Tel. 21559315. Ca. 20 € pro Menü, geöffnet nur 12–14 Uhr und 18–22 Uhr.

■ Großartig bei leiser Musik sitzt man auf der schönen, die Bucht überschauenden Terrasse von **Il Terrazzo,** Triq Qsajjam, Tel. 21562992, oberhalb der Badeplätze. Das Essen ist vorzüglich (täglich frischer Fisch), das wunderbare Setting hat natürlich seinen Preis (Pizza/Pasta um 10 €, Hauptspeisen ab 15 €).

■ Für Pizza empfiehlt sich auch das **Moby Dick,** Tel. 21561518, unmittelbar am Ufer in einem

hübsch restaurierten Eckhaus, Pizza auf die Hand gibt es gegenüber der Bushaltestelle.

■ Das **Captain's Table Restaurant,** Tel. 21551 616, ist das der Tauchbasis *Moby Dive* angeschlossenen Restaurant und bietet neben ordentlichen Portionen zu günstigen Preisen auch WiFi-Hotspot.

■ Etwas außerhalb an der Straße nach Victoria liegen kurz hinter der Diskothek *La Grotta* die bei Einheimischen sehr beliebten und guten Restaurants **Il Kenur,** Tel. 21551149, mit maltesischen Spezialitäten, und ein Ableger von **Ping's Dining** (siehe Victoria), hier auch zusätzlich mit indischen Menüs.

■ Liebhaber der indischen Küche gehen in Xlendi ins **Sapana,** Triq ir-Rabat, Tel. 21562100, insbesondere Vegetarier finden hier eine recht ordentliche Auswahl als Alternative zur ewigen Pizza Margharita. Sehr vielfältige Variationen von Lamm-, Geflügel- und Fischgerichten.

629M wl

Nachtleben

■ Abends sitzt man sehr schön die Bucht überblickend am linken Ende der Promenade bei unmittelbarer Uferlage in der **Churchill Bar,** Tel. 21555614, oder nebenan in den Grotten der **Pirates Galley,** Tel. 99478119, letztere mit interessanten Burgerkreationen, Festpreismenüs und u.a. Guinness-Bier.

■ An der Hauptstraße nach Victoria, einen Kilometer außerhalb, liegt die **Disco La Grotta.** Geöffnet nur im Sommer an Wochenenden; sehr schön, teils im Fels, In- und Outdoor Tanzflächen, Pizzeria und drei Bars. Hauptsächlich werden House und Techno aufgelegt. Sehr gemütlich, schöner Außenbereich, Platz für rund 3000 Gäste.

Tourist Services

Eine Hand voll Institutionen in Xlendi bietet gewissermaßen „Rundum-Sorglos-Pakete" mit Leihfahrzeugen, Wohnungen, Touren usw. aus einer Hand. Diese Unternehmen werden wegen der Bezeichnung „Tourist Service" oft mit der Touristeninformation verwechselt, haben aber mit dem *MTO (Malta Tourist Office)* nichts zu tun.

■ Ein zuverlässiger Anbieter für **Leihfahrzeuge** und **Unterkunftsarrangements** ist *Menter,* Tel.

☐ Abendliche Stimmung in Xlendi

21557838, Mobil 99476363, in der Triq il-Qroll. An der Hauptstraße Triq ir-Rabat haben sich mehrere **Agenturen** etabliert, u.a. *AEL*, Tel. 2156 0891, www.aelgozo.com, mit Fahrzeugverleih, Rädern, Ausflügen etc. Ähnliches bietet *Xlendi-Tourist Services*, Triq ir-Rabat, Tel. 21560683, www.xlendi.com, zudem auch Mopeds, Farmhäuser und B&B-Unterkünfte.

Tauchschulen

■ Einige Tauchbasen haben sich in Xlendi angesiedelt, die recht neue Schule **Moby Dives** (PADI 5-Star Basis, s. Tauchkapitel), in der Triq il-Gostra, Tel. 21551616, Fax 21554606, www.mobydivesgozo.com, das **Utina Diving College,** Triq ir-Rabat, Tel. 21550514, www.utina-diving.com sowie die **St. Andrew Divers,** Tel. 21551301, www.gozodive.com, in der Triq ix-Xmun. Letztere bieten auch attraktive Komplettangebote mit Wagen und Wohnung (s. Unterkunft und Tauchkapitel).

Bootsausflüge, Bootsverleih

Wer etwas länger in Xlendi bleibt oder den gesamten Urlaub auf Gozo verbringt, kann an diversen Bootsausflügen um Gozo, nach Comino (Blue Lagoon) oder nach Sweethaven (Anchor Bay/Popeye Village) teilnehmen.

■ Ein langjähriger Anbieter ist **Xlendi Pleasure Cruises,** Xlendi Promenade, Tel. 21562548, www.xlendicruises.com (auch mit Bootsverleih). Angeboten wird z.B. eine Halbtagestour von 12–18 Uhr für 40 € inkl. Essen und Trinken; der Veranstalter verleiht direkt am Ufer auch Ruderboote und Quads und bietet Wasserski-Kurse an.

Sonstiges

■ Bankautomaten liegen an der Hauptstraße nahe St. Patrick's Hotel, als **„Hilfspost"** *(Sub Post Office)* dient das *Hotel Xlendi.*

■ Die **Dorfpolizei** liegt in der Triq St. Indrija, Tel. 21556419.

■ Eine **IDD-Telefonzelle** liegt den Hügel hinauf in der Triq ix-Xmun gegenüber Il Terrazzo und am Busplatz. Karten dafür sind in den Souvenirläden rund um das *St. Patrick Hotel* erhältlich.

■ **Internet:** *Captain's Table Restaurant* und die Hotels *St. Andrew* und *Xlendi* bieten WLAN-Hotspots, auch die gesamte Uferpromenade soll Free WiFi-Zone sein (funktioniert leider nicht immer).

Kerċem und Sta. Lucija

[Kertschem]

Nur knapp zwei Kilometer westlich von Victoria, und somit notfalls auch zu Fuß erreichbar, liegt das Gebiet um die **landwirtschaftlich geprägten Siedlungen** Kerċem und Sta. Lucija. Wer zu Fuß nach Dwejra unterwegs ist, sollte ab Victoria via Kerċem und Sta. Lucija laufen. Diese kleine Nebenstrecke ist weit weniger befahren als die Hauptroute Victoria – St. Lawrenz.

Unmittelbar an der Hauptstraße, die keinen Kilometer nördlich von Kerċem verläuft, liegt ein gut erhaltenes Teilstück des **Aquäduktes,** welches im 18. Jh. von einer Quelle des Għejn Abdul bis Rabat verlief.

Keine 500 Meter weiter (Richtung St. Lawrenz/Għarb) steht linker Hand die einst sehr wichtige **Getreidemühle St. Nicholas.**

Ġebel Ben Ġorġ

[Dschebel ben Dschordsch]

Landschaftlich interessanter als der Weg über Sta. Lucija ist für Selbstfahrer die Route über den Ġebel Ben Ġorġ und die **Ta Saraflu Cliffs** (westlicher Ortsausgang Kerċem links). An mehreren Aussichtspunkten hat man einen großartigen Blick über die Klippen und hinunter nach Xlendi. Gut zwei Kilometer hinter Kerċem zweigt links ein schmaler, zunächst asphaltierter und nur per Moped befahrbarer Weg ab, zu erkennen an dem kleinen **Gedenkstein** für *Gregory Grech* an der Abzweigung.

Dieser Weg führt auf den Höhenzug Ġebel Ben Ġorġ, an dessen Ende der **Aussichtspunkt Wardija Point** mit herrlichem Blick über die Steilküste liegt. Hier wurden **punische und römische Gräber** entdeckt, von denen aber nur noch Reste zu sehen sind.

Zurück am Gedenkstein sollte man noch nicht weiterfahren sondern einen Blick über die Böschung auf der landseitigen Straßenseite 50 m vorher werfen: der erstaunte Beobachter kann Gozos ersten und einzigen Ententeich bestaunen! Die Nebenstraße führt weiter hinab zu einem großen **Steinbruch,** wo die ockerfarbenen Globigerinenkalksteine für die Gebäude auf Gozo abgebaut werden.

Hier wird das Sträßchen zur Piste und führt durch das sehr fruchtbare Tälchen **Wied Ilma** (Tomaten, Zwiebeln, Kakteen) nach Norden. 1½ Kilometer nach dem Steinbruch überquert man eine kleine Brücke, der im Sommer ausgetrocknete Bach Ilma fließt in den Inland Sea bei San Lawrenz.

Rechter Hand liegt die höchste Erhebung Gozos, **Għajn Abdul** (195 m), wo jene Quelle entspringt, die *Großmeister Wignacourt* zum Bau des Aquäduktes (siehe Kerċem) nach Rabat veranlasste. Die Abzweigung hinter der kleinen Talbrücke führt rechts zurück nach Sta. Lucija und Kerċem, links hinauf nach San Lawrenz.

San Lawrenz

[San Laurenz]

Nach Westen gabelt sich die Hauptstraße drei Kilometer westlich von Rabat und führt rechts nach Għarb, links nach San Lawrenz. Der linken Route 300 Meter folgend, erreicht man das **Gozo Crafts Centre** (geöffnet Mo–Fr 6–19 Uhr, Sa 9.30–19 Uhr, Glasbläserei bis 13.45 Uhr, Sommer bis 18.45 Uhr, Eintritt frei, Tel. 21556153, Busse 311, 312). Die Gebäude wurden ursprünglich um 1600 von den Johannitern als Kaserne für die in der Zitadelle (Victoria) stationierten Ritter angelegt. Die Engländer nutzten die Gebäude als Zentralgefängnis von Gozo, was sie bis 1960 blieben. Bis 1988 war dann hier das naturgeschichtliche Museum untergebracht, und nach dessen Verlegung in die Zitadelle entstand schließlich das *Crafts Centre* mit dem Ziel, die gozitanischen Handwerksprodukte vorzustellen. Zu sehen sind unter anderem Töpferwaren, Leder, gewobene Textilien,

630M wl

Gold- und Silberschmiedearbeiten, Glasbläser bei der Arbeit und Schmiedearbeiten (Türklopfer, Hausschilder). Das Ganze wird allerdings weder von Touristen, geschweige denn von Einheimischen wirklich angenommen.

500 Meter weiter liegt San Lawrenz, benannt nach seiner **Pfarrkirche.** Sie wurde 1956 von dem berühmten *Guzè Damato* (s. Glossar) auf den Fundamenten eines Baus aus dem 17. Jh. errichtet. An der Kirche liegt eine Bar, an der sich die Straße rechts nach Għarb und links zum Dwejra Point, dem eigentlichen Ziel vieler Besucher von San Lawrenz verzweigt.

Die Serpentine führt hinunter zu einem Parkplatz mit Snackbar, rechter Hand weist ein Schild zum **Inland Sea** (Binnensee). Der Salzwasser-See ist durch einen natürlichen, 200 Meter langen schnurgeraden Tunnel durch die hohen umgebenden Felsen mit dem Meer verbunden. Es lohnt sich, einmal durch diese Grotte zu schnorcheln. Einige Fischer, die am See wohnen, bieten Bootsfahrten vom Inland Sea durch die Grotte und entlang der Küste (Azure Window, Fungus Rock) an, die Preise sind Verhandlungssache.

Am Parkplatz gelangt man zu einer aus dem Meer herausragenden Felsbrücke, die wegen des Farbkontrastes zum blauen Meer **Azure Window** (It-Tiega) genannt wird und eines der beliebtesten Fotomotive auf Gozo ist.

Von hier aus ist auch unterhalb der Klippen das **Blue Hole** zu sehen, ein von der Wasseroberfläche kreisrund in die Tiefe abfallender Krater, der sich durch die Lichtspiegelung tiefblau vom umliegenden Wasser abhebt. Das Blue Hole ist ein beliebter Startpunkt für erfahrene Taucher, wobei sich der Krater erst in einer Tiefe von etwa 15 Metern zum offenen Meer öffnet (s. Tauchen).

Am Parkplatz führt ein Pfad nach links hinunter zum **Dwejra Tower,** dem westlichsten Johanniterwachtturm von 1651. Die Hauptaufgabe der Besatzung war weniger die Beobachtung herannahender Feinde als vielmehr der Schutz des Fungus Rock. Der Dwejra Tower wird ähnlich wie der Red Tower auf Malta vom Heimatverein *Din L'Art Helwa* betrieben; geöffnet Mo–Fr 9–15 Uhr, Sa/So 12–15 Uhr, Eintritt 2 Euro, unter 12 Jahren Eintritt frei.

Der Pfad führt in die beliebte Badebucht (besser: Taucherbucht) **Bajja id-Dwejra (Dwejra Bay).** Wer wirklich Schwimmen möchte muss wissen, dass so ziemlich alle Touristen, die Gozo besuchen, diese Bucht unsicher machen! Das Ganze ist auch kein echter Strand, sondern ein enger felsiger Zugang zum **Tauchspot Blue Hole.** Wäre man alleine dort oder verschwände als Taucher in der Tiefe – toll. So ist es manchmal ein

◁ Im Gozo Crafts Centre

Kampf um überhaupt bis an das kleine Blue Hole zu kommen, liegen (oder auch nur etwas ablegen) kann man dort nicht – also nur Schnorchelausrüstung mitnehmen! Schnorcheln ist dann auch unmittelbar hinter dem Blue Hole im offenen Meer Richtung Window schön. Mehr Platz hat man am Kiesstrand des **Inland Sea** (Pfad zwischen Kapelle und Restaurant hinunter) nicht, wo allerdings alle paar Minuten Motorboote zur 15-minütigen Rundfahrt starten (3,50 € p.P.).

Vom Parkplatz aus ist auch der legendäre **Fungus Rock** (Il Ġebla tal-General) zu sehen. Auf dem 20 Meter hohen, aus dem Meer aufragenden Felsen wächst eine in ganz Europa einzigartige und nur auf diesem Felsen vorkommende Pflanze: der **Malteserschwamm** *(Cynomorium Coccineum)*. Die Ärzte des Johanniterordens gewannen aus dem Kraut ein Elixier, welches sie in ihren Spitälern als extrem blutstillendes Mittel einsetzten. Das Wundermittel wurde zu hohen Preisen auch an gut betuchte Monarchen verkauft und erfreute sich großer Beliebtheit. Aus Angst, der Felsen könne „geplündert" werden, ließ *Großmeister Jean Lascaris Casteller* den Qawra Tower bauen und sogar einen Ritter auf dem Felsen stationieren. Doch damit nicht genug: Der ausschließlich Johannitern gestattete Zugang zum Felsen war nur durch eine abenteuerliche Konstruktion mittels eines an einem Seil gezogenen Transportkorbes von Gozo fast 40 Meter über das Meer möglich. Ende der 1960er Jahre wurde das Gewächs auf mögliche Wirkstoffe von englischen Wissenschaftlern untersucht; den Ergebnissen zufolge hat offenbar nur der Glaube Berge versetzt und Blut gestillt.

An-/Abfahrt

- **Bus** 311 hält sowohl in San Lawrenz als auch direkt am Parkplatz an der Küste (Azure Window), 312 nur im Ort (Kirche).

Unterkunft

- Ab 180 €/DZ inkl. Frühstück (Hauptsaison) bietet das **Kempinski San Lawrenz Leisure Resort**⑤, Triq ir-Rokon, San Lawrenz, Tel. 21558640, Fax 21562977, www.kempinski-gozo.com, Luxus als Konferenz-, Heil- und Urlaubszentrum. Die Gäste sind in Suiten (Wohnzimmer, Schlafzimmer, Bad) mit schöner Aussicht untergebracht. Modernes Thalgo Marine Heilcenter, Tennis, Squash, Laufen, Tauchen, Hallensportarten. Noch recht junge Anlage und erstes Öko-Hotel auf Gozo.
- Selbstversorger werden im **Dwejra Central Store** am Kirchplatz sowie im Ableger der Lighthouse-Kette 200 m hinter dem *Crafts Village* fündig.
- Am Parkplatz des Dwejra Point bieten fliegender **Händler** (Honig, Eis) ihre Waren feil, das Restaurant *Azure Window* (Tel. 79067196) sorgt für das leibliche Wohl.

Għarb

[Ahrb]

Zurück in San Lawrenz, biegt man an der Kirche links ab zum sich unmittelbar nördlich anschließenden Dorf Għarb (schönere Strecke). Dort liegt am Ortseingang eine verwirrende Straßengabelung: Die vermeintliche Hauptstraße nach links durch Tomatenfelder zum westlichsten Punkt Maltas, dem Ras San Dimitri, ist aber eine Sackgasse.

Die tatsächliche Hauptstraße knickt an den ersten Häusern scharf rechts ab und führt in den Ort; dort verläuft sie dann erneut in einem Rechtsknick, während links eine Gasse zu San Dimitri abzweigt – ein Schild ist nur aus der anderen Richtung zu sehen!

Die kleine **Kapelle San Dimitri** liegt mitten in den Feldern auf einer kleinen Anhöhe mit schönem Rundblick über Nordwest-Gozo und wurde im 17. Jh. errichtet. Weniger das Gebäude selbst als vielmehr die Entstehungsgeschichte verlockt zu einem Besuch: Bereits im 16. Jh. stand an dieser Stelle eine Kapelle zu Ehren des heilgen Dimitri, der hoch zu Ross als große Statue in der Kapelle dargestellt war. Als 1551 der Pirat *Dragut* Gozo vernichtend überfiel, wurde auch die alte Kapelle zerstört und der Sohn einer alten Frau gemeinsam mit vielen anderen in die Sklaverei verschleppt. Die verzweifelte Mutter flehte an den Resten der Kapelle Dimitri an, als sich dessen Statue aus den Trümmern zu Pferde erhob und über das Meer den Piraten folgend entschwand. Nach einiger Zeit kehrte Dimitri mit dem jungen Mann hinter sich auf dem Pferd nach Għarb zurück, die Kapelle wurde ihm zu Ehren wiedererrichtet. An diese Geschichte erinnert das Bild in der Kapelle, welches die Mutter mit dem gefesselten Sohn sowie den Heiligen zeigt.

Im Ort ist das **Heimatmuseum** an der Kirche (geöffnet täglich 9–19 Uhr, Eintritt 3 €, Kinder 1,50 €, Tel. 21561929). Das maltesische Farmhaus zeigt in 28 thematisch aufbereiteten Räumen die einstigen Lebens- und Arbeitsbedingungen der Menschen auf dem Land.

Die Pfarrkirche von Għarb **Our Lady of Virtue** wurde 1729 von *G. Azzopardi* auf dem Grundriss eines griechischen Kreuzes und mit symmetrischen Zwillingsglockentürmen errichtet.

An-/Abfahrt

- **Busse** 312.
- Zur **Dimitri-Kapelle** gelangt man aber nur zu Fuß oder mit eigenem Fahrzeug. Hierzu folgt man ab Pfarrkirche der Triq Birbuba bis zum scharfen Knick der Straße, geradeaus führt der Triq San Dimitri (beschildert) erst als Gasse, dann als Hohlweg zur Kapelle.

Sonstiges

- In der Triq il Knisja (Hauptstraße Richtung Victoria) liegt eine **HSBC Bank** sowie die **Ortspolizei,** Tel. 21556409.
- Am Ortsrand Richtung Ta Pinu bietet das **Restaurant Salvina,** Tel. 21552505, maltesische Küche sowie auf Anfrage auch Bed & Breakfast.
- **Villaġġ ta-Sbejha,** Tel. 21557255, www.gozovillageholidays.com. 26 1-Schlafraumapartments für bis zu 4 Personen (Selbstversorger); selbes Management wie *Villaġġ tal-Fanal* in Għammar (Preisbeispiel s.u.).

Window und Wied il-Ghasri

In Għarb zweigt ein zunächst befestigter Feldweg nach Nordosten ab (man kann auch hinter Ta Pinu links den Weg erreichen bzw. ab Marsalforn immer am Ufer entlang) und fährt dann auf diesem Sträßchen immer grob Richtung Nordküste. Sobald man diese erreicht hat (Plateau, Rechtskurve) sollte man halten um die kleine Schwester des **Azure Window** (San Lawrenz) zu besuchen:

Ein Betontreppenpfad führt mittig des Plateaus linker Hand hinunter zu einer höchst merkwürdigen Gitterkonstruktion, die heimische Angler aufgestellt haben. Das Sträßchen führt von hier nach rechts (links Brücke – Sackgasse) weiter die Küste entlang bis zu einer Art Kleingärtnerei; direkt dahinter nach links fahrend erreicht man zunächst einen Feldweg nach links (Treppenweg in die **Schlucht Wied il-Ghasri;** beliebter Tauchplatz) und unmittelbar darauf die Küste mit den Salzpfannen der Xwieni Bay/Marsalforn. Ein sehr empfehlenswerter Abstecher.

Għammar und Għasri

[Ahmmar] [Ahsrih]

Von der Hauptstraße Għarb – Victoria zweigt 700 Meter hinter dem Ortsausgang Għarb nach links eine gut ausgebaute Nebenstraße ab.

Hier liegt nach etwa einem Kilometer linker Hand eine der meistbesuchten Wallfahrtskirchen Gozos. Die **Basilika Ta Pinu** (geöffnet täglich 7–18.30 Uhr, um 12.30 Uhr für eine Andacht 30 Minuten geschlossen). Im 16. Jh. stand hier eine kleine Kapelle, an der die Bauern der Gegend um reichhaltige Ernte baten. Erst im September 1883, als die Għarber Bäuerin *Carmela Grima* ein Gebet verrichtete und aus dem kleinen Altar Stimmen zu ihr sprachen, erlangte der Ort inselweite Berühmtheit. Zahlreiche einheimische Pilger folgten und berichteten von wundersamen Genesungen, die sich hier ereignet haben sollen. *Papst Pius XI.* erkannte den Ort als wundersame Wallfahrtsstätte an, was zum Bau der heutigen Wallfahrtskirche Ta Pinu, 1931 zur Basilika geweiht, führte. Das Grab der Bäuerin *Grima* ist in der linken Seitenkapelle zu sehen; zu ihrer letzten Ruhestätte und der Kirche pilgern jährlich Tausende Hilfesuchender. Von Besuchern dieser heiligen Stätte wird besondere Pietät erwartet, ein Betreten in kurzen Hosen oder mit freiem Oberkörper ist nicht gestattet.

Mein Tipp: Vor dem Ortsausgang von Għammar weist links ein Hinweisschild den Weg hinauf zum **Fanal Ta Ġordan** (**Gordon Lighthouse;** kleine Parkfläche 250 m vor dem Leuchtturm), der zweithöchsten Erhebung Gozos (185 m) mit toller Aussicht und einer zerfallenen britischen Wachstation auf dem kleinen Plateau. Von der Zitadelle in Victoria abgesehen, genießt man hier den schönsten Blick über die Insel. Der Leuchtturm dient auch heute noch der Schifffahrt zwischen Sizilien und Malta als Orientierungspunkt.

Zurück an der Straße endet hier auch der Ort Għammar und geht 300 m weiter fast nahtlos in **Għasri** über. Das Dörfchen hat ein winziges Zentrum (Kreisverkehr an der Kirche) mit Supermarkt (s.u.), Polizei und Kartentelefon (am Kreisverkehr). An diesem Kreisverkehr kann man links eine hübsche Strecke nach Żebbuġ fahren oder geradeaus nach Victoria zurückkehren.

Ausblick über Gozo vom Fanal Ta Ġordan

631M wl

Unterkunft

■ **Villaġġ tal-Fanal**③, Tel. 21557255, www.gozovillageholidays.com. Interessante Anlage mit hübschen, sehr geräumigen einstöckigen Häuschen im umschlossenen Bereich linker Hand der Leuchtturm-Straße mit 1–4 Schlafräumen, jeweils eigenem Innenhof und großem Gemeinschaftspool (nur Selbstverpflegung). Den Betreibern gehören auch die Blöcke rechts der Straße (Sackgasse hinein linker Hand), die mit Abstand nicht so schön sind. In der Nebensaison kosten die Einzimmer-FeWos 45 €, je nach Personenzahl, Zimmerzahl und Reisezeit sowie -dauer werden im Hochsommer bis zu 120 €/Tag fällig. Oft Frühbucher-Onlineangebote. Gilt auch für die o.g. Anlage *Villaġġ ta-Sbejha* in Għarb.

■ Wer exklusiv (und einsam) wohnen möchte: eine de-Luxe-Villa, das **Farmhaus Lara,** Tel. 21561280, www.gozofarmhouses.com, erreicht man vom *Villaġġ tal-Fanal* aus, weiter Richtung Leuchtturm und vor der Auffahrt zum Turm nach rechts abbiegend bis zu einer Ortsrandkirche und dort scharf links bis zu einer Feldwegekreuzung fahrend; dort rechts. Traumlage, Pool, Kamin, Carport, Jacuzzi etc. im Sommer 175–200 €/Tag für 4 bis max. 6 Personen.

■ **Camelot House** *G. & P. Strauß*, San Katald Street, 6020 Għarb/Gozo, Tel. 21552505, Fax 21552504, Ferienwohnungen *(farm houses)*. Dort können auch Wagen und Wanderungen gebucht werden.

Verpflegung

■ Von Għammar kommend liegt kurz vor der Kirche von Għasri linker Hand der gut ausgestattete kleine **Lighthouse-Supermarket** (Mo–Sa 7–20 Uhr, So 9–13 Uhr), eine Filiale des größeren *Lighthouse* in der *Arcadia-Mall*, Victoria.

An-/Abfahrt

■ **Bus** 308 von/nach Victoria.

Żebbuġ

[Sebbudsch]

Ab Għasri immer links gelangt man zu dem auf einem 160 Meter hohen Tafelberg gelegenen **Höhendorf** Żebbuġ (knapp 2000 Einwohner), dem nördlichsten Ort auf Gozo.

Die **Ortskirche** von 1739 weist einen interessanten, mit einer kleinen Geschichte verbundenen „Irrtum“ auf: Ein alter Uhrmacher aus Xagħra wurde beauftragt, an den beiden Türmen eine Uhr sowie eine Kalenderuhr anzubringen. Der Mann fertigte aber, sei es aus Senilität, sei es wegen eines Hörfehlers, zwei Uhren und brachte diese an der Kirche an. Als der Irrtum bemerkt wurde, stellte der Mann eine der Uhren ab und bemerkte, dies sei ein Schutz vor dem Teufel, der nun nicht feststellen könne, wessen Zeit in Żebbuġ bereits abgelaufen sei. Daher wird der Besucher noch heute eine laufende und eine stehende Kirchenuhr sehen.

Leser empfehlen den Besuch der **Farmhouse Gallery,** 21 Skappucina Street. Der Besitzer, ein Maler und Fotograf namens *Jörg Böttcher,* lebt seit über 20 Jahren in Malta und besitzt ein verstecktes Juwel, das man erst nach längerem Suchen in den Gassen von Żebbuġ entdeckt. *Böttcher* hat sein Farmhouse, in dem er wohnt und arbeitet, zu einer Kunst- und Begegnungsstätte erweitert. Innenhof, Garten, Wohnzimmer und sogar die Küche sind Kunstwerke, so dass es in jedem noch so kleinen Winkel etwas zu entdecken. Von Victoria kommend links an der Kirche vorbei, vierte

Straße rechts hinein. Geöffnet Sa und So 11–16 Uhr oder nach telefonischer Anmeldung unter Tel. 21561434, Eindrücke und Infos unter www.joergboettcher.com.

■ **Unterkunft: Razet tal-Pejp**④, Tel. 79285772, www.razzettpejp.com. Tolle Farmhausanmietung mit Pool für die Großfamilie/Kleingruppe.

■ Entlang der Hauptstraße liegen mehrere **Kneipen,** darunter das Żebbuġ Rovers Vereinsheim & Bar und die schlichte Quarju Bar. Sehr beliebt ist das Vereinslokal der Ortskapelle *Santa Marija Club Band* 200 m vor der Kirche linker Hand (Tel. 99769007).

■ Beste **Busverbindung** ist die 309.

■ Unbedingt empfehlenswert: **Festa Santa Marija** meist am letzten Augustwochenende – ab Sonnenuntergang eines der tollsten Feuerwerke überhaupt in der Republik Malta!

Für Selbstfahrer dürfte die Strecke von Żebbuġ **nach Marsalforn** über die Höhen interessanter sein als die neue „Autobahn“ von Victoria im Tal. Man verlässt Żebbuġ nach Norden entlang der Serpentinen am Fußballplatz der *Żebbuġ Rovers* Richtung Marsalforn.

Zahlreiche **Salzpfannen** liegen unten an der Küste, wo noch heute im Sommer auf traditionelle Weise Salz gewonnen wird: Meerwasser wird eingelassen, und durch die Verdunstung bleibt kristallisiertes Salz zurück.

Marsalforn

Das einst kleine Fischerdorf Marsalforn an der gleichnamigen Bucht hat sich in den vergangenen Jahren rapide zum **beliebtesten Touristenort auf Gozo** entwickelt. Das „gozitanische Buġibba“ setzt sich auf einer Länge von drei Kilometern aus mehreren Teilabschnitten entlang der Küste zusammen.

Die Serpentinen von Żebbuġ herunterkommend, erreicht man eine kleine Abzweigung, an der links die Felsbadebucht **Xwieni Bay** sowie einige **Salzpfannen** liegen.

Entlang des Hauptweges rechts weiter erstreckt sich die **Qbajjar Bay** (ebenfalls mit Bademöglichkeit), die sich als modernes Siedlungsgebiet mit einer neuen, großen **Uferpromenade** Triq Santa Marija bis zum eigentlichen Ort Marsalforn hinzieht. Manche Touristen bevorzugen als Standort das ruhigere Qbajjar gegenüber dem gut einen Kilometer entfernten Marsalforn, eine Erschließung dieses Abschnittes ist noch im Entstehen begriffen.

■ Eine sehr schöne Uferpromenade mit Spielplatz führt von Ortsrand Marsalforns über die Klippen bis zur Xwejni Bay (ca. 1000 m).

Hier endet auch die Uferpromenade und setzt sich hinter dem kleinen Strand als Ortsteil Xwieni Bay/Qbajjar mit dem gehobenen **Restaurant Chez Amand,** Tel. 21561188, Mi geschl.), dem **Restaurant/Bar Horizon,** Tel. 21563685, und der preiswerten **Seagull Pizzeria,** Tel. 21551971 fort.

Der **Hauptort Marsalforn** mit seinen zahlreichen Restaurants und Unterkünften wurde besonders durch seinen kleinen **Sandstrand** bei Besuchern beliebt. Einen Sandstrand unmittelbar im Ort bietet in ganz Malta sonst nur noch Birżebbuġa, **Wassersportarten** sind also die Hauptaktivitäten vor Ort.

Ansonsten bieten sich **Wanderungen** entlang der Küste via Qbajjar und San Dimitri bis Għarb oder (sehr beliebt) nach Osten zur Calypso Cave an.

Letztere beginnt in der Triq Għar Qawqla beim *Calypso Hotel.* Am Ende der Straße liegt die Felsbucht **Għar Qawqla,** ein Schild weist auf die Gefahren beim Schwimmen hin. Vor der Treppe führt ein Pfad den Hang hinauf, der die Klippen entlang bis zur 3½ Kilometer entfernten **Calypso Cave** führt. An allen Abzweigungen stets links halten, so ist ein Verlaufen ausgeschlossen.

An-/Abfahrt

Zwei **Buslinien** fahren Marsalforn an, Bus 310 verkehrt alle 30–60 Minuten von/nach Victoria und fährt dabei auch über die Promenade bis Xwieni-Bay, Bus 322 verbindet Marsalforn direkt mit dem Fährhafen Mġarr (stündl., via Xaghra und Nadur).

An der Uferpromenade von Marsalforn

Unterkunft

Marsalforn ist die Adresse schlechthin für Unterkünfte auf Gozo, insbesondere im unteren und mittleren Preissegment. Dabei sind im Zentrum hauptsächlich Hotels und Guesthouses vertreten, schöne Ferienwohnungen mit Meerblick sind vor allem im Ortsteil Qbajjar/Xwieni-Bay zu finden (s.o.).

Hotels/Marsalforn-Zentrum

- Das **Calypso Hotel**③, Marsalforn Bay, Tel. 215 62000, Fax 21562012, www.hotelcalypsogozo.com, darf sich als Nummer Eins vor Ort bezeichnen und liegt unmittelbar am alten Bootshafen. Das Hotel ist eine Unterkunft der gehobenen Mittelklasse in guter, zentraler Ortskernlage.
- An der Bushaltestelle findet man das etwas ältere, innen aber erst frisch renovierte **Il-Plajja**③, Tel. 21563425, www.beachhotel.com.mt, wobei auf Lu-

632M wl

xusausstattung oder Balkon zu Gunsten attraktiver Preisgestaltung verzichtet wurde. DZ (AC, TV, Internet) 55–95 €.

Guesthouses/Pensionen

Backpacker wird es freuen, dass sich Marsalforn als Hochburg der einfachen Unterkünfte weiterhin großer Beliebtheit erfreut und etliche gute und preiswerte *Guesthouses* bietet.

■ **Lantern Guesthouse**①), Triq Qbajjar, Tel. 2155 6285/21554186, Fax 21556285, www.gozo.com/lantern. Einfach aber ordentlich, die Preise sind im Sommer leicht höher als im *Electra*, im Winter gleich. Angeschlossenes Restaurant/Pizzeria.

■ Erst wenige Jahre steht in Marsalforn das **Maria Giovanna Guesthouse**②, ebenfalls sehr zentral und nur wenige Meter neben der Bushaltestelle. Die Besitzer *Maria* und *Josef Bugeja* bieten allerlei diverse Unterkünfte von B & B über Apartments bis hin zu Farmhäusern mit Pool im Umland von Marsalforn. Infos und Buchung unter Tel. 21553630, Fax 21551931, www.tamariagozo.com. Flughafentransfer und Mietwagen als Serviceangebot.

■ Viele Jahre ist das **Electra Guesthouse**① in der 12 Valley Road nahe Bushaltestelle, Tel./Fax 215 56196, www.gozo.com/electra, im Geschäft und hält sich auch wegen der beliebten Pizzeria/Bar im EG. DZ ab 25 € (einfach, Hauptsaison), Meerblick 4 € extra.

■ **Backpackertipp:** In der Qolla is-Safra St. (nahe *Atlantis Divers*) liegt nach 50 m links das unscheinbare, aber pikobello **Santa Martha Hostel**①, Tel. 21551263, www.santamarthahostel.com. Ü/F kostet hier ab 35 €/2 Pers., ruhig, abgelegen und uriggozitanisch.

Ferienwohnungen

■ Wer eine Abwicklung über einen deutschen Anbieter wünscht: Fam. *Witterstein* (www.urlaub-anbieter.com) arrangiert Wohnung, Wagen, Transfer komplett. Eine weitere Anlage am Nordrand von Marsalforn-Zentrum sind die **Pardi-Courts,** www.pardicourt.com, und auch die örtlichen Tauchbasen

Marsalforn

Übernachtung
1 Santa Martha Hostel
5 Green Lantern Flats
13 Lantern Guesthouse
17 Maria Giovanna Guesthouse, Il-Plajja Hotel
22 Ulysses Village
23 Guesthouse Electra
26 Calypso Hotel
30 Caruana Flats, Sunset Seaview Apartments, Horizon

Essen und Trinken
6 Neptune, Pierre's und Il Kartell Restaurants
7 Unwined Pub, Piu Trenta Nove Pub
8 Ta Penellu Weinbar und Restaurant

10 Pebbles Restaurant und Café del Mar
11 Herbie's Sports Bar
12 Yellow Rock
18 St Paul's Bar
19 Ritz Restaurant
20 Jessica's Delights Caféteria
23 Kiosk
25 Smuggler's Cave Restaurant
27 Latini Bar/Restaurant, Pulena Restaurant
28 Arzella Restaurant, Mr. Ping Restaurant
29 Otter's Lounge
31 Chez Amand, Seagull Pizzeria

Nachtleben
26 Disco Platinum
32 Horizon Bar

0 100 m
©Reise Know-How 2014
Malta08
Wassersport
2 Diving Centre Atlantis
5 Bubbles Dive Center
9 Scubatech Divers
14 Gozo Aquasports Diving Center
15 Nautic Team Divers
24 Calypso Diving Centre
25 Calypso Diving II
Einkaufen/Sonstiges
3 Mini-Märkte
4 Apotheke
5 Xlendi Pleasure Cruises
16 Abacus (On 2 Wheels) Moped- und Fahrradverleih, Apartmentvermietung
21 Flohmarkt
24 Mayjo Tourist Service
Xwieni-Bay, Żebuġġ
(Einbahnstraße)
Wasser-ball
Marsalforn Bay
Calypso Cave (Fußweg)
Gefährlicher Felsstrand
Triq Santa Marija
Triq Manwel Magro
Triq ix-Xati
Triq Għar Qawqla
Polizei
Kl. Badestrand
Triq il-Port
Pfarrkirche St. Paul
HSBC-Bank
Bank of Valletta (EC)
Triq Marina
Triq il-Forn (Bakery Street)
Triq Il-Qbajjar
Triq Ulisse (Ulysees St.)
Pjazza Sir M.Refalo
Triq L-Isqof Pace
Triq Rabat
Triq id-Duluri
Triq San Pawl
Triq is-Sajjied
Triq Qbajjar
Triq il-Munġbell
Triq Luzzu
Dahla Tal'Għarejjeqin
Triq il-Wied
Wied il-Marsalforn
Triq Pleiju
Triq ix-Xagħra
öffentl. Park
Triq Lapsi
Triq ir-Rabat
Victoria
Xagħra

verfügen über einige hervorragende Wohnungsangebote (z.B. www.atlantisgozo.com); die meisten Wohnungen findet man im Ortsteil Qbajjar (s.u.).

Ortsteil Qbajjar-Xwieni-Bay

■ **Hotels** gibt es in diesem Abschnitt bislang nicht, hier sind es mehr die Ferienwohnungen in erster Reihe, die hier zahlreich vertreten sind. Da die Einkaufsmöglichkeiten alle im Zentrum liegen ist man hier auf ein eigenes Transportmittel angewiesen.

■ Nette **Ferienwohnungen** findet man entlang der langen Promenade Marsalforns Richtung Qbajjar/Xwieni-Bay, z.B. die *Sunset Seaview Apartments*②, Frau *Miriam Azzopardi*, Tel. 21555353, Mobil 792 08899, http://gozo.com/seaviewflats, oder auch die deutschsprachige Seite www.malta-netz.de, mit Preisen von 60 bis 90 € in der Hauptsaison (zwei bzw. vier Personen, Nebensaison etwa 25–30% Rabatt, oder die *Caruana Flats*②, wunderschöne Ferienwohnungen mit Meerblick, zu buchen unter www.gozovacations.com, Tel. 21563060, bei ähnlichen Preisen. Ein Stückchen weiter bietet das *Horizon*②, Tel. 21563685, www.horizongozo.com, Studios für 2 Personen zu 145–250 €, 2 Schlafzimmer (4 Pers.) zu 200–350 € und 3 Schlafräume (6 Pers.) zu 300–525 € pro Woche je nach Saison, alle mit Balkon und Meerblick. Abgesehen vom hauseigenen Restaurant werden Leihwagen und/oder Flughafentransfer angeboten.

Essen und Trinken

Selbstversorger und Snacks

■ Selbstverpfleger finden ein paar kleine **Lebensmittelgeschäfte/Minimärkte** konzentriert in der Triq Qbajjar (*Galea*, *Lighthouse* und *Ta Dirjanu*).

■ Sehr früh (7 Uhr!) fährt ein **Bäckerei-Marketender** die Uferstraße entlang bis Qbajjar.

■ Gebäck und Café bietet auch **Jessicas Delights Dolceria/Cafeteria** in der Triq il Wied.

■ Ganz schlichtes Interieur, aber sehr günstige Preise bietet die kleine **Cocktail Bar & Pizzeria Ritz** (Sandwiches, Burger) ein Stückchen landseitig in der Triq il-Wied gelegen und meist nur abends geöffnet.

■ Etliche einfache Strandlokale findet man an der Uferpromenade; preiswert und üppig speist man im **Pebbles-Snackrestaurant** (Tel. 21556151), und im benachbarten **Café del Mar** kann man bei einem guten Kaffee das Treiben an der Promenade beobachten. Ein Stückchen weiter bieten der **Unwined Pub,** sowie die benachbarte **Piu Trenta Nove Bar** freies **WiFi.**

Restaurants

■ Zunächst muss auf die hochklassigen Fischrestaurants am Ende der Triq Marina aufmerksam gemacht werden. Gleich drei Häuser – **Il Kartell, Neptune** und **Pierre's** – konkurrieren unmittelbar nebeneinander, wobei Pierre's eindeutig der Vorzug zu geben ist. Alle drei mit schöner Uferterrasse quasi auf Meeresspiegelhöhe.

■ Wenige Meter nebenan bietet sich das **Ta Penellu Winebar & Restaurant** für den Genuss lokaler Weine sowie nationale und internationale Gerichte an; freies WiFi, Tel. 21559730.

■ Im **Yellow Rock,** Triq Qbajjar/Ecke Triq Ulysses, werden Pizza (5–9 €), prächtige Salatteller (ab 6 €) und leckere Fleischgerichte (rund 10 €) serviert. Abends lebhafter Pub-Betrieb.

■ Sehr beliebt ist im mittleren Preissegment **Smuggler's Cave** mit großer Außenterrasse bei guten, preiswerten Portionen, wobei vor allem Fischgerichte sehr empfehlenswert sind (Kaninchengerichte nur auf Vorbestellung). (Angeschlossene Autovermietung, Tel. 21551005, Fax 21559959.)

■ Im Hotelkomplex *Calypso* liegen unten seeseitig mehrere Restaurants; recht hübsch sitzt man im **Arzella Restaurant** ganz am Ende die Treppen hinauf mit (kleiner) Aussichtsterrasse, Tel. 21554662, geöffnet tgl. 11–15 und 18–23 Uhr.

■ Direkt unterhalb bietet **Mr. Ping** (Tel. 21559398, s. Victoria; tgl. 12–14 und 18–23 Uhr) gut und günstig chinesische Gerichte. Hier am Ende der Triq ix-Xatt liegen noch einige weitere Speiselokale wie das **Pulena Restaurant** (Tel. 21559777, Schwerpunkt Fisch und italienisch) oder das **Latini Restaurant/Bar** (Tel. 21550950) für leckere Salate, teils glutenfreie Speisen sowie Kalbfleischgerichte.

Unterhaltung

Am Abend flanieren Einheimische wie Touristen entlang der Uferpromenade oder sitzen bei einem kühlen Getränk in einer der zahlreichen Bars.

- Nett sind unter anderen die **St. Paul's Bar,** Tel. 79047285, am Pjazza M. Refalo sowie die **Herbie's Sports Bar** in der Triq Qbajjar/Ecke Triq Ulysses, mit Pizzeria, Liveübertragungen, Billiard und Internetecke, Tel. 77556323.
- Sehr hübsch liegt auch die **Piu Trenta Nove,** zentral an der Promenade gelegen; jugendlich-trendig, integriertes Cybercafé.
- Als gemütlicher Bierpub empfiehlt sich **Bo Jangles Pub** gegenüber der Paulskirche; Tel. 21554646.
- Am späten Abend steigt die Stimmung in der **Piano Lounge** (am *Calypso Hotel,* geöffnet ab 22 Uhr), Einheimische bevorzugen allerdings das **La Grotta** (s. Xlendi).
- Gelegentlich findet sonntags (meistens am letzten Sonntag eines Monats im Sommer) ein großer Open-Air **Flohmarkt** auf dem Zentralparkplatz statt.

Aktivitäten

- **Xlendi Pleasure Cruises** (Xlendi) betreiben auch eine Filiale in Marsalforn, gleich am Eingang der Bucht, Tel. 21555667. Bootsausflüge usw. können auch hier organisiert werden. In Marsalforn kann man auf eine Reihe renommierter Tauchschulen zurückgreifen, dazu gehören u.a. die **Nautic Team Divers,** Tel. 21558507, www.nauticteam.com, in der Triq il Munġbell sowie das **Calypso Diving Centre,** Tel. 21562000, www.calypsodivers.com, dazu. Neu sind die **Scubatech-Divers** direkt im Zentrum, Triq Marina, sowie (von Rabat kommend am Ortseingang links) **Gozo-Aquasports** (s. Tauchschulen), www.gozoaquasports.com.
- Dem mittlerweile geschlossenen *Atlantis Hotel* liegt das **Atlantis Diving Centre,** Qolla Street, Tel. 21560837, 21563623, www.atlantisgozo.com, gegenüber und somit ziemlich ab vom Schuss.
- In Früh- und Spätsommer, insbesondere im September, wird auf Gozo seit Neuestem das **Parasurfen** (Surfen mit Hilfe eines Gleitschirmes), bevorzugt in der Ramla-Bay, betrieben. Clubs und Verleihstellen gibt es noch nicht, doch haben sich etliche Freaks um den gozitanischen Surfer *Christopher Tabone* geschart. Er bietet Interessierten an, unter it@gozochannel.com Kontakt aufzunehmen.

Sonstiges

- Beim **Mayjo Tourist Service,** Tel. 2155 5650, www.gozo.com/mayjo, in der Triq il-Port werden neben Leihfahrzeugen auch Fahrräder und Ferienwohnungen vermietet.
- **Internetcafés:** *Piu Trenta Nove* an der Uferpromenade, *Herbie's Sports Bar* und im *Lantern Guesthouse.*
- **Fahrräder** (Mountainbikes) und **Mopeds** vermietet *On 2 Wheels-Abacus,* Triq Qbajjar, Tel. 215 61503, www.gozo.com/on2wheels, gegenüber vom *Marsalforn-Guesthouse,* welches dem Besitzer ebenfalls gehört, inzwischen aber („ … 'til better times" – „bis bessere Zeiten kommen") geschlossen wurde. Als *Abacus-Apartments* arrangiert er auch Ferienwohnungen, www.abacusgozo.com.
- Die **Polizeistation** liegt unterhalb des *Calypso Hotels* in der Triq ix-Xatt, Tel. 21556415, daneben eine Filiale der **HSBC Bank.** Eine **Bank of Valletta** befindet sich an der Ecke Triq Marina/Triq Ulysses.
- **Telefonzellen:** u.a. am Busplatz und an der Promenade (Spielplatz), Richtung Qbajjar.

Calypso Cave und Bajja ir-Ramla

Es bleibt zu hoffen, dass die Erwartungen des Lesers nach der Lektüre der griechischen Sage zur Wohnhöhle der Kalypso (siehe Anfang des Gozo-Kapitels) nicht allzu sehr enttäuscht werden. Die **Calypso Cave** oberhalb der Ramla Bay, zwei Kilometer nördlich von Xaghra, könnte durchaus unter dem Motto stehen: „Wie mache ich aus einem Loch im Boden eine Touristenattraktion?" In der Tat kommen viele Besucher mit der Vorstellung hierher, eine Oase vorzufinden. Die Realität sieht so aus, dass in einer Mischung aus rutschiger Kletterpartie und kletternder Rutschpartie mit Hilfe einer Taschenlampe (Feuerzeug) die „nackten Tatsachen" der Grotte erkundet werden konnten. Hernach mochte schon so mancher Besucher dem griechischen Götterboten die gelbe Binde mit den drei schwarzen Punkten verleihen. Da es dabei schon Verletzte gab, wurde der Höhlenzugang vergittert, nur der Aussichtspunkt ist derzeit frei zugänglich. Immerhin: Es ist rund um die Uhr geöffnet, der Eintritt ist frei. Herrlich ist der Ausblick über die östlich der Höhle gelegene **Ramla Bay.**

Blickt man genau geradeaus auf das Meer, so ist schemenhaft 20 Meter vom Ufer entfernt eine Mauer zu erkennen. Sie entstand 1730 unter *Großmeister de Vilhena* als Teil einer **Verteidigungslinie:** Quer durch die gesamte Ramla Bay verlief kurz unter der Wasseroberfläche diese etwa 50 Zentimeter breite Mauer. Beidseitig der Bucht wurden etliche etwa zwei Meter tiefe Löcher in den Felsen geschlagen und mit Pulver und Steinen gefüllt. Im Falle einer geplanten Landung in der Ramla Bay wären feindliche Schiffe auf die Mauer gelaufen und zum Halten gezwungen worden; dann wären die „Krater-Mörser" gezündet worden, ein Steinregen hätte die Schiffe zerstört.

■ Zur Höhle gelangt man als Selbstfahrer oder Fußgänger via Nadur, Xagħra oder Marsalforn, insbesondere von oder nach Marsalforn.

Am Ende des fruchtbaren Ramla-Tals öffnet sich meerseitig die Bucht ir-Ramla. Mit ihrem 400 Meter breiten Sandstrand lockt die **Ramla Bay** endlose Besucherströme – im Hochsommer fragt man sich in der Tat, wo die Leute alle herkommen. Außerhalb der Hochsaison verlieren sich dagegen nur wenige Touristen in der feinen Sandbucht, die als die schönste von ganz Malta gehandelt wird. Ein paar Imbissstände und Verleihstellen von Strandutensilien säumen den Zugang; Tagespreis 15 €/zwei Liegen und ein Schirm.

■ **Bus** 302 von/nach Victoria via Nadur bis in die Bucht hinunter (Rückfahrt immer um .30 Uhr bis 22.30 Uhr); Achtung: die 322 (Marsalforn – Mġarr, alle 90 Minuten) fährt NICHT bis nach unten.

■ Zwischen der Ramla Bay und der Calypso Cave gibt es keine direkte Verbindung, man muss eine Piste hinauf über die kleine Siedlung **Il Pergla** nördlich von Xagħra fahren oder die Hauptstraße über Xagħra. Zu Fuß kann man dem Pfad am linken Buchtende hinauf an der Ruine vorbei (was für eine Lage!) zur Höhle gehen (keine 15 Minuten).

▷ Ramla Bay

Xagħra ©Reise Know-How 2014

Übernachtung
2 Cornucopia

Essen und Trinken
1 Gianni's Restaurant
4 Venue Lounge
5 Café Jubilee
7 Rubble Bar

Einkaufen/Sonstiges
3 Sam the Butcher, Galea Minimarkt
6 Marktstände am Kirchplatz

Xagħra

[Schahra]

Die Kleinstadt Xagħra (3500 Einwohner) bietet eine ganze Reihe von Sehenswürdigkeiten; von den Besuchern der Steinzeittempel von Ġgantija abgesehen, machen sich allerdings die wenigsten auf den Weg nach Xagħra.

Sehenswertes

Ausgangspunkt eines Besuches ist die **Pfarrkirche am Victory Square,** hier zweigt die Racecourse Street (Triq it-Tigrija) ab, der man bis zur Triq Ġnien Xibla folgt; in Haus Nummer 10 verbirgt sich das **Pomskizillious Museum of Toys,** ein kleines privates **Spielzeugmuseum** mit einer interessanten Sammlung kurioser, überwiegend handgefertigter Spielzeuge. Ebenso interessant ist auch der Name des Museums, denn bei dem Wort „pomskizillious" handelt es sich um eine Neuschöpfung des englischen Humoristen und Globetrotters *Edward Lear* (1812–88). *Lear,* Sohn eines wohlhabenden Londoner Börsenmaklers mit 20 Kindern, besuchte auf seinen zahlreichen Reisen auch Malta und Gozo und beschrieb die Inseln schlicht und ergreifend als „pomskizillious". Der Gründer des Museums war von dieser Umschreibung derart angetan, dass er sein Haus danach benannte.

■ Geöffnet tgl. außer So 9–12 und 14–18 Uhr, im Winter 10–13 Uhr, Tel. 21562489, Eintritt 3 €.

Nicht weit von der Pfarrkirche (ausgeschildert) lohnt ein Besuch von zwei unterhalb von Wohnhäusern gefundenen **Tropfsteinhöhlen.**

Auf seinem Grundstück in der 17. January Street stieß *Herr Ninu* bei Grabungen auf eine Höhle, **Ninu's Cave,** über deren Alter und Verwendung es zahlreiche Spekulationen gibt. Böse Zungen behaupten, *Ninu* habe, da die Familien *Xerri* und *Ninu* sich nicht grün sind, die Höhle als Attraktion „entdeckt", nur um den *Xerris* eins auszuwischen.

■ Museum geöffnet April nur Do–Sa 10.30–13 Uhr, Mai Mo–Sa 10.30–13 Uhr, Juni–Sept. Mo–Sa 10.30–13 und 16–18 Uhr, Okt. Mo–Sa 10.30–13 Uhr, Nov. nur Do–Sa 10.30–13 Uhr, Dez.–März nur Sa 10.30–1 Uhr, Jan. geschl.; Tel. 21556863, Eintritt 2,80 €, Kinder 1,50 €.

Die zweite Höhle, **Xerri's Grotto,** entdeckte *Herr Xerri* 1923 auf der Suche nach Wasser unterhalb seines Hauses. Er stieß auf eine große Tropfsteinhöhle etwa zehn Meter unter der Oberfläche. Zusätzlich bohrte er einen Brunnen nochmals fünf Meter in die Tiefe.

■ Geöffnet täglich 9–19 Uhr, Eintritt 3 € (in der Nebensaison 2,50 €), *Herr Xerris* Urenkelin führt persönlich durch die Grotte.

Von der Kirche der 8. September Street 100 m Richtung Ġgantija folgend, liegt links in der Triq il-Bambina die **Ta-Kola-Windmühle** (beschildert), eine der schönsten erhaltenen Mühlen Maltas.

Im **Windmill Museum** an der Mühle, der ehemaligen Schmiede von Xagħra, werden Werkzeuge, die Schmiede sowie Gegenstände aus der Mühle ausgestellt.

■ Eintritt für Windmühle und Ġgantija-Anlage s.u., geöffnet täglich 9–17 Uhr, Tel. 21561071.

Ġgantija

[Dschantiia]

Den Hauptgrund vieler Besucher für einen Abstecher nach Xagħra bilden die **Ġgantija Prehistoric Temples.** Die aktuelle Anlage wurde bis 2014 mit 85 % EU-Fördermitteln zu einem modernen **Heritage-Park** mit Besucherzentrum und Kiosk ausgebaut. Die eigentliche Steinzeitanlage wurde 1827 erstmals freigelegt, die Arbeiten wurden von dem deutschen Zeichner *von Brocktorff* in Skizzen festgehalten. Gründlichere Untersuchungen folgten erst im 20. Jh., nachdem das Nationalmuseum von Valletta den Komplex übernommen hatte. In den 1950er und -60er Jahren wurden die Steinzeittempel in ihren heutigen Ausmaßen freigelegt und restauriert.

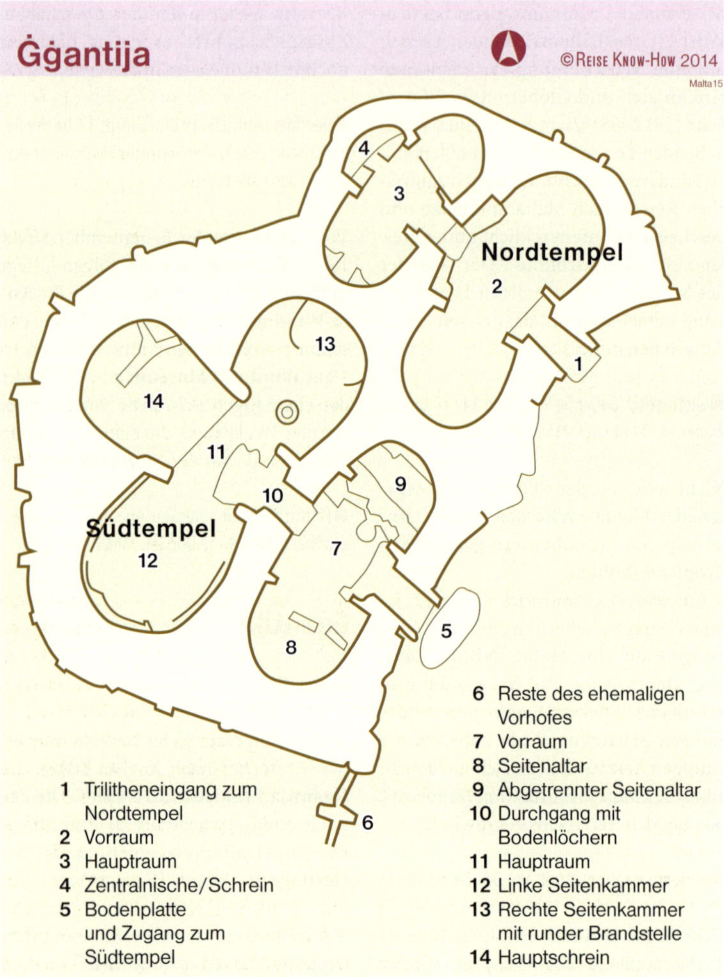

Die Anlage besteht aus **zwei Tempeln,** dem kleeblattförmigen Südtempel (ca. 3600 v. Chr. sowie dem jüngeren, doppelnierenförmigen Nordtempel (ca. 3000 v. Chr.). Wie alle neolithischen Tempel wurde Ġgantija ausschließlich zu religiösen Kulthandlungen genutzt (siehe auch „Geschichte"). Beide Tempel werden von einer riesigen gemeinsamen Mauer umgeben, die noch heute eine Höhe von bis zu acht Metern erreicht und ursprünglich rund 15 Meter hoch gewesen sein soll. Für ihren Bau wurden Einzelfelsen von bis zu sechs Metern Höhe und einem Gewicht von bis zu 60 Tonnen verwendet. Der Name Ġgantija geht auf die heimische Bevölkerung zurück, da die bereits vor den Ausgrabungen aus der Erde herausragenden Megalithen auf eine weibliche Urgottheit (Ġgantija = Gigantin) zurückgeführt wurden, analog zur *Magna Mater* auf Malta.

Den älteren **Südtempel,** mit gut 25 Metern Achsenlänge das größte und wohl älteste erhaltene Bauwerk seiner Art, betritt man über einen mit Kalksteinplatten ausgelegten Eingang. Dahinter liegt eine Vorkammer mit Altären, Feuerlöchern und mit ockerfarbenen Schlangenlinien verzierten Steinplatten.

Hinter einem drei Meter langen **Durchgang** an der Stirnseite mit mehreren Fackellöchern im Boden befindet sich der kleeblattförmige Hauptraum mit einer Gesamtgrundfläche von etwa 150 m². In den Seitenkapellen rechts und links standen kleinere Altäre und Heiligtümer, das Hauptheiligtum befand sich in dem „Blatt" an der Stirnseite. Alle Wände des Tempels sind außen grob belassen worden, innen abgeschliffen und verziert. Die Innenböden bestehen teilweise aus glatt bearbeiteten Platten sowie dem maltesischen Kalkgips *(Torba).*

Der jüngere **Nordtempel** ist insgesamt kleiner und besteht aus einem etwas größeren, nierenförmigen Vorraum sowie dem Hauptraum mit dem leicht erhöhten Allerheiligsten, einem (nicht mehr erhaltenen) Trilithenaltar in der Zentralnische an der Stirnseite.

Außerhalb der Mauern von Ġgantija wurde bei den Grabungen von 1827 auch eine jungsteinzeitliche, unterirdische Begräbnisstätte entdeckt, die dem Hypogäum von Pawla ähnelt und nach dem seinerzeit der Entdeckung beiwohnenden deutschen Maler *Brocktorff Circle* genannt wurde (auf der anderen Seite der Hauptstraße, nicht zugänglich).

■ **Ġgantija Prehistoric Temples Heritage Park,** 8. September Street (gut ausgeschildert), Tel. 215 53194, Kombitickets (Windmühle und Ġgantija-Anlage) 8 €, ermäßigt 6 €, Kinder (6–11 J.) 4 €; **geöffnet** tgl. (außer Karfreitag, Weihnachten, Sylvester/ Neujahr) 9–17 Uhr. **Bus 322** hält direkt vor der Anlage (Haltestelle „Bayer") am neuen Besucherzentrum; die Windmühle liegt genau im Rücken des Haupteingangs (in der Nebenstraße schon zu sehen).

Essen und Trinken

■ Rund um den Kirchplatz finden Selbstversorger vormittags einige **Obst- und Gemüsehändler,** die **Metzgerei Merceka** sowie links an der Kirche entlang ca. 150 m Richtung Ramla Bay den **Metzger Sam the Butcher** und den **Galea Minimarkt.**

■ Direkt rund um den Kirchplatz findet man auch mehrere **Pastizzi-Bäcker** und **Snacklokale,** u.a. die *Diamond Jubilee Bar* (Tel. 21569009) mit Restaurantbetrieb der mittleren Preis-/Leistungsklasse und die einfache *Rubble Bar* (Tel. 21563758).

■ Die **Venue Lounge/Restaurant,** Tel. 2156 6542, ebenfalls am Kirchplatz, bietet dem hungrigen Reisenden ein angenehmes Ambiente auf der Dachterrasse, ganztägig Speisen und Getränke bei vorwiegend gozitanisch-mediterraner Küche.

■ Am Ortsausgang an der Straße nach Marsalforn linker Hand liegt **Gianni's Restaurant** mit norditalienischen Spezialitäten aus der Region Piemont/ Turin und der Philosophie, alle Gerichte ausschließlich frisch zuzubereiten und nur solche Gerichte anzubieten, deren Zutaten saisonal erhältlich sind; Tel. 99913879, Barbetrieb tgl. ab 17, Essen ab 19 Uhr.

Unterkunft

- Das **Cornucopia**④ ist Xagħras einziges Hotel, 10 Gnien Imrik Street, Tel. 21556486, Fax 21552910, www.cornucopiahotel.com, nahe Xerri's Grotto (beschildert ab Kirche). Tolle Lage am Hang, schöne Terrasse, stilgerechte Zimmer, das angeschlossene Restaurant lohnt einen Besuch auch für Nichtgäste. Haben auch Bungalows und Farmhäuser im Angebot. DZ inkl. Frst. 550 €/Woche, Bungalows 770 €/Woche (4 Pers., jew. Hauptsaison). Im Hotel bietet *Gozo Garage* (Tel. 21551866, www.gozogarage.com) neben Mietwagen auch Halb-/Ganztagesausflüge und Flughafentransfer.

Sonstiges

- Bei der Pfarrkirche am Victory Square halten die **Buslinien** 307 (von/nach Victoria) und 322 (Marsalforn – Mġarr). Die 322 fährt auch direkt zu den Steinzeittempeln, aber auch zu Fuß sind es von der Kirche bis zum Eingang nur maximal 10 Minuten.
- An der Kirche liegen der **Bank of Valletta** und der **HSBC Bank** sowie die **Ortspolizei,** Tel. 2155 6426.
- Eine **Poststelle** befindet sich in der Racecourse Street (Mo–Fr 8–12 und 15–17.30 Uhr).
- **Reiten** organisiert *Lino Muscat,* 16, Triq is-Spiera, Tel. 21562477, www.linostables.com.

Einen Kilometer südlich von Xagħra, an der großen Kreuzung zur Verbindungsstraße Nadur – Victoria liegt die **Pferderennbahn (Racecourse)** von Gozo, wo in den Wintermonaten allwöchentlich Rennen stattfinden. Ab 2015 wird die Rennbahn nach dem Muster der Pariser Galopprennbahn aufwendig renoviert und erweitert.

Nadur

Nadur (3500 Einwohner) liegt auf einem **rund 150 Meter hohen Plateau** und gilt als die wohlhabendste Gemeinde auf Gozo. Dies liegt hauptsächlich an den fruchtbaren Tälern rund um Nadur, dem Hauptanbaugebiet gozitanischer Agrarprodukte.

Mein Tipp: Von Victoria Richtung Nadur fahrend erblickt man schon von weitem den **Kenuna Tower Botanical Garden,** ein auffälliges, turmähnliches Bauwerk am Ortsrand von Nadur. Beim Kenuna Tower handelt es sich um eine unter dem seinerzeitigen Gouverneur *Richard O'Ferrall* 1848 gebaute **ehemalige Telegrafenstation.** Die zusätzliche Bezeichnung „Botanical Garden" für das Areal scheint etwas zu verwirren, da es sich um wenig mehr als einen kleinen öffentlichen Park (Eintritt frei) mit einigen auf den maltesischen Inseln endemischen Pflanzen handelt. Bestechend ist hier hauptsächlich die überragende Aussicht über die südöstliche Hälfte der Insel und Comino bis hinüber nach Malta; absolut untouristisch und empfehlenswert! Am Ortseingang der Haarnadelabzweigung nach rechts hinauf folgen (beschildert; an dieser Abzweigung auch **Busse** 303, 304).

> Aussicht von Nadur auf Victoria

635M wl

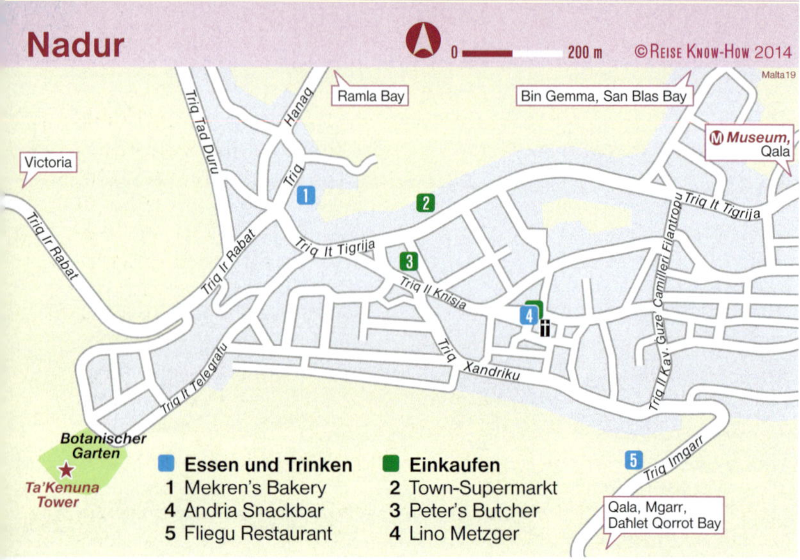

Im Ortszentrum ist der wohl prunkvollste Kirchenbau Gozos sehenswert, die **Pfarrkirche Peter und Paul.** Das Bauwerk entstand in seiner Grundform 1760 bis 1804, entscheidende Umbauten gehen auf den örtlichen Priester *M. Camilleri* zurück, der einige Jahre im Vatikan verbracht hatte und die Ortskirche prächtiger gestalten wollte. Er beauftragte 1904 *Francesco Sciortino,* Bruder des berühmteren *Antonio Sciortino,* mit der Erweiterung der Pfarrkirche um eine große Kuppel und Seitentürme sowie mit der Neugestaltung der Fassade. Bis 1914 waren die Arbeiten abgeschlossen.

Von Qala kommend, sich am Ortseingang links haltend, liegt nach 150 m rechter Hand in der Parish Priest Street ein kleines **Marinemuseum** des ehemaligen Lehrers *Kelinu Galea,* der historische Sammlerstücke aus aller Welt zusammengetragen hat. Tgl. 9–16.45 Uhr geöffnet, Eintritt 4 €, ermäßigt/Kinder 2,50 €, Tel. 21565226.

Von Nadur aus sind (abgesehen von der Ramla Bay) zwei weitere hübsche Badebuchten in je etwa 2½ Kilometern Entfernung zu erreichen. Über den Vorort **Bin Gemma** (beschildert „Bin Gemma – St. Blas") führt eine Nebenstraße zur **San Blas Bay,** der vielleicht schönsten und ruhigsten Badebucht auf Gozo. Der Sandstrand (teilweise felsig) wird wesentlich seltener besucht als das im Sommer überlaufene Ramla. Selbstfahrer sollten ihr Fahrzeug oben am Hang in Nadur/Bin Gemma abstellen (ca. 5 Minuten steil hinab, zurück 10 Minuten), da später nur eine kleine Parkmöglichkeit für 3 bis 4 Fahrzeuge besteht. Ein kleiner Kiosk bietet Erfrischungen und Liegestühle/Sonnenschirme sowie im Sommer freitags Barbeque-Abende. Im Hochsommer gibt es sogar einen Jeep-Service zwischen Strand und erster Bushaltestelle oben (Bus 304)!

Auch die nahe gelegene **Daħlet Qorrot Bay** (zwischen Nadur und Bin Gemma beschilderte Abzweigung nach rechts) ist empfehlenswert, aber nicht ganz so hübsch (felsig, teils Sand, unbewirtschaftet). Immerhin kann man hier von einem befestigten Abschnitt aus ins Meer springen (kein Bus, aber einige Parkmöglichkeiten).

Die Felder rund um beide Buchten sind nicht mit den üblichen Steinmauern, sondern mit **Schilfmatten** abgetrennt, was die Fruchtbarkeit der Gegend unterstreicht.

■ Es gibt keine **Busverbindungen** zu den Badebuchten, die Linien 303 (Victoria – Mġarr) und 322 (Marsalforn – Mġarr) halten am Pjazza San Pietru u San Pawl vor der Pfarrkirche in Nadur, die 304 (Victoria) fährt wenigstens bis zum Abstieg der San Blas Bay.

■ **Fußgänger** gehen über die Triq San Ġwann und Triq San Blas zur San Blas Bay bzw. auf der Triq Daħlet Qorot zur Daħlet Qorot Bay (beschildert).

Essen und Trinken

Selbstversorger

■ Am Kreisel rechts fahrend geht es Richtung San Blas und Dahlet Qorrot Bay; hier entlang passiert man unmittelbar vor der großen Mädchenschule (rechts) den **Town Supermarket** linker Hand (Tel. 21552161, geöffnet tgl. 7.30–19 Uhr, So nur bis 12 Uhr). Gegenüber in die Gasse hinein finden Selbstversorger außerdem die **Metzgerei Peter's Butcher.** Um die Ecke der Hauptkirche liegt mit **Lino's Butcher** ein zweiter Metzger.

Restaurants und Snacklokale

■ **Pizzafreunde** aufgepasst: von der Pferderennbahn nach Nadur hinauffahrend passiert man kurz nach dem Ortseingang einen Kreisverkehr. Links geht es zur Ramla Bay, und nach 50 m liegt rechter Hand ein Pizzabäcker der besonderen Art: die **Mekren's Bakery** (Tel. 21552342, Mo–Sa 7.30–19 Uhr, So 8.30–15.30 Uhr) ist eine ehemalige Bäckerei, in der Pizza im Steinofen ausschließlich zum Mitnehmen gebacken wird. Große Pizza ab 5 € – man sagt einfach was alles auf die Pizza soll und kann beim Backen zusehen

■ **Busse** 302 und 322 halten direkt vor der Bäckerei.

■ Eine Alternative zur Einkehr bietet die kleine **Andria Snackbar** an der Pjazza San Pietru u San Pawl (bei der Pfarrkirche) mit Pastizzi, Sandwiches und Getränken.

■ Ebenfalls neben der Kirche bietet **Homemade Burgers** (Tel. 27553675) Pizza, Burger und Kleinigkeiten.

■ Ein Stückchen außerhalb, am Ortsrand Richtung Qala beim Sportplatz, kann man im **Fliegu-Restaurant** (Tel. 21550055) eine tolle Aussicht von der Terrasse genießen, wenn man einigermaßen frühzeitig kommt, ab 18/19 Uhr ist draußen selten ein Platz zu ergattern. Sehr große Auswahl an Pizza, aber auch traditionelle Fischsuppe, Meeresfrüchte oder Spareribs.

Qala

['Ala]

Bei den meisten motorisierten Tagesausflüglern bildet Qala, das östlichste Dorf der Insel, die letzte Station einer Tour durch Gozo.

Von Nadur kommend, liegt an der Hauptstraße die **St.-Joseph-Pfarrkirche** von 1872, wo auch die Busse der Linie 303 halten.

Als Ausflugsziel lockt die **Badebucht Hondoq ir-Rummien** (Schild „Hondoq" folgen, aufpassen: die Schilder verwittern mehr und mehr; Orientierungspunkt „Blue Divers", davor rechts). Auf dem Weg zur Bucht (Triq Kunċizzjoni) passiert man am Ortsrand links die Kapelle **Sta. Immaculata** aus dem 11. Jh.

Die **Hondoq Bay** selbst (kleiner Kiesstrand und ehemaliger Kai zum Springen) ist auf den ersten Blick nicht so schön wie Ramla oder San Blas, dafür besticht aber der Blick über den Gozo-Channel nach Comino. Im Sommer bietet dort ein kleiner Kiosk eine gute Auswahl an Snacks und Getränken (recht günstig: Burger, Meeresfrüchte-Salate, Pizza, Fischgerichte), Kinder freuen sich über die mobile Eisbude am Parkplatz. Schnorchler werden die Bucht lieben, besonders nach rechts schwimmend. Nur 200 m weiter findet man einen kleinen malerischen Fjord mit kleiner Liegefläche und Ausstiegsleiter – der Fußweg ist schwer zu finden, am besten man schwimmt einmal hin. Oben an den Felsen entlang kann man auch sehr schön bis zur Mġarr-Fähre wandern. Allerdings könnte es mit der Beschaulichkeit bald vorbei sein (siehe Exkurs „Das Malta-Gozo-Brückenprojekt" im Kapitel „Reisetipps A–Z").

Unterkunft

- Als preiswerte Unterkunftsalternative zu den Luxushotels von Mġarr bietet sich das kleine **St. Joseph Home Hostel**①, 131, Triq Kuncizzjoni, Tel. 21556573, an (nahe Kirche). Unterschiedlich große Zimmer für 1–6 Personen. Die Preise beginnen bei 14,75 € p.P und liegen im Hochsommer bei rund 60 €/DZ. Online buchbar z.B. unter www.hostelworld.com.
- **David & Jenny Bed & Breakfast**②, www.gogozobandb.com, ist unter Backpackern außerordentlich beliebt (trotz der drei Bedingungen: ab 16, Nichtraucher, keine Hundeallergie). Altes restauriertes Anwesen, Frühstück auf Bestellung, Badehandtücher, Transfer von/zur Fähre – ganzjähriger Komplettpreis 40 € p.P./Nacht.
- Alternativ bietet das von einem niederländisch-maltesischen Ehepaar geführte **Dar Ta Zeppi**④ an der Hauptstraße Ü/F in unterschiedlich großen Zimmern für 1–5 Personen ab 45 €/p.P. Tel. 21555051, www.dartazeppi.com. Stilvolle restaurierte Villa mit Pool, mehrfach prämiert.

Essen und Trinken

MEIN TIPP: Bei Einheimischen und Reisenden gleichermaßen beliebt ist das **Tad Dutch Restaurant,** ebenfalls an der Durchfahrtsstraße nahe Kirche gelegen; Tel. 99491421, ab 18 Uhr tgl. geöffnet, Do. Ruhetag. Exzellente Fisch- und Meeresfrüchtegerichte sowie Kaninchen in unterschiedlichen Zubereitungsarten – gilt als kleiner Geheimtipp der mittleren Preisklasse auf Gozo.

Sonstiges

- Am anderen Ortsrand Richtung Mġarr/Hafen, kurz vor der Abzweigung rechts hinauf nach Nadur, liegt rechter Hand der Gnejn ta Familija, ein kleiner **Park-/Spielplatz** mit **Snack-Imbissbude.**
- Direkt am Ufer der Hondoq Bay wirbt *Joy Ride* im Sommer mit **Wassersport** (Banane, Bootsverleih, Tauchen) sowie **Comino-Transfer** zur Blue Lagoon (8 €). Tel. 99249251, www.joyridewatersports.com.

Comino

Mitten im Malta und Gozo trennenden **Kanal Il-Flieġu (Gozo Channel)** liegt Comino, Maltas mit 2,8 km² drittgrößte, verwaltungstechnisch zu Gozo gehörende Insel. Ihr Name leitet sich aus dem lateinischen Wort für **Kümmel** *(Cuminum)* ab, dem im Mittelalter auf der Insel hauptsächlich wachsenden Gewürzstrauch.

Wie die großen Inseln des maltesischen Archipels wurde auch Comino schon zur **Bronzezeit** besiedelt, phönizische und römische Grabfunde deuten auf eine Fortsetzung der Besiedlung im Altertum hin. Im Zuge seiner großen Verteidigungslinie mit zahlreichen Wehrtürmen auf Malta und Gozo ließ der Großmeister der **Johanniter,** *Alof de Wignacourt,* 1618 auch Comino verstärken.

Für die **Engländer** mit ihren zahlreichen, an Gewürzen reichen Kolonien war Comino jedoch unbedeutend, die Insel verödete und blieb bis in die jüngere Vergangenheit unbewohnt.

Nachdem eine verheerende Schweinepest in den 1980er Jahren den gesamten Bestand Maltas vernichtete, wurde auf Comino ein neuer **Schweine-Zuchtbetrieb** etabliert, die allerdings 2010 auch schon wieder geschlossen wurde.

Gleichzeitig eröffnete ein deutsch-schweizerisches **Nobelhotel** an der Nordseite, legen die Ausflugsboote an, die nicht direkt zur Blue Lagoon pendeln. sodass heute wieder – von den Touristen abgesehen – rund 25 Menschen die Insel besiedeln.

Sehenswertes

In der **Sta. Marija Bay** auf der Nordseite an. In der Bucht liegen rechts die Bungalows des *Comino-Hotels,* den Pfad hinauf links die **Polizei** (Tel. 21573960), der **Campingplatz** sowie die kleine **Kapelle Marija Asunción.**

Die benachbarte **San Niklaw Bay** gehört zum Hotel, das gesamte Gelände ist umzäunt und ausschließlich Hotelgästen zugänglich.

Weiter den Hügel hinauf liegt rechter Hand ein von einer hohen Mauer umgebener katholischer **Friedhof.**

Ein kurzes Stück weiter erheben sich oberhalb der Südklippen das **Fort Sta. Marija** und der **Sta. Marija Tower (Comino Tower).** Beide entstanden auf Anweisung von *Großmeister Wignacourt* von *V. Cassar* (1618). In der Anfangszeit diente das Fort mit seiner 120 Mann starken Besatzung seinem Zweck entsprechend als Verteidigungsposten gegen mögliche Pirateneinfälle. Über die spätere Verwendung gibt es zahlreiche Spekulationen. Einerseits, heißt es, wurde hier eine Strafgefangenen-Kolonie eingerichtet, die für den Anbau des Kümmel zu sorgen hatte. Anderen Quellen zufolge wurde auf Comino eine Quarantänestation für Seuchenbefallene errichtet. Ganz Kühne behaupten gar, die Johanniter hätten hier ein Jagdrevier etabliert und Rotwild sowie Wildschweine importiert, um sie anschließend heldenhaft auf der winzigen Insel jagen zu können. Der Turm ist Fr, Sa, So „wenn die Flagge gehisst wurde“ (!) für ein kleines Trinkgeld zu besichtigen und wird von dem landesweit tätigen Heimatverein *Din L'Art Helwa* (siehe Red Tower, Marfa Ridge, Malta) in ehrenamtlicher

Freizeittätigkeit restauriert und dem Publikum wieder zugänglich gemacht.

In den Klippen unterhalb des Turmes liegen auf Meereshöhe die sogenannte **Zwillingshöhle,** benannt nach ihren zwei Eingängen, von denen einer durch einen Geheimgang mit dem Sta. Marija Tower verbunden gewesen sein soll. Die Höhlen sind nur seeseitig, beispielsweise während der Überfahrt von Malta nach Gozo zu sehen.

Der Weg führt weiter zu einer **Küstenwachstation** sowie zu den Resten eines weiteren Johanniterturmes.

Auf der Malta zugewandten Südwestseite Cominos wurde eine **historische Küstenbatterie** *(Santa Marija Gun Battery)* aus vier historischen Geschützen restauriert (u.a. mit freundlicher Unterstützung des *Comino-Hotels*), die Anlage ist jederzeit frei zugänglich.

Am Sta. Marija Tower führt ein Trampelpfad die Klippen entlang zur berühmten **Blue Lagoon** (Blaue Lagune), wo die meisten Tagesbesucher per Boot ankommen. Das kristallklare, im Sonnenlicht in verschiedenen Blautönen schillernde Wasser der Lagune zwischen Comino und dem Nachbarinselchen Cominotto zieht täglich Hunderte von Tagesausflüglern an. Der Badebereich wurde weitläufig abgesichert und ist für Boote nicht zugänglich, Schnorcheln in der zwischen einem und fünf Meter tiefen Lagune lohnt sich vor allem an der Südseite (zwischen Cominotto und dem einzeln stehenden Felsen).

Hinweis: Es kann hier sehr voll werden, Liegestuhlverleiher lassen kaum eine Handtuchbreite ungenutzt. Der „Strand“ besteht trotz des schönen Sandbodens überwiegend aus Fels. Wer eher kommt, sitzt besser!

Im Sommer bieten **zwei Kioske** kühle Getränke und Eiscreme an.

Auf der gerade 0,25 km² großen Insel **Cominotto** deuten ein zerfallenes Gehöft und eine Mauer auf eine ehemalige Besiedlung hin, ansonsten ist die kleine Insel unbewohnt und kahl.

Der Weg am Friedhof Richtung Westen führt auf den **Ġebel Comino,** mit 84 Metern die höchste Erhebung des Inselchens, unterhalb des Hügels liegt die ehemalige Schweinefarm Cominos. Mit der Abgeschiedenheit und Ruhe auf Comino könnte es jedoch bald vorbei sein, wenn die Brückenbaupläne der aktuellen Regierung tatsächlich Gestalt annehmen sollten (siehe Exkurs „Das Malta-Gozo-Brückenprojekt“ im Kapitel „Reisetipps A–Z“).

Unterkunft

- Das einzige Hotel der Insel ist das **Comino-Hotel**④, Tel. 21529821, Fax 21529826, www.cominohotel.com. Es bietet auch die einzige Abwechslung mit Karaoke-Disco, Wassersportmöglichkeiten (Tauchen, Wasserski; *Comino Dive Base,* Tel. 21345986, dive@selkies.eu), Tennis und Kraftraum. Die Preise liegen zwischen 75 und 140 €/DZ und Nacht (Halbpension, Preis je nach Saison). Das Management organisiert alles, was man bei Ausflügen auf die Hauptinseln braucht (Transfer, Leihwagen usw.). Der **Minimarkt** des Hotels steht auch Nicht-Gästen zur Verfügung. Hauptvorteil eines Urlaubs auf Comino ist ein relativ ungestörter Badegenuss in der Blue Lagoon vor bzw. nach der touristischen Heuschreckenplage. Reisende berichten, wenn man ausschließlich Tauchen möchte, sei es auf Comino ganz o.k., ansonsten könne eine Woche Robinsonurlaub aber ganz schön langweilig werden.
- Ein kostenloser **Campingplatz** *(Public Camping Site)* liegt in der Sta. Marija Bay hinter der Polizei.

An-/Abfahrt

Comino – Gozo: Der Fahrpreis beträgt derzeit 10 € für die Rückfahrkarte, Kinder 5 €. Die Ablegezeiten ändern sich öfter, Infos unter Tel. 21526821 und www.cominoferryservice.com.

Abfahrt ab Comino stündlich zwischen 8 und 18 Uhr, letzte Abfahrt 18 Uhr. Abfahrt ab Mġarr/Gozo zwischen 8.15 und 18.15 Uhr. Letzte Abfahrt 18.50 Uhr.

Comino – Malta: Der Fährpreis beträgt 10 € (Kinder 5 €) für das Rückfahrticket; Infos unter Tel. 99406529, www.unitedcominoferries.com.

Abfahrt ab Marfa *(Riviera Hotel)* stündlich zwischen 9 und 15, letzte Abfahrt 16.30 Uhr. **Abfahrt ab Cirkewwa** (bei der Gozo-Fähre) stündlich zwischen 9.10 und 15.10, letzte Abfahrt 16.30 Uhr. **Abfahrt ab Blue Lagoon** (Comino) stündlich zwischen 9.30 und 14.30 Uhr sowie 16, 17 und 18 Uhr.

Private **Fährboote** in Mġarr oder Hondoc verlangen durchschnittlich 15 €/Person (Kinder 6 €) hin- und zurück. Man wird an der Abfahrt zum Hafen von Gozo „angewunken" (Schilder beachten). Etwas teurer ist es in Marfa/Ramla; gefahren wird in der Regel ab 9 Uhr hin, zurück bis 17 Uhr meist zur vollen Stunde.

Daneben besteht die Möglichkeit, an einem der zahlreichen **Bootsausflüge nach Comino** von Xlendi, Marsalforn, San Pawl oder Sliema teilzunehmen. Insbesondere die Touren ab San Pawl oder Gozo sind wegen der kurzen Fahrtzeit und den ein- bis zweistündigen Aufenthalten auf Comino zuzüglich weiteren Badestopps in der Blue Lagoon für einen Besuch vollkommen hinreichend.

Hinweis: Viele Anbieter von Bootsausflügen in San Pawl und Sliema fahren zunächst die Sta. Marija Bay an, um nach etwa einer Stunde bis zur Blue Lagoon weiterzufahren. Vereinbart man mit dem Kapitän, dass man nicht mit den anderen Gästen in der Sta. Marija Bay wieder einsteigt, sondern erst wieder in der Blue Lagoon, ist man wesentlich freier im Aufenthalt auf Comino.

Blue Lagoon auf Gozo

6 Tauchen rund um Malta

Tauchen auf Malta bietet für jeden etwas: Der Anfänger kann unbeschwert und angstfrei bei guten Sichtweiten erste kleine Erkundungsgänge durch Felslandschaften und Grotten unternehmen, der Fortgeschrittene erfreut sich an tieferen Tauchgängen und längeren Tunnelsystemen, der Profi schließlich kann sich „fallen lassen" und komplexere Höhlen betauchen.

< Das Meerwasser rund um die Republik Malta ist besonders klar

Faszination Tauchen

Das Mittelmeer

Das Mittelmeer, entstanden vor rund 60 Millionen Jahren, ist 2,52 Millionen Quadratkilometer groß und durchschnittlich 1500 Meter tief, wobei die tiefste bisher bekannte Stelle bei 5124 Metern liegt.

Das Besondere am Mittelmeer ist nicht nur seine relative Abgeschiedenheit von den Weltmeeren (die einzige natürliche Verbindung besteht in der Straße von Gibraltar), sondern vor allem die **Zirkulationsverhältnisse.** An der Oberfläche herrscht Nährstoffmangel, da einmal abgesunkene Schwebeteilchen nicht – wie in anderen Meeren – durch Strömungen wieder an die Oberfläche gewirbelt werden. Dadurch wächst wenig Plankton, und dies bedingt zum einen klares Wasser, zum anderen aber auch eine relative Fischarmut im offenen Wasser.

Nur in den Küstenregionen tummelt sich vielfältiges Leben, und hier findet man oft schon in geringen Tiefen die Kinderstuben und grünen Lungen des Mittelmeeres: die **Seegraswiesen.** Schon Schnorchler können hier problemlos den Blick in die Unterwasserwelt genießen. Je nach Lichtverhältnissen können Seegraswiesen aber auch bis in 40 Meter Tiefe reichen, eine den Tauchern vorbehaltene Region.

Die **Sandböden** des Mittelmeeres werden vor allem von Plattfischen, Seeigeln und Barben bewohnt. Gräser oder Anemonen kommen hier seltener vor.

Steinige Böden bilden den Lebensraum für sessile (sesshafte) Tier- und Pflanzenarten wie z.B. Korallen, Gorgonien, Muscheln, Anemonen, Röhrenwürmer und viele mehr.

In **Steilwänden, Spalten und Grotten** hausen weitere interessante Lebewesen wie Langusten, Zackenbarsche, Krebse, Muränen, Kraken, Schnecken und sogar Katzenhaie.

Malta

Tauchen auf Malta hat alles, was das Mittelmeer zu bieten hat: Seegrasfelder, kapitale Zackenbarsche, Grotten, Seepferdchen, Steilhänge, Muränen, Höhlen, Brassenschwärme, Nacktschnecken, Barakudas, Wracks, Anemonen, Skorpionfische, Tunfische, Feuerwürmer, Lippfische, Schwämme, Drachenköpfe, Seeigel ... und das alles bei **fantastischen Sichtweiten** bis zu 50 Metern noch in 30 Meter Tiefe.

Einige Aspekte fehlen: z.B. starke Strömungen, großer Tidenhub, starke Planktonblüte durch Überdüngung oder gar die Lizenz zum Harpunieren, aber das dürfte den Taucher nicht sehr schmerzen. Auch Haie oder Delfine gibt es selten bis gar nicht, doch wer schon einmal einen metergroßen Oktopus als lebende Halskette genießen konnte, wird auch dieses Manko verschmerzen können.

Tauchen auf Malta bietet für jeden etwas: Der **Anfänger** kann unbeschwert und angstfrei bei guten Sichtweiten erste kleine Erkundungsgänge durch Felslandschaften und Grotten unternehmen, der **Fortgeschrittene** erfreut sich an tieferen Tauchgängen und längeren Tunnelsystemen, der **Profi** schließlich kann

sich „fallen lassen“ und komplexere Höhlen betauchen.

Auf Malta ist Tauchen das ganze Jahr über möglich, wobei die Wintermonate mit **Wassertemperaturen** bei nur 13°C eher etwas für die Härteren sind. Hier sollte auf einen entsprechend dicken Nassanzug (mindestens sieben Millimeter, unbedingt mit Kopfhaube), besser aber auf einen halbtrockenen oder sogar Trockenanzug zurückgegriffen werden, denn eine Nierenbeckenentzündung ist schließlich kein Vergnügen.

Die beste **Reisezeit für Taucher** sind die Monate April bis September; im Spätherbst und in den Wintermonaten wehen zuweilen kräftige Winde, die starke Wellen und Dünung aufkommen lassen, die das Tauchen beeinträchtigen oder sogar ganz verbieten.

In der **Sommersaison** kann praktisch jeden Tag getaucht werden. Dies hängt auch mit den besonderen geografischen Voraussetzungen der Maltesischen Inseln zusammen. Weht einmal eine steife Brise aus Nord, wird im Süden der Inseln getaucht, kommen die Brecher von Ost, geht's an die Westküste und so weiter. Dabei lässt sich jede Seite mit relativ kurzer Anfahrt erreichen.

Malta zu betauchen, heißt vor allem: die Inseln Malta, Gozo, Comino/Cominotto und St. Paul's Island. Nur wenigen ist mit Ausnahmegenehmigung gestattet, auch das „Inselchen", oder besser gesagt die Felsformation **Filfla** zu betauchen. Nur zwei- bis dreimal pro Jahr kann diese aus Naturschutzgründen und aus Gründen der Tauchersicherheit mit Sondergenehmigung erkundet werden. Filfla wurde Einheimischen zufolge von den Briten oft als Zielscheibe missbraucht, dass noch viele Blindgänger in unmittelbarer Umgebung vermutet werden.

Bootstauchgänge werden selbstverständlich auch angeboten. In der Regel sind diese etwas teurer, und hier kann es bei stärkerem Seegang auch einmal zur Stornierung kommen (ab Oktober ist dies häufiger der Fall). Meist wird geankert, **Strömungstauchgänge** *(drift dives)* sind mangels Strömung rare Ausnahmen.

Auch für **Nachttauchgänge** finden sich attraktive Spots im flacheren Bereich bis ca. 18 Meter. Häufig kann man nachts vorbeihuschende Sepien oder jagende Oktopusse beobachten. Ein tolles Schauspiel sind auch die Algenmatten auf den steilen Felswänden, die man durch rasches Aufstrudeln des Wassers mit der Hand zum „Funkensprühen" bringen kann.

Wracktauchen ist ein weiterer Höhepunkt Maltas. Neben der künstlich versenkten *Rozi,* die pittoresk auf ihrem 35 Meter tief liegenden Sandbett ruht, gibt es auch Authentisches zu bewundern: z.B. ein ziemlich gebeuteltes Holzboot im Hafen von Valletta, oder einen Bomber aus dem Zweiten Weltkrieg in stattlichen 42 Metern Tiefe.

Wer jetzt noch keine Lust auf das gewichtslose Schweben durch gigantische Felsblocklandschaften im blauesten Blau bekommen hat, dem ist fast nicht zu helfen ...

Durchschnittliche Wassertemperatur an der Oberfläche (°C)

Jan.	14,5	Juli	24,5
Feb.	14,5	Aug.	25,6
März	14,5	Sept.	25,0
April	16,1	Okt.	22,2
Mai	18,4	Nov.	19,5
Juni	21,1	Dez.	16,7

Praktische Hinweise

Natürliche Gefahren und menschliches Fehlverhalten

Ein großes Plus für das Tauchen auf Malta ist der hohe **Sicherheitsstandard.** Maltas Tauchbasen sind gut bis sehr gut ausgerüstet, Harpunettis und Freaks haben in der Regel keine Chancen, und im Notfall ist eine Dekokammer (s. unten) schnell zu erreichen.

Auch die Gefahren im Meer halten sich in Grenzen. Jeder Taucher weiß, dass er/sie prinzipiell nichts anzufassen hat und stets auf neutrale Tarierung zu achten hat. So sollten sich Dekompressionstauchgänge eigentlich erübrigen, auch wenn das lichtdurchflutete Blau oft eine geringere Tiefe als tatsächlich gegeben vorgaukeln kann.

Tiefe

Der Mensch ist wie so oft für sich selbst die größte Gefahr. Tiefen und deren Wirkungen auf den Menschen werden unterschätzt. Aus Angst, sich vor den Tauchbuddies (Tauchpartnern) zu blamieren, werden eigene psychische Grenzen nicht eingehalten oder Risiken bewusst eingegangen. Tauchunfälle entstehen in den meisten Fällen weder durch Einfluss von außen (durch Tiere oder Pflanzen) noch aufgrund von Fehlern an der Ausrüstung, sondern vor allem aufgrund menschlichen Fehlverhaltens.

Die Tiefe kann wie ein Magnet wirken; dies ist umso eher gegeben, wenn das Wasser klar ist und Licht bis in große Tiefen fällt. Auch in Maltas Gewässern gilt: Der Taucher sollte sich seinem Ausbildungsstand entsprechend nur in Tiefen vorwagen, die für ihn sicher sind.

Bei geführten Tauchgängen wird man auf Malta selten in die Verlegenheit kommen, an Limits zu stoßen. 40 Meter sind, wie fast überall auf der Welt, das – je nach Brevet – freiwillige Limit der meisten Tauchschulen. Und wenn man in ca. 25 Meter Tiefe an den riesigen Felsblöcken vor St. Paul's Island entlangschwebt, kommt man sich sowieso schon vor wie ein Wurm in der gigantischen See: Tiefer gehen lohnt nicht!

Die Küstenzonen rund um Malta bieten erstklassige Tauchgründe

337M wl

Schnorcheln oder Tauchen – Maltas Unterwasserwelt für Einsteiger

Wer das Wasser liebt, hat sicher schon einmal den Wunsch verspürt, einen Blick unter die Wasseroberfläche zu riskieren und den Dingen auf den Grund zu gehen. Das **Schnorcheln** bietet hierfür den idealen Einstieg. Schon mit wenig Aufwand lässt sich die erstaunliche Unterwasserwelt eindrucksvoll erleben. Zudem kann man relativ große Entfernungen spielend überwinden und leicht auch Tiefen von einigen Metern mit bloßem Luftanhalten erreichen.

Der geringe Aufwand und die einfach zu erlernende Flossen- und Atemtechnik täuschen jedoch leicht darüber hinweg, dass man gerade für das Schnorcheln gut durchtrainiert sein sollte, vor allem, wenn man sich weiter vom Ufer wegbewegen will oder das **Apnoetauchen** (Abtauchen mit Luftanhalten) versuchen will.

Wer einmal „Seegraswiesenluft schnuppern" möchte, den wird das Schnorcheln in flachen, küstennahen Regionen im Mittelmeer faszinieren, und in der Tat bieten die Maltesischen Inseln hierfür ideale Bedingungen: klares Wasser und flache Buchten (z.B. die Blaue Lagune auf Comino, oder Maltas unzählige in Fels gebettete Badebuchten wie die von St. Paul's, Għar Lapsi oder Xlendi).

Die sogenannte **ABC-Ausrüstung,** bestehend aus Maske (unbedingt mit Nasenerker, um den Druckausgleich der Ohren zu ermöglichen), Schnorchel und Flossen, kann in Tauchshops und in Hotels ausgeliehen werden. Es empfiehlt sich aber eine eigene ABC-Ausrüstung. Im Sommer können bei den Verleihstellen Engpässe auftreten, ferner sollte aus Sicherheitsgründen die Ausrüstung stimmen. Die **Maske** muss unbedingt richtig passen, nicht drücken, und bruchsicheres Glas aufweisen; die **Flossen** dürfen weder scheuern, drücken noch schlabbern, da sonst leicht Krämpfe entstehen können, auch sollte aus gleichem Grund das Flossenblatt weder zu hart noch zu lang sein; beim **Schnorchel** ist neben der vorgeschriebenen Größe und Bauart (ca. 35 cm lang, 2½ cm Durchmesser, ohne Ballventil) vor allem auf ein intaktes und sauberes Mundstück zu achten. In Deutschland sind komplette, hochwertige ABC-Ausrüstungen schon ab 60 Euro zu erwerben, in Malta wird man ähnlich viel bezahlen.

Da dem Apnoetaucher nach kurzer Zeit und in wenigen Metern Tiefe natürliche Grenzen gesetzt sind und sich Fische dort meist nur unzulänglich beobachten lassen, sollte sich der interessierte Reisende überlegen, ob er den nächsten Schritt zur Erkundung der Unterwasserwelt unternehmen will: **Tauchen.**

Dabei gilt es zu bedenken, dass die **Grundausbildung** ca. fünf Tage in Anspruch nimmt (wobei sich Theorie und Praxis abwechseln) und mit ca. 300 Euro zu Buche schlägt. Falls einem die Urlaubstage hierfür zu kostbar sind, kann der Grundtauchschein (**PADI Open Water** bzw. *CMAS**) selbstverständlich auch zu Hause gemacht werden, was meist etwas teurer ist und in heimischen, kälteren und oft trüben Gewässern nicht immer ein Vergnügen darstellt.

Nach Abschluss des international anerkannten Grundtauchscheines kann man sich dann weltweit **geführten Tauchgängen** anschließen. Tauchen ohne Tauchführer ist auf Malta nur fortgeschrittenen Tauchern gestattet.

Auf der ganzen Welt finden sich immer mehr Sporttaucher, die ihr Hobby nur für wenige Wochen oder gar Tage im Jahr ausüben. Obwohl man zum Tauchen körperlich fit sein muss, ist der Tauchsport nicht zu den Hochleistungssportarten zu zählen. Der Taucher sollte möglichst ohne Anstrengung im Wasser verweilen und zu keinem Zeitpunkt außer Atem geraten. Da große körperliche Kraft keine Vorbedingung für diesen Sport darstellt, ist Tauchen eine ideale Sportart für Frauen, Jugendliche (ab ca. 14 Jahren) und selbst für ältere Menschen. Die **Risiken** des Tauchens halten sich bei einer gründlichen Ausbildung, guter Ausrüstung und einer vernünftigen Tauchgangsplanung in kalkulierbaren Grenzen.

Derjenige, der nur ab und zu im Urlaub tauchen will, sollte darauf achten, sich nicht zu überschätzen und auf jeden Fall als ersten Tauchgang nach einer längeren Tauchabstinenz einen flachen **Check-Tauchgang** durchführen, in dem die wichtigsten Übungen und Unterwasser-Verständigungszeichen noch einmal rekapituliert werden.

Malta ist aufgrund seines klaren Wassers und der geschützten Tauchplätze, ein idealer Ort, um das Tauchen zu erlernen. Um diesen Sport vorzustellen, bieten viele Tauchschulen **Schnuppertauchgänge** an, die selten in mehr als sechs Meter Tiefe führen. Wer das Tauchen erlernen will, sollte zuvor Erfahrungen mit dem Schnorcheln gemacht haben.

Das Mitbringen der eigenen ABC-Ausrüstung ist aus den voran genannten Gründen empfehlenswert. Die Anschaffung einer kompletten **Tauchausrüstung** vor dem ersten Tauchgang ist nicht sinnvoll. Zum einen ist eine komplette Ausstattung kein billiges Vergnügen, und man sollte sich sicher sein, dass diese Sportart einem wirklich zusagt. Zum anderen ist die Gefahr von Fehlkäufen groß. Will man z.B. später auch in kälteren Gewässern tauchen, benötigt man ein vollkommen anderes Equipment als der durchschnittliche Sommer- oder Urlaubstaucher.

Grotten, Höhlen, Tunnel

Grotten, Höhlen und Tunnelsysteme wecken des Tauchers Neugier. Auf jeden Fall sollte man sich aber der möglichen Gefahren bewusst sein, die ein Tauchgang in einen Bereich mit sich bringt, in dem der direkte Aufstieg an die Oberfläche nicht mehr möglich ist. Eine **Grotte** ist per Definition eine natürliche Einbuchtung im Fels, die so beschaffen sein muss, dass von jeder Position des Tauchers der Ausgang noch zu sehen sein muss. Dies kann im Falle Maltas, wo unter Wasser hervorragende Sicht- und Lichtverhältnisse herrschen, schon eine recht große Einbuchtung sein. Jeder, der schon einmal Streckentauchen geübt hat, weiß wie lang etwa 25 Meter Tauchstrecke sein können. Mit Tauchgerät kann bereits eine wesentlich kürzere Strecke zum Problem werden. Ein guter *Buddy* (Tauchpartner) befindet sich natürlich immer in Reichweite, aber was, wenn der *Buddy* just hier keine Lust auf eine Grotte hatte und vor dem Eingang wartet?

Nicht zu unterschätzen ist bei Tauchen in Grotten oder Höhlen die plötzlich auftretende **Verschlechterung der Sicht,** zum Beispiel durch aufgewirbelte Sedimente oder schlicht fehlendes Tageslicht, und die dadurch sofort auftretenden **Orientierungsprobleme,** die beim ungeübten Taucher schnell zu Panikreaktionen führen können. Wer im heimischen Baggersee schonmal in Schlammsuppe mit Sichtweiten um 20 Zentimeter getaucht ist, kann dies nachvollziehen und geht womöglich mit einer solchen, durchaus realistischen Situation bedachter um. Für den ungeübteren Taucher gilt auch hier: sich tunlichst nicht in solche Situationen begeben, die man womöglich nicht mehr unter Kontrolle hat.

Zur Minimalausrüstung beim Tauchen in eine Grotte oder Höhle gehört eine **UW-Lampe** für jeden Taucher, bei größeren Höhlen ist auch ein **Reel (Seil auf Spule)** mitzuführen, das am Eingang sicher befestigt werden muss. Viele Tauchbasen auf Malta bieten für Fortgeschrittene Höhlentauchgänge an. Eine gute Idee ist es, sich auf einem geführten Höhlentauchgang einmal die Anwendungsweise eines Reels demonstrieren zu lassen. Dass das Mitführen solcher Hilfsmittel kein Luxus ist, mussten vor einigen Jahren drei ortskundige maltesische Ärzte erfahren, als sie sich in einer Höhle mit mehreren Blindgängen vor Qawra Point (bei Buġibba) gegenseitig behinderten, in Panik gerieten und den Ausgang nicht mehr finden konnten, obwohl dieser nur wenige Meter entfernt von ihnen lag.

Die Tunnelwelt z.B. in Comino oder Għar Lapsi lädt zum Durchtauchen geradezu ein. Die **Tunnel** sind nicht kompliziert aufgebaut und sogar lichtdurchflutet. Auch hier muss sich der Taucher jedoch vor dem Tauchgang kritisch fragen: „Möchte ich durch einen Tunnel tauchen? Wie verhalte ich mich, wenn ich mit der Flasche oder einem sonstigen Ausrüstungsgegenstand anstoße oder gar kurzzeitig hängen bleibe? Wie gehe ich mit der Situation um, im Tunnel Taucher vor und hinter mir zu wissen? Weiß ich, was zu tun ist, wenn der Taucher vor mir Sedimente aufwirbelt?“ Angeberei oder Machismo sind hier fehl am Platz, auch die stärksten Typen werden bei Angst klein und reagieren töricht.

Wracks

An Wracks gilt es zu beachten, dass hier die **Verletzungsgefahr** relativ groß ist. Scharfe Kanten, verrostete metallene Teile, Kabelsalat aber auch enge Luken und sich verklemmende Türen bilden eine Gefahr für den allzu neugierigen oder schlecht tarierten Taucher. Von oft in Wracks anzutreffenden Congern und Fischen gehen in der Regel keine Gefahren aus, jedoch kann ein versteckter Skorpionfisch höchst unangenehm werden. Obwohl ansonsten abzulehnen, ist das Tragen von Handschuhen bei einem Wracktauchgang keine schlechte Methode, Schnittwunden vorzubeugen.

Das **Ausschlachten von Wracks** ist auf Malta strengstens verboten, seriöse Tauchbasen werden den „sammelwütigen“ Taucher nicht wieder mitnehmen.

Eine tolle Gelegenheit für fortgeschrittene Taucher, einmal ein sicheres Wrack in größerer Tiefe zu betauchen, bietet die *Rozi*, ein **künstlich versenktes Schleppboot,** gleich neben dem Fährhafen Ċirkewwa gelegen. Es wurde vor seiner Versenkung tauchersicher gemacht, d.h. scharfe Ecken und Kanten wurden eliminiert, Kabel abgeschnitten und gefährliche Luken zugeschweißt. Dennoch gibt es ein paar sichere Gänge zum Durchtauchen, und die fantastische Lage auf weißem Sandboden ist famos!

Gefährliche Pflanzen und Tiere

Flora und Fauna haben nur wenige giftige Überraschungen in petto. Dennoch sei an dieser Stelle auf einige Gefahren hingewiesen: **Skorpionfische** sind leicht zu übersehen, die Rückenstacheln sind toxisch, aber anfassen ist, wie gesagt, sowieso tabu.

Der **Feuerwurm** hat, wie der Name schon vermuten lässt, eine äußerst unangenehme Folge, wenn die neugierige Hand denn doch einmal die wolligen Flanken des roten Wurmes kraulen will. Die brennenden Schmerzen klingen in der Regel nach ca. einer Stunde ab, ohne Blasen oder Wunden zu hinterlassen.

Anemonen haben stark nesselnde Arme, die Nesselkapseln entladen sich vor allem dann, wenn man versucht, diese wegzuwischen. Also auch hier gilt: Finger weg.

Muränen werden im Mittelmeer nicht so groß wie ihre Brüder und Schwestern im Roten Meer, doch bei **Conger-Aalen** wie auch bei Muränen ist es sicher keine gute Idee, zu versuchen, die Tiere aus ihren Höhlen zu ziehen. Mit einem in den Arm verbissenen zwei Meter langen Conger taucht es sich äußerst schlecht.

Stachelrochen und **Haie** sind leider sehr selten geworden. Hat man das Glück, einen der beiden zu sehen, sollte man sich wirklich freuen. Gefahren gehen bei normalem passiven Verhalten von diesen Fischen nicht aus.

Unangenehmer können da **Seeigel** und selten auftretendes **Stingy Weed** (Stechplankton) sein. Das leicht juckende Plankton ist zwar für einen kurzen Moment irritierend, aber harmlos.

Auch hier sei darauf hingewiesen, dass man bei Tauchgängen von Land aus **Füßlinge** (Tauchstiefel) benutzen sollte, um Verletzungen durch Seeigel, scharfkantige Muscheln oder Steine bei Ein- und Ausstieg zu vermeiden.

Tauchvorschriften

Zu den Tauchvorschriften auf Malta gehört das **Setzen von Bojen** oder die **Kennzeichnung von Tauchbooten per Flagge** sowie das Verbot, Gegenstände gleich welcher Art vom Meeresgrund mitzunehmen.

Hierzu zählen vor allem **archäologische Funde,** die unbedingt der Polizei oder der Museumsbehörde in Valletta zu melden sind. Die Strafen auf unbefugtes Entfernen oder gar auf den Versuch, Fundstücke außer Landes zu schmuggeln, sind erheblich.

Attest

Jeder Taucher auf Malta muss ein ärztliches Attest über seine **Tauchbefähigung** vorweisen. Eine solche Bescheinigung kann jeder Allgemein-Mediziner in Deutschland ausstellen.

Getestet werden sollte neben allgemeiner Fitness und Belastbarkeit (z.B. Belastungs-EKG) die Funktionstüchtigkeit der Lunge (mindestens Abhorchen), die Gehörgänge (wichtig für den Druckausgleich) sowie eine Laboruntersuchung des Blutes (z.B. Blutsenkung, kleines Blutbild, Leberwerte, Harnsäure).

Unbedingt sollte der untersuchende Arzt auf eventuell bestehende Allergien, Asthma oder sonstige Kontraindikationen (bestehende Schwangerschaft, Epilepsie, Glaukom etc.) befragt werden.

Im eigenen Interesse ist es sinnvoll, eine gründliche Untersuchung noch **zu Hause** vorzunehmen, da die „nachgeschobene“ Untersuchung in Malta aus medizinischer Sicht keine echte Aussage über die Tauchbefähigung zulässt.

Jede Tauchschule auf Malta verlangt die Vorlage einer medizinischen Bescheinigung; liegt sie nicht vor, weil man sich z.B. erst im Urlaub entschieden hat, das Tauchen zu versuchen, so arrangieren in der Regel die Tauchschulen eine **Schnellvisite beim Arzt,** was mit bis zu 25 € zu Buche schlägt.

Einen **Schnuppertauchgang,** der in maximal fünf bis acht Meter führt, kann man aber auch ohne medizinische Vorabuntersuchung belegen.

Achtung: Bei bestehender **Schwangerschaft** ist selbst hiervon abzuraten, mögliche negative Auswirkungen auf den Fötus sind bis heute nicht geklärt.

Harpunieren

Das Harpunieren von Fischen ist **Ausländern** grundsätzlich untersagt. Gelegentlich gibt es unter den Tauchschulen aber schwarze Schafe, die beide Augen fest geschlossen halten, wenn Touristen solche Mordwaffen ausleihen wollen.

Malteser dürfen für ihren eigenen Bedarf harpunieren und tun dies auch leider oft und gerne und nicht immer mit dem nötigen Sachverstand. Einen nur zentimetergroßen Oktopus – wie des Öfteren gesehen – zu harpunieren, ist sicherlich ein Meisterstück aus Schützensicht, ob dieser Bissen Meerestier jedoch schon so früh sterben muss, ohne je die Chance gehabt zu haben, für den Fortbestand der Art zu sorgen, erscheint aus ökologischer Sicht mehr als fraglich. Leider stehen die Einheimischen jeder Art von Kritik ähnlich wie etwa bei dem Thema Vogeljagd grundsätzlich eher ablehnend gegenüber.

Selbstständig tauchen auf Malta

Um selbstständig ohne Begleitung tauchen zu können, muss mindestens eine **Advanced Open Water Brevetierung** oder eine vergleichbare Qualifikation vorliegen (s. Glossar bei den Tauchschulen). Selbst das Ausleihen oder Auffüllen von Flaschen ist ansonsten nicht statthaft.

Ferner wird ein **Malta Dive Permit** benötigt, das man bei jeder Tauchschule per Formular beantragen kann und auch dort ausgestellt bekommt. Diese Genehmigung kostet rund 15 €.

Ausrüstung

Für erfahrene Taucher kann auch der **Kauf von Ausrüstung** interessant sein. Italienische, französische und sogar finnische Fabrikate (z.B. *Mares, Spiro, Suunto*) sind auf Malta günstig, und Neoprenanzüge aus maltesischer Fabrikation halten den Vergleich mit manchem Markenprodukt stand.

Das **Mitnehmen der eigenen Ausrüstung** ist vor allem in den Sommermonaten nicht nur aus Kostengründen empfehlenswert, da es durchaus auch einmal zu Engpässen bei den Leihausrüstungen kommen kann. Anfänger bzw. Tauchschüler, die in Malta ihre Lizenz erwerben möchten, sollten dagegen zunächst auf die meist im Preis für den Tauchkurs inbegriffenen Leihausrüstungen zurückgreifen. Die Mitnahme von übergewichtigem Tauchgepäck sollte bei Flügen schon bei der Buchung angekündigt werden, damit es nicht zu bösen Überraschungen kommt; insbesondere in den letzten Jahren haben mehr und mehr Airlines von kulanter Tauchgepäckmitnahme zum Nulltarif auf rigoroses Abkassieren umgestellt!

Auch **Schnorchelenthusiasten** sollten an ihre eigene ABC-Ausrüstung (Brille, Flossen, Schnorchel) denken, jedoch lassen sich fehlende Teile auch problemlos auf Malta erstehen.

Nitroxtauchen genauso wie das **Technical Diving** ist inzwischen auch bei vielen maltesichen Basen möglich.

Getaucht wird auf Malta aber überwiegend mit Pressluft. Taucher wissen dass Nitrox (höherer Sauerstoffanteil in der Atemluft) zwar längere Grundzeiten, aber geringere Maximaltiefen zulässt. Für manche Spots rund um Malta empfiehlt sich daher die klassische Pressluft. Achtung: Wenige Verleihstellen führen DIN-Flaschen, INT-Adapter bei eigener Ausrüstung nicht vergessen!

Viele wirklich schöne Tauchgänge können von Land aus durchgeführt werden – und dies ohne lästige „Sandfüße“ nach dem Tauchgang, da Felsenküsten überwiegen oder sogar von Jetties gesprungen werden kann. Unabdingbar sind **Füßlinge** (Tauchstiefel) bei Tauchgängen von Land, weil sich auf Felsen

Leopardenschnecke an einem Riff bei Gozo

mit 15 Kilo Gepäck auf dem Buckel nicht besonders elegant laufen lässt. Sollte man über keine eigenen verfügen und die Tauchschule keine passenden Füßlinge haben, so tun es in der Not auch feste Gummilatschen, die beim Tauchgang fest am Jacket befestigt werden.

Versicherungen

Meistens wird die Tauchschule dem Neuankömmling zunächst einen **Haftungsausschluss** vor die Maske halten, der die Tauchbasis von jeglicher Haftung auch bei fahrlässig begangenen Schäden an Mensch und Gerät befreit. Der Taucher hat keine Wahl: Entweder die Unterschrift wird geleistet, oder das feuchte Vergnügen findet nicht statt.

Bei der Ausübung des Tauchsportes empfiehlt sich der Abschluss einer **Auslandsreise-Krankenversicherung** (s. Versicherungen), die auch mögliche Dekompressionsbehandlungen miteinschließt, sowie eine private **Haftpflichtversicherung** (gerade auf wackelnden Booten ist man schnell mal z.B. auf die 200-Euro-Designer-Maske des Nachbarn getrampelt).

Dekompressionskammer

Malta verfügt über zwei moderne Dekompressionskammern **(Hyperbare Station)** im *Mater Dei Hospital* (Msida), sowie in Victoria/Gozo, beide rund um die Uhr über Notruf 112 anzufordern. Dekompressionsunfälle treten selten auf (statistische „Chance“ 1:1 Million), dennoch kann ein Notfall immer auftreten. Als eiserne Regeln sollten daher gelten:

- Vermeidung von **dekompressionspflichtigen Tauchgängen!**
- **Sicherheitsreserven** bei Luft und Tiefe einhalten!
- **Persönliche Tagesform** und Tauchumstände beachten (zum Beispiel: Angst vor dem Tauchgang, Frieren im Wasser, starke Arbeit unter Wasser (Strömung), Dehydration durch Krankheit (Durchfall), Schwitzen oder zu wenig Aufnahme von Flüssigkeit, starkes Übergewicht, Menstruation, Restalkohol im Blut!
- Auf keinen Fall bei Auftreten von Anzeichen eines Dekompressionsunfalls (starkes Kribbeln der Haut, Gelenkschmerzen, Atemnot) eine **„nasse Rekompression“** durch erneutes Abtauchen versuchen, sondern sofort reinen Sauerstoff verabreichen, viel trinken (keinen Alkohol, Kaffee oder Tee) und die Notfallkette (Dekokammer) in Gang setzen!

Spots um Malta, Gozo und Comino

Es ist fast vermessen, eine **Auswahl** an Spots um die drei Inseln zu treffen. Alle Tauchplätze auch nur annähernd zu beschreiben, würde einen eigenen Tauchführer erfordern. Daher wurde eine Vorauswahl getroffen, wobei für jeden etwas dabei sein dürfte.

An dieser Stelle sei auch auf den **Tauchführer** „Maltese Islands“ von *Ned Middleton* verwiesen (auf Malta auf Englisch, manchmal auch auf Deutsch erhältlich), der eine Vielzahl von attraktiven Tauchgängen vorstellt und Tier- und

Pflanzenwelt in Fotos und Zeichnungen illustriert. Obwohl die Illustrationen der Tauchplätze nicht immer maßstabsgetreu, geschweige denn detailliert genug sind, vermitteln sie doch einen guten Eindruck der Tauchplätze um Malta und können bei der Tauchgangsauswahl äußerst hilfreich sein.

Tauchspots um Malta

Nachfolgend seien einige der von uns selbst auch betauchten bekanntesten Punkte der maltesischen Gewässer beschrieben; selbstredend handelt es sich nicht um alle möglichen Tauchplätze, sondern eine Auswahl, die vor allem von den örtlichen Tauchbasen am häufigsten angeboten wird.

Marfa Point

Marfa, benannt nach der nahe gelegenen Siedlung, wird von Tauchschulen oft auch als **Ċirkewwa** bezeichnet, da der Einstieg in der Regel direkt neben dem gleichnamigen Fährhafen nach Gozo gewählt wird. Dieser Spot bietet Möglichkeiten für mindestens fünf verschiedene Tauchgänge. Da hier der Einstieg als auch das Parken für die Tauchjeeps unproblematisch ist, zählte Marfa zu den bestbesuchten Spots auf Malta, wird aber wegen der nahe gelegenen Fährstelle nicht mehr so häufig besucht wie früher.

Auch für **Nachttauchgänge** bietet sich dieser Platz an, da der Einstieg komfortabel ist und man sich auf dem Parkplatz, unter Laternen umziehen kann, ohne dabei seine Ausrüstung zu verdrecken oder zu verlieren.

Für Anfänger bietet Marfa einen sicheren und schönen Tauchplatz. Sogar **Schnorchler** können über die seichten Stellen des Riffs schweben und dabei jede Menge Getier beobachten.

Marfa Statue

Der erste Tauchgang bei Marfa wird in der Regel an der **Marienstatue** vorbeiführen, die in ca. 18 Metern Tiefe in einer Grotte angebracht wurde. Sie ist sogar mit Plastikblumen geschmückt, und zuweilen sieht man den einen oder anderen Taucher sogar beten oder sich bekreuzigen. Um dorthin zu gelangen, folgt der Taucher einfach der natürlichen Topografie: Durch eine Art Pool gelangt man ca. 30 Meter hinter dem Einstieg an eine senkrecht abfallende Steilwand. Man lässt sich fallen, taucht rechts am Riff entlang, quasi direkt in Madonnas Arme.

Der Tauchgang kann dann z.B. mit dem Riff rechterhand durch zwei kleinere, auf ca. zehn Meter gelegene Tunnel oder zur **Grotte des Zackenbarsches** weiterführen. Das Durchtauchen der wenige Meter langen Tunnels ist völlig unproblematisch, da man direkt nach dem Hineintauchen den Ausgang bereits vor Augen hat. Auch sind beide Tunnel breit genug, sodass keine Sorgen um ein mögliches Steckenbleiben aufkommen.

Auf dem Rückweg lässt sich bei genügend Luft noch ein **Kamin** „mitnehmen", bei dem darauf geachtet werden muss, dass beim Auftauchen genug Luft aus dem Jacket gelassen wird, damit man nicht wie ein Korken zur Oberfläche schießt.

Marfa Anchor

Ein anspruchsvollerer und weitaus tieferer Tauchgang kann zum **Anker** führen. Dieser dort absichtlich positionierte Anker liegt pittoresk und leicht mit Algen bewachsen auf weißem Sandboden und wird oft umlagert von kleinen Fischen. Der Anker befindet sich auf ziemlich genau 30 Metern, also sollte man gut auf den Luftvorrat achten und nicht am Boden entlang zu ihm tauchen, da man sonst leicht in einen Dekompressionstauchgang „rasseln" kann. Den Anker kann der Taucher ohne Tauchguide nur schwer finden (auf ca. 330° ab Jetty), ein geführter Tauchgang empfiehlt sich.

Es gibt zwei **Einstiegsmöglichkeiten,** entweder den normalen Einstieg in die Bucht (dann muss aber eine größere Strecke getaucht werden) oder den Sprung von dem nie fertiggestellten, verrosteten Jetty (Bootsanleger) gleich unterhalb des Aussichtsturms. Dieser Sprung ist nicht ganz ohne, da ein großer Satz von einem ca. 1,50 Meter hohen Felsen gemacht werden muss, mancher Taucher platscht dabei ziemlich ins Wasser. Wenn nicht genug Blei mitgenommen wurde oder Ohrenprobleme auftreten, ist ein Ausstieg an dieser Stelle unmöglich. In einem solchen Fall muss um die ganze Riffkante zurückgeschnorchelt werden. Wer hier versuchen will, die Landzunge am Riff heraufzuklettern, kann sich böse die Hände und Füße aufschlitzen.

Rozi

Der Sprung vom Jetty bildet meist den Beginn des sicher aufregendsten Tauchgang bei Marfa: das **Wrack** des Schleppers „Rozi". Dieses wie auch der Anker wurden 1991 versenkt, um eine Unterwasserattraktion für das U-Boot der *Captain Morgan Cruises* zu werden. Diese U-Boot-Turns erwiesen sich aber als unrentabel und wurden nach kurzer Zeit eingestellt. Rozi, der Anker und die Marienstatue blieben zur Freude der Taucher.

Zu U-Boot-Zeiten wurde es höllisch laut da unten, und ein arger Sog machte das Tauchen nicht ungefährlich. Andererseits trugen die Taucher oft zur Erheiterung der Touristen hinter den Bullaugen bei. So bastelten sich Taucher gigantische Schraubenzieher und Mutternschlüsseln und hantierten unter Wasser am U-Boot herum. Auch derbe Späße wie unsittliches „Blitzen" von einschlägigen Körperteilen oder sogar das Überstülpen einer Socke über das Ausguckrohr des Captains sind vorgekommen (was bei letzterem Fall später an Land zu einer Schlägerei geführt haben soll).

Die ca. 40 Meter lange „Rozi" liegt nicht allzu weit vom Anker (beim Hin- oder Rückweg kann man ihn oft am Boden erkennen, gute Taucher können beide Attraktionen verbinden) auf ca. 35 Metern Tiefe.

Sie steht aufrecht, mit nur leichter Neigung. Bis auf den Propeller und die Maschinen ist alles vorhanden, obschon das Boot taucherfreundlich gemacht wurde. Scharfe Kanten und Metallspitzen sind abgebogen, Glasfenster, baumelnde Kabel und verrostete Türen entfernt und gefährliche Luken und Einstiege zugeschweißt worden. Trotz dieser Manipulationen ist die „Rozi" ein famoser Tauchplatz. Die ersten Algen und Schwämme haben von ihrer eisernen Hülle Besitz ergriffen, Brassenschwärme umlagern ständig das imposante Wrack. Es besteht wie bei jedem Tieftauchgang die Gefahr, in eine Dekompressionspflicht zu geraten; ein guter Tauchguide setzt strikte Regeln zur Umkehr und zeitliche Limits. Aufgrund der Tiefe ist es schwierig, die „Rozi" in einem Tauchgang ganz zu erkunden. Zum Glück kann hier wegen der geschützten Lage fast immer getaucht werden.

Auch Strömungen sind, außer bei Nordwind, in der Regel nicht zu erwarten, so dass die „Rozi" selbst bei einem kurzen Tauchaufenthalt problemlos mehrmals betaucht werden kann.

Eine attraktive Variante, die *Rozi* zu betauchen, bietet der **Abstieg im freien Fall.** Hierzu gibt es eine Peillinie (vom Jetty ca. 320° und ein bestimmter Laternenmast vor einer Reklametafel), die man sich allerdings genauestens vor Ort erklären lassen muss. Besser ist es jedoch auch hier, sich einem erfahrenen Guide anzuvertrauen, da die Sicht an der „Rozi" ist nicht so gut ist, als dass man sie von der Oberfläche ausmachen könnte. Das Gefühl, im freien Fall ins schier bodenlose Blau zu gleiten und das Erlebnis schließlich die Umrisse der „Rozi" immer näher und größer auf sich zukommen zu sehen, ist fantastisch.

Marfa Arch

Ein weiterer Tauchgang, unspektakulär, aber für Anfänger durchaus empfehlenswert, führt zur Marfa Arch, einer **natürlichen Felsformation,** die wie ein gigantischer Torbogen aussieht. In den Grotten und Felsspalten um Marfa Arch leben viele Zackenbarsche und auch Oktopusse. Da dieser Tauchgang nicht sehr häufig gewählt wird und es ruhig zugeht (man springt vom Jetty und wendet sich nach rechts immer am Riff entlang in 12 bis 15 Metern Tiefe), kann hier vor allem der Fotograf auf seinen Kosten kommen.

Marfa Reef

Als fünfte Möglichkeit bietet sich noch der Einstieg über die Felsen ca. 100 Meter vom großen Einstieg entfernt an. Schnell gelangt man auch hier an das **Steilriff,** das wieder sehr viele Einklüftungen, sehr guten Bewuchs sowie eine Unzahl von Lebewesen aufweist.

Nachts werden in der Regel eher Marfa Arch oder die Statue betaucht, Anker und „Rozi" liegen zu tief für einen „Fun-Night-Dive". Bei erfahrenen Tauchern mag dieses Argument vielleicht nicht zählen.

Anchor Bay/Popeye Village

Der Einstieg zu diesem feinen Tauchgang sucht seinesgleichen. Während die meisten Besucher des Popeye Village bestenfalls von oben einen Blick auf die Filmkulisse werfen, ansonsten aber brav den Eingangs-Trampelpfad ins Dorf nehmen, gibt es noch den Blick von der befahrbaren **Anlegestelle** aus. Diese bietet die beste Aussicht auf das gesamte Dorf und die umgebende Schlucht (siehe Anchor Bay, Nordmalta). Die Anlegestelle ist der Ort zum obligatorischen Briefing und zum Anlegen der Ausrüstung.

Der Tauchgang führt Richtung offenes Meer mit der beeindruckenden Felswand an der linken Schulter. Zunächst wird ein großes Seegrasfeld überquert, hier ist die Kinderstube für Oktopusse und Muränen. Bei großem Glück kann man auch die leider selten gewordenen Seepferdchen erspähen.

Große Felsbrocken gilt es zu umtauchen, bis der Höhepunkt des Tauchgangs ansteht: die **Höhle.** Ihr Eingang auf ca. acht Metern Tiefe ist groß, mehrere Taucher haben bequem nebeneinander Platz. Trotzdem kann das hier herrschende Zwielicht schnell Gefühle der Enge aufkommen lassen.

Überraschung: Die erste Höhlenkammer ist ein **Dom,** das heißt, hier kann man auftauchen und hat ca. acht Meter Luftraum über sich. Die erste Kammer ist ein guter Einstieg für Anfänger in das Gefühl des Nacht- oder Höhlentauchens, da das Vorhandensein einer „Luftblase über dem Kopf" keine Angst aufkommen lässt. Das Mitführen einer Taschenlampe zum Ausleuchten der Höhle ist keine schlechte Idee. Für Anfänger sollte in der ersten Kammer aber Schluss sein.

Vom Ausgang kann man nach links weiter um gigantische Felsblöcke tauchen und allerlei Getier beobachten. Erfahrene Taucher können die Höhle weiter erkunden, Lampen sind Pflicht, und ein Reel bietet Sicherheit im Falle des Falles. Am hinteren Ende der ersten Kammer geht ein **Gang** tiefer in den Berg hinein, zwischen steinigen Passagen kommen immer wieder sandige Abschnitte, die leicht aufwirbeln. Irgendwann nach ca. 50 bis 60 weiteren Metern wird es eng und zugleich sehr flach, und siehe da, auch hier besteht die Möglichkeit, an der Oberfläche Luft zu schnappen, wobei diese hier recht stickig ist. Dieser Tauchgang geht nie tiefer als 15 bis 17 Meter.

Wenn das Wasser in die Bucht getrieben wird, ist unbedingt vom Tauchen an dieser Stelle abzuraten, da sich dann allerlei **Unrat** in der Bucht sammelt – angeblich ist eine von Maltas Kläranlagen nicht allzu weit entfernt von hier.

St. Paul's Island Point

Diesen Tauchgang muss man mit einem **Tauchguide** machen, da sich der Tauchplatz ca. zehn Minuten per Boot von St. Paul's Bay befindet. Und dies ist auch besser so, da man sich ziemlich leicht vertauchen kann.

Den **Einstieg** an der Westspitze des Eilands markiert ein seegrasbewachsenes Plateau auf ca. zehn Metern, das bald in einen Steilabfall mündet.

Auf ca. 25 Metern Tiefe taucht man am Riff (rechter Hand) entlang, bis man schließlich an eine markante Faltung im Gestein kommt, hinter der eine Art **Hohlweg** mit Sandboden beginnt, die schließlich wieder am Plateau endet. Der Hohlweg ist gerade und mutet künstlich an. Dieser Tauchgang bietet quasi Tintenfisch-Garantie. Das Felsriff ist zerklüftet, in den Felsspalten sprießt allerlei Leben, eine Lampe ist nützlich, um in die am Boden befindlichen Mini-Grotten oder unter Überhänge zu leuchten.

Meist ist die Sicht hier sehr gut, nur nach starken Regenfällen können Auswaschungen von der nahe gelegenen St. Paul's Insel die Sicht trüben. Die maximale Tiefe beträgt 29 bis 31 Meter.

HMS Maori

Her Majesty's Ship, der Torpedozerstörer *Maori,* wurde ein Opfer der Kriegswirren, als sie 1942 fest am Kai im Hafen Vallettas vertäut bei einem deutschen

Luftangriff getroffen wurde und sofort sank. An jener Stelle stellte das Schiff aber ein solches Hindernis für die Schifffahrt dar, dass das Wrack angehoben und „umgebettet" wurde und schließlich in ruhigeren Gewässern sein nasses Grab fand: vor dem Fort St. Elmo in der kleinen **St. Elmo Bay.**

Für Taucher ist Wracktauchen immer ein besonderes Erlebnis. Ein Wrack mitten in der Bucht einer Stadt zu betauchen, ist noch eine Steigerung. Vom Parkplatz an den dicken Außenmauern der Stadt hat man einen fantastischen Blick auf Fort St. Elmo und die Hafenausfahrt.

In ehemaligen Vorratskammern in den Mauern werden **Hunde** gehalten. Geschichten über hier stattfindende nächtliche Hundekämpfe werden von den Einheimischen berichtet.

Über eine Felstreppe in der Kaimauer gelangt man zum felsigen Ufer. Ein kleiner Sprung ins Nass, und dann geht es ca. 120 Meter parallel zur Begrenzungsmauer von St. Elmo. Die Sicht hier ist nicht besonders gut, doch einem Wrack steht ein bisschen mystischer Nebel sowieso gut zu Gesicht. Leider zerbrach das **Wrack** bei der Umbettung in mehrere Teile, das hier ruhende Mittelstück ist ca. 25 Meter lang (das Trümmerfeld erstreckt sich noch einige Meter weiter) und entsprechend arg ramponiert. Einige Aufbauten sind noch gut erkennbar, der gesamte Schiffsrumpf lässt sich bequem betauchen, wenn auch hier und da metallene Zacken im Wege hängen. Der Boden ist stark mit Sedimenten bedeckt, entsprechend vorsichtig muss geflösselt werden. Da das Wrack nur in 13 bis 16 Metern Tiefe liegt, kann es auch der Anfänger oder „Luftfresser" ausgiebig besichtigen.

Etwas Zeit sollte man sich auf jeden Fall auch für die unmittelbare **Umgebung** lassen. Die von Seegras und Algen bewachsenen Planken und Steine bieten den idealen Lebensraum für Nacktschnecken, Skorpionfische, kleine Zackenbarsche, Krebse und sogar Miniatur-Papageienfische. Makrofotografen können hier besonders gut ihrer Passion frönen.

Blenheim Bomber

Es gibt angeblich nur einen Skipper/Tauchguide, der „die Blenheim" unter Garantie aufspürt: *Ray Ciancio* von *Aquabubbles. Ray* erzählte, dass er in der Tat ein Geheimnis hat, diesen im Zweiten Weltkrieg abgeschossenen Bomber (genaues Datum und Umstände unbekannt) zu finden. Früher, als die Sendemasten der Deutschen Welle noch standen, konnte man diese zur **Peilung** heranziehen. Nun sind sie abgerissen, und eine unter der Oberfläche in einigen Metern Tiefe angebrachte Markierung muss herhalten. Die genauen Koordinaten verriet er nicht, die war seine Rentenversicherung; inzwischen gibt es allerdings doch einige Basen, die auch den Blenheim Bomber im Angebot haben. Präziseste Peilung ist bei diesem Tauchgang nur für Fortgeschrittene das Nonplusultra, denn mehr als einen Versuch hat man bei diesem Tauchgang nicht.

Die Blenheim liegt auf **Sandboden** in 42 Metern Tiefe, eine Ortung von der Oberfläche ist ausgeschlossen, die Nullzeit bei einem nicht-dekopflichtigen Tauchgang beträgt gerade einmal acht kurze Minuten. Diese sind gut investiert: Wo sonst auf der Welt gibt es die Möglichkeit, einen Bomber der Blenheim-

Staffel, quasi völlig intakt mit Tragflächen, Rumpf, Propeller und selbst Cockpit, zu betauchen? Eine Lampe ist unbedingt mitzuführen.

Għar Lapsi

Auch diese Tunnelwelt im Süden Maltas lässt sich problemlos von Land betauchen. Die Siedlung Għar Lapsi selbst besteht nur aus einem Parkplatz mit ein paar umliegenden Häusern und einem sehr steilen Teersträßchen in die beliebte Badebucht.

Für den Taucher ist es ziemlich ungewohnt, unter lauter planschenden Kindern und Müttern abzutauchen. Da der **Einstieg** in den Tunnel auf ca. zwei Metern gleich am anderen Ende der kleinen, geschützen Bucht liegt, lässt sich dies aber nicht vermeiden.

Der **Tunnel** ist eng, nichts für Klaustrophobiker, das gleich vorweg. Er ist ca. 25 Meter lang, mit drei möglichen Ausgängen. Das Besondere an ihm ist, dass er immer wieder Zerklüftungen aufweist, die durch die Nachmittagssonne mit schönsten Lichtbündeln durchflutet werden. Es bietet sich an, aus dem einen Ausgang heraus und gleich wieder herein zu tauchen und aus dem nächsten oder übernächsten wieder heraus, da so keine Gefühle des Eingesperrtsein aufkommen.

Der Tauchguide muss darauf hinweisen, dass gelegentliches Anschlagen mit der Ausrüstung an der Decke oder den Seiten fast unausweichlich ist, was kein Grund zur Panik sein darf. An einer Stelle ist es so eng, dass man mit Flossenschlag fast nicht mehr vorwärts kommt und die Hände zur Hilfe nehmen muss.

Nach dem Tunnel, an der Außenwand wird man in eine mit großen **Felsbrocken** verzierte Landschaft gelangen. Die Dünung (der Wellengang unter Wasser) kann bei Südwind beträchtlich sein, auch die Orientierung ist nicht einfach, wenn man sich dazu verleiten lässt, planlos um die einzelnen Felsformationen herumzutauchen.

Den **Wiedereinstieg** in den Tunnel zu finden, gestaltet sich auch schwierig. Ohne Restluft von mindestens 50 bar in der Flasche sollte man lieber den Weg um die Landzunge zurück in die kleine Bucht wählen (Wand linke Schulter), anstatt den Tunnel erneut zu durchtauchen. Sollte man nämlich auf dem Rückweg im Tunnel auf eine entgegenkommende Tauchergruppe stoßen, ist das Umdrehen in einer solchen Enge kein Spaß, das Aneinander-vorbeiquetschen ebenso wenig.

Fazit: Für Unerschrockene ein schöner, flacher Tauchgang (maximal ca. 15 bis 17 Meter), für absolute Anfänger oder klaustrophobisch Veranlagte ist eher ein erfrischendes Bad in der Bucht angesagt.

⊃ Papagei- und Kaninchenfisch

Wied iz-Żurrieq

Wied iz-Żurrieq ist der Name des Tales und der kleinen Siedlung, von der auch die Ausflugsboote in die Blaue Grotte starten.

Und hier liegt bereits ein kleines Problem dieses Tauchganges. Es ist unabdingbar, dass sich der Taucher in dem schmalen, langen **Hafen** niemals in der Mitte an der Oberfläche befindet, sondern immer möglichst nahe an der Wand auf- oder abtaucht. Die Kapitäne der Touristenboote hier gehören leider nicht zu der rücksichtsvollsten Spezies. Der Einstieg mit Sprung von der Kaimauer ist bequem. Witzigerweise weisen quergespannte, mit Kanistern beschwerte Seile den Weg in das offene Meer. Der Weg knapp über den Boden lohnt hier: In der wellengeschützten Bucht haben manche Fische ihre Kinderstuben. Wenn man Riesenglück hat, kann man hier auch den bizarren und seltenen Zeus Faber (engl.: *John Dory*) mit seiner „Punkfrisur" bewundern.

Am Ausgang zum Meer angekommen, hat der Taucher die Wahl, geradeaus über dichte **Seegraswiesen** allmählich bis auf über 30 Meter Tiefe zu tauchen und dann im 60°-Winkel nach rechts zur Felswand zurück oder (besser) gleich am Fels entlang (rechte Schulter), um nach wenigen Metern in eine kleine **sandige Grotte** (25 Meter) zu spähen oder sich sogar hineinzubegeben (groß genug).

www.fotolia.de ©Ribe

Wagemutige können durch ein weiter oben in der Grotte befindliches Loch wieder hinaus, welches allerdings enger als das untere ist. Falls die Gruppe größer ist, empfiehlt sich diese Variante nicht, da in der Regel zu viel aufgewirbelter Sand die Sicht nimmt.

Man folgt der Wand weiter nach rechts und gelangt zu einer weiteren **größeren Grotte,** die meist auch zum Umkehrpunkt bestimmt wird.

Die Orientierung bei diesem Tauchgang ist leicht. Die **Morgenstunden** sind wegen des Sonneneinfalls zu bevorzugen, allerdings sind diese auch die Stoßzeit der Besucher der Blauen Grotte, was die Tauchfreuden durch immer wieder auftretenden Motorenlärm erheblich trüben kann.

Dieser Tauchgang kann nicht bei starkem Südwind mit hohem Wellengang (der die Wellen in den Hafen treibt) durchgeführt werden, da dann nicht nur der Ein-/Ausstieg bei überfluteter Kaimauer, sondern auch die Dünung in Richtung Felswand zu gefährlich wären.

Tauchspots um Comino

Comino hat einige exquisite Spots zu bieten und ist trotz seiner Schönheit taucherisch nicht überlaufen. Die Unterwasser-Inselwelt kann **nur per Bootstauchgang** erkundet werden. Eine Mitfahrgelegenheit auf einem der vielen Touristenboote, die die Blaue Lagune ansteuern, ist wenig nützlich, da die guten Spots nicht in der unmittelbaren Nähe der Blauen Lagune liegen.

In der Regel machen die Tauchboote eine Tagesfahrt nach Comino. Die Mittagspause findet dann in der **Blauen Lagune** statt. Hier kann man sich unbeschwert unter die Schnorchel- und Schwimmtouristen mischen.

Für die passionierten Wasserratten ist ein **Schnorcheltrip** zu den der Blauen Lagune vorgelagerten Felsen auf der gegenüberliegenden Seite durchaus lohnend. Hier kann man seine ABC-Fähigkeiten voll einbringen, da zunächst ca. 300 Meter Streckenschnorcheln auf dem Programm steht und dann Tauchübungen in überaus reizvoller Umgebung gemacht werden können: Es gibt Spalten und Bögen zum Durchtauchen, Cominotto kann auch komplett umschnorchelt werden; dabei ist das Wasser glasklar, praktisch immer ohne Strömung und mit einer für das Mittelmeer atemberaubenden Fischvielfalt mit Schwärmen von Brassen, Lippfischen und vielem mehr.

Comino Caves/St. Maria Caves

Eine ca. zehnminütige Bootsfahrt von der berühmten Blauen Lagune entfernt liegt der wohl beliebteste Tauchspot Cominos: die Caves (Höhlen). Eigentlich wäre der Begriff **Tunnel** allerdings treffender. Der unerfahrene Taucher braucht keine Sorge vor Dunkelheit und Irrgängen zu haben, ab und zu wird es ein bisschen eng, aber immer nur für ein kurzes Stück, und in der Regel sieht man auch gleich den Tunnelausgang in diesem unwiderstehlichen Blau vor sich.

Die **Eingänge** der Höhlen, die sich in der L-förmigen Felswand befinden, sind schon über Wasser klar auszumachen. In der Tat sind die Einbuchtungen so groß, dass sich auch kleine Touristenboote in den Eingang zwängen können. Hierin

515M wl

liegt leider ein Nachteil dieses Tauchspots. Es kann einem passieren, dass gerade ein paar Boote über einen hinwegdonnern.

Entschädigt wird man aber beim Anblick der Fischmassen, die einen gleich beim Abstieg freundlich begrüßen. Das hat seinen Grund. Die Tauchschulen haben sich darauf verständigt, an dieser sandigen Stelle (auf ca. neun Metern) die **Fische mit Brotresten zu füttern.** Man sollte also bei einer Cominotour einen trockenen Brotkanten im Jacket haben, denn die Zuteilung durch den Guide kann mickrig ausfallen. Derart gut gerüstet, wird der Taucher im Spendierjacket von Fischen (vor allem Brassen) derart umlagert und bedrängt, dass ihm schier schwindelig werden kann. Die Fische fressen aus der Hand. Leere Tüten werden genauestens auf Krümelchen untersucht (bitte Tüten wieder mitnehmen!).

Nach diesem Schauspiel geht es zu den **Höhlen.** Diese sind gleich hinter den Eingängen aus blankem Stein, was den angenehmen Effekt hat, dass kein Sand aufgewirbelt wird und die Sicht voll genossen werden kann.

Taucher beim Einstieg

Der meistbetauchte Tunnel hat eine Art **Neptunsgabel-Form,** d.h. es gibt drei verschiedene Eingänge (von denen einer etwas eng ist), aber nur einen großen Ausgang auf der anderen Seite der Landzunge. Daneben gibt es kleinere Tunnel und ein weiteres größeres Tunnelsystem.

Es gibt sehr **viele Möglichkeiten** der Tauchgangsgestaltung an dieser Stelle (z.B. Rückweg um die mit großen Steinbrocken gesäumte Landzunge), und jeder Guide entwickelt eine eigene „Dramaturgie". Der Anfangs- und Endpunkt wird aber in der Regel die L-förmige Wand sein.

Es ist bestimmt nicht die schlechteste Idee, sich für den **Sicherheitsstopp** noch eine kleine Reservesemmel aufzuheben. Einen unterhaltsameren Stopp kann sich das Taucherherz kaum wünschen.

Selbst Fotoamateure sollten hier einmal die Probe auf's Exempel wagen und sich eine **Einwegkamera** zulegen. Die kann man sich bequem am Ende des Tauchgangs vom Boot reichen lassen, um dann noch ein paar Schnappschüsse vom „Taucher in Fischsuppe" im Drei-Meter-Bereich zu machen. Bitte die Ritsch-Ratsch-Klick-Boxen nicht auf den gesamten Tauchgang mitnehmen, der auf eine Tiefe von maximal 18 Metern führen kann, denn dann ist die Plastikbox garantiert abgesoffen.

Kleiner Tipp für junge Tauch-Hasen: Da während des Tauchgangs neue Boote anlegen können, sollte man sich die **Unterseite** (z.B. Stellung der Leiter, Rumpfform, etc.) **beim Abtauchen einprägen.** Nichts ist so peinlich wie das Auftauchen am falschen Kutter und hämische Blicke von der Crew.

Comino Lighthouse (Lantern Point/Irqieqa)

Wie der Name schon vermuten lässt, hat man den Leuchtturm von Comino an Cominos Südspitze beim **Einstieg** direkt vor der Maske. Die Tauchgruppe sammelt sich auf dem Grund des auf ca. neun Meter Tiefe gelegenen Plateaus, um sich dann entweder durch einen dramatischen **Kamin** oder in eine **Schlucht** fallen zu lassen. Beide Varianten enden an riesigen Felsblöcken, die immer wieder Möglichkeiten zum Durchtauchen bieten. Sicher geht hier jedem durch den Kopf: was, wenn die Steine jetzt ins Rollen geraten würden ...? Die Antwort spart man sich besser.

Der Tauchgang führt mit der senkrechten und bewucherten **Felswand** rechterhand tiefer und tiefer. Man kann bis auf fast 50 Meter Tiefe gehen; selbstredend muss sich an die im Briefing abgesprochene Maximaltiefe gehalten werden.

Ab ca. 30 Meter wird das Wasser erst schlierig, dann ziemlich frisch. Die **Sprungschicht** ist enorm spürbar, und darunter wird das Wasser glasklar.

Über dem **Sandboden** kann man mit Taucherglück auf Rochen treffen. Kapitale Zackenbarsche dümpeln hinter jedem zweiten Felsbrocken in friedlicher Eintracht mit Tintenfischen und Mittelmeermuränen. Im Blau schwimmen bisweilen auch Thunfischschwärme, es lohnt sich, einen Blick zu riskieren.

Beim **Rückweg** bieten sich wieder die Varianten Schlucht oder Chimney (Kamin) an. Vorsicht: Im Kamin muss darauf geachtet werden, frühzeitig Luft aus der Tarierweste zu lassen, da der Eingang bei ca. 17 Metern, der Ausgang hier auf acht Metern liegt.

Da dieser Tauchgang immer an der 30-Meter-Marke kratzen wird, ist er **dem erfahreneren Taucher vorbehalten,** der genügend Disziplin zur sorgfältigen Kontrolle seines Luftvorrates mitbringen sollte. Es wäre ärgerlich, wenn die gesamte Gruppe den Tauchgang – anders als geplant – im langweiligen, direkten Aufstieg beenden muss, weil jemand am Oktopus (Einsatzatemregler) des Tauchguides „hängt“: Der Aufstieg durch den Kamin am Zweitautomaten des Partners ist nämlich unmöglich.

Der **Sicherheitsstopp** wird wieder am Plateau gemacht, hier tobt sich der eine oder andere maltesische Taucher mit dem Jagen von Tintenfischen aus.

Tauchspots um Gozo

Die „kleine Schwester Maltas“ ist unter Tauchern bekannt für ihre dramatischen Tauchplätze. Auch für Gozo gilt: Die Sichtweiten sind meistens hervorragend und die Unterwasserlandschaften von Felsformationen geprägt. Auch auf Gozo können viele Tauchgänge ganz unkompliziert von Land aus gemacht werden, was vor allem derjenige begrüßt, der auf eigene Faust unterwegs ist. Das Mitführen von Pressluftflaschen im Leihwagen ist übrigens auf den Malta-Gozo-Fähren kein Problem. Andererseits ist dies nicht notwendig, da es auch auf Gozo einige wenige Tauchshops mit Verleih gibt. Wer nur wenig Zeit hat, sollte zumindestens die Tauchgänge am Azure Window (Inland Sea und Blue Hole) genießen.

Inland Sea

Ein Tauchgang vom Inland Sea aus wird jedem Taucher unvergesslich bleiben. Der Inland Sea ist eine natürliche Einbuchtung des Meeres, wobei das offene Meer aber nur durch einen schmalen, langen **Tunnel** erreicht werden kann.

Leider ist der Tunnel auch breit genug für kleine **Boote** mit Außenborder, so dass von diesen wieder die größten Gefahren wie auch die größte Nerverei ausgehen können. Da am frühen Morgen der Ausflugsverkehr in der Regel noch nicht so stark ist (und dieser Tauchgang auch eher der tiefere des Tages zu werden verspricht), empfiehlt es sich, den Inland Sea als ersten Tauchgang zu planen.

Der **Einstieg** am See ist äußerst bequem, da man praktisch unmittelbar am See parken kann, sich auf befestigtem Grund umziehen kann und schließlich gemütlich in das seichte (und sehr warme) Wasser watscheln kann. Nur etwas glitschig kann es auf den veralgten Steinen werden.

In ein bis zwei Meter Tiefe dümpelt man in etwas trüber Brühe Richtung **Tunneleingang.** Riesige Felsbrocken scheinen den Weg zu versperren, doch dann geben sie den Blick frei in diesen fantastischen Tunnel.

Tiefes Blauschwarz empfängt den Taucher, der sich gleich nach dem Eingang erst einmal fallen lassen kann. Um die Größe des Tunnels zur Gänze genießen zu können, sollte man aber nicht am Boden entlang kriechen, sondern ruhig **in der Mitte** schwebend tauchen. Nach kurzer Zeit (je nach Sonnenintensität) kann man den Ausgang erahnen: Ein riesiger blauer Schlund öffnet sich ins Meer. Langsam gleitet man diesem

Schlund entgegen. Der sandige Grund des Tunnels liegt in über zwanzig Metern Tiefe. Ein bisschen Selbstdisziplin gehört dazu, hier nicht zu lange zu gründeln und unnötig Luft zu verblasen. „Akrobatisch veranlagte" Taucher werden es sich sicher nicht nehmen lassen, einen Teil des Tauchganges auf dem Rücken schwimmend zu absolvieren, die blanken Höhlenwände, die Lichtspiegelungen auf und im Wasser laden förmlich dazu ein.

Am **Ausgang** des Tunnels erwarten einen nach links und rechts dramatisch abfallende Steilwände. Nichts anderes hat man beim Anblick der steilen Felsküste erwartet. Man kann hier tief gehen, ob es sich wirklich lohnt, muss der verantwortungsbewusste Taucher selbst entscheiden. Die Wahl, ob man einen Schlenker nach rechts oder links macht, spielt keine Rolle. Will man aber die weite (sehr weit, nur für „Kiemenatmer") Strecke bis zum Blue Hole zurücklegen, wende man sich nach links.

Blue Hole/Azure Window

„Blue Hole" – der Name allein klingt schon verheißungsvoll. Die Tauchgänge am Blue Hole zählen zu den Klassikern der Mittelmeer-Tauchspots. Beim „Blauen Loch" handelt es sich um eine natürliche Felsformation, die in Jahrtausenden vom Meer gestaltet wurde.

Um zur **Einstiegsstelle** zu gelangen, muss eine längere Strecke vom Parkplatz gelaufen werden. Der Pfad ist ein **Klettersteig** über scharfe Felsen, wer hier nichts an den Füßen trägt, hat wirklich ein größeres Problem. Im Sommer ist es zudem ratsam, eine Flasche Wasser im Gepäck zu haben und sich vor dem Fußmarsch wenigstens den Kopf zu benetzen (besser gleich einen kräftigen Schluck in den Anzug kippen), ansonsten kann man auf Grund der Anstrengung sehr leicht überhitzen.

Einmal am Blue Hole angelangt, sollte man gemütlich an der Oberfläche planschend erst einmal den Pulsschlag etwas normalisieren lassen. Dies ist auch dann die richtige Verhaltensweise, wenn der Guide drängelt oder die nächste Gruppe im Anmarsch ist.

Völlig entspannt lässt man sich dann langsam absinken. Das Loch hat einen Durchmesser von ca. zehn Metern und verfügt am Grund (in ca. 15 Metern Tiefe) über zwei „Bonbons". Zum einen gibt es einen großen **Durchbruch ins offene Meer,** zum anderen befindet sich an seiner Rückwand der Eingang in eine geräumige **Grotte** mit feinem Sandboden. Fast unnötig zu erwähnen, dass in der Mittagssonne das gesamte Loch in lichtdurchflutetem Blau leuchtet und der Blick von der Grotte aus in das Blue Hole das Herz höher schlagen lässt.

Gleich hinter dem Durchbruch im offenen Meer befinden sich eine **Felsbrockenlandschaft,** dicht bewachsen, dunkelgrün und mit großer Zackenbarschpopulation.

Eine beliebte Tauchgangs-Variante führt nach rechts, um durch das **Azure Window** zurückzukommen. Dieser Tauchgang führt nach den Felsbrocken an der Steilwand entlang.

Den Eingang ins Azure Window kann man verfehlen, wenn man sich ihm zu tief (ab unter 15 Meter Tiefe) nähert. Dann kann es passieren, dass man sich nach langer, schier nicht enden wollender Steilwand plötzlich am **Tunnelein-**

gang zum Inland Sea befindet. Dieser Tauchgang ist zwar möglich, bedarf aber fast der absoluten Sparatmung und ist auch nicht so interessant wie der Tauchgang durch das Window mit anschließendem Exkurs durch den Chimney (Kamin).

Um zum **Chimney** zu gelangen, muss man am Durchbruch vom Blue Hole vorbei (oder, falls man den Chimney an den Anfang setzt, wende man sich gleich nach links). Der Kamin ist ziemlich eng, zwei Taucher nebeneinander finden keinen Platz, aber das durch die Spalten dringende Tageslicht lässt keine Angst aufkommen.

Am Ende des Tauchgangs steht meist noch einmal ein kurzer Abstecher in die Grotte des Blue Hole, um sich dann schweren Herzens wieder aus dieser Traumwelt zu verabschieden.

Makroaufnahme eines Seepferdchens

Xlendi Cave und Xlendi Reef

Dass man in der romantischen und vor Wind und Wellen gut geschützten Felsenbucht von Xlendi gut tauchen können müsste, kann sich jeder schon beim ersten Anblick vorstellen. Dass sich aber in der Felsnase der Bucht ein die gesamte Felsnase durchschneidender Tunnel verbirgt, kann man nicht erahnen.

Als Einstieg für diese Tauchgang-Varianten wird in der Regel der letzte Zipfel der gegenüberliegenden **Kaimauer** gewählt, hier gibt es diverse Steintreppen.

Selbstverständlich kann aber auch ein Einstieg von der **Bootsanlegestelle** gemacht werden, dann empfiehlt es sich aber, ein gutes Stück an der Wand entlang zu schnorcheln, um Luft für den eigentlichen Tauchgang zu sparen.

Wichtig bei beiden Einstiegsvarianten ist der Hinweis auf den regen **Bootsverkehr** (vor allem Ausflugsboote) in der Hafenbucht. Daher muss unbedingt an der Wand entlang geschnorchelt werden, bzw. bei Durchquerung der Bucht direkt abgetaucht und in mindestens drei Metern Tiefe (besser: Bodennähe in ca. zehn Metern) gequert werden.

Der **Einstieg in den Tunnel** befindet sich in ca. sechs Metern Tiefe. Der Tunnel, der von dieser Seite her betrachtet schmaler anfängt und sich gegen Ende öffnet, ist gebogen, sodass der Taucher nicht das Ende des Tunnels im Blick hat. Die Wände sind aus blankem Fels, nur die Eingangsbereiche sind sandig und schön bewachsen. Der Ausgang der Höhle liegt am Grund auf ca. 12 Metern, im letzen Abschnitt des Tunnels kann man theoretisch sogar an der Oberfläche Luft schnappen gehen. Wer Tunnel mag, sollte auch den Weg zurück wieder durch den Tunnel wählen, da sich Hin- und Rückweg immer unterscheiden.

Eine andere Variante bietet hingegen das Umtauchen des **Felsriffs** von Xlendi, das quasi die Unterwasser-Fortsetzung der Felsnase ist. Hierzu halte man sich nach dem Tunnelausgang sofort scharf links. Das Riff, das teilweise wunderschön bewachsen ist, kann (stets linker Hand) in ca. 16 bis maximal 18 Metern Tiefe umtaucht werden. Es bietet sich aber auch an, die großen Felsbrocken einmal aus der Vogelperspektive (insofern dieser Ausdruck überhaupt unter Wasser anwendbar ist) auf sich wirken zu lassen. Wenn die Landzunge schließlich wieder in die Felswand übergeht, ist man fast schon wieder am Tunneleingang angelangt. Von einer erneuten Durchquerung sollte man aber allein schon aus tauchmedizinischer Sicht (Stichwort JoJo-Tauchgang) absehen.

Für diesen Tauchgang ist eine **Lampe** mehr als empfehlenswert. Makrofotografen werden in den seegrasbewachsenen Bereichen in jedem Fall auf ihre Kosten kommen.

Xatt L-Ahmar

Gleich drei absichtlich dort platzierte **Wracks** liegen unmittelbar an der Küste südwestlich vom Fährhafen Mġarr: die 1999 versenkte Fähre *Xlendi,* dazu die *Cominoland* und die *Karwela,* zwei Ausflugsschiffe, die 2006 dem Meeresgrund übereignet wurden, um weitere Taucher anzulocken. Die *Karwela* gilt unter Kennern als eines der schönsten Tauchziele im Mittelmeer, da von einfach zu betauchende Aufbauten, fotografisch interessanten Treppen und einem noch nicht überwachsenen Maschinenraum gerade auch für Unterwasserfotografen unheimlich viel geboten wird. Diese künstlich angelegten „Riffe" bieten kleinen Schwarmfischen nicht nur Schutz vor ihren wenigen Fressfeinden, sondern schützen auch vor handgeknüpften Fischernetzen. Von der Küste aus taucht man zunächst in knapp 10 Metern Tiefe über einen breiten, waagerechten und mit Seegras bewachsen Felsvorsprung, Unterschlupf für zahlreiche **Sprotten** und **Sardinen.** Dann fällt der Felsvorsprung bis auf gut 25 Meter ab und ist mit Felsen bedeckt, die einen hervorragenden Lebensraum für kleine **Oktopusse, Barben** und **Meerbrassen** bilden. Auch **Muränen** und **Barrakudas** gehören zu den Stammgästen am Xatt L-Ahmar, häufig sieht man **Papageienfische, Skorpionfische** und Schwärme von **Mönchsfischen.**

Die maximale **Tauchtiefe** beträgt rund 30 Meter, eine Lampe ist bei Wracktauchgängen Pflicht.

☐ Muräne

www.fotolia.de © Jürgen Rudorf

Tauchschulen

Vorab ein genereller Hinweis: Da es auf Malta und Gozo mittlerweile eine Vielzahl von Tauchschulen gibt, die sich in der Saison kräftig Konkurrenz machen, lohnt sich ein **Preisvergleich.**

In der **Nebensaison** ab November haben nur noch wenige Tauchschulen geöffnet, hier lohnt sich eine vorherige Kontaktaufnahme auf jeden Fall, was im Sommer nicht immer zwingend erforderlich, jedoch ratsam ist.

Fast alle Tauchschulen holen die Taucher vom Hotel ab (zuweilen wird hierfür aber ein Transportzuschlag erhoben), dennoch ist es äußerst sinnvoll, eine der Unterkunft nahe gelegene Tauchschule zu wählen, da sonst zu viel Zeit mit Warten und **Transport** verloren geht.

In fast allen Tauchschulen findet die **erste Ausfahrt** morgens um 9 Uhr statt, zum zweiten Tauchgang wird gegen 14 Uhr aufgebrochen. Das heißt, dass eine ruhige Gangart vorherrscht und genug Zeit zum Sonnenbaden, Regenieren und Essen bleibt. Es kann daher sinnvoll sein, Brotzeit und Getränke mitzunehmen.

Die **Sicherheitsstandards** und die Qualität der Ausrüstung sind in der Regel gut bis sehr gut.

Auf Malta liegen die meisten Basen im Nordwesten um St. Paul's und Buġibba, sowie in Sliema/St. Julian's. Östlich von Valletta gibt es nur in Marsaskala eine Basis, die Südküste ist tauchschulenfreie Zone.

Auf Gozo gibt es zwei Zentren: Xlendi und Marsalforn.

Weiterführende Hinweise und Links im Internet zum Tauchen in Malta findet man unter www.malta-online.de/taucher-links.htm und www.divemaltaandgozo.com, auf den Internetseiten der Tauchbasen selbst (s.u.) sowie über den maltesischen Dachverband *PDSA,* P.O. Box 12, St. Paul's Bay, www.pdsa.org.mt.

Tauchverbände

Die am häufigsten auf Malta vertretenen Tauchverbände sind:

- **PADI** (*Professional Association of Diving Instructors,* größter Weltverband)
- **NAUI** *(National Association of Underwater Instructors)*
- **CMAS** (*Confédération Mondiale des Activités Subaquatique,* europäischer Tauchverband)
- Die maltesische CMAS-Abteilung **FUAM** (*Federation of Underwater Activities* in Malta)
- **BSAC** *(British Sub Aqua Club)*
- Einige wenige Basen brevetieren auch nach den deutschen **VDST-Richtlinien.**

Glossar zu den Tauchschulen in Malta

- **TG:** Tauchgang
- **OWD:** Open Water Diver, Anfängerbrevet bei PADI, ca. fünftägige Ausbildung
- **AOWD:** *Advanced Open Water Diver,* Brevet für Fortgeschrittene bei PADI, dauert zwei bis drei Tage
- **Rescue:** Rettungstaucher-Brevet bei PADI (setzt einen Erste-Hilfe-Kurs voraus), dauert drei Tage
- **DM/Divemaster:** Mindestvoraussetzung 60 TG und *Rescue Diver Brevet,* umfasst die Mithilfe bei Anfängerausbildung, Zeitbedarf: mindestens zwei Wochen
- **CMAS*:** „Ein Stern" oder Bronze, entspricht in etwa dem OWD

- **CMAS **:** „Zwei Stern" oder Silber, entspricht in etwa dem AOWD
- **CMAS ***:** „Drei Stern" oder Gold, entspricht in etwa dem *Divemaster*
- **TG-Box:** auch „Dive Box", Paketangebot von 5/6 oder 10 TG
- **Schnuppertauchen:** TG zum Ausprobieren, entweder im Pool oder in sehr flachem Wasser ohne Strömung oder Wellengang
- **Specialty Brevets:** Spezialscheine, umfassen bei PADI (CMAS hat ähnliche Brevets im Angebot): Ausbildung zum Wracktaucher, Tieftaucher (30–40 Meter), Nachttaucher, Bootstaucher, Unterwasser-Navigator, Bergungstaucher, Unterwasserfotograf, Trockentaucher, Unterwasser-Naturspezialist, Ausrüstungs-Spezialist, Unterwasser-Video-Spezialist, Multi-Bereichs-Taucher, *Peak Buoyancy* (Tarierungsspezialist), Höhlentaucher sowie Nitrox-Taucher

Diese Brevets machen sich zwar gut in der Plastikartensammlung eines Tauchers, geben einem sicherlich den einen oder anderen Tipp oder vertiefen bereits Gelerntes, sind aber ansonsten (von Nitrox abgesehen) eine ziemliche Beutelschneiderei. Wirklich sinnvoll ist der AOWD, da dieser einem später auch die Teilnahme an tieferen oder komplizierteren TG ermöglicht und in den meisten Tauchregionen der Welt Voraussetzung für Tauchgänge tiefer als 18 Meter ist.

- **Leihausrüstung:** gemeint ist die volle Ausrüstung, bestehend aus Nassanzug (im Sommer *Shorty*, ab Herbst „Long John" mit Jacke), Tarierweste (BCD), ABC-Ausrüstung (Flossen, Schnorchel, Maske), Lungenautomat.

Preise

Die Preise sind bei allen Tauchschulen ähnlich, die Verbände verlangen unterschiedliche Prüfungs- und Brevetgebühren, die sich dann als leichter Preisunterschied bemerkbar machen.

Kurse

Das gesamte System an Kursen und Zertifikaten ist für den Neuling absolut verwirrend, da es sowohl mehrere Verbände gibt, als auch eine Unzahl unterschiedlicher „Scheine" (Brevets). Die Verbände führen mehr und mehr zusätzlich Kurse ein, die aber nicht unbedingt erforderlich sind. Sehr grob kann man das Ganze mit dem Fahrzeugführerschein vergleichen: man möchte einen PKW-Schein, fährt in die USA, will seinen Schein machen und kommt versehentlich mit der Lizenz zum Mofafahren zurück!

Wer einen Tauchschein machen möchte, sollte unbedingt gleich den „normalen", fünftägigen **„PADI Open Water"** (alternativ CMAS* „Einstern/One-Star") absolvieren; alles andere ist, mit Verlaub, Unfug. Dieser „PADI Open Water" ist der erste „echte" Tauchschein, den man machen kann (und auch sollte!), erst danach folgt der „Advanced Open Water". Aber auch darunter gibt es etliche mögliche Kurzlehrgänge mit Brevet. So ist der „letzte Schrei" der dreitägige „Scuba Diver", der einem kleinen „Open Water Diver" entspricht, aber nur Tauchgänge bis 12 m erlaubt.

Derzeit kostet etwa der **PADI-Open Water Kurs** (vier bis fünf Tage) bzw. **CMAS** * usw. inkl. Ausrüstung und aller Gebühren zwischen 350 und 400 €, der drei- bis viertägige **Fortgeschrittenenkurs** (CMAS **, *Advanced Open Water* usw.) rund 250 € (dann ohne Ausrüstung). Man sollte unbedingt als Anfänger eines dieser beiden Brevets erwerben, da diese grundsätzlich weltweit akzeptiert werden, nationale Brevets (VDST, BSAC usw.) dagegen nicht immer! Natürlich gehört auch **Nitroxtauchen** zum Angebot, der Basiskurs dauert zwei Tage (Theorie und zwei Tauchgänge) und kostet 150–200 € (inkl. Material und Zertifizierung). In den letzten Jahren kam der so genannte **„Open Water Referral"** (auch: „E-Open-Water") in Mode. Dabei kann der Tauchschüler (ähnlich wie beim Bootsschein auch) bereits Online bzw. zu Hause die Theorie durcharbeiten (und den Test quasi wie bei einem Fernstudium ablegen), um dann nur noch vor Ort den praktischen Teil zu absolvieren (in der Regel Einführung in die Geräte plus 4 Tauchgänge). Sparen kann man dadurch nichts, der Vorteil besteht darin, dass kostbare Urlaubstage nicht im Klassenzimmer verbracht werden müssen.

Hat man den „PADI Open Water" absolviert, darf man an allen Tauchgängen bis 18 m Tiefe teilnehmen. Hierzu zwei Anmerkungen: wie beim Autofahren auch, hat man vielleicht den Schein, aber noch keine Erfahrung! Wer vier Tauchgänge hinter sich hat, ist blutiger Anfänger, hat mit dem Tarieren alle Hände voll zu tun und wird von Mittauchern als Jo-Jo mitleidig belächelt; je nach Talent wird das Ganze ab 30–50 Tauchgängen etwas entspannter. Tipp: Man hängt sich an den Guide, der hilft Anfängern bei ihren ersten echten Tauchgängen in der Gruppe (bei der Könner schließlich tauchen möchten ohne Flossen im Gesicht oder Sand vor der Maske). Zweitens: Wer später mit diesem einen Schein einmal die 100er-Marke überschritten hat (gemeint sind 100 Tauchgänge, nicht Meter!), der wird nirgends auf der Welt nach einem „Advanced Open Water" für Tauchgänge über 18 m gefragt werden (Ausnahme: Malediven), die Tauchbasen weisen keinen Geldbringer ab, wenn er eine dreistellige Tauchgang-Zahl aufweist! Ab 1000 Tauchgängen wird man von Anfängern als gottähnlicher *Methusalem* betrachtet.

Wichtig ist es, sich von seinem Hausarzt ein Tauchattest ausstellen zu lassen. Dies kann zwar von der Tauchschule organisiert werden, ist aber mit einigem Aufwand verbunden. Wer einen Kurs plant sollte ein Passfoto für das Brevet mitbringen und die Internet-Angebote der Tauchbasen prüfen, da teils erhebliche Frühbucher-Rabatte (10–20%) gewährt werden.

Begleitete Tauchgänge

Wer einen Kurs absolviert und sein Brevet in der Tasche hat, kann sich den geführten Tauchgängen anschließen, die zu den schönsten Tauchstellen der maltesischen Inselwelt – u.a. den oben beschriebenen – führen. Hierfür sind bei eigener Ausrüstung durchschnittlich 20–25 € pro Tauchgang zu zahlen (Zylinder und Blei – „cylinder and lead" – erhält man natürlich von der Basis). Günstiger wird es mit sogenannten dive packages (Tauchpaketen), wo z.B. zehn Tauchgänge rund 220–250 € kosten. Diese kann man dann nach Belieben einteilen, also etwa auch einmal einen Tag aussetzen, um dann eventuell zweimal einen Nachttauchgang durchzuführen. Für Nachttauchgänge werden meist 20 € extra berechnet (erhöhter Personalaufwand, Tauchlampenmiete), ebenso für Tauchgänge per Boot (10–15 €). Tauchcomputer, Lampe, Kompass etc. sind **Extras.** Bei allen begleiteten Tauchgängen sind Blei und Flasche im Preis enthalten, komplette Leihausrüstungen sind bei

Anfängerkursen inklusive und kosten sonst je nach Basis 15–20 €.

Selbsttaucher

Weit fortgeschrittene Taucher werden sicherlich auch einmal (oder öfters) ohne die Gruppe tauchen wollen; hierfür muss man seit 2010 lediglich noch bei einer Tauchschule registriert sein (Formblatt, 2,50 €). Wichtig ist die Genehmigung, die von jeder Tauchbasis arrangiert werden kann (derzeit rund 15 €). Hierzu ist wie bei Kursen oder geführten Tauchgängen ein ärztliches Tauchattest sowie die Vorlage von Brevet und Logbuch notwendig. Dann kann man eine Flasche mieten, der refill kostet durchschnittlich ca. 70 Ct./Liter, eine Zehn-Liter-Flasche also 7 €, Nitrox kostet je nach Basis etwa 6–8 € pro Füllung extra.

Ärztliches Attest und Tauchalter

Mit den neuen Regularien, die auch auf Malta gelten, muss für das Attest ein zweiseitiges Standardformular verwendet werden. Dieses besteht nunmehr aus zwei Teilen, einer Selbsterklärung und einem Arztteil. Demnach wird ein Arztbesuch nur dann verlangt, wenn eine einzige Frage zu etwaigen Gesundheitsproblemen auf dem Selbsterklärungsteil (Seite 1) mit „ja" beantwortet wird – sonst nicht, es genügt die eigenhändige Unterschrift auf Seite 1. Es sei ausdrücklich darauf hingewiesen, dass es im vitalen Eigeninteresse eines jeden Tauchers liegt seinen Gesundheitszustand korrekt

Meerbarbenkönig

www.fotolia.de © Ribe

einzuschätzen und wahrheitsgemäß anzugeben, auch wenn die Medizinmänner teilweise dreistellige Summen für eine Tauchuntersuchung (wird nicht von den Krankenkassen übernommen) verlangen. Einen standardisierten Vordruck für das Attest bzw. die Erklärung findet man unter www.bluedivers.ch/new/pdf/padi-arztformular.pdf oder www.divers-travel-guide.com/tauchen/tauchversicherung/attest-padi.html.

Was – leider – auch in Malta immer mehr in Mode kommt ist die zunehmende Anzahl an **Kindern,** die an Tauchkursen teilnimmt. Nicht in der Tauchmedizin, auch innerhalb der Elternschaft wird immer wieder heiß diskutiert, welches denn das richtige Alter für den Nachwuchs sei, um an Tauchgängen teilzunehmen. Die Tauchbasen bieten den „Scuba Diver"-Anfängerkurzkurs (also TG bis 12 m Tiefe) allen Ernstes für 10-jährige an, mit der Konsequenz, nach diesem Minikurs dann sofort in der Gruppe mit auf Tauchgang genommen zu werden. Natürlich könnte man einwenden, die Perlentaucher der Südsee sind auch schon mit 6 Jahren in 20 m Tiefe unterwegs. Wir sind aber keine Südsee-Perlentaucher, sondern von im Alltag von bequemen Luxusgütern umgebene Mitteleuropäer. Die Kinder können die Gefahren des Tauchens nicht einschätzen, die Risiken sind unüberschaubar. Unter Wasser ist jeder Taucher, Buddy hin oder her, auf sich alleine gestellt! Für die Tauchbasen ist es ein (weiteres) Geschäft, verantwortungsvolle Eltern warten mindestens bis zum 15. Lebensjahr.

Tauchschulen auf Malta

Die folgende Aufstellung erhebt keinen Anspruch auf Vollständigkeit sondern legt den Schwerpunkt auf langjährig im Geschäft bestehende, erfahrene Tauchschulen. Eine vollständige Adressliste findet man unter www.visitmalta.com in der Rubrik „Sport und Aktivitäten; Tauchen". Hinweis: die meisten Basen verfügen über Nitrox – sollte dies nicht der Fall sein, wird unten darauf hingewiesen.

Strand Diving Services („Strand Divers")

■ Ramon Perellos Street (Ecke Mosta Road), St. Paul's Bay, Malta, Tel. 21574502, 21577480, Fax 21577480, www.stranddivers.com.

■ **Info:** PADI, CMAS, SSI, FUAM, TDI verfügt über eigenen Shop (*Scubapro, Suunto, Mares, Uwatec* und andere), führt Reparaturen aus. Eine der günstigsten Tauchschulen auf Malta, wobei aber keine Kompromisse bei der Sicherheit gemacht werden. Ganzjährig geöffnet ab 8.30 Uhr bis 18 Uhr.

■ **Tauchen:** ca. 35 Tauchplätze um Malta, Gozo und Comino, abwechslungsreiches Wochenprogramm, Gozo, Comino und St. Paul's Island werden – falls es das Wetter zulässt – jede Woche angeboten, sehr populäre Tauchschule – daher zuweilen etwas große Gruppen. Bei Tauchausbildung aber maximal vier bis fünf Taucher. Besonderheit: sehr seltene Berufstaucherkurse (Gas-Blender, Trimix, Helium ...) im Angebot.

■ **Sonstiges:** Ausbildung auch auf Deutsch, Vermittlung von günstigen Unterkünften, sehr lebhafte und freundliche Basis, kostenloser Pick-up von Tauchgästen wird täglich arrangiert, vermittelt Transfers zum/vom Flughafen und hilft beim Mieten von Leihwagen, organisiert tauchmedizinische Untersuchung (ca. 25 €), der Eigentümer der preiswerten und alt eingesessenen Basis, *Lawrence Spagnol,* ist ein alter Hase im Tauchgeschäft und gelegentlich noch immer aktiver Berufstaucher, gerne gibt er Tipps für Individualtaucher. *Strand Diving Services* war maßgeblich an der Erstellung des empfehlenswerten Tauchführers von *Ned Middleton* beteiligt, ist schon seit 30 Jahren im Geschäft, kostenloses Aufbewahren von eigener Tauchausrüstung auch an tauchfreien Tagen.

Scubatech

■ Alka Street, St. Paul's Bay, Tel. 21580617, Fax 214 55916, www.scubatech.info. Info: BSAC, IDD, CMAS, PADI geöffnet März–November. Noch recht jung, aber schon außerordentlich beliebt ist die Filiale *Scuba Kings* in Marsalforn, Triq Marina (an der Promenade), Tel. 21565612, www.scubatech.info.
■ **Tauchen:** ca. 20 Tauchplätze um Malta, Comino und Gozo.
■ **Spezielle Kurse:** diverse CMAS- und PADI-Kurse auf Anfrage, in Marsalform kostet der PADI-Open-Water derzeit knapp 300 €.
■ **Sonstiges:** Überwiegend britisches Publikum, Ausbildung in Englisch.

Maltaqua

■ Mosta Road, St. Paul's Bay, Tel. 21571873, Fax 21580064, www.maltaqua.com.
■ **Info:** BSAC, PADI (5* Center), VDST, basiseigener Shop mit Reparaturwerkstatt (*Scubapro, Mares* u.a.), eigene Nasstauchanzug-Schneiderei.
■ **Tauchen:** ca. 20 Tauchplätze um Malta, Comino und Gozo (Spezialität: Wracktauchen), basiseigenes Boot (RIB), Nitrox. Zehnerpaket (Küstentauchgänge) 225 €, PADI OW 320 €. Besonderheit ist hier die Möglichkeit des Kindertauchkurses.
■ **Spezielle Kurse:** alle PADI-Brevets, Möglichkeit eines sechswöchigen Praktikums im Anschluss z.B. an den zweiwöchigen *Assistant Instructor* Kurs.

■ **Sonstiges:** Ausbildung auch in Deutsch, Transfers zum/vom Flughafen, Vermittlung von Apartments und Unterkünften.

SubWay Scuba Diving School

■ **mit vier Filialen:**
– *Head Office,* Pioneer Road, Buġibba, Tel. 2157 2997, Fax 21577086, www.subwayscuba.com.
– 39, Xemxija Hill, St. Paul's Bay, Tel. 2158 0611, Fax 21577086.
– *Subway Scuba Diving Centre,* Barcelo Rivera Resort & Spa, Marfa, L/O Mellieha, Tel. 21520169, Fax 21577086.
– *Comino Dive Centre,* Comino Island, Tel. 21570354, Fax 21577086, www.cominodivecentre.com.
■ **Info:** PADI (5* Center)
■ **Tauchen:** ca. 30 Tauchplätze um Malta, Comino und Gozo.
■ **Spezielle Kurse:** alle PADI-Speciality-Brevets (ab 150 €), Schnorchellehrgang 60 €, Sonstiges: Ausbildung vorwiegend auf Englisch, *Subway* organisiert jedes Jahr im November einen UW-Fotowettbewerb *(The Blue Dolphin of Malta),* auch Videoaufnahmen von Tauchern werden angeboten.

Octopus Garden

■ Sind zweifach in St. Paul's vertreten, einmal im *Seashell Resort,* Coast Rd., Qawra, und im *Gilieru Harbour Hotel,* Church Square, St. Paul's Bay (s.u.), Tel./Fax 21584318, www.octopus-garden.com.
■ **Info:** CMAS, VDST, ITLA, PADI geöffnet März–Dezember Mo–Sa 9–18 Uhr, So 11–15 Uhr (nur auf Anfrage), verfügt über einen Shop, führt Scubapro (Vertragshändler, auch Reparaturen).
■ **Tauchen:** ca. 30 Tauchplätze um Gozo, Comino und Malta, Maximale Gruppengröße: ein bis fünf Taucher, Minimum bei Nacht-TG: zwei Taucher.
■ **Spezielle Kurse:** Alle VDST und CMAS Spezialbrevets möglich.

Sonstiges: Ausbildung auch auf Deutsch, 35 komplette Ausrüstungen *(Action Sport, Scubapro, Aquapro)*, direkter Hotelanschluss *(Suncrest Hotel)* – aber auch Tagesgäste willkommen, bietet Transfer ab/zur Unterkunft, eigenes Schlauchboot (RIB) für max. zwölf Taucher.

Octopus Garden Gillieru Hotel

Qawra Hotel Gillieru, Church Square, St. Paul's Bay, Tel./Fax 21578725, www.octopus-garden.com (auch auf Deutsch).

Info: PADI, VDST, IDA, CMAS, geöffnet ganzjährig (von November bis März mit eingeschränkten Öffnungszeiten), eigener Shop, Reparatur-Service.

Tauchen: Bootstauchgänge meist ab eigenem Jetty in Gruppen bis zu sechs Tauchern, Tagestouren nach Comino und Gozo.

Sonstiges: Tauchausbildung auch auf Deutsch, Flaschen- und Ausrüstungsverleih.

Octopus arbeitet mit einem deutschen Reisebüro zusammen: *Country Reisen,* Stockholmer Str. 11, 28719 Bremen, www.country-reisen.de.

Seashell Dive Cove

Neue Gemeinschaftsbasis, die mit der früher eigenständigen Basis *Meldives* fusionierte und jetzt direkt in der Mellieħa Bay in Il-Ghadira liegt. Marfa Road, Tel. 51521062 *(Seashell)* bzw. 21522595 *(Meldives);* www.seashell-divecove.com.

Bezz Diving

Quasi ein Nachbar der *Seashell Dive Cove* in Il-Ghadira

Info: Tel. 99273123, www.malta-diving.com; geöffnet Mo–Sa 8–18 Uhr, So 9–17 Uhr.

Tauchen: PADI und SDI Kurse; insgesamt ca. 15% günstiger als *Seashell,* außerdem ist der Transfer innerhalb Nordmaltas inklusive.

Spezielle Kurse: Manchmal interessante Komplettanangebote auch im Hochsommer (Apartment plus OW-Kurs unter 500 €). 10-er TG 250€ inkl. Luft/Blei/Transport. Mehr auf die einfachen, „normalen" Tauchgänge spezialisiert, bieten auch interessante Wracktauch-Kombinationen (6 TG 180 €).

Preise: O.k., aber es gibt nicht nur Vorteile: die günstigen Preise können natürlich nur bei einer bestimmten Gruppengröße gemacht werden.

Aqua Venture

Noch recht junge PADI 5*-Basis im *Mellieħa Bay Hotel,* die auch Unterkünfte außerhalb des Hotels arrangiert.

Info: Tel. 21522141, www.aquaventuremalta.com.

Tauchen: PADI, BSAC (bis *Assistant Instructor*)

Spezielle Kurse: Interessant ist das Angebot den PADI OW plus AOW in 7 Tagen für unter 600 € zusammen zu absolvieren. Der Schwerpunkt der besuchten Tauchspots liegt – für Fortgeschrittene – bei Wracks, insbesondere der Xlendi-Fähre und dem Blenheim-Bomber.

Paradise Diving School

PADI 5*-Basis, im *Paradise Bay Hotel,* Ċirkewwa, Tel. 21475116, Fax 21524363, www.paradisediving.com.

Info: PADI, CMAS, PDSA, direkt an das *Paradise Bay Hotel* angeschlossene Tauchbasis, geöffnet Mai bis Oktober, tgl. 9.30–19 Uhr. Kameraverleih.

Tauchen: Gruppengröße ein bis sieben Taucher, hauptsächlich Comino und Gozo und nördliches Malta, bislang sind nur Tagestouren möglich, Tauchen auch für Behinderte, basiseigenes Speedboot.

Sonstiges: direkter Hotelanschluss an das Vier-Sterne-Hotel *Paradise Bay,* alle Busse zur Fähre halten am Hotel, kostenlose Aufbewahrung des Equipments auch an tauchfreien Tagen, privater Strand mit Duschen, Snackbar und Restaurant.

Divewise Services Ltd.

Dragonara Peninsula, *Westin Dragonara Resort,* St Julian's, Tel. 2133 6441, www.divewise.com.mt.

Info: PADI, CMAS, BSAC, geöffnet ganzjährig (ab 9 Uhr). verfügt über einen Shop, auch Reparaturen.

Tauchen: ca. 25 Tauchplätze um Malta, Gozo und Comino, es wird versucht, Gruppen klein zu halten und gemäß Erfahrung einzustufen.

Spezielle Kurse: keine

Sonstiges: Ausbildung auf Englisch (seltener Deutsch, Italienisch, Russisch, Arabisch), direkter Hotelanschluss bei *Divewise (Westin Dragonara Hotel)* – aber auch Tagesgäste willkommen, sehr gut organisierte Basis mit gepflegtem Equipment, Transfers zum/vom Flughafen werden organisiert.

Dive Systems Watersports Limited

St. Julian's Tower, Sliema, Tel. 21319123, Fax 213 42040, www.divesystemsmalta.com.

Info: Zwei eigene Shops: *Aquamarina Sports,* 48 Gzira Road, Gzira, Tel. 317137 und *EXPO Subaqua Services,* 20, St. John Street, Valletta, Tel. 21223586 (von beiden auch Abholung zum Tauchen möglich), PADI, BSAC, SAA, geöffnet ganzjährig, führt auch Reparaturen durch).

Tauchen: an ca. 35 Tauchplätze um Malta, gelegentlich Gozo, Comino; sehr gut organisiert, Tauchplan der Woche auch jederzeit online einzusehen.

Spezielle Kurse: Alle Specialty-PADI-Brevets . Kindertauchen.

Sonstiges: Ausbildung auf Englisch, basiseigenes Tauchboot für bis zu 50 Personen (auch an Gruppen zu vermieten für 250 €/Tag inkl. Skipper).

New Dimension Scuba

Postadresse: Tower Place/Triq San Geraldu, St. Paul's Bay, Geschäftsstelle: *Pebbles Lido,* Qui-si-sana, Sliema, Tel. 21340511, Fax 21340506, www.nds-malta.com.

Info: CMAS, IDD geöffnet März bis November.

Tauchen: gut 20 Stammtauchplätze um Malta, Comino und Gozo.

Spezielle Kurse: diverse CMAS Kurse auf Anfrage.

Sonstiges: Ausbildung auf Englisch sowie Niederländisch und Deutsch, direkter Hotelanschluss *(Lido Pebbles)* mit diversen Wassersportmöglichkeiten, Transfers zum/vom Flughafen oder Exkursionen zu touristischen Einrichtungen werden organisiert. UW-Digicamverleih.

Dive Med (Marsaskala)

Postadresse: Zonqor Point, Marsaskala, Tel. 216 39981, www.divemed.com.

Info: PADI; geöffnet März bis November.

Tauchen: ca. 30 Tauchplätze um Malta, spezialisiert auf Wracks (Blenheim) und Rifftauchen.

Spezielle Kurse: diverse Kurse auf Anfrage (Englisch, Italienisch), Nitrox-Tauchen.

Sonstiges: Leihausrüstungen (12,50 €/Tag); Tauchshop (*Marken und Bare*/Malta). Der Inhaber *Manuel Borg* ist einer der etabliertesten Berufstaucher Maltas mit Auslandserfahrung in Italien und gilt als „Nachfolger" des Blenheim-Spezialisten *Ray Ciancio* in Marsaskala.

Aquabubbles

Die Basis *Aquabubbles* ist immer noch in vielen Publikationen und Webseiten als aktiv gelistet, seit dem Ende des *Jerma Palace Hotels* hat jedoch auch „Blenheim-Spezialist" *Ray Ciancio* seine Basis geschlossen und hat sich aus dem Tauchgeschäft zurückgezogen; derzeit ist er gelegentlich bei *Dive*

Med (s.o.) im selben Ort anzutreffen, die auf Wunsch den „Blenheim Bomber" betauchen.

Tauchschulen auf Gozo

Allgemeiner Hinweis: Die Tauchschulen auf Gozo sind oft preiswerter als jene auf Malta, was dem „Heimvorteil" geschuldet ist; **viele der schönsten Tauchplätze liegen rund um Gozo,** von Malta aus fällt der Transport zusätzlich an. Taucher nehmen oft direkt Quartier auf Gozo um lange Anfahrten zu vermeiden. Nicht alle, aber viele der gozitanischen Basen bieten auch Ferienwohnungen an.

Nautic Team Gozo

■ Volcano Street, Marsalforn, Gozo, Tel. 215 58507, Fax 21558507, www.nauticteam.com (auch auf Deutsch).

■ **Info:** PADI, SSI, CMAS, VDST und Barakuda, geöffnet März bis Dezember, tgl. außer sonntags, verfügt über einen Shop, führt *Scubapro* und *Mares* (auch Reparaturen werden ausgeführt), *Technisub, Uwatec, Hartenberger, Sherwood.*

■ **Tauchen:** ca. 35 Tauchplätze um Gozo, Comino und Ċirkewwa (Malta), Gruppengröße ein bis drei Taucher.

■ **Spezielle Kurse:** Tauchen für Jugendliche ab 14 Jahren, Tauchen für Senioren, Rettungstaucher, Foto- und Trimix-Kurse.

■ **Sonstiges:** Ausbildung auf Deutsch, etwa 40 komplette Ausrüstungen *(Scubapro),* zwei basiseigene Boote und Busse, Vermittlung von Apartments, Hotels, Transfers, Organisation von Kulturtrips, alteingesessene deutsche Tauchschule auf Gozo; Ausbildungssprachen vorwiegend Deutsch und Englisch.

Atlantis

■ Qolla Street, Marsalforn Bay VCT 116, Gozo, Tel. 21554685, Fax 21555661, info@atlantisgozo.com, www.atlantisgozo.com.

■ **Info:** PADI, ganzjährig geöffnet, verfügt über einen Shop *(Scubapro, Mares, Technisub, Cressi, Aquapro, Apeks);* Nitrox.

■ **Tauchen:** hauptsächlich Gozo, Ausfahrten schon ab einem Taucher, günstige 10er Pakete ab 200 €, inkl. Transport und Guide; kombinierte Paketpreise (z.B. eine Woche Tauchen (11 TG: 4 Boot-, 6 Land-, ein Nacht-TG, bei Übernachtung mit Frühstück, Transfers vom/zum Flughafen ca.350 €/Person).

■ **Spezielle Kurse:** PADI-Spezialbrevets

■ **Sonstiges:** Ausbildung auf Englisch, basiseigenes Boot, alle Ausrüstungen *Scubapro (Jackets Aquapro),* überwiegend Stahlflaschen, auch Apartments vorhanden.

Calypso Diving Center

■ **Calypso Hotel,** Marsalforn, Tel. 21561757, Fax 21562020, www.calypsodivers.com.

■ **Info:** PADI, alle Brevets

■ **Tauchen:** hauptsächlich um Gozo, Ausbildung vornehmlich auf Englisch, selten Deutsch.

■ **Sonstiges:** Hotelanschluss, Komplettpakete mit Zimmervermittlung, Transferservice und/oder Mietwagen usw. – attraktive Komplettangebote (z.B. Transfer, Unterkunft, Tauchen, Mietwagen) 350–400 €/Woche, Kameraverleih, Digitalverarbeitung.

Gozo Aqua Sports Diving Center

■ Rabat Road, Marsalforn, (von Victoria kommend am Ortseingang linker Hand), Tel. 21563037, Fax 21559938, www.gozo-aquasports.com.

■ **Info:** PADI (5*), Tauchshop; Nitrox ca. 6,50 € Füllung.

Kurse/Preise: alle PADI Kurse von OWD bis *Assistant Instructor,* alle PADI-Spezialbrevets, Preise auf Anfrage (wechseln je nach Saison), Gruppenrabatte möglich.
Tauchen: 25–30 Tauchspots rund um Gozo, es wird versucht, Gruppen klein zu halten (bis maximal sechs Taucher), Ausbildung auch auf Deutsch.
Sonstiges: basiseigenes Tauchboot, Apartment-, Hotel- und Mietwagenvermittlung. Es wird auch ein Transfer von/zum Flughafen angeboten. „Stay and Dive"-Angebote (Unterkunft plus Tauchpaket).

Dwejra Divers

Inland Sea, Dwejra, Tel. 21564888, Fax 2155 2056, www.dwejra-divers.com, Postanschrift: P.O. Box 3, GRB 101, 101 Fungus Rock Rd., Gharb, Gozo.
Info: Seit über 25 Jahren vor Ort tätige Tauchbasis direkt am Inlandsee gelegen, geöffnet ganzjährig, von November bis März gibt es spezielle Gruppenrabatte (Preise auf Anfrage), Ausbildung eher zweitrangig, vor allem geführte Tauchgänge (10er-Paket inklusive Boot und Guide 186 €, ungeführt/nur Flasche/Blei 10er für 155 €) und Verleih von Ausrüstung und Flaschen, Rabatte gibt es ab Gruppen von vier Personen. Über 30 Tauchspots um Gozo, sehr flexibel. Auch Vermittlung von Apartments (Mietwagen ist erforderlich, da die Busverbindung zum isoliert gelegenen *Inland Sea* mit Tauchgepäck nicht die erste Wahl ist, bieten auch Transferarrangements vom/zum Flughafen.

Gozo Diving Centre

Mġarr Road, Xewkija, Tel. 79009565, Fax 2156 0356, www.gozodiving.com.
Info: PADI, SSI, CMAS, geöffnet ganzjährig und tgl., verfügt über einen Shop, führt *Scubapro, Mares, Technisub* (auch Reparaturen), *Spiro.*
Tauchen: ca. 25 Tauchplätze um Gozo, Comino und Malta, Maximale Gruppengröße: sechs Taucher, auch Mehrtagesfahrten oder Liveaboard möglich; Nitrox.
Spezielle Kurse: Tauchen für Senioren/Kinder
Sonstiges: Ausbildung auch auf Deutsch und Holländisch (niederl. Leitung), 30 Komplettausrüstungen *(Scubapro, Mares, Technisub, Spiro),* direkter Anschluss an das *Mariblu-Guesthouse* (siehe Gozo, Xewkija; der Mġarr-Bus hält vor der Basis); Schwerpunkt auf Sicherheit beim Tauchen. Arrangiert auch Unterkunft, Jachtcharter und Aktivitäten für Nichttaucher. Attraktive Komplettangebote (Transfer, Ü/F, Mietwagen, Tauchen)!

St Andrew's Divers Cove (Mġarr und Xlendi)

Shore Street, Mġarr Harbour, Tel. 2155 6441, Fax 21561548, und St. Simon Street, Xlendi Bay (Hauptbasis), Tel. 21551301, Fax 21561548, www.gozodive.com.
Info: PADI, SSI, CMAS, SAA; IDD, geöffnet ganzjährig und tgl., verfügt über einen Shop, führt *Scubapro* (auch Reparaturen), *Mares, Technisub.*
Tauchen: ca. 25 Tauchplätze um Gozo, Comino und Malta. Maximale Gruppengröße: sechs Taucher, in der Nebensaison wird sehr gut auf die Wünsche der Taucher eingegangen. Open Water 340 €, Advanced 250 €; Nitrox.
Spezielle Kurse: PADI- und SSI-Spezialbrevets.
Sonstiges: Ausbildung mittlerweile auch auf Deutsch, 30 komplette Ausrüstungen, Vermittlung von Unterkunft im gegenüber gelegenen (Xlendi) Vier-Sterne-Hotel *San Andrea* oder von Apartments möglich (Preise Hauptsaison liegen zwischen 48 und 108 €/Person je nach Saison und Lage, inkl. Frühstück) oder in Apartments (ab 35 € für zwei Personen bis max. 75 € für sechs Personen in der Hauptsaison) und Villen mit Pool (auf Anfrage).

Das Personal von St. Andrew's achtet genau auf das Vorhandensein eines ärztlichen Attests, falls keines vorhanden ist, arrangieren sie gerne einen Arztbesuch (bei Belegung von Kursen ist dieser mit inbegriffen), ein Transfer vom/zum Flughafen kann ebenfalls arrangiert werden.

Moby Dives Co. Ltd.

■ Triq il Gostra, Xlendi Bay, Tel. 21551616, 2156 4429, www.mobydivesgozo.com.

■ **Info:** PADI (5* IDC!), geöffnet ganzjährig Mo–So 8.30–19 Uhr, verfügt über einen Shop, führt *Scubapro, Mares, Oceanic* (für alle auch Reparaturen).

■ **Tauchen:** ca. vor allem Gozo, Comino und Malta auf Anfrage, Gruppengröße: ein bis sechs Taucher. Je 20 € für die ersten sechs begleiteten Tauchgänge, danach ca. 18 € für jeden weiteren; Nitrox je plus 8 €.

■ **Spezielle Kurse:** Tauchen für Behinderte (speziell ausgebildet/HSA& IHAD, 350 €), Tauchen für Senioren, Marinbiologische Kurse, Tauchen für Jugendliche ab 14 Jahre, Nitroxtauchen, PADI-Spezialbrevets (ab 65 €).

■ **Sonstiges:** Ausbildung auch auf Deutsch u. Niederländisch, 40 komplette Ausrüstungen *(Scubapro, Aquapro)*, mit dem *Ulysses Village*/Xlendi assoziiert, Apartmentvermittlung, bietet Transfer ab/zur Unterkunft, Basis verfügt über einen eigenen Pool, drei Klassenzimmer, legt großen Wert auf „Buddykompatibilität", arrangiert tauchmedizinische Untersuchung. Relativ teure Basis auf hohem Preis-/Leistungsniveau.

⊡ Geheimnisvolles Höhlentauchen

Die **Auflistung von Tauchschulen** erfolgte aufgrund von persönlichen Erfahrungen mit den langjährig ansässigen Basen und erhebt keinerlei Anspruch auf Vollständigkeit! Die Preisangaben verstehen sich als Anhaltspunkt.

Blue Waters Dive Cove

■ Kuncizjoni St., Qala, Tel. 21565626, www.divebluewaters.com.

■ **Info:** Interessante Basis auf Gozo (PADI, BSAC), mit sehr breitem Angebot über das Tauchen hinaus, die sich überwiegend auf gozitanische Tauchspots spezialisiert. Kurse auf Englisch und Italienisch, inzwischen arbeitet auch eine Schweizerin auf der Basis. Bieten u.a. auch Unterkünfte, Mietwagen, Flughafentransfer, Radverleih, Exkursionen (Jeep-Safari, Ausritte) und Wanderungen. Einzeltauchgang max. 25 €, 10er-Paket 210 €. Begrenzte Ausleihkapazitäten, eigene Ausrüstung empfehlenswert.

Tauchschule auf Comino

Comino Dive Centre Selkies

■ **Hotel Comino,** Comino, Tel. 21345986, www.cominodivecentre.com.

■ **Info:** PADI, geöffnet März bis Nov. (ab 9 Uhr), verfügt über einen Shop, führt *Scubapro, Mares, Technisub* (auch Reparaturen).

■ **Tauchen:** ca. 25 Tauchplätze um Comino, seltener Malta (Ċirkewwa), sicherlich die beste Möglichkeit, die Spots um Comino kennenzulernen, da die meisten anderen Schulen lediglich die Höhepunkte (Comino Caves und Iriequa/Lantern Point anfahren), maximale Gruppengröße: ein bis acht Taucher, kleinere Gruppen bei Ausbildung.

■ **Spezielle Kurse:** Tauchen für Senioren. Alle PADI-Brevets, auch Spezialkurse wie Foto-, Höhlen-, Kindertauchen.

■ **Sonstiges:** Ausbildung auch auf Deutsch, Hotelanschluss *(Comino Hotel)*, Schnorchelausflüge, basiseigene Tauchboote, Transfers zum/vom Flughafen, in der Regel ist die Basis vor allem den Gästen der Hotels vorbehalten, mit telefonischer Voranmeldung sind jedoch auch Tagesgäste willkommen.

www.fotolia.de© Gilles Gras

www.fotolia.de © joelnberg

7 Praktische Reisetipps A–Z

Nach Malta gelangt man nur auf dem Luftweg, über Land und mit Fähren ist der Aufwand zu groß. Gozo und Comino sind von Malta aus gut auf dem kombinierten Land- und Seeweg zu erreichen, wobei die Überfahrt mit der Autofähre ein schönes Urlaubserlebnis darstellt. Was bei der Anreise und der Vorbereitung des Urlaubs zu berücksichtigen ist und auf welche lokale Besonderheiten man achten sollte, darauf geben die folgenden Seiten Antwort.

◁ In Valletta

An- und Rückreise, Ankunft auf Malta

Flug

Die wichtigsten Gesellschaften für Flüge von und nach Malta sind *Air Malta, Lufthansa Air Berlin* und *Austrian Airlines* mit **Direktflügen** aus dem jeweiligen Heimatland der Gesellschaft ab/bis Frankfurt/Main, München, Berlin, Hamburg, Düsseldorf, Stuttgart, Köln/Bonn, Zürich und Wien. Daneben fliegen diese und weitere Gesellschaften auch mit Zwischenstopp im jeweiligen Heimatland der Gesellschaft von/nach Malta. Die Flugzeit z.B. von Frankfurt nach Malta beträgt etwa 2½ Stunden, mit Zwischenstopp entsprechend länger.

Flugpreise

Ein Economy-Ticket von Deutschland, Österreich und der Schweiz hin und zurück nach Malta bekommt man je nach Jahreszeit und Aufenthaltsdauer **ab gut 200 € bis zu rund 500 €** (Endpreis inklusive aller Steuern, Gebühren und Entgelte). Naturgemäß wird in den warmen Monaten und besonders während der Schulferien kräftig an der Preisschraube nach oben gedreht.

Buchung

Natürlich kann man ein Ticket „klassisch" über ein Reisebüro erwerben, deutlich preiswerter ist allerdings die **Internetbuchung,** insbesondere mit Hilfe von Flugsuchmaschinen wie www.momondo,de, www.billigflieger.de, www.swoodoo.com oder www.skyscanner.de. Bei den Flugpreisvergleichen auf diesen Seiten lohnt es sich, auch einmal alternative Abflug-Flughäfen zu recherchieren, da einerseits aufgrund der Flughafengebühren teilweise erhebliche Preisunterschiede bestehen, aber auch Billigflieger wie *Germanwings* (www.germanwings.com), *Ryanair* (www.ryanair.com) oder *Air Berlin* (www.airberlin.com) längst nicht von allen Flughäfen starten und deutlich preiswerter fliegen, wenn sie nicht von den Großflughäfen wie z.B. Frankfurt, Wien oder Zürich starten. Zum konkreten Zielflughafen Luqa/Malta wird man dann meist auf Flüge mit *Air Malta, Lufthansa, Alitalia, Swiss* usw. treffen, aber manchmal auch auf interessante Angebote anderer Airlines (z.B. *Turkish Airlines*) stoßen.

Kombi- und Schnäppchenreisen

Gute Ergebnisse (insbesondere wenn man einen Mietwagen oder ein Hotel gleich mit buchen möchte) bieten u.a. auch www.opodo.de und www.expedia.de. Wer zeitlich flexibel ist und auch der Nebensaison etwas abgewinnen kann – warum nicht einmal „Karneval in Malta" im Februar erleben? – findet manchmal den berühmten zweiwöchigen Hotelaufenthalt inkl. Halbpension, Flug und Transfer für unter 350 € (Endpreis!) oder vergleichbare Pauschalangebote unter www.exibir.de, www.travelcloud.de, www.travelzoo.com, www.urlaubspiraten.de oder www.urlaubsguru.de. Der Unterschied zu Last-Minute Schnäppchen besteht darin dass hier teilweise längerfristig (auch etliche Monate vorher) vor Reiseantritt gebucht werden kann. Echte Hammerpreise sind dann aber – ähnlich wie bei den Reiseprospekten der großen Lebensmittel-Discounter – an sehr wenige Abreisedaten bzw. Abflug-Flughäfen gekoppelt.

Ankunft auf Malta

Luqa International Airport (www.maltaairport.com) liegt etwa 10 km südöstlich von Valletta und ist mit dem Taxi schnell zu erreichen; von keinem Ort auf Malta dauert die Fahrt vom/zum Flughafen länger als 35 bis 45 Minuten.

Mini „Flug-Know-how"

Check-in

Nicht vergessen: Ohne einen **gültigen Reisepass** oder Personalausweis kommt man nicht an Bord eines Flugzeuges nach Malta. Achtung: **Kinder** mit deutscher Staatsangehörigkeit benötigen ihr **eigenes Reisedokument.**

Bei den meisten internationalen Flügen muss man anderthalb bis zwei Stunden vor Abflug am Schalter der Fluggesellschaft eingecheckt haben. Je nach Fluggesellschaft kann man das in der Regel ab 23 Stunden vor dem Flug vorab zuhause im Internet erledigen und muss am Flughafen nur noch die ausgedruckte Boardkarte mit Barcode nach unten auf den Scanner legen und sein Gepäck an dem entsprechenden Schalter abgeben. Reist man nur mit Handgepäck kann man je nach Fluggesellschaft nach einer kurzen Prüfung gleich durch die Schranke in den Boardingraum.

Das Gepäck

Beim Packen des Handgepäcks sollte man darauf achten, dass man **Flüssigkeiten** (Gel, Parfüm, Shampoo, Creme, Zahnpasta, Suppe, Käse, Lotion, Rasierschaum, Aerosole etc.) nur in geringen Mengen **bis zu jeweils 100 ml** mit ins Flugzeug nehmen darf (das gilt auch für den Rückflug). Diese Substanzen muss man separat in einem durchsichtigen Plastikbeutel (z.B. Gefrierbeutel) transportieren, den man beim Durchleuchten in eine der bereit stehenden Schalen auf das Fließband legen sollte. Auch das Notebook oder Smartphone muss in eine solche Schale gelegt werden. Hat man einen Gürtel mit einer Schnalle aus Metall, empfiehlt es sich, diesen auszuziehen und ebenfalls in die Schale zu legen, da sonst in der Regel der Metalldetektor anschlägt und man vom Flughafenpersonal abgetastet werden muss.

Aus **Sicherheitsgründen** dürfen **Nagelfeilen** sowie **Scheren** und **Messer** aller Art, auch **Taschenmesser, nicht im Handgepäck** untergebracht werden. Diese sollte man unbedingt daheim lassen oder im aufzugebenden Gepäck verstauen, sonst werden diese Gegenstände bei der Sicherheitskontrolle einfach weggeworfen. Darüber hinaus gilt, dass leicht entzündliche Gase in Sprühdosen (Schuhspray, Campinggas, Feuerzeugfüllung), Benzinfeuerzeuge und Feuerwerkskörper etc. nicht im Koffer oder dem Handgepäck transportiert werden dürfen.

Von einen **Verschließen des Gepäcks** mittels eines Vorhängeschlosses **wird abgeraten,** da das Gepäck von dem Flughafenpersonal bei Auffälligkeiten beim Durchleuchten durchsucht werden können muss.

Nach Erledigung der Einreiseformalitäten wird das **Gepäck** in Empfang genommen (Gepäckwagen: 1 € Pfand), was manchmal eine Weile dauern kann.

Anschließend passiert man den **Zoll,** der insbesondere auf Harpunen achtet, da das Harpunieren auf Malta für Touristen verboten ist; der normale Tourist ohne Tauchgepäck wird nahezu immer durchgewunken. In der Ankunftshalle sind Geldwechsel (Banken-Wechselschalter mit ATM) und die Mitnahme kostenloser Informationsbroschüren (TI-Büro ganz links) möglich. Außerdem findet man hier einen Vodafone-Schalter (Prepaid-Karten für Malta), einen Minimarkt (Zeitschriften/Getränke), einen Arriva-Schalter für den Bustransfer („Bus Information and Tickets"), die Agentur *Supreme Travel* (Hotel-, Ausflugs-, Rundfahrtenbuchungen usw.), einen eigenen Taxi-Buchungsschalter sowie einen Mietwagenschalter.

Transfer ab Flughafen

Bus

Zwar nicht jedes abgelegene Resorthotel, wohl aber alle wichtigen Orte auf der Hauptinsel Malta sind sehr gut vom Flughafen aus per Bus zu erreichen. Direkt vor der Tür fahren **X1** (Mellieħa/Cirkewwa), **X2** (Sliema/St. Julian's), **X3** (Buġibba), **N71** und **N81** (St. Julian's) an der rechten Haltestelle „Ajruport 2". Links („Ajruport 1"; Valletta, Mosta, Birżebbuġa, Marsaskala) fahren **X4, X5, X7;** bei diesen ist der Flughafen Zwischenstation, man achte vor dem Einsteigen auf die richtige Endstation. Die letzten Busse fahren jeweils gegen 22.30 Uhr ab Flughafen (z.B. **X1**/Cirkewwa-Gozofähre oder **X3**/Buġibba). Spätestens alle 90 Minuten kommt man auch bei späterer Ankunft zumindest nach St. Julian's (Nachtbusse **N 71, N 81**).

Bustickets: Wer vor Ort häufiger mit dem Bus fahren möchte sollte gleich in der Ankunftshalle am Schalter „Bus Information and Tickets" ein Tages- oder Wochenticket erwerben; die meisten Tickets kann man auch beim Einsteigen kaufen, am Flughafen allerdings alle. Details zu den Kartenvarianten und Preisen s. „Verkehrsmittel".

Taxi

Ein **Taxi** nach Valletta kostet ca. 25–30 €, nach Sliema/St. Julian's rund 35 €, nach St. Paul's Bay oder Mellieħa etwa 40 €. Der Taxischalter für den Ankauf von Transfergutscheinen zum Festpreis ist nur tagsüber besetzt, abends Fixpreis aushandeln!

Wer den Taxis nicht traut, kann auch schon in Deutschland über das Reisebüro einen **Flughafentransfer** mitbuchen, viele Reiseagenturen schlagen selbst kräftig auf. Individualreisende, die „nur Flug" buchen, dann aber privat mit maltesischen Vermietern für eine Unterkunft oder mit einem Tauchkurs/Sprachkursveranstalter vor der Anreise korrespondieren, können in aller Regel entweder von diesem abgeholt werden oder über diesen einen Abholservice günstig vereinbaren.

☐ Die malerische San Blas Bay auf Gozo

Weiterreise nach Gozo

Bei vorgebuchtem Arrangement auf Gozo ist der Transport oft inklusive.

Etwas schwieriger ist die direkte Weiterreise nach Gozo, wenn man auf eigene Faust unterwegs ist.

Für alle Transfers mag auch der Anbieter *Maltatransfer* interessant sein (www.maltatransfer.com), der abgestimmt auf den jeweils individuellen Flug den Transfer ab 8 € p.P. arrangiert.

Mietwagen

In der Ankunftshalle findet man die Schalter von *Budget, Thrifty, Hertz, Europcar, First* und *Sixt*. **Tipp:** wenn man mindestens zu zweit reist kann einer auf das Gepäck warten und der andere direkt zum Mietwagenschalter gehen – manchmal herrscht dort Chaos mit längeren Wartezeiten nach Flugankünften.

Die Parkplätze der Vermieter liegen am rechten oberen Parkplatzrand.

Achtung auf Malta herrscht **Linksverkehr.** Nach der Ausfahrt erreicht man einen größeren Kreisverkehr an dem die wichtigsten größeren Ziele beschildert sind. Weitere Einzelheiten und Tipps s. „Verkehrsmittel“.

Rückflug

Die **Rückflughalle** ist klein und funktional. Abgesehen von den Check-In-

323M wl

Schaltern findet man hier (vor der Sicherheitskontrolle) die *Cafeteria Costa-Coffee,* einen Minimarkt mit gut sortierter Zeitschriften/Buchabteilung, einen Koffer-Einwickelschalter (Plastikfolien, 5 €), einen *Food-Court* (genau mittig zwischen Abflug- und Ankunftsbereich mit dem italienischen Restaurant *Mirabelle, Burger King, Fat Harry's Pub, KFC* und *Sundella's Flatbread*). Oben im Duty-Free-Bereich, hinter der Sicherheitskontrolle (es gilt EU-Recht: keine Flüssigkeiten) kann man neben den üblichen Alkohol- und Tabakwaren auch maltesische Weine, Kinnie-Limonade, Playmobil-Figuren und sonstige lokale Spezialitäten auf den letzten Drücker erwerben. Einige Snackbars, u.a. eine *Hard Rock Bar* der Kette *Hard Rock Café,* verkürzen die Wartezeiten auf den Abflug.

- **Air Malta,** Head Office Luqa, Tel. 21662211, www.airmalta.com.
- **Lufthansa,** P.O. Box 18, Luqa Airport, Tel. 2125 2020, www.lufthansa.com.
- **Swissair,** Kooperation mit *Lufthansa* (s.o.), www.swiss.com.
- **Austrian Airlines,** www.aua.com, Mitglied der *Star Alliance (Lufthansa).*

Landkarte

Eine empfehlenswerte **Karte von Malta und Gozo** ist beim Reise Know-How Verlag im *world mapping project* erschienen, Maßstab 1:50.000, GPS-tauglich und mit farbigen Höhenschichten versehen.

Ausflüge und Touren

Alle sehenswerten Orte Maltas sind **mit öffentlichen Verkehrsmitteln** zu erreichen. Für Tagesausflüge und Bootsfahrten gibt es jedoch eine Reihe von Anbietern vor Ort, die es Besuchern mit wenig Zeit erlauben, Malta zu entdecken.

Zu den beliebtesten Angeboten zählen die **Bootsfahrten nach Comino** mit Badeaufenthalt (ab 20 €), **per Boot um Malta und/oder Gozo** (40 €), **Hafenrundfahrten** im Grand Harbour (ab 20 €), **Luxus-Tageskreuzfahrten** auf großen Segeljachten mit exquisitem Buffet (ab 70 €), sogenannte **Unterwassersafaris** (25 €) mit Sitzplätzen und Fenstern unterhalb der Wasseroberfläche sowie **Jeep-Safaris** (ab 75 €/Tag). **Kinder** unter 5 Jahren fahren meist kostenlos mit, bis 10 Jahre ist der halbe Preis zu entrichten.

Anbieter gibt es in Hülle und Fülle (die meisten sind auch an den Uferpromenaden der Touristenorte zu finden); hier eine kleine Auswahl an den wichtigsten Standorten auf Malta und Gozo:

- **Captain Morgan Cruises,** Dolphin Court, Tigné Sea Front, Sliema, Tel. 23463333, Fax 23463344, www.captainmorgan.com.mt, umfangreichstes Programm (es werden sogar Hubschrauberrundflüge zu 100 € angeboten) mit Filialen u.a. in Buġibba/St. Paul's Bay (s. Ortsbeschreibungen).
- **Xlendi Pleasure Cruises** mit Filialen in Xlendi/Gozo, Tel. 21562548, und Marsalforn/Gozo, Tel. 21555667.
- **Romantika Cruises,** Harbour Rd., St. Paul's Bay, Tel. 21974168, bietet Comino-Badetour inkl. St. Paul's Island für ca. 50 € an!

Ausrüstung und Bekleidung

Auf Malta kann man so gut wie alles Notwendige erwerben. Bei der Kleidung richte man sich nach dem **Klima** und achte auf **Bequemlichkeit,** was besonders für die Schuhe gilt.

Kurze Hosen werden zwar toleriert, sind aber selbst im Hochsommer in gehobenen Restaurants, dem Casino oder vielen Kirchen explizit unerwünscht. Kurzärmelige Hemden, T-Shirts usw. sind dagegen immer in Ordnung (in Kirchen müssen die Schultern bedeckt sein).

„Oben ohne" ist ebenso verboten wie **FKK,** wird aber in der Gnejna Bay zumindest inoffiziell toleriert.

Für alle Fälle empfiehlt sich die Mitnahme einer leichten Windjacke für die Abendstunden (auch im Sommer!). Von Oktober bis Mai können abends heftige Windböen empfindlich frisch werden, ein leichter Pullover unter einem winddurchlässigen **Regenschutz** sollte aber für diese Jahreszeit ausreichen – die Temperaturen sinken selten unter 15 °C.

Ansonsten sollten besondere **Medikamente** (z.B. für Diabetiker) ebenso mitgebracht werden wie **Sonnenschutz** (auch Kopftuch/Schirmmütze), Sonnenbrille, Regenschutz (Schirm für Ortschaften, wer z.B. reitet oder wandert, wird einen Poncho bevorzugen).

Wichtig für Schwimmer: Für die Felsbadeplätze und Grobkiesstrände empfiehlt sich unbedingt die Mitnahme von **Badeschuhen** (keine Flip-Flops!).

Aufgrund der geringen Entfernungen auf Malta sind häufige Standortwechsel nicht zu empfehlen, als Gepäckstück genügt daher **Koffer** oder Reisetasche. Ein zusätzlicher kleiner **Rucksack** oder **Beutel** für Wanderungen (Getränke) oder Einkäufe hat sich als sehr praktisch erwiesen. **Tipp:** Selbstverpfleger mit Ferienwohnung, aber auch Hotelgäste mit Minibar o.Ä., könnten im Hochsommer eine kleine Kühltasche mit Kühlakku mitbringen und so für Strandbesuche vorgekühlte Getränke parat haben. So etwas bewährt sich auch beim Einkauf empfindlicher Lebensmittel.

Behinderte auf der Reise

Malta ist gewiss nicht so behindertenfreundlich wie Mitteleuropa, vom abgeflachten Bürgersteig über behindertengerechte Toiletten bis hin zu rollstuhlgeeigneten Telefonzellen fehlt noch vieles – vom öffentlichen Nahverkehr ganz zu schweigen (fast unmöglich). Dennoch kommt es ganz auf die Art der Behinderung an, ob man sich eine Reise nach Malta zutraut oder nicht. Gerade in den vergangenen Jahren wurde auch in dieser Hinsicht viel getan, neben der St. John's Co-Cathedral wurden vor allem die Tempel von Haġar Qim und Tarxien für Rollstuhlfahrer zugänglich gemacht. Die öffentlichen Telefonzellen werden teilweise umgerüstet. Diese großen **Hotels** sind für behinderte Reisende recht empfehlenswert:

- **Coastline,** Salina Bay, Salina
- **Imperial,** Sliema

■ **Holiday Inn Crown Palace,** Sliema
■ **Sea Breeze,** Birzebbuġa (Kontaktdetails s. Ortsbeschreibungen)

Einige **Organisationen** bieten ihre Hilfeleistung auch ausländischen Besuchern an, organisieren Transfers und geeignete Ausflugsfahrzeuge und stellen Gehhilfen und Rollstühle bereit.

■ **Association for the Physically Handicapped & Rehabilitation Centre,** Corradino Hill, Pawla, Tel. 21693863, Fax 21692221, www.phrfmalta.com.
■ Die **National Commission Persons with Disability** bietet über ihre Homepage Fachliteratur und Hilfestellungen; www.knpd.org.

Ein- und Ausreisebestimmungen

Dokumente

Staatsbürger der EU-Länder und der Schweiz benötigen für die Einreise in die Republik Malta (EU-Vollmitglied) lediglich einen gültigen **Personalausweis** oder **Reisepass** (bzw. **Kinderreisepass**), für einen Aufenthalt bis zu drei Monaten ist kein Visum erforderlich. Seit Mitte 2012 muss **jedes Kind über ein eigenes Reisedokument verfügen,** wenn es Deutschland verlässt. Es reicht nicht mehr aus, wenn es im Reisepass eines Elternteils eingetragen ist.

Besondere **Impfungen** sind nicht vorgeschrieben.

Bei längerfristigen Aufenthalten oder Arbeitsaufnahme in Malta wendet man sich für die entsprechenden Visa **im Heimatland** an die jeweilige diplomatische Vertretung Maltas. Auch in Deutschland, Österreich oder der Schweiz lebende Staatsbürger anderer Länder sollten sich bei der diplomatischen Vertretung Maltas in Deutschland, Österreich oder der Schweiz nach der Notwendigkeit für ein Visum erkundigen:

■ **Deutschland:** *Botschaft der Republik Malta,* Klingelhöferstr. 7, Tiergartendreieck, Block 4, 10785 Berlin, Tel. (030) 2639110, Fax 26391123.
■ **Österreich:** *Botschaft der Republik Malta,* Opernring 5/1, 1010 Wien, Tel. (01) 5865010, Fax 58650109.
■ **Schweiz:** *Generalkonsulat der Republik Malta,* Parc du Château-Banquet 26, 1202 Genf, Tel. 022 9010580, Fax 7381120.

Ein- und Ausfuhr

In allen EU- und EFTA-Mitgliedstaaten gelten weiterhin **nationale Ein-, Aus- oder Durchfuhrbeschränkungen,** z.B. für Tiere, Waffen, starke Medikamente und Drogen (auch für Cannabisbesitz und -handel). Für die steuerfreie Mitnahme von Alkohol, Tabak, Kaffee u.a. bestehen jedoch Obergrenzen. Bei Überschreiten der Freigrenzen muss nachgewiesen werden, dass keine gewerbliche Verwendung beabsichtigt ist.

Innerhalb von EU-Ländern

Seit dem EU-Beitritt Maltas gelten die EU-Richtlinien, was theoretisch einen freien Warenverkehr bedeutet. Es gelten die üblichen **Freigrenzen innerhalb der EU:**

- **Alkohol** (für Personen ab 17 Jahren): 60 l Schaumwein (anderer Wein unbegrenzt nach Deutschland) oder 110 l Bier oder 10 l Spirituosen über 22 Vol.-% oder die gleiche Menge Alkopops oder 20 l unter 22 Vol.-% oder eine anteilige Zusammenstellung dieser Waren.
- **Tabakwaren** (für Personen ab 17 Jahren): 800 Zigaretten oder 400 Zigarillos oder 200 Zigarren oder 1 kg Tabak oder eine anteilige Zusammenstellung dieser Waren.
- **Anderes:** 10 kg Kaffee und 20 Liter Kraftstoff im Benzinkanister.

Freimengen für Reisende der Schweiz

- **Alkohol** (für Personen ab 17 Jahren): 1 l Spirituosen(über 22 Vol.-%) oder 2 l Spirituosen (unter 22 Vol.-%) oder eine Zusammenstellung dieser Waren, und 4 l nicht-schäumende Weine und 16 l Bier.
- **Tabakwaren** (für Personen ab 17 Jahren): 200 Zigaretten oder 100 Zigarillos oder 50 Zigarren oder 250 g Tabak oder eine anteilige Zusammenstellung dieser Waren.
- **Andere Waren:** 10 Liter Kraftstoff im Benzinkanister; für See- und Flugreisende bis zu einem Warenwert von insgesamt 430 €, über Land Reisende 300 €, alle Reisende unter 15 Jahren 175 € (bzw. 150 € in Österreich).

Freimengen bei Rückkehr in die Schweiz

- **Alkohol** (für Personen ab 17 Jahren): 2 l bis 15 Vol.-% und 1 l über 15 Vol.-%.
- **Tabakwaren** (für Personen ab 17 Jahren): 200 Zigaretten oder 50 Zigarren oder 250 g Schnitttabak oder eine anteilige Zusammenstellung dieser Waren.
- **Anderes:** neuangeschaffte Waren für den Privatgebrauch bis zu einem Gesamtwert von 300 sFr. Unter den Nahrungsmitteln gibt es bei vielen landwirtschaftliche Erzeugnissen innerhalb dieser Wertfreigrenze weitere Mengenbeschränkungen.

Nähere Informationen

- **Deutschland:** www.zoll.de oder unter Tel. (0351) 44834510.
- **Österreich:** www.bmf.gv.at oder unter Tel. (01) 51433564053.
- **Schweiz:** www.ezv.admin.ch oder unter Tel. (061) 2871111.

Einkäufe und Souvenirs

Wie überall in touristisch frequentierten Regionen auf dem Globus wird der Reisende auf der Suche nach dem einen oder anderen **Andenken** an die Maltareise Kitsch und Kram zu Hauf finden. Den netten Aschenbecher mit Malteserkreuz für den Onkel, das Spitzendeckchen – handgeklöppelt – für die Oma und Ähnliches findet man in der Republic Street/Merchant Street von Valletta. Strickwaren, Spitzendeckchen und Pullover scheinen ohnehin ein großer Exportschlager Maltas zu sein – im Inland hat man ob der hohen Temperaturen zumindest im Sommer kaum Verwendung dafür.

Auch die Erzeugnisse der heimischen **Glasbläsereien** vom Kerzenständer bis zur Blumenvase erfreuen sich großer Beliebtheit bei Besuchern (Manoel-Is-

029Mw

land/Sliema und Ta Qali auf Malta sowie *Gozo Crafts Centre*/San Lawrenz).

Wirklich originell und landestypisch sind da schon eher die schweren **Messingtürklopfer in Delfinform.**

Modisches und **Sommerkleidung** findet man auf den Straßenmärkten (Valletta, Victoria/Gozo und Marsaxlokk), vor allem No-Name-Jeans sind recht begehrt.

Auch **Tonträger/DVD/Software** sind hier zu finden, wobei aber die Qualität unterschiedlich sein kann (am besten anhören/vorführen lassen).

Beliebte Mitbringsel sind auch **typisch maltesischen Lebensmittel** wie Honig, eingelegte Kapern oder der heimische Wein. In den Haushaltsgeschäften wird man die Formen für die berühmten Pastizzi und Ravjul finden, in den Buchhandlungen Kochbücher für original maltesische Gerichte.

Der geschichtlich Interessierte wird sich sicherlich das eine oder andere Fachbuch mitbringen wollen – die **Buchhandlung** *Sapienza's* in der Republic Street/Valletta dürfte die bestsortierte für alle Zwecke sein.

Auch **Gold- und Silberschmuck** wird gerne gekauft, man beachte jedoch die Einfuhrbestimmungen der EU (s. „Ein- und Ausreisebestimmungen")!

Die Ausfuhr von **Antiquitäten** ist grundsätzlich verboten, der sonntägliche **Trödelmarkt** an der Bastion Vallettas bietet aber ganz legal eine Reihe von Dingen, die bis zum Zweiten Weltkrieg und davor zurückreichen – für den einen ist dies Plunder, für den anderen das schönste Andenken der Welt.

Für **Taucher** können italienische Produkte preislich recht interessant sein (z.B. MARES), aber auch No-Name-Shorties/Wetsuits sowie „Kleinkram" (Adapter, Messer) können teilweise günstig erworben werden.

Elektrizität

Maltas **Stromspannung** beträgt 240 V Wechselstrom bei 50 Hz und stellt für alle neueren Elektrogeräte kein Problem dar.

Die (britischen) **Steckdosen** benötigen allerdings Stecker mit drei flachen Stiften (manchmal auch 2 runde und ein Schlitz), die bei den in Baumärkten oder Elektrogeschäften erhältlichen **Adaptern** („Welt-Reisestecker") integriert sind. Aber auch vor Ort sind für ca. 2–3 € in allen Elektroläden Adapter erhältlich (klobige, weiße Adapter mit integrierter

◁ Türklopfer – ein beliebtes Souvenir

Sicherung). Diese sind dem Weltreisestecker sogar vorzuziehen, da sie für flache und runde Stecker geeignet sind, während der Weltadapter oftmals für unsere älteren, runden Stecker etwas zu klein ist.

In den größeren Hotels sind häufig Adapter bereits im Zimmer vorhanden, bei Mietwohnungen, Farmhäusern und kleineren Hotels sollte ein eigener Adapter mitgeführt werden.

Essen und Trinken

Maltesische Küche

Die maltesische Küche ist bei uns weitgehend unbekannt oder wird als Anhängsel der italienischen Küche abgetan. Dieses Vorurteil resultiert aus den Anfängen des Tourismus auf Malta in den 1960er Jahren, als die Hotelküchen und Gaststätten ausschließlich internationale (italienische und englische) Gerichte servierten, damit sich der Gast „wie daheim" fühle. Erst mit der zunehmenden Nachfrage internationaler Besucher nach einheimischen Gerichten wurde die heimische Gastronomie neu „entdeckt", sodass neben der stark vertretenen italienischen auch die maltesische Küche dem Besucher Gaumenfreuden bietet.

Die wichtigsten **Zutaten** der maltesischen Küche sind Kapern, Oliven und Tomaten beim Gemüse, Ricotta und Schafs- oder Ziegenkäse, beim Brot das Weizenbrot mit dunkler, knuspriger Kruste, Reis oder Nudeln als Beilage sowie frischer Fisch oder Kaninchen als Hauptspeise. Alle Zutaten werden vorzugsweise frisch auf den Märkten oder von fahrenden Gemüsehändlern und Bäckerwagen gekauft, in vielen Orten gibt es natürlich auch Fischgeschäfte, Metzgereien und Bäckereien.

Nicht zuletzt wegen des hohen Touristenaufkommens muss ein Gutteil der Nahrungsmittel importiert werden, je nach Saison werden aber auf Malta selbst u.a. Weintrauben, Feigen, Kakteenfrüchte, Erdbeeren, Orangen, Linsen, Bohnen, Auberginen, Kürbis, Kohl, Kartoffeln, Tomaten, Oliven (Olivenöl) und natürlich Kapern geerntet. Auch der maltesische Honig erlangte im ganzen Mittelmeerraum Berühmtheit.

Neben Weintrauben gehören **Blutorangen,** die um Attard, Rabat und Buskett gezüchtet werden, zu den bedeutendsten maltesischen Früchten. Der maltesischen Blutorange wurden seit jeher besondere Heilkräfte zugesprochen, sodass sich schon zu Johanniterzeiten die Tradition entwickelte, ausländischen Rittern und höchsten Würdenträgern als Gastgeschenk Honig und Apfelsinen zu überreichen – eine Tradition, die der maltesische Präsident bei Staatsbesuchen noch heute aufrechterhält.

Die verschiedenen Völker und Kulturen, die Malta im Laufe der Jahrhunderte beherrschten, hinterließen auch ihre kulinarischen Spuren, und so zentral Maltas Lage im Mittelmeer zwischen Italien und Nordafrika ist, so vermischt scheinen auch die Gerichte; etliche Begriffe wurden aus dem Arabischen oder Italienischen übernommen.

Maltesische Gerichte

Maltesische Gerichte findet man vor allem in einfachen Kneipen, Kiosken, Bäckereien und Snack-Bars (Takeaway). Die nationale „Stulle" ist das sehr nahrhafte **Hobż Biż Żeijt** (Brot mit Öl), ein großes, rundes Brötchen, belegt mit Tomate, Oliven, Kapern, Minze, (eventuell) Sardellen und mit etwas Öl beträufelt. In Bars bekommt man als Snack den Hobż Biż Żeijt in leicht abgewandelter Form: Das Brot wird in Stücke geschnitten und in Öl getränkt, dann mit den genannten Zutaten bestreut; gegessen wird es ohne Besteck.

Ebenfalls ein Häppchen sind die **Pastizzi** (kleine, gebackene Teigtaschen) mit Ricottakäse, Spinat und Erbsenpaste als Füllung – ein Gedicht, aber ähnlich wie die Weißwurst in Bayern nur sehr früh zu bekommen, meist bei Straßenverkäufern und Bäckereien, vor allem in Valletta und Victoria/Gozo.

Eine günstige und sättigende Mahlzeit wird mit **Timpana** geboten, einer Lasagneart, die mit Rigatoni (Röhrennudeln), Gemüse und Ġbejniet-Käse (aus Gozo) zubereitet wird,gelegentlich auch mit Schinken, Leber oder Speck. In Malta werden alle möglichen Reste in die Timpana gegeben, sodass sie nirgends gleich schmeckt und vom Prinzip her dem mitteleuropäischen Eintopf entspricht.

Süße Snacks, die man in Bäckereien, vor allem aber während der vielen Festas in den Buden findet, sind **Imqaret** (mit Datteln gefüllte Pfannküchlein) und **Qubbajt** (Karamellschnitte mit Nüssen und Mandeln oder Früchten und Mandeln, ähnlich dem „Halva" oder „türkischem Honig"), beides Kalorienbomben. Auf den Festas erkennt man die Händler leicht an den alten Balancewaagen, mit denen Qubbajt abgewogen wird.

Ganzjährig kann man in Malta exquisite **Kuchen und Torten** probieren, unerreicht dürfte die Schokoladentorte des *Fontanella Tea Garden* in Mdina sein.

Bei den durchfahrenden Obstwagen (in kleineren Orten) kann man die köstlichen **Bajtra Tax Xewk (Kaktusfeigen)** für wenige Cent entstachelt und essbereit erstehen. Der Beruf des Kaktusfeigenverkäufers wird heute von einigen alten Männern mit *Karretun* (Eselskarren) und *Mus* (kleines, gebogenes Schälmesser) ausgeübt. Hierbei schält der Verkäufer die in einem mit Wasser gefüllten Eimer lagernden Früchte mit Gummihandschuh und *Mus*. Die Haupterntezeit sind die Monate August und September, die heißesten Monate also. Wer zu Fuß durch Malta und Gozo wandert, wird die (dann roten) Früchte überall an den Kakteen hängen sehen und kann sich an den saftigen Früchten laben – auf die splitterähnlichen Stacheln achten!

Arabischer Herkunft sind Gerichte wie **Ful** (gebackene Bohnen), **Biġilla** (Bohnenpüree) oder **Fazola bit Tewn** (in Öl und Knoblauch eingelegte Bohnen), die mit Brot als Vorspeise gegessen werden. Deftig schmeckt **Faqqieh bil bejken,** ein Pilzgericht mit Speck.

Unbedingt probieren sollten Fischfreunde die maltesische **Aljotta** (Fischsuppe) und den Nationalfisch **Lampuki** (Makrelenart), den man sich nach Wunsch in den verschiedensten Zubereitungsformen bestellen kann (Saison von August bis November). Ohnehin wird man den Fisch kaum frischer als in Malta bekommen können, Hochburgen für frische Fischgerichte sind Marsaxlokk und St. Paul's Bay sowie Xlendi auf

044M wl

Gozo. Köstlich sind auch **Cerna** (Seebarsch) und **Qarni stuffat** (geschmorter Tintenfisch).

Sehr italienisch scheinen die **Ravjul** (Ravioli) zu sein, deren Tasche in Malta aber mit Grieß und Mehl, die Füllung mit Petersilie und Ricotta (nie Hackfleisch) gekocht wird. Großer Beliebtheit erfreut sich auch **Ross Il Forn,** ein Risotto mit Hackfleisch, Tomaten, Speck und Zwiebeln, im Ofen mit Parmesan und Eiern überbacken.

Gedeihen im Sommer reichlich und schmecken köstlich erfrischend: Kakteenfrüchte

Maltas unerreichter und auch für den Besucher unbedingt empfehlenswerter Sonntagsbraten aber ist das **Fenek,** Wildkaninchen, in Rotweinsauce gebacken – ein Gaumengenuss, aber nicht überall erhältlich.

Kleiner Menüsprachführer

Viele Lokale bieten zwar mehrsprachige (englisch-italienisch-maltesische) Speisekarten an, aber gerade kleine Schänken listen im englischsprachigen Teil nur wenige Menüs auf. Mit Hilfe der folgenden Liste sollte man auch maltesische Karten verstehen können.

Suppen

Aljotta	Fischsuppe
Minestra tal Ħaxix	Gemüsesuppe (Kohl, Kürbis)
Kawlata	Gemüsesuppe m. Wurst
Soppa tal armla	Gemüsesuppe mit Käse
Brodu tat Tiġiega	Hühnersuppe
Brodu taċ Ċanga	Rindfleischsuppe
Kapunata	vegetarischer Eintopf

Kleinigkeiten, Vorspeisen

Bebbux bl-Arjoli	Schnecken in Sauce
Ravjuletti bl-Irkotta	Ravioli mit Quarkkäse
Fażola bit Tewn	Bohnen in Knoblauchöl
Bigilla	Bohnenpüree
Barbuljata	Rührei mit Zwiebel
Torta ta'L-Irkotta	Ricotta-Auflauf
Froġa tat-Tarja	Vermicelli-Omelette

Hauptgerichte

Timpana	Nudelauflauf
Ross il-Forn	Reisauflauf
Ravjul	Teigtaschen mit Tomatensauce
Braġjoli	Rouladen in Rotweinsauce
Stuffat	Rindsgulasch
Fenek bit-Tewn u bl-Imbid	Kaninchen in Knoblauch und Wein
Falda Mimlija	Schmorbraten
Laħam fuq il-Fwar	Rinderfilets in Knoblauch
Pulpettun	Hackbraten m. Schinken
Torta tal Lampuki	Lampuki-Auflauf
Pixxispad Mixwi	Schwertfisch, gegrillt
Lampuki biż żalża pikkanti	Lampuki in pikanter Sauce
Stuffat tal Qarnit	gedünsteter Tintenfisch
Merluzz Mixwi	gegrillte Rotbarbe
Ċerna	Seebarsch
Qara bagħli biż żalża pikkanti	Zucchini pikant
Brinġiel Mimli	gefüllte Auberginen (Fleisch)
Bżar Aħdar Mimli	gefüllte Paprikaschoten
Qaqoċċ Mimli	gefüllte Artischocken (Sardellen)
Fritturi tal-Pastard	frittierter Blumenkohl
Ful bit-Tewm	Bohnen mit Knoblauch
Patata Fgata	Kartoffel mit Fenchel

Getränke

Maltesischer Wein

Die von der Sonne verwöhnten maltesischen Inseln sind seit den Zeiten der Phönizier und Römer ein bekanntes Anbaugebiet, lediglich unter arabischem Einfluss ging der Weinanbau, religiös bedingt, stark zurück. Die Normannen führten ein kleines Parzellensystem mit umgebenden Steinmauern ein, welche vor den heftigen Winden schützten. Doch erst mit den Johannitern, die aus weintrinkenden Ländern stammten, wurden die beiden Sorten **Insolja** (grüne Traube) und **Mammolo** (blaue Traube) als die für Malta geeignetsten festgelegt. Unter den Briten kamen neue Abfüllverfahren (Flasche statt Holzkübel) hinzu, heute wird der Wein auf Malta ebenso professionell erzeugt wie anderswo. Ein großer Unterschied zu den mitteleuropäischen Weinbergen wird allerdings schnell offenkundig: Wegen der starken Sonne kann die Weinpflanze auf flachem Feld angebaut, muss aber aus dem gleichen Grund etwa kniehoch gestutzt werden, wobei die Blätter einen natürlichen

Sonnenschutz bilden. Wer fränkische oder rheinische Weinberge im Sinn hat, wird die maltesischen Weinfelder auf der Durchfahrt möglicherweise sogar ganz übersehen.

Die Weine Maltas werden für den heimischen Markt erzeugt, sind sehr preiswert – schon ab 2 bis 3 € die Flasche – und werden als Tafelwein auch von Touristen sehr geschätzt. Weinkenner werden allerdings bald feststellen, dass die maltesischen Trauben durch die starke Sonne zu schnell reifen, als dass echte Spitzenweine möglich wären.

Sonstige Getränke

In Malta ist das übliche Angebot an **alkoholfreien Getränken** (meist Pfandflaschen) überall erhältlich.

Einmalig, unverwechselbar und in Europa weitgehend unbekannt dürfte der beinahe zum Nationalgetränk aufgestiegene Softdrink **Kinnie's** sein, ein dem österreichischen *Almdudler* oder dem *Bitter Lemon* ähnliches, kohlensäurehaltiges Getränk aus den heimischen Bitterorangen und 18 Kräutern – das Rezept geht angeblich auf die Ritterzeit zurück und soll heilende Kräfte besitzen.

Das Bier *(Lager)* auf Malta ist ausgezeichnet, neben dem heimischen **Ċisk** der Farsons-Brauerei in Attard werden auch *Carlsberg, Löwenbräu* u.a. gerne getrunken; Weizenbier ist selten erhältlich (Supermärkte). In den Bars bekommt man den half-pint *Ċisk* (etwa 0,5 l) schon ab 2 €, während der „Happy-Hour" (legt jede Kneipe unterschiedlich fest) manchmal auch darunter.

Die H-Milch ist in Malta weitgehend unbekannt, **Frischmilch** wird jedoch täglich in Lebensmittelgeschäften und vor allem am frühen Morgen in den Bäckereien verkauft. Schnell aufbrauchen, selbst im Kühlschrank verdirbt sie nach zwei Tagen!

Echte Parteidemokratie

Eine ungewöhnliche Möglichkeit für Maltareisende, einen Imbiss oder ein Getränk zu sich zu nehmen, mutet beinahe filmreif an. In vielen kleinen Orten liegen in Kirchennähe und dicht beieinander die Parteilokale der beiden großen politischen Parteien **Partit Laburista** und **Partit Nationalista** (**P.L.** und **P.N.**). Und wie bei „Don Camillo & Peppone" muss jeder den anderen übertreffen: mehr Mitglieder haben, das schönere Parteilokal besitzen, die Fahne höher hängen, das Parteilied lauter schmettern – natürlich nur dann, wenn auch die anderen gerade singen – und ähnliche Nickligkeiten mehr. Diese Parteilokale heißen nicht nur „Lokal", sondern dienen auch als solche. Zum einen bekennt hier der „Lokalgänger" öffentlich seine politische Haltung, zum anderen werden aber auch parteiintern und ganz offen Diskussionen an der Basis geführt. Stehen parteiinterne Entscheidungen oder Wahlen an, wird hier heiß diskutiert, ansonsten kann der neutrale Besucher das Parteilokal nur anhand der aushängenden Porträts der Parteichefs von einer Kneipe unterscheiden. Für Touristen sind diese Parteilokale nicht unwichtig, da sie in kleinen Dörfern oft die einzige Möglichkeit zur Einkehr bieten.

Feste und Feiertage

Festas

Was tun 350.000 Menschen auf einer kleinen Insel in ihrer Freizeit am liebsten? Sie feiern die Feste, wie sie fallen! Es gehört zu den hervorstechenden Charaktereigenschaften der Malteser, dass jede auch noch so kleine geschichtliche oder kirchliche Tradition zum Anlass für eine jener „Festas" genommen wird, an der jeder Tourist zumindest einmal teilgenommen haben sollte. Und derartige, überwiegend kirchliche Anlässe gibt es auf Malta zuhauf, fast jeder Ort veranstaltet mindestens einmal jährlich ein großes Spektakel mit duftenden Süßigkeiten, Imbissbuden, fliegenden Händlern und lautstarken Kapellen im Zentrum, meist **rund um die Kirche.** Es sind gerade die Kirchen, die mit Flaggen, Tüchern und Lichterketten äußerst prächtig ausstaffiert werden und auch die bedeutendsten weltlichen Stätten an solchen Feiertagen in den Schatten stellen.

Den ungekrönten Höhepunkt der Festa aber bildet jeweils ein traditionelles, das Böse verscheuchende **Feuerwerk.** Stimmungsvoll wird es nach Einbruch der Dunkelheit, das Feuerwerk beginnt meist gegen 22 Uhr. Die Dorfkapelle *(Band Club)* tritt sehr oft als Veranstalter einer Festa auf. Schon Wochen vor Beginn der Dekorationsarbeiten werden Spenden gesammelt, Sponsoren und freiwillige Helfer gesucht. Ein wichtiger Hinweis zu den Feuerwerken: Es gibt zwar im Land eine ganze Reihe von Feuerwerksfabriken, am bekanntesten sind jene in Zurrieq und Bidnija, die wahre Kunstwerke zusammenbasteln. Mancherorts werden Knallkörper aber auch in Eigenarbeit aus Patronenpulver und nicht so ganz den EU-Normen entsprechend zusammengebastelt. Aufgrund der massiven Steinbauweise brennt es zwar selten auf Malta, man sollte aber doch nicht unbedingt in unmittelbarer Nähe der Kracher stehen, wenn das Feuerwerk gezündet wird.

Als eines der **schönsten Feuerwerke** gilt das in Żebbuġġ/Gozo anlässlich des traditionellen *Santa Maria Festivals* (Ende August), wo es stundenlang knallt und leuchtet. Einige Berühmtheit erlangte auch das „Vor-Fest" in Mellieħa (Mitte August) mit tollen Live-Bands am Kirchplatz und Laienaufführungen an der Durchfahrtsstraße, die auch im nationalen Fernsehen übertragen werden. Höhepunkt ist hier am Sonntag eine Art **Autorennen** (!) die alte Hauptstraße bis zum oberen Kirchplatz/Aussichtspunkt hinauf. Vor-Fest deshalb, weil hier den weltlichen Vergnügungen gefrönt wird; die eigentlich (kirchliche) Festa findet Mitte September statt.

Feiertage und Festivals

Zu den Festas kommen noch einige Nationalfeiertage und besondere Festivals, die durchaus auch für den Touristen von Interesse sein könnten.

An diesen Tagen, insbesondere am 15.8. empfiehlt es sich, auf einen Besuch Gozos zu verzichten, da die Fähren überlastet sind. Auf Gozo finden an Mariä Himmelfahrt feierliche Zeremonien und Festas statt, während sich auf Malta die Aktivitäten an diesem Tag jährlich wechselnd auf Mosta und Birżebbuga beschränken.

Ein weiteres, relativ junges Event ist die **„Notte Bianca"** am ersten Oktoberwochenende in Valletta. Alle Museen sind bis spät in der Nacht geöffnet, ebenso viele öffentliche Gebäude, zu denen man nur an diesem Tag Zutritt hat. Überall spielen Musikgruppen, sind Imbissstände aufgebaut und die Hauptstadt ist lebhaft gefüllt mit feiernden Maltesern und Reisenden, die sich begeistert über dieses neue Highlight äußern.

Festas während der Hauptsaison auf Malta

Datum	Anlass	Festa in
2. So im Juni	St. Philip	Żebbuġ
Letzter So im Juni	St. George	Qormi
Letzter So im Juni	St. Nicholas	Siġġiewi
1. So im Juli	St. Joseph	Birkirkara
1. So im Juli	St. Paul	Rabat
1. So im Juli	Our Lady of the Sacred Heart	Sliema
1. So im Juli	St. Andrew	Gżira
2. So im Juli	St. Joseph	Kalkara
3. So im Juli	St. Sebastian	Qormi
3. So im Juli	St. George	Victoria/Gozo
Letzter So im Juli	St. Lawrence	St. Lawrenz/Gozo
Letzter So im Juli	Our Lady of Carmel	Balluta Bay (Sliema/St. Julian's)
Letzter So im Juli	Our Lady of Sorrows	St. Paul's Bay
Letzter So im Juli	St. Anne	Marsaskala
Letzter So im Juli	St. Venera	Santa Venera (Msida)
So vor d. 4. Aug.	St. Dominic	Valletta
1. So im August	St. Joseph	Qala/Gozo
1. So im August	St. Peter	Birżebbuġa
So nach d. 7. Aug.	St. Gaetan	Hamrun (die alten Städte)
So n. d. 15. Aug.	Our Lady of Lourdes	Pawla
Ende Aug.	Vor-Fest zum Santa Maria Festival	Mellieħa
So n. d. 18. Aug.	Stella Maris	Sliema
Letzter So im Aug.	St. Dominic	Vittoriosa
Letzter So im Aug.	Maria Regina	Marsa
Ende Aug.	Santa Maria Festival	Żebbuġġ/Gozo
1. So im Sept.	St. Catherine	Żurrieq
1. So im Sept.	St. Gregory	Sliema
So nach d. 8. Sept.	Our Lady of Grace	Żabbar

Nationale und kirchliche Feiertage auf Malta

Datum	Feiertag	Hauptort der Feierlichkeiten
1. Januar	Neujahrstag	(Nationalfeiertag)
10. Februar	Schiffbruch des Apostels Paulus	St. Paul's Bay, Mdina
Februar/März	Karneval	Valletta
31. März	Abzug der Briten von Malta	Vittoriosa
März/April	Ostern	Prozessionen allerorts
1. Mai	Tag der Arbeit	(Nationalfeiertag)
7. Juni	Aufstand am 7.6.1919	Valletta
2. o. 3. Juni-WE	Il Bandu, Vorfest der L-Imnarja	Mdina
28./29. Juni	L-Imnarja (Lichterfest)	Buskett, Mdina, Rabat (mit Eselrennen!)
Juli/August	Kulturmonat	je nach Veranstaltung wechselnd
4. August	Lejla Mgarrija (Folklorefestival)	Mäarr/Gozo
15. August	Mariä Himmelfahrt	Gozo, Birzebbuġa u. Mosta (legendär)
1. September-WE	Ende der Belagerung von 1565	Grand Harbour, Valletta
21. September	Unabhängigkeitstag	Floriana
Anfang Oktober	Folklorefestival	Vittoriosa
Anfang November	Sankt Martin (Nikolaus)	überall
13. Dezember	Tag der Republik	(Nationalfeiertag)
24. Dezember	Weihnachten	Abendprozessionen überall
25. Dezember	1. Weihnachtstag	(Nationalfeiertag)

Film und Foto

In Valletta und Sliema gibt es einige Fotogeschäfte, die **Filmmaterial** (auch diverse Speicherkarten), **Ersatzbatterien** und **Zubehör** aller Art führen.

Fotofreunde werden auf Malta und Gozo Motive im Überfluss finden, ganz obenauf steht Valletta mit seinen Wehranlagen und Palästen. Fotografieren ist prinzipiell überall erlaubt, an manchen empfindlichen Orten wird deutlich durch Schilder auf **Fotografierverbote** aufmerksam gemacht (u.a. Hypogäum, Nationalbibliothek). Auch in fast allen Kirchen können Detailaufnahmen gemacht werden, allerdings lieben es die Malteser häufig nicht, selbst als Motiv herhalten zu müssen; Diskretion ist hier vonnöten.

Speicherkarten sind noch deutlich teurer als bei uns, sie sollten mitgeführt werden. Die Anschaffung von Hardware (Objektive, Gehäuse) lohnt sich definitiv nicht, auch wenn die internationale Garantie selbstverständlich geworden ist – für Kunden bedeutet dies dennoch eine Menge Lauferei.

Geld

Kreditkarten

In den meisten Hotels, Restaurants und Geschäften kann mit gängigen Kreditkarten *(American Express, Master-/EuroCard, VISA)* bezahlt werden.

Für **Barabhebungen** per Kreditkarte kann das Kreditkartenkonto je nach ausstellender Bank mit einer Gebühr von bis zu 5,5 % belastet werden, für das bargeldlose Zahlen werden nur 1–2 % für den Auslandseinsatz berechnet.

Maestro-(EC-)Karten

Sehr praktisch und sicher sind die **Geldautomaten** (immer auch Englisch, teilweise auch mit Deutsch in der Sprachauswahl) an den Banken, wo mit EC-/Maestro-Karte und PIN-Code bis zu 300 Euro pro Transaktion abgehoben werden können, der genaue Höchstbetrag variiert unter den örtlichen Banken. Es kommt allerdings manchmal zu so genannten „Verbindungsschwierigkeiten", sodass man nicht auf den letzten Drücker versuchen sollte, Geld abzuheben!

Jede Bank legt fest, wie viel fremde Kunden an ihren Automaten zahlen, wobei die **Gebühren** zwischen 1,75 Euro und 7,50 Euro pro Abhebung (in Einzelfällen wurde von bis zu 10 Euro berichtet) betragen. Diese – z.B. in Deutschland angezeigte – Gebühr ist an den maltesischen Automaten (noch) nicht ersichtlich, Auskunft über die Regelungen erteilen die jeweiligen Hausbanken.

Gängige Kreditkarten werden gerne angenommen (Hotels, Mietwagen) und sind auch – z.B. als Selbstbehalt-Absicherung bei Mietwagen – teilweise unerlässlich. Bei Verlust oder Diebstahl der Kredit- oder Maestro-Karte sollte man diese umgehend sperren lassen. Für deutsche Maestro-(EC-) und Kreditkarten gibt es die **einheitliche Sperrnummer** 0049-116116, im Ausland zusätzlich 0049-30-40504050:

- **Maestro-(EC-)Karte,** (A-)Tel. (0043) 1 2048800; (CH-)Tel. (0041) 44 2712230, UBS, Tel. (0041) 800 888601, Crédit Suisse, Tel. (0041) 800 800488.
- Für **MasterCard, VISA, American Express** und **Diners Club** sollten Österreicher und Schweizer sich vor der Reise die Rufnummer der kartenausstellenden Bank notiert haben.

Wechselkurs Schweizer Franken – Euro

1 € = 1,22 SFr/1 SFr. = 0,82 €
(Stand: April 2014)

Geldnot

Wer dringend eine größere Summe ins Ausland überweisen lassen muss wegen eines Unfalles oder Ähnlichem, kann sich auch nach Malta über **Western Union** Geld schicken lassen. Für den Transfer muss man die Person, die das Geld schicken soll, vorab benachrichtigen. Diese kann es via www.westernunion.de online über sein Bankkonto versenden oder muss bei einer *Western Union* Vertretung (in Deutschland u.a. bei der *Postbank*) ein entsprechendes Formular ausfüllen und den Code der Transaktion telefonisch oder anderweitig übermitteln. Mit dem Code und dem Reisepass geht man zu einer beliebigen Vertretung von *Western Union* vor Ort (www.westernunion.de „Vertriebsstandort suchen"), wo das Geld nach Ausfüllen eines Formulares binnen Minuten ausgezahlt wird. Je nach Höhe der Summe muss der Absender eine Gebühr zahlen (2000 € nach Malta kosten 5 € Gebühren).

Geldwechsel für Bürger aus Nicht-Euro-Ländern

Die Öffnungszeiten der Banken sind äußerst variabel. Damit Urlauber aus Nicht-Euro-Ländern jederzeit an Bares gelangen, wurde eine Reihe von **Bargeld-Wechselautomaten** installiert. Diese kinderleicht zu bedienenden Automaten akzeptieren Scheine von mehr als einem Dutzend Länder. Wechselautomaten gibt es z.B. am Flughafen/Ankunftshalle, Republic Street/Valletta oder in Buġibba und anderen größeren Orten.

Gesundheit und Hygiene

Die hygienischen und gesundheitlichen Standards auf Malta sind ausgezeichnet, Ängste wegen des Trinkwassers oder etwaiger Unsauberkeit, wie man sie aus manchem nordafrikanischem Land kennt, sind unnötig.

Traditionell stehen übrigens jedem Malteser täglich zwölf Liter Wasser kostenlos zu – erst ab dem 13. muss eine Gebühr an das Wasserwerk bezahlt werden. Das **Trinkwasser** wird aus Meerwasserentsalzungsanlagen gewonnen und kann unbedenklich getrunken werden, es schmeckt aber nicht sehr gut.

Denkbare gesundheitliche Probleme sind insbesondere **Verstopfung** (Flüssigkeitsmangel, viel trinken), ein **Sonnenbrand** (entsprechender Sonnenschutz ist vor allem in den ersten Tagen wichtig) oder **Stechmücken.** Ein Mückenschutzmittel sollte mitgeführt werden.

Gelegentlich kann es zu unangenehmen Begegnungen mit **Quallen** kommen. Gegen die tagelang nesselnden Schmerzen und das Jucken hilft das Mittel *Fenazil,* welches in den örtlichen Apotheken erhältlich ist.

Besondere **Impfungen** sind für Malta nicht vorgeschrieben, der allgemeine Grundschutz (Polio, Tetanus und Diphterie) genügt.

Es empfiehlt sich ggf. der Abschluss einer privaten **Auslandsreisekrankenversicherung** (s. Versicherungen).

Allgemeine **Notrufnummer: 112** (Polizei, Feuerwehr, Ambulanz).

Krankenhäuser

Sollte ein Notfall eintreten, empfehlen sich für eine umfangreichere Behandlung folgende Krankenhäuser:

- **Mater Dei Hospital,** bei der Universität zwischen Birkirkara und Msida gelegen, Tel. 25450000, und 25455205 sowie Kurzruf 158 (nur 8–16 Uhr). Dies ist das Hauptkrankenhaus Maltas und wird auch von vielen Bussen direkt angefahren.
- **St. James Hospital,** G. Borg Olivier ST., Sliema, Tel. 21692030.
- auf Gozo: **Gozo General Hospital,** Victoria, Tel. 21561600.

Kleinere Behandlungen können in einem der zahlreichen **Health Centres** vorgenommen werden, u.a. in:

- **Floriana,** Tel. 21243314
- **Pawla,** Tel. 21242103
- **Cospicua,** Tel. 21675492
- **Mosta,** Tel. 21433256
- **Rabat,** Tel. 21459082

Tauchsportler wird es beruhigen zu wissen, dass im Falle eines **Dekompressionsunfalls** die Deko-Kammern des Mater Dei Hospitals in Msida und des General Hospitals auf Gozo unter der **Sonderrufnummer 112** schnell erreicht werden können.

Informationsstellen

In Deutschland und Österreich

Für weitergehende Auskünfte, touristische Informationen und Anfragen auch für Geschäftsleute stehen www.urlaubmalta.com sowie die Dienststellen des maltesischen **Fremdenverkehrsamtes** (www.visitmalta.com und www.mta.com.mt) zur Verfügung:

- in **Deutschland:** *Fremdenverkehrsamt Malta,* Schillerstr. 30–40, 60313 Frankfurt/Main, Tel. (069) 247503130.
- in **Österreich:** *Fremdenverkehrsamt Malta,* Opernring 1/R/5/513, 1010 Wien, Tel. (01) 585 3770, Fax 5853771.
- in der **Schweiz:** *Fremdenverkehrsamt Malta,* 2-723, Terminal 2, Postfach 2131, 8060 Zürich-Flughafen, Tel. (043) 8163017, Fax 8163017.

In Malta

Filialen der **National Tourism Organisation Malta (NTOM)** wurden in den wichtigsten Orten Maltas eingerichtet. Die für den Besucher wichtigste und nützlichste (abgesehen vom Flughafen) liegt in **Valletta,** 229 Merchant St. (Auberge d'Italie), Tel. 21915440. Hier gibt es nicht nur Broschüren, es werden auch Unterkünfte oder Eintrittskarten zu Veranstaltungen vermittelt; das Personal spricht englisch und italienisch.

030Mwl

Malta International Airport, Ankunftshalle, Tel. 23696073, Fax 21822072, tgl. außer Weihnachten, Karfreitag, Ostern und Neujahr 10–21 Uhr.

Valetta, Auberge D'Italie, Merchants Street 229, Tel. 22915440, Mo–Sa 9–17.30 Uhr, So 9–13 Uhr.

Valetta Waterfront, Pinto Wharf, Tel. 212206 33, tgl. 8–17 Uhr, in Abstimmung auf ankommende Passagierschiffe.

Mdina, Torre dello Standardo, St Publius Square, Tel. 21454480, Okt.–März tgl. 10–16 Uhr, sonst Mo–Fr auch bis 17 Uhr.

Mellieħa, Misrah iz-Zjara tal-Papa Gwanni Pawlu II – 26 ta' Mejju 1990, Tel. 21524666, Okt.–Mai Mo/Mi/Fr 9–13 Uhr, Juni–Sept. Mo–Fr 9–13 Uhr. Achtung: soll geschlossen werden!

Victoria/Gozo, 17 Independance Square, Mo–Fr 9.30–17.30 Uhr; So/Fe nur 9–13 Uhr, Tel. 22915452.

Im Internet

Allgemeine Landesinformationen: www.mta.com.mt und www.visitmalta.com (offizielle Fremdenverkehrsamt-Seiten) www.heritagemalta.com (detaillierte Hinweise zu den staatlichen Museen und kulturellen Sehenswürdigkeiten), www.gozo.com (zahllose Informationen zur Schwesterinsel) www.timesofmalta.com, Seite der maltesischen englischsprachigen Tageszeitung.

Maltesisches Bussystem: www.maltabus.net (Details zu Busfahrplänen) sowie www.maltabusroutes.com (Gesamt-Routenübersicht); Tarife und alle denkbaren Details, sowie PDF-Dateien für den jeweiligen Urlaubsstandort findet man unter www.arriva.com.mt, der Webseite des maltesischen Busbetreibers.

Speziell **für Kletterfreunde** empfiehlt sich ein Blick auf www.malta-rockclimbing.com (es gibt rund 30 ausgewiesene Climbing-Areas in Malta!).

Online-Vorabbuchung von Leihfahrzeugen siehe „Verkehrsmittel".

Info-Telefone: Unter 80072230 erreicht man die kostenlose Hotline (nur bei Ortsgesprächen in Malta) für touristische Hilfestellung aller Art; dieser Dienst ist montags bis freitags von 8–12.30 und 13.15–17 Uhr verfügbar.

Malta-Apps

Visit Malta: iPad/iPhone Version der MTA einigen groben Informationen zum Land und einem Maltaführer.

Malta-Kunstreiseführer: Ebenfalls von der MTA bereit gestellte App speziell für die historischen Baudenkmäler des Landes.

City Walk Valletta: bietet einige Standard-Spaziergänge zu bestimmten Themen (Shopping, Kirchen, Museen etc).

Malta WiFi: bietet einen Überblick über gängige öffentliche WiFi-Zonen vor Ort (Karten- oder Listengeführt).

Malta Weather: Eine jener Apps über die man erfährt, dass abends mit zunehmender Dunkelheit zu rechnen sei.

Malta Quiz: hier kann man sein Wissen über Land und Leute testen.

Deutsch-Maltesische Gesellschaft

Wer sich eingehend mit Malta beschäftigen möchte, sollte die *Deutsch-Maltesische Gesellschaft e.V.*, Mittelbachstr. 26, D-53518 Adenau (Städtepartnerschaft mit Mellieħa), Tel. (02691) 30530, Fax 305495, kontaktieren. Hier werden Schüleraustausch und Städtepartnerschaften organisiert, kulturpolitische Kontakte gepflegt sowie politische und wirtschaftliche Entwicklungen beobachtet.

Auf Malta nennt sich der Verein **German-Maltese Circle** und hat seinen Sitz in der 141 St. Christopher St., Valletta, Tel. 21246967, Fax 21240552.

Malteser Ritter-Orden

In Malta sitzt die Botschaft des Ordens in Valletta in der St. John's Cavalier, Ordonance Street, Tel. 21223670.

- **Deutsche Assoziation des Malteserordens,** Kanzlei, Burgstr. 10, 53505 Kreuzberg, Tel. (02643) 2038, Fax 2393, www.malteser.de.
- **Souveräner Malteser-Ritter-Orden,** Großpriorat von Österreich, Johannesgasse 2, 1010 Wien, Tel. (01) 5127244, Fax 5139290, www.malteser orden.at.
- **Malteserorden (Association Helvetique),** 34, route de Sonzier, 1822 Chernex, Tel. (21) 9633891, Fax (21) 9633891, www.orderofmalta.org.

Kinder auf der Reise

Malta ist auch für jüngere Besucher ein Erlebnis; die Malteser sind sehr **kinderfreundlich** und empfinden Kinder nie als unbequeme Last. Maltesische Kinder sieht man bis in die Abendstunden auf den Straßen herumtollen, während der Mittagshitze ist dagegen eher „Siesta" angesagt.

Kinderportionen und Hochstühle für Kleinkinder sind in **Restaurants** zwar unbekannt, es wird aber schnell improvisiert und auf die Sonderwünsche der kleinen Gäste gerne eingegangen.
Auf **Kinderwagen** oder Buggy sollte man wegen der fehlenden abgeflachten Bordkanten verzichten, ein Tragetuch oder Rückensitz ist besser.

Viele Kinder lieben **Ritter** – und zu diesem Thema findet man auf Malta mehr als genug überwältigende Plätze. Gleichzeitig bieten sich aber auch **Strände,** das berühmte **Popeye-Village** (siehe Anchor Bay bei Mellieħa) oder der **Splash Fun Park** (Baħar Iċ-Ċagħaq, Nordmalta) zum Herumtollen am Wasser an. Der Park hat täglich von 9 bis 20 Uhr geöffnet, ist auch zur Seeseite hin umzäunt und bietet beaufsichtigte Kinderbadebecken, Wasserrutsche und eine kleine Dino-Abteilung (Tageskarte 20 €/Kinder 12 €, Halbtageskarte 14 €/ Kinder 8 €, www.splashandfun.com.mt).

Direkt nebenan liegt der **Themenpark Mediterraneo** (Tel. 21372218, www.mediterraneo.com.mt) mit u.a. Bungee-Jumping (zuschauen), Delfin- und Seehundshows; 15,90 € bzw. 9,90 € (Kinder 4–2 Jahre), tgl. im Sommer 10–17 Uhr geöffnet.

Sehr beliebt ist natürlich auch der **Playmobil-Funpark** in Bulebel/Żejtun (siehe dort), wo die bekannten Spielwaren für den Export seit vielen Jahren hergestellt werden.

Lange Anfahrten sowie Staus entfallen aufgrund der geringen Größe Maltas praktisch gänzlich, sodass es den Kleinen nicht langweilig werden kann.

Auch **unter gesundheitlichen Gesichtspunkten** ist Malta ein gutes Reiseziel. Über schädliche Pflanzen oder giftige Kleintiere braucht man sich keine Gedanken machen, sodass Kinder gefahrlos auch einmal das Gelände abseits der Wege erforschen können.

Zu beachten sind lediglich die starke **Sonne/Hitze** von Juni bis August und die oft lästigen **Stechmücken.**

Babynahrung oder besondere **Medikamente** für Kinder bringt man besser von daheim mit, wobei prinzipiell alles Notwendige auch vor Ort erhältlich ist.

Klima und Reisezeit

Maltas Lage im zentralen Mittelmeer auf der geografischen Höhe von Nordafrika bedingt ein ausgeprägtes **Mittelmeerklima** mit heißen, trockenen Sommern und sehr milden, frühlingshaften Wintermonaten. Meist weht ein erfrischender Wind über die Inseln, der den Besuchern höchst willkommen, den Bauern verhasst ist, da er gerade im Sommer die wenigen Regenwolken von Malta fernhält und den kargen Boden ausdörrt.

Wind und Wasser

Es sind drei unterschiedliche, häufig auftretende und für das maltesische Archipel typische Winde, die das Wetter prägen. Im Winter weht ein feuchter Nordostwind, **Grigal** genannt, und beschert der Landwirtschaft und dem Grundwasserspiegel Feuchtigkeit.

Von Nordwesten her weht der sogenannte **Majjistral,** ein kühler, trockener Wind, der im Sommer gelegentlich durchaus willkommene Abkühlung bringt.

Der **Xlokk** kommt aus Zentralafrika (Sahara), nimmt auf seinem Zug über das Mittelmeer reichlich Feuchtigkeit auf und bewirkt ein drückend-schwülwarmes Klima.

Das **Mittelmeerwasser** ist um Malta von Mitte Mai bis Anfang Oktober angenehm warm, getaucht wird auf einigen Basen sogar ganzjährig, von Dezember bis März aber mit reduziertem Personal.

Jahreslauf

Die Monate **Juni bis August** sind knochentrocken, von der dritten Augustwoche (laut Bauernregel heftige Regentage) abgesehen. Ein leichter Regen fällt zu dieser Zeit überwiegend nachts, was der Tourist allerdings kaum realisieren wird.

Mitte **September** endet der Hochsommer mit sintflutartigen Regenfällen, die wegen des knochenharten Bodens und mangelhafter Wasserableitung zu Straßenüberschwemmungen führen (Höhepunkt **Oktober**).

Dann pendelt sich der maltesische **„Winter"** mit launischem und täglich völlig unterschiedlichem Wetter von mild bis stürmisch ein.

Ab Mitte **Februar** nehmen die Regentage deutlich ab und die Pflanzenwelt blüht auf.

Ende **April** beginnt für die Landwirtschaft dann wieder die lange Trockenzeit. Während dieser Trockenphase wird die Luft so staubig, dass Fahrzeuge nach einem kleinen Sommerregen mit einer sichtbaren Staubschicht bedeckt sind und schmutziger aussehen als vorher!

Reisezeit

Eine Empfehlung für die beste Reisezeit ist allerdings nicht nur wetterabhängig. Ein kulturgeschichtliches Besichtigungsprogramm ist zu jeder Jahreszeit attraktiv, Strandbesuche dagegen überwiegend im Sommer.

Touristische Hochsaison herrscht während der Monate Juli und August, wenn in Italien und Malta die großen Betriebsferien anstehen und auch massenweise Briten sowie mittlerweile auch

Klima

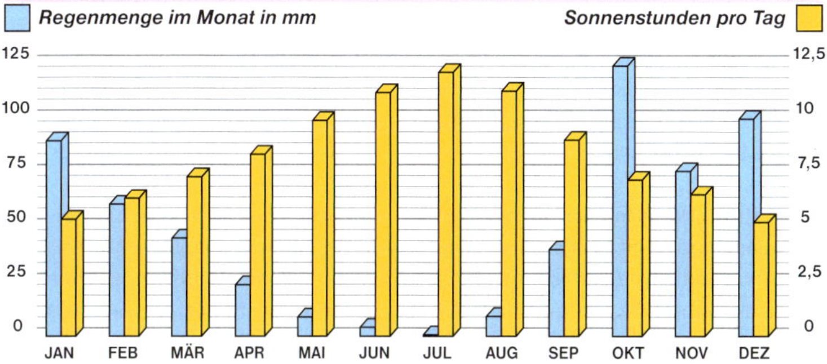

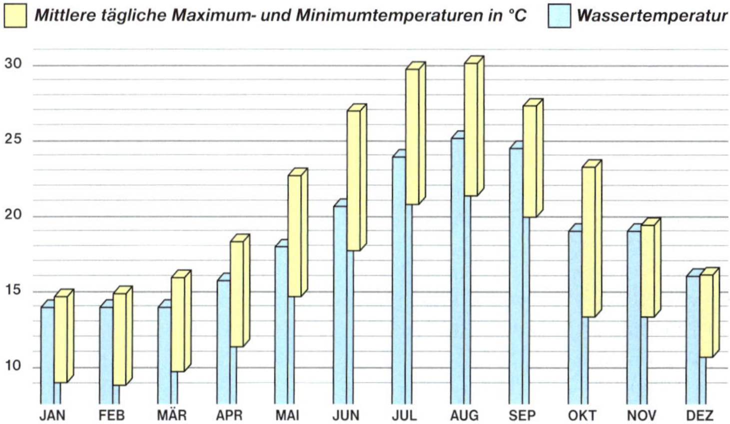

viele Reisende aus dem deutschsprachigen Raum ihre Ferien hier verbringen.

Wer auf ein gemischtes Kultur- und Strandprogramm Wert legt und es sich zeitlich einrichten kann, wird sicherlich den Zeitraum **Mitte Mai bis Ende Juni** bevorzugen, wenn die Temperaturen warm, aber nicht unerträglich heiß sind, kaum Regen fällt und die Hauptreisezeit noch nicht begonnen hat.

Wen gelegentliche Schauer nicht stören, dem sei der **September bis Mitte Oktober** bei sehr guten Wassertemperaturen empfohlen. „Schauer“ heißt: durchaus heftig, aber nicht ganztägig; man erlebt manchmal vormittags die Sintflut und hat nachmittags strahlend blauen Himmel!

Kosten

Der größte Kostenfaktor ist neben der Anreise die Unterkunft, die je nach Anspruch und Bedürfnissen die Reisekasse unterschiedlich stark belastet (siehe „Unterkunft").

Der **Individualtourist** kommt bei Übernachtung im einfachen Guesthouse oder im günstigem Apartment, Fahrten mit öffentlichen Bussen und einfacher Verpflegung mit 60–70 €/Tag in der Nebensaison gut aus (zu zweit weniger).

Eine **Familie,** die sich eine Ferienwohnung und einen Kleinwagen mietet, sollte pro Woche 500 € (Wohnung inkl. Mietwagen) veranschlagen zuzüglich Lebensmittel.

Das Preisniveau für **Lebensmittel** und sonstige Waren entspricht etwa dem Mitteleuropas, wobei importierte Dosenware meist etwas teurer, frische, einheimische Obst- und Gemüsesorten in der Regel etwas billiger sind. Frischer Fisch ist überall deutlich preisgünstiger als bei uns. Eingekauft wird auf Märkten und in kleineren Tante-Emma-Läden. Supermärkte liegen u.a. in Burmarrad

(*Scotts;* Ortsausgang, s. St. Paul's Bay), in Sliema (*Tower-Supermarket* nahe dem Deutschen Konsulat) sowie in Victoria/Gozo im Zentrum (*Arcadia* und *Lighthouse/Duke*). Beliebt ist die in Malta inzwischen fünfmal (auch auf Gozo/östlicher Ortsrand Victoria) – darunter dann auch zweimal auf Gozo – vertretene Discounter-Kette „Lidl". Es lohnt sich für Selbstversorger hier einen Großeinkauf zu machen; am einfachsten ist die Filiale am westlichen Flughafenrand zu finden. (Informationen und Lageskizzen findet man unter www.lidl.com.mt, „Service" – „Address". (Hinweis: „Lidl"/Gozo war schon mehrfach geplant, wurde aber von den örtlichen Konkurrenten heftig torpediert. Die Eröffnung ist nun für 2014 vorgesehen.)

Essen gehen ist in Malta nicht wesentlich billiger als in Deutschland, von den einfacheren, einheimischen Lokalen mit kleinen Gerichten *(Timpana, Ħobż biż Żejt)* oder „Happy Hour"-Preisen mal abgesehen.

Eintrittspreise

Die großen Museen stehen unter staatlicher Aufsicht und kosten zwischen 5 und 8 Euro (Kinder die Hälfte), es empfiehlt sich durchaus eine Mehrfachkarte; Details siehe Ortbeschreibungen/Valletta. Dies betrifft Nationalmuseum, Kunstmuseum, War Museum und Großmeisterpalast in Valletta, Għar Dalam, Ħaġar Qim, Tarxien, Hypogäum, Inquisitorenpalast und Marinemuseum (Vittoriosa), Nationalhistorisches Museum (Mdina), römisches Museum und St.-Paul's-Katakomben (Rabat) sowie San Pawl Milqi in Burmarrad.

Weitere Hinweise zu gegebenenfalls kurzfristig geschlossenen Attraktionen, geänderten Öffnungszeiten oder Eintrittspreisen findet man unter www.heritagemalta.org.

500M wl

Die autofreie Flaniermeile Republic Street in Maltas Hauptstadt Valletta während der Hochsaison

Maße und Gewichte

In Malta wurde nach Abzug der Briten das in Europa übliche Dezimalsystem bei Maß- und Gewichtsangaben eingeführt. Lediglich bei importierten Waren aus Großbritannien, Getränkehohlmaßen in Bars sowie bei Fahrzeugen britischer Herkunft trifft der Besucher auf einige ungewohnte Begriffe:

Gewichte	
1 ounce (oz)	29 Gramm
1 pound (lbs)	450 Gramm
Geschwindigkeit	
1 mile per hour (m.p.h.)	1,66 km/h
25 m.p.h.	40 km/h
40 m.p.h.	65 km/h
Hohlmaße	
1 fluid ounce/fl.o.	28 ml
1 pint	0,57 l
1 gallon	4,5 l

Medien

Zeitungen

Aus den Printmedien hebt sich die englischsprachige **Malta-Times** (www.timesofmalta.com) hervor, die internationale und lokale Nachrichten sehr objektiv darstellt und nicht umsonst das auflagenstärkste (37.000) Blatt Maltas wurde. Als Wochenzeitung empfiehlt sich **Malta Business Weekly,** die hauptsächlich ökonomisch Interessierte anspricht.

Internationale, auch **deutschsprachige Zeitschriften** und Boulevardblätter sind in den Zeitschriftenläden in Valletta, Sliema und St. Paul's Bay/Buġibba erhältlich (auf Gozo nur eingeschränkt im Hochsommer).

Radio und Fernsehen

Unter dem Dach der *Public Broadcasting Services* strahlen in Malta derzeit **acht öffentlich-rechtliche und private Sender ihre Rundfunk- und Fernsehprogramme** in maltesischer und/oder englischer Sprache aus. 80 % der Haushalte sind verkabelt, der Rest empfängt per Satellit zudem hauptsächlich italienische Programme. Der Empfang deutschsprachiger TV-Programme ist daher nur in einigen wenigen größeren Hotelanlagen möglich.

Nachtleben und Unterhaltung

Malta wird zwar hoffentlich nie ein zweites Mallorca werden, dennoch gehen die Bedürfnisse der Jugend wie auch der Touristen nicht spurlos am Land vo-

An der Promenade in Xlendi auf Gozo

636M wl

rüber. Das intensivste Nachtleben, endlose **Bars und Diskotheken** findet man in St. Julian's bei Sliema (wo es sogar ein Spielcasino gibt), in kleinerem Maßstab auch in St. Paul's Bay/Buġibba. Einschlägige Amüsierbetriebe wird man im streng katholischen Malta, in dem die Ehescheidung erst vor wenigen Jahren per Plebiszit legalisiert worden war, allerdings vergeblich suchen.

Kinos gibt es beispielsweise in Buġibba, Marsaskala, Sliema und Valletta, anspruchsvolle Unterhaltung wird in den **Opernhäusern Astra und Aurora** (Victoria/Gozo) sowie dem **Manoel-Theater** (Valletta) geboten.

Die interessantesten kleinen Dinge erlebt der aufmerksame Beobachter allerdings bei abendlichen Spaziergängen in den Ortschaften. Da werden Pferde im Meer abgekühlt, trainieren die Wasserball-Mannschaften landesweit in Seewasserbecken am Ufer oder versammeln sich die Einheimischen in Gärten, Parks oder auch nur vor irgendeiner Haustür zum **Bingo,** der beliebtesten Lotterie des Landes. Wer im Fünf-Sekunden-Takt lautstark Zahlen ausgerufen hört und dabei vorwiegend ältere Malteserinnen sieht, rund um die Sprecherin eifrig ein Zettelchen untersuchend, kann sicher sein, auf eine Bingo-Gruppe gestoßen zu sein. Der Bingo-Schein besteht aus einem Quadrat mit 25 oder 36 gleichmäßig in fünf oder sechs Reihen aufgedruckten Zahlen zwischen 1 und 100. Während die Sprecherin die Zahlen ununterbrochen auslost, müssen die Mitspieler die Zahl auf dem Schein finden und umkringeln. Es gewinnt derjenige, der zuerst 5 (6) senkrecht oder waagerecht zusammenhängende Zahlen eingekreist hat.

Notfälle

Ausweisverlust/dringender Notfall

Wird der **Reisepass** oder **Personalausweis** im Ausland gestohlen, muss man diesen bei der örtlichen Polizei melden. Darüber hinaus sollte man sich an die nächste diplomatische Auslandsvertretung seines Landes wenden, damit man einen Ersatz-Reiseausweis zur Rückkehr ausgestellt bekommt (ohne kommt man nicht an Bord eines Flugzeuges!).

Auch in **dringenden Notfällen,** z.B. medizinischer oder rechtlicher Art, Vermisstensuche, Hilfe bei Todesfällen, Häftlingsbetreuung o.Ä. sind die Auslandsvertretungen bemüht, vermittelnd zu helfen.

- **Deutschland,** Botschaft, Il Piazetta Building, Eingang B, 1. Stock, Tower Road, Sliema, Tel. 226 04000 und in dringenden Notfällen Tel. 99475966, info@valletta.diplo.de.
- **Österreich,** Botschaft, Whitehall Mansions, 3. Stock, Ta Xbiex Seafront, Tel. 23279000 und in dringenden Notfällen Tel. 99473222, valletta-ob@bmeia.gv.at.
- **Schweiz,** Generalkonsulat, 6 Zachary Street, Valletta, Tel. 21244159, valletta@honrep.ch.
- Eine Komplettübersicht auch über **Repräsentationen anderer Staaten** findet man unter www.foreign.gov.mt (Stichwort „Representations").

Öffnungszeiten

Die allgemeinen Öffnungszeiten in Malta werden dem Besucher sehr gewöhnungsbedürftig erscheinen. Jedes Geschäft, jede Bankfiliale, jede Behörde und jedes Museum legt seine Öffnungszeiten mehr oder weniger frei fest. Hinzu kommen jeweils ein Sommer- und ein Winteröffnungsplan, bei einigen wenigen Bankfilialen sogar noch einmal eigene Öffnungszeiten im Übergangsmonat Oktober.

Allgemein versteht man in Malta unter **„Sommer"** die Zeit vom 15. Juni bis zum 30. September, von Anfang Oktober bis Mitte Juni gelten **Winteröffnungszeiten** (aber auch das nicht immer einheitlich). Die nachfolgende Übersicht versteht sich als Orientierungshilfe, einzelne Abweichungen kommen durchaus vor.

Orientierung

Auf den ersten Blick scheint auch der Malta-Neuling keine Probleme zu haben, sich in den Dörfern und Städten der Inselrepublik zurechtzufinden. Dennoch fällt die Orientierung gerade in den Städten nicht leicht, da die maltesischen Wohnhäuser in der Regel einen mehr oder weniger kunstvollen Namen wie zum Beispiel „Villa Marija" oder „St. John's Court" tragen, aber **keine Hausnummern!** Zwar versuchte die britische Post während der langen Kolonialzeit immer wieder, ein klassisches System mit Straße und Hausnummer einzuführen, doch blieb dieses bis heute in den Kinderschuhen stecken. Daher ist in der Hälfte der Fälle bei den Adressen die Angabe einer Hausnummer nicht möglich. Ebenso wenig kann sich der su-

Öffnungszeiten

Institution	15. Juni bis 30. Sept.	1. Okt. bis 14. Juni	Anmerkungen
Banken	werktags 8.30–12 und 16–19 Uhr, Sa nur vormittags	werktags 9–12.30 und 16–19 Uhr. Sa nur vormittags	Nicht alle Banken sind nachmittags geöffnet
Postämter	Mo–Sa 7.30–12.45 Uhr	Mo–Sa 8–13 Uhr	Hauptpost Valletta Mo–Sa 7.30–18 Uhr
Geschäfte	Mo–Sa 9–19 Uhr	Mo–Sa 9–19 Uhr	Gozo Sa nur vormittags
Bäckereien / Lebensmittel	Mo–Sa 7–19 Uhr	Mo–Sa 7–19 Uhr	überwiegend „Siesta" von 12–15 Uhr
Restaurants	12–15 und 19–22 Uhr	12–15 und 19–22 Uhr	teilw. bis 24 Uhr
Museen	täglich 7.45–14 Uhr	Mo–Sa 8.15–17 Uhr, So 8.15–16.15 Uhr	Details s. Ortsbeschreibungen

051M wl

chende Tourist an auf- oder absteigenden Hausnummern orientieren. Andererseits sind die Straßen der Ortschaften in Malta meist sehr kurz, kilometerlange Abschnitte wie die Tigné Sea Front/Sliema oder die Republic Street/Valletta bilden die Ausnahme.

Viele Leser werden den einen oder anderen Tag mit einem **Leihfahrzeug** unterwegs sein, und spätestens dann scheint Malta plötzlich riesengroß und die kleinen Dörfer Großstädte geworden zu sein.

Ein allgemeiner Orientierungspunkt auf Malta und Gozo ist die **Dorfkirche** in der Ortsmitte. Hier liegen beinahe grundsätzlich die Bushaltestelle, eine Bankfiliale, die Dorfkneipe/Parteilokal und (seltener) eine Post unmittelbar beieinander.

Post

Die maltesische Post arbeitet zuverlässig und schnell, **Briefe und Postkarten** innerhalb Maltas kosten 37 Ct., ins europäische Ausland (u.a. in die EU und die Schweiz) werden für Luftpostbriefe 82 Ct. bzw. als Päckchen bis 1 kg mit 1,21 € berechnet. Ansichtskarten werden wie innerhalb Maltas mit 37 Ct. frankiert.

Das Postamt mit den längsten Öffnungszeiten ist die Hauptpost von Valletta (Mo–Sa 8.15–15.45 Uhr), lokale **Postämter** gibt es in allen größeren Ortschaften. An den Schaltern werden nur Briefmarken verkauft, die der Kunde selbst aufkleben und in einen der roten Postkästen einzuwerfen hat; die Schalterbeamten nehmen keine Post (außer Päckchen) zum Abstempeln an. Postangelegenheiten kann man auch in „Sub-Post-Offices" erledigen, oft in Zeitschriften- und Souvenirläden integrierte Briefmarkenfilialen. Viele Postkartenverkäufer haben auch einen (begrenzten) Briefmarkenvorrat zur Hand.

Sicherheit

Malta liegt zwischen Sizilien und Nordafrika, sodass man meinen sollte, dass die Kleinkriminalität und Gefahren dieser Regionen auch auf die kleine Inselrepublik zuträfen. Doch weit gefehlt; organisierte Kriminalität lohnt kaum, Banküberfälle und Kapitalverbrechen scheitern an mangelnden Fluchtwegen – wo will man sich in Malta schon verstecken? Und nicht zuletzt bedingt durch die ländliche Struktur fehlen großstädtische Probleme wie Drogen, Beschaffungskriminalität oder Raub aus sozialer Armut fast gänzlich.

Das bedeutet nicht, dass man einen Griff in die Reisekasse provozieren sollte, größere Bargeldbeträge sollten verschlossen am Körper (z.B. in einem Geldgurt oder Brustbeutel) getragen werden.

Übergriffe auf Touristen sind nahezu unbekannt, auch Einzelreisende werden in Malta allenthalben auf Höflichkeit der Bevölkerung stoßen. Das gilt auch für **alleinreisende Frauen,** sofern sie die in den südeuropäischen Kulturkreisen übliche gelegentliche Anmache nicht weiter stört.

Hinzu kommt, dass in Malta das **CCTV-Überwachungssystem** immer weiter ausgebaut wird. Das heißt, dass öffentliche Plätze, Straßenzüge, Institutionen und Ähnliches kameraüberwacht werden.

Die größte Gefahr droht dem Touristen wohl vom ungewohnten, aus der britischen Kolonialzeit übernommenen **Linksverkehr,** bei dem Fußgänger vor Überqueren einer Straße stets zuerst den Verkehr von rechts beobachten müssen. Auch die teilweise chaotische Fahrweise der Malteser ist zunächst gewöhnungsbedürftig.

Weitere Gefahren drohen von Mutter Natur: Wer bei **Gewitter** im Boot auf See bleibt, dem ist ebenso wenig zu helfen wie jenen Sonnenanbetern, die bei 40°C und mehr stundenlang in der **prallen Sonne** liegen.

Sport und Aktivitäten

Ebenso vielseitig wie sich Maltas Kultur und Geschichte dem Besucher darstellt, sind auch Aktiv-Erholungsmöglichkeiten auf den Inseln. Top-Hotels und Ferienanlagen bieten auf eigenem Gelände das übliche Angebot von Tennis, Squash, Schwimmbad, Tauchen usw., während der Individualtourist aus einem breiten, zum Teil auch spektakulären Angebot wählen kann.

Angeln und Fischen

Das Angeln am Ufer ist erlaubt, **Harpunieren** wird dagegen strafrechtlich verfolgt. Informationen findet man auch unter www.maltafihingforum.com. Etliche Spezialanbieter von Angelausflügen organisieren auch für Touristen halb- oder ganztägige Bootstouren, darunter:

- **Ernest's Marine Centre,** 61 Żejtun Road, Marsaxlokk, Tel. 21655549, egtrading@vol.net.mt.
- **Pirotta Fishing Centre,** 131 Manoel de Vilhena Street, Gżira, Gżira-Complex Block 5 Shop G, Tel. 21331279, www.pirottafishingcentre.com.

Bowling

Maltas großes **Bowling-Zentrum** liegt im Herzen von St. Julian's und bietet neben 20 Bahnen mit internationalem Standard *(Malta Open)* Unterhaltung durch eine Mega-Videoanlage sowie Barbetrieb. Eine Bahn kostet z.B. 15 €, geöffnet täglich, Mo–Fr, 10–1 Uhr.

- **Eden Super Bowl,** St. George's Bay, St. Julian's, Tel. 21319888, Reservierungen unter Tel. 23710777.

Fallschirmspringen

Angeboten werden verschiedene attraktive Kurse. Vom **A-Schein** über **Tandemsprung** (am Lehrer angeschnallt) bis zum kompletten **AFF-Brevet** (25 Sprünge) ist alles möglich. Ein Sprung besteht übrigens aus 60 Sekunden freiem Fall aus 4000 Metern Höhe und rund acht Minuten Flug am Schirm. Wie beim Tauchen gilt: Am allerersten Schritt wird man feststellen, ob man den Mut aufbringt oder nicht.

- **Maltese Falcon Skydiving Ltd.,** 8 Buckingham Court, Fishermans Street, Buġibba, Tel. 21582153, Fax 21585766. Seit 20 Jahren werden Accelerated-Free-Fall-Kurse und Tandemsprünge angeboten. Arbeitet mit der Sport Parachuting Association of Malta und mit der United States Parachuting Association zusammen.

Bergsteigen (Rockclimbing)

Vor Ort auch „Abseiling" genannt. Hier werden vor allem die Reisenden aus dem Alpenraum ins Schmunzeln kommen, aber es gibt tatsächlich einen Kletterverband auf Malta, der Grundlagen des Freeclimbings vermittelt. Infos unter www.malta-rockclimbing.com.

Fußball

Das Spiel um das runde Leder kam mit den Briten nach Malta und hat sich längst zum **Nationalsport Nummer 1** entwickelt. Jedes Dorf hat seinen eigenen Verein, der bekannteste sind die Sliema Wanderers.

Top-Ligaspiele und internationale Matches werden im modernen, 17.000 Zuschauern Platz bietenden **Nationalstadion von Ta Qali** abgehalten. Bei Länderspielen zeigt sich ganz Malta fußballverrückt, das Wettfieber bricht aus, die Buchmacher machen Kasse, in jeder Bar wird der Wirt handgreiflich zum Umschalten auf den entsprechenden Sender gezwungen. Zwar haben maltesische Mannschaften bei WM-Qualifikationen kaum eine Chance, in ihrer Grup-

▷ Parasurfer in der Ramla Bay

pe über den letzten Platz mit deftigen Niederlagen hinauszukommen, doch das tut der landesweiten Begeisterung keinen Abbruch. Von eigenen Teams abgesehen, schlägt das Fußballherz der Malteser übrigens für die Boys des ehemaligen Mutterlandes England. Wer die Stimmung einmal selbst erleben möchte, kann im *National Stadium,* Ta Qali, Tel. 21411505, Fax 21411091, für rund 12 € einem internationalem Spiel und ab 5 € einem Ligaspiel beiwohnen.

Golf

Der *Royal Malta Golf Club* wurde von den Engländern 1888 gegründet und bietet einen hervorragenden 18-Loch-Platz auf 5024 Metern Länge.

■ **Malta Golf Club,** c/o *Marsa Sports Club,* Marsa, Tel. 21227019, www.royalmaltagolfclub.com oder über den Dachverband unter www.maltagolf.org. Besucher können täglich von 8 Uhr bis Sonnenuntergang für 35 € pro Tag oder rund 150 € pro Woche (zuzüglich Ausrüstung) den Schläger schwingen.

Parasurfen/Kitesurfen

In Früh- und Spätsommer, insbesondere im September, wird auf **Gozo** seit Neuestem das „Parasurfen" (auch Kitesurfen genannt, Surfen mit Hilfe eines Lenkdrachens) bevorzugt in der Ramla-Bay betrieben. Clubs und Verleihstellen gibt es noch nicht, doch haben sich schon etliche Freaks um den gozitanischen Surfer *Christopher Tabone* geschart, zu dem man unter it@gozochan Kontakt aufnehmen kann.

Radfahren

Die Rahmenbedingungen scheinen ideal: Malta mit 250 km², Gozo mit gerade

501M wl

einmal 100 km² haben die ideale Radlergröße, keine Berge, *Air Malta* transportiert Räder für ca. 50 € Aufpreis (vorher anmelden wegen Bereitstellung eines Transportkartons), Verleihstellen entdecken den Markt ...

Doch Vorsicht, so attraktiv eine Radtour auf den ersten Blick auch scheinen mag, so muss doch auf einige **Hindernisse** aufmerksam gemacht werden. Zunächst hat sich Malta praktisch zur „radwegfreien Zone" erklärt; die Hauptstraßen an der Nordküste sowie in und um den Großraum Valletta sind viel zu befahren, und der Schwächere hat stets das Nachsehen.

Die mit meterhohen, kakteenbewachsenen Natursteinmauern umsäumten Nebensträßchen der Südküste und im Zentrum sind zwar wenig befahren, haben aber den Nachteil, dass sich die „nicht vorhandenen" Berge für den Normalsterblichen plötzlich als doch recht steil herausstellen (**Steigungen** von bis zu 20%). Die zahllosen **Schlaglöcher** verlangen von Drahtesel und Esel allerhöchstes Durchhaltevermögen, und lassen die **heißen Sommermonate** auf der schattenlosen Insel allein den Gedanken an Bewegung im Schweiße davonfließen.

Wer sich davon sowie von **missverständlichen Wegweisern** nicht abschrecken lässt und die Straßen der Nordküste meidet, wird die schöneren Gegenden Maltas hautnah erleben können.

Die Malteser können allerdings sehr gut bei kleinen und mittleren Schäden improvisieren, es kann aber bei **Ersatzteilen** hapern.

Für Tagesausflüge per Rad kann auf die **Verleihstellen** (s. Ortsbeschreibungen) zurückgegriffen werden. St. Paul's Bay/Buġibba ist eine allgemeine Hochburg für Verleiher, ansonsten helfen die Hotelrezeptionisten.

- Der beliebteste Radverleiher ist derzeit **EcoBikesMalta,** Triq L-Imsel 8, Buġibba, Tel. 27500022, www.bikerentalmalta.com. Mit 10 €/Tag bzw. 50 €/Woche für Trekking- oder MB-Räder sehr preiswert, am Wochenende kann man für 15 € von Freitag bis Sonntag radeln; auch E-Bikes sind für 15 € (Woche 90 €) erhältlich.
- Der Outdoor-Aktivitäten-Spezialist **Malta Outdoors** (Tel. 21236839, Fax 2131 0086, www.maltaoutdoors.com) vermietet Mountainbikes, ebenso der **All Terrain Club,** 106 Islets Promenade, Buġibba.

Reiten

Von Oktober bis Juni dauert die **Rennsaison** auf Malta, ein von den Engländern eingeführtes Vergnügen, bei dem sich die Wettleidenschaft der Malteser ganz besonders zeigt. Im Hippodrom von Marsa, *Marsa Sports Club,* kann auch der Tourist den Rennen beiwohnen (Eintritt ab 3 €), Informationen zu den Renntagen können unter Tel. 21224800 erfragt werden. Analog gibt es auf Gozo zwischen Victoria und Nadur einen Rennkurs, der bis 2017 weitreichend umgebaut und erweitert werden soll

Einige **Reitschulen** auf dem Land bieten Urlaubern die Möglichkeit zum Ausflug zu Pferde oder zu Reitstunden und -kursen, z.B.:

- **Wagon Wheel,** Marsalforn Road, Victoria/Gozo, Tel. 21556254.
- **Half Ferh Riding School,** Golden Bay, Tel. 2157 3360, Mobil 99856862, www.goldenbayhorseriding.com.
- **Ghadira Riding School,** Mellieħa Bay, Mellieħa, Tel. 21573931.

Ponderosa, Sacred Family Street, Bidnija, Tel. 21423798, www.funny-farm-horse-rescue.webs.com (britisch).

Lucy Darmanin, www.darmaninequestrian.com. Stallungen in Marsa, wohnt in Hamrun.

Lino Muscat, 16, Triq is-Spiera Xaghra, Gozo, Tel. 21562477, www.linostables.com.

Die Preise beginnen bei 20 €/Stunde bzw. 40 € für zweistündige Rundritte; manche Anbieter limitieren das Reitergewicht und/oder bieten Abholservice vom/zum Hotel.

Schwimmen

Die maltesischen Inseln bieten zahlreiche Strände mit absolut sauberem und glasklarem Wasser zum Schwimmen, Schnorcheln und Planschen.

Sandstrände gibt es vergleichsweise wenige, die bekanntesten liegen im Norden von Malta und Gozo. Den größten bietet die Mellieħa Bay, die im Hochsommer äußerst stark besucht ist. Schöner sind die Sandbuchten von Gnejna und Ramla (Golden Bay) sowie Ir-Ramla (Gozo). Zwei weitere Sandstrände liegen im Südosten Maltas, die Pretty Bay (Birżebbuġa) und die St. Thomas Bay (Marsaskala). Nicht zu vergessen die famose Blue Lagoon (Comino), wo vom feinen, weißen Sand bis zu Felsen zum Schnorcheln alles vorhanden ist.

Ferner gibt es etliche hervorragende **Felsbadeplätze** wie Peter's Pool (Delimara), Għajn Tuffieħa Bay oder der berühmte Inland Sea/Blue Hole (Qawra, Gozo).

Süßwasserschwimmbäder gibt es – von Hotelpools abgesehen – nicht, eine Ausnahme bildet der *Marsa Sports and Country Club* (Tel. 21233851, www.marsasportsclub.com) mit Freibad, Tennisplätzen, Cricket, Fitness, Golf usw.; Tagesmitgliedschaft 7 €, pro Woche 35 €.

Segeln und Surfen

Segelfreunden bietet sich Malta mit seinen großen, natürlichen Häfen als lohnenswertes Ziel für ausgedehnte Törns an. Kenner werden sich auf der alljährlichen, im Januar stattfindenden *Düsseldorfer Bootsmesse* mit einem der zahlreich vertretenen **Veranstalter für Segeltörns** in Verbindung setzen.

Verantwortlich für alle organisatorischen Fragen bei **Überfahrt mit dem eigenen Boot** ist die *Malta Maritime Authority, Yachting Centres Directorate,* Msida Marina, Msida MSD 08, Malta, Tel. 21235713, Fax 21243094, www.rmyc.org.

Die **Liegegebühren** betragen im Sommer je nach Bootslänge ab 100 €, im Winter ab 70 € pro Woche. Vor Ort können auch Segelboote und Motorjachten aller Art angemietet werden; hier einige **Verleihstellen:**

Nautica, 21 Msida Road, Gżira, Tel. 2133 8253, www.nautica.com.mt.

Captain Morgan Cruises, Tigné Seafront, Sliema, Tel. 21343373, Fax 21332004, www.captainmorgan.com.

Tretboote, Wasserscooter und **Surfbretter** werden direkt bei den großen Hotels, einigen Tauchschulen und natürlich direkt an den Stränden angeboten.

Tauchen

Rund um Malta und Gozo findet der Taucher **alles, was das Mittelmeer zu bieten hat:** Felslandschaften, Grotten, Höhlen, Wracks und Seegraslandschaften. Außerdem sind die Gewässer im Gegensatz zu den Küstengebieten Südeuropas nicht verschmutzt, und die Wassertemperatur von minimal 15°C bis rund 27°C gestattet (fast) ganzjährig das Tauchen. Die Sicht erweist sich wegen des überwiegend felsigen Meeresbodens als gut bis hervorragend. Zahlreiche, zum Teil deutschsprachige Tauschschulen bieten Kurse und Tauchpakete aller Art, auch unbegleitete Tauchgänge sind möglich (s. Kapitel „Tauchen rund um Malta“).

Tennis, Squash und Badminton

- Im **Marsa Sports Club,** Marsa, Tel. 2123 3851, Fax 21231809, www.marsasportsclub.com (für Gäste geöffnet täglich 8–15 Uhr), kosten 90 Minuten Tennis oder Squash 15–20 € Platzgebühren, Leihequipment je 5 €. Zusätzlich fällt eine Mitgliedsgebühr von 8 €/Tag, 32 €/Woche oder 100 €/Monat an.
- Günstiger ist der **Malta Union Club,** Tigné Street, Sliema, Tel. 21332011, Fax 21310703, bei 20 € Wochenmitgliedschaft, 3,50 € Platzgebühr (90 Minuten) und 3 € für Leihgerät. Geöffnet Mo–Sa 9–24 Uhr, sonntags bis 21.30 Uhr.
- Ähnliches bietet der **Vittoriosa Lawn Tennis Club,** Corradino Heights, Pawla, Tel. 21801154, Fax 21686877, Aufnahmegebühr 18 €, Platzgebühren 4,50 €.

054M wl

Weitere Lokalvereine findet man unter www.zebuggtennis.com, www.vltc.com.mt, www.tennisclubkordin.com oder www.rinellatennisclub.20m.com.

- Spezielle Badmintonplätze bieten die **Badminton Clubs** in der Windmill Street, Birkirkara, Tel. 21491545, und Princess Margaret Street, Ta'Xbiex, Tel. 21624251.

Malerische Buchten für Sonnenanbeter

Tontaubenschießen

Während viele Malteser bedauerlicherweise ihre Treffsicherheit am lebenden Objekt üben, kann sich der Tourist beim **Clay Pigeon Club,** Bidnija, Tel. 2124 3043, an Tontauben üben. Die eigene Waffe darf benutzt werden, es bedarf hierzu aber der vorherigen Anmeldung beim Club, der auch die Lizenz für die Einfuhr arrangiert.

Wandern

Auf Malta und Gozo sind einige famose kleinere und mittlere **Halbtages- bis Tageswanderungen** möglich, bei denen der Wanderer so intensiv wie nirgends sonst mit dem beinahe menschenleeren Hinterland Maltas in Berührung kommt und das Rätsel gelöst sieht, woher die Malteser ihre schier unerschöpflichen Vorräte an Obst und Gemüse beziehen. Eine Wanderung im Südwesten entlang der teils Hunderte von Metern steil abfallenden Klippen mit fantastischem Meerblick ist ein unvergessliches Erlebnis.

Jedem Besucher wird empfohlen, eine der in den Ortsbeschreibungen dargestellten Wanderungen zu unternehmen. Die schönste, allerdings nur ausdauernden und trittsicheren Wanderern **zu empfehlende Wanderung** führt von der alten Hauptstadt Mdina bis zur Golden Bay im Nordwesten.

Wer ausgedehnte, auch mehrtägige, organisierte **Trekking-, Kletter- oder Mountainbike-Touren** unternehmen möchte, wende sich an:

- **Malta Outdoors Activity Organisers,** 112 Triq il-Kbira, Hamrun, Tel. 21236839, Fax 21310086, www.maltaoutdoors.com. Hier wird auch der noch recht neue Zweig des „Abseilings“ (Abseilklettern, etwa im Blue Hole oder Ghar Lapsi) angeboten.

Sprache

Die beiden offiziellen Amtssprachen in Malta sind **Malti** (Maltesisch) und **Englisch,** beides wird von klein auf gelehrt und gesprochen.

Ausspracheregeln

Malti	Aussprache	Beispiel	Aussprache
aj	ai	Għajn	Chain
c	k	Cottonera	Kottonera
ċ	tsch	Ta Ċenċ	Ta Tschentsch
ġ	dsch	Mġarr	Hmdschar
għa	aa	Għarb	Aarb
għi	ei	Żgħira	Sei-ra
għu	ou	Gargħur	Gah-rour
h	(stumm)	Hompesch	Om-pesch
ħ	ch	Hal Far	Chal-Far
ie	ii	Mellieħa	Melli-ia
q	kurzes e	Qrendi	Errendi
s	ß	Marsa	Mar-ßa
w	u	Wied	Uiid
v	w	Valletta	Waletta
x	sch	Xlendi	Schlendi
ż	s (super)	Żabbar	Sabbar
z	ts(*)	grazzi	grattsi

(*) Eine **Ausnahme** bildet die Insel Gozo, wo das z nicht ts, sondern als stimmhaftes „s“ gesprochen wird („Go-so“); dies resultiert aus der englischen Aussprache, die Gozitaner selbst nennen ihre Insel übrigens Għawdex (gesprochen „Audesch“).

Das Maltesische ist eine Mischsprache auf nordafrikanisch-arabischer Basis, deren Wurzeln aber möglicherweise bis in die phönizische Zeit reichen. Schriftliche Aufzeichnungen in größerer Zahl gibt es erst seit dem 19. Jh., bis dahin wurde die Sprache lediglich von Generation zu Generation mündlich überliefert. Alle den Phöniziern nachfolgenden Kulturen, insbesondere Römer (Schrift) und Araber (geografische Begriffe), bereicherten die Sprache ebenso wie das unter den Johannitern zur Amtssprache erhobene **Italienisch.** Erst 1934 wurde Italienisch von Englisch als Amtssprache abgelöst, und eine Rechtschreibung für das Maltesische offiziell eingeführt. Malti wurde so zur einzigen mit **lateinischem Alphabet** geschriebenen arabisch-semitischen Sprache.

Es ist für Touristen nicht notwendig, Malti zu lernen, da Englisch als Amtssprache gesprochen wird. Die nachfolgende kleine Sprachhilfe und Wortliste dient in erster Linie dazu, unterwegs die **Ortsnamen** richtig auszusprechen, wenn man jemanden nach dem Weg fragen möchte. (In den Ortskapiteln steht bei allen wichtigen Ortsnamen in Klammern die Aussprache.)

Wer sich für die maltesische Sprache interessiert, sei auf den Kauderwelsch-Sprachführer **„Maltesisch – Wort für Wort“** verwiesen (Reise Know-How Verlag, AusspracheTrainer auf Audio-CD erhältlich) sowie auf das einzige und ausführliche Wörterbuch Maltesisch – Deutsch/Deutsch – Maltesisch von *Prof. M. Moser,* San Gwann 1999 (über www.malta-shop.de auf Nachfrage erhältlich).

Fremdsprachen

Wichtigste **Fremdsprachen** in Malta sind Italienisch, welches schon durch den Einfluss des nahen italienischen Fernsehens weit verbreitet ist, sowie Arabisch und Deutsch.

Trotz der lateinischen Schrift sollte sich der Besucher nicht wundern, dass es mit der Einheitlichkeit der Schriftsprache nicht ganz so eng gesehen wird wie in anderen Sprachen; so existieren insbesondere bei den Straßen- und Ortsnamen oftmals mehrere Schreibweisen (z.B. Bengħisa – Bengħajsa – Bengħasja), die teils auf den englischen Einfluss, teils auf unklare Regeln der maltesischen Schriftsprache zurückzuführen sind.

Sprachaufenthalt, Englischunterricht

Wie wäre es mit einem vom Finanzamt anerkannten oder gar von der Firma bezahlten **Bildungsurlaub** auf Malta? Kein Problem – Malta als offiziell englischsprachiges Territorium bietet ganzjährig ein- oder mehrwöchige Kurse mit Unterbringung nach Wahl bei einer maltesischen Familie, in einer Ferienwohnung oder in einem Hotel.

Sprachkurse in der Inselrepublik sind außerordentlich beliebt, da sie preiswerter sind als vergleichbare Angebote in Großbritannien oder den USA und zudem noch ein angenehmes Klima sowie eine faszinierende Umgebung geboten wird. Nicht nur bei Schülern steht Malta für einen Sprachkurs ganz oben auf der Wunschliste, auch Geschäftsleute weichen zunehmend aus dem teuren London nach Malta aus. Mittlerweile kommt fast jeder zweite Sprachschüler in Malta aus dem deutschsprachigen Raum, entsprechend breit ist die Angebotsvielfalt. Angeboten werden ein- oder mehrwöchige Kurse ab 200 €/Woche bis zu 500 €/Woche (Einzelunterricht), auch spezielle Vorbereitungskurse (z.B. *TOEFL*) und Business-Intensivierungskurse.

Wichtige Begriffe

Im Folgenden eine Liste der wichtigsten geografischen Bezeichnungen, die in vielen Ortsnamen oder Sehenswürdigkeiten in Malta vorkommen, sowie ein paar Alltagsbegriffe:

Malti	**Deutsch**
Ġebel	Berg (arab.)
Wied	Tal (arab.)
Għar	Höhle (arab.)
Għajn	Quelle (arab.)
Bir	Brunnen (arab.)
Triq	Straße
Ħal	Dorf
Ċitta	Stadt (ital.)
Alla	Gott (arab.)
Fortizza	Festung (ital.)
Torri	Turm (latein.)
Marsa	Hafen (phön.)
Baħar	Meer (arab.)
Ras	Landzunge (arab.)
Ramla	Sand (arab.)
Skużi	Entschuldigung (ital.)
Grazzi	Danke (ital.)
jekk jogħġbok	Bitte
Bonġu	Guten Tag (frz.)
Il-lejl	Guten Abend
iva/le	Ja/Nein
narak/saħħa	Auf Wiedersehen/Tschüss
Kif inti?	Wie geht's?

Hier eine kleine Liste der bekanntesten **Schulen und Veranstalter,** die meisten mit Sitz und Ausbildungsstätte in Sliema:

- **Inlingua School of Languages,** 9 Triq Ġuże, Sliema, Tel. 21313158, Fax 21336419, www.inlinguamalta.com.
- **Institute of English Language Studies,** Mattew Pulis St., Sliema, Tel. 21320381, Fax 21343332, www.lalgroup.com.

  Diese Schule unterhält für deutschsprachige Interessenten eine Informations- und Buchungsstelle in der Nymphenburger Straße 1, 80335 München, Tel. (089) 5455011, Fax 5455019.
- **English Language Academy,** 9 Tower Lane, Sliema, Tel. 21346264, Fax 21339656, www.elamalta.com.
- **International English Language Centre,** 78 Tigné Street, Sliema, Tel. 21344262, Fax 21311385, www.ielc.com.mt.
- **European Centre of English Language Studies,** Marguerite Mangion Street, St. Julians, Tel. 21388500, Fax 21388499, www.ecenglish.com. Hier können auch Unterkünfte gleich mitgebucht werden.
- Beliebt und zuverlässig ist laut vielen Kursteilnehmern das **Sprachcaffé – Sprachreisen** mit Sprachschule im beliebten St. Julian's (Prospekt anfordern!): Gartenstr. 6, 60594 Frankfurt, Tel. (069) 6109120, Fax 6031395, www.sprachcaffe-malta.com.
- Auch die renommierte **University of Malta** bietet Sprachkurse für Ausländer, Einzelheiten unter www.um.edu.mt.

Für **Schüler** kommen vor allem die *Holiday Courses* (Ferienkurse) von vierwöchiger Dauer in Betracht, die im Sommer (Juni bis September) angeboten werden. Nach einer Überprüfung der Kenntnisse (Einstufungstest) werden Leistungsgruppen zusammengestellt, sodass jeder sicher sein kann, bei Kursbeginn nicht unter- oder überfordert zu werden. **Komplettarrangements** für Schüler mit Unterkunft wahlweise in Gastfamilien oder Hotels findet man z.B. unter www.speakfun.de.

Telefonieren

Auf Malta und Gozo verfügt jeder kleine Ort über zumindest ein öffentliches Kartentelefon (silber, gelb oder rot). Maltaweite Gespräche kosten je nach Karte max. 3 Ct./Min., Auslandsgespräche variieren je nach Zielland erheblich, wobei ein „normales" Festnetzgespräch zur Haupttageszeit in die Schweiz oder ein EU-Mitgliedsland maximal den EU-weit standardisierten Mobilfunkpreis erreicht. Festnetznummern beginnen mit „2", Mobilfunknummern erkennt man an einer „9" am Anfang.

Mobilfunk

Das eigene **Mobiltelefon** lässt sich in Malta problemlos nutzen, denn die meisten Mobilfunkanbieter haben Roamingverträge mit den maltesischen Gesellschaften *Go Mobile, Melita* oder *Vodafone Malta.* Wer im europäischen Ausland telefoniert (für Schweizer gelten diese Regeln einstweilen noch nicht), zahlt seit Juli 2013 höchstens 9,6 Cent für eine **SMS,** maximal 29 Cent pro Minute für einen Anruf, den er tätigt, und nicht mehr als 9,6 Cent pro Minute für einen empfangenen Anruf. Der Empfang von SMS ist in der Regel kostenfrei. Besonders gewarnt seien Nutzer von Smartphones, denn die Nutzung des Datapacks im Ausland ist mit hohen Kosten verbunden. Preiswert ist das Nutzen von **Skype** zum Telefonieren in z.B. Internet-Cafés mit DSL, oder die Internet-Verbindung per Handy über eine kostenlose Wifi-Verbindung im Hotel oder Café.

Prepaid-Karten

Mittlerweile setzt sich die Privatisierung des ehemaligen Monopols Enemalta fort, sodass zahlreiche Anbieter auf dem Markt konkurrieren. So haben sich die meisten Anbieter von sogenannten „prepaid-cards“ darauf verständigt, dass die Karten netz- und systemübergreifend (Mobil- oder Festnetz) gelten. Für den Kunden bedeutet dies, dass er eine Karte ab 5 € in Zeitschriften-, Lebensmittel-, Souvenirgeschäften usw. kaufen und diese dann uneingeschränkt per **Mobil- oder Kartentelefon** nutzen kann. Hierzu wird die auf der Karte angegebene Telefonnummer gewählt und darauf die Anweisungen (auf Englisch) befolgt.

Falls das Mobiltelefon **SIM-lock-frei** ist (keine Sperrung durch andere Provider), kann man sich eine örtliche **Prepaid-SIM-Karte** („Ready to go“ von Go Mobile oder „eone“ von *Vodafone*) besorgen – ein entsprechender Schalter befindet sich direkt in der Ankunftshalle am Flughafen.

WLAN

Malta bietet für seine Bewohner und Touristen eine ganze Reihe von öffentlichen wie auch privaten WLAN-Hotspots, alle mit vergleichsweise eingeschränkter Reichweite, man kommt vor Ort nicht überall in ein kostenfreies Netz. Für Besucher gilt als grundsätzlicher **Tipp,** dass alle Mc Donald's-Filialen (auch am Flughafen) kostenlosen WLAN-Zugang bieten, darüber hinaus auch zahlreiche Hotels, Cafés usw., zu denen man eine umfangreiche Auflistung unter www.maltainsideout.com/469/where-you-can-find-free-wi-fi-hot spots-in-malta oder über die kostenlose App *Malta WiFi* findet.

Vorwahlen

- **Malta:** 00356
- **Deutschland:** 0049
- **Österreich:** 0043
- **Schweiz:** 0041

(plus Ortsvorwahl ohne die erste „0“)

Unterkunft

Malta verfügt über ein recht breites Angebot von Hotels über einfache Bed & Breakfast-Herbergen *(Guesthouses)* bis hin zu kompletten Ferienwohnungen *(Apartments)* und -häusern (*Farmhouses*). Und wer sich etwas bemüht und frühzeitig direkt mit Vermietern oder Vermittlern auf Malta Kontakt aufnimmt, der bekommt für den Preis eines Hotelzimmers durchaus auch eine komplette Ferienwohnung in Toplage.

Touristenunterkünfte wurden in Malta per Verordnung einer bestimmten Kategorie zugeordnet. **Hotels** sind mit einem (einfach) bis fünf (Top) Sternen versehen, sogenannte **Holiday Complexes** (große Hotelanlagen mit Golfplatz, Strand usw.) und **Aparthotels** (Hotels, die Apartments vermieten) werden in die Klassen 1 bis 4 eingestuft (First Class usw.), wobei „First" top und „Fourth" einfach ist. Gleiches trifft auf die sogenannten **Tourist Villages** (Ferien-Apartmentanlagen) zu. Unterkünfte der beiden oberen Klassen sind in ihrer Preisgestaltung frei.

Die bei Rucksackreisenden beliebten, aber keinesfalls immer günstigsten **Guesthouses** (einfache Pensionen) erhielten einen (einfach) bis maximal drei Sterne, die Obergrenzen liegen hier also immer fest. In der Regel wird **Bed & Breakfast** (Übernachtung mit Frühstück) angeboten, wobei Letzteres mit Toast und Marmelade doch oft sehr spartanisch ausfällt.

Die Tabelle oben (zum raschen Nachschlagen auch auf der hinteren Umschlagklappe abgedruckt) zeigt zwar die Preise im Sommer, außerhalb der Saison sind allerdings erhebliche Rabatte, teilweise bis zur Hälfte, möglich. Dennoch kosten sechs Nächte für zwei Personen bei 40 € pro Nacht immerhin 480 € – recht viel im Vergleich zu manchem **Pauschalreiseangebot.** Nun kann man zwar mit etwas Verhandlungsgeschick (Wochenarrangement) noch den einen oder anderen Euro herunterhandeln, unter dem Strich lohnt sich die tageweise eigene Suche im Sommer (!) weder logistisch noch finanziell – ein Pauschalarrangement bzw. Voraborganisation über das Internet ist da vorzuziehen.

Ebenfalls interessant und besonders für Familien zu empfehlen sind die Angebote für umgebaute **Bauernhäuser** (*Farmhouses*, sehr hübsch und stilvoll) sowie vor allem Ferienwohnungen, die man vielfach auch in kleineren Orten abseits des Trubels findet. Es ist möglich, zumindest außerhalb der Hochsaison, auch erst vor Ort eine solche Unterkunft zu buchen, eine Anmeldung vorab ist allerdings empfehlenswert. Meist gilt eine Mindestmietzeit von einer Woche, manchmal wird auf Anfrage auch ein Leihwagen und/oder der Flughafentransport zu Vorzugspreisen arrangiert. Für die Farmhäuser sind aufgrund der

Preiskorridore der Hotels und hotelähnlichen Unterkünfte in der Republik Malta (pro Person und Nacht in Euro)

	Hotel	Holiday Complex	Aparthotel	Tourist Village	Guesthouse
①	20–30	–	–	–	15–25
②	30–55	30–55	30–55	25–35	–
③	60–80	60–80	60–80	60–80	35–50
④	90–130	90–130	90–130	90–130	–
⑤	ab 140	ab 140	ab 140	ab 140	–

großen Unterschiedlichkeit bezüglich Größe, Lage und Qualität keine Preisangaben möglich, die Erfahrung zeigt aber, dass man mit mindestens 50 €/Tag rechnen sollte. Bei Anfragen immer nach Flughafentransfer und/oder Leihwagen fragen, da Farmhäuser oft außerhalb der Ortschaften liegen! Selbstverständlich kann man auch bei „Freizeitgestaltern" wie Tauchschulen, Sprachschulen, Reitschulen usw. nach einer Unterkunft anfragen (Anschriften s. „Sport und Aktivitäten" bzw. in den Ortsbeschreibungen), die häufig auch schon in ihrer Homepage eine Unterkunft oder einen Mietwagen vermittelnd anbieten.

Buchung über das Internet

Wer auf eigene Faust vorab eine Unterkunft buchen möchte, sollte – von den bekannten Portalen www.hrs.de oder www.booking.com abgesehen – einen Blick auf die **Internetseiten** www.holidays-malta.com für Hotel-/Apartmentanlagen, www.maltabudget.com für Sprachschüler auf der Suche nach Gastfamilien sowie www.villasmalta.com für Ferienhäuser/-wohnungen werfen. www.hostels.com vermittelt Unterkünfte in privaten Pensionen und Herbergen, auch mit Mehrbettzimmern. Wer speziell ein Farmhouse auf Gozo sucht, dem sei die Firma *Gozo Farmhouses* (3 Mgarr Rd., Għajnsielem, Tel. 21561280, www.gozofarmhouses.com) empfohlen. Neben der Unterkunft, teilweise mit Pool, kann man hier auch gleich den Transfer und/oder Mietwagen mitbuchen. Die Preise für solche Anwesen liegen bei 1000–1200 € die Woche für ca. 4 Personen. Zu den bewährten Anbietern für die Vorabbuchung gehören auch die Seiten www.farmhouseingozo.com.mt, www.gozo-farmhouses.com und natürlich auch die offizielle TI-Unterkunftsseite www.islandofgozo.org/farmhouses.

Wer Ferienwohnungen, teilweise auch mit Fahrzeugverleih usw. vorab online arrangieren möchte, sei zudem auf die weit gefächerten Seiten www.holiday-malta.com, www.visitgozo.net, www.accomodation-gozo.com und www.holidays-malta.com verwiesen. Vor allem Letztere bietet auch für kleinere, seltener als Standort gewählte Orte sehr hübsche Anlagen abseits des Massentourismus.

Speziell für deutschsprachige Reisende werden unter **http://malta-ferienwohnung.com** Objekte für 2–4 Personen, teilweise mit Pool, hauptsächlich im Raum Sliema angeboten; unter **www.imalta.de** findet man landesweite unterschiedlichste Objekte.

Auch in den einzelnen Ortsbeschreibungen sind zahlreiche konkrete Objekte für die Online-Buchung aufgeführt. Hierzu ein allgemeiner **Hinweis:** Wer das Netz ein wenig durchstöbert oder auch vor Ort auf den einen oder anderen Anbieter durch Werbung aufmerksam wird, der wird den nahezu inflationären Gebrauch des Begriffs „Luxury-Flat" (Luxusapartment) bemerken. Manch ein Reisender stellt dann vor Ort enttäuscht fest, dass man mit einer gewagten Aussage und eine paar geschickt aufgenommenen Fotos eine Menge erreichen kann. Ohne zu zögern verwenden manche maltesische Anbieter das Wort „luxury" auch für Anlagen, bei denen manchmal 2 Sterne eher zugeflogen denn offiziell vergeben zu sein scheinen. Also nicht für bare Münze nehmen!

Jugendherbergen

Jugendherbergen im klassischen Sinn gibt es nicht, aber einige **Hostels,** die sich auch in der internationalen Herbergsbuchungsmaschine www.hihostels.com wiederfinden. Diese liegen in Buġibba (*Lingo Guesthouse,* www.lingoguesthousemalta.com), Għajnsielem/Gozo (*St. Joseph Guesthouse,* www.stjosephhomstel.com), Gzira (*Balco Harmony Hostel,* www.balcomalta.com) und Sliema (*Hibernia Gateway,* www.hihostels.com/dba/hostel092065.en.htm). Die Preise liegen zwischen 7 € im Mehrbettzimmer und 1 € im Doppelzimmer.

Camping

Wildes Zelten wird auf Malta zwar geduldet, ist aber – mit Ausnahme Cominos – sowohl offiziell verboten als auch völlig unzweckmäßig. Im Sommer wird das Zelt zur Sauna, ansonsten wegen starker Winde zum fliegenden Teppich. Bei den jugendlichen Maltesern ist das Campen über das Wochenende an entlegenen Buchten (z.B. Mistra Bay) oder in zerfallenen Fortanlagen (z.B. Fort Campbell) recht beliebt.

Maltas **einziger offizieller Campingplatz** liegt auf der Marfa Ridge Richtung White Tower, bietet guten Komfort einschließlich Zelt- und Utensilienverleih (Matratzen, Kühlschrank u.v.m.) und Pool. Die Preise variieren zwischen 8 € (2 Personen, mitgebrachtes Zelt) und 20 € (pro Person im ausgestatteten Leihzelt), Strom und Duschen extra. *The Adventure Campsite,* Dahlet ix-Xmajjar, limiti tal-Mellieħa, Mellieħa, Tel./Fax 21521105, www.maltacampsite.com.

Das Tourist-Service-System

Viele Maltareisende werden schon vor Reiseantritt ein Hotel oder Ferienapartment gebucht haben. Dies kann über ein Reisebüro, selbstständig vom Heimatland aus oder aber erst vor Ort geschehen. Eine in Malta sehr nützliche Erscheinung sind sogenannte Tourist-Service-Agenturen, die mittlerweile in den meisten unterkunftsrelevanten touristischen Regionen mehrfach vertreten sind; dies gilt insbesondere für **St. Paul's Bay/Buġibba und Mellieħa** sowie für **Xlendi** und **Marsalforn** auf **Gozo.** Derartige Agenturen sind entweder nur lokal oder landesweit tätig und bieten Unterkunftsvermittlung (meist Apartments/Ferienhäuser), Ausflüge, Fahrzeugvermietung, Bootstouren und vieles mehr. Sie treten quasi als Makler/Vermittler auf und die Preise sind leicht höher als bei der Selbstorganisation. Dafür spart man jedoch Zeit und eine Menge Lauferei vor Ort.

Verkehrsmittel

Fähren

Malta – Gozo

Die wichtigste Fährverbindung der maltesischen Inselgruppe ist die **Autofähre zwischen Ċirkewwa/Malta und Mġarr/Gozo.** Sie verkehrt von Mai bis Oktober rund um die Uhr und 30-mal täglich (von Juni bis September 34-mal), und zwar von 5.30 bis 21 Uhr alle halbe Stunde, danach stündlich und nachts alle 90

Minuten. Zur jeweils halben und vollen Stunde ist Abfahrt in Mġarr, zur Viertel- und Dreiviertelstunde ist Abfahrt in Ċirkewwa. Im kühleren Halbjahr von Oktober bis April fährt die Fähre nachts nicht.

Die Überfahrt dauert 20 bis 25 Minuten, die **Tickets** werden nur in Mġarr/Gozo ausgestellt (Hinfahrt quasi „frei"). Ein Pkw inkl. Fahrer kostet 15,70 €, Erwachsene zahlen pro Person 4,65 €, Kinder 1,15 €. Das Moped kostet 8,15 €, ein Rad 1,15 €.

Valletta – Sliema

Eine ebenfalls wichtige Fähre verkehrt (außer im Winter) täglich zwischen Sliema und Valletta alle 30–60 Min. von 7.30 bis 18 Uhr (während der „Notte Bianca", s. „Feste/Feiertage", bis gegen 3 Uhr). Die Überfahrt dauert nur 10 Minuten und kostet 1,50 €, Kinder 1 €. Diese nette Hafenrundfahrt ist ein preiswertes Vergnügen und bietet gute Fotomotive.

Comino-Fähren

Lange Jahre gab es keine Möglichkeit, regulär auf die kleinste der bewohnten Inseln Maltas zu reisen. Nachdem immer wieder Besucher das Fährboot des *Island of Comino Hotel* um Mitnahme baten, hat sich das Hotel zur Einrichtung eines **regelmäßigen Fährservices** vom 1. April bis 30. September für jedermann entschlossen, der inzwischen an zwei unabhängige Firmen verkauft wurde. Die Fähre pendelt wechselweise zwischen Comino - Malta und Comino - Gozo, der Fahrpreis beträgt einheitlich 10 € für die Rückfahrkarte, Kinder 5 €. Infos unter Tel. 21526821 und www.cominoferryservice.com.

Comino – Gozo

- **Abfahrt ab Comino:** Zwischen 8 und 18 Uhr zu jeder vollen Stunde, einschl. 18 Uhr.
- **Abfahrt ab Mgarr/Gozo:** Zwischen 8.15 und 18.15 Uhr stündlich, einschl. 18.15 Uhr.

Der Fährpreis für die Strecke Comino – Malta beträgt ebenfalls 10 €, Kinder 5 €, für das Rückfahrticket; Infos unter Tel. 99406529, www.unitedcominoferries.com.

Comino – Malta

- **Abfahrt ab Marfa Riviera Hotel:** Zwischen 9 und 15 Uhr zu jeder vollen Stunde, letzte Abfahrt nach 15 Uhr ist um 16.30 Uhr.
- **Abfahrt ab Ċirkewwa (bei Gozo-Fähre):** Zwischen 9.10 und 15.10 Uhr, letzte Abfahrt nach 15.10 ist 16.30 Uhr.
- **Blue Lagoon (Comino):** Zwischen 9.30 und 14.30 Uhr, nach 14.30 Uhr Abfahrten um 16, 17 und 18 Uhr.

Neben der Fähre gibt es außerdem die Möglichkeit, mit einem **Ausflugsboot** ein paar Stunden auf Comino zu verbringen (siehe „Ausflüge") oder das allerdings unregelmäßig fahrende Boot („wenn einigermaßen besetzt") ab Hondoq ir-Rummien Badebucht (s. „Gozo") zu nehmen; gleiche Preise.

Das Malta-Gozo-Brückenprojekt

An dieser Stelle wäre nun eine größere wissenschaftliche Abhandlung beinhaltend die Themen Basisdemokratie (Volksabstimmung; wer darf?) bis hin zu Umwelt- und Ästhetikfragen möglich – Fakt ist, dass alleine diese Überschrift tiefe gesellschaftliche Gräben zwischen beiden Inseln zieht und auch manchen Reisenden die Hände über den Kopf zusammenschlagen lässt. Die internen Diskussionen sind teilweise bühnenreif, da werden Alternativvorschläge von der Seilbahn bis zu einer doch gleich mitzubauenden Schnellzugtrasse von Gozo bis Valletta in die Kontroversen eingebracht.

Die Idee einer Inselverbindung ist allerdings schon alt (und wird je nach Regierung immer wieder einmal vor Wahlen aufgewärmt), und prinzipiell geht es darum, dass sich Malta als Insel „besser" entwickelt als Gozo, welches neben wirtschaftlichen (Logistik) und beruflichen Nachteilen (Pendler) auch unter einem Abzug der Jugend nach Malta (Arbeitsplätze, Freizeitangebote etc.) zu leiden scheint.

Unter den Gozitanern wurde daher wiederholt der Ruf nach einer Brücke oder einem Tunnel laut, die Idee aus Kostengründen bis zur EU-Mitgliedschaft jedoch nie ernsthaft weiter verfolgt. Nun aber – da Brüssel eine Unterstützung strukturschwacher Gebiete ausdrücklich fördert, wie man an Hinweisschildern vor mit Brüsseler Hilfe in Schuss gebrachten Monumenten unschwer erkennen kann – sieht die Sache gleich ganz anders aus, eine Tunnel-Machbarkeitsstudie wird seitens der EU teilfinanziert.

Netter Einsatz „europäischer Steuergelder", aber fragwürdig. Ähnlich wie in Zypern wurden nämlich **Gas-/Ölvorkommen** vor dem maltesischen Archipel entdeckt, und das ruft unverzüglich den Energiestaubsauger der Welt auf den Plan: China. Nun mag sich manch einer fragen, was das eine mit dem anderen zu tun habe. Die Volksrepublik China benötigt Unmengen an zusätzlicher Energie und Wasser, um die heimische Volkswirtschaft weiter ankurbeln bzw. aufrecht erhalten zu können. Während Malta mit Wasser nicht dienen kann, sieht es bei der Energie somit etwas anders aus. **China** bot daher, taktisch sehr geschickt, durch das **staatliche Baukonsortium CCCC** der Republik Malta an, alle Kosten zur Planung einer Brücke zwischen Malta und Gozo via Comino zu übernehmen! Die CCCC ist in Malta keine Unbekannte, war sie doch federführend für den Bau von Europas zweitgrößter Werft (richtig: in Malta) verantwortlich.

Zusagen an die Chinesen soll es offiziellen Verlautbarungen zu Folge nicht gegeben haben, weder bezüglich der Vergabe des Brücken-Bauauftrages noch bezüglich der Erforschung/Ausbeutung besagter Ölvorkommen. Doch wer glaubt, dass die Chinesen etliche Millionen zum Spaß auf einem „Steinhaufen im Mittelmeer" für Nichts verplanen, sollte dringend seinen Sachverstand prüfen lassen.

Die Pläne sollen der Regierung Anfang 2015 vorgelegt werden, eine **Volksabstimmung** (angeblich nur unter den Bewohnern Gozos) durchgeführt und dann binnen etwa 10 Jahren der Brückenbau realisiert werden. Mit der relativen Ruhe und Beschaulichkeit Gozos – und auch Cominos – wäre es dann wohl für immer vorbei.

Leihwagen und -motorrad

Auch wenn man gelegentlich Fahrzeuge mit ausländischem Kennzeichen in Malta entdeckt, man muss es schon als ziemlichen Unfug ansehen, sich selbst den Strapazen und Mehrkosten gegenüber dem Flug auszusetzen, um das **eigene Auto** mitzubringen. Das Bussystem funktioniert – mit Einschränkungen – gut, und für Touristen gibt es preiswerte Mietfahrzeuge.

Die Wahl, ob man vor Ort ein Leihfahrzeug unbedingt benötigt, hängt in erster Linie von den eigenen Plänen und vom Standort ab (s. Kapitel „Vor der Reise" im Vorspann dieses Buches). Wer in Valletta oder Sliema wohnt, braucht definitiv kein Fahrzeug, und selbst in Marsaskala, Buġibba, St. Paul's Bay und Mellieħa ist es nur dann nötig, wenn man sehr wenig Zeit hat und unbedingt alle entfernten Winkel Maltas erkunden möchte.

Wer kein Fahrzeug vorab gebucht hat, vor Ort dann aber für einige Tage einen mobilen Untersatz für die ländlichen Regionen benötigt, wird am ehesten in Buġibba/St. Paul's Bay und Mellieħa sowie Sliema fündig – hier reihen sich die Verleihstellen aneinander.

Je nach Saison sind Kleinwagen ab rund 30 € und Mopeds *(Scooter)* ab rund 20 € pro Tag zu haben. Der ausgehandelte **Mietpreis** wird sofort fällig, man frage stets danach, ob die obligatorische Versicherung *(insurance)* im Preis inbegriffen ist, sonst kommen nochmals einige Euro hinzu – meist sind die Preise inklusive aller Nebenkosten.

Für das Anmieten sind **Pass** oder **Personalausweis** und internationaler **Führerschein** angeraten, oft genügt aber auch der nationale (der Verleiher kann die nationale Lizenz akzeptieren, muss es aber nicht). Der Fahrzeugführer muss **mindestens 21 Jahre** alt sein (Vollkasko obligatorisch), ab 25 Jahren genügt Teilkasko mit 400 € Selbstbeteiligung. Bei Motorrädern ist es üblich, eine Kaution (15–20 €) für den Helm zu hinterlegen, die bei Rückgabe zurückerstattet wird. Vor Vertragsabschluss sollte das Gefährt gründlich geprüft werden (Licht!). Stellt man Schäden (z.B. Beulen) fest, sollte man darauf bestehen, dass diese im Leihvertrag festgehalten werden.

Normalerweise übernimmt man in Malta das Fahrzeug mit leerem Tank und übergibt es auch wieder so. Da die meisten Touristen einen halb vollen Tank übergeben, erhalten die Verleihstellen so eine Zusatzeinnahme (Übergabe/Rückgabetank vorher erfragen). Die **Benzinpreise** auf Malta liegen auf mitteleuropäischem Niveau.

Bei vielen Tauch- und Pauschalreisen mit Unterkunft in Farmhäusern (s. „Unterkunft") wird ein Leihfahrzeug sehr günstig mit angeboten.

Die kleineren **Verleihstellen** werden in den Ortsbeschreibungen aufgeführt. In der Regel können Leihfahrzeuge mit nach Gozo genommen werden, einige Verleiher schließen dies jedoch aus. Auch auf Gozo gibt es einige Verleihstellen (s. Ortsbeschreibungen), wirklich zu empfehlen ist gerade auf Gozo ein Moped für ein oder zwei Tage.

Vorabbuchungen für ein Leihfahrzeug kann man per **Internet** tätigen, etwa über gängige **Suchmaschinen** wie www.mietwagencheck.de, www.mietwagen-suchmaschine.ch, www.rentalcargroup.com, http://malta.airport-car-hire.net oder www.billiger-mietwagen.de sowie

074M wl

bei maltesischen Firmen unter http://malta.economycarrentals.com, www.malta-car-hire.com, www.malta-car.com, www.swiftcarhire.com oder www.jscarhire.com, wobei oft auch die Übernahme am Flughafen möglich ist. Teilweise kann man auch über einen Unterkunftsvermieter gleich einen Wagen (direkt zum Flughafen oder an die Unterkunft) mitbuchen bzw. vermitteln lassen.

Wer auf einen renommierten Verleiher zurückgreifen möchte, auf Malta und Gozo sind beispielsweise die Folgenden vertreten:

Avis

- 50 Msida Sea Front, Msida, Tel. 21235751, Fax 21243612, www.avis.de bzw. www.avis.com.mt, mit Filialen am Flughafen, Tel. 21232422.
- Ankunftshalle Luqa Airport, Tel. 21232422.
- 5 New Street off Pioneer Rd., Buġibba, Tel. 21576428.
- *Seabank Hotel,* Marfa Road, Mellieħa, Tel. 2152 1460.
- *Malta Hilton,* St. Julian's, Tel. 21336804
- *Mistra Village Clubhotel,* Xemxija Hill, Xemxija, Tel. 21580481.
- Republic St., Għajnsielem, Gozo, Tel. 2155 8582.

Brütende Mittagshitze in den Straßen Malta

E-Sixt

- Flughafen, Tel. 21490400, www.e-sixt.de.

Thrifty

- Flughafen, Tel. 21367276, www.thrifty.com.

Hertz

- United House, 66 Gżira Rd., Gżira, Tel. 213 14630, Fax 21338982
- Ankunftshalle Luqa Airport, Tel. 21249600
- *Preluna Hotel,* Tower Rd., Sliema, Tel. 21334001
- 19 St Anthony St., Sliema, Tel. 21330125, im Internet auch vorab unter www.hertz.de buchbar

Bahn

Was den praktischen Reisenutzen betrifft, so gibt es heute **keine Bahnlinie mehr auf Malta.** Einige wenige Relikte werden den Besucher aber an die Zeit erinnern, als auch auf Malta eine Bahn verkehrte (s. jeweilige Ortsbeschreibungen sowie Exkurs „Die Valletta-Rabat-Bahn"). Eher kitschig ist eine auf „historischen Spuren" fahrende **Touristenbahn** zwischen Mdina und Mtarfa (s. Ortsbeschreibungen, Infos auch unter www.melitatrains.com).

Bus

Linienbusse auf Malta

Auf Malta können die meisten Orte mit dem Bus erreicht werden.

Hinweise für Selbstfahrer

- In Malta herrscht **Linksverkehr!**
- Die **Höchstgeschwindigkeit** beträgt innerorts 50, außerorts 80 km/h.
- Es gelten 0,8 ‰ **Blutalkoholspiegel!**
- Das **gesetzliche Mindestalter** zum Führen eines Kraftfahrzeuges liegt bei 18, für das Ausleihen bei 21 Jahren. Viele Verleihstellen akzeptieren nur Fahrer ab 25 bis 69 Jahren.
- In einigen Orten ist das Auslegen einer **Parkscheibe** obligatorisch. Mietwagen-Firmen geben diese Parkscheiben aus.
- Von Juli bis August können **Engpässe bei den Verleihern** auftreten – vorabbuchen!
- Wegen der geringen Entfernungen gibt es **keine Kilometerbeschränkungen.**
- **Tankstellen** haben von 6 bis 18 Uhr geöffnet, am Sonntag nur wenige (dann bis 12 Uhr). Nachttankstellen (Kassenautomat) gibt es u.a. in St. Paul's Bay und Sliema; auf Gozo gibt es Tankstellen nur an der Hauptstraße in und um Victoria.
- Im **Schadensfall** Verleihstelle und Polizei informieren.
- Bei **Unfall** 196 (Malta) bzw. 21556851 (Gozo) für den **Rettungsdienst** und 191 oder 112 bzw. 21556011 für **Polizei** anrufen.
- **Parkplätze** sind rar. Parkhaus beim Busplatz in Valletta nutzen! Größere Parkflächen sind oft bewachte Parkplätze und kosten „Bakschisch", Richtwert ist ca. 1 Euro pro Stunde.
- Maltas **Pannendienst** heißt RMF und ist unter Tel. 21242222 zu erreichen.
- **Hinweis für Mopedfahrer** – zum **Straßenzustand.** Tatsache ist noch heute, dass für Zweiräder verhängnisvolle „Krater" auf den noch nicht modernisierten Straßenabschnitten eher die Regel denn die Ausnahme sind, es sei denn, man bleibt auf den absoluten Hauptstraßen. Wer die Wahl hat, sollte eine Straßenmaschine (125er/175er) anstatt eines Scooters nehmen.

MALTA
GĦAWDEX (GOZO)
Ferry to Gozo
Ċirkewwa Ferry
Ċirkewwa
Armier Bay
Paradise Bay
Għadira
Mellieħa (Għadira) Bay
Żejtuna
Xehda
Qortin
Selmun Palace
Popeye Village
POPEYE VILLAGE
Mellieħa
Xemxija
Buġibba
Qawra
St. Paul's Bay
Baħar iċ-Ċagħaq
Pembroke
Golden Bay
Għajn Tuffieħa
Ġnejna Bay
Ġnejna
Skorba Temples
Mġarr
Mġarr Hağrat
Tarġa Gap
Mosta Dome
Mosta
Naxxar
Iklin
Balzan
Mater Dei Hospital
Birkirkara
Ta' Qali Stadium
American Embassy
Imtarfa
Ta' Qali Crafts Village
Mdina
Rabat
Ta' Qali
Attard
Qormi
Żebbuġ
Dingli
Buskett Gardens
Buskett
Dingli Cliffs
Siġġiewi
The Limestone Heritage
Airport
Mediterranean Sea
Għar Lapsi
Ħaġar Qim Temples
Imnajdra Temples
Ħaġar
Blue Grotto
Żurrieq
Bus terminus
Bus interchange
Key bus stop
Airport
Gozo Ferry
Tourist Information Centre
Cultural Heritage Site
Maltese Luzzu
Public Garden
Hospital
Hotel
Beach
Other place of interest
Ticketing and information booths
Park & Ride site
Standard fare tickets bought in Malta are not valid in Gozo and vice versa
Produced by FWT 16.5.13 www.fwt.co.uk

GOZO
Index of places served

Victoria	301 302 303 304 305 306 307 308 309 310 311 312 313 323
Dwejra	311
Għarb	312
Marsalforn	310 322
Mġarr Ferry	301 303 322
Qala	303
Ramla Bay	302 322
Sannat	305
Santa Luċija/Kerċem	313
Ta' Pinu Church	308
Xagħra (Ġgantija Temples)	307 322
Xlendi	306 304
Żebbuġ	309

MALTA
Index of places served

Valletta	1 2 3 12 13 15 31 37 41 42 44 51 52 53 62 71 81 82 85 91 92 93 94 X4 X5 X7
Airport	201 X1 X2 X3 X4 X5 X7
Birgu	2 X7
Birżebbuġa	82 X4
Blue Grotto	71 201
Buġibba /Qawra	12 31 221 223 X3
Ċirkewwa Ferry	41 42 101 102 221 222 237 X1
Crafts Village near Ta' Qali	202 203 X3
Dingli	52 201 202
Golden Bay	44 101 102 223 225
Isla	1
Kalkara	3
Marsaskala	91 92 93 119 X5
Marsaxlokk	81 85 119
Mater Dei Hospital	31 37 202 203 X1 X2
Mdina	51 52 53 201 202 203 X3
Mellieħa	37 41 42 101 102 221 222 X1
Mġarr	44 101 102 225
Mosta	31 41 42 44 205 225
Paceville	12 13 202 203 205 222 225 X2
Rabat	51 52 53 201 202 203 205 X3
St. Julian's	12 13 202 203 222 225 X2
Siġġiewi	62 201
Sliema	12 13 15 202 203 222 225 X2
Ta' Qali	51 52 53 202 203 205 X3
Tarxien	81 82 85
Żurrieq	71 201
Popeye Village	237

Das öffentliche Bussystem auf Malta und Gozo ist durchweg sehr gut und vor allem preiswert. Leider wurden die jahrzehntelang als Wahrzeichen Maltas betrachteten Oldtimer ab 2012 bei einer Generalreform des Bussystems abgeschafft und durch moderne Stadtbusse ersetzt. Auch das Preissystem wurde reformiert, wobei festzuhalten ist, dass die Preiseinteilung in ein System für Einheimische und eines für Touristen im Rahmen der EU fragwürdig erscheint. Allerdings sind auch die **„Touristenpreise"** sehr günstig, so- dass sich die Aufregung in Grenzen halten dürfte.

Es gibt für Touristen nur noch **drei Ticketvarianten,** nämlich das 2-Stundenticket (2,20 €, Kinder 3–10 Jahre 0,30 €), das Tagesticket (2,60 €, Kinder 0,50 €) sowie das Wochenticket (12 €, Kinder 2,30 €), welche beliebig auf allen Routen eingesetzt werden können (nicht aber auf Gozo und umgekehrt!). Die Tickets können an Serviceschaltern (z.B. Flughafen/Ankunftshalle, Valletta/Busbahnhof oder Buġibba/Busbahnhof) oder direkt beim Fahrer erworben werden.

Die Betreibergesellschaft *Arriva* (www.arriva.com.mt) ist übrigens ein Teil der *Deutschen Bahn* – Kritiker spötteln schon jetzt über die mutmaßlich importierten zahllosen Verspätungen! Der reale Hintergrund ist jedoch ein anderer: offenbar haben die Entscheidungsträger zwar einen hübschen Urlaub auf Malta verbracht, die Verhältnisse vor Ort aber nicht genau studiert: Gelenkzüge(!) wurden nunmehr auf einigen Strecken eingeplant, um seltener, dafür aber mit mehr Passagieren zu fahren. Die haben nicht nur ihre Mühe mit den innerstädtischen Sträßchen, und wer die Straßen-

Nachtlinien der Busse auf Malta

Auf Druck der nachtschwärmenden Jugend (!) wurden für Freitag und Samstag zusätzliche Nachtlinien (23–4 Uhr) eingerichtet, die 2,50 € kosten (Tages-/Wochenkarten gelten hier nicht!), wobei 11, 13, 21 und 31 nur Mitte Mai bis Mitte Oktober fahren, die anderen fahren ganzjährig.

Route N3: St Julian's – Paola – Bormla – Kalkara – Fgura
Route N11: St Julian's – Pembroke – Buġibba – Ċirkewwa
Route N13: St Julian's – Tas – Sliema – Msida – Valletta
Route N21: St Julian's – Mosta
Route N31: St Julian's – Pembroke – Mosta – Naxxar
Route N32: St Julian's – Mosta
Route N52: St Julian's – University – Fleur-de-Lys – Rabat – Dingli
Route N61: St Julian's – Tas – Sliema – Siġġiewi – Ħal Qormi – Żebbuġg
Route N62: St Julian's – Marsa – Ħal Qormi –Siġġiewi
Route N71: St Julian's – Paola – Airport – Żurrieq – Qrendi – Mqabba
Route N81: St Julian's – Paola – Ħal Tarxien – Żejtun – Birid – Deheb – Gudja – Airport
Route N82: St Julian's – Paola – Ħal Tarxien – Żejtun – Birid –Deheb – Birżebbuġa
Route N91: St Julian's – Paola – Fgura – Żabbar – Marsaskala

verhältnisse vor Ort kennt, kann nur mit dem Kopf schütteln. Zudem werden ausschließlich chinesische KingLong-Busse eingesetzt, von denen schon mehrfach Gelenkzüge in Malta in Brand gerieten (Hitze, Überlastung, Steigung etc.). Hinzu kommt das mentalitätsbedingte Problem, dass es die Fahrer mit dem penibel auf die Minute durchgeplanten Fahrplan (gab es vorher in dieser Form nicht!) anfangs nicht so genau nahmen.

Vom **zentralen Busplatz** Vallettas/Florianas vor dem Stadttor von Valletta abgesehen (Achtung: die Ziffern der Bussteige sind nicht identisch mit den Linien selbst!), sind die Bushaltestellen auf Malta durch moderne Schilder *(bus stop)* mit den Ziffern der hier haltenden Buslinien gekennzeichnet. Wenn man zusteigen möchte, muss man die **Busse herbeiwinken,** sonst fahren sie in der Annahme vorüber, man warte auf eine andere Linie. Dies kann auch passieren, wenn man winkt, der Bus aber überfüllt ist (nur *peak-hour*). Auch beim Aussteigen gilt: der Fahrer hält nur, wenn es gewünscht wird (Klingelknopf drücken).

Neben den **Expresslinien** („X1“ bis „X7“, halten nur an wenigen Haltestellen und am Flughafen) gibt es **Hauptrouten** (zweistellige Busnummern, Ausnahme: Valletta/Cottonera Linien 1-3) und **Nebenrouten** (dreistellig); die Linien in Gozo sind ebenfalls dreistellig und beginnen mit einer 3. Wer ausschließlich per Bus unterwegs sein wird, sollte sich die Komplettübersichten unter www.arriva.com.mt, dort „journey planner und bus timetable library“ herunterladen. Diese Broschüren zum download sind nach den Buslinien gegliedert, besonders praktisch ist die „holiday bus map“, die einen handlichen Überblick über alle wichtigen Linien bietet (ggfls. gleich am Flughafen/TI mitnehmen).

In Marsa, Pembroke und Floriana wurden **Park & Ride-Parkplätze** installiert, die tagsüber (7–19 Uhr) pauschal 2 € (Floriana 2,50 €) für Busnutzer bzw. 3 € (Floriana 3,75 €) für Nur-Parker kosten, nachts etwa doppelt. Man möchte damit künftig zweierlei erreichen: zum einen sollen die beiden Stadtgebiete Valletta und Sliema verkehrstechnisch entlastet werden, zum anderen – und da wird es für die Urlauber interessant – soll man nicht mehr nur vom zentralen Busbahnhof von Valletta/Floriana aus sternförmig in alle Orte abfahren können, sondern durch Umsteigestationen (und dazu gehören die P&R-Plätze) Fahrtzeiten verkürzt werden. Durch Tageskarten (Einzeltickets gibt es nicht) entstehen dem Nutzer dabei auch keinerlei Mehrkosten.

Hier ein **Beispiel,** welches dem Leser als Anregung dienen soll. Bei Marsa gibt es einen großen (deutlich beschilderten) Park & Ride Parkplatz, der von mehreren Buslinien angefahren wird. Man könnte das Fahrzeug abstellen und von hier aus etliche Orte Maltas erkunden (**61:** Valletta, Żebbuġ; **62:** Valletta, Hamrun, Qormi, Siġġiewi; **63:** Valletta; **110:** Fleur de Lys, Birkirkara, Sliema; **117:** Luqa, Kirkop, Qrendi, Żurrieq; **118:** Żurrieq, Kirkop, Qrendi; **120:** Birkirkara, Fleur de Lys, Paola, Xgħajra, Żabbar; **135:** Gudja, Żejtun, Marsaskala; **206:** Żejtun, Delimara, Marsaxlokk und Bulebel; **210:** Paola, Tarxien, Żejtun, Birżebbuġa; **209:** Qormi, Żebbuġ, Siġġiewi; **X-1:** Mellieħa, Cirkewwa; **X-2:** Sliema, St. Julian's; **X-3:** Birkirkara, Rabat, Buġibba; **X-4:** Valletta, Birżebbuġa; **X-5:** Valletta, Marsaskala).

Für Valletta und Sliema (dort auch *Pembroke Park & Ride*) lohnt sich dies durchaus, die Dörfer sind für Selbstfahrer einfach zu durchfahren und bieten auch hinreichend Parkplätze.

Sightseeingbusse auf Malta

Eine Möglichkeit sowohl individuell, gleichzeitig auch gezielt die wichtigsten und interessantesten Orte und Sehenswürdigkeiten der Insel anzusteuern bietet das Bussystem **Malta sightseeing hop on – hop off** der Firma *Citysightseeing.* Touristen-Doppeldeckerbusse (oben offen), die mehrsprachige Erklärungen auf den Etappen per Kopfhörer anbieten, fahren drei Routen getrennt voneinander jeweils stets in fester Reihenfolge an.

Die **„blaue Route"** fährt die Nordtour Valletta (Busbahnhof Floriana) – San Anton – Ta Qali – Mosta – Mdina – Römische Villa (Rabat).

Die **„rote Route"** bedient im Süden Valletta – Cottonera –Tarxien – Hypogäum – Birgu – Marsaxlokk – Għar Dalam – Ħaġar Qim.

In **Gozo** wurden **zwei Routen** eingerichtet, einmal Mġarr Harbour, Ġgantija Temples, Ramla Bay, Marsalforn Bay, sowie Mġarr Harbour, Victoria, Xlendi, Ta' Pinu Basilica, Crafts Village, Azure Window (Dwejra), Fontana Cottage und Xlendi Bay (Victoria wird auf beiden Linien angefahren) von 9.45 bis 15.45 Uhr täglich(erster/letzter Start in Mġarr), letzte Station ist der Fährhafen.

Das ganztägig gültige und direkt beim Fahrer erhältliche **Ticket** kostet jeweils

Buslinienplan auf Gozo

301: Victoria – Mġarr (Hafen) – Victoria	5.25–22.55 Uhr (alle 30 Min. via Xewkija)
302: Victoria – Nadur – Ramla – Victoria	6–22.30 Uhr (stdl.)
303: Victoria – Xewkija – Nadur – Qala – Ghajnsielem	5.30–23.15 Uhr (stdl.)
303: Victoria – Xewkija – Nadur – Qala – Ghajnsielem	5.30–23.15 Uhr (stdl.)
304: Victoria – Pferderennbahn – Nadur – San Blas (5 Min. zum Strand)	6–22.30 Uhr (stdl.)
305: Victoria – Sannat – Ta Ċenċ – Munxarr	5.35–22.35 (stdl.)
306: Victoria – Munxar - Xlendi – Munxar Victoria	5.05–23.05 (stdl.)
307: Victoria – Xagħra	6.05–22.05 (stdl.)
308: Victoria – Ta Pinu – Ghasri – Ghammar – Victoria	5.55–23.05 Uhr (stdl.)
309: Victoria – Żebbuġġ	5.30–22.30 Uhr (stdl.)
310: Victoria – Marsalform	5.30–22.30 (alle 30 Min.)
311: Victoria – San Lawrenz – Dwejra	5.25–22.25 Uhr (stdl.)
312: Victoria – San Lawrenz – Għarb – Victoria	5–23 Uhr (stdl.)
313: Victoria – Sta. Lucija – Kerċ em – Victoria	5.40–22.40 Uhr (stdl.)
322: Marsalforn – Xaghra – Ramla Bay – Nadur – Mġarr/Fähre	5.10-21.25 Uhr (alle 90 Min.)
323: Victoria – Xewkija – Victoria	7.05–21.05 Uhr (alle 2 Std.)

15 € (Kinder 9 €), womit an jedem Halt aus- und später wieder zugestiegen werden kann; für **Gozo** gilt das Ticket auf beiden (Teil-)Routen. Auch ein zweitägiges Ticket ist erhältlich und kostet 28 €; Buchungen siehe www.citysightseeing.com.mt, alle Abfahrtszeiten sind auch an den Haltestellen ausgehängt.

Citysightseeing ist quasi der offizielle, auch vom maltesischen Fremdenverkehrsamt (www.visitmalta.com/en/tour-buses) propagierte Anbieter dieser Routen. Ein andere Anbieter ist z.B. *Oasis* (www.oasistoursmalta.com), wo zusätzlich auch eine Nachttour sowie teilweise Hoteltransfer angeboten wird (gleiche Preise, buchbar über die Webseite oder die unzähligen Verkaufsstände/Ausflugsanbieter vor Ort).

Busse auf Gozo

Die genannten Wert- und Mehrtageskarten Maltas gelten **nicht** auf Gozo (und umgekehrt). Wie auf Malta gibt es für Touristen nur noch drei Ticketvarianten, nämlich das 2-Stundenticket (2,20 €), das Tagesticket (2,60 €) und das Wochenticket (12 €), welche beliebig auf allen Routen eingesetzt werden können.

Die **wichtigsten Linien** starten und enden in Victoria, und auch auf Gozo gilt: Gefahren wird zwischen 6 und etwa 23 Uhr, Nachtbusse gibt es hier nicht.

Taxi

Am späten Abend ankommenden Reisenden bleibt oft keine andere Wahl, als auf ein Taxi zurückzugreifenins, besondere auf Gozo. Für das Gebotene erscheinen die maltesischen Taxipreise recht hoch: Neben einer Grundgebühr von 3,50 € fallen pro Kilometer 85 Ct. an.

Man achte darauf, dass das **Taxameter** eingeschaltet ist und dass der Fahrer keine Ehrenrunden dreht – hilfreich sind beiläufige Bemerkungen wie „hat sich nichts verändert“, dann wird man für ortskundig gehalten, und der Fahrer nimmt den kürzesten Weg.

Besser ist es auch, den Fahrpreis vor dem Einsteigen fest zu vereinbaren (machen die meisten Einheimischen so), dabei wird ein günstigerer Fahrpreis erzielt als bei eingeschaltetem Taxameter.

Das *Malta Tourist Office* (s. „Informationsstellen“) gibt eine Liste mit Taxikosten für etliche Verbindungen kostenlos heraus – sie mag als Anhaltspunkt dienen, Taxifahrer halten sich uch eher an diese offizielle Liste (hängt an vielen Taxiständen aus).

Richtpreise Taxi in Euro für die wichtigsten Verbindungen:

von/nach	Valletta				
Sliema	12	Sliema			
Luqa-Airport	18	23	Luqa-Airport		
Ċirkewwa	38	35	38	Ċirkewwa	
Mdina/Rabat	18	13	22	22	Mdina
St. Paul's/Buġ.	25	20	26	20	20

Der wichtigste Sammelpunkt für Taxis liegt – vom Flughafen abgesehen – am Busplatz von Valletta, in Sliema stehen sie an der Uferpromenade, sonst muss man Glück haben und eines herbeiwinken.

In einigen Touristenzentren wird ein **Transport Service** angeboten mit Fixpreisen für eine bestimmte Route, z.B. Buġibba – Flughafen. Hier kann man etliche Tage vorab buchen und ist am Reisetag keinem Taxifahrer „ausgeliefert“.

Diese Fahrservices erkennt man an mit Kreide beschrifteten Tafeln, oft handelt es sich gleichzeitig um Autovermietungen.

Auf Gozo sammeln sich die Taxis am Hafen in Mġarr sowie vor dem Busplatz in Victoria, eine Fahrt etwa zur Ramla Bay kostet 16 €, nach Mġarr/Fähre knapp 13 €, Xlendi 8 € und Marsalforn 12 €.

Karozzin

In Valletta und Mdina wird der Fahrzeugverkehr strengstens kontrolliert, nur Lieferverkehr und Anwohner sind überhaupt zur Durchfahrt berechtigt – sobald der Besucher die engen Sträßchen dieser beiden Städte gesehen hat, wird klar, warum. Für den innerstädtischen Transport sorgen hier die originellen Karozzin, traditionelle **Pferdedroschken.** Dieses ursprünglich auch von Einheimischen genutzte Transportmittel lebt heute jedoch überwiegend vom Tourismus.

Man kann die Karozzin entweder **als Taxi nutzen** (z.B. Fort St. Elmo – Upper Barracca Gardens ca. 15 €) oder für eine **Stadtrundfahrt** mieten (je nach Verhandlungsgeschick ca. 35 € für 45–60 Min./zwei bis drei Personen) – handeln!

Die Karozzin stehen in **Valletta** hauptsächlich vor Fort St. Elmo und in **Mdina** am Saqqajja Square.

Es ist zwar unüblich, die Karozzin außerhalb der Orte zu nutzen, bei entsprechender Bezahlung ist aber eine **Landpartie** auf dem Fuhrwerk denkbar (z.B. Mdina – Buskett Gardens).

[>] Karozzin – Fortbewegungsmittel vornehmlich für Touristen

Fahrrad

Die **Verleihstellen** sind bei den jeweiligen Ortsbeschreibungen angegeben, alles Weitere zum **Radfahren** s. auch „Sport und Aktivitäten“.

Zu Fuß

In den Städten und Dörfern Maltas und Gozos kommt man zu Fuß gut zurecht, dies ist die intensivste Art, die Sehenswürdigkeiten des Landes zu erkunden – alle Orte sind überschaubar (s. „Wandern“ im Kap. „Sport und Aktivitäten“).

Wichtigster Sicherheitshinweis für Fußgänger: Wegen des **Linksverkehrs** muss man vor Überqueren der Straße auf Fahrzeuge von rechts achten – dies klingt einfach, ist jedoch gewöhnungsbedürftig, da es keine Fußgängerampeln und nur wenige Zebrastreifen gibt.

Versicherungen

Auslandskrankenversicherung

Die gesetzlichen Krankenkassen von Deutschland und Österreich garantieren eine Behandlung im akuten Krankheitsfall auch in Malta, wenn die medizinische Versorgung nicht bis nach der Rückkehr warten kann. Als Anspruchsnachweis benötigt man die **Europäische Krankenversicherungskarte,** die man von seiner Krankenkasse erhält.

Im Krankheitsfall besteht ein Anspruch auf ambulante oder stationäre Behandlung bei jedem zugelassenen

Arzt und in staatlichen Krankenhäusern. Da jedoch die Leistungen nach den gesetzlichen Vorschriften im Ausland abgerechnet werden, kann man auch gebeten werden, zunächst **die Kosten der Behandlung** selbst zu tragen. Obwohl bestimmte Beträge von der Krankenkasse hinterher erstattet werden, kann selbst ein Teil zu Kosten in kaum vorhersagbarem Umfang führen.

Deshalb wird der Abschluss einer **privaten Auslandskrankenversicherung** dringend empfohlen. Diese sollte eine Reiserückholversicherung enthalten, denn der Krankenrücktransport wird von den gesetzlichen Krankenkassen nicht übernommen. Solche Auslandskrankenversicherungen sind in Deutschland mit Preisen ab 10 € pro Jahr auch sehr günstig.

Schweizer sollten bei ihrer Krankenversicherungsgesellschaft nachfragen, ob die Auslandsdeckung auch für Malta inbegriffen ist. Sofern man keine Auslandsdeckung hat, kann man sich kostenlos bei *Soliswiss* (Gutenbergstr. 6, 3011 Bern, Tel. (031) 3810494, www.soliswiss.ch) über mögliche Krankenversicherer informieren.

Zur Erstattung der Kosten benötigt man **Quittungen** (mit Datum, Namen, Bericht über Art und Umfang der Behandlung, Kosten der Behandlung und Medikamente).

013BM wl

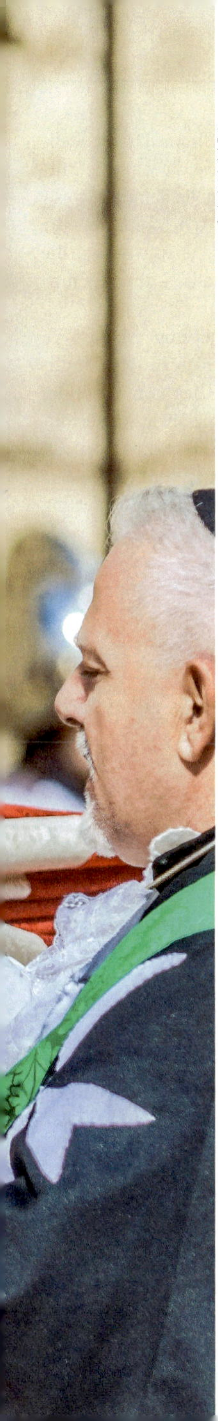

8 Malta und seine Bewohner

Die Malteser sind ein sehr eigenes Völkchen, manchmal erinnern sie den Besucher sogar ein wenig an Goscinny und Uderzos Gallier. Das Land selbst ist aufgrund seiner geringen Größe ohne großen Aufwand leicht zu erkunden, und dennoch gibt es überall noch etwas zu entdecken. Dabei dominiert die noch immer lebendige Geschichte des Johanniter-Ritterordens vor allem im Großraum Valletta, aber auch der Badespaß im Mittelmeer kommt in Felsbuchten und an Sandstränden nicht zu kurz.

< Parade der Guardia in Birgu, Malta

Geografie

Wegen der größeren Nähe zu Sizilien und der frühgeschichtlichen Besiedlung von Italien her zählt Malta **geografisch und politisch zu Europa.** Die Republik Malta liegt im zentralen Mittelmeer, 95 Kilometer südlich von Sizilien und 290 Kilometer östlich von Tunesien.

Zu Malta gehören die bewohnten Inseln **Malta** (246 km²), **Gozo** (67 km²) und **Comino** (2,5 km²), ferner die unbewohnten Eilande Filfla, Cominotto und St. Paul's Island sowie einige Felsformationen. Die Hauptinsel Malta erstreckt sich von Nordwest nach Südost auf einer Länge von maximal 27 und einer Breite von bis zu 15 Kilometern und ist von ihrer Schwesterinsel Gozo durch den 5 Kilometer breiten Gozo-Channel getrennt.

Erdgeschichtlich war Malta noch im Quartär (vor zwei Millionen Jahren) durch eine **Landbrücke** mit dem europäischen Festlandssockel (Sizilien) und Nordafrika verbunden.

Geologisch wird Malta vom sogenannten **Globigerinenkalk** geprägt, einem gut zu bearbeitenden, an der Luft harten und außerordentlich witterungsbeständigen Kalksandstein. Dieser Globigerinenkalk mit seiner ocker- bis sandbraunen Farbe prägt seit jeher die Bauten auf dem maltesischen Archipel. Noch heute wird fast ausschließlich mit diesem für Malta so typischen Baustoff gearbeitet, wichtige Abbaugebiete liegen um Luqa/Malta und Gebel Ben Ġorġ/Gozo.

Malta und Gozo werden von schroffen **Steilküsten** an den Südseiten geprägt, die nach Norden hin leicht abfallen und sich zu einigen Buchten an der jeweiligen Nordseite hin öffnen. Dieser Steilküstencharakter sowie die zentrale Mittelmeerlage zwischen Sizilien und Nordafrika charakterisierten Malta als eine bedeutende, natürliche und – wie die Geschichte zeigen sollte – uneinnehmbare „Festung".

Die **höchste Erhebung** Maltas, **Ta Dmejrek,** auf dem Plateau der Dingli-Cliffs südlich von Clapham Junction, misst 253 Meter. Ganzjährig wasserführende Bäche oder **Flüsse** gibt es nicht, weshalb die Wasserversorgung auch eine zentrale ökologische Herausforderung des Landes bedeutet.

Auf Malta herrscht ein ausgeprägtes **Mittelmeerklima** (s. „Reisetipps A–Z, Klima und Reisezeit").

Natur

Pflanzen

Die noch im Neolithikum umfangreiche **Bewaldung** Maltas fiel schon zu römischer Zeit dem steigenden Holzbedarf für den Schiffbau nahezu völlig zum Opfer, die Landschaft verkarstete. Auch die mühsamen Kultivierungsversuche der Araber mit weitläufigen, zumindest auf Gozo heute noch vorherrschenden Terrassenfeldern, änderten daran kaum etwas. So macht Malta auf den ersten Blick einen kargen, fast trostlosen Eindruck.

In der Felslandschaft wachsen hauptsächlich **mittelmeertypische Sträucher und Kräuter** wie Wolfsmilch, Thymian, Rosmarin, Mohn und Heidekraut. Weiterhin prägen **Feigenbäume** und **Kakteen** mit essbaren Früchten sowie der von den Arabern eingeführte **Johannisbrotbaum** das Landschaftsbild. Die Früchte des Letzteren wurden zu Notzeiten (Belagerungen, Zweiter Weltkrieg) geerntet, dienen heute nur als Viehfutter.

Wer sich ins Hinterland begibt, wird insbesondere in Zentral- und Ostmalta sowie auf Gozo **Gemüsefelder, Weinkulturen und Obstplantagen** finden – kurz, eine intensive Felderwirtschaft, wie es sie in ähnlicher Form überall in Europa gibt.

Dabei wird dem Boden buchstäblich jeder Meter abgerungen, nur mit umfassender **künstlicher Bewässerung** können die Pflanzen über die trockenen Sommermonate gedeihen.

Wasser

Eine Schlüsselfunktion kommt der künstlichen Bewässerung zu. Malta verfügt über viele Brunnen mit einem sich rasch erschöpfenden Grundwasserspiegel, der aber für den Eigenbedarf einschließlich der Felderbewirtschaftung bis in die 1960er Jahre ausreichend war.

Durch den aufkommenden Tourismus vervielfachte sich der Süßwasserbedarf, mehrere moderne **Meerwasser-Entsalzungsanlagen** (*Reverse Osmosis Plants,* z.B. in Sliema oder Għar Lapsi) entstanden. Diese decken mittlerweile zu knapp 50% den Wasserbedarf, da aber dieses künstlich gewonnene Wasser für die Industrie nicht verwendet werden kann, wird weiter das knappe Grundwasser angezapft. Daher wird der Besucher in den Unterkünften auch weiterhin auf gelegentliche Wasserknappheit und Hinweisschilder wie **„Water is precious in Malta – don't waste it!"** treffen.

Es gibt keine Stauseen oder größere Regenrückhaltebecken – mit Einsetzen der **Regenzeit** ergießen sich wahre Sturzbäche ins Meer, da der ausgetrocknete Boden und die Felsschichten kaum Wasser aufnehmen können.

Tierwelt

Während es noch zu Johanniterzeiten Großwild auf Malta gegeben haben soll, beschränkt sich die Tierwelt heute – von Schlacht- und Nutzvieh abgesehen – auf einige Kleinsäuger, Vögel, Insekten und Reptilien.

Zu den frei lebenden Säugetieren Maltas zählen das **Wildkaninchen Fenek** (welches als Nationalgericht auf dem Teller endet), Igel, Wiesel, Ratten und Mäuse. Sie ernähren sich zum Teil von den zahlreichen Schmetterlingen, Libellen, Grillen und **Bienen.** Letztere spielen bei der Erzeugung des berühmten maltesischen Honigs eine traditionelle Rolle, schon den Römern war Malta als „Honiginsel" (Melita) bekannt. Der besondere Geschmack ist auf das überall wuchernde Thymiankraut zurückzuführen.

Skorpione und (ungiftige) **Schlangen** sollen gelegentlich auf Comino und Gozo anzutreffen sein, wenn überhaupt wird der Besucher eine tot gefahrene Schlange auf dem Asphalt zu Gesicht bekommen. Abseits der Wege werden Wanderer aber die allgegenwärtigen **Eidechsen** sehen, von denen mehrere Arten auf dem maltesischen Archipel beheimatet sind. Eine Art, die *Laferla Filfolensis,* lebt nur auf dem Inselchen Filfla.

Bedingt durch den Mangel an Bäumen brüten in Malta nur wenige **Vogelarten.** Zu den wichtigsten der zwölf hier vertretenen zählen Sturmtaucher, Sturmschwalbe, Kurzzehenlerche und die Blaumerle, der Nationalvogel Maltas. Der natürliche Lebensraum dieser Vögel ist auf die Naturschutzgebiete Filfla und Għadira (Mellieħa Bay) sowie den kleinen Wald in Buskett Forest beschränkt.

Die maltesischen Inseln sind aber auch alljährlich eine bedeutende Zwischenstation für zahlreiche **Zugvögel,** darunter bedrohte Arten, auf dem Weg zwischen Europa und Afrika.

In diesem Zusammenhang muss auf eines der düstersten Kapitel der maltesischen Gegenwart aufmerksam gemacht werden. Zu den über Malta das Mittelmeer überquerenden Zugvögeln gehören Fischadler, Falken, Reiher, Singdrosseln, Lerchen, Finken und Grünlinge. Schätzungen der Maltese Ornithological Society zufolge werden von den Maltesern **alljährlich (!) rund eine halbe Million Vögel abgeschossen,** darunter 200.000 Drosseln, 50.000 Lerchen sowie 10.000 Greifvögel und Reiher. Die meisten Tiere verenden einfach, etliche werden aber auch ausgestopft und entweder im Heim als Trophäe ausgestellt oder an skrupellose Touristen verkauft. Unvermeidlich wird der Besucher bei seinen Wanderungen auf Malta auf haufenweise Hülsen von Schrotpatronen, gelegentlich sogar auf Vogelleichen treffen. Hinzu kommen noch Zehntausende von Singvögeln, die mit Lockvögeln und Fangnetzen lebend gefangen und anschließend als zwitschernde Hausgenossen in Käfigen verkauft werden. Seit 1980 untersagt zwar ein Gesetz die **Vogeljagd,** und die beiden genannten Schutzgebiete wurden eingerichtet. Doch ist dieses Gesetz das Papier nicht wert, auf dem es geschrieben steht, in einem Land, in dem jeder zehnte Einwohner Mitglied des Jagdverbandes ist und die Politik diese starke Lobby als Wählerpotenzial und Wirtschaftsfaktor eindeutig den umweltpolitischen Erfordernissen vorzieht. Die beiden „Vogelschutzgebiete“ können daher allenfalls als Alibi und „good-will“-Bezeugung gegenüber dem Wirtschaftsfaktor Tourismus dienen. Auch beim EU-Beitritt wurden für Malta **Sonderrechte** ausgehandelt, sodass zwar EU-Artenschutzrecht gilt, für Malta aber Ausnahmen gemacht wurden. Allein im Jahr 2012 wurden während eines dreiwöchigen „Raptor Camps“ 467 Vorfälle beobachtet, in denen Jäger illegal auf Zugvögel schossen oder Fallen stellten, wobei mindestens 50 international geschützte Vögel der Jagd erlagen.

Die **Gewässer um Malta** sind weder tropisch, noch gibt es mangels hinreichenden Planktons eine besonders große Vielfalt an Fischen oder Unterwasserflora. Schwertfische, Sardinen, Barben, Dorsch und der „Nationalfisch“ **Lampuki** (Makrelenart) stehen dennoch oft auf dem Speisezettel. Weitere Einzelheiten zur maltesischen Unterwasserwelt siehe Kap. „Tauchen rund um Malta“.

Geschichte

Kaum anderswo in Europa wird ein Besucher auf so engem Raum auf die Spuren der unterschiedlichsten Kulturen aus 8000 Jahren Menschheitsgeschichte tref-

[>] Magna Mater – Kultgöttin der Neolithischen Kulturen

fen wie gerade auf Malta. Angefangen von den ältesten jungsteinzeitlichen Tempelanlagen Europas, über die Reste der phönizischen, punischen, römischen und byzantinischen Kulturen, der prägenden landwirtschaftlichen Kultivierung der Araber, weiter über die großartigen Bauten der Normannen und Johanniter bis hin zur britischen Kolonialzeit bietet Malta einen unvergleichlichen Abriss der europäischen Geschichte.

Mit seinen noch heute alles überragenden Festungs- und Kirchenbauten und dem militärischen Sieg von 1565 über die Türken prägte insbesondere der Ritterorden der **Johanniter** das maltesische Archipel. Erst die Kenntnis der Hintergründe und Taten des Ordens – auch über die maltesische Phase der Johanniter hinaus – ermöglicht dem Reisenden das Verständnis für diesen im Landesbild so allgegenwärtigen Einfluss in Malta.

Das Neolithikum

Um 7000 v. Chr. kamen erste Siedler auf den Archipel. Ähnlichkeiten zur Stentinello-Kultur von Syrakus (Werkzeuge, Keramik und Haustiere) deuten auf eine Besiedlung von Norden (Sizilien) hin. Die Siedler lebten vermutlich in natürlichen Höhlen und ernährten sich von Fischfang, Jagd und primitivem Feldanbau. Diese **erste Phase** dauerte bis um 5200 v. Chr., einzig sehenswertes Relikt dieser Zeit ist die Höhle **Għar Dalam** bei Birżebbuġa.

In der **zweiten Phase** (5200–3600 v. Chr.) entstanden erste kleeblattförmige Tempel aus riesigen, bis zu 60 Tonnen schweren Megalithen, die als älteste frei stehende Großsteinarchitektur der Welt gelten (zum Vergleich: Cheops-Pyramide 2500 v. Chr., Stonehenge 2300 v. Chr.). Die Innenwände wurden grob poliert und mit wellenlinienförmigen Verzierungen versehen, die Böden mit Torba bestrichen. Die Altäre bestanden meist aus einer hohen Stufe im Tempelraum. Die Menschen wohnten nicht mehr in Höhlen, sondern bauten erste, ungeschützte Dörfer. Ihre Werkzeuge

[>] Ruine eines Aquädukts

bestanden aus einfachem Feuerstein. Bekannteste Tempelanlagen aus dieser Phase sind **Ġgantija (Gozo), Ta Ħagrat, Skorba, Mnajdra** und **Tarxien.**

Die **dritte Phase** (3600–3000 v. Chr.) setzte die Entwicklung der Megalithenarchitektur in verfeinerter Form fort. Es wurden nunmehr sogenannte „Doppelnieren-Tempel" gebaut, deren Grundriss zwei waagerecht hintereinander liegenden Nieren gleicht. Hinzu kam die unvergleichliche, unterirdische Begräbnisstätte des **Hypogäums** von Ħal-Saflieni. In den Tempeln wurde der Stufenaltar allmählich vom Trilithenaltar verdrängt, der aus zwei aufrecht stehenden und mit einer schweren Platte abgedeckten Megalithen bestand. Gut erhaltene Beispiele der Doppelnierentempel sind **Ħaġar Qim** und **Tarxien;** Skorba und Ta Hagrat sind nicht zugänglich.

Während der **vierten Phase** (3000–2500 v. Chr.) wurde vom Grundriss her die Doppelnierenform fortgesetzt und perfektioniert, die Innenwände glatt poliert und der Säulenaltar (dicke Säule mit aufliegender kreisrunder Platte) eingeführt. Zu dieser Zeit entstanden die Zentraltempel von **Tarxien, Ġgantija, Ħaġar Qim** und **Mnajdra,** ferner wur-

084M wl

den die tieferen Stockwerke des **Hypogäums** angelegt. Die Tempel späterer Phasen entstanden oft unmittelbar neben denen vorheriger Phasen und wurden zuletzt mit bis zu 15 m hohen Mauern als Gesamtkomplex umgeben, weshalb der Name einer Stätte teilweise in mehreren Zeitphasen auftritt.

Die neolithische Kultur

Die architektonisch deutlich unterscheidbaren vier Phasen bilden in Kunst und Kultur jedoch eine Einheit ohne große Unterschiede. Die Funde, zu sehen im nationalen **Archäologiemuseum** von Valletta, stammen fast ausschließlich aus den Steinzeittempeln und bestehen aus Keramiken, Muschelamuletten, Opfermessern, Werkzeugen und Tonfiguren. Anhand der gefundenen Opfermesser sowie Löchern in den Tempeln zum Anbinden von Opfertieren wurde gefolgert, dass Blutopfer – hauptsächlich Hühner und Ziegen – gebracht wurden. Zu den figürlichen Darstellungen der Jungsteinzeit gehören verschiedene weibliche Statuen. Legendär ist die sogenannte **„Magna Mater"**, eine weibliche, bis zu drei Metern hohe Kolossalfigur, deren häufige Anwesenheit in den jungsteinzeitlichen Tempeln zu dem Schluss führte, sie könne jene Hauptgottheit dieser frühen Kultur gewesen sein, die für Leben, Fruchtbarkeit und Erdboden verantwortlich war. Aus dem Hypogäum stammt die **„schlafende Priesterin"**, eine graziöse und naturalistische Darstellung einer Tempelpriesterin auf einem steinernen Diwan. Weiterhin verblüfft die Ähnlichkeit der fein gearbeiteten **„Venus von Malta"** (Ħaġar Qim) mit *Guan Yin*, dem buddhistischen Boddhisatva der Barmherzigkeit: Beide verschränken einen Arm unter der Brust und deuten mit dem anderen auf den Boden.

Diese Dominanz weiblicher Figuren sowie der *Magna Mater* in den Tempeln ließen den Schluss zu, auch die einfachen Menschen seien matriarchalisch organisiert gewesen (alle wesentlichen Funktionen der Gesellschaft wurden von Frauen bekleidet), was für frühe Kulturen nicht unüblich war. Die weibliche Priesterschaft bestimmte den Tagesablauf, bestehend aus Viehzucht, Feldbestellung, Tempelbau, Nahrungsverteilung usw. Der Kontakt zu den Gottheiten blieb der Priesterinnenkaste vorbehalten, sie allein durfte die Tempel betreten, Opferzeremonien durchführen und in den Orakelkammern der Tempel als Medium agieren, welches die Stimmen der Götter empfing und verkündete.

Aufgrund der Insellage und dem völligen Fehlen von Waffen nimmt man an, das die neolithische Kultur auf Malta eine friedliche Gesellschaft ohne kriegerische Auseinandersetzungen gewesen sein muss.

Bronzezeit (2000–1000 v. Chr.)

Um 2500 v. Chr. verschwand aus ungeklärten Gründen für etwa 500 Jahre jegliche menschliche Besiedlung von den maltesischen Inseln. Eine Seuche oder

[>] Ominöse Schleifspuren aus der Bronzezeit

085M wl

Naturkatastrophe scheinen die naheliegendsten Erklärungen zu sein. Erst ab etwa 2000 v. Chr. erfolgte eine neuerliche Besiedlung der Inseln, wieder von Sizilien aus. Mit ihr kam das Metall (Bronze) nach Malta, die steinzeitlichen Tempelanlagen wurden nicht weiter genutzt. Einzig das **Hypogäum** fand als bronzezeitlicher Ort für Brandbestattungen auch weiterhin Verwendung.

Diese Siedler bauten auf einigen Höhen sogenannte „Fliehburgen", eine Art Festung, in die sich die Bevölkerung bei Gefahr zurückziehen konnte. Sie kannten Dolche, Äxte, gefärbtes Leinen und trieben vermutlich auch Handel mit Sizilien. Das interessanteste Siedlungsrelikt aus der Bronzezeit befindet sich bei **Borġ in-Nadur,** der Urnenfriedhof von Tarxien wurde vollständig abgetragen.

Aus dieser Phase stammen auch jene auf Malta allgegenwärtigen, ominösen **Schleifspuren** *(cart ruts),* aus denen *E. von Däniken* nach einer Besichtigung messerscharf auf die Bremsspuren außerirdischer Raumgleiter schloss. Wissenschaftler deuten diese 40 cm breiten, parallel in einem Abstand von 135 cm verlaufenden und bis zu 60 cm tiefen „Gleise" als **bronzezeitliches Transportsystem.** Hierzu wurden zwei schlanke, längliche Steine im Abstand von gut einem Meter parallel liegend miteinander verbunden – vermutlich mittels durch Bohrlöcher geschobener Holzstämme oder Metallstangen – und anschließend die schweren Bausteine vom Abbauort auf diesem „Schlitten" zum Bauplatz gezogen. Im Laufe der Zeit ergaben sich „Spurrillen", die man immer wieder nutzte. Das beste Beispiel sind die **Clapham Junctions** bei Laferla Cross Vista/ Südwestmalta.

Phönizier und Karthager (1000–218 v. Chr.)

Das Handelsvolk der **Phönizier,** beheimatet an den Küsten des heutigen Syrien, hatte um 1000 v. Chr. seine Handelswege bis ins westliche Mittelmeer ausgedehnt. Eine wichtige Schaltstelle auf ihren Routen war für sie Malta. Sie nannten die Inseln „Malet" (Zufluchtsort) und prägten damit den heutigen Namen der Inselrepublik. Zu den Hinterlassenschaften der Phönizier zählen Namen (z.B. *Marsa* = Hafen), die phönizische Galeere in Form des farbigen, mit Augen versehenen Fischerbootes *(Luzzu)* sowie zahlreiche Schachtgräber mit Grabbeigaben. Die Phönizier waren Händler, keine Krieger, und lebten hauptsächlich in wenig befestigten Siedlungen nahe den natürlichen Häfen.

Im 8. Jh. v. Chr. kam Sizilien unter griechischen Einfluss. Die von einer phönizischen Kolonie zum Verbündeten aufgestiegenen **Karthager** (nach dem phönizischen Gründer der Kolonie, *Punici,* auch „Punier" genannt) aus dem nordafrikanischen Karthago (heute in Tunesien) versuchten, der griechischen Expansion entgegenzusteuern und bauten Malta erstmals weitläufig aus. Verteidigungsbollwerke wurden errichtet, Landwirtschaft und Handel erweitert, Hauptort wurde das wegen seiner Hügellage strategisch bedeutsame heutige Mdina. Haupthafen war Marsaxlokk, wo

⊡ Relikt der Phönizier:
bemalte Fischerboote mit Augenpaar

086M wl

in den 1960er Jahren im nahe gelegenen Tas Silġ eine große, der Hauptgottheit Astarte geweihte Tempelanlage entdeckt wurde. Ein wesentliches Erbe der Punier ist die maltesische Sprache, die in ihren Grundzügen auf das phönizisch-punische Sprachsystem zurückzuführen ist. Bis ins dritte vorchristliche Jahrhundert blieb Malta ein Vorposten der expandierenden Karthager, dann spielten die Inseln erstmals jene bedeutende Rolle als Schnittstelle zwischen rivalisierenden Mächten, die sich im Laufe der Geschichte mehrfach wiederholen sollte.

Die Römer auf Malta (218 v. Chr.–395 n. Chr.)

Der unaufhaltsame Aufstieg Roms führte zwangsläufig zu Konflikten mit dem mächtigen Karthago auf der anderen Seite des Mittelmeers. Karthago führte drei Kriege gegen die neue Macht, an deren Ende die Stadt abgetragen und der Boden umgepflügt und eingesalzen wurde.

Malta fiel während des zweiten der **Punischen Kriege** (218–202 v. Chr.) an *Konsul Titus Longus*, der von Sizilien aus vorstieß. Als *Melita* wurde das Archipel dem Imperium Romanorum einverleibt, die punischen Einrichtungen unbeschädigt übernommen und erweitert. Die Astarte-Tempel wurden nun Juno geweiht, Badehäuser eingerichtet, die Landwirtschaft Maltas mit der Erzeugung von Olivenöl, Honig, Getreide und Flachstuch vorangetrieben. Wegen des hohen Bedarfs der Römer an Galeeren wurden die Inseln nahezu vollständig abgeholzt. Erstmals wurde der heutige Grand Harbour mit Dockanlagen und Lagerhäusern intensiv genutzt, auch ein planmäßiges Straßensystem geht auf die Römer zurück. Als Hauptstadt diente – wie schon zu punischer Zeit – das heutige Mdina. Das besterhaltene Relikt der Römer auf Malta sind die **Thermen von Għajn Tuffieħa.**

In die Frühzeit des Christentums fällt ein für Malta bedeutendes Ereignis, welches noch bis in die 80er Jahre des 20. Jh. von Historikern und Kirchenforschern als Tatsache akzeptiert wurde: die **Strandung des Apostels Paulus** in der St. Paul's Bay im Jahre 59 n. Chr. Die Christianisierung Maltas während der Spätphase des römischen Imperiums wird mit diesem Ereignis in Verbindung gebracht. Heute glaubt neben den Maltesern selbst nur noch ein Teil der katholischen Kirche an die „maltesische Version", unbestritten ist jedenfalls die rasche **Ausbreitung des Christentums** auf Malta, wovon zahlreiche Katakomben (s. Rabat) zeugen.

In den Zeiten der **Christenverfolgungen** durch die Römer, von denen auch das nahe Sizilien ab 303 n. Chr. besonders betroffen war, flohen zahlreiche Christen, darunter die *Hl. Agathe*, nach Malta (s. Rabat). Während dieser Phase war das Ende des römischen Weltreichs durch innere Zerfallserscheinungen bereits absehbar.

☒ Römisches Bad bei Għajn Tuffieħa

Goten und Byzantiner

Nach der Teilung Roms (395 n. Chr.) in ein oströmisches (Byzanz = Ostrom, 395–870) und ein weströmisches Reich (Rom), blieb Malta politisch zunächst ein Teil Westroms, wurde aber um 450 von den nordafrikanischen **Vandalen** unter *König Geiserich* erobert.

Nachdem *Theoderich* und die **Ostgoten** im Jahre 476 Rom erobert und das weströmische Restreich übernommen hatten, entriss *Theoderich* 494 Malta den Vandalen mit Waffengewalt.

Religiöse und politische Streitigkeiten zwischen West- und Ostrom führten zu mehreren Kriegen, die 533 in der Eroberung ganz Italiens und der Einverleibung Maltas in das oströmische Reich durch den Feldherren *Belisar* gipfelten. Für die nächsten 350 Jahre unterstand Malta damit **Ostrom** und wurde von einem *Dux* (Gouverneur) verwaltet. Der tatsächliche Einfluss der Byzantiner scheint aber eher gering gewesen zu sein, die Malteser pflegten kulturelle, kirchliche und Handelskontakte zu Süditalien und Sizilien. Lediglich **byzantinische Münzfunde** (Zitadelle, Gozo) aus dem 6.–9. Jh. erinnern heute an diese Epoche.

Malta unter arabischer Herrschaft (870–1090)

Im Zuge der Ausbreitung des Islam und des Vorstoßes der Araber von Nordafrika nach Südeuropa eroberte 870 *Habashi al-Aghlab* aus der tunesischen Dynastie

087M wl

der **Aghlabiden** Malta als Sprungbrett nach Sizilien. Über die Vorgänge im Einzelnen ist relativ wenig bekannt, die Meinungen der Fachleute gehen von einer völligen Ausrottung der byzantinischen Bevölkerung bis hin zur lediglich lockeren Verwaltung extrem weit auseinander. Die nachweisliche Erlaubnis der freien Ausübung des Christentums spricht eher für die letztgenannte Möglichkeit.

Die **Hauptstadt Mdina** wurde ausgebaut und von ihrer Vorstadt Rabat getrennt. Beide Namen, *Mdina* (die Ummauerte) und *Rabat* (Pferdelagerplatz), gehen auf die Araber zurück. Sie führten Malta zu einer neuen **kulturellen und wirtschaftlichen Blüte,** brachten den Terrassenfeldbau (noch heute auf Gozo weit verbreitet), die überirdische Bestattung auf Friedhöfen (zuvor Katakomben) oder den so typisch maltesischen Holzbalkon, der noch heute an vielen Häusern in Valletta zu sehen ist. Neue landwirtschaftliche Produkte wie Zitrusfrüchte und Baumwolle kamen ebenso durch die Araber nach Malta.

Der **Grand Harbour** wurde erstmals durch ein Fort befestigt, dessen Reste die Johanniter bei ihrer Ankunft in Vittoriosa vorfanden und zum Fort San Angelo ausbauten. Große Teile der Bevölkerung traten angesichts dieser Blüte sogar zum Islam über, Sakralbauten wie Moscheen sind allerdings – mit Ausnahme eines vermuteten Fundamentes in Mdina – nicht gebaut worden.

Auch die auf punische Grundformen zurückgehende **maltesische Sprache** wurde stark vom Arabischen geprägt: Geografische, technische und landwirtschaftliche Begriffe, die es zuvor nicht gab, vermischten sich mit der vorhandenen Sprache zum Malti.

Normannen und Staufer (1090–1282)

Zeitgleich mit dem ersten Kreuzzug eroberte der **Normannenkönig Roger I** Malta im Jahre 1090 von Sizilien aus, administrativ und kulturell wurde das Land vollkommen verändert. Zunächst ließ er überall sein silber-rotes Banner hissen (seither s. Landesflagge Maltas). Die Dörfer wurden eigenständige Gemeinden, ein frühes maltesisches Parlament, das *consiglio populare,* eingeführt.

Der Adel wurde in Mdina angesiedelt und erhielt erstmalig Lehensrechte, in der Hauptstadt entstanden erste **Prachtbauten im normannischen Stil.** Zahllose **Kirchenbauten** gehen ebenso auf *Roger I* zurück wie auch die Einsetzung des ersten Bischofs. Der moslemische Teil der Bevölkerung wurde mit Abgaben belastet und schlechter gestellt als die Christen.

1194 traten die Staufer unter *Heinrich VI.* (verheiratet mit einer Tochter *Rogers II.)* nach dem Tod des letzten Normannen deren Erbe (als Nachfolger Roms) als **„Heiliges Römisches Reich Deutscher Nation“** an. Auf Malta erhoben sich moslemische Bevölkerungsteile wegen der hohen Abgaben, *Kaiser Friedrich II.* ließ 1224 die Aufständler nach Italien umsiedeln oder christianisieren – die Malteser sind seither ausschließlich römisch-katholisch.

> In Mdina

504-M wl

Die Staufer, die traditionell im Streit mit dem Vatikan lagen, sahen sich 1268 einer übermächtigen Allianz aus Franzosen und päpstlichen Anhängern gegenüber. *Konradin,* der letzte Staufer, wurde hingerichtet, *Charles d'Anjou* eroberte Sizilien mit Malta für **Frankreich.**

Spanier (1282–1530)

Zwar war es den **Franzosen** 1268 gelungen, die Staufer zu vernichten und Sizilien und Malta zu besetzen, nach geltendem Recht waren jedoch die Spanier *(Peter von Aragon)* die legitimen Erben der Staufer. Insbesondere die Sizilianer protestierten gegen dieses Unrecht und erhoben sich 1282 in einem blutigen, **„sizilianische Vesper"** genannten Aufstand. Die Franzosen lenkten ein, und auch Malta fiel an Spanien.

Malta wurde fortan als Lehen an sizilianische Adelige vergeben, die das kleine Land auspressten und für ihre Textilmanufakturen nutzten. Der lokale Adel protestierte und formierte sich als sogenannte **Università,** ein Zusammenschluss der maltesischen Adligen, die eine innere Selbstverwaltung anstrebten. Nach wiederholten Übergriffen der Italiener auf Malta erkannte 1397 der spanische König *Martin von Aragon* die Università an und unterstellte Malta direkt der Krone. Doch die Malteser wurden bald betrogen: 1419 wollte *König Alfons V.* Neapel erobern und vergab zur Finanzierung des Feldzuges Malta dem Vizekönig von Sizilien erneut als Lehen. Es gelang der Università von Mdina, Spenden zu sammeln und das Land von der Lehensherrschaft freizukaufen („Freiheitsbrief" von 1428).

Doch die Freude währte nicht lange: Die aufopferungsvolle Leistung des maltesischen Volkes hatte sich bald zu nordafrikanischen **Piraten** herumgesprochen, die reiche Beute in Malta wähnten. 1429 wurden die Inseln nahezu völlig verwüstet, große Teile der Bevölkerung in die Sklaverei verschleppt. Erneut wurde Aufbauarbeit geleistet, und als *König Alfons V.* Mdina 1432 besuchte, verlieh er der Stadt den Titel Città *Notabile* (bewundernswerte Stadt). Während Malta in der zweiten Hälfte des 15. Jh. wiederholt Opfer von Piratenüberfällen wurde und die Bevölkerung sich teilweise in die noch heute existierenden **Wohnhöhlen** an der Südküste zurückzog, spielte die große Weltpolitik im Osten und Westen des Mittelmeeres – und wieder einmal lag Malta genau in der Mitte.

Im Westen entwickelte sich **Spanien** durch die Vereinigung der Königreiche von Aragon und Kastilien 1469, vor allem aber durch die Entdeckung und Erschließung Amerikas (1492) zur Weltmacht. Im Osten dagegen rückten die **Türken** unerbittlich auf Mitteleuropa vor: 1396 fiel Bulgarien, 1453 Konstantinopel, 1463 Bosnien und 1522, als letztes Bollwerk gegen den Islam im östlichen Mittelmeer, Rhodos!

Die Johanniter auf Malta

Von 1523 bis 1530 bemühte sich der Großmeister der Johanniter, *L'Isle Adam,* unermüdlich bei den europäischen Fürsten um ein Stück **Land als Ersatz für Rhodos.** Doch die meisten hielten Kreuzzugsgedanken und Ritter für antiquiert, der Papst als Schutzpatron der Kreuzritter hatte dringendere Probleme zu lösen:

Der Reformator *Luther* verbreitete ketzerisches Gedankengut und gefährdete den Bestand der Kirche – was zählte da eine Hand voll geschlagener Ritter.

Nur bei einem Monarchen fiel das Ansinnen der Johanniter auf fruchtbaren Boden – *Kaiser Karl V.* von Spanien. Er erkannte die Gefahr für Spaniens Stellung als Seemacht, falls die Türken weiter im Mittelmeer nach Westen vordrängten und die Seerouten nach Amerika und Asien gefährdeten. Auch sah er Sizilien, damals zu Spanien gehörend, in Gefahr. So war es schließlich keine Verbeugung vor dem Orden, sondern rein machtpolitisches Kalkül, dass er 1530 den Johannitern **Malta als Bollwerk gegen die Türken** überließ. Die Sache hatte nur zwei Haken: Zum einen mussten die Ordensritter auch Tripoli übernehmen (die einzige europäische Festung mitten im islamischen Nordafrika), zum anderen war die „Überlassung" formal ein ewiges Lehen, die Ländereien gingen – anders als Rhodos – nicht in das Eigentum der Johanniter über. Noch heute wird heiß debattiert, ob Malta als Lehen damals als eigenes Staatsgebiet zu zählen war. In der Praxis durfte der Ordensstaat allerdings nach Belieben schalten und walten. Die Gegenleistung bestand in der symbolischen Zahlung eines Falken jährlich an den spanischen Monarchen – eine Vereinbarung, die 411 Jahre später von dem amerikanischen Regisseur *John Huston* in seinem berühmten Bogart-Film „The Maltese Falcon" aufgegriffen wurde.

So erreichte die nun **„Militärorden des Spitals des Hl. Johannes des Täufers zu Malta, vormals Jerusalem, vormals Rhodos"** genannte Ritterschar im Herbst 1530 den maltesischen Archipel. Die einheimische Bevölkerung zeigte sich zunächst reserviert, da sich die Johanniter aber als Christen und Feinde der plündernden Piraten erwiesen, wurden sie rasch akzeptiert.

Im Gegensatz zu allen Vorgängern auf Malta wurde als **Hauptsitz Birgu** (Vittoriosa) am Grand Harbour gewählt, in auffallender Anlehnung an die Örtlichkeiten auf Rhodos, der den Landzungen von Birgu und Senglea stark ähnelt. Bei ihrer Ankunft fanden die Johanniter lediglich drei befestigte Punkte vor: die ziemlich zerfallene Bastion in Birgu aus arabischer Zeit, das kleine Fort San Elmo auf der gegenüberliegenden Hafenseite sowie die alte Hauptstadt Mdina.

Nach dem Tod *L'Isle Adams* 1534 machte sich insbesondere *Großmeister Juan de Homedes* (1536–53) um den **Ausbau der beiden Befestigungen** am Grand Harbour verdient, zusätzlich wurde die Landzunge von Senglea verstärkt. Das Paradestück aber war die „große Karacke", ein unsinkbares Schlachtschiff mit acht Decks, metallverkleideten Bordwänden (die auch später nie durchschossen werden konnten), Hunderten von Kanonen, einer Bordbäckerei und einer Galeere auf Deck als Rettungsboot.

Man rechnete jederzeit mit einem türkischen Angriff, „Vorboten" zeigten sich in Form des mit den Türken verbündeten Piraten **Dragut,** der in den 1540er und 1550er Jahren mehrfach die Inseln heimsuchte und dabei insbesondere Gozo verwüstete.

1551 fiel das zum Lehen gehörende Tripoli, und **1565** erfolgte dann tatsächlich der befürchtete Großangriff, der mit Ach und Krach zurückgeschlagen werden konnte und als **„große Belagerung"** in die Geschichte einging (s. Exkurs).

Die Ursprünge des Johanniterordens

Kreuzzüge und Ordensgründung

Nach dem Fall Roms (395 n. Chr.) konnte sich das oströmische Kaiserreich (Byzanz) im östlichen Mittelmeer zunächst behaupten, wurde **christianisiert** (1054 Spaltung von der Westkirche), sah sich aber gerade im 11. Jh. wiederholten Angriffen der Türken ausgesetzt. 1071 fiel Jerusalem den Angreifern in die Hand, Pilgerfahrten von Christen aus ganz Europa zur heiligen Stadt waren gefährdet.

Im **Konzil von Piacenza** verkündete **Papst Urban II.** einen europäischen Feldzug „im Zeichen des Kreuzes" **(Erster Kreuzzug).** Unter dem französischen Fürsten **Gottfried von Bouillon** konnte 1099 Jerusalem zurückerobert werden. Während die Türken in ihren besetzten Gebieten eine eher friedliche Integration anstrebten, massakrierten die Christen jeden Andersgläubigen, der ihnen vor das Schwert lief. Dieses Verhalten, gerade bei der Rückeroberung Jerusalems, war mit ausschlaggebend für die Rivalität zwischen Moslems und Christen, die das gegenseitige Verhältnis bis in die Neuzeit prägen sollte.

Bei Beginn der **Belagerung Jerusalems** durch die Kreuzfahrer ließen die Türken jeden Christen die Stadt verlassen, einige wenige blieben in der umkämpften heiligen Stadt. Darunter auch der Provenzale **Bruder Gérard de Martigues** *(Bruder Gerhard),* seines Zeichens seit etwa 1080 Vorsteher einer christlichen Pilgergaststätte, gewidmet *Johannes dem Täufer.* Sein Hospiz machte sich dadurch verdient, dass Kranke jeglicher Glaubensrichtung gepflegt wurden, was sich auch nach der Eroberung durch die Normannen fortsetzte. *Bouillon* zeigte sich über die Versorgung der Kranken so dankbar, dass er dem Hospiz Land und ein Zehntel der Beute weiterer Feldzüge überließ. *Gerhard* organisierte seine Gast- und Pflegestätte als 1113 vom Papst anerkannten Orden des **„Ordo militiae Sancti Johannis Baptistae hospitalis Hierosolymitami" (Militärorden des Spitals des Hl. Johannes des Täufers zu Jerusalem).** Hauptaufgabe war die Armen- und Krankenpflege ungeachtet deren Herkunft, als Ordenssymbol wählte man ein **weißes Kreuz auf rotem Grund.** Viele der normannischen Kreuzritter beschenkten den Orden mit Ländereien auch in Italien, Frankreich und Spanien, einige traten auch dem Orden bei. Beim Tod *Gerhards* 1120 war der normannisch-französisch geprägte Johanniterorden bereits wohlhabend und eine feste Größe geworden.

Sein Nachfolger erweiterte die Funktion des Ordens um den fortan charakteristischen **militärischen Schutz** der Pilger auf dem Weg zum heiligen Land. Diese Funktion übten auch die beiden anderen Kreuzfahrerorden, der von französischen Rittern als reiner Militärorden gegründete **Templerorden** (rotes Kreuz auf weißem Grund) sowie der **Deutsche Orden** (schwarzes Kreuz auf weißem Grund). Allein bei den Johannitern blieb die ursprüngliche Krankenpflege eine wichtige Säule, Kontakte und Kenntnisse aus Kleinasien (Syrien, Persien) beeinflussten das Pflegewesen und führten so zum **hohen medizinischen Standard** auf Rhodos und Malta.

Daneben begründeten die Kreuzritter die berühmte **Festungsarchitektur,** bei der den in Kleinasien vorhandenen Burgen normannische Charakteristika hinzugefügt wurden, sodass jene seinerzeit mächtigsten Burgen der Welt mit Kurtinen, Bastionen und Kavalieren entstanden.

Nachdem Jerusalem wieder an die Türken gefallen war, folgten weitere erfolglose Kreuzzüge der Christen (1148, 1187 und 1198), die mit dem Sieg *Sultan Saladins* endeten. Im 13. Jh. fiel eine christliche Stadt nach der anderen, die Bevölkerung wurde versklavt oder massakriert.

Am 18. Mai 1291 eroberten die Türken Akkon, die letzte christliche Stadt im heiligen Land, doch während Templer und Deutschordensritter fielen oder flohen, zogen sich die überlebenden Johanniter unter *Großmeister Jean de Villiers* nach **Zypern** zurück, wo die Ordensgemeinschaft etliche Ländereien und eine Burg besaß. Dort reorganisierte sich der Orden, war aber nur geduldet und ohne eigenes politisches Territorium.

Die Möglichkeit zur Erlangung eines eigenen und eigenständigen Gebietes ergab sich 1306, als der Statthalter von **Rhodos** dem byzantinischen Regenten die Gefolgschaft kündigte und der Papst Rhodos als abtrünnig und somit „frei" erachtete. Mit Hilfe des Piraten *Vignoli* aus Genua wurde Rhodos drei Jahre lang belagert, ehe es den Johannitern im August 1309 gelang, den Widerstand zu brechen.

Rhodos

Mit dem Einzug auf Rhodos 1309 besaß der **„Militärorden des Spitals des Hl. Johannes des Täufers von Rhodos, vormals Jerusalem"** ein eigenes Staatsgebiet. Rund um den Hafen wurde eine gigantische, nach dem Vorbild der Burgen des heiligen Landes entworfene Festung errichtet. Angesichts einer stets zu erwartenden türkischen Offensive wurde die Insel verteidigungsfähig gemacht und die Organisationsstruktur der Johanniter entwickelt, die dann über Jahrhunderte beibehalten werden sollte:

Der Orden ruhte auf acht Säulen, die sich aus den wichtigsten **„Zungen"** (= sprachlich verwandte Landsmannschaften) herauskristallisierten. Jeder Zunge stand ein **„Pilier"** vor, erwählt aus seiner Landsmannschaft. Der **Ordensrat** stand dem mittels Wahlmännern gewählten **Großmeister** beratend zur Seite. Die Großmeister von Rhodos herrschten so über den ersten multinationalen Staat Europas. Die Territorien auf dem Festland (Priorate, Ballayen und Kommenden), die im Besitz, aber nicht unter der politischen Hoheit der Johanniter standen, wurden von delegierten Ordensrittern verwaltet.

Von entscheidender Bedeutung für die weitere Existenz der Johanniter war die **Auflösung des rein militärischen Templerordens** 1312 wegen angeblicher Verehrung der mysteriösen Gottheit *Baphomet*, womit per päpstlichem Dekret alle Templer-Besitztümer an die Johanniter fielen. Allmählich wurde von den alten, strengen Ordensregeln abgewichen, die Ordensritter genossen sichtlich das Leben.

Militärisch wurden Rhodos und die Johanniter durch den Ausbau zur **Seemacht** selbst von den Türken gefürchtet. Siege zu See gegen türkische Flotten folgten.

Nach einer längeren Phase der geringen Bedrohung stießen die Türken Mitte des 15. Jh. in einer groß angelegten Offensive (1453 Eroberung Konstantinopels und Ende Ostroms) bis nach Südosteuropa vor. Die Johanniter erwarteten jederzeit einen Angriff auch auf Rhodos.

Am 27. Juni 1480 begann der Großangriff einer Übermacht, der aber abgewendet werden konnte. Das für die Johanniter wichtige Ergebnis war, dass ganz Europa den Orden nun als Vorposten des Abendlandes gegen die Türken betrachtete und Hilfsgüter nach Rhodos strömten.

Obwohl Rhodos-Stadt zu einer der mächtigsten Festungen der damaligen Welt ausgebaut wurde, hielt es dem nächsten **Angriff der Türken** nicht mehr stand: 1522 mussten die Johanniter unter dem Großmeister *L'Isle Adam* kapitulieren, konnten aber den freien Abzug aller Ritter und Einwohner aushandeln.

Im Januar 1523 zog eine Flotte der Ritter nach Messina und **Viterbo** (bei Rom). Verblieben waren Waffen, Wertgegenstände und Reliquien wie die Hand des *Hl. Johannes.* Vor *L'Isle Adam* lag eine schwere Aufgabe: die Suche einer neuen Heimat vom provisorischen Ordenssitz Viterbo aus.

Die Johanniter hatten mit dem erfolgreichen Überstehen der großen Belagerung nicht nur ihr kleines Territorium behauptet, sie hatten insbesondere die europäischen Staaten von ihrer Existenzberechtigung als Vorposten gegen die Türken überzeugt. Unterstützungsgelder zum Aufbau der nach *de la Valette* benannten **neuen Hauptstadt Valletta** wurden bereitwillig zur Verfügung gestellt, überall in Europa wurden die Retter des Abendlandes gefeiert.

De la Valette starb 1568 im Alter von 74 Jahren und wurde in „seiner" neuen Hauptstadt begraben. Seine Nachfolger sicherten Malta in einer großen Seeschlacht bei Lepanto (1571) und konnten sich nunmehr inneren Angelegenheiten zuwenden. Die Ordenskirche **St. John's Co-Cathedral,** die Herbergen der Zungen (Auberges), das Ordensspital so-

San Angelo – erster Johannitersitz auf Malta

092M wl

wie der **Großmeisterpalast** entstanden in dieser Phase.

1574 wurde die gefürchtete **Inquisition** auch in Malta eingeführt, sie residierte im Inquisitorenpalast von Vittoriosa („die Siegreiche"), wie Birgu jetzt hieß.

Das 17. Jh. war von einer ungekannten **kulturellen Blüte** geprägt. Der reichste Orden der Welt übte sich in Selbstdarstellung, und jeder Großmeister versuchte, mit großartigen Bauwerken den Vorgänger zu übertreffen. Die militärische Komponente für den Fall einer stets zu erwartenden weiteren Offensive wurde jedoch nie ganz vernachlässigt, im Gegenteil: *Alof de Wignacourt* (1601–22) ließ den Aquädukt und viele der Wachttürme rund um die Inseln bauen, seine Nachfolger *Lascaris Castellar* und *de Redin* zeichneten für zahlreiche Speicher und Werften verantwortlich, und *Nicola Cotoner* ließ ab 1670 die „Cottonera-Lines", einen knapp fünf Kilometer langen Verteidigungswall um Cospicua, Senglea und Vittoriosa bauen.

Die Gelder kamen hauptsächlich aus den ordenseigenen Ländereien in Europa sowie den zunehmend bedeutsameren **Kaperfahrten** des Ordens (genannt *Corso,* daher Korsar) gegen nordafrikanische Piraten und Türken, die Seide, Gold, Edelsteine und Sklaven im Überfluss nach Malta brachten.

Der allmählich entstehende Luxus führte zu einer zunehmenden Zügellosigkeit und dem **Verfall der Ordenssitten im 18. Jh.** Die alten Seefahrernationen wie Spanien oder Portugal, die für ihre Interessen im Mittelmeer den Orden großzügig finanziert hatten, mussten neuen Seenationen wie Holland oder England weichen. Diese Länder bauten auf ihre eigene Kraft und schenkten dem katholischen Ordensstaat kaum Beachtung. In diese Phase fiel die Regentschaft des Großmeisters *Manoel Pinto de Fonseca,* der von 1741 bis 1773 amtierte und somit der am längsten an der Spitze des Ordens stehende Großmeister war. Er regierte wie ein absolutistischer Monarch, ohne Minister und ohne den Rat zu befragen. Sein autokratischer Stil bei gleichzeitig fehlender außenpolitischer Aufgabe führte zum endgültigen Sittenverfall des Ordens. Stellvertretend hierfür steht die Aussage eines Sekretärs von Pinto, der 90-jährige Greis sei 1773 in den Armen seiner Geliebten verschieden. Seine sonstigen „Leistungen" waren

The Great Siege (1565)

Sultan Suleyman der Prächtige beschloss im Herbst 1564, seine gegen Westeuropa vorrückenden Landtruppen durch einen Vorstoß zur See mit dem Fernziel Sizilien zu unterstützen. Hätte er Sizilien, wäre der Weg nach Südeuropa frei. Es gab nur ein Hindernis, welches auch der große Sultan nicht hatte vorhersehen können: Malta und die Ordensritter, die er in ritterlicher Großmut 1522/23 von Rhodos hatte abziehen lassen in der Annahme, der Orden sei geschlagen, ohne eigenes Territorium und würde sich rasch auflösen. *Suleyman* entsandte daher im Frühsommer 1565 rund 35.000 Janitscharen (Eliteeinheiten) und weitere 4000 Iayalaren (Selbstmord-Truppen) nach Malta mit dem Auftrag, „diese Söhne des *Shejtan* (Teufel) zu zerschmettern und ein für allemal zu vernichten". Den Oberbefehl hatte jener *Mustafa Pasha,* der schon in Rhodos gegen die Johanniter gekämpft hatte.

Dem standen gerade einmal 540 Ritter und rund 5000 Söldner und Freiwillige gegenüber. Der Gegenspieler *Mustafa Paschas* hieß **Jean Parisot de la Valette,** 1557 zum Großmeister gewählt und bei Beginn der Belagerung im 70. Lebensjahr. Als Kämpfer von Rhodos kannte er die Türken, und obgleich Malta weit schlechter befestigt war als seinerzeit Rhodos, schätzte er die Lage als nicht völlig hoffnungslos ein. Zum einen waren die feindlichen Nachschubwege um ein Vielfaches weiter als in Rhodos, zum anderen boten die maltesischen Inseln den Türken nicht die Möglichkeit, sich aus dem Land zu ernähren, und schließlich – für *de la Valette* ein entscheidender Faktor – wusste er, dass bei einer neuerlichen Niederlage kein Regent Europas den Johannitern auch nur einen Felsblock abtreten würde. Es ging für den Orden um Triumph oder Untergang, als am 18. Mai 1565 die Wachtposten in Fort San Angelo die türkische Flotte sichteten.

Die Truppen setzten in Marsaxlokk an Land und errichteten ihre Basis unterhalb des Monte Scibberas (heute Valletta) und begannen mit dem **Beschuss des Fort San Elmo.** Die Schiffe sollten dann im Schutz des eroberten Forts auf der anderen Seite des Grand Harbour (Marsamxett) ankern und die Versorgung sicherstellen. *De la Valette* hatte Kampf bis zum letzten Mann befohlen, um Zeit für die Vorbereitung auf den Hauptangriff gegen San Angelo zu gewinnen. San Elmo, von einer Garnison besetzt, wurde ununterbrochen bombardiert und nach 31 Tagen, am 23. Juni, unter hohen Verlusten erobert.

Beide Seiten gingen mit **äußerster Grausamkeit** vor: Die Türken enthaupteten die toten Ritter, nagelten sie auf Kreuze und ließen die Leichname nach San Angelo treiben. *De la Valette* revanchierte sich mit der Enthauptung aller Gefangenen und ließ die Köpfe mit Mörsern in das türkische Lager schießen.

Anfang Juli begann der **Beschuss von Birgu,** dem mehrere erfolglose land- und seeseitige Anstürme folgten. Am 7. August hatten die Türken eine Bresche in die Verteidigungslinien von Senglea geschlagen und standen kurz vor dem Sieg, als sie zurückbeordert wurden – ein Entsatzheer aus Europa sei eingetroffen und habe das Lager vernichtet. Die Türken zogen sich ins Lager zurück, und *Mustafa Pascha* bemerkte zu spät, dass lediglich eine Hand voll Kavalleristen aus Mdina einen unbedeutenden Ausfall gewagt hatten – Senglea war vorerst gerettet.

Mustafa ließ Birgu nun Tag und Nacht beschießen, der Kanonendonner soll noch in Sizilien zu hören gewesen sein. Am 18. August brach die Mauer des *Poste de Castille* zusammen, die Türken stürmten hinauf. Der greise *de la Va-*

lette selbst eilte mit einer Hand voll Ritter an die bedrohte Stelle und schlug die Angreifer wie ein Berserker unter schweren eigenen Verwundungen zurück.

Die zweite Augusthälfte brachte beiden Seiten die Hölle. Im türkischen Lager brachen, bedingt durch große Hitze und von den Rittern verseuchte Brunnen, **Krankheiten und Seuchen** aus. Die Verteidiger hatten kaum noch Munition und waren mit den Kräften am Ende.

Mustafa verstärkte den Beschuss weiter und wollte um jeden Preis vor Einbruch der Regenzeit die Entscheidung herbeiführen, doch die Moral seiner Truppen war bereits empfindlich getroffen, die Verluste hoch. *De la Valette* hatte fortwährend Botschaften über Sizilien an die europäischen Regenten mit Bitte um Unterstützung gesandt, und am 6. September fuhr tatsächlich ein **spanisches Entsatzheer** von 7000 Mann auf Malta zu.

Die Nachricht allein genügte, um die Türken zum **Abzug** zu bewegen: Am Morgen des 8. September stachen die Truppen überstürzt in See. Angesichts der größten Niederlage, die den Truppen von *Sultan Suleyman dem Prächtigen* je beigebracht worden war – nur ein Drittel des Heeres kehrte zurück – schwor dieser, er selbst werde im Folgejahr die Vernichtung der Johanniter leiten.

Ungeachtet der **Jubelfeiern in ganz Europa** wusste *de la Valette* um diese Gefahr. Er wusste auch, dass bis zur Fertigstellung Vallettas und dem Wiederaufbau der Bastionen am Grand Harbour Jahre vergehen würden und Malta einem erneuten Angriff nicht würde standhalten können. Er ließ daher die großen Pulverkammern von Konstantinopel durch Spione sprengen, was die im Aufbau begriffene türkische Armee erheblich zurückwarf. Nach dem Tod *Suleymans* 1566 wurden die Angriffspläne verworfen, die Gefahr war damit zunächst gebannt.

die Verbannung der Jesuiten von Malta (1769) sowie die Niederschlagung einer Sklavenrebellion (1749).

Die zunehmende Geldnot veranlasste seinen Nachfolger *Ximenes* (1773–1775) zur Besteuerung des Grundnahrungsmittels Brot, woraufhin es 1775 zum sogenannten **Priesteraufstand** kam, der aber von den Johannitern niedergeschlagen werden konnte.

Während der langen Regierungszeit von *Emmanuel de Rohan* (1775–97) wurden zahlreiche **Reformen** eingeleitet, um den Ordensstaat wieder in den Griff zu bekommen. So entstanden öffentliche Schulen oder der „Code Rohan", ein an das späte 18 Jh. angepasster Ordenskodex.

Allerdings beging er auch einen entscheidenden Fehler: 1789, während der französischen Revolution, stellte er König *Ludwig XVI.* rund eine halbe Million Franc für die Flucht zur Verfügung – eine Tatsache, die seinem Nachfolger, dem deutschen Großmeister *Ferdinand von Hompesch* (1797–98) bitter aufstoßen und das Ende der Johanniter auf Malta bedeuten sollte.

Napoleon auf Malta – Götterdämmerung (1798–1800)

Auch der antiquierte Ritterstaat auf Malta wurde von den **Folgen der französischen Revolution** von 1789 nicht verschont. Moral und Ritterlichkeit spielten bei den Johannitern zusehends eine geringere Rolle. Als *Napoleon Bonaparte* 1798 auf seinem Ägyptenfeldzug vor dem Grand Harbour stand und die Jo-

094M wl

hanniter ultimativ zur Kapitulation aufforderte, war von ritterlicher Verteidigungsbereitschaft kaum die Rede. Hinzu kam, dass ein Großteil der Ritter französischstämmig war und einen „Bruderkrieg“ ablehnte (die Ordensregeln verboten ohnehin einen Kampf gegen Christen). Doch die Revolution hatte nicht nur moralische, sondern für die Johanniter auch existenzielle Folgen: Das französische Direktorium (Revolutionsrat) enteignete alle Großgrundbesitzer – und der Orden war einer der größten!

Die Johanniter wurden daher automatisch als Staatsfeinde eingestuft, *General Bonaparte* per Dekret vom 12.4.1798 beauftragt, „Besitz von der Insel Malta zu ergreifen“. Dem (einzigen) deutschen Großmeister *Ferdinand von Hompesch* blieb daher aus Vernunftgründen kaum etwas anderes übrig, als am 11. Juni 1798 formell zu **kapitulieren.** Sein Verhalten wird zumeist als unritterlich und feige beschrieben, letztlich sollte jedoch die Tatsache, dass die Krise unblutig beendet wurde, ein gewisses Gewicht finden.

Napoleon blieb eine knappe Woche auf Malta, die zurückbleibenden Besatzungstruppen versuchten rigoros, die **französischen Interessen** durchzusetzen. Die Università wurde aufgelöst, zur Finanzierung von Revolution und Ägyptenfeldzug wurden die Kunstschätze der Kirchen und Paläste geplündert.

◁ Schnurgerader Straßenbau als Teil der Verteidigung

Unter der maltesischen Bevölkerung machte sich rasch Unmut breit, man war offensichtlich vom Regen in die Traufe gekommen. Der Erzrivale Frankreichs, England, wurde um Hilfe gebeten und eine Blockadeflotte unter der Leitung von *Alexander Ball* zusammengestellt. Als die Franzosen im August 1800 die Kathedrale von Mdina plünderten, kam es zu dem berüchtigten **Fenstersturz von Mdina,** wobei der französische Kommandant, *General Masson,* getötet und der Aufstand gegen die **Franzosen** begonnen wurde. Mit Hilfe der englischen Blockadetruppen gelang es schließlich, die Franzosen am 5. September zur Kapitulation und zum Abzug zu bewegen. Malta schien frei ...

Kolonie des British Empire (1800–1964)

Nach dem Abzug der Franzosen im September 1800 besetzten die Engländer Malta. Gleichzeitig verlangte die Bevölkerung ein Mitspracherecht, die zuvor aufgelöste Università organisierte sich neu, und schließlich forderten auch Johanniter aus ihrem russischen Exil die Rückgabe der Inseln. Tatsächlich wurde im **Frieden von Amiens** (1802) die Rückgabe Maltas an den Orden vertraglich festgelegt und von den europäischen Großmächten garantiert. Inzwischen war *Zar Paul I.,* der Schutzherr und Gönner der Johanniter, 1801 gestorben; die Ritter kehrten in ihre Heimatländer zurück, der Orden war in Auflösung begriffen.

Die Umsetzung der vertraglichen Bestimmungen scheiterte daher, die Briten

Die Johanniter bis heute

Als der **Johanniterorden** in seiner Blüte stand, hatte er zahlreiche Abteilungen und Ordenszweige auf dem europäischen Festland. Nach dem Ende des Ordens auf Malta wurden die meisten Güter der Kirche zugeführt, in Frankreich schon 1789 (Revolution) zwangsweise eingezogen. Die Güter konnten zwar konfisziert werden, die Menschen aber blieben. Was wurde aus ihnen?

Am 18. Juni 1798, sechs Tage nach der Unterzeichnung der Kapitulation, wurde der **„Militärorden des Spitals des Hl. Johannes des Täufers zu Malta, vormals Jerusalem, vormals Rhodos"** (und nun auch vormals Malta) der Insel verwiesen, 35 französische Ritter schlossen sich *Napoleon* an. Von Hompesch und sein Tross segelten nach Norden, wieder war der Orden heimatlos. Der gebrochene *Hompesch* zog mit einem Teil der Ritter nach Österreich, ein anderer Teil nach Sizilien, der Rest nach Russland.

Zar Paul I. war seit langem ein Bewunderer der Johanniter, er unterstützte den Orden seit Jahren mit hohen Geldsummen als „Ordensprotektor" und nahm die Ankömmlinge bereitwillig auf, die ihn dafür im Dezember 1798 zum (vom Papst nicht anerkannten) Großmeister ernannten und von *Hompesch* in Abwesenheit absetzten. Von *Hompesch,* einziger deutscher und letzter Großmeister von Malta, starb verarmt und verachtet im Jahre 1805 in Montpellier.

Nach dem Tod *Pauls I. (*1801) und als der Orden nach dem Rückzug der Franzosen (1802) Malta nicht zurückerhielt, verloren die Russen das Interesse an den Rittern, die verbliebenen Ordensmitglieder sammelten sich in **Catania** (Sizilien), wo 1803 *Giovanni Tommasi* vom Papst offiziell zum Großmeister ernannt wurde.

Nach dessen Tod (1805) blieb der Posten lange unbesetzt, der Ordenssitz schließlich wurde 1834 nach **Rom** verlegt. Dort residiert seither – in direkter Tradition des 1099 gegründeten Ordens – der katholische **Souveräne Malteser-Ritterorden;** seit 1879 ist das Amt des Großmeisters wieder besetzt. Seit 1798 ist der Orden zwar staatsrechtlich nach wie vor ein Staat, aber ohne Staatsgebiet, er unterhält diplomatische Beziehungen zu 38 Staaten, u.a. Deutschland und Malta. Hauptaufgabe ist seit 1834 die Kranken- und Sozialpflege in Europa und Entwicklungsländern. Gleichzeitig bildet der Orden eine Art Dachverband für die Malteser-Hilfsdienste in ganz Europa.

Aus der deutschen Zunge und dem **Großpriorat Deutschland** (1806 aufgelöst) entstanden über Zwischenschritte der **Malteser Hospital Dienst Austria** (MHDA, 1957) und der **Malteser Hilfsdienst** (MHD, 1953), beide (katholische) Dienste beschäftigen sich mit karitativen Aufgaben. Eine Sonderstellung nahm die (evangelische, 1811 aufgelöste) **Balley Brandenburg** ein. 1852 organisierten die Protestanten den **Johanniter-Orden,** deren direkter Nachfolger die **Johanniter-Unfallhilfe** (1952) wurde.

Die englische Zunge, von *Heinrich VIII.* 1540 schon einmal und 1808 erneut aufgelöst, organisierte sich 1831 neu. Aus ihr ging die **St. John Ambulance Association** hervor, deren Hospitäler („St. John's") in den ehemaligen Kolonien und Ländern des Commonwealth weit verbreitet sind.

Die protestantischen Johanniter wie auch ihre englischen Pendants sind eigenständige Organisationen und nicht mit dem katholischen Malteser-Ritter-Orden (Rom) assoziiert.

blieben unter dem mittlerweile als Gouverneur eingesetzten *Alexander Ball* in Malta. Dieser Zustand wurde 1814 im Frieden von Paris bestätigt und die Inseln als **britische Kolonie** endgültig anerkannt. Neuer Gouverneur wurde *Sir Thomas Maitland,* der die Verwaltung reformierte und die Università endgültig auflöste.

Bis 1849 erhielt Malta eine **eigene Verfassung,** wonach eine gewisse Pressefreiheit, Mitbestimmung am politischen Entscheidungsprozess sowie die Besetzung lokaler Verwaltungsämter durch Malteser gewährt wurde.

Mit der **Eröffnung des Suezkanals** 1869 wurde Malta für die Briten zur bedeutenden Schaltstelle auf dem Weg vom Mutterland zur Kanalzone und weiter zu den Kolonien. Der Grand Harbour wurde ausgebaut, 1870 die Verteidigungslinie der Victoria-Lines quer durch Malta errichtet, 1890 eine Eisenbahnlinie von Valletta nach Rabat gebaut. Die Wirtschaft florierte, 1887 kamen politische Freiheiten wie aktives und passives Wahlrecht zu Exekutive und Legislative hinzu. Malta boomte im gesamten 19. Jh., sodass sich die Bevölkerungszahl in der zweiten Hälfte des 19. Jh. auf 180.000 verdoppelte.

Ein erster Einbruch folgte 1914–1918 während des **Ersten Weltkrieges.** Malta war zwar als *Nurse of the Mediterranean* (Krankenschwester des Mittelmeeres) eine feste Größe der britischen Soldaten in Ägypten, die hohen Abgabenlasten nach Kriegsende führten jedoch zu dem berühmten **Sette-Giugnio-Aufstand** vom 7.6.1919 gegen erhöhte Preise, insbesondere beim Brot. Der Aufstand konnte zwar niedergeschlagen werden, kostete aber einige Menschenleben. An diesen Aufstand erinnern zahlreiche Straßennamen und Denkmäler in Malta.

1921 wurde erstmals ein eigenes, rein **maltesisches Parlament** gewählt, welches parallel zur Kolonialverwaltung über innere Angelegenheiten entscheiden durfte, nicht jedoch über Außenpolitik, Verteidigungswesen oder Währungsordnung. Hierzu formierten sich erstmalig zwei Parteien, die konservative **Nationalist Party** (MNP) und die sozialistische **Labour Party** (MLP).

So entwickelte sich Malta friedlich weiter zu einem der wichtigsten Mittelmeerhäfen. Die Zeiten äußerer Bedrohung wie der „großen Belagerung" waren längst Geschichte, und niemand auf der Insel dachte im Traum daran, dass die schrecklichste aller Belagerungen erst noch kommen sollte:

Benito Mussolini hatte Großbritannien und Frankreich gerade den **Krieg** erklärt, als am Morgen des 11. Juni 1940 auf Malta auch schon der erste von vielen Tausend Flieger-alarmen erklang. Die Royal Navy hatte Malta bereits als „nicht haltbar" Richtung Ägypten verlassen; erst als seit September 1940 der Wüstenkrieg in Nordafrika begann, schickte der britische Premier *Winston Churchill* mehr Truppen nach Malta. Wieder einmal war Maltas Lage nützlich: Der Nachschub für das deutsche „Afrikakorps" sollte über Sizilien nach Tripolis geführt werden, britische Zerstörer und Flugzeugträger operierten aber vom Grand Harbour in Valletta aus und unterbrachen erfolgreich die Versorgungskette. *Göring* forderte die völlige Vernichtung Maltas und beorderte sein Elite-Fliegerkorps nach Sizilien. Von dort aus wurde bis Ende 1942 täglich **Angriff um Angriff gegen Malta** geflogen, insbesondere auf den Grand Harbour sowie die Flugplätze Ħal Far und Ta Qali. Allein im April 1942 wurden über 6700 Bomben abgeworfen, Malta war letztlich eines der am schwersten bombardierten Ziele des Krieges. Hauptverlierer war die Bevölkerung, die sich in Stollen verbergen und abgeschnitten von jeglichen Fluchtmöglichkeiten dort ausharren musste. Den massiven Felslandschaften und Festungsanlagen hatten es die Malteser zu verdanken, dass am Ende unter der Bevölkerung nicht mehr als die gefallenen 2000 Opfer zu beklagen waren.

Auf dem Höhepunkt der Belagerung, im April 1942, verlieh *König George VI.* dem gesamten Archipel das **Georgskreuz,** die höchste britische Auszeichnung für Zivilisten und seither Teil der maltesischen Flagge.

Nach dem Ende des „Afrikakorps" (Tunis, Mai 1943) verlegte die Luftwaffe ihre Einheiten von Sizilien nach Russland; die als „zweite große Belagerung" in die Geschichte Maltas eingegangenen Ereignisse hatten ein Ende. Die **Kriegsschäden** sind noch heute teilweise sichtbar, Valletta und die Siedlungen um den Grand Harbour wurden zu 90% zerstört.

Während der ersten zehn Jahre nach Kriegsende stand der **Wiederaufbau** mit britischer Finanzhilfe im Vordergrund. Das duale System (maltesisches Parlament neben britischer Kolonialverwaltung) wurde fortgesetzt.

Als 1955 unter dem sozialistischen Premier *D. Mintoff* (MLP) eine Volksabstimmung durchgeführt wurde, sprach sich die Mehrheit der Malteser für die direkte Eingliederung Maltas in Großbritannien aus. Die Briten lehnten ab, was zu heftigen Diskussionen und dem **Ruf nach Unabhängigkeit** führte. Dieser Trend wurde von den Nationalisten (MNP), seit 1959 mit Premier *Äorã Borg Olvier* gefördert.

1962 handelte dieser eine neue Verfassung mit Autonomiestatus und uneingeschränkt selbstverantwortlichem maltesischen Parlament aus. Am 21. September 1964 wurde Malta zum unabhängigen **Mitglied des Commonwealth of Nations** erklärt, jenem rein formellen Gebilde, dem mit *Queen Elisabeth II.* als Staatsoberhaupt viele ehemalige Kolonien (wie z.B. Kanada) noch heute angehören.

Unabhängigkeit und Republik Malta (seit 1964)

Die **Anfangsphase der maltesischen Unabhängigkeit** stand unter keinem allzu glücklichen Stern. Im Zuge des Nahostkonfliktes wurde 1967 der Suez-Kanal geschlossen, der Hauptwirtschaftszweig Maltas, die Werftenindustrie, wurde hart getroffen.

Die Arbeitslosigkeit wurde zum Hauptproblem, viele Malteser versuchten ihr Glück im englischsprachigen Ausland. Schätzungen zufolge leben und arbeiten noch heute 150.000 maltesische Gastarbeiter in England, Kanada, Australien oder den USA.

⊡ Ende der Belagerung – Our Lady of Victory

lw M660

Bei den Neuwahlen im Jahr 1971 siegte zwangsläufig die linke MLP unter Urgestein und Paradiesvogel *Dominik „Dom" Mintoff*, der eine Reihe von **abenteuerlichen Reformen** einleitete, innerhalb derer sich Malta an den planwirtschaftlich gelenkten Staaten Osteuropas und Chinas orientierte und verstärkt Handelskontakte zu Libyen suchte. Ein anderes Beispiel für die Vielfalt in der Wahl der politischen und wirtschaftlichen Beziehungen Maltas zeigte sich bei dem 1969 erbauten Schnellstraßen-Tunnel im Bezirk Santa Venera, der von taiwanesischen Tunnelbau-Ingenieuren errichtet und daher nach dem Gründer der Republik China (Taiwan) „Sun Yat-Sen-Tunnel" genannt wurde.

Diese völlige Neuorientierung, auch außenpolitisch, gipfelte 1974 im Ausstieg aus dem Commonwealth bei gleichzeitiger Proklamation der **„Republic of Malta"**, der Kündigung des Truppenstationierungsvertrages mit Großbritannien und der Gründung des libyschen Kulturinstitutes (welches mit den EU-Beitrittsverhandlungen wieder geschlossen wurde). Dies wiederum bedeutete eine Vertiefung der diplomatischen Beziehungen zum libyschen Staatschef *Ghaddafi*. Malta hatte damit zwar libysches Öl gewonnen, Einnahmen durch die britischen Truppen aber verloren. 1987 siegte die konservative MNP mit **Dr. E.F. Adami** (s. „Kurzbiografien" im Anhang dieses Buches) als neuem Premier, der schon damals einen vorsichtigen Kurs auf die Europäische Union zu steuern versuchte, die strikte Neutralität Maltas wurde jedoch in der Verfassung verankert. Dieser Passus hat letztlich mit dazu beigetragen, dass die Gipfelkonferenz der Supermächte zwischen *Michail Gorbatschow* und *George Bush* im Dezember 1989 im Hafen von Marsaxlokk und im *Mediterranean Conference Centre* (Valletta) stattfand.

1991 stellte Adami für Malta einen **offiziellen Antrag auf Mitgliedschaft in der EU**, wurde aber 1996 aus allen Träumen gerissen, als die Oppositionspartei MLP (Labour) bei den Parlamentswahlen siegte und **Dr. Alfred Sant** als neuer Premier vereidigt wurde. Dieser fror im August 1997 den Antrag auf EU-Mitgliedschaft formell ein und verfolgte einen außenpolitisch strikt neutralen Kurs. Sein – noch heute verbreitetes – Hauptargument für diese Politik ist die Randlage Maltas in Europa, aufgrund derer sein kleines Land mit Nordafrika gute Kontakte wahren müsse.

Doch Sant war zu selbstsicher: schon 1998 ließ er aufgrund günstiger Wahlprognosen Neuwahlen ausschreiben – und verlor.

EU-Beitritt und Dreiparteiensystem

Adami wiederbelebte sofort die EU-Beitrittspläne und ließ 2003 ein entsprechendes Referendum durchführen. Die Bevölkerung sprach sich mehrheitlich für den Beitritt aus, womit Adami nicht nur die Parlamentswahlen vom Frühjahr gewann (MNP 51,8%/35 Parlamentssitze gegenüber 47,5%/30 der MLP), sondern auch den offiziellen EU-Beitritt Maltas zum 1.5.2004 legitimierte. *Adami* – damals bereits über 70 Jahre alt – trat kurz zuvor gemäß einer internen Absprache vom Amt des Premierministers zurück und übergab im März 2004 die

Amtsgeschäfte an seinen Stellvertreter *Lawrence Gonzi,* der die MNP im Februar 2008 mit 49,3% ebenfalls zum Wahlsieg führen konnte.

Adami zog sich, seine Popularität nutzend, keineswegs von der Politik zurück, sondern wurde im April 2004 direkt vom Volk zum **Präsidenten der Republik** gewählt. Dieses rein repräsentative Amt als Staatsoberhaupt übte er bis 2009 aus, sein Nachfolger wurde der ehemalige Vorsitzende des nationalen Fußballverbandes *George Abela* (*1948).

Nach diesen dramatischen, von der außenpolitischen Orientierung geprägten Jahren wandte *Gonzi* sich nach geglücktem „EU-Start" der Innenpolitik zu. Trotz einer wirtschaftlich zufriedenstellenden Entwicklung machte den Konservativen die Aufdeckung mehrerer Korruptions- und Schmiergeldaffären zu Schaffen, was bei den letzten Parlamentswahlen vom Frühjahr 2013 zu einem deutlichen Wahlsieg der *Laburista* (55%) unter der Führung des jüngsten Premiers seit der Unabhängigkeit, *Joseph Muscat* (*1974), führte.

Die positive wirtschaftliche Entwicklung des Landes trug wesentlich zur Erfüllung der Brüsseler Konvergenzkriterien und zur **Einführung des Euro 2008** bei. Auch die Wirtschaftskrise 2009/2010 und die daraus resultierende Eurokrise überstand Malta besser als die großen europäischen Staaten und der große Mittelmeer-Konkurrent Zypern und stand auch während der Euro-Krise nicht auf der Liste der Sorgenkinder der Union. Malta kämpft 2014 mit Brüssel eher um „Luxusprobleme" wie die Dauerthematik Unterbringung der illegalen Flüchtlinge aus Nordafrika.

Staatsname und Symbole

Staatsname

Der heutige Name Maltas **Republika Ta Malta** (Republik Malta) geht auf die Unabhängigkeit von Großbritannien (1964) sowie den Ausruf zur Republik (1974, s. „Geschichte") zurück.

Staatsflagge

Die Flagge setzt sich aus zwei Teilen zusammen, dem **silber-roten Banner** des Normannenfürsten *Roger I.,* der 1099 Malta in Besitz nahm, sowie dem **Georgskreuz** in der linken, silbernen Hälfte. Letzteres wurde 1942 den Inseln von *König Georg VI.* für das tapfere Aushalten der Bombardements im Zweiten Weltkrieg verliehen und in die Flagge aufgenommen. Als die Unabhängigkeit in einer Volksabstimmung 1964 zur Wahl stand, wurde mehrheitlich entschieden, das Georgskreuz in der Flagge zu belassen, obgleich es an die Kolonialzeit erinnert.

Dänische, maltesische oder Johanniterflagge?

Die Johanniter behielten auch auf Malta das althergebrachte **weiße Kreuz auf rotem Grund,** wie es zur Zeit des ersten **Kreuzzuges** entstand, als Flagge bei. Noch heute wird dieses Banner an Festtagen (8. September, Ende der Belagerung von 1565) gehisst und von Besuchern manchmal versehentlich für die dänische Flagge gehalten. Tatsächlich haben der „Danebrog" und die praktisch gleich aussehende Johanniterflagge den selben Ursprung. Die Johanniter setzten sich in ihrer Frühzeit hauptsächlich aus **Normannen** zusammen, die teilweise aus der heutigen (französischen) Normandie stammten; diese jedoch war von Skandinavien aus besiedelt worden (Normanne = Nord-Mann). Führendes skandinavisches Reich im Hoch- und Spätmittelalter war Dänemark, seit 1016 (Schlacht von Assington) auch über England und Norwegen herrschend; 1397 (Kalmarer Union) kamen Finnland, Island und Schweden hinzu. All diese Länder (auch England!) haben im Prinzip die „Dänenflagge" übernommen und lediglich modifiziert.

Staatswappen

Das Wappen besteht aus einem von einem Öl- und einem Palmzweig umsäumten Schild in den silber-roten Landesfarben mit dem Georgskreuz in der silbernen Hälfte. Oberhalb des Schildes wird ein goldener Helm von einer stilisierten Krone in Form einer Stadtmauer gekrönt. Der Schild ruht auf einer stilisierten Insel, vor der das achtzackige Johanniterkreuz von einer geschwungenen Banderole mit dem Wahlspruch *Virtute et Constantia* (lat.: mit Tapferkeit und Beständigkeit) umrahmt wird.

Malteserkreuz

Das Georgskreuz hat nichts mit dem Malteserkreuz zu tun (weder mit dem Symbol noch mit Aquavit-Malteserkreuz). Ohnehin ist der Begriff Malteserkreuz streng genommen nicht zutreffend. Gemeint ist das achtzackige, nach innen zusammenlaufende **Johanniterkreuz** aus der Gründerzeit des Ordens. Nach dem Abzug aus Malta und der Verlegung des Ordenssitzes nach Rom (1834) benutzte der Souveräne Malteser-Ritter-Orden dieses Johanniterkreuz nun als – von Malta kommend – „Malteserkreuz" genanntes Insignium. Dasselbe Zeichen verwendeten nahezu einheitlich auch die deutschen (katholisch: Malteser, evangelisch: Johanniter), englischen (St. John's) und sonstigen Nachfolgeorganisationen der Hilfsdienste und Unfallhilfen. Das Johanniter-Malteserkreuz wird auch in den Logos zahlreicher Institutionen wie z.B. *Air Malta* oder der *Malta Tourist Organisation* verwendet. Hierzu entbrannte in der Vergangenheit eine heftige Kontroverse, die auch in den Tageszeitungen diskutiert wurde: es kam der Vorschlag auf, das Johanniterkreuz (anstatt des Georgskreuzes) in die Staatsflagge aufzunehmen. Es kann mittelfristig darüber durchaus zu einer Volksabstimmung kommen.

Nationalhymne

Dr. A. Laferla suchte 1922 als Rektor einer Grundschule nach einem Schullied und stieß dabei auf ein eingängiges, von *Dr. R. Samut* komponiertes Musikstück. Er beauftragte *Dun Karm Psaila,* einen Priester mit dichterischer Begabung, einen Text zur Melodie zu schreiben. Dieser schuf eine Hymne in Gebets- und Lobpreisungsform. *Dun Karm,* der später einer der bekanntesten Dichter Maltas wurde, wollte eine Brücke zwischen den politischen Parteien schaffen und alle Malteser unter Religion und Patriotismus vereinen. Uraufführung von L-Innu Malti war am 3.2.1923; unter diesem Titel wurde sie 1945 zur offiziellen Nationalhymne der Republik Malta.

„Schütze es, O Herr, wie du es immer
beschützt hast,
Dieses Mutterland; dieses gute,
dessen Namen wir tragen!
Behalte es in Erinnerung,
das du so schön erschaffen hast!
Möge er, der regiert, für seine Weis-
heit geachtet werden;
Unter der Gnade des Herrn die Stärke
im Menschen wachsen.
Stärke uns alle in Einheit
und Frieden!“

Staat und Verwaltung

Seit Mai 2004 ist die Republik Malta **Vollmitglied der EU** (siehe „Geschichte“, der Euro wurde erwartungsgemäß zum Januar 2008 zur alleingültigen Währung auf Malta.

Innenpolitisch ist das Land aufgrund seiner geringen Größe einfach strukturiert. Nominelles **Staatsoberhaupt** mit reinen Repräsentationsaufgaben ist ein direkt vom Volk gewählter Präsident (seit 2009 *George Abela*).

Die eigentliche Macht liegt bei der **Regierung** (Exekutive) und dem **Parlament** (Legislative).

Um 69 Parlamentssitze bemühen sich in freien und allgemeinen Wahlen (alle fünf Jahre) hauptsächlich zwei **Parteien** – die linksorientierte *Malta Labour Party* (MLP, maltesisch *Laburista* oder *tal-Haddiema*) sowie die konservative *Malta Nationalist Party* (MNP, *Nazzjonalista*).

Der Wahlsieger stellt dann den Regierungschef **(Premier),** der seine Minister bestimmt und mit ihnen die **Regierung** (Gouvernment) bildet. Aus den letzten Parlamentswahlen 2013 ging die MLP unter *Joseph Muscat* mit deutlichem Vorsprung vor der MNP siegreich hervor. Dieser leitet 13 Schlüsselministerien und fünf parlamentarische Staatssekretäre mit untergeordneten Aufgabenbereichen.

Eine weitere politische Untergliederung, etwa in „Bundesländer“ oder „Kreise“, gibt es nicht, alle politischen Aufgaben werden direkt vom Parlament und der Regierung wahrgenommen. Lediglich zu verwaltungstechnischen Zwecken (Wasser, Müll usw.) ist Malta in sechs **Regionen** gegliedert.

Seit 1987 gibt es in der Regierung einen parlamentarischen Staatssekretär (derzeit *A. Refalo*) mit dem Aufgabenbereich der **Wahrnehmung der Interessen Gozos.**

Wirtschaft und Handel

Nach der schwierigen Aufbauarbeit seit der Unabhängigkeit befindet sich auch die maltesische Wirtschaft auf dem Weg zur **Dienstleistungsgesellschaft.**

Nur noch etwa 3% des volkswirtschaftlichen Gesamteinkommens werden in **Landwirtschaft und Fischerei** erwirtschaftet, obgleich jedes Fleckchen Erde außerhalb der Siedlungen irgendwie genutzt zu werden scheint. Angebaut werden Zitrusfrüchte, Wein, Getreide, Kartoffeln und Gemüse. In Stallhaltung werden Milch- und Federvieh sowie (auf Comino) Schweine gezüchtet. Der Eigenbedarf wird bei Fleisch und Feldprodukten nicht ganz gedeckt, Malta ist immer noch im großen Umfang auf Lebensmittelimporte angewiesen. Gleiches gilt auch für die Fischerei, die überwiegend im Nebengewerbe ausgeübt wird, und nicht einmal die Hälfte des Bedarfs decken kann. In Landwirtschaft und Fischerei arbeiten gut 4% der Werktätigen im Haupt- oder Nebengewerbe.

Die klein- und mittelständische **Industrie** (BSP-Anteil ca. 33%) beschäftigt mittlerweile etwa 20% der Erwerbstätigen und arbeitet hauptsächlich im Textilbereich, als Zulieferer der europäischen Automobilindustrie sowie im Schiffbau. Die beiden Industriegebiete liegen um die Werften von Marsa sowie auf dem Gelände des ehemaligen Flughafens Ħal Far.

Der **Tourismus** wurde in den vergangenen Jahren verstärkt ausgebaut und zum wichtigsten Faktor der maltesischen Volkswirtschaft mit einem Anteil am BSP von derzeit 45%. Heute ist nahezu jeder zweite Erwerbstätige direkt oder indirekt vom Tourismus abhängig (s. folgendes Kapitel).

Rund ein Viertel der Beschäftigten ist im übrigen **Dienstleistungsbereich** tätig (internationale Schiffs- und Fährverbindungen, Messe, Banken usw.).

Nach Jahren des überproportionalen Wachstums hat sich die jährliche **Wachstumsrate** des Pro-Kopf **Bruttoinlandsproduktes** (z.Zt. ca. 17.000 €) im Mehrjahresdurchschnitt bei knapp 3% (selbst in den Krisenjahren) eingependelt, womit Malta im internationalen Vergleich sehr gut liegt. Die **Arbeitslosenquote** liegt derzeit bei rund 6,5%.

Die wichtigsten **Handelspartner** Maltas sind Italien, Deutschland und England, auch mit den nordafrikanischen Anrainerstaaten, allen voran Libyen, bestehen wichtige Handelsbeziehungen. 2003 gelang es Malta, keinen Geringeren als Microsoft-Gründer *Bill Gates* zu einer Investition im Hightech-Entwicklungsbereich im Industriepark Bulebel (bei Żabbar) in Höhe von über 50 Mio. Euro zu bewegen. Weitere namhafte Investoren sollen bis 2020 folgen.

Insgesamt weist die **Handelsbilanz** erhebliche Defizite auf, da Malta über keine nennenswerten Rohstoffe verfügt (abhängig von Ölimporten) und selbst im

Nahrungsmittelbereich den Eigenbedarf nicht decken kann. Die eigenen Exporte können die hohen Importe seit Jahren nicht decken, weshalb dem Tourismus als ausgleichendem Faktor und Devisenbringer eine Schlüsselrolle zufällt.

■ Wer sich geschäftlich näher mit der maltesischen Wirtschaft befassen will, sollte die **Malta Enterprise Corporation,** *Malta Industrial Parks Ltd.*, Gwardamangia Hill, Pietà, Tel. 25420000, www.maltaenterprise.com/en, kontaktieren. Diese Organisation ist für Exportförderung und Handelskontakte zuständig und bietet Interessierten kostenlose Dienstleistungen wie Produktsuche, Unternehmensbesichtigungen und alle wesentlichen Informationen für Geschäftsleute.

Tourismus

Die strategisch entscheidende Rolle, die Malta während des Zweiten Weltkrieges für Großbritannien spielte, trug wesentlich dazu bei, dass trotz der immensen Zerstörungen durch die Bombardierungen der Achsenmächte schon in den 1950er Jahren eine Art **Kriegstourismus** entstand. Es waren zunächst hauptsächlich Briten, die in ihre Kolonie reisten und durch ihre Ausgaben nicht unwesentlich zum Wiederaufbau beitrugen.

Es dauerte bis in die **1970er Jahre** hinein, ehe andere Reisenationen ganz allmählich Malta als lohnenswertes Urlaubsziel entdeckten, und in den **1980er Jahren** setzte, allen politischen Schlingerkursen zum Trotz, ein stetig steigender Besucherstrom ein. Unmittelbar damit einher ging die touristische Erschließung des Landes mit vielen guten Hotels und Restaurants sowie Freizeitanlagen und einer kontinuierlichen Renovierung der alten Bauwerke.

Am Beginn des neuen Jahrtausends war Malta so weit „wiederhergestellt", dass heute rund 1,2 Millionen **Besucher** jährlich auf den Spuren der Johanniter wandeln, davon knapp die Hälfte aus Großbritannien. Rund 270.000 deutschsprachige Touristen, 120.000 Italiener und 65.000 Nordafrikaner bilden das Gros der übrigen Maltareisenden.

Ganz offen konkurriert Malta dabei mit der Mittelmeerinsel Zypern als Hauptrivalen, wobei Malta viele Jahre Kostenvorteile bot, die sich im Zuge des EU-Freihandels inzwischen aber nivelliert haben. Dennoch brachen die Zahlen von 2008 bis 2010 um 15% ein, um heute wieder das Niveau von vor 5 Jahren erreicht zu haben.

Urlauber auf Malta sind, ohne damit jemandem zu nahe treten zu wollen, ein gänzlich anderer Typ als viele, die man an Südeuropas Vergnügungsmeilen (etwa auf Mallorca oder in Agia Napa/Zypern) antrifft. Es sind geschichtlich Interessierte, Teilnehmer an Englischkursen und Tauchsportler, die den Löwenanteil der Touristen auf Malta stellen – alle drei „Kategorien" sind bei den Maltesern sehr beliebt.

Umgekehrt freuen sich die Touristen, dass es kaum Betrügereien, falsche Preise oder unverschämtes „Abzocken" auf Malta gibt. Das haben die stolzen Malteser einfach nicht nötig. Natürlich gibt es auch hier und da Probleme. Das beginnt bei kleinen kulturellen Unterschieden (Vogelschießen) und geht über eine andere Einstellung zum Nationalstolz oder zur Umwelt (Müll) bis hin zu vorsätzlichem Fehlverhalten von Gästen.

Verkehr und Umwelt

Als Malta den Aufnahmeantrag in die EU gestellt hatte und eine Brüsseler Kommission die Inseln besuchte, wurde festgestellt, dass lediglich ein Prozent der 1400 Kilometer umfassenden maltesischen Straßen dem EU-Standard entspricht. Mit Hilfe von EU-Fördermitteln wird die Verkehrsinfrastruktur bis 2015 nachhaltig verbessert, ein jüngst abgeschlossenes Großprojekt war der komplette **Austausch des maltesischen Bussystems** einschließlich einer (nicht unumstrittenen) Totalmodernisierung des gesamten Fuhrparks. Nicht zuletzt ist der **Straßenzustand** ja auch für den Tourismus sehr wichtig (etwa jeder dritte Besucher reist, zumindest teilweise, per Leihfahrzeug), und auch die Überschwemmungen zu Beginn der Regenzeit, welche auf die fehlende Kanalisation zurückzuführen sind, sollen dadurch eingedämmt werden.

Das **Verkehrsaufkommen** in und um den Großraum Valletta ist deutlich höher als andernorts, aber nicht mit europäischen Metropolen zu vergleichen.

Dennoch steht auch die Republik Malta vor Umweltproblemen. Aufsehen erregte eine breit angelegte Studie der Bodenbelastung Anfang der 1990er Jahre, wonach bei schwedischem Kohl lediglich ein Drittel des **Bleianteils** nachgewiesen wurde, der im maltesischen Kohl festzustellen war. Ursachenforschung wurde betrieben, und bald waren mehrere Erklärungen zur Hand. Offiziell wurde der hohe Fahrzeugverkehr – verstärkt durch das hohe Aufkommen an Leihfahrzeugen bei Touristen – in Verbindung mit Industrie-Emissionen als Hauptursache genannt. Klingt einleuchtend, ist es aber nicht: Zum einen bestehen die Hauptabgase der örtlichen Industrie aus Schwefel, zum anderen wächst der Großteil des Gemüses auf Gozo, wo kaum Verkehr herrscht und erst recht keine Industrie angesiedelt ist. Ohnehin kann sich die Luft in Malta kaum stauen, und während der stickigsten, windstillsten Monate des Hochsommers liegen die meisten Felder brach. Eine einleuchtendere Erklärung bieten aber die maltesischen Umweltschützer (s. auch „Tierwelt/Vogelschießen"): Jährlich „regnen" über 250.000 Kilogramm an Munition vom Vogelschießen auf die Felder – der Bleigehalt ergebe sich daher zwangsläufig aus der hohen Konzentration an Schrotkugeln.

Ein weiteres Problem sind die Unmengen an **Müll,** wofür letztlich auch die vielen Touristen mit verantwortlich sind. Dabei liegen die Schwierigkeiten nicht in etwaiger Unsauberkeit, im Gegenteil, die Straßenzüge der Städte und Dörfer erscheinen zwar ältlich, aber relativ gepflegt. Das Problem sind die ungeschützten Mülldeponien (je eine auf Malta und auf Gozo), das Fehlen von Sondermüllsammelstellen sowie der Mangel an Kanalisation und Kläranlagen. Recycling oder Mülltrennung werden inzwischen teilweise eingeführt worden: Die meisten Gemeinden stellen am Ortsrand Container mit getrenntem Einwurf von Plastik, Glas und Papier/Kartonagen an, abgeholt wird nur noch der Restmüll.

Viele Reisende fragen, warum es auf Malta (auch Gozo) so viele unvollendete Rohbauten bzw. leer stehende Gebäude gibt. Leider wurden die Baubeschränkungen (maximal dreistöckig) nach dem EU-Beitritt aufgehoben. Gebaut wird heute fünfstöckig und das Ganze meist als Rohbau verkauft, weshalb viel angefangen und nicht fertig gebaut scheint. Es wird gekauft, und dann sukzessiv je nach Verfügbarkeit der eigenen Geldmittel weiter an den Häusern gearbeitet.

Für Wassersportler sei zur Beruhigung erwähnt, dass die maltesischen **Gewässer** zu den am wenigsten belasteten im ganzen Mittelmeer gehören.

Bevölkerung

Die maltesische Bevölkerung gehört, bedingt durch die Besiedlung hauptsächlich von Sizilien her, am ehesten der romanischen Volksgruppe an, wobei sich aus der wechselhaften Geschichte Einschläge der unterschiedlichsten Völker ergaben.

Von den ca. 418.000 Einwohnern leben auf Malta rund 390.000, auf Gozo rund 28.000; dazu kommen knapp 200.000 Malteser, die als Auswanderer oder Gastarbeiter dauerhaft im englischsprachigen Ausland oder in Italien leben. Als Folge der Kolonialzeit bilden **Briten** noch heute die größte Minderheit Maltas mit rund 7000 Mitgliedern.

Bei einer Landesfläche von 316 km² ergibt sich eine **Bevölkerungsdichte** von 1321 Menschen/km², womit Malta zu den am dichtesten besiedelten Regionen Europas gehört.

Während bis in die 1970er Jahre ein hoher **Bevölkerungszuwachs** zu verzeichnen war, hat sich diese Entwicklung seit den 1980ern verlangsamt. Dennoch wächst die Bevölkerung, bedingt durch moderne Medizin, Wohlstand und den konservativen Einfluss der katholischen Kirche (strengste Abtreibungsgesetze Europas!), weiterhin um rund 1500 Menschen jährlich.

Mit Spannung wurde in diesem Zusammenhang daher die **Volksabstimmung über ein Ehescheidungsrecht** im Sommer 2011 verfolgt; neben den Philippinen war Malta bis dato das einzige Land weltweit, in dem keine Ehescheidung möglich war. Eine knappe Mehrheit von nur 53 % sprach sich für eine entsprechende Gesetzesänderung aus, was den konservativen Charakter des Landes mehr als deutlich unterstrich!

Religion

Von der kleinen anglikanischen Minderheit der im Lande verbliebenen Briten abgesehen, gehört die Bevölkerung Maltas fast ausnahmslos zur **römisch-katholischen Kirche.**

Ein deutliches Zeichen dafür, wie wichtig die Kirche auch im Alltag der Malteser ist, sind die zahlreichen **Festas** zu Ehren diverser Schutzheiliger.

Ein unübersehbares, prägendes Merkmal auf Malta sind die **über 300 Kirchen** des Landes, die zum Teil bis in das 11. Jh. (zweite Christianisierung unter *Roger I.*) zurückreichen. Selbst wenn der Tourist einen Bus betritt, wird er bereits den starken Einfluss der Kirche feststellen: Viele Fahrerbereiche gleichen kleinen Kapellen und sind mit Heiligenbildern und Statuetten ausgeschmückt.

Ebenso tragen viele Privathäuser anstatt einer Hausnummer den Namen eines Schutzheiligen. An kirchlichen Feiertagen ist das ganze Dorf auf den Beinen, Tradition und Familie werden in allen Lebensbereichen groß geschrieben (s. Bildung und Soziales). Ein Großereignis der jüngeren Kirchengeschichte Maltas war seinerzeit der **Besuch** des damaligen **Papst Johannes Paul II.** 1990. Diesem Besuch zu Ehren wurde in Mosta ein Oratorium nach ihm benannt sowie in mehreren Orten (z.B. Victoria/Gozo) lebensgroße Statuen aufgestellt.

Mentalität und Brauchtum

Auf die großen Ereignisse im Leben der Malteser wurde bei „Feste und Feiertage" hingewiesen, viele interessante Eigenheiten offenbaren sich auch im Alltag.

Nicht zu übersehen ist die **Wettleidenschaft** der Malteser. Bingo, Lotto, Fußballtoto und Pferderennen sind beliebte Glücksspiele. Aber auch ganz simple Wetten um bescheidene Einsätze werden untereinander abgeschlossen: „Wetten, dass der Präsident heute hier vorbeikommt?" oder „Wetten, dass die Sizilien-Fähre heute Verspätung hat?" – 164 Jahre britische Kolonialzeit hinterlassen ihre Spuren!

Typisch südländisch und angesichts der im Sommer unerträglichen Hitze verständlich ist die lange **Mittagspause,** die teilweise von 12 bis 16 Uhr dauert. Zu dieser Zeit scheinen Dörfer und Altstadtgassen wie ausgestorben.

Auch wenn sich zunehmend mehr Malteser einen neueren Kleinwagen leisten können, so wird der Besucher dennoch von der auseinanderfallenden Klapperkiste bis zum museumsreifen Oldtimer die sonderbarsten **Fahrzeuge** zu sehen bekommen.

Wer erinnert sich nicht an *Giovanni Guareschis* Roman „Don Camillo und Peppone"? Treffender lassen sich die kleinen **Animositäten** zwischen den Gemeinden, aber auch unter den Fraktionen in den Dörfern kaum beschreiben. Verbale Verunglimpfungen der Schutzheiligen der jeweils anderen Gemeinde sind da noch harmlos. Am interessantesten wird es alle fünf Jahre während des Wahlkampfes. Wie bei einer Verschwörung trifft man sich im jeweiligen Parteilokal, Schilder werden handbemalt, dann zieht man durch die Straßen. Pech, wenn auch die andere Partei davon Wind bekommen hat und ihrerseits gleichzeitig in lustiger Formation lautstark durch die Sträßchen zieht. Dann stehen die Menschen an den geöffneten Fenstern und erwarten das Aufeinandertreffen der beiden Gruppen, welches dann meist in einer handfesten Rauferei endet – natürlich wird allseits gewettet, wer diesmal die Oberhand behält!

Politik ist Männersache in Malta, **Frauen** lösen sich langsam aus der traditionellen Rolle als Hausfrau und Mutter. Per Gesetz sind die Löhne und Gehälter zwischen den Geschlechtern angeglichen, und eine moderne Sozialgesetzgebung erweitert durch den Erziehungsurlaub die beruflichen Möglichkeiten.

Der **familiäre Zusammenhalt** ist nach wie vor sehr groß und bildet den Kern der sozialen Gemeinschaft. Während bei uns Menschen gleichen Nachnamens außer diesem nichts mehr miteinander gemein haben, stehen in Malta hinter Namen wie *Borg, Azzopardi* oder *Grech* immer Großfamilien, die – schon wegen der Insellage – nicht nur auf gemeinsame Vorfahren zurückzuführen sind, sondern innerhalb derer auch heute noch tatsächlich engere Bande bestehen.

Allgemein sind die Malteser **freundlich und hilfsbereit,** dabei aber weniger aufdringlich als man dies aus anderen Ländern der Region gewohnt ist.

Es ist aber sehr wichtig, die **Privatsphäre** zu beachten, bei aller Freundlichkeit bleibt man Fremden gegenüber immer etwas reserviert. Die meisten Touristen werden kaum Gelegenheit haben, einmal ein Privathaus von innen zu sehen. Wer z.B. für einen Sprachkurs bei einer Gastfamilie untergebracht ist, wird Ordnungsliebe, Sparsamkeit und Reinlichkeit im Privatbereich feststellen.

Zu jeder Wohnung gehört auch ein **Fernseher,** längst beliebtestes Freizeitvergnügen, und ein preiswertes obendrein. Ansonsten trifft man sich zu einem **Plausch vor der Tür,** spaziert die Promenaden entlang, beobachtet die Wasserballmannschaften beim Training in den zahlreichen Meerwasserpools an der Küste oder spielt eine Partie **Boccia.**

Am Sonntag treffen sich die Männer nach dem Kirchgang zum **Frühschoppen** und Hobż biż Żejt in einer der vielen Bars, die Frauen treffen sich zum Schwatz; gelegentlich kann man sie, vorwiegend auf Gozo, beim Klöppeln in den traditionellen, schwarzen Trachten, genannt *L-Ghonella,* sehen.

Auch wenn die kirchlich geprägten Wertvorstellungen bröckeln, ist **Obenohne-Baden** verpönt; auch sollte man Kirchen nicht in Shorts betreten.

Das Wichtigste ist, dass der Besucher den **Stolz der Malteser** auf ihre junge Republik und die erreichten wirtschaftlichen Leistungen beachtet und nicht durch abwertende Bemerkungen über Land, Leute und Eigenheiten verletzt.

In Gesprächen hört man immer wieder, dass die Malteser als streng katholisches Gebiet vor allem den teilweise **muslimischen Staaten Nordafrikas** sehr skeptisch gegenüberstehen und eigentlich nur deshalb der EU beigetreten sind, da sie ihre kulturelle Identität durch Zuwanderer/Flüchtlinge aus Nordafrika gefährdet sehen und in der EU-Mitgliedschaft das „kleinere Übel" sehen, obgleich EU und Euro zu keiner Verbesserung der Lebensverhältnisse führen. Im Kern wollen sie die politische Tradition der Malteserritter fortsetzen und ein unabhängiges Territorium im Mittelmeer bleiben. Der aufmerksame Beobachter wird an den zahlreichen Hinweisschildern auf EU-Förderprojekte feststellen, dass Malta durchaus erheblichen Nutzen aus der EU-Mitgliedschaft zieht.

Bildung und Soziales

In der Republik Malta besteht eine **allgemeine Schulpflicht** von neun Schuljahren ab dem fünften oder sechsten Lebensjahr. An sechs Jahre Grundschule *(Primary School)* schließt sich eine gestaffelte Sekundärausbildung *(Secondary School)* an: Nach drei weiteren Jahren wird die Grundausbildung, vergleichbar dem Hauptschulabschluss, beendet. Anschließend ist der Besuch einer *Business School* (Handelsschule) möglich, oder die *Secondary School* wird nach fünf Jahren beendet, und der Abschluss entspricht dann in etwa dem Abitur.

Danach kann an den beiden nationalen Hochschulen *(Technical University of Malta; University of Malta)* oder im Ausland ein **Studium** aufgenommen werden. Für Malteser ist der Besuch aller staatlichen Einrichtungen (einschließlich der Kindergärten und Hochschulen) kostenlos, Unterrichtssprachen sind vom ersten Schuljahr an gleichberechtigt Englisch und Malti.

Daneben existiert eine Reihe **privater Bildungsträger,** von denen die meisten auf das traditionelle Bildungsmonopol der Kirchen zurückgehen; auch die kirchlichen Schulen sind kostenlos und haben einen guten Ruf.

Zu **Sprachenschulen** siehe „Praktische Reisetipps, Sprachaufenthalt".

Seit dem **„Social Security Act"** von 1987 sind die Malteser sozial umfassend abgesichert. Zu den Leistungen gehören Behindertenversorgung, freie medizinische Behandlung (in staatlichen Krankenhäusern), Kindergeld, Arbeitslosengeld, Mutterschutz und Mindestrente. Das **Rentenalter** liegt bei derzeit 62 Jahren für Männer und 60 Jahren für Frauen. Die meisten Arbeitnehmer sind in der Zentralgewerkschaft **General Workers Union** organisiert, die auf erste Vereinigungen von Hafenarbeitern aus der Zeit nach dem ersten Weltkrieg zurückgeht.

Traditionelle Künste

Zu den interessanten kunsthandwerklichen Besonderheiten in Malta gehört das **Klöppeln** von Zierdeckchen und Westen, eine noch heute insbesondere von älteren Frauen vor der Haustür oder im Hinterhof ausgeübte Volkskunst. Einige Bekanntheit erlangte auch die maltesische **Glasbläserei,** deren Fertigungsstätten u.a. in Ta Qali oder San Lawrenz/ Gozo besichtigt werden können. Viele Besucher sind von den zahlreichen Schmiedearbeiten fasziniert, landestypisch sind die **Türklopfer** an den Haustüren, meist in Form eines Delfins oder Löwenkopfes.

Die traditionelle maltesische **Musik** ist geprägt von sizilianischen und arabischen Einflüssen, wobei getragene melodische Weisen mit wechselnden Rhythmen überwiegen. Tonträger kann man auf den Straßenmärkten kaufen.

Kunst und Film

Seine künstlerische Blüte erfuhr Malta mit der Ankunft der Johanniter, die in ihren vorherrschend barocken Bauten zahllose bedeutende Gobelins, Schnitzereien und Gemälde anfertigen ließen. Einen bedeutenden Beitrag während dieser Epochen leisteten die maltesischen Künstler **Mattia Preti** (1613–1699) **und Stefano Erardi** (1650–1733), beides Namen, auf die der Besucher in zahlreichen

Orten und Bauwerken treffen wird (s. Glossar). Zu den bedeutendsten maltesischen Künstlern des 20. Jh. zählen der Bildhauer **Antonio Sciortino** (1879–1947), der Maler **Guiseppe Cali** (1846–1930) und der Schriftsteller **Carmelo „Dun Karm" Psaila** (1871–1961).

Das künstlerische Schaffen setzt sich heute auch im Film fort. Mit den **Malta Filmstudios** (Kalkara, Großraum Valletta) verfügt Malta über ein kleines, aber extrem leistungsfähiges Produktionszentrum, wo zahlreiche Top-Filmproduktionen wie z.B. „Popeye" (mit *Robin Williams*), „Gladiator" (mit *Russel Crowe, Joaquin Phoenix*), „Da Vinci Code" (mit *Tom Hanks*), *Steven Spielbergs* „München" (mit *Daniel Craig*) oder „Troja" (mit *Brad Pitt, Peter O'Toole*) entstanden. Das Seewasserbecken gilt als eines der größten und besten weltweit.

Architektur

Trotz der Vielzahl an Völkern und Regenten, die auf Malta die unterschiedlichsten Einflüsse ausübten, muss vor allem eine Phase für das architektonische Stadt- und Ortsbild als besonders charakteristisch und für die Gegenwart prägend hervorgehoben werden: die Zeit der **Johanniter** (1530–1798). Ihr Streben nach Verteidigungsfähigkeit, Geradlinigkeit und schlichter Funktionalität ließ nicht nur Valletta als neue Hauptstadt „am Reißbrett" entstehen, sondern war ausschlaggebend für den Stil der großartigen Festungsbauten, Wachtürme, Kirchen und Privathäuser. Um die großartige Wehranlage von Valletta machte sich der italienische Festungsbaumeister **Francesco Laparelli** (1521–1570) verdient, der von *Papst Pius IV.* 1566–69 als Anerkennung für die überstandene „große Belagerung" nach Malta entsandt worden war. Sein Werk wurde von einem der größten Söhne Maltas, **Gerolamo Cassar** (1520–1592), fortgesetzt, der auch die meisten der Herbergen der Ordenszungen und Kirchen sowie den Großmeisterpalast Vallettas baute.

Die barocke Sakralbaukunst erreichte einen Höhepunkt im 17. Jh. und setzte sich mit einer von der Geltungssucht der Großmeister geprägten Baulust bis ins 18. Jh. fort. Das Merkmal der Wehrhaftigkeit trat nun zugunsten repräsentativer Elemente in den Hintergrund. Dies gilt sowohl für die Sakralbauten **Lorenzo Gafàs** (1639–1703, z.B. San Lawrenz/Vittoriosa) und die Profanbauten **Giuseppe Bonnicis** (1707–1779, u.a. Zollhaus und Gerichtshof/Valletta) wie für die Werke von **Domenico Cachia** (1690–1761), der u.a. die Auberge de Castille/Valletta als Profanbau, den Selmun Palace/Mellieħa als Wehrburg sowie die Kirche St. Helena/Birkirkara baute.

Mit den **Briten** änderte sich der Schwerpunkt der Bautätigkeit schlagartig: Im Mittelpunkt des Interesses des Empire standen umfangreiche Werft- und Hafenanlagen, die grandiosen Bauten der Johanniter wurden weiterhin unverändert genutzt. Anders als in vielen ehemaligen Kolonien hinterließen die Briten in Malta daher keine bedeutenden Kolonialbauten.

Die **einfachen Wohnbauten** der Malteser wurden der schnörkellosen Geradlinigkeit der Johanniter weitgehend angepasst. Der einheitliche Baustoff,

Globigeriner-Kalkstein in der stets gleichen sandfarbenen Färbung, unterstreicht diesen Eindruck noch.

Bauernhäuser wirken oft wie eine kleine Festung – und nichts anderes waren sie auch: Bei den zahlreichen Piratenüberfällen und Eroberungsversuchen konnten sich die Bewohner zumindest eine Zeit lang verschanzen.

Auch die **Straßenzüge** der Kleinstädte und Dörfer ähneln sich stark, wozu letztlich auch britische Bauvorschriften beitrugen. In der zweiten Hälfte des 19. Jh. wurde zweigeschossig mit Hof oder Garten zur rückwärtigen Seite gebaut, stets ohne Lücken zum Nachbarhaus. Die Ähnlichkeit mit den uniformen Ziegel-Reihenhäusern von Man-

chester oder anderen Arbeitersiedlungen Englands ist unverkennbar. In Malta wurde allerdings nie mit Schrägdach und Dachziegeln, sondern stets mit dem zum Wäschetrocknen nutzbaren Flachdach gebaut.

Moderne **Neubauten** unterscheiden sich nicht allzu sehr von der traditionellen Bauweise. Hochhäuser gibt es kaum (Ausnahme: Sliema/St. Julian's), die großen Hotels stellen die höchsten Bauten. Von diesen Bauten abgesehen, verwenden auch heute die wenigsten Putz oder Mauerfarbe. Ein bleibender Eindruck, den der Besucher aus Malta mitnehmen wird, ist die vorherrschende goldbraune Farbe der Kalksandsteine, die vor allem in der Abendsonne unvergleichlich strahlt.

110M wl

◁ Viele maltesische Städte sind vorwiegend aus Kalksandstein erbaut

637M wl

9 Anhang

< Xlendi Tower auf Gozo

Kleines Malta-Glossar

Auberge

Sitz einer Landsmannschaft des Johanniter-Ordens

Bailli (Bailif)

Oberster Verwaltungsbeamter einer Zunge (Landsmannschaft)

Bastion

Besonders verstärkter und schiffsbugförmig hervorstehender Teil einer Festung, von dem aus die Angreifer nach allen Seiten bekämpft werden konnten

Bronzezeit

Zeit um 2000–1000 v. Chr.

Cavalier

Vorstehender und erhöhter Teil einer Festung, meist als Plattform für Kanonen oder als Beobachtungsstelle gedacht

Curtain

(s. Kurtine)

Dekret

(päpstlicher) Erlass, Anordnung

endemisch

Durch die natürliche Lage (z.B. Insel) nur an einem Ort der Erde vorkommend

Fra

Ordensbruder (von lat.: Frater = Bruder)

Großmeister

Oberster Führer der Johanniter, im 18. Jh. mit zunehmend absolutistischen Zügen

Katakomben

Frühchristliche, unterirdische Begräbnisstätte mit Kammern und Grabnischen

Kurtine

Festungsmauer zwischen zwei Bastionen

Monolith

Einzeln stehender, großer Stein, auf Malta bis zu 50 Tonnen schwer

Neolithikum

Jungsteinzeit, auf Malta bezogen, von etwa 5500–2500 v. Chr.

Orthostat

Senkrechter Steinquader als architektonische Stütze von kirchlichen oder weltlichen Bauten

Pilar (Pilier)

Höchster Würdenträger einer einzelnen Zunge, quasi ein „Großmeister" innerhalb der Landsmannschaft

Sacra Infermeria

Spitäler des Johanniterordens auf Malta

Sarkophag

Steinerner oder tönerner Sarg mit Verzierungen

Torba

Gemahlener Globigerinenkalk mit Wasser angerührt, wird fest wie Zement und wurde in Steinzeittempeln für den Boden benutzt

Trilith

Jungsteinzeitliches Portal oder Altar, bestehend aus drei großen Steinen (griech.: tri = drei, lithos = Stein), von denen zwei senkrecht stehen und mit dem dritten waagerecht bedeckt werden

Università

Vereinigung des lokalen maltesischen Adels (1397–1819) als Fortsetzung des seit den Normannen existierenden Consiglio Populare (Rates). Zunächst mit hoher Autonomie in der inneren Selbstverwaltung, die unter den Johannitern zunehmend beschnitten wurde und sich im 18. Jh. auf rein logistische Funktionen (Lebensmittel- und Getreidehandel) beschränkte

Vedette

Posten, Ausguck

Zunge

Im Gegensatz zum Deutschen bedeutet der Begriff „Zunge" in vielen anderen Sprachen auch „Sprache", was bezüglich der Ordenszungen eigentlich die bessere Bezeichnung wäre. Gemeint sind Sprach- und Kulturgemeinschaften („Landsmannschaften") innerhalb des Johanniterordens, die als jeweils eine gemeinsame Zunge einen eigenen Sitz (Herberge, frz.: Auberge) hatten.

Kurzbiografien

George Abela

George Abela (*22.4.1948) ist der aktuelle Präsident der Republik Malta und somit das nominelle Staatsoberhaupt der Inselrepublik. *Abela* ist gelernter Jurist und war lange Jahre als Notar und Gewerkschaftsanwalt tätig, ehe er 1982 mit Hilfe seiner Gewerkschaftsverbindungen zum Präsidenten des nationalen Fußballverbandes gewählt wurde (1982). Seit 1992 schlug *Abela* als stellvertretender Vorsitzender der *Labour Party MLP* eine politische Laufbahn ein, wobei er Oppositions- und Parteiführer *Sant* heftig kritisierte. Premier *Lawrence Gonzi* von der MNP schlägt – erstmals in der maltesischen Geschichte – einen Kandidaten der Opposition (!), nämlich *Abela,* als Präsidentschaftskandidaten vor, am 1.4.2009 wurde *Abela* zum Nachfolger *Fenech Adamis* gewählt.

Dr. Edward Fenech Adami

Präsident der Republik bis 2009, *1934, ausgebildet am Jesuitenkolleg der Universität von Malta in Wirtschaft, Klassizistik und Rechtswissenschaften. Adami zog 1969 erstmals in das maltesische Abgeordnetenhaus ein und wurde 1987 zum Regierungschef (Premier) ernannt. Diese Funktion übt er, unterbrochen nur vom kurzzeitigen Wahlsieg der MLP (Sant, 1996–98) bis heute aus. In seine Verantwortung fielen wesentliche strukturelle Änderungen in Malta wie die Privatisierung von Staatsmonopolen (Telekom, Bankenwesen), EU-Integration oder die Einführung der Mehrwertsteuer. *Fenech Adami* ist verheiratet und Vater von fünf Kindern.

Giovanni Attard

Maltesischer Architekt und Steinmetz (1570–1636), von *A. de Wignacourt* mit dem Bau des Wignacourt-Aquäduktes beauftragt; am Bau der Kirche Madonna tal-Għar (Rabat) und der Kirche Sta. Maria (Attard) beteiligt.

Giovanni Barbara

Maltesischer Architekt (1642–1728), Analphabet bis ins hohe Alter. Baute die Pfarrkirche von Lija.

Alexander Ball

Kommandeur der britischen Truppen (Flotte), die 1800 zusammen mit der maltesischen Bevölkerung die Franzosen aus Malta vertreiben konnten. *A. Ball* wurde anschließend erster Gouverneur der Briten in Malta.

Edward Barry

Britischer Stararchitekt adeliger Herkunft (1830–1880). Baute u.a. die königliche Oper in Italien, den New Palace/ Westminster und in Valletta das Royal Opera House.

Andrea Belli

Maltesischer Baumeister (1703–1772), der insbesondere von der österreichischen und deutschen Architektur beeinflusst wurde. Wichtigste Bauwerke in Malta sind die Augustinerkirche in Rabat, der Bischofspalast sowie das nationale Kunstmuseum (beide Valletta).

Giovanni Bonavia

Lokalarchitekt in Żabbar (1671–1730), verantwortlich u.a. für den Bau der Kirche Our Lady of Graces, Żabbar. Nicht zu verwechseln mit seinem Namensvetter *Guiseppe Bonavia.*

Giovanni Bonavia

G. Bonavia (1821–1885) stammte aus Valletta und baute die St. Andrew Church, Valletta, renovierte bzw. erweiterte u.a. die Karmeliterkirche von Valletta und die Kirche Stella Maris, Sliema.

Giuseppe Bonnici

Architekt und hoher Verwaltungsbeamter in der Stadtplanung (1707–1779). Baute u.a. 1774 das Zollhaus sowie die St. Augustine Church (ab 1765), beide Valletta.

Dr. Joe Borg

Außenminister, Mitglied der regierenden NP, *1952, promovierter Jurist (Spezialist für EG-Recht), starker Verfechter des maltesischen EU-Beitritts. 2004 wurde er mit dem Maltas EU-Kommissar, Ende 2004 Fischerei- und Meerkommissar. Er ist verheiratet und hat zwei Kinder.

Francesco Buonamici

Italienischer Baumeister (1596–1677), der als Assistent von *P. P. Floriani* den Barock nach Malta brachte. Zu seinen Hauptwerken zählen der Inquisitorenpalast, Vittoriosa, die St. Nicholas Kirche, Valletta, sowie die St. Paul's Kirche, Rabat.

Antonio Cachia

Eigentlich zuständig für die Leitung des Opernhauses, Valletta, beschäftigte sich *Cachia* (ca. 1745–1815) auch mit der Architektur. Er soll u.a. am Bau der Nationalbibliothek (Valletta), St. Augustine (Valletta) und den Argotti Gardens beteiligt gewesen sein.

Domenico Cachia

D. Cachia (1690–1761) leitete das Manoel-Theater, Valletta, und war angeblich am Bau des Selmun Palace bei Mellieħa, sowie von St. Helena, Birkirkara, maßgeblich beteiligt.

Michele Cachia

M. Cachia (1760–1839) nahm am Aufstand gegen die Franzosen von 1800 teil und reiste anschließend als einer der Vertreter Maltas nach England. Nach Großvater Nunziato und Vater *Giovanni* schloss er die Arbeiten an der Pfarrkirche von Żejtun ab. Sein bekanntestes Bauwerk ist die Kapelle Tal-Providenza bei Siġġiewi.

Michelangelo Merisi da Caravaggio

Caravaggio (1573–1610), ein genialer Maler aus der Lombardei, kam 1606 nach Malta, wo er nach einjähriger Schaffensperiode zum Ehrenritter geschlagen wurde (Anmerkung: zahlreiche ausländische Künstler ohne konkreten Auftrag kamen nach Malta, arbeiteten umsonst, um dann zum Ritter geschlagen zu werden). *Caravaggio* schuf hier u.a. die berühmte Enthauptung des Apostel und endlos viele Portraits diverser Ordensritter. Nach einem heftigen Streit mit einem Ordensritter wurde er 1608 ausgestoßen und floh nach Palermo, wo Häscher des auf Blutrache sinnenden Ordens ihn 1609 stellten und so schwer verletzten, dass er an den Folgen der Verwundung 1610 starb.

Gerolamo Cassar

Maltesischer Militärarchitekt (1520–1592) aus Gudja, der unter dem Italiener Laparelli an der äußeren Festung Vallettas mitarbeitete und nach der Heimreise Laparellis u.a. federführend beim Bau von sieben der acht Ordensherbergen, dem Großmeisterpalast, der Konventskirche St. John (alle Valletta), der Augustinerkirche von Rabat sowie dem Verdala Palace bei Rabat war. *Cassars* Bauwerke zeichnen sich stets durch verteidigungsbezogenen Charakter aus, den er außer von Laparelli auch bei diversen Festungsarchitekten in Italien erlernt hatte.

Vittorio Cassar

Sohn von *Gerolamo* und Ordensmitglied in der Zunge der Provence (1550–1607). Folgte seinem Vater als Ordensarchitekt und baute zahlreiche Wachtürme auf den maltesischen Inseln, u.a. Comino-Tower. Zu seinen bedeutendsten Sakralbauten gehören die Kirchen Sta. Maria (Attard), Sta. Maria (Birkirkara) und Our Lady of Victory (Naxxar).

Guże Damato

Damato (1886–1963), geboren in Tunesien, kam erst im Alter von 19 Jahren nach Malta, wo er im Handel tätig war. In Neapel hatte er Architektur studiert, ein Fach, dem seine ganze Hingabe galt. Für seine Werke nahm er niemals Geld an und half so insbesondere kleineren Gemeinden zu wahren Meisterbauten. Er errichtete u.a. die Pfarrkirche von Pawla, sowie sein Meisterwerk, die Rotunda von Xewkija, Gozo.

Tommaso Dingli

Steinmetz und Architekt aus Attard (1591–1666). War an vielen bedeutenden Kirchen maßgeblich beteiligt, u.a. St. Phillip (Żebbuġ) und Sta. Maria (Birkirkara). Sein bedeutendstes Werk war die Gestaltung der Sakristei der Kathedrale von Mdina.

William Dobbie

Generalleutnant, verantwortlicher Gouverneur Britanniens auf Malta während des Zweiten Weltkrieges. Protestant und Schotte mit eisenhartem Durchhaltewillen. Bei den Maltesern äußerst beliebt.

Pietro Paolo Floriani

Berühmter italienischer Festungsbaumeister (1585–1638), der u.a. die Festungen von Tunis, Algier und Innsbruck baute. 1635 wurde er von Papst *Urban VII.* zum Bau der „Vorfestung" Vallettas, dem nach ihm benannten Floriana, nach Malta entsandt.

Lorenzo Gafà

Berühmtester Barockarchitekt Maltas aus Vittoriosa (1639–1703), wo er auch sein ganzes Leben verbrachte. Er war u.a. verantwortlich für die St. Paul Shipwreck Church (Valletta) und die Karmeliterkirche von Mdina. Zumindest maßgeblich beteiligt an Planung und Bau war Gafà an zahllosen Bauten Maltas, u.a. St. Lawrenz (Vittoriosa), St. Nicholas (Siġġiewi), der Kathedrale von Mdina oder Our Lady of Victory, Valletta.

Lawrence Gonzi

Lawrence Gonzi (*1953) von der Nationalist Party MNP fungiert seit 2004 als Premierminister Maltas und war als Sozialminister seit 1998 der zweite Mann hinter MNP Polit-Urgestein *Fenech Adami*. Nach dessen (geplanten) Rücktritt 2004 übernahm *Gonzi* die Regierungsverantwortung, wobei seine MNP bei den Europaparlamentswahlen (Juni 2006) heftige Stimmenverluste hinnehmen musste. Bis März 2013 war er amtierender Ministerpräsident.

Giorgio Grongnet

Italo-Franzose mit breiten Kenntnissen in Archäologie, Wissenschaft und Architektur (1774–1862). Er galt als Exzentriker, der stets seine Größe zu dokumentieren versuchte. Grongnet schloss sich der napoleonischen Armee an und war nach der Rückkehr aus Ägypten von der Idee besessen, sein Lebenswerk architektonisch zu krönen. Daher bot er sich für den Auftrag der Rotunda von Mostar an. Entgegen allen herkömmlichen Methoden schuf er eine gigantische, freitragende Kuppel, was ihm einigen Ruhm und eine Dauerrente durch den *Prince of Wales* einbrachte.

Francesco Laparelli da Cortona

Laparelli da Cortona (1521–1570) stammt aus einer Adelsfamilie aus Cortona, Italien, tat zunächst 1545 als Soldat Dienst und baute anschließend in Rom Befestigungen in päpstlichem Auftrag. 1665, nach Ende der großen Belagerung, entsandte Papst *Pius IV. Laparelli* nach Malta, um den Bau der neuen Bastionsstadt Valletta zu leiten. Er bildete auch *Gerolamo Cassar* aus, der nach der Rückkehr *Laparellis* nach Rom 1568 zahlreiche Bauten Vallettas nach den Konzepten *Laparellis* errichtete.

Prof. Guido de Marco

Guido de Marco (*1931) war bis April 2004 Präsident der Republik Malta. Nach dem Wahlsieg der MNP 1998 war er es, der den Beitrittsantrag Maltas zur EU neu präsentierte (was er schon 1990 als Außenminister getan hatte, durch den zwischenzeitlichen Regierungswechsel unter dem EU-Gegner *Sant* war der Antrag aber eingefroren worden). Von Haus aus promovierter Jurist, war er lange Jahre als Innen- und Justizminister tätig, spezialisierte sich dabei auf internationale Menschen- und Polizeirechte, insbesondere im Zusammenhang mit der EU-Harmonisierung. Internationaler Höhepunkt seiner Laufbahn war die Präsidentschaft der UN-Generalversammlung 1990–96. *De Marco* ist verheiratet und Vater dreier Kinder.

Joseph Muscat

Muscat (*22.1.1974) ist ein vergleichsweise junger Politiker, der neben zwei Bachelor-Abschlüssen (Wirtschaft, Politik) einen Master-(Europastudien) und Doktorgrad (Management) aus Studiengängen in Malta und Bristol vorweisen kann. *Muscat* arbeitete als Journalist in Malta, stieg parallel in die Parteiarbeit in der *Labour Party* ein. Seine politische Karriere verlief blitzartig, als *Labour* 2008 (gegen *Gonzi*) verlor und „frisches Blut" für die Führungsspitze suchte. So übernahm er 2008 als Oppositionsführer die Parteigeschicke und führte *Labour* im März 2013 zum Wahlsieg bei den Parlamentswahlen. Seither ist *Joseph Muscat* Ministerpräsident des Landes. Er ist verheiratet und Vater von Zwillingstöchtern.

Mattia Preti

Preti (1613–1699) stammt aus dem kalabrischen Taverna und gilt als Schlüsselfigur für die sakrale Malerei auf Malta im Übergang vom Hoch- zum Spätbarock. Ab 1661 schuf er zahlreiche Innendekorationen und Malereien in den Kirchen Maltas, sein bedeutendstes Werk war die Innengestaltung der St. John's Co-Cathedral. Bemerkenswert war hier sowohl das Titularbild *Johannes des Täufers,* als auch die architektonischen Umgestaltungen, welche *Cassars* Wehrcharakter mit geringen Änderungen in den Hintergrund treten ließen.

Dr. Alfred Sant

Sant (*1948) ist Oppositionsführer der MLP, Diplom-Physiker und -Mathematiker, promoviert in Wirtschaft- und Administration in Cambridge. Publiziert literarische und Bühnenwerke. Seit 1992 Parteichef der MLP, 1996–98 Premierminister. Trat für einen maltesischen Sonderweg als Schaltstelle im Mittelmeer ein.

Antonio Sciortino

Bekanntester moderner maltesischer Künstler und Bildhauer (1879–1947). *Sciortino,* dessen Werke Merkmale des Expressionismus wie auch des Naturalismus tragen, schuf unter anderen das Monument am Great Siege Square sowie die Statue des Lord Strickland und die Bronzegruppe „Les Gavroches" (Gassenkinder), beide in den Upper Baracca Gardens.

Andrea Vassallo

Der gelernte Steinmetz (1856–1928) diente unter den Engländern in der Verwaltung und beschäftigte sich zunächst rein privat mit Architektur. Erst 1907 wurde *Vassallo* von den Engländern als Architekt offiziell anerkannt. Neben zahlreichen Restaurationen – u.a. der Dom von St. Nicholas in Siġġiewi stammt von *Vassallo* – machte er sich mit dem Bau der Wallfahrtskirche Ta Pinu (Gozo) einen Namen.

Nicola Zammit

Zammit (1815–1899) stammt aus Siggiewi und war eigentlich Mediziner, Professor der Philosophie und Schriftsteller. Nachdem er 1856 zum Chef der Wasserwerke ernannt worden war, wurde er auch mit der Restauration und Neugestaltung einiger alter Kirchenfassaden betraut, u.a. bei den Pfarrkirchen von Floriana, Siġġiewi und Żurrieq, sowie der St. Paul's Shipwreck Church, Valletta.

Literaturtipps

Zu Malta als traditionellem Reiseland dominiert zumindest in deutscher Sprache die Reiseliteratur, allenfalls sind noch Werke zur maltesischen Geschichte (Schwerpunkt Johanniter) zu finden. Hier eine kleine Auswahl an deutsch- und englischsprachiger Literatur:

- *Augustin, Ferdinand:* **Reise nach Malta und Südspanien.** Salzwasser-Verlag, 2012. Taschenbuch-Neudruck des Originals von 1830. Spannender und unterhaltsamer Bericht aus dem Mittelmeerraum der postnapoleonischen Ära.
- *Balbi, Francisco & Bradford, Ernle:* **The Siege of Malta 1565.** Boydell & Brewer-Verlag, 2005. Englische Übersetzung des spanischen Originals von 1568 zur detaillierten Beschreibung der Vorgänge der großen Belagerung von 1565. Vorrangig für Historiker von Interesse.
- *Bloemer, Vera:* **Malta, mon Amour.** Books-on-demand, 2012 (E-Book und TB). Literarische Liebeserklärung einer Gastarbeiterin in Malta mittels kleiner Geschichten und Anekdoten, welche Alltag, Sitten und Gebräuche sowie Feste und Feiertage in Malta beschreiben.
- *Bradford, Ernle:* **Johanniter und Malteser.** Universitas-Verlag, 2006. Der britische Malta-Spezialist *Ernle Bradford* dokumentiert zahllose Veröffentlichungen zur großen Belagerung, Malta im Zweiten Weltkrieg und dem Johanniterorden und beschreibt die Herkunft und Geschichte des Ordens in aller Ausführlichkeit.
- *Bradford, Ernle:* **Siege of Malta 1940–1942.** Pen & Sword Books-Verlag, 2003. Der Malta-Spezialist beschreibt die Ereignisse um das Archipel während des Zweiten Weltkrieges (Englisch).
- *Caruana, Claudia:* **Taste of Malta.** Hippocrene-Verlag (GB), 2006. Beste Sammlung traditioneller maltesischer Kochrezepte (in Englisch) mit einer Einführung in die maltesiche Geschichte sowie der Entstehungsgeschichte der maltesischen Kochkunst.
- *Demurger, Prof. Dr. Alain:* **Die Ritter des Herrn.** München, 2003. Der Spezialist für mittelalterliche Geschichte an der Sorbonne beschreibt die Geschichte der geistlichen Ritterorden, insbesondere der maltesischen Johanniter in Abgrenzung zu Deutsch- und Tempelritterorden.
- *Hofman, Peter:* **Unterirdisches Malta.** 2009 im BoD-Verlag. Kompakte Einführung in die unterirdischen historischen Stätten Maltas vom Hypogäum bis zur Calypso-Grotte.
- *Holhlbein, Wolfgang:* **Die Chronik der Unsterblichen – Der Gejagte.** Egmont-Verlagsgesell-

schaft, 2004. Tatsächlich spielt diesre Teil der „Chroniken" des bekannten Romanautors auf Malta, wobei die Helden *Andrej* und *Abu Dun* dort einem „Unsterblichen" begegnen.

■ *Kent, Alexander:* **Donner unter der Kimm – Admiral Bolitho und das Tribunal von Malta.** Ullstein-Verlag, 2005. Historischer Abenteuerroman aus der Frühzeit der Briten auf Malta. Kurzweilige Unterhaltung.

■ *Langenscheidt-Verlag (Hg.):* **The Treasure of Malta – Der Schatz von Malta.** 2009. Deutsch-Englischer Abenteuerroman. Ein Sprachschüler belegt einen Feriensprachkurs in Malta und löst mit seinen Freunden einen Kriminalfall. Lehrreich und speziell für Sprachschüler konzipiert.

■ *Ohk, Kim:* **Maltesisch – Wort für Wort.** Reise Know-How Verlag. Obwohl man sich auf Malta auch auf Englisch und Italienisch verständigen kann, ermöglicht es Urlaubern einen ganz anderen Zugang zu Mentalität, Kultur und den Herzen der Inselbewohner, wenn diese merken, dass sich jemand bemüht, „ihre" Sprache zu benutzen! Begleitendes Audiomaterial ist erhältlich.

■ *Salter, Richard:* **20 Shore Diving Maps of Gozo.** Richard ist *Instructor* bei den St. Andrew Divers in Xlendi und hat ein Büchlein für 7,50 € herausgebracht. Mit Anfahrtsbeschreibung zu den Tauchplätzen und super Skizzen der Tauchplätze selbst. Nur in Englisch – aber sehr guter und liebevoll aufgemachter Tauchführer speziell für Gozo.

■ *Schilling, Ramona:* **Die Belagerung Maltas 1565: Der Widerstandskampf gegen die Osmanen.** Grin-Verlag, 2013. Sehr junge und kompakte Arbeit zu Maltas ungebrochen attraktivstem Thema der Johanniterzeit.

Register

C

D

E

F

G

T

Der Autor

Nach abgeschlossenem Studium (Slawistik, Sinologie, Geschichte) arbeitete *Werner Lips* u.a. als Offizier im Balkaneinsatz, Manager bei Markenunternehmen und Betriebsleiter in der Baunebenbranche. Heute unterrichtet er an Gymnasium und Hochschule die Fächer Chinesisch, Russisch, Geschichte und Sport. Nebenbei beriet der gefragte Osteuropa- und Asien-Experte wiederholt Fernsehen (WDR, VOX) und Behörden, darüber hinaus engagiert sich der lizensierte Handball-Trainer ehrenamtlich im Vereinssport. Als Taucher (Breveterwerb in Malta!), Motorradfahrer und Trekker ist er seit geraumer Zeit intensiv über und unter Wasser in Südeuropa und Fernost unterwegs auf der Suche nach interessanten Reisezielen. Dabei fiel ihm auch häufig echte Pionierarbeit zu, etwa als erster Reisejournalist auf den taiwanesischen Militärinseln KinMen und MaTsu, mit dem ersten Reiseführer ausschließlich zu Nordzypern oder einem der ersten deutschsprachigen Reisebücher zu Montenegro.

Malta fasziniert ihn wegen seiner beeindruckenden Unterwasserwelt und der zahlreichen historischen Stätten. Von *Werner Lips* sind im Reise Know-How Verlag u.a. Reiseführer zu **Hongkong, Kroatien, Zypern, Lissabon** und der **Algarve** erschienen.

Danksagung

Ein herzlicher Dank an das *Maltesische Fremdenverkehrsamt,* Frankfurt am Main, für die Bilder J.P. de la Valettes, des Hypogäums, der St. John's Co-Kathedrale und der Katakomben von Rabat.

Auch zu dieser neuen Auflage haben etliche Leser mit hilfreichen Zuschriften und Ergänzungen beigetragen; allen Schreibern ein herzliches Dankeschön! Unter den vielen Zuschriften erwiesen sich als besonders hilfreich die Ergänzungen von *R. & W. Goldbach, R. Stahl, U. Balzer, A. Leitner, M. Farrugia, C. Tschorn-Behrens, S. Sohler, C. Behrens, H. von Moltke, V. Amthor, R. Kolbeck, G. Rath* und *C. Sciberras.*

291
Marsalforn
290
Żebbuġ
288
Għammar
300
Xagħra
304
Nadur
307
Qala
Għasri
286
Għarb
260
Victoria
(Rabat)
282
Kerċem
252
Mġarr
257
Xewkija
256
Għajnsielem
North Comino Channel
Cominotto
275
Xlendi
274
Munxar
259
Sannat
GOZO
S. 254
Comino
0
2 km
Valletta,
Sliema,
Buġibba
Il-Fliegu Ta'Għawdex
(North Comino Channel)
Għemieri
Mġarr
(Gozo)
Anlegestelle der
Ausflugsboote
San
Niklaw
Bay
Santa
Marija
Bay
2 Polizei
1 Fähre
Kapelle Marija
Asunción
Ġebel Comino
84 m
309
ehem.
Schweinefarm
Blue Lagoon
Friedhof
COMINO
Cominotto
ehem. Fort Sta.
Marija
Comino
Tower
Küsten-
wachstation
Il-Fliegu Ta'Malta
(South Comino Channel)
Zwillings-
höhle
Ras l-Irqieqa
Übernachtung
1 Comino Hotel
2 Campingplatz
Ċirkewwa